U0772477

复旦大学马克思主义学院资助出版

卢 卡 奇 著 作 集

青年黑格尔

【匈】格奥尔格·卢卡奇——著

张东辉——译

中央编译出版社
Central Compilation & Translation Press

图书在版编目（CIP）数据

青年黑格尔 / （匈）格奥尔格·卢卡奇著；张东辉
译. -- 北京：中央编译出版社，2025. 1. -- ISBN 978-
7-5117-4822-5

Ⅰ．B516. 35
中国国家版本馆CIP数据核字第2024ZS4796号

青年黑格尔

策划统筹	张远航	
责任编辑	郑永杰　陈婷婷	
责任印制	李　颖	
出版发行	中央编译出版社	
网　　址	www. cctpcm. com	
地　　址	北京市海淀区北四环西路 69 号（100080）	
电　　话	（010）55627391（总编室）　　（010）55627340（编辑室） （010）55627320（发行部）　　（010）55627377（新技术部）	
经　　销	全国新华书店	
印　　刷	北京文昌阁彩色印刷有限责任公司	
开　　本	880 毫米×1230 毫米　1/32	
字　　数	629 千字	
印　　张	32. 75	
版　　次	2025 年 1 月第 1 版	
印　　次	2025 年 1 月第 1 次印刷	
定　　价	198.00 元	

新浪微博:@中央编译出版社　　**微　信:**中央编译出版社(ID: cctphome)
淘宝店铺: 中央编译出版社直销店(http://shop108367160. taobao. com)
　　　　　　（010）55627331

本社常年法律顾问: 北京市吴栾赵阎律师事务所律师　闫军　梁勤
凡有印装质量问题，本社负责调换。电话: (010) 55627320

出版前言

　　匈牙利当代思想家格奥尔格·卢卡奇（1885—1971）是 20 世纪具有世界声誉的马克思主义哲学家、美学家和文学评论家，曾被誉为西方马克思主义的创始人。遗憾的是，时至今日仍有相当一部分卢卡奇的经典著作尚未被翻译成中文，以致国内的卢卡奇研究大多是在涉及的文献比较有限和译文质量较成问题的中文译本的基础上进行的。鉴于卢卡奇在马克思主义发展史上的重要影响和地位，也为了进一步在深度和广度上推进我国的马克思主义研究，复旦大学马克思主义学院筹划编辑、翻译的一套比较完整系统的 12 卷《卢卡奇著作集》将陆续出版。

　　《卢卡奇著作集》包括卢卡奇从 1911 年起直至 1971 年逝世为止的重要论文和著作等文献资料。与以往的一些译本相比，本著作集的内容将更加丰富和系统。

　　本著作集主要依据的底本是历史上曾出版过的卢卡奇著作德文版、匈牙利文版以及新近发现的诸文稿，并适当参照了其他外文译本和现有的中译本。本著作集对卢卡奇的经典论著做了适当选编，这些论著本身是具有完整性的。各卷次拟安排如下：

第 1 卷《现代戏剧发展史》

第 2 卷（上）《心灵与形式》、第 2 卷（下）《审美文化》

第 3 卷《小说理论》

第 4 卷《历史与阶级意识》

第 5 卷《列宁、布鲁姆提纲》

第 6 卷《现实主义与文学理论》

第 7 卷《两个世纪的德国文学》

第 8 卷《青年黑格尔》

第 9 卷《理性的毁灭》

第 10 卷《社会主义与民主化》

第 11 卷《审美特性》（3 册）

第 12 卷《谈社会存在的存在论》（3 册）

鉴于各卷册编辑、翻译进度不一样，在初次出版时，没有标明具体卷册。我们的编译工作得益于国际卢卡奇协会主席吕迪格尔·丹耐曼（Rüdiger Dannemann）博士的鼎力支持。他多次帮助解决重要难题，并参与商定编辑和翻译这套著作集。

本编译项目得到复旦大学马克思主义学院的经费资助，特此说明。

中央编译出版社

2024 年 9 月

关于《卢卡奇著作集》
中译项目的致辞

　　在卡尔·马克思和马克思主义传统历经多年的遗忘和排挤①之后，作为 20 世纪最重要的马克思主义哲学家的格奥尔格·卢卡奇的思想研究，如今终于在一定程度上有所复兴。更为重要的是，现在这方面再添创举，中国将出版这位匈牙利理论家的比较全面的著作集。

　　从中文版《卢卡奇著作集》的选文范围和翻译水平来看，这是一个勇气与志向兼具的项目。该项目的编译难度之大，仅从德语著作集的出版历史即可管中窥豹，它的时间跨度超过半个世纪，并曾经历出版停滞和中途更换出版

---

　　① 至少对所谓的西方世界来说是如此。对此，可参阅以下书中编者序言：Rüdiger Dannemann, Axel Honneth（Hg.）：Ästhetik, Marxismus, Ontologie. Ausgewählte Texte. Berlin：Suhrkamp 2021。

商等阶段①。

我谨代表国际卢卡奇协会，祝愿业已开启的《卢卡奇著作集》中译项目能够排除编辑、翻译和出版中的重重困难，取得丰硕成果，尤其是在对格奥尔格·卢卡奇感兴趣的中国公众和学者中获得应有的共鸣。

该文集将成为一百多年来国际卢卡奇接受史②以及马克思主义哲学史上的一个里程碑。这不仅是进行必要的批判性自我反思的出发点，也是对寻求我们21世纪现存问题的理论解答的启发。

吕迪格尔·丹耐曼

2021年11月，德国埃森

（吴鹏 译）

---

① 参阅 Rüdiger Dannemann：Eine halbe Ewigkeit. Happy End：Nach 60 Jahren ist die deutsche Werkausgabe des Philosophen Georg Lukács abgeschlossen. http：//www. neues-deutschland. de/artikel/1149551. georg-lukacs-eine-halbe-ewigkeit. html。

② 简短概述可参见 Rüdiger Dannemann：Umwege und Paradoxien der Rezeption. Zum 50. Todestag von Georg Lukács. *Zeitschrift für marxistische Erneuerung*，2021，H. 126，S. 97–109。

译者说明

格奥尔格·卢卡奇（György Lukács）是 20 世纪最著名、最有影响力的思想家之一，他既是一位卓越的马克思主义理论家，对发展马克思主义做出了杰出的贡献，又是一位出色的德国古典哲学研究家，特别是在研究青年黑格尔及其对马克思的思想影响方面取得了开创性的成果。卢卡奇哲学思想的重要特点就在于，他强调马克思与黑格尔之间的理论渊源，着力将马克思主义哲学的渊源追溯至德国古典哲学传统。

在成为马克思主义者之前，卢卡奇曾是晚期资产阶级意识形态的重要代表，他的《心灵与形式》在资产阶级文坛名噪一时。1923 年，卢卡奇出版了后来被誉为"西方马克思主义的圣经"的《历史与阶级意识》，奠定了他作为西方马克思主义创始人的地位。在这本书中，卢卡奇尝试恢复马克思思想中的黑格尔传统，将马克思主义重新置于哲学的语境加以探讨。1928 年，卢卡奇为匈牙利共产党二大起草了犯有"取消主义"错误的"布鲁姆提纲"，这使他被迫结束了政治生涯，并流亡苏联。1930年，卢卡奇应梁赞诺夫之邀到苏共中央马克思恩格斯研究院工作。在那里，他接触到了当时尚未公开出版的马克思的《1844年经济学哲学手稿》和列宁的《哲学笔记》等文稿。1931年，卢卡奇前往柏林，看到了霍夫迈斯特编辑出版的两大卷《耶拿实在哲学》。通过这些文本，卢卡奇萌发了重新研究黑格尔的冲动。这一研究计划于1933年正式付诸实施，成稿就是在1938年秋末完成的《青年黑格尔》。但出于政治上的考虑，该书直到1948年才公开出版。

《青年黑格尔》是卢卡奇转向马克思主义成熟期之后，以马克思的思想和方法论为指导原则写成的黑格尔研究巨著。总体而言，卢卡奇侧重于从四个方面来研究青年黑格尔：（1）以马克思的唯物史观为原则，探讨青年黑格尔哲学发展的社会—历史因素，尤其是法国大革命和在法国继之而起的阶级斗争对黑格尔的影响。（2）追溯黑格尔辩证法的形成和发展过程，着重讨论劳动与辩证法之间的关系，兼及这种唯心辩证法对马克思唯物辩证法的积极影响。（3）突显哲学史研究的一种新方法论，即经济学与哲学、经济学与辩证法的内在关联。卢卡奇要研究黑格尔经济学观点的发展与他的纯粹哲学的辩证法之间的相互关系，探讨经济学范畴与哲学范畴之间的相互关联。（4）详尽梳理黑格尔客观唯心主义的形成过程，其中着重论述青年黑格尔同康德和费希特，尤其是同谢林的理论关联，同时从历史唯物主义的角度批判地审视黑格尔哲学思想的优劣得失。此外，卢卡奇剑有所指，他对当时西方学界的黑格尔研究所盛行的各种思潮和风气大加挞伐。他反对新黑格尔主义者（文德尔班、格洛克纳等）将黑格尔进行康德化的做法，反对黑格尔研究中的非理性主义和生命哲学的思潮（狄尔泰等），还反对将黑格尔青年时期的神学著作作纯宗教化的解读（诺尔、拉松等），一概斥之为资产阶级意识形态。

《青年黑格尔》是卢卡奇从马克思主义原则阐释黑格尔思想（俗称"以马解黑"）的经典之作。他毫不讳言地声称，从马克思的角度出发考察和诠释黑格尔思想，是"对黑格尔的一种正确的历史分析"。而他之所以要研究黑格尔，是因为"德国古典哲学的形成和发展史是马克思主义哲学史的一个重要而尚未彻底澄清的问题"。研究马克思，就必须"揭示马克思毕生巨著的特殊的德国根源，从而阐明马克思与从莱辛到海涅，从莱布尼茨到黑格尔和费尔巴哈这一进步的德国发展过程如何密切地发生关联，马克思的著作从思想结构到文字形式如何深刻地充满德国精神"。

显然，这里要面面俱到地介绍卢卡奇的这部皇皇巨著是不可能的，译者只能摘录并概述其中的部分结论，而略去他所提供的诸多详实丰富的文献材料和具体的论证过程。译者的介绍将根据卢卡奇著作的划分和论述分为以下四个时期进行：

一、伯尔尼时期（1793—1796 年）

（一）黑格尔神学著作的性质

启蒙运动构成黑格尔思想发展的出发点。从图宾根到伯尔尼期间，正是青年黑格尔的兴趣愈来愈强烈地从德国的启蒙思想转向法国和英国的启蒙思想的发展阶段。青年黑格尔在图宾根和伯尔尼的时候没有非常深入地钻研真正的哲学问题，他当时的兴趣从来没有指向认识论问题，而是致力于评判社会和历史现象。他像许多他同时代的重要哲学家例如费希特一样，想把康德在《实践理性批判》里提出的观点运用于社会和历史领域。因此，他在伯尔尼时期的神学著作在本质上不是宗教著作，而是具有政治—社会的性质。

但青年黑格尔在一个关键点上从一开始就超越了康德。康德从个体观点出发研究道德问题，在他看来基本的道德事实就是良心。他把他试图揭示的伦理学的共同特征、普遍规律性投射到一种先验的自我意识中去。在康德那里，社会问题只是从属性的，是从首要地研究的单个主体事后的彼此结合中产生出来的。相反，青年黑格尔的主体是指向实践的，是集体性的、社会性的。黑格尔的出发点和研究的核心对象始终都是人的活动和社会实践。

　　黑格尔青年时期的神学著作属于 18 世纪德国启蒙运动的作品，其基本倾向是反对基督教，具有一定的政治革命性质。青年黑格尔以极为激进的态度把基督教兴起的社会根源列为他研究的中心问题。他把基督教视为他主要反对的现代生活中的一切社会和政治现象的最终起决定作用的原因。他的实践的核心目的在于恢复古代城邦民主制及其自由和伟大，按照他当时的看法，这就需要一个历史根据、一个历史基础：指明基督教变成统治性宗教的那些社会运动以及社会和政治的那种衰落，指明基督教变成统治性宗教的结果。他的目标就是，要解决这整个难题。他研究基督教兴起的原因，以便能够清楚地描绘出它的没落远景。显而易见，黑格尔对占统治地位的哲学和宗教的反对，乃是他当时反对专制主义的整个斗争的意识形态部分。由于黑格尔把对基督教的批判理解为对封建绝对主义专制统治的普遍斗争的一个组成部分，所以他就与启蒙运动，特别是与在法国大革命中进行的反对宗教的伟大阶级斗争是站在一条战线上的。青年黑格尔认为，对他而言重要的历史转变，即从古代的自由到中古和近代的专制的过渡以及他希望的从这种专制再到新的自由的过渡，都是与宗教的转变密切结合着的；不论是民主还是专制都必须使它们的特殊目的符合宗教，才能长期生存下去。黑格尔在方法论上对未来宗教的问题以及未来宗教与古代复兴的关系问题的论述，与法国大革命人士的幻想，即法国大革命中的宗教—道德追求具有高的相似性。

（二）"实定性"的概念

青年黑格尔在伯尔尼时期现实的核心问题是基督教的"实定性"（Positivität）问题。实定的基督教对青年黑格尔来说是专制和压迫的支柱，而非实定的古代宗教则是自由和人类尊严的宗教。按黑格尔的理解，复兴古代宗教就是他那个时代的人要求实现的一个革命目标。

黑格尔比他同时代的任何哲学家都更加激进地试图要清除康德的实践理性或道德自律中的神学因素，他在康德，甚至费希特的这一切努力中看到的不过是基督教实定性的一种变相延续。青年黑格尔的实践概念比康德、费希特甚至青年谢林的更加广泛，更有社会性。黑格尔诚然是以康德实践性的自由概念为哲学出发点提出自由和人类尊严的要求的，但他的思想一旦涉及这些要求如何现实化，就立即过渡到社会方面。

黑格尔明确地表述了实定宗教与人的自由之间不可解除的矛盾。在伯尔尼时期最重要的文章《基督教的实定性》中，黑格尔把这种对立试用于人类道德生活中的一切领域、社会问题的一切本质部分。按照黑格尔的看法，如此描绘的宗教实定性的特点，乃是决定整个中古和近代生活的关键因素。

进而言之，青年黑格尔认为道德法则的这种异己的、僵死的、被给予的性质乃是实定性的最重要标志。基督教向我们宣称，道德法则是某种外在于我们的、被给予的东西，并被强加给人。实定宗教的力量正是基于，人在其存在与思维的整个范围里承认有这样一种超越其自身的异己力量。如果人放弃了他的道德自由，他就再也躲不开实定宗教的超越力量。现在，实定宗教已经把它的力量扩张到生活的一切领域，对任何自由运用人的理性的尝试都压制于萌芽之中。

（三）古为今用

青年黑格尔尝试将主观的、公共的宗教变成德国自由运动的基础和支柱。古代与基督教、主观宗教与实定宗教的对置（Gegenüberstellung），乃是青年黑格尔在伯尔尼时期的政治哲学的基础。

黑格尔在当时急切盼望法国大革命实现世界的革新，这种革新在他那里以对基督教的批判为论战前提，而革新的实定内容表现为古代的复兴。因此，对古代民主制所作的分析和赞扬，对黑格尔来说具有巨大的现实政治意义。

尽管雅各宾派的恢复古代民主制的意志形态是平民革命者的英雄主义幻想，但这种幻想决不是完全虚无缥缈的。主张这种社会革新的理论家是以现实的经济—社会前提为出发点的。激进的雅各宾派认为，财产的相对平等构成现实的民主制的经济基础，一个国家的公民的财产状况日益不平等必定会导致民主制度的毁灭和新的专制制度的形成。这种把财产的相对平等看作民主制的基础的思想发展，正是卢梭及其门徒雅各宾派领袖的基本主张。尽管青年黑格尔反对雅各宾主义的激进—平民派，但构成其革命思想的经济基础的仍是卢梭—雅各宾派的财产相对平等的思想。

伯尔尼时期的青年黑格尔认为古代是一个鲜活的、现实的典范；虽然古代已经过去，但是它的伟大仍然有效，必须加以复兴，这种复兴构成现时代的政治、文化和宗教的核心任务。

在伯尔尼时期，古代的财产平等与法国大革命的财产平等的关联，作为共和主义自由的基础的财产平等问题清楚地呈现出来。黑格尔对古代民主制的热情高涨内在地是与他对待法国大革命的立场关联在一起的。

（四）古代共和制

古代共和制，对青年黑格尔来说在哲学上是同那种与实定性相反的主观性关联在一起的。在纯粹政治学的领域，主观性可以这样简明地加以表达：人们服从于他们自己制定的法律、自己选举的领袖等。因此，国家始终是他们自己活动的产物。青年黑格尔拒绝任何一种阶层或等级，事实上他完全忽视了古代奴隶制的存在和意义。他所设想的古代民主制没有任何等级分化。按照他的理解，一旦等级的诸差别在经济和政治上得到增强，现实的自由就走到了尽头。

青年黑格尔在这一时期热烈地赞美和向往古典共和主义，他热切地主张，人的生活目标的充分实现和人格的本质力量的现实展现，在于对祖国和公共利益的绝对奉献，他把任何以个人的私人生活为取向的努力都看作是一种市侩习气（Spießbürgerlichkeit）。对青年黑格尔而言囿于纯粹私人生活利益的问题是市侩习气的根本标志，与此对照的则是古代城邦公民完全献身于公共生活。这种市侩习气在他看来乃是中世纪视域的狭隘性在现时代的生活和思维的延伸。他尖锐反对康德将幸福与道德在拟设的上帝中结合起来的实定特点，把康德的上帝看作是他同样要加以批判的实定东西。但是，他之所以否定康德伦理学的这些思路，主要还是因为他把这些思路看作是建构英雄主义—共和主义道德学的一个障碍，看作是现代市侩习气的一种表达。青年黑格尔在此关于古代的印象流变成共和主义未来的乌托邦观念，古代的特征不断地被搬进共和制的特征之中。古代决不是过去的历史时期，而是现时代的鲜活典范。

（五） 基督教的专制与奴役

根据黑格尔的理解，在整个罗马世界引起对一种新宗教即基督教的需要的根本点，就是共和主义和自由生活的终止，是人的一切生活表现的私人化。在这种社会氛围中形成了现代意义上的个体主义：个体仅仅关心他自己狭隘的物质方面和充其量精神方面的需要，感觉自己是社会的孤立原子，他的社会活动只能是一架巨大机器上的一个小齿轮的活动，个体既没有能力也不愿意去看清这架机器的整体、目的和目标。因此，现代个体主义在黑格尔看来同时就是社会分工的一个产物。在这样一个社会就形成了对一种私人宗教即私人生活的宗教的需要。与那些始终面对整个民族的古代宗教相反，基督教的典型特征恰恰在于，它涉及的是单个人和单个人的灵魂的救赎与拯救。

我们从黑格尔将基督教的卑鄙与古代的英雄道德加以

对照的论述中看到，基督教作为私人生活和私人利益的宗教，作为面向单个人的宗教，必定毁灭古代的一切高尚德性。这种宗教创造了一种认为任何英雄气概、任何自我牺牲都表现得荒谬可笑的世界观。对一个只关心自己财产的人来说，为了共同福祉而牺牲生命的英雄行为确实只能表现为荒谬可笑的。青年黑格尔甚至把个体主义的比较精致的、更有文化的自我满足也同样当作一种市侩利己主义的表现而予以拒绝。这样一来，灵魂不朽、永恒幸福的信仰就尤其遭拒绝。古代的共和主义者不需要、也不寻求一种个体性的不朽，因为他们的生命完全化为了共和主义团体。这样一种英雄主义的基础是民众在古代城邦中的主动性。因此，人们在基督教的实定宗教的统治下生活在这样一个社会世界，这个社会世界作为被给予的和完全异己的东西而与人相对置。青年黑格尔对实定宗教、对基督教的憎恨与鄙视在他对革命的欢欣鼓舞中有其最深刻的根源。

（六）"实定性"的意义

宗教的具体历史效应问题的提出，在青年黑格尔的各种思想倾向中构成极其重要的和引人关注的部分。启蒙运动已经比青年黑格尔更加激进和更有见解地反对基督教。但是，启蒙运动，甚至费尔巴哈，没有真正严肃地提出这样的问题：为什么正是基督教成了西方的占统治地位的宗教？费尔巴哈把这个事实接受为给定的历史事实，并试图从一种同样抽象的人的本质推导出基督教，推导出属人的基督教。而青年黑格尔的起点正是从这个问题开始的。他不仅从历史的角度，而且同时与之不可分离地从社会的角度提出宗教的形成问题。历史对青年黑格尔来说就是人的社会活动的历史。

概言之，"实定性"涉及两个彼此紧密结合的思想倾向：其一，整个人类历史，连同在这个历史过程中兴衰起伏的一切社会形式，都是人们的社会活动的产物；其二，它们超出了人们的能力范围，并相对于后者获得一种自身的独立力量、一种独特的客观性。这就开始猜想到了马克思后来称之为"拜物教"的社会对象性问题。因此，历史进程在青年黑格尔的伯尔尼时期是由一种宏大的三一式结构组成的：①人类社会最初的自由和主动性——②这种自由在实定性的统治下的丧失——③失去的自由的重新获得。这种历史哲学与卢梭唯心主义—辩证法的历史观的关联是显而易见的。

二、法兰克福时期（1796—1800 年）

（一）思想的转向

法国大革命的历史发展使得市民社会（或资产阶级社会）迅速成了欧洲各国探讨的中心话题。市民社会就是黑格尔在伯尔尼时期曾批判的由私人构成的社会，并且标志着公共生活和共和精神的消逝与衰落。现在，市民社会的崛起已然成了事实，成了德国知识界和黑格尔必须面对的现实。跟后来的青年马克思如出一辙，正是对市民社会的探讨驱使着黑格尔钻研英国古典经济学。

黑格尔思想在法兰克福时期比在伯尔尼时期有了显著的区别，他现在始终都是从具有个人色彩的生命体验出发的。现在的核心概念从基督教的"实定性"变成了"爱""生命"和"命运"等具有个人体验性质的表达。通过对市民社会的具体问题，对德国的政治和社会现实命运的研究，矛盾观念更加强烈地成为他思想的中心，矛盾更加强烈地被体验为生命的基础和推动力。青年黑格尔的思想危机就在这诸多矛盾中产生了。

黑格尔法兰克福时期的思想危机主要表现在，自由全面的人与市民社会之间的矛盾如何得到解决。在伯尔尼时期，基督教的实定性导致公共生活和共和精神消逝不再，从而产生私人和由私人组成的市民社会。这种市民社会在彼时的黑格尔看来标志着时代的衰落和古典共和主义的颓败。但现在，法国大革命的政治解放带来一个市民社会的崛起，这已然成了具有世界历史意义的事实，成了黑格尔不得不现实地加以面对的问题。青年黑格尔在德国人文主义思想的影响下，提出了迫在眉睫的问题，即如何在市民社会中安放共和主义的政治信念，塑造自由的、整全的和具备古典共和精神的个人。也就是说，他面对的问题不再是如何摒弃基督教和市民社会本身的实定性并复兴古典古代的民主制，而是如何实现人文主义与市民社会的和解。

　　黑格尔这时是以个体与现代市民社会的关系为出发点的，所以伯尔尼时期实定性的老问题再次摆在了他的面前。现代市民社会是由人创造出来的结果，但它的一系列现象、生活方式和制度却带着一种僵死的客观性与个体相对立，阻碍个体的个性发展，抑制人类生活的人文气息。在这个过程中，黑格尔产生了诸多困惑和矛盾，陷入了苦闷和忧郁之中。他在法兰克福时期尝试运用主观的生命、爱等个人体验性的概念来解决矛盾，但最终仍期待在宗教中寻找到归宿。因此，与伯尔尼时期的宗教批判思想相比，黑格尔法兰克福时期的思想具有的典型特征在于，不同于先前他对私人和市民社会的否定态度，他现在以个体及其生命为出发点来看待问题，这是一次非常强烈的转向。在伯尔尼时期，实定性，即基督教和市民社会，在黑格尔看来表现为古典古代衰落的产物，而只有复兴古希腊罗马共和国才能实现这种实定性的扬弃。而现在，黑格尔以个体的生命为出发点看待市民社会。他的问题不再是如何能够砸碎这个实定性的社会，并用古代共和国加以替换，而是个体如何能够在这个社会本身中过上一种扬弃实定性的、属人的生活。因此，社会问题变成了个人—道德的问题，变成了我们应当做什么，我们应当怎样生活的问题。以倾向于康德伦理学的方式，即通过这种个人—道德的问题达到与市民社会的和解，黑格尔试图实现对市民社会的实定性的扬弃。

如果说黑格尔伯尔尼时期的宗教实定性问题仍旧延续了下来的话，那么这种实定性现在被黑格尔从一种更加具体、更加科学也更加矛盾的视角加以转化，变成了生命在市民社会中发挥主导力量而形成的经济学问题。这样一来，黑格尔就从伯尔尼时期的宗教研究转向了法兰克福时期的经济学研究，他要到英国古典经济学那里去寻找克服思想危机的理论资源，这是黑格尔思想发展的又一个重要转折。

（二）爱和命运

黑格尔在法兰克福时期试图凭借"爱""生命"和"命运"等个人体验性的概念来解决他的思想危机。爱对他而言是这样的本原，这种本原扬弃僵死的限制，在人们彼此之间产生鲜活的关系，由此使人自身也变成现实的和鲜活的。爱成了青年黑格尔试图使人文主义与市民社会达成和解的一个中介。

青年黑格尔从对康德道德学的批判入手来论述爱的范畴。在 18 世纪末的德国，思想界已经普遍意识到康德的实践理性可能造成的人的自我分裂，因为康德的道德命令以普遍（应然）与特殊（实然）的对立以及普遍对特殊或者理性对感性的压制为前提和内容。于是，黑格尔这时就尝试通过爱在更高的阶段扬弃普遍与特殊、理性与感性之间的对立，达到人的整全性和生命的统一性。爱是对德性的扬弃和超越。这种爱显然是黑格尔基督教思想的流露，这时他已经以一种更加肯定、更加内在的方式接纳基督教，尽管基督教曾被他在伯尔尼当作实定宗教无情地挞伐。另一方面，爱也表达了德国人文主义—资产阶级学者对成为一种自由的、充分发展的、整全的人的诉求，因为"爱邻如己"乃是这种自由整全的人的必要品格，爱正好弥补市民社会中的个人只关注自身需要和私利的缺陷。

黑格尔强烈地意识到，先前基督教作为实定的宗教已然成为事实，即使不好也必须加以接受，但是，它现在变成非实定的宗教回避现实而逃到人的内心里去却是同样不好的。这就是说，基督教的实定性与基督教的纯粹主观性具有同等的缺陷，黑格尔此时已经洞察到基督教的这种矛盾，并在论述耶稣的命运时展现了这种矛盾。由于他的主要志向是致力于实现个体与现存当下的市民社会的具体现实的和解，所以他日益感受到宗教态度的一种欠缺、一种软弱。于是，接下来黑格尔就试图使基督教的非实定的、鲜活的客观性继续克服和超越爱的单纯主观性。如果说伯尔尼时期的对立主要是基督教的僵死实定性与人的自由主动性之间的对立，因而要克服基督教的实定性，回归主体的非实定的自由本性，那么现在在法兰克福时期则反过来，要超越爱的鲜活主观性达到非实定宗教的鲜活客观性。这里的非实定宗教的鲜活客观性其实就是指在基督教的氛围中实现的个人与市民社会的和解，它既有主观性的鲜活，又有客观的实在性。简言之，扬弃爱达到宗教。

在黑格尔的晦涩文本中，爱和命运互相交织着，呈现出错综复杂的关系。命运构成爱的更高层次，命运作为生命的一种自我侵犯，通过爱得到和解。个体和社会在人与命运的关系中被理解为相互斗争的力量，它们分别作为特殊和普遍通过斗争而在总体的鲜活统一中不断得到革新。在黑格尔当时的手稿和思想中各种对立和矛盾同时并存，互相排斥。

这样一来，黑格尔就在法兰克福时期有了辩证法的真正开端。首要的因素是青年黑格尔在对康德道德学的批判中从方法论上获得的启示。康德独断地假定，市民社会的各种制度、道德律令等不仅能够自在自为地符合理性的要求，而且不可能陷入对立之中。黑格尔反对康德的这两个独断的前提，由此达到了对市民社会的一种辩证理解。黑格尔的"爱的辩证法"，涉及社会关系和制度的僵死客观性与个体的现实生命之间的辩证关系。爱是对僵死客观性即实定性的扬弃和向鲜活主观性的回归，由此形成一种辩证的等级：①思想意识扬弃律令的实定性、客观性；②爱扬弃思想意识的局限；③宗教扬弃爱的局限。

（三）批判康德伦理学

青年黑格尔抗议康德哲学对本性的压制，对人的肢解。当时，这一思潮在当时的德国已经传播得相当广泛。在法兰克福，黑格尔的伦理学研究，即他与康德的对立的中心点，始终仍是剖析市民社会。黑格尔日益坚决地把他的时代看作是过渡危机、普遍的矛盾性和分裂状态的时期。在生活本身中扬弃这些矛盾，乃是哲学的任务。但是，这种扬弃决不应当是遮掩分裂和破碎，缓和或减弱各种矛盾。黑格尔的思维反而日益坚决地向这样的方向逼近，即正好通过突出诸对立的尖锐性和不可解决来达到这些对立的扬弃。黑格尔这时反对康德的出发点在于，康德把现代市民的分裂状态的诸个别环节，即义务与偏好，理性与感性，绝对化了，通过这种绝对化使它们变得僵化，由此使各个矛盾以一种原始的、未展开的因而不可扬弃的方式永久化了。康德道德学的解决方案不仅不是现实的解决方案，而且显示出一种非人性的倾向，这种假的解决方案仅仅导致在通常的生活恶习中还增添了道德的伪善。黑格尔对康德所作的这种客观唯心主义批判，使他对市民社会中人的道德问题产生了一种更加现实主义的理解。

义务冲突问题在这方面是最独特的问题之一。在康德那里，义务律令的履行必须支持市民社会的制度。他独断地假定，市民社会的各种制度、道德律令等不仅能够自在自为地符合理性的要求，而且不可能陷入对立之中。他认为历史的发展就是人类接近理性要求的无限进程。但他对待历史的这种主导思想根本没有对历史发展的各个阶段提供实际的解释，并且从这种思想中得出了一种可以归结为理性与非理性、理性与感性的抽象对抗的过于直线性的历史观。黑格尔的辩证思想克服了康德哲学的这两种僵化。历史发展的各个阶段，在黑格尔的生命概念不断增强的过程中获得一种具体的独立生命，黑格尔日益强烈地致力于分析一个时代在其现实的历史语境中各种具体的社会的关联。

黑格尔不仅把康德完全忽视的所有那些问题看作道德学的核心问题，而且同时努力突显从这些错综交织的冲突中表现出来的人和社会的那些特殊的、矛盾的内容。他揭示了从生活本身的丰富性和多样性中表现出来的各种义务之间冲突的必然性。由于市民社会中的生活日益多样化和复杂化，生活的那种必然地以义务冲突为根据的矛盾性就会增加。在黑格尔的这些考察中，与道德的矛盾性相比，爱和宗教表现为生活统一的原则。对道德学的社会内容的这种追溯，是黑格尔辩证法在发展过程中向前迈出的一大步。

（四）最初的经济学研究

正是在青年黑格尔阐述辩证法的发展与他的经济学研究的具体关系的地方，资料来源中断了。罗森克兰茨曾完整拥有的原始材料全部遗失了。因此，这部分的内容大多是基于零星的转引和主观推断。

在黑格尔试图从哲学上证明市民社会的历史必然性的时期，斯图亚特著作中的大量事实和他对古代经济学与现代经济学差别的阐述对黑格尔产生了深刻的影响。但是，也恰好是斯图亚特的特定局限性和远远落后于亚当·斯密（后可简称为斯密）的见解，更容易被黑格尔理解和接受。劳动问题可能是在黑格尔研究亚当·斯密的过程中第一次出现的，在这个问题中，黑格尔哲学与英国古典经济学的真正相似性就表现出来了。

但在经济学的一个关键问题上，黑格尔终其一生都停留于斯图亚特的观点，而从未达到斯密和李嘉图洞察资本主义的规律性曾达到的高度，这就是剩余劳动和剩余价值问题。他在研究亚当·斯密，研究英国本土经济生活的事实的过程中获得的比较进步的见解，促使他相对清晰地把握并公开地表明资本主义的某些经济矛盾、资本与劳动之间的某些对立。但是，他从未探究现实的资本主义剥削的奥秘，他接近这一奥秘的程度甚至还不如资产阶级的古典学者。

三、耶拿前期（1801—1803 年）

（一） 批判主观唯心主义

黑格尔 1801 年 1 月抵达耶拿。7 月，《费希特与谢林哲学体系的差异》（后简称《差异》）写成。8 月，他完成了他的大学执教资格论文，并在秋季作为编外讲师开始在耶拿大学任教。在同一年，维护客观唯心主义的斗争刊物《哲学批判杂志》由黑格尔和谢林创建起来。《差异》以及他在这份刊物上发表的长篇论文 [《信仰与知识》和《关于自然法权的科学探讨方式》（后简称《论自然法权》）]，都包含着对整个主观唯心主义的一种全面系统的清算。

黑格尔以两种彼此交织的方式来批判以康德、费希特和雅可比等为代表的主观唯心主义者：历史的方式和系统的方式。黑格尔历史地证明，主观唯心主义是必然地从现时代的最深刻问题中形成的，它的历史意义和持久的伟大正在于此。但他同时表明，主观唯心主义除了将时代提出的问题作为问题提出来并把时代问题的疑难转换成思辨哲学的语言之外，不可能走得更远。黑格尔不是想从外部反驳，而是想通过展开费希特没有意识到的主观唯心主义的内部矛盾来克服主观唯心主义。这些矛盾的内部辩证法，即这些矛盾本身的运动所带来的解答，应当可以证明客观唯心主义的必然性。黑格尔努力将哲学中出现的一切矛盾和对立都追溯到生命本身中的矛盾和对立，要证明一切矛盾和对立的源头都在人们的社会生活中。黑格尔的这种倾向不仅是他的历史主义的根源，而且也是他关于矛盾及其扬弃的特殊理解的根源。

黑格尔在《差异》中对客观唯心主义的理解仍大致遵循的是谢林的论述。谢林原初形式的客观唯心主义，即先验哲学与自然哲学的并列地位和同等级别，仍表现为对主观唯心主义的克服。我们把耶拿时期的黑格尔看作是谢林的先验哲学与自然哲学相互协调的维护者。但在 1803 年的《论自然法权》中，黑格尔宣告了他后来独特的哲学路线，即精神高于自然。

首先需要强调的是，诸个别对象和关联向绝对者的提升，在黑格尔那里不仅意味着它们的具体特性的消灭，而且意味着这些特性的保存。其次则是各个范畴现实的、辩证的关联，即对所谓低级的、更加切近经验的范畴的独立性和现实性的尊重。在谢林那里，绝对者与相对的预备阶段越是神秘地分离开，这些预备阶段就越是被他漠不关心地、任意地、更少辩证地加以探讨。反之，在黑格尔那里却日益清晰地呈现相反的倾向。费希特以绝对者（自我）为出发点并从那里逐渐以演绎的方式下降到经验，谢林总是沉迷于类似的建构方法，而黑格尔耶拿时期的发展倾向却是，从经验范畴逐步通过其内部辩证法的展开上升到更高的复杂范畴。谢林哲学结构的形式主义日益强烈地驱使他进入一种非历史主义，甚至反历史主义，相反，黑格尔则阐发了对历史问题的日益深刻的理解。

（二）反对抽象的伦理学原则

黑格尔在耶拿时期不再仅仅研究康德伦理学的一些与他自己的问题有交集的个别问题，而是将主观唯心主义的整个实践哲学置于一种全面的批判考察之下。现在，这一批判同他对康德、费希特和雅可比的一般观点的批判处于紧密的关联之中。黑格尔把他们的道德哲学的不可实现看作是他们世界观的错误性和片面性的直接结果。

黑格尔对康德和费希特提出了我们从他的法兰克福时期的批判中就已熟知的指责，即这种道德学意味着专制而不是自由，遵循这种道德学必然导致伪善。黑格尔在他对康德和费希特的一般批判中表明，他们的方法只能达到空洞抽象的应当，达到坏的无限进展。主观唯心主义诉诸人的最高贵和最崇高的情感，诉诸人与超感性世界通过纯粹的伦理学建立的关联，总体上并没有给黑格尔留下什么印象。相反，他对此仅仅评价道：超感性世界不过是对感性世界的逃避。康德和费希特主观唯心主义的自由向往，在黑格尔看来仅仅是没有能力现实地和辩证地把握社会在其现实运动中的具体总体。他把这种自由向往看作是一种"非凡的高傲"。

费希特立场的弱点从黑格尔的批判看是一目了然的。但是，在对费希特的自由概念进行哲学评判的时候也不要忽视，他的自由概念是作为德国革命的意识形态表达形成的。虽然他以一种抽象的唯心主义的方式夸大了自由与现实之间的对立，但在这种夸大背后也隐藏着对社会状况的现实主义理解。在德国，法国大革命直到那时为止还丝毫没有改变封建主义的残余，只有拿破仑的入侵才在德国的一些地方肃清了封建主义的某些残余，然后迫使普鲁士发起了一场改革运动。因此，法国大革命的自由要求事实上与德国的现实处于一种极其罕见的对立之中，这种情况在费希特的哲学中被唯心主义地、过分地宣称为适用于理解任何时代任何社会的现实。不言而喻，法国大革命及其主观唯心主义理论家例如费希特的自由要求在德国没有得到实现。此外，费希特还属于激进民主的法国大革命追随者之列，这些追随者想要看到自由和平等的概念也能被运用到私有财产问题上。他们的这些尝试必定比法国的巴贝夫的企图更加天真和粗陋，并以失败告终。

因此，费希特与黑格尔之间的对立反映的是这个时代的一种世界历史性的重大对立：一方面，资产阶级社会事实上是从法国大革命和英国工业革命的风暴中产生的，黑格尔哲学这时想要赋予资产阶级社会的这种具体实存以一种哲学的表达；另一方面，不论是英国工业革命还是法国大革命都无法实现民主形式的资产阶级社会，它们在任何地方都没有以革命运动的民主代表们所追求和期盼的一种彻底的激进立场扫除封建残余。因此，资产阶级民主革命从这个角度看对西欧来说仍没有结束。费希特的主观唯心主义给了世界历史状况的这个方面以一种极端主观主义的哲学表达。由于哲学斗争在德国发生，而资产阶级革命的实现在德国还无从谈起，资产阶级革命只能是一种遥远的未来远景，自由只存在于"自我"之中，所以这种对立更加得到增强。因此，费希特和黑格尔双方都带着某种片面性，各自代表这种世界历史性对立的一方。如果我们追寻西欧民主革命后来的发展就会明白，双方中的任何一方都没能达到对革命本身和由革命形成的资产阶级社会的一种真正正确的理解。

（三）历史观

只有在黑格尔放弃雅各宾派复兴古代的幻想以后，而现代资产阶级社会的辩证法问题困扰着他的时候，他的历史哲学才开始形成。自此以后，历史发展与哲学体系的辩证关联就构成了黑格尔思维的一个核心问题。人的个体性与由人的社会产物构成的客观系统之间辩证的紧张关系在这里显露出来，这对黑格尔来说是现代市民社会的基本问题，是他的历史哲学的基本问题。

黑格尔毫无保留地赞同法国大革命实现的资产阶级内容，即建立现代资产阶级社会和清除封建特权，他也历史地将罗伯斯庇尔的雅各宾派专政评价为实行这种世界历史转变的一个必要工具。但是，一旦这个时期的极端民主派逾越了这种资产阶级社会的界限，他的反对也是非常显著的。

黑格尔对晚近历史的这种理解意味着对他自己青年时代通过革命重返古代的梦想的最终清算。他的新历史观并不仅仅以认识近代的特殊特征为核心问题，这些特征自法兰克福时期以来就已不再单纯被理解为蜕变的特征。相反，黑格尔现在的观念依据的是对整个历史的一种统一理解。古代城邦的瓦解本身历史地看不仅是必然的，而且从这种瓦解中发展出了一种更高的社会原则。因此，在黑格尔历史哲学中，古代最终丧失了原有的特殊地位。

分离古代与现代的新原则是个体性的原则，更准确地说，是人格在其个别性中拥有绝对价值的原则。黑格尔在伯尔尼时期就已看到，人类生活的那种伴随着古代城邦民主制的衰落而出现的私人化，已经导致个体性的发展，导致现代意义上的个体主义。但是，当时他纯粹否定地看待这种私人化的过程。法兰克福危机正是在于，黑格尔开始放弃对实定性的生硬反对。我们已经指出，实定性的观念在黑格尔那里是如何明显地历史化的，一种兼具进步和反动特征的日益复杂的辩证法又是如何进入实定性概念的。这种辩证法之所以得到发展，是因为黑格尔开始越来越清楚地看到，现代社会的实定领域同样是人的活动的产物，这些领域在与人的积极性持续不断的相互作用中形成和消亡，发展和僵化；它们对黑格尔而言不再表现为人的一种业已完成的、给定的、客观的"命运"。

（四）经济哲学

在黑格尔那里重要的不在于他在真正的经济学领域所做的原创性研究（这在当时的德国根本是不可能的），而在于他利用了最成熟的经济学成就用于认识社会问题，并且开始发现和阐释那些隐藏在这些社会状况中的具有哲学普遍性的辩证范畴。

17—18世纪的重要思想家在他们的著作中涵盖了社会科学的所有领域，威廉·配第、詹姆斯·斯图亚特、亚当·斯密等重要经济学家的著作远远超出狭义经济学的界限而一再论及各个领域的关联。只有研究经济学与哲学之间这种相互影响的历史之后，我们才能准确地规定黑格尔将经济学成果运用于哲学领域的程度。可惜马克思主义哲学史几乎根本没有研究过这个问题。

由于费希特将社会和自然界仅仅看作道德的人即"本体的人"的一个抽象活动领域，这个活动领域对道德坚持一种抽象的否定性，僵化地与道德的人的积极性相对置，所以他不会想到进一步研究这个领域特殊的固有规律。康德读过斯密的著作，并且通过这些著作获得了现代市民社会的某些观念，但是当他把他的这种认识运用于历史哲学时，他就只能作出一些完全抽象的对置。

黑格尔最早在《伦理体系》中记下了他的经济学观点，这本著作意味着他用谢林的概念体系来做试验的顶峰。《论自然法权》的文章和1803/04年讲稿、尤其是1805/06年讲稿的相关论述，则更加成熟。这些讲稿代表着《精神现象学》之前黑格尔耶拿经济学研究的最成熟形式，也代表着他辩证系统地揭示从最简单的劳动范畴到宗教和哲学问题的尝试。概言之，在黑格尔的经济哲学中，他将劳动与人的自我实现关联起来，在个人劳动和普遍劳动的关系中探讨劳动的社会化和人自身的社会化问题。他揭示了劳动分工和机器大生产带来的异化问题，但他同时又看到工业社会和商业文明给人的发展和自由带来的契机。他还从劳动中看到主客体统一、E—B—A等辩证法思想，给其后来成熟体系的建立奠定了坚实基础。

（五）劳动与目的论

黑格尔对人类劳动的具体分析扬弃了因果性与目的论的悖谬对立，也就是说，它表明人的有意识的目的设定（Zwecksetzung）在整个因果关系的范围内占有何种具体位置。人类关于自然的因果关系的认识的广度和深度是由人类劳动中的目的设定决定的。人更多地认识自然的因果关系，以便更多地使自然为自己劳动。通过这种目的设定，人就赋予对象一种不同的形式和一种不同的功能，赋予自然力不同的方向和作用方式。

自由与必然的关系，构成黑格尔目的论考察的中心点，并且与此相关地构成他对人的活动的分析的中心点。黑格尔的看法表明，正是历史生活表现为自由的现实活动领域，表现为自由与必然的辩证法的战场。"理性的狡计"是指，虽然人们创造他们自己的历史，历史事件的现实动机就存在于人的激情，存在于他们个体性的、利己主义的企图之中，但从这些单个激情的总体中产生出某种与行动着人们的愿望和追求不同的总方向（Hauptrichtung），而这个不同的总方向决不意味着某种偶然的东西，毋宁说正是在其中，历史的规律性，即"历史中的理性""精神"显现出来。这种必然性是从人们的行动、愿望和激情中产生出来的，从这些因素中自由与必然的辩证法得出与人们在行动中为自己设定目标相比不同的结果，而且是更普遍和更高级的结果。因此，黑格尔的自由与必然的具体辩证法正是在于，人们的这些个体性的激情、这些自私自利的企图必然地促使历史发展进程的实现，这些因素的结果与人们直接意图的东西相比，必然体现得不同，而且更多。

黑格尔对实践东西的理解总是预设了人与客观现实的一种相互作用。通过不断提高自身的活动能力和水平，人们就在客体那里不断发现新的规定，并不断将其带进与人的活动的相互作用中。社会中人的活动的系统变得越复杂，这个具有各种客观规定的世界就变得越大，因而其客观性的倾向就变得越强。

（六）"伦理东西中的悲剧"

复兴古代的希望的破灭，给黑格尔带来了法兰克福思想危机。黑格尔当时希望，拿破仑会找到解决时代问题的新的解决方案，资本主义将表现为新的英雄主义时代的物质基础。这些在《精神现象学》中曾有郑重其事表达的新希望，由于拿破仑的失败而再次破灭。黑格尔对新时代的希望，随着最终涌入的资本主义的乏味，而被一种深切的听天由命、一种现实主义的逆来顺受所取代。

黑格尔完全赞同斯密关于物质生产力的发展是一种必要的和向前的发展的观点，甚至在文化的意义上也是如此，因为他在斯密和李嘉图的意义上使现代的更加高级、更加成熟和更有才智的个体性形式与物质生产力的这种发展紧密地关联起来。他像斯密和李嘉图一样断然反对关于这种发展的所有浪漫主义的悲叹，而视之为仅仅注重个别而不注重整体的可怜感伤主义。但他同时看到，通过资本主义所实现的生产力的发展而产生的人的类型，是对人类发展迄今为止业已形成的一切伟大、高尚和卓越在实践上的否定。社会的进步与人性的贬抑的这种必然结合和必然矛盾，这种用人性的贬抑换取社会进步的做法，就是"伦理东西中的悲剧"的真正核心。

但是，我们还远远没有由此穷尽"伦理东西中的悲剧"

的哲学形态。我们目前主要诉诸的是黑格尔说出的矛盾性的内容方面和他的表述方式。在"伦理东西中的悲剧"中特殊形式的神秘化还将这种悲剧理解为人和社会的存在的光明方面与隐蔽的黑暗力量的斗争。这种"隐蔽的东西"在黑格尔那里有非常不同的表现形式。属于这种"隐蔽的东西"的首先是家庭。他既看到由克瑞翁代表的国家法制观点必定获得绝对胜利的历史必然性，也同样承认安提戈涅和她的观点所代表的社会状态在伦理上的优越性。这种公正，这种在两个相互抵牾的部分中所作的关于正当与不正当的辩证权衡，不仅表明是对这部不朽戏剧的一种出色分析，而且表达了进步带来的矛盾性。我们还知道黑格尔的隐蔽之物的另一种具有社会内容的表现形式，这就是构成一个统一且固有的体系的经济生活的捉摸不透的力量（"看不见的手"）。黑格尔总是拥有这样的幻想，即用国家活动驯服经济力量。

四、耶拿后期（1803—1807 年）

（一）《精神现象学》的结构

《精神现象学》的任务在于，给普通意识提供一架梯子以便它攀升到哲学观点。但黑格尔不是抽象地在方法论上而是以一种深刻的历史具体性把握这个问题的：每个个体必须经历的从普通意识到哲学意识的道路，同时也是人类发展的道路，是人类一切经验的浓缩和概括，并且从这种观点看它自身就体现了历史的进程本身。

现象学的起点是个体的感性意识。社会的所有形式对这种个体来说都直接地是某种业已完成的给定东西、某种完全独立于他的定在东西。当个体以个体性的方式遍历客观现实的直接知觉直到理性以后，他就经历了人类迄今为止所有阶段的历史。但他还没有经历作为人类所认识的历史的人类历史，而是经历了作为一系列不同的人的命运的人类历史。通过个体意识获得理性就在于，个体逐渐将社会和历史的现实特性当作人类自身共同塑造的某种东西加以认识。

意识在获得类经验，即达到客观精神以后，就认识到历史是现实的历史，认识到社会及其发展不再是某种僵死的事物或令人害怕的命运，而是人类自身活动和实践的产物。但是，这种认识如果被当作人生初途的直截了当的结论，就会是空洞的和抽象的。因此，这样被提升到对社会和历史的本质的现实认识的个体意识，必须再次经历类的发展的整个过程。

现在从这种通过认识现实的历史来获得全部类经验的观点出发，个体意识就达到了绝对认识的阶段。从这个最高阶段出发，意识这时就获得了对迄今为止的整个历史的一种回顾。意识通过在历史中认识、整理和收集绝对真理的各个环节，就达到了对历史的运动规律的确切认识，达到了对现实性的辩证法的认识。精神经历这些环节也就达到了对它自己的确切认识。所以，在这里历史进程第三次重复进行。但是，在这里历史进程不再是现实的历史，而是人类确切地用概念把握现实的各种努力的一次总结，表现为艺术、宗教和哲学。概括地讲，这就是《精神现象学》的结构的基本思想。

我们将根据黑格尔后来在《哲学全书》中的术语主观精神、客观精神和绝对精神来描述这条道路的各个具体阶段：

1. 主观精神　第I—V章：意识、自我意识、理性；
2. 客观精神　第VI章：精神；
3. 绝对精神　第VII—VIII章：宗教、绝对知识。

1. 主观精神

主观精神阐述个体意识从对世界的单纯直接知觉这个最低阶段到理性这个最高范畴的发展。这整个发展过程的共同特点在于，个体意识不论是在其最高阶段还是最低阶段，在哪里遇到的都是一个异己的、业已完成的外部世界。个体意识在与外部世界的斗争和相互作用中提升到越来越高的阶段。个体意识在理论和实践上的劳作在于，要逐步把握它与外部世界的各种关系，因而要在一个漫长的充满斗争的历史进程中从意识向自我意识，再从自我意识向理性进一步发展，要不断把实体转变为主体。

由于在这一运动背后起作用的是社会发展的客观范畴，这些范畴客观地构成诸个体自身的社会活动的关联——尽管行动着的个人并不知晓——所以这个过程具有一种明确的趋势，即虚假意识向正确意识转变的趋势，个体关于他们的活动的社会特性的意识、关于社会作为他们的活动的全部产物的意识逐渐形成的趋势。其实，现实的客观范畴片刻也不会停止客观地实存并发挥作用。它们只是在这第一阶段构成悄无声息的或带有敌意的、不断运动的、但从未被"意识诸形态"（Gestalten des Bewußtseins）把握的背景。它们是自在地存在的和起作用的，而不是对精神的这个发展阶段的直接主体的意识而言存在的。精神还没有在人身上认识到自己是精神。《精神现象学》独特的阐述方式就在于，个体性的意识诸形态不可能看到的客观范畴与主观范畴的关联，但对读者而言却是清楚明白的。黑格尔指的是从一种更高的立场出发考察人类的这条发展道路的哲学读者。

个体意识通向越来越高级的发展道路（意识——自我意识——理性），它发展得越高级，它与这个外化的现实之间的冲突就越发严重，越发具有悲剧性，以至于它从这些悲剧性的冲突出发，把以前自在存在着的精神（客观性与主观性在人类的实践和经验中的统一）转变为一种自为存在着的、自己认识自己的精神。

2. **客观精神**

黑格尔由此就使个体意识达到了一个新的阶段，在这个阶段，个体意识能够把握自己的历史，把握人类在其现实中的历史。因此，现在从意识的这个刚刚艰难地达到的发展阶段出发，现实的历史进程要再次得到重述。当然，这种重述这时已经是以一种完全不同的方式进行的了。我们现在立于现实历史的地基之上了。虽然最初阶段的历史发展本身同样是历史性的，但由于意识对待现实的特殊现象学态度，真正的历史性还没有出现。客观精神涉及的是现实的人类历史，但并不是全部的历史，而是在人类及其关于自身的意识的发展中真正具有划时代意义的重大危机和历史转折点。这个阶段包括：

A. 真正的精神，伦理（古代社会及其瓦解）；

B. 异化的精神，教化（市民社会的形成，启蒙运动中的意识形态危机和法国大革命的世界危机）；

C. 自我确信的精神，道德（黑格尔关于拿破仑统治下的德国的乌托邦，德国古典时期的诗歌和哲学作为拿破仑时期世界危机解决方案的最高意识形态形式）。

第一阶段的发展过程在第二阶段这个更高的层面经过改动而得到重复。意识与一个完全异己的对象世界的直接关系，发展到意识开始看清，它在外化中，在社会对象性中获得了它的客观基础。也是现在，才开始了从直接性到完全外化的道路。

因此，我们要对在黑格尔思想中自法兰克福危机以来占据核心地位的问题，即现代市民社会的形成问题，作总结性的阐述。这一任务在于，（1）揭示古代社会是如何必然瓦解的，（2）揭示市民社会的各种充满矛盾的形式作为人类发展的更高阶段是如何从这种瓦解中形成的，（3）最后则揭示黑格尔打算如何寻求这个市民社会的各个矛盾的和解。

3. 绝对精神

现实的社会—历史运动上在第二阶段结尾处已经达到某种静止状态。在第三个最高的阶段，意识再次从头到尾贯穿历史。但这个阶段在某种意义上不再是任何现实的历史。精神客观地实现了自身，成为艺术、宗教和哲学。

现在，黑格尔从这个业已达到的阶段对整个迄今为止的历史作了一个"回顾"。如果说在第一阶段，现实的历史在某种程度上是在意识的诸形态背后发生的，如果说在第二阶段，世界的诸形态是世界历史剧的诸演员，在这出戏剧中精神从形态到形态地向前发展达到自身，那么，现在在第三阶段，诉说的则是作为业已完成的过程的世界历史的伟大史诗。

与这种"回忆"（Er-innerung）的观点相适应，黑格尔强调这里再也没有任何在内容上新的东西出现。世界历史自身随着精神在社会客观性中的自我发现而得到完成。绝对知识，即哲学，所能拥有的一切内容都不是从它们自身而是从现实本身产生的，是从精神的自我确立的历史过程产生的。绝对精神决不提供现实历史发展过程所没有的任何东西，它仅仅从哲学上充分澄清现实历史发展过程业已产生的东西。曾经引导并规定历史斗争，但并没有被这些斗争的剧中英雄自身所认识的各种关联和规律性，在这里被清楚地意识到了。这不是一种非历史的或超历史的考察方式，而是立足于从现在业已达到的更高观点对整个历史过程的扼要重述。因此，人类历史发展过程的扼要重述同时就是意识为达到它的最高发展阶段，为获得在哲学的科学中恰当地用概念把握世界的能力所作的斗争。

（二）"外化"概念

新的概念"外化"（Entäußerung）或"异化"（Entfremdung）现在取代了旧的概念"实定性"。如果说实定性是社会产物、对象和事物的一种属性，那么外化就是人的一种活动，通过这种活动，特殊的社会产物和人的活动的对象在社会中形成并获得它们的独特对象性。黑格尔在法兰克福的思想危机，促使他对实定性产生了一种更加历史、更加辩证的理解。现代制度并非一开始就是僵化和实定的，而是要反复进行具体的研究，看某种东西是怎样变成实定的，看人的社会实践与社会制度之间的关系是怎样历史地具体地发生变化。他日益意识到，在人的社会实践中，原初的直接性、自然的东西要被克服并且必须被克服，要被人的劳动创造出来的一系列产物所替代；这种劳动不仅创造这些社会对象，并且也改造人的主体，因为它也扬弃主体中原初的直接性，使主体异于自身。这样一来，"外化"就取代"实定性"，成了黑格尔哲学的一个核心概念。

黑格尔的外化概念可以区分为三个阶段：第一阶段的外化是指与人的一切劳动、一切经济和社会活动结合着的复杂的主客关系。历史被理解为通过社会化的人的实践产生的辩证的、矛盾的、充满交互作用的人类发展过程，即外化过程。第二阶段的外化涉及的是马克思后来称之为"拜物教"的特殊资本主义形式的外化。在黑格尔这里已经出现了这样的倾向，即要把经济—社会的产物和关系具有的偶像化的客观性还原为人，还原为人与人之间的社会关系。第三阶段的外化则包含超越外化而返回自身的辩证环节。简言之，外化内含有内化，反之亦然。"回忆"就是对主体的外化的返回运动的表达。

历史过程作为整体有一个目标，这个目标就是它的自我扬弃，是它向主客同一体的返回。历史过程的起点和终点本身也必定重合起来，也就是说，历史的终点必定预先存在于它的起点中。这个终点就是绝对精神，而且绝对精神在达到它的顶峰时就是绝对知识，即哲学。历史由此就成了这样一种运动，这种运动虽然在现实中应当作为过程进行，但它的真正完成只有事后在哲学中，在对道路的概念性把握中才能实现。因此，历史就被转变成从一开始就现成存在于它的主体即精神中的一种目标的单纯实现，同时，历史自己的内在性就扬弃了自身：不是历史本身就包含着它现实的固有规律和自身运动，而是所有这些都只有在把握历史和扬弃历史的科学中，在绝对知识中才达到现实的实存。因此，正是精神创造了历史。马克思在理解资本主义的劳动异化的基础上，把黑格尔的外化总体上当作现象学和整个唯心主义辩证法的中心概念进行了批判。

卢卡奇的这部研究巨著至今仍堪称黑格尔研究的上乘之作，是探讨青年黑格尔及其与马克思主义发展史的理论渊源的一部不可多得的经典。抛开书中时而夹杂的意识形态纷争不谈，卢卡奇在研究中对青年黑格尔的文献版本和文本内容的钻研和精通，对当时学界的研究动态的把握，体现了他深厚扎实的学术功底和严谨求实的学术态度。他在整个德国古典哲学和文学的宏大视域中对青年黑格尔的思想发展过程条分缕析，娓娓道来，既有充分广阔的理论视野，又有睿智深邃的思想深度。卢卡奇以文本为依据详细考证了黑格尔客观唯心主义哲学和辩证法的形成和发展，为黑格尔研究和历史唯物主义研究做出了重要贡献。他提倡经济学与哲学的关联性研究，为哲学研究提供了重要的方法论和新的研究方向，至今仍具有现实的前瞻性和指导性。

然而，《青年黑格尔》出版之后，在同时代乃至现时代的西方学界都遭遇到了尴尬的处境，哲学界对它反映冷淡，且多是毁多誉少。我国的卢卡奇研究偏重于《历史与阶级意识》，也没有给予《青年黑格尔》足够的重视。至今除王玖兴先生在 1963 年选译的《青年黑格尔》节译本之外，国内尚未出现完整的译本。国内学界对卢卡奇始终不减的研究热情与我们所编译的卢卡奇著作的完备程度是很不协调的，这在很大程度上折射出我们在马克思主义思想理论研究基础方面的薄弱和欠缺。

当然，如果要挑卢卡奇这部著作的缺点其实也不难。例如，他"以马解黑"的风格和他对西方其他学者的过于意识形态化的批判可能会令一些人反感，他在研究中似乎有意地过滤掉了青年黑格尔的《耶稣传》，以免与他的论证推演相抵牾，他对作为黑格尔最早建立哲学体系的尝试的《耶拿体系草稿》及其与《哲学全书》的关系，并未从哲学的角度加以论述，等等。然而，这些瑕疵仍不足以掩盖《青年黑格尔》的智慧和光芒。

本书是根据卢卡奇的德文原版翻译成中文的。在编辑校对过程中，本人得到了中央编译出版社编辑们的大力帮助和支持，特此表示衷心的感谢。本书翻译的错误和纰漏在所难免，敬请读者批评指正。

张东辉

2024 年 10 月 24 日

于复旦大学八号楼

序　言

本书完成于 1938 年秋末。由于不久后就爆发了战争，它延迟了多年才出版。在 1947—1948 年间有可能付印的时候，我曾对原稿进行过一次彻底的审订。然而，由于我另有种种琐务，在校订时只能参考 1938 年后出版的黑格尔研究文献中的一小部分。现在由德意志民主共和国发行的这个新版本付印之前，我曾再度审阅全书，但除文字上有某些润色之外，内容上几乎没有作改动。

关于我撰写本书所持的方法论观点，读者在导论里就会看到详情。即使在这方面，我也看不出有任何理由要修改我十六年前的论述。法国现在有人企图在生存主义—非理性主义的意义上将黑格尔"现代化"，例如，首先伊波利特在他著名的著作里就是如此，但这些企图丝毫也不足以促使我改变我的论述，甚至连对它加点补充的必要都没有。我对帝国主义时期黑格尔主义的原则性批判，也涉及对法国人的黑格尔新诠释的努力的批判，尽管不言而喻，法国的这样一种"黑格尔复兴"不论是在外在条件还是在内在条件上都必定在诸多方面与德国的有所不同。

对阅读我的其他的常常是后来撰写的著作的德国读者来说，在这里需要作几点说明。我对青年黑格尔思想发展的表述，在好些方面补充了我在其他论著里关于德国哲学史和文学史试图阐述的内容。例如，首先，在本书里就有我在《理性的毁灭》中谈论的非理性主义的"古典"时期的一个实证对应面；同样的斗争，在那本书里作为反对谢林及其追随者的斗争得到分析，在本书里则表现为黑格尔对非理性主义的批判和克服，当然，这种批判纯然是出于消极—批判的动机，为的是创立他自己新的唯心主义—辩证的方法。但是，两部著作的相互补充还不止于此。只有在这本黑格尔论著里，我们才能积极地说明：为什么正是黑格尔哲学成为这个时代的非理性主义者的强敌，为什么这些非理性主义者有理由把黑格尔当作他们时代的资产阶级进步哲学的最典型代表加以反对，同时，为什么他们在批判历史主义辩证法时能在黑格尔的唯心主义错误和局限里找到真实的依据，找到某种相对中肯的批判借口。因此，对黑格尔青年时期思想发展的陈述和批判也说明，为什么在科学社会主义作为非理性主义的劲敌出现以后，非理性主义在谢林青年时期还拥有的哲学确信也就必定连同尼采一起完全销声匿迹了。为了完全理解马克思在德国思想发展中的作用，不仅是直接的而且有时是非常间接的作用，先对黑格尔的伟大及其局限作一种实事求是的认识，是绝对必要的。

　　这个问题对于理解鼎盛时期的德国文学也是同样重要的。我在探讨荷尔德林或海涅的论文中，首先在探讨歌德《浮士德》的那些论文中，已经从德国文学创作的观点出发指出过这些关系。现在，《精神现象学》在本书中居于重要地位，在这方面自然也不免要揭示它与《浮士德》在思想和观念上的亲缘关系，所以，留心的读者也许就会从中获得一种对我以前发表的歌德作品分析不无裨益的补充，当然那种分析反过来对本书也必是一种补充。在德国进步文学的几乎一切问题上都有类似的情况。由于对反动的浪漫派作意识形态的清算是德国文学史的一个中心问题，由于浪漫派的代表愈反动得厉害，就愈是受到过分的歌颂，又由于帝国主义时期的德国文学史，在它没有以公开的和好战的反动姿态出现的时候，试图取消德国古典文学与浪漫派之间的对立，所以，在思想上确立正确的关系，乃是一项重要的科学任务。

　　而这项任务同时又是一项立即转化为普遍文化政策的任务。在德意志民族正在寻找它的道路，而德国知识分子中的重要成员们还没有决定究竟愿意采取前进的方向还是后退的方向的时代，对过去时代的思想斗争的正确洞见，同时也就是对未来的指南。我一向致力于借助我的哲学著作和文学史著作来促进这些伟大任务的完成。我认为，说 *11* 明黑格尔哲学本身及其与他当时的进步倾向和反动倾向的关系，同样可以有助于更好地阐明这个如此重要且现实的问题。

在这样的意识形态抉择中，如何理解马克思的问题就起着决定性的作用。不仅如何理解马克思作为思想家、政治家、哲学家、经济学家和历史学家是重要的，而且如何理解马克思对德国文化的过去和现在的意义同样是非常重要的。托马斯·曼在差不多三十年前写道："我说过，只有马克思当初读过荷尔德林，作了一场即便是停留于概念的会面，德国才会获益，才会发现其自身。我忘了补充一句，片面的见识必定不会有什么结果。"这段话本身就是一个大有前途的文化纲领；特别是，假如人们——就像我在本书和其他地方所尝试的那样——能够重新认识真正的荷尔德林的话。但是，如果以为这个文化纲领已经在德意志民族有了哪怕只是某种程度的实现，那就是一种危险的幻想。德国广大等级的文化意识忽视马克思的作用，仍是一个极其重大的弱点，这个弱点每时每刻都表现在德国生活的一切领域。比别的民族客观上缺少革命传统的德意志民族，决不可如此大方，随便舍弃这一核心价值。

有很多道路通往这个目标。其中一条就是，揭示马克思毕生著作的特殊的德国根源，从而阐明马克思与从莱辛到海涅、从莱布尼茨到黑格尔和费尔巴哈这一进步的德国发展过程如何密切地发生关联，马克思的著作从思想结构到文字形式如何深刻地充满德国精神。而对黑格尔进行正确的历史分析——这一分析从一开始就从马克思的角度出发来考察和诠释黑格尔——对解决这项任务也能有所贡献。

　　当然，本书首先是关于哲学和哲学史的事实及关联的科学研究。它的价值取决于它在多大程度上对这些问题作了一种比至今这方面的研究更多的阐明。但任何认识都不是孤立的。对黑格尔思想发展的正确认识，提出了我们上文简单概述的所有问题，并且本书也有意于在这些方向上作出说明。至于是成功还是失败，则不是我本人能够判定的。但是，我有义务把我的意图明白地告诉读者。

　　　　　　　　　　　　　　　　　布达佩斯，1954 年 1 月

目录

导　论

德国古典哲学的形成和发展史是马克思主义哲学史的一个重要而尚未彻底澄清的问题。虽然马克思主义经典作家已一再指出这个问题的极端重要性，虽然恩格斯已把康德、费希特和黑格尔列为革命的工人运动的哲学先驱，虽然马克思、恩格斯和列宁已在不同的深刻论著里对这一复杂史实的核心问题作了极好的审视，但这段历史仍远远没有被研究透彻。

我们从来还没有对这些问题作过具体的历史说明，没有对现有的事实和文本作过具体的分析，没有对这一发展过程中错误的和误导性的最重要资产阶级理论作过坚决彻底的批判。

在资产阶级学术界，德国古典哲学的形成和发展史长期以来是根据黑格尔本人的天才的、尽管唯心主义地歪曲了的并且在有些方面程式化了的理解来解释的。黑格尔天才的历史思想在于确立起各个哲学体系相互之间内在的、辩证的关联。他是把哲学史从哲学轶事和哲人传记的汇编，从对于个别哲学家的个别观点的正确或错误的形而上学论断提高到了一门真正历史科学的高度的第一人。就德国古典哲学史而言，这种思想意味着：黑格尔把康德的"先验哲学"和"批判"哲学看作是这段兴盛的辩证唯心主义哲学的起点，而合理地将他自己的体系视为其顶峰和终结。他凭借高度锐利的眼光，通过深入地研究辩证法中最重要的问题（如自在之物及其可知性、二律背反和矛盾学说等），指出了从康德体系的矛盾和不彻底性如何产生出费希特的核心问题，从费希特的矛盾和没有解决的问题又如何进一步发展出谢林的和后来他自己的哲学。

14　　　这一切都包含着很多真理和对马克思主义哲学史而言重要的东西。但由于黑格尔作为客观唯心主义者把哲学视为概念的自身运动，他就不得不把各种关联头脚倒置，在这里也不例外。虽然恩格斯曾反复指出，任何个别的哲学体系都是与它之前的哲学没有解决的问题关联着的，但作为唯物主义的辩证法家，他一再指明，这种纯粹哲学的关联仅仅体现了现实关联的表面现象，哲学史必须落实到现实的、更深层的客观基础之上。如果哲学史的直接显现方式，就像黑格尔本人所做的那样，被唯心主义地绝对化为各种个别哲学体系的"问题史的""内在的"连续发生的过程，那么，由此在这些关联的确立中存在的合理内核，也就必定以夸大和歪曲的形式表现出来。这在黑格尔本人那里已经导致这样的后果，即这一时期真实哲学史的不均衡性和错纵交织，以及真实历史过程在现实中的非常复杂的反映，也必定被忽视了，而那些辩证地把握自然科学的发展成果的科学尝试，就被归结为少数几个——当然非常重要的——范畴的"内在"关联。

由此就产生了一种把握哲学史的诸关联的程式，这种程式在后来资产阶级哲学走向没落的过程中导致对历史的一种完全非科学的歪曲和篡改。

到"第二国际"时期，这种对哲学史的程式化和"内在化"的理解也影响到了马克思主义者例如普列汉诺夫和梅林的理解。孟什维克化的唯心主义哲学史观非常强烈地受到了黑格尔哲学史观中的错误和缺点的影响。只有通过克服这些错误，认识列宁—斯大林时期马克思主义所代表的哲学进步，尤其是通过研究列宁的哲学著作，我们才能够对这些问题也坚定地采取马克思列宁主义立场。在德国古典哲学的这一段历史里，当我们对它的发展过程进行批判研究时，最近几十年新发现和出版的马克思、恩格斯的著作同样也起到了决定性的作用。

在资产阶级哲学本身中，黑格尔的哲学史构想在1848年资产阶级革命失败以后就维持不下去了。早在这个时期以前，就已出现了很多比黑格尔低得多的敌视现实历史的思想。在这些非历史的思想中最重要的是阿图尔·叔本华的思想，他的思想在1848年革命以后才产生了广泛的影响。叔本华的基本思想在于，他认为费希特、谢林和黑格尔要超越康德的矛盾的那些尝试是一种误入歧途。按照叔本华

15

的观点，哲学应该返回到唯一正确的方法，即返回到康德的方法；而其他一切全都只是各种欺骗、空洞废话、江湖骗术。于是，一方面，叔本华取消了德国古典哲学全部的辩证发展并要求恢复对现实的形而上学理解；另一方面，他"清除了"康德本人在唯物主义方向上的一切摇摆不定，把康德与贝克莱归为一类（赫尔巴特虽然有另一种不同类型的哲学，但在有些方面也产生了类似的影响）。

这种基本上意味着完全取消德国古典哲学的历史的见解，在后来出现的新康德学派那里表现得更加庸俗。这种情况在利布曼的著作（1865 年的《康德和他的追随者》等）中可以看得最显著。借助利布曼，德国的这样一种新康德主义在哲学上就占了上风，这种新康德主义把康德打扮成一个百分之百的主观主义者和不可知论者，把一切试图认识独立于意识之外的客观现实的努力都视为"非科学的形而上学"而加以拒绝。因此，在新康德主义中奉行的是哲学史的叔本华路线，即认为康德以后的哲学是脱离康德唯一正确的主观主义路线的一种深远的误入歧途，只不过更加乏味，没有了叔本华富有诗意的谩骂。黑格尔被当成了"死狗"。

这种理解主导着 19 世纪中叶的绝大多数论述德国古典哲学史特别是黑格尔的著作。当然，在这一时期还有黑格尔主义的一些民族自由主义化和庸俗化的少量残余。他们的见解体现在库诺·费舍尔和埃德曼的著名哲学史里。但这个时期出版的论述黑格尔的最重要著作，要算是鲁道夫·海姆的一本厚重的小书，它反对黑格尔的客观主义和辩证法的"非科学性"。

只有到了帝国主义时期，对德国古典哲学的研究才重新开始。自由主义的新康德主义越来越不能满足帝国主义时期德国资产阶级的意识形态。一些思潮势力越来越大，它们固然不能触动新康德主义不可知论的基础，但竭力谋求客观唯心主义的反动复兴（浪漫派的复兴、"生命哲学"、胡塞尔的"现象学"、狄尔泰的"实在心理学"等）。在与这些反动思潮的密切关联中产生了德国古典哲学的复兴，首先就是黑格尔的复兴，而德国古典哲学的历史问题也就密切相关地被提出来了，它倾向于既要超越后期黑格尔主义者的程式化，又要超越正统的新康德主义者方面的全盘否定。

因此，帝国主义时期古典哲学的"复兴"决不是黑格尔辩证法的革新或发展，决不是黑格尔历史主义的具体化，而是利用黑格尔哲学来对新康德主义进行帝国主义—反动的改造服务的一种企图。因此，新黑格尔主义起初的理论家与历史学家的论战，主要在于反对黑格尔式微时期那些使康德与黑格尔相互排斥相互对置的论据。帝国主义时期的新黑格尔主义，完全无视黑格尔对康德的主观主义和不可知论所作的那种深刻而具有毁灭性的批判。这种新黑格尔主义的基本论题是：德国古典哲学的统一，尤其是康德与费希特的统一。这一派的所有哲学家（文德尔班、艾宾豪斯、布伦斯泰德，等等），都竭力证明黑格尔哲学里的所有问题都已在康德那里存在，黑格尔只不过把在康德那里无意识的和不明确地存在的所有东西变成有意识的和明确的罢了。由此就出现了这样一种历史观，这种历史观仅从外表上看是黑格尔论述德国古典哲学发展过程的模式的一种重复和复兴，但实际上更多地包含全部唯心主义的和从黑格尔程式化的结构中产生出来的错误。而事实上这种思想是与黑格尔的思想完全相反的。黑格尔本人对他的所有哲学前辈都就他们的不合于客观唯心主义和辩证法的错误进行了严厉批判，但同时有力地强调了其中含有提出和解决辩证问题的萌芽的那些特征，并按照其历史意义给予了应有的尊重；而帝国主义时期的新黑格尔学派走的却是一条相反的道路。他们从黑格尔回到康德，也就是说，他们只承认黑格尔的与康德的不可知论不谋而合的东西。他们把整个德国古典哲学的发展史降低到康德的水平。这种倾向还可以在战后的新黑格尔主义——它还有其他更加公开的反动动机——那里看得清清楚楚。格洛克纳，这位新版《黑格尔全集》的主编、战后新黑格尔主义的领袖之一，就曾在第一届黑格尔年会上明确表示："今天德国的黑格尔问题首先就是康德问题。"

　　我们在这里只能简略地指出对黑格尔的理解发生的这种转变的普遍阶级基础和政治背景。让我们作一个对比，也许可以阐明这种改变。如果说海姆当时反对黑格尔哲学的客观主义和辩证法，那么他在这方面的主要倾向是自由主义的倾向，当然已经带有国家自由主义的倾向。由于他完全不理解黑格尔思想的辩证性质，所以他认为黑格尔的观点无论如何都是反动的，并且认为排除了黑格尔哲学就可以促进自由的意识形态的形成。帝国主义时期的著名历史学家迈内克——他与德国西南部的新康德学派（文德尔班、李凯尔特）有密切联系——则把黑格尔哲学视为俾斯麦的政治学和国家观的先行者。因此，黑格尔主义的复兴就与下述事实密切相关：在德国的资产阶级中，那些对俾斯麦式的帝国基础、对德国宪政的假立宪的反动特性的反抗已经完全熄灭了，而这些反抗在海姆时代尽管已经畏首畏尾时断时续，却还是活着的。新黑格尔主义据说会促进与德国的国家形式达成具体的、积极的和充分的"和解"的世界观。由此可见，在新黑格尔主义的方方面面突出显现的必定恰恰是黑格尔哲学的那些反动的思想动机。

　　但是，这样一些反动的思想动机当然不仅仅来自于直接的政治—历史领域。我们到现在为止探讨的新黑格尔主义者通过把新康德主义的有效范围扩展到德国古典哲学的全部历史，竭力谋求对新康德主义的一种拓展和现代化。然而，这还远远不能满足帝国主义时期反动意识形态的一切需要。我们已经谈到，非理性主义、"生命哲学"的思潮日益重要。狄尔泰式的黑格尔主义复兴所取得的巨大声望，恰恰就是与下列情况相关联的，即黑格尔的辩证法在这里已沿着非理性主义的哲学方向被篡改了。就这一方面来说，狄尔泰关于青年黑格尔的专著（1906 年）意味着德国人对黑格尔的理解的一个转折点。而从哲学史的角度看，重要的是，狄尔泰迎合浪漫派的帝国主义—反动的复兴倾向的地方在于，他——无视甚至歪曲最重要的历史事实——把黑格尔与哲学的浪漫派密切联系起来。

战后时期的新黑格尔主义走的基本上都是狄尔泰所标示的那条道路，当然它也利用了新黑格尔主义其他流派的哲学成果。克洛纳在他的那本对新黑格尔主义后期发展具有决定意义的著作《从康德到黑格尔》中说："辩证法就是业已变成方法、变得合乎理性的非理性主义。"这些新黑格尔主义者的普遍努力，就像克洛纳、格罗克纳等在历届黑格尔年会上所清晰反映出来的那样，在于借助黑格尔的"和解"，并表面地运用黑格尔的哲学史方法，来完成现时代全部哲学流派（包括法西斯主义流派在内）的一种"综合"。

这整个发展过程始于狄尔泰的专门研究青年黑格尔的专著，决非偶然。狄尔泰臆想在黑格尔思想发展的过渡时期，特别是在这个过渡的危机时刻发现了某些思想动机，这些思想动机促使他有理由对黑格尔哲学作非理性主义—神秘主义的解释。很久以前，他就已经相应地篡改了黑格尔这一青年时期的朋友和伙伴荷尔德林的思想（对于他这样反动地篡改荷尔德林的做法，我曾在评论他的《海波利翁》的文章中作过详细的批判。[①]）。狄尔泰对黑格尔哲学的非理性主义理解促成了某些倾向，即德国的黑格尔主义返

---

① 见拙著《歌德和他的时代》，建设出版社，柏林 1950 年。

回来重新解释黑格尔。著名的黑格尔主义美学家费舍尔在他的后期转而反对他自己的黑格尔开端，并建立了一种非理性主义的神秘主义理论与黑格尔的辩证法相对峙。狄尔泰现在就用这种理论转而解释黑格尔哲学①。

狄尔泰对黑格尔的看法，如我们上文所见，对新黑格尔主义的后期发展起到了决定性的作用。所以，原来在费舍尔或海姆那里只扮演次要角色的青年黑格尔形象，开始越来越变成了黑格尔主义研究的兴趣中心。黑格尔的那些大部分不是为发表而写的草稿和笔记，被越来越热切地解释为：通过这些材料，一位"真正德国的"哲学家形象，即神秘主义—非理性主义的、为法西斯主义所欢迎的哲学家形象，才能形成。黑林的黑格尔专著，标志着这个发展的顶峰（第I卷，1929年）。

虽然德国哲学史对黑格尔的篡改在这里达到了高峰，但这个运动也带来了好处：黑格尔青年时期的那些迄今散乱的、隐蔽的、被人遗忘的手稿终于编辑出版了。以这种方式，我们就开始在一定程度上掌握黑格尔青年时期思想发展的材料。

我把这些出版物中最重要的材料列举如下，我们在本书具体研究黑格尔青年时期思想发展时必须不断地引证它们：

---

① 关于这些关联，请参看拙文《马克思与费舍尔》载《美学史论文集》，建设出版社，柏林1953年。

（1）《黑格尔青年时期的神学著作集》，图宾根
1907年，赫尔曼·诺尔编（以下简称"诺尔版"）；

（2）《德国宪政》和《伦理体系》，载《黑格尔政
治学和法哲学著作集》，莱比锡1923年，拉松编（以
下简称"拉松版"）；

（3）《黑格尔耶拿时期的逻辑学、形而上学和自然
哲学》，莱比锡1923年，拉松编（以下简称《耶拿逻
辑学》）；

20

（4）《耶拿时期的实在哲学》，系《精神现象学》
稍前的黑格尔讲演稿，莱比锡1931年，两卷本，霍夫
迈斯特编（以下简称《实在哲学》）；

（5）《黑格尔思想发展文献集》，斯图加特1936
年，霍夫迈斯特编（以下简称"霍夫迈斯特版"）。

所有这些出版物构成一批相当丰富的关于黑格尔辩证
法形成史的资料，而这些资料至今还根本没有得到利用。
研究这段形成史的工作，在有些地方可以很方便，因为在
编纂出版这些文献的时候已经做了很多语文学的研究。诺
尔、霍夫迈斯特、黑林、罗森茨魏格等人曾经利用信件和
手稿的可靠日期对黑格尔的手稿进行了精确的年谱研究。
他们首先确定黑格尔笔迹发生变化的确切年月，然后以此
为依据，一部分确切地、一部分大概地标明各个手稿的日
期。因此，在我们无法复核这些日期以前，凡在哲学内容
上不发生重大疑问的地方，我们也就以这个年谱作为我们

的研究基础。

　　然而，这远非意味着我们已经总体上或者在科学利用的状态占有了黑格尔青年时期思想发展的所有文献。原先出版黑格尔遗著的人在处理这些材料时的轻率和粗疏，达到了惊人的程度。有一部分黑格尔最重要的手稿，比如他在法兰克福时期最早的经济学手稿，特别是关于斯图亚特著作的重要评注，显然已经无可弥补地遗失了。我们将会在第二章清楚看到，正是这一部分手稿的遗失对研究黑格尔经济思想的发展意味着怎样的损失。罗森克兰茨还曾收藏过这部分手稿，可惜他完全不知道经济学对黑格尔的观点具有的意义，所以单单依靠他的评论我们根本无法想象黑格尔的经济思想。因此，恰恰在黑格尔思想发展的一个决定性的转折点，我们依据的只是从零星散乱的评论拼凑出来的结果和推论，以及从后期的著作倒推出来的结论。

　　但即便在罗森克兰茨全部地或部分地编辑出版的手稿中，科学研究的基础也是很不牢靠的。比如说，他在撰写黑格尔的生平时——当然只是部分地——出版了黑格尔在伯尔尼时期的历史学笔记和耶拿时期的哲学评论，却完全没说明相关的评论处于这两个时期的哪个阶段。确定这一点，对曾亲眼见过手稿的他来说并不会太难。今天，在手稿遗失以后，也就只得靠联想推断了。已经出版的那些评论，对研究黑格尔的思想发展具有极大的甚至决定性的客观价值。例如，伯尔尼笔记包含一些对法国大革命的评论。在这里非常重要的是，要准确地确定这些评论的年月时间，以便认准黑格尔对待这些问题的态度的各个具体阶段，例如，认准这些评论直接反应的是法国大革命的哪些事件。辨别耶拿时期哲学笔记的确切年月，就更重要了。众所周知，黑格尔在耶拿最初与谢林联合起来反对康德和费希特，到后来在《精神现象学》的序言里却连谢林本人也一起反对了。耶拿的这些笔记包含对谢林的学生们甚至对谢林本人的批判性评论。显然，如果我们能准确地了解黑格尔尖锐批判谢林的时间点，确定他尚未出面公开反对谢林的时间，那么，黑格尔青年时期的思想发展就会比今天的——客观地讲只是可能的——断定具体得多。因此，人们在利用这类材料的时候，就只能将笼统的发生时期视为可靠的基础。

不过，尽管有这么多的漏洞和缺陷，我们毕竟还是掌握了相对大量的黑格尔青年时期思想发展的材料。而且，由于法西斯主义化的新黑格尔主义已经利用这个时期把黑格尔变成了一个适合法西斯口味的非理性主义者，所以，根据历史事实对这些篡改历史的做法加以驳斥，就并非是一项无关紧要的任务。当"最新的学术界"利用马克思主义者至今还根本没有研究黑格尔青年时期的思想发展这种状况，甚至使它的论调渗透进了马克思主义的著作里去的时候，这项任务就变得更加重要了。比如在 1931 年纪念黑格尔逝世一百周年的时候，假马克思主义者就曾一字不改地把狄尔泰对黑格尔青年时期思想发展的观点搬过来加以传播。

但是，我们对黑格尔青年时期思想发展的兴趣并不仅
限于通过论战来摧毁法西斯主义的历史谎言。如果人们以
马克思主义的眼光来考察这段思想发展过程，就必定会看
到这涉及的乃是德国辩证法形成史的一个极其重要的阶段。
认清黑格尔达到他的观点的各条道路，对正确地以马克思
主义的立场理解黑格尔成熟时期的著作来说也并非是无关
紧要的。况且这样一来，他看待他的先驱康德、费希特和
谢林的立场就能得到比过去所作的更加具体的说明。关于
他与浪漫派的关系的传闻，表明完全是捕风捉影，毫无根
据。一句话，如果我们追溯黑格尔体系的形成史，如果我
们不像黑格尔本人在哲学史论著里所做的那样只把谢林的
成熟著作与他的成熟著作直接关联起来加以对照而不研究
双方的发生经过，那么我们对后期黑格尔的理解就会深透
得多，这对一名马克思主义者来说是同样清楚明白的。

但黑格尔哲学的发展史同时提出了一些重大的历史问
题，通过这些历史问题就能为德国古典哲学的发展以及其
中的辩证方法向黑格尔辩证法的发展确立普遍的基础。本
书并不做这样的要求，即提出这个牵涉到黑格尔个人发展
的整个跨度的极其庞大的问题，而是仅限于讨论他个人发
展的一个组成因素，即社会—历史的发展。

因为在德国古典哲学的辩证法的形成过程里，当时在
各门自然科学中笼罩着的发展危机，那些动摇了以前的自
然科学基础的极其重要的发现，包括新兴的化学科学的产
生，各门自然科学中发生学问题的提出等，起着一种决定

性的作用。恩格斯在他论费尔巴哈的书中，非常详细地描绘了自然科学的这种变革如何影响到形而上学思维的危机，如何迫使哲学走向辩证地把握现实的方向。

这个非常重要的发展过程，就其全部而言至今还没有真正有过研究。资产阶级的哲学史长期以来都以傲慢的态度俯视德国古典哲学中的"自然哲学的思辨"。在 19 世纪中期和末期，只有马克思和恩格斯清晰地看出这个时期的实际问题并给予评价，尽管这一时期不仅存在唯心主义的表现形式，而且经常存在荒谬的神秘主义的表现形式。恩格斯在《反杜林论》的序言里就此写道：

> 同卡尔·福格特之流的愚蠢的庸人一起去攻击旧的自然哲学，比评价它的历史意义要容易得多。旧的自然哲学包含许多谬见和空想，可是并不比当时经验的非哲学理论包含得多，至于它还包含许多有见识和合理的东西，那么自从进化论传播之后这已开始为人们所了解……自然哲学家与自觉的辩证的自然科学的关系，就像空想主义者与现代共产主义的关系一样。①

对这些关联进行马克思主义研究，要以具备全部自然科学

---

① 中文见恩格斯：《反杜林论》，载《马克思恩格斯文集》第 9 卷，人民出版社 2009 年，第 14 页，脚注。——译注

具体发展史的广博精深的知识为前提。本书作者认为自己连初步探索这些问题的能力都没有。但借助这些评论，可以使读者认识到本研究必然存在的片面性和有待补充的缺陷性。

这种补充之所以是必要的、重要的和现实的，不仅仅是出于上述理由。我们还必须提出另外一个理由，即当代帝国主义时期的反动哲学比它的先行者对待自然哲学的态度要肯定得多。然而，这一转变只会使问题变得更加混乱和歪曲。因为如今肯定自然哲学价值的那些人，恰恰从自然哲学中搬出荒谬的、玄奥的、在科学上反动的东西来，并且想以这种方式利用自然哲学作为反对科学自然观的斗争手段。研究当时自然科学的发展与辩证方法的形成之间的现实关联，同时也是一场反对法西斯主义及其先驱的反科学理论的斗争。

我们的研究将探讨德国古典哲学辩证法的形成史的另一个同样非常重要的问题域，即探讨这一时期重大政治—社会事件，尤其是法国大革命及其后果，对德国辩证思维方式的产生所起的作用。

法国大革命对德国的影响史也是一个还没有充分研究的领域。资产阶级的历史科学，特别是 1848 年以后的历史科学，总是竭力要把德国生活里的一切革命的—民主的努力完全忘掉。关于很多直接参加法国大革命的德国人，我们今天已经知之甚少。格奥尔格·福斯特是其中唯一还没被我们完全忘记的人，这是因为他作为自然科学家和政论

24

家在他响应革命以前就已出名，而对于他的活动和他的著作至今也还缺少真正马克思主义的研究。但福斯特只是众多德国人中的一个，只有对这一事实进行了既广泛又深刻的探究，我们才有可能真正概览法国大革命的影响。当然，我们还必须研究广大人民群众的情绪。例如，从歌德的回忆录——虽然他的措辞极端谨慎——就可以清晰地看出，德国公共舆论是如何深切为法国事件所激荡的。

但从事这样一种研究决不允许忘记，当时德国无论在经济—社会方面还是在政治方面都是多么落后。德国人对法国大革命的一些具体言论和立场，必须始终从这个观点出发来考察。因此，人们不可把在法国本土作为实际阶级斗争的必然结果而形成和发展的那些政治范畴，直接地机械地套用到对落后的德国发生的这些事件的意识形态反映中去。例如，大家记得，在法国，即使吉伦特派也长时期参加雅各宾派俱乐部的集会，而只有到现实阶级斗争尖锐化了以后，两个党派才开始真正明确地区别开来。因此，如果想用法国大革命的政治标签来标示某些具体德国人的立场和言论，那就是机械的和错误的；法国的那样一种实际的社会分化，很久以后才在德国形成起来。

此外，还有另外一个非常重要的问题，即德国资产阶级革命的核心问题。我们知道，列宁曾经指出建立德意志的民族统一是德国这一次革命的核心问题。这时，德国人对法国大革命的欢欣鼓舞必然地使德国的民族情感空前高涨，强烈渴求消除封建—绝对主义邦国的分崩离析和民族的虚弱无力，深切渴望一个自由统一的德国。可是，这些倾向的世界历史基础在自身包含着不可解决的矛盾。马克思在论西班牙人反抗拿破仑的解放战争时写道：在其中，如同这个时代的任何类似的解放运动一样，"反动与再生是一对孪生子"，马克思的这个深刻论断对当时的德国来说是完全正确的。一方面，法兰西共和国的革命战争必然转化为侵略战争。即使拿破仑的入侵，特别是在莱茵地区的侵略，废除了封建残余，从而客观上完成了资产阶级革命的任务，但这些侵略战争必定同时也加深了德意志民族的四分五裂和国力衰微；另一方面，由于德国的社会发展落后，各种民族运动充满了反动的神秘主义。这些民族运动没有能力以革命的方式摆脱各邦王侯的羁绊，以便进而组织反抗拿破仑侵略的民主和民族抵抗运动。它们甚至软弱到连这个问题都没有能力提出来，而是企图以联盟的形式在普鲁士和奥地利等邦的反动君主制的领导下进行民族抵抗。因此，它们带着历史的必然性，必定在客观上助长了拿破仑失败以后统治整个德国的反动势力。

这些客观矛盾可以在这个时期的所有杰出的德国人的生活、思想和行动中发现。不论是像施泰因、格奈泽瑙或沙恩霍斯特这样的军人和政治家，或是像歌德和席勒这样的诗人，或是像费希特和黑格尔这样的哲学家，他们的毕生事业都笼罩着这些矛盾及其不可消除性。

因此，对于这一时期的历史阐述，承担着一项复杂的和双重的任务，即始终要同时铭记伟大的世界历史事件和它在落后德国的歪曲反映。关于这种关联，马克思在《德意志意识形态》中谈论康德时说得很清楚。他发现在康德的思想里有"以现实的阶级利益为依据的法国自由主义在德国"的一种回响；并且他立即补充说，在这里，由于德国的落后，问题在本质上就被歪曲了。马克思说：

> 因此，康德把这种理论的表达与它所表达的利益割裂开来，并把法国资产阶级意志的有物质动机的规定变为"自由意志"、自在和自为的意志、人类意志的纯粹自我规定，从而就把这种意志变成纯粹思想上的概念规定和道德假设。①

马克思在这里以无比尖锐的眼光发现了这种哲学在德国的发展之所以必定是唯心主义发展的根本原因之一。马克思由此同样尖锐和明晰地指出，唯心主义哲学对这些问题必然要进行那些不可避免的歪曲。

然而，决不能说凭借对德国古典哲学唯心主义特征的这样一种发生学的推导，凭借对它的唯心主义弱点的这样一种有力的批判，哲学史上这一时期的历史问题就得到了解决。马克思本人在其《关于费尔巴哈的提纲》中就曾着重指出古典唯心主义的积极方面。他在批评了旧唯物主义

---

① 原文无出处。中文见马克思、恩格斯：《德意志意识形态》，载《马克思恩格斯全集》第3卷，人民出版社1960年，第213页。——译注

的单纯直观性以后说道："因此，结果竟是这样，和唯物主义相反，唯心主义却把能动的方面发展了，但只是抽象地发展了，因为唯心主义当然是不知道现实的、感性的活动本身的。"①

由此马克思就阐明了对黑格尔哲学进行正确有效的、真正历史的批判的基本原则。这样的批判是他本人在青年时期的著作中进行的，数十年以后，列宁在他对黑格尔著作的天才评论里也同样进行过了。

因此，研究德国古典哲学的历史学家的任务在于具体地找出这个"能动的方面"对辩证法所起的有效作用。同时他还必须表明，由于重大世界历史事件在落后德国的反映而从实际的人的能动性中如何产生了这种唯心主义的抽象，同时能动性、运动等的某些普遍原理又如何在现实的这种抽象的且部分歪曲的反映中以天才的方式被把握到。因为，如果哲学史家的任务只限于确定德国落后状况的消极后果，那就未免太简单、片面和有局限了。德国古典哲学赋予人的思想所起的世界历史作用，也是历史事实，这种历史事实同样必定以马克思主义的方式从当时具体的社会环境中推导出来。

马克思和恩格斯就这样批判了德国古典哲学。然而，在"第二国际"期间，就连他们在这一方面的传统也丧失

①　原文无出处。中文见马克思：《关于费尔巴哈的提纲》，载《马克思恩格斯文集》第 1 卷，人民出版社 2009 年，第 503 页，脚注。——译注

掉了。在这方面，也是只有到了列宁才重新接受、创新和发展马克思的路线。列宁关于他同时代人对康德的批判写道：

> 1. 普列汉诺夫对康德主义（以及一般不可知论）进行批判，从庸俗唯物主义的观点出发，多于从辩证唯物主义的观点出发，因为他只是肤浅地驳斥它们的议论，而不是纠正（像黑格尔纠正康德那样）这些议论，不是加深、概括、扩大它们，指出一切概念和任何概念的联系和过渡。2. 马克思主义者们（在20世纪初）对康德主义者和休谟主义者进行批判，按照费尔巴哈的方式（和按照路德维希·毕希纳的方式）多于按照黑格尔的方式。①

显然，列宁的这些重要评论在全部内容上也涉及对黑格尔哲学进行历史的和批判的研究的方法论。

恩格斯在一封信中曾经精彩地且有说服力地证明，哲学领域的领导地位如何相继地从英国转到法国，又从法国转到德国，而且在哲学领域里也并不总是经济和社会最发达的国家扮演统领的角色；在具体国家，决非经济发展的高峰同时也就是哲学发展的高峰；因此，在哲学领域占支

---

① 原文无出处。中文见列宁：《黑格尔〈逻辑学〉一书摘要》，载《列宁全集》第55卷，人民出版社1990年，第150页。——译注

配地位的也是不均衡的发展规律。

德国古典哲学硕果累累且独具匠心，是与它在思想上反映了这个时期的伟大世界事件密切相关的。同样，它的那些不仅表现在一般的唯心主义方法上，而且表现在个别论点的具体阐述上的不足之处，也是当时落后德国的反映。我们必须从这种非常复杂的相互作用中，将德国古典哲学发展中的鲜活的辩证关联突显出来。

我们反复指出，我们在本书里必须研究其在思想上的反映的核心历史事件，包括法国大革命和在法国继之而起的伟大阶级斗争及其对德国国内问题的影响。一般可以说，28这一时期伟大的意识形态代表人物越是关心具有世界历史意义的国际事件，他们也就越伟大。在德国民族民主革命的不可解除的矛盾上，费希特的哲学内在地无计可施。歌德的文学、黑格尔的《精神现象学》和《逻辑学》则相反，它们自问世以来就对整个意识形态的发展起着决定性的作用。

然而，黑格尔在这一发展中的立场，他对这一时期最伟大的具有重大世界史意义的事件的定位，还具有一种别样的特征，这一特征使他在哲学领域与他的一切同时代人区别开来。黑格尔不仅在德国对法国大革命和拿破仑时代持有最高超和最公正的见解，而且他同时是唯一一位曾认真探讨英国工业革命的问题，并把英国古典经济学的问题与哲学问题及辩证法问题联系起来的德国思想家。马克思在《德意志意识形态》中指出，在法国唯物主义者那里经济学思想如何获得了一种抽象—哲学的表述，这种表述符合正在准备革命的资产阶级在意识形态方面的需要。他进一步指出，后来这些思想又如何回到英国，以便在那里获得一种在经济学上更加具体的表述，然而这种表述在已经占统治地位的资产阶级意识形态家手里却必然导致一种彻底的、哲学的庸俗化（参看马克思关于边沁的论述①）。另一方面，针对资本主义不断上升的社会和经济影响所持的形形色色的反对意见，乃是引发浪漫派的最重要因素之一。黑格尔在辩证地把握这些问题的时候，既不同于边沁的庸俗，也不同于浪漫派错误反动的"深刻"，毋宁说他致力于在思想上把握资本主义的现实内部结构及其当前的现实推动力，并探究资本主义运动的辩证法。

　　如果要把黑格尔哲学的这种倾向仅仅局限于他明确直接地探讨资本主义社会各种问题的那些评论上，那就错了。毋宁说，这一探讨决定着他的哲学体系的整个结构以及他的辩证法的特性和伟大。正是在这里包含着他的哲学和他的辩证法比他同时代人优越的最重要根源之一。我们的研究提出这样的任务，即提示性地，至少概略性地揭示青年黑格尔思想发展的这种相互作用。我们的研究将指明，在他思想发展的紧要关头，即在他对伟大的法国大革命的革命理想产生迷惑的时候，正是他对政治经济学和英国经济

---

① 原文无出处。中文见马克思、恩格斯：《德意志意识形态》，载《马克思恩格斯全集》第3卷，人民出版社1960年，第478—484页。——译注

状况的探讨给他提供了使他走出这个迷宫而找到他通往辩证法的道路的指南针。我们还试图在那里具体揭示，把握经济问题对青年黑格尔有意识的辩证思维的形成具有怎样重大的意义。

这样理解黑格尔哲学，只不过是将马克思的天才理解用于说明黑格尔青年时期的思想发展的一个尝试，马克思在他的《1844年经济学哲学手稿》中曾明确说明他的这种理解：

> 黑格尔的现象学……的伟大之处首先在于，黑格尔把人的自我产生看作一个过程……他抓住了劳动的本质，把对象性的人、现实的因而是真实的人理解为人自己的劳动的结果。①

马克思在这里表明，黑格尔哲学在多大程度上是一场类似于英国古典经济学的思想运动。当然，在英国古典经济学中，资产阶级社会的具体问题表现为其具体的经济规律性，而黑格尔只是对市民社会②的普遍原则给出了抽象的（唯心主义的）反映；但另一方面，黑格尔是唯一一个把握

---

① 原文无出处。中文见马克思：《1844年经济学哲学手稿》，载《马克思恩格斯文集》第1卷，人民出版社2009年，第205页。——译注
② 此处德文原文为 bürgerliche Gesellschaft，我们在本书中一般译作"市民社会"，并根据具体情况，有时也译作"资产阶级社会"。但值得注意的是，在很多情况下往往是两种含义兼而有之。——译注

这一思想运动的辩证性质并从这里开始发展出普遍的辩证法的人（我必须再次提醒读者，这一切，正如我们已经强调的，仅涉及黑格尔辩证法的形成的一个方面）。

通过我们到目前为止的论述，读者就会明白，关于人类社会的这种卓越的辩证观，正是一种唯心主义的辩证法，它带有唯心主义必然要添加到辩证观中去的所有缺陷、局限和歪曲。本书的任务就是要具体地揭示黑格尔辩证法的形成在其各个阶段的重要方面与薄弱方面的生动的相互作用。笔者希望不久就能见到这样一些作品问世，这些作品会补充和更正本书的历史追问的片面性，并探讨自然科学对黑格尔辩证法产生的影响。只有这样的作品问世以后，黑格尔的思想发展才能以其整体性清楚全面地呈现在我们面前。它们将对本书中由于其追问的片面性而必然产生的一些缺陷提出更正和改善。不过，笔者仍然希望，他所阐述的黑格尔思想发展——只要从迄今已知的材料来看是可理解的——在其基本特征上是正确的。

如果我们的研究达到了它的上述目的，它就突显出了哲学史的一种方法论观点，这种观点的意义将远甚于展示黑格尔青年时期思想发展的正确理解。我们指的是经济学与哲学、经济学与辩证法的内在关联。我们已经看到，哲学史的阐述为了发掘和阐释更加深刻的关联，越来越强烈地被迫使着在时间的长河中超越狭义的哲学问题域，而将注意力转移到人类思想在其广泛的总体性中科学地把握具体现实的历史发展上来。当然，在科学地把握具体现实方面，自然科学过去居于首要地位，现在仍是如此。作为一方面的自然科学，与作为另一方面的哲学方法论、认识论和逻辑学，两者之间相互作用的研究，也并不是没有取得过重要成果，只是这种研究确实经常遭受失败，因为它把康德或贝克莱—休谟的不可知论当作顶峰，当作方法论的标准，因而漫不经心地把哲学上有意识的，甚至是唯心主义的辩证法（德国自然哲学）与从自然科学的实践中发展出来而在认识论上未经说明的辩证法（拉马克、达尔文等）之间错综复杂的相互关系忽略掉了。相反，哲学与对社会现象的思想把握之间的方法论关系，至今几乎完全没有被人研究。

　　我们认为，这并非偶然。原因就在于社会关系本身和它的发展之中。在资产阶级经济学成立之初，这门新兴科学的伟大代表们，一方面认为经济学是社会生活的基础科学，另一方面带着正确而天真的坦率把经济范畴看作是人与人之间的关系，而到后来，资本主义的发展以客观必然性日益推行的对经济范畴的偶像崇拜，更深入和更果敢地渗透到社会科学的方法论中去。社会科学的方法论越来越专门地使用这类受到崇拜的范畴，而不去钻研人与人之间的关系（不去钻研以这种关系为中介的人与自然之间的关系）。与这种发展相并列，特别是由于这种发展，资产阶级经济学就由社会生活的基础科学变成了众多严格专门化的单一科学中的一门科学。现在，既然哲学也主要走了这条通向单门科学的专门化的道路，就可以理解，哲学家们根本想不到可以在方法论上通过特别地研究经济范畴的发展来丰富自己。

我们再说一遍：早期的经济学家对待这个问题的态度完全不同。加利安尼说："价值就是个人之间的一种关系"，而经济范畴的这种性质在李嘉图学派解体的时期还被像霍吉斯金这样的人有意识地大力强调。不过，这项重要的认识只是半个真理。当马克思援引了上述加利安尼的话时，他这样评论道："所以他本应该添加一句说：在物的外衣下隐藏着的关系"；马克思在批判地分析霍吉斯金的时候论述如下：

　　所以，霍吉斯金用另外的话说：劳动的一定社会形式的作用被认为是由物，由这一劳动的产品造成的；关系本身被幻想为物的形式。我们已经看到，这是以商品生产，以交换价值为基础的劳动所固有的特点，这种混淆表现在商品上和货币上（霍吉斯金没有看到这一点），而且以更高的程度表现在资本上。物作为劳动过程的对象的因素所产生的作用，被认为是由这些作为资本的物造成的，就像这些物在自己的人格化中，在对劳动的独立性中所具有的作用一样。假如它们不再以这种异化的形式和劳动相对立，它们就不再能够产生这种作用。资本家作为资本家只不过是资本的人格化，是与劳动相对立的具有自己的意志、具有人格的劳动产物。霍吉斯金认为这纯粹是主观的幻想，在这种幻想后面隐藏着剥削阶级的欺诈和利益。他没有看到这种思考方式是怎样从现实关系本身中产生的，没有看到后者不是前者的表现，而是相反。① 　*32*

　　这样，我们由此就置身于经济范畴与哲学范畴的相互关系的中心了：社会科学的辩证范畴表现为这样一种辩证法的思想反映，这种辩证法客观地、独立于人的知识和意志之外地表现于人的生活之中，它的客观性使社会现实变成"第二自然"。此外，进一步的反思表明，正是在经济学的这种辩证法中，如果正确理解的话，把人与人之间最原始最基本最起决定作用的关系呈现出来；正是在这片园地上，社会生活的辩证法可以以其未被歪曲的方式得到研究。所以，辩证唯物主义的诞生——从知识学的立场看——与经济生活的这种辩证法的发现出于同时，这决非偶然。恩格斯在《德法年鉴》中论述经济范畴的那个"天才的大纲"和马克思的《1844 年经济学哲学手稿》，都明确地标志着这个开端。同时，马克思的著作一方面分析了古典经济学家的观点的辩证本质，另一方面又分析了黑格尔《精神现象学》的经济基础，这也决非偶然。

　　正如读者将会看到的，马克思的这些论述对我们的研究是决定性的。而我们之所以关于这些论述谈得比较详细，

---

　　① 　马克思：《剩余价值理论》，第 III 卷，斯图加特 1921 年，第 354—355 页。（中文见《马克思恩格斯全集》第 35 卷，人民出版社 2013 年，第 276—277 页。——译注）

也是因为在这里开启了一扇卓有成效地在方法论上拓展哲学史的大门。我们在本书中研究黑格尔经济学观点的发展与他的纯粹哲学的辩证法之间的相互关系，希望能够借助于这一新视角，科学地发现那些还没认识或至今尚未正确看待的关联。

但是，这种问法仅适用于黑格尔吗？他是唯一在其毕生鸿著中给予经济学以重要地位的大思想家吗？任何懂得英国哲学的人都将立即坚决否定地答复这样的问题。他知道霍布斯与威廉·配第的关系，知道洛克、贝克莱—休谟也是经济学家，而亚当·斯密也是哲学家，知道曼德维尔的社会观是与他的经济学见解根本分不开的，等等。但同时他也知道，洛克的经济学与认识论之间的方法论关联是一个至今还没有研究过的领域，也知道现有的文献都只限于以传记的形式将经济学与哲学集于思想家一身，然后又把这位思想家分成两个相关的思想家，对其各自的活动领域并列地加以探讨。

不言而喻，这样的关联并非只存在于英国哲学之中。自柏拉图和亚里士多德以来，甚至自赫拉克利特以来，几乎没有一个世界性的思想家，没有一个真正的哲学家曾完全无视这一系列的问题。当然，下列情况决非必然，即对人与人的关系——这些关系在近代已经变成专门的经济科学的研究对象，被相关思想家有意识地理解为经济学的特殊问题——的探讨，只要以某种形式成为问题，就足够了。

以我之见，这里展现在我们眼前的是哲学史的一个极其丰饶的全新领域。因此，我怀揣这样的希望来结束这篇导论，希望这个领域很快会得到大力开拓，并且其他更全面的著作很快能够超越揭示这样的关联的这一初步尝试。

第一章　青年黑格尔的共和主义时期
（伯尔尼 1793—1796 年）

第一节　黑格尔的"神学"时期：
一种反动的传闻

　　启蒙运动，对黑格尔就像对当时德国几乎所有的重要人物一样，构成他的思想发展的出发点。也是在这里，包含着哲学史的一个宏大的，并且至今很少研究的领域。因为长期以来，德国文学史和哲学史都竭力要在启蒙时期与古典时期之间筑起一道万里长城。有人甚至以完全错误的方式把"狂飙突进"理解为与启蒙运动截然相反的。直到最近几十年，当历史科学也开始把启蒙运动在一种辩护—反动的意义上加以篡改时，有人才开始比较重视这些关联，以便借助这样理解的启蒙运动将古典时期的诸重要人物轻易地在反动的意义上加以曲解。

　　一部以马克思主义为指导的哲学史，必须详细地研究德国启蒙运动的阶级性以及法国和英国的启蒙运动在德国的影响。它必须揭示在德国启蒙运动内部存在哪些阶级对立。因为我们马上就要看到，德国启蒙运动的意识形态既为邦国的封建绝对主义的目的服务，也为在意识形态上组织起来的资产阶级革命人士的目的服务。启蒙运动内部的这种对立，马克思在《德意志意识形态》里已经强调过。法国当时比较进步，相应地阶级分化比较尖锐，阶级斗争也比较坚决和明确，这就使法国的重要启蒙思想家自然而然地成了为资产阶级革命做准备的意识形态家。由于资产阶级革命在德国当时并没有实际提到日程上来，所以法国启蒙思想家的影响在德国也就比在法国本土更模糊、更分散。

　　封建绝对主义及其意识形态家曾屡次企图利用启蒙思 36 想的某些方面来实现其自己的目的。德国启蒙思想家对封建绝对主义的反抗力量，特别是他们在社会—政治方面的反抗力量，却比在经济比较发达的国家中的这种反抗力量软弱得多。德国启蒙运动的这种性质，甚至在世界观的所有领域都有反映。当法国的发展路线愈来愈明确地走向狄德罗、霍尔巴赫和爱尔维修的坚定唯物主义的时候，德国的启蒙运动却仅仅被一种"理性宗教"的思想所主导。无神论者和唯物主义者在当时的德国属于例外，他们（例如厄德尔曼）大多数是孤军奋战者。德国启蒙运动的先驱所达到的最激进思想是斯宾诺莎式的泛神论。甚至信服这样一种思想，例如在老年莱辛和青年歌德那里，也会在普通德国启蒙思想家当中引起恐惧和惊骇。极其典型的就是，莱辛没有把自己的斯宾诺莎主义观点告诉与他过往甚密的好朋友德国启蒙运动家门德尔松，直到莱辛死后他与雅可比的谈话发表，门德尔松方才知晓莱辛的斯宾诺莎主义，因而大为震惊。

在本书的范围内当然不能研究德国启蒙运动本身。为了我们本书的目的，确认一点就够了：黑格尔早年求学的图宾根神学院的课程，是在迎合当时宫廷条件的启蒙意义上开设的。最近我们掌握了一系列的笔记摘录（霍夫迈斯特出版），这些摘录非常清楚地表明青年黑格尔很熟悉德国、法国和英国的全部启蒙著作。他后来在伯尔尼的研究也表明，他还非常深入地探讨了启蒙时期的著作，并且不限于历史科学和哲学，也包括这一时期的文学作品（例如在伯尔尼时期的摘录中就引用了马利乌的一本小说）。最初，尤其是德国启蒙思想家构成这些读物的主要部分。在业已提及的图宾根笔记摘录中，我们发现他对几乎所有的德国启蒙思想家、甚至次等的人物都不仅进行列举，而且还或多或少地作了详细探讨。特别是在伯尔尼初期，门德尔松的当时非常出名的书《耶路撒冷》也反复被他详细摘录。莱辛的论著和文学作品，特别是《智者纳坦》，尤其频繁地被他引证。

但这些读物也仍远远不能穷尽青年黑格尔在图宾根时

期的阅读范围。从他的文章和笔记可以清楚地看出，他十分熟悉法国启蒙时期伟大人物孟德斯鸠、伏尔泰、狄德罗、霍尔巴赫、卢梭等等。他的历史研究，特别是在伯尔尼的历史研究，必定涉猎极广。从他的摘录就可以清楚地看出，他曾深入地研究过格劳秀斯的著作、莱纳尔的《印度史》、休谟的《英国史》和吉本的《罗马帝国衰亡史》。此外，他的读物还包括席勒的历史著作、贡斯当的个别论文和德国革命家福斯特的论著。黑格尔非常熟悉古代的哲学家和历史学家，这在他当时所受的教育的条件下是理所当然的。这里重要的是要察觉到，他对古代历史学家和哲学家的解释完全遵循的是法国—英国启蒙运动的方向。青年黑格尔甚至不是把古代城市共和国（城邦）视为在一定具体条件下曾经产生现已消亡的一种过去的社会现象——这一点随后我们将详细讨论——而是把它视为当前社会和国家的具体改造的永久样本和不可企及的典范。

　　根据上述种种，我们已经可以清楚地看出青年黑格尔的阅读方向。在贯穿整个德国启蒙运动的各种国内思潮斗争中，青年黑格尔愈来愈站到民主的左翼一边，而这个左翼批评和反对德国启蒙运动的那些从对德意志邦国绝对主义的迎合中产生的倾向。青年黑格尔从图宾根到伯尔尼的思想发展，恰恰是他的兴趣点愈来愈强烈地从德国启蒙思想家转向法国和英国启蒙思想家的过程。就黑格尔在伯尔尼引用的德国启蒙思想家而言，这些思想家都是日益明显地属于德国启蒙运动的激进派。引人注目并且典型的是，黑格尔在这个时期常常引用前面提到的莱辛的剧本中对当时的德国状况而言非常激进的宗教批判。同样值得注意并且特别的是，他对古代与现时代关系的评判，在阐述古代艺术与基督教艺术的关系问题时，追溯到了福斯特的《尼德海因的见解》所表述的那些观点。黑格尔曾对这本书做过详细的摘录；诺尔虽然不得不承认这些摘录是真实的，但为了使读者难于评判它们对黑格尔思想发展的重要性，竟在他的书里不将它们付印，这可以说是现代黑格尔编者的典型趋向。

我们将在下文更加详细地讨论一个引人注目的事实，即青年黑格尔对待狭义的哲学问题相当淡漠。虽然他读过古代哲学家、斯宾诺莎和康德，但在他所读的斯宾诺莎著作中有确切证据的只有《神学政治论》。研究这本书很可能与他的宗教批判和宗教历史研究有关。

在这种关联中，我们还必须提到黑格尔读过的莫斯海姆的教会史；因为所有现代的青年黑格尔编者和他思想发展的解释者都极其重视这本读物，他们想从中证明他的宗教和神学兴趣。对于这个问题，我们以后将要详细地讨论。在这里我们只想提到，前面说过的那些启蒙时期的历史著作同样也多次讨论宗教史，特别是基督教史。黑格尔从莫斯海姆的书里只做了一些相关事实的摘录，而他在他的论述里却坚决地赞成吉本和福斯特等人的著作中尖锐批评基督教的立场。据说黑格尔在这方面也研究过德国神秘主义者（艾克哈特大师、陶勒等），但这同样无助于证实狄尔泰、诺尔之流的杜撰。因为正如同样将在下文详尽地看到的，对当时黑格尔的基督教思想而言，教派具有更加重大的意义。既然他揭示和批判了原始基督教中的宗派性质，那么他在这个时期一定会带着历史—论战的兴趣而研究后期基督教中的宗派问题。

　　然而，要回到青年黑格尔的哲学读物问题上来，我们当然必须首先强调他对康德的了解，这一了解肯定要追溯到图宾根求学时代。就当时思想的发展阶段而言，当时哲学界青年一代的气氛具有的典型特征是，无论是青年黑格尔，还是青年谢林，他们的兴趣中心都在康德的《实践理性批判》。黑格尔比谢林更是如此。我们找不出黑格尔在伯尔尼时期的哪怕一句评论可以证明他曾比较深刻地探讨过《纯粹理性批判》的问题，探讨过狭义的认识论问题。他与谢林的通信也清楚地表明，青年黑格尔研究费希特的早期著作并不踊跃，没有强烈兴趣，并且从现有材料可以看出他对这些著作很有意见。反之，很特别的是，席勒的《美育书简》确实曾给予他极大的热情。确切地说，这符合他当时思想的一般倾向，并不是完全由于它的美学—哲学的内容，而是由于它对现代无文化性的尖锐批判，由于现代文化的衰落与古代文化的伟大之间的反差。

　　当然，所有这一切并不意味着青年黑格尔的整个世界观可以被简单地列入启蒙思想，它甚至连德国启蒙思想也不算。因为他从一开始的唯心主义观点，就使他同法国人和英国人区分开来。黑格尔从来没像他的许多重要同时代

39

哲学家那样真正在哲学唯物主义的方向上有过摇摆。列宁在他的《唯物主义和经验批判主义》中曾指出康德有过唯物主义的摇摆；在席勒的整个早期著作中，在他学医的时候，人们同样也能找出一定的唯物主义倾向；至于谢林在他的自然哲学时期的这种唯物主义摇摆如何强烈，我们将在随后论述黑格尔的耶拿时期思想发展时予以指明。比上述的这几位思想家更加坚定，黑格尔终其一生都是唯心主义哲学家。正如列宁在他评论黑格尔的逻辑学时在一些地方断言，黑格尔对唯物主义的这种接近，是以绕道的方式，通过他的客观唯心主义，通过他的百科全书式的广博知识和他对事实的冷静公正的观察进行的。但他的自觉的哲学思维，自始至终都是唯心主义的。

我们已经强调过，青年黑格尔在图宾根和伯尔尼的时候没有非常深入地钻研真正的哲学问题，他当时的兴趣从来没有指向认识论问题。尽管如此，他在评判社会和历史现象时仍形成了一种统一的观点。没有征兆表明他在伯尔尼曾真正深入地研究过自然哲学问题。而青年黑格尔也没有从哲学上研究他的这种统一观点的哲学基础。他像许多他同时代的重要哲学家一样，想把康德在《实践理性批判》中提出的问题运用于社会和历史。这样，康德的观点就在两个方面保持着统治地位：一方面，黑格尔把社会问题主要当作道德问题看待；另一方面，实践问题即人对社会现实的改造，对他来说构成他的思想的核心问题。

然而，在一个关键点上黑格尔在他的最年轻时代就已经超越了康德。康德从个体观点出发研究道德问题；在他看来，基本的道德事实就是良心。而他之所以具有一种唯心主义的假客观性，仅仅因为他把他试图揭示的伦理学的共同特征、普遍规律性投射到一种虚构的、好像是超个体的、实际是神秘化了的单个主体中去，投射到所谓"理智自我"中去。在康德那里，社会问题只是从属性的，是从首要研究的单个主体事后的彼此结合中产生出来的。

相反，青年黑格尔的指向实践的主观主义，从一开始就是集体性的、社会性的。黑格尔的出发点和研究的核心对象始终都是活动，是社会实践。他在这一点上的方法论与赫尔德的有一定共同之处。赫尔德是德国启蒙运动中第一个提出集体性的、社会性的实践问题的人，然而他没有能力把这样的行动主体的类型及其行为方式的现实规律从概念上予以明确规定，他恰恰在方法论方面始终都处于朦胧模糊的状态。没有任何具体可靠的证据表明，青年黑格尔赞成赫尔德的历史研究成果，甚至没有任何文献表明，他曾特别受到过赫尔德的影响。赫尔德的思想在当时的德国可以说正在酝酿之中，因此，如果要去寻找赫尔德与青年黑格尔的相似之处，难免是徒劳无功的语文学研究。

然而，下面这一点对于了解黑格尔的整个思想发展非常重要：他是从赫尔德未加阐明的集体性主体概念出发的。他在伯尔尼时期根本就没曾努力从概念—认识论上去说明集体性主体的本质，而是在历史事件的进程和社会现实的转变中研究这种集体性的主体及其行为和命运。我们将会

41

看到，在他这样的研究中，这种集体性的主体之瓦解为"私人性的"个体——诸个体的这种单纯"总和"从这时起就构成社会——起着决定性的作用。

正如我们将看到的，青年黑格尔在他的伯尔尼时期甚至承认这种集体性主体的瓦解是纯然的历史事实，他并没有从中得出进一步的哲学结论。他在这一时期的主要问题是一个实践问题：他追问古代城邦的集体主体性的瓦解是如何可能的。他对于法国大革命中雅各宾派领袖罗伯斯庇尔或圣茹斯特的行动所引领的那种具有世界历史意义的幻想在思想上做出的反映，由此表现出来。直到雅各宾派失败以后，即在热月政变以后，在他思想的法兰克福危机中才首次出现一个肯定评价现代社会，评价资产阶级社会和"私人性"个体的问题，而且我们将看到，他如何从这次思想危机中既从事政治经济学问题的研究，同时又密切相关地开始辩证地理解社会现实。

因此，我们姑且谈谈这个在概念上未经分析的集体性的、历史性的主体。我们也知道，青年黑格尔所考虑的所有社会和历史问题都具有道德问题的形式。从这样一种追问就必然得出这样的结论：在这些历史哲学的探讨中，宗教占据一种决定性的地位。这一点现在就是帝国主义时期的反动哲学加以利用来歪曲黑格尔形象的所在。诺尔非常典型地把黑格尔在伯尔尼和法兰克福的青年时期残稿命名为《黑格尔青年时期神学著作集》。这样就着重突出了他的见解，仿佛黑格尔在图宾根神学院读书不是为了解决生计

问题才修习神学，而是因为神学问题构成了他整个思维的 42
基础和出发点。这种倾向得到另一位新的黑格尔编者拉松
更加有力的强调。拉松认为宗教和神学在根本上是整个黑
格尔思想体系的轴心；任何一位黑格尔评判者，不管他在
其他方面如何反动，只要他不把宗教观点绝对地当作诠释
黑格尔的中心点，就会受到拉松的批判。黑林关于青年黑
格尔的现代巨著的基本思想也属于这个方面，他在这样的
意义上把黑格尔看成是一位"民众教育家"，即他把我们上
文分析的黑格尔的实践性的出发点，重新解释成对民众进
行宗教教育的一种尝试。

那么，黑格尔青年时期著作的这种"神学"性质实际
上处于怎样的状况呢？公正且用心的读者在这些著作里将
会发现神学的东西非常少，甚至将在青年黑格尔那里遇到
一种鲜明的敌视神学的基调。不言而喻，正如我们已经强
调的，宗教问题在青年黑格尔的历史问题域中确实占据着
很重要的地位，而且我们都知道，宗教在黑格尔的体系中
从来都没有丧失这样的重要地位。

然而，必须具体研究的是：第一，青年黑格尔研究宗
教的本质是什么；第二，提出这个问题的历史基础是什么，
它的历史环境和条件是什么。如果我们先转向第二个问题，
就必须立即查明，追问宗教的特别是基督教的历史内容和
社会效应的问题，一直是整个德国启蒙运动直到莱马卢斯
和莱辛的核心问题之一。而且我们还必须补充说，在黑格
尔主义瓦解的时候，这个问题又在施特劳斯、鲍威尔、费尔

巴哈等人的著作中显露出来。因此，青年黑格尔凭借这种追问就属于德国启蒙运动的普遍路线。恩格斯曾清楚地揭示费尔巴哈研究宗教问题的现实原因："但是，政治在当时是一个荆棘丛生的领域，所以主要的斗争就转为反宗教的斗争；这一斗争，特别是从1840年起，间接地也是政治斗争。"①

在黑格尔撰写他的《青年时期神学著作》的时代，宗教和反宗教的斗争也完全具有这种间接的政治性质。在1848年革命的直接准备期间，哲学激进派很快就超越了神学批判，超越了一种不充分和不彻底的意识形态反抗，而在18世纪的德国启蒙运动中，由于当时的条件尚未成熟，任何批判地探讨神学的严肃论著都必定在更大程度上感觉是革命的。黑格尔的《青年时期神学著作》就属于这类作品。它们的基本倾向都是反对基督宗教。我们在前面已经接触到黑格尔当时历史哲学的基本思想，即古代城邦的衰亡意味着自由伟大的人类社会的没落，意味着城邦的英雄主义、共和主义公民向现代社会的纯然自利的"私人"、向资产者的转化。如果我们现在要把黑格尔在这个时期分析基督宗教本质的结论简短地提前进行说明，那么我们就必须说：青年黑格尔正是将基督教视为"私人"的宗教、资产者的宗教、丧失人类自由的宗教、维护千百年来专制与奴役的宗教。凭借这些思想，黑格尔就沿着启蒙运动的普

---

① 恩格斯：《路德维希·费尔巴哈和德国古典哲学的终结》，柏林1952年，第13页。（中文见《马克思恩格斯全集》第28卷，人民出版社2018年，第328页。——译注）

遍路线发展下去。

然而，我们必须补充说，青年黑格尔像一般的德国启蒙思想家一样，在反对基督教的斗争中从来没有像伟大的英国人和法国人走得那么深远。他反对基督教的斗争，从来没有发展到唯物主义的无神论。恰恰相反，他的全部志向的核心都是宗教的核心：研究专制和奴役的宗教可以重新由古代范型的自由宗教加以代替的那些社会条件。

根据德国当时的情况来看，这一事实不足为奇。恩格斯甚至在讨论费尔巴哈时指出，费尔巴哈对宗教的反对、对宗教的揭露有时转变为要求一种新的"纯化的"宗教。恩格斯同样表明，高估宗教的历史意义，认为人类发展的重大历史转折仿佛是由宗教的转变决定的，这样的思想也仍是费尔巴哈历史观的基本特点。恩格斯的所有这些论点，对黑格尔以前的德国启蒙思想家们更为适用。在这方面，人们首先会想到像莱辛这样真诚且重要的思想家，连他的启蒙斗争也仍始终笼罩着一种宗教气氛。另一方面，在历史地考察这个时期时，也不可忘记，德国的启蒙运动虽然在反宗教的斗争中从未达到像狄德罗、霍尔巴赫和爱尔维修那样坚决的唯物主义无神论，但在对宗教的形成、对宗教形式变迁的社会根源的历史理解方面有时比上述那些法国思想家的见解更为深刻（例如莱辛和赫尔德）。*44*

正是在这里，黑格尔青年时期的著作具有重要意义。青年黑格尔以极为激进的态度把基督教兴起的社会根源列为他研究的中心问题。凭借我们上文刚刚谈过的他从唯心主义的角度对宗教的历史作用的高估，他把基督教视为他主要反对的现代生活中的一切社会和政治现象的最终起决定作用的原因。他的核心的实践目的在于恢复古代城邦民主制及其自由和伟大，按照他当时的看法，这就需要一个历史根据、一个历史基础：指明在结果上使基督教变成统治性宗教的那些社会运动以及那种社会和政治的衰落。他的目标就是：要解决这整个难题。他研究基督教兴起的原因，以便能够清楚地描绘出它的没落前景。

　　这里可以清楚地看到，青年黑格尔的所有这些观点都是在法国大革命的影响基础上形成的。黑格尔早期受到法国大革命的欢欣鼓舞是众所周知的事实。大家都知道，黑格尔曾同他青年时期的朋友荷尔德林和谢林在图宾根种下一颗自由树，并唱着革命歌曲围绕这棵树跳舞。根据流传的说法，据说他们在图宾根神学院还是一个秘密俱乐部的核心，这个俱乐部专门探讨有关法国大革命的禁书。这种热情属于我们前面说过的当时绝大多数德国知识分子对法国大革命普遍拥护的情绪。我们前面已经指出，这种热情在这一时期的很多杰出作家那里为时很短。当时德国知识分子中极少有人能理解和正确地评断1793—1794年的事件。巴黎的雅各宾派实行的平民专政，使大部分德国知识分子为之震惊，并且产生了畏惧（例如克洛普施托克和席勒等）。说这一震惊使他们从这时起都变成了法国大革命的敌人，说他们都放弃了1789年的原则，那当然是资产阶级史学家的杜撰。在大多数情况下，情况恰恰相反，在青年黑格尔那里尤其是这样。

例如，黑格尔在一封写给谢林的信（1794 年圣诞节）中说道：

> 您知道卡里耶尔被斩首了吗，您还在读法国报纸吗？如果我没有记错的话，有人跟我说符腾堡禁止法国报纸。这场审讯非常重要，彻底揭发了罗伯斯庇尔派的卑鄙无耻。①

这段信文非常清楚地表明青年黑格尔反对平民雅各宾派。黑格尔在他德国同时代人中的特殊地位，也并不在于他政治上的激进思想。不仅福斯特在这个问题上走得更远——他甚至还付诸实践——而且费希特也比他更激进，老一辈的启蒙思想家如赫尔德或维兰德，即使随着法国大革命走向极端，也仍保持了更长时期的热切同情。黑格尔的特殊立场在于：虽然他从开始起就反对法国大革命的极端左翼，但他终其一生毫无动摇地坚持法国大革命具有历史必然性的思想，并且他直至生命的结束都把法国大革命看作现代资产阶级社会的基础。

当然，他对资产阶级社会的看法变化很大。在我们现在谈论的伯尔尼青年时期，虽然黑格尔反对罗伯斯庇尔的政策，但他认为这是未来的社会革新的基础。后来在经过

---

① 罗森克兰茨：《黑格尔生平》，柏林 1844 年，第 66 页。

法兰克福思想危机之后，当他开始深刻地看清资产阶级社会的经济本质时，他就不再把法国大革命看成促使未来的社会革新的推动力和手段，而是相反地看成在他当前社会里同样持存着的现实的基础，这种基础虽然是历史的过去，但具有历史的必然。在这方面，他甚至对法国大革命的激进方面也感到一种——当然为时短暂的——欢欣鼓舞。

我们以后可以根据他现存的这些表述，将他的这一思想发展追寻到《精神现象学》的著名篇章。现在我们只需进一步具体了解黑格尔当时的心情。他在一封稍晚写给谢林的信（1795 年 4 月 16 日）里说道：

> 我认为，人性自身以如此可敬的方式得到体现，时代的最好标志莫过于如此。围绕在人世间的那些压迫者的神灵头上的圣光正在消逝，这就是一个证明。哲学家们正在论证人的这种尊严，人民将会学会感受自我，并且不是要求他们的微不足道的权利，而是重新接受权利，拥有权利。宗教与政治狼狈为奸。教会所教导的，就是专制主义所想要的。蔑视人类，使人类没有能力达到任何一种善，使人类通过自身不能成为任何东西。随着一切事物应当如何的观念的传播，那些墨守成规永远把一切事物如其所是地加以看待的人的惰性就会消失。①

---

① 罗森克兰茨：《黑格尔生平》，柏林 1844 年，第 70 页。

　　这封信在诸多方面引人关注。一方面，它表明青年黑格尔的出发点是《实践理性批判》。与黑格尔后来的思想——在这些思想中，社会科学方法论的核心是从现实出发而拒绝康德抽象的应当——完全相反，黑格尔在此以康德的方式把产生变化的"应然"与静止反动的"实然"对置起来。但同时，他显然没有考虑太多认识论的根据，而大大曲解了康德。他这里的"应然"具有一种纯粹政治—社会的意义，"应然"的道德性质仅仅构成一般的唯心主义基础。此外，这里的"实然"与"应然"的对立不是个别人的个人心灵中的对立，不是像在康德那里经验自我与理智自我之间的对立，而是社会—政治生活本身中进步倾向与反动倾向之间的对立。

　　至于谈到这种社会—政治内容本身，显而易见，黑格尔对占统治地位的哲学和宗教的反对，乃是他当时反对专制主义的整个斗争的意识形态部分。由于黑格尔把对基督教的批判理解为对封建绝对主义专制统治的普遍斗争的一个组成部分，所以他就与启蒙运动，特别是与在法国大革命中进行的反对宗教的伟大阶级斗争，站在了一条战线上。恩格斯非常正确地强调法国大革命与过去一切资产阶级革命相反的本质特征是它的非宗教的本质性。早期的资产阶级革命甚至 17 世纪英国的资产阶级革命都还是打着宗教旗帜进行斗争的，而法国大革命则完全诉诸"法律的和政治的观念，只是在宗教挡住他们的道路时，他们才理会宗教；但是他们没有想到要用某种新的宗教来代替旧的宗教；大

47

家知道，罗伯斯比尔在这方面曾遭受了怎样的失败。"①

恩格斯在这一段话里准确地描绘了法国大革命实际演进的总路线。但如果我们要了解青年黑格尔与法国大革命的具体关系，我们就不能忘记前面已经强调的观点，即由于德国在经济和政治上的落后，法国大革命事件在德国的反映是歪曲的反映。因为甚至法国大革命的政治领袖们都还抱有各种不同的偏见和幻想（在宗教问题上有时也是如此），他们毕竟仍是作为思想性的政治家面对这个问题的。法国的革命政府与天主教之间的关系实际上是由这样的事实决定的：一方面，天主教教会构成保皇派反革命的一个意识形态的和有组织的中心；另一方面，政治领袖们又认识到或至少感觉到天主教对广大农民群众的影响不是可以简单地通过一纸禁令而立刻予以消除的。只要研究一下在这个问题上变来变去摇摆不定的发展路线的详细史实，就会完全证实恩格斯指出的那个特征。②

48　　　研究法国大革命期间宗教运动的资产阶级历史学家们都赞同，他们极大地高估了宗教运动的实际意义。例如，马蒂厄看重巴贝夫的反叛与神学博爱派之间的关系，然而从他自己的阐述、从他自己公开的事实可以清楚看到，巴

---

① 恩格斯：《路德维希·费尔巴哈和德国古典哲学的终结》，柏林1952年，第33页。（中文见《马克思恩格斯全集》第28卷，人民出版社2018年，第343页。——译注）

② 这方面最重要的著作是奥拉尔：《理性崇拜与最高存在崇拜》，巴黎1909年；马蒂厄：《革命崇拜的形成》，巴黎1904年；马蒂厄：《宗教崇拜与颓废崇拜（1796—1801）》，巴黎1904年。

贝夫和他的同志们只不过是利用这一教派的宗教—道德的集会来确保他们的集会有相对无危险的合法性。[①] 奥拉尔和马蒂厄所公开的史实清楚地表明，丹东和罗伯斯庇尔的反对埃贝尔和肖梅特等人的宗教观点，也有其纯粹政治的基础，即害怕他们的极端煽动会把农民赶到保皇派反革命的阵营里去。

虽然从罗伯斯庇尔的卢梭式观点看，从他及其追随者对资产阶级—民主革命的前景和发展的可能性抱有的幻想看，罗伯斯庇尔在他执政末期建立一种新宗教的企图，即"最高存在者"的崇拜，确实具有它的特殊色彩，但是按其本质说，同样主要是一种政治的而非宗教的行动，即使这种行动从客观—社会的角度看是在一种绝望的处境下一个绝望的政治家的行动。罗伯斯庇尔日益强烈地把道德问题置于雅各宾派的革命恐怖的中心点，这在他对通过革命而解放出来的资本主义倾向进行的绝望斗争中反映出来，这些资本主义倾向必然地要废除雅各宾派的平民专政，要实行公开无耻的资产阶级专政，要走向热月政变。在罗伯斯庇尔那里，以共和主义德性的名义实行的恐怖，反对一切形式的道德堕落和腐败的斗争，都是属于那种不仅反对保皇派反革命而且也反对资产阶级本身的保卫通过平民进行的资产阶级—民主革命的意识形态方面。罗伯斯庇尔的这

---

① 马蒂厄：《宗教崇拜与颓废崇拜（1796—1801）》，巴黎1904年，第40页及以下。

种政策在其观点上是建立在幻想之上的，雅各宾派的平民专政在完成了它通过动员群众击败外国干涉而拯救革命的使命之后必然崩溃，这丝毫没有改变罗伯斯庇尔在执政末期的行动、包括宗教问题方面的行动主要具有政治性这一事实。

因此，当罗伯斯庇尔在 1794 年 2 月 5 日向国民代表大会发表的演说[1]中谈到为了准备政治的反革命而形成了一种道德的反革命时，从他的观点上看——当然姑且不论必然的幻想——他是完全正确的。他要创立一种新宗教，提倡崇拜"最高存在者"的努力，正是建立在这样的根据上的，即他试图在人民的道德观点中为革命的巩固和发展创造一个广泛的基础，产生一种平衡，以不仅对抗反革命教会的煽动，而且对抗从资产阶级方面产生的腐化败坏。[2]

在热月政变以后摇摆不定的阶级斗争过程中，法国还出现了各式各样的同样想通过对群众实行宗教—道德的影响来维护共和主义精神的教派，其中最重要的就是"神学博爱主义"教派。这一教派大多是由温和的共和主义者组成的，有时能对执政内阁中具有共和主义思想的个别成员产生一定的影响。它的出发点是：一方面，旧宗教不适宜于在共和主义方面改造风俗；另一方面，如果没有这样的

---

① 维尔莫编：《罗伯斯庇尔全集》，巴黎 1867 年，第 302 页。

② 罗伯斯庇尔在 1794 年 5 月 7 日发表的演说词，载维尔莫编：《罗伯斯庇尔全集》，巴黎 1867 年，第 308 页及以下。

道德改造，共和政治在群众中、在民族的风俗中就不可能有任何基础。

罗伯斯庇尔已经把重大的民众庆典，把日常生活的最重要事件中的共和主义风俗（出生、结婚、安葬）视为对人民实行宗教—道德影响的重要手段。他在我们刚刚谈到的那篇演说里详细地谈论了希腊民间庆典的意义，特别是民众在这些庆典中所表现的自主活动的重要性，并且在结束时展望所有这一切能以更大的规模在法国复兴起来："关于这些庆典的一种制度，既是联系兄弟情谊的最温和的纽带，同时又是促使宗教—道德更新的最有力的手段。"① 不言而喻，"宗教革新"的这些仅仅外在的因素，在热月政变以后的教派运动中占据着比在政治家罗伯斯庇尔那里更加重要的地位。

我们已经指出，像奥拉尔和马蒂厄这样的历史学家明显高估了这些宗教运动的意义。然而，对我们的问题来说，首先考虑的倒不是这些运动在革命的法国本土所具有的意义，而是它们在落后的德国被接受的方式，特别是它们对青年黑格尔产生影响的方式。

当然，我们没有证明黑格尔曾深入研究过在革命的法国的这些宗教思潮的直接证据。但是，他知道这些思潮的可能性还是非常大的。马蒂厄②在他的书里列出了一个刊载

① 维尔莫编：《罗伯斯庇尔全集》，巴黎 1867 年，第 329—330 页。
② 马蒂厄：《革命崇拜的形成》，巴黎 1904 年，第 390—391 页。

过赞成或反对神学博爱派的论文的那些杂志的详尽书目。此外，这个书目还包括维兰德主编的当时拥有最大读者的杂志之一《德意志墨丘利》和阿兴霍尔茨主编的《密涅瓦》。我们现在确切地知道黑格尔了解并读过《密涅瓦》。[①]既然我们同样知道，他在瑞士的时候曾长期阅读各种法国出版物，那么，在他对与法国大革命有关的人类宗教—道德革新问题感兴趣的情况下，说他根本不知道法国的宗教运动，就是完全不可能的。

但是，比这种外在关联更重要的是内在关联。在本章中谈论黑格尔对古代的看法时，我们将详细地谈论他总体上赋予希腊民众庆典以及在庆典中和在希腊宗教中民众所表现的自主活动多么重大的意义。在这一点上，他的思路与我们刚才提到的罗伯斯庇尔的那篇演讲的思路十分接近。至于风俗通过以复兴古代为基础而创立起来的新宗教产生的普遍影响，这个问题正是黑格尔当时的兴趣中心。

像当时大多数德国唯心主义者一样，黑格尔将民众的道德革新看作与其说是革命的后果，不如说是革命的先决条件。这种见解是席勒在他的《美育书简》——我们已经证实这些信件曾给青年黑格尔留下深刻印象——中就已持有的。不过，席勒的见解是悲观的。正是由于他把民众道

51

---

① 黑格尔在 1794 年圣诞节写给谢林的信，见罗森克兰茨：《黑格尔生平》，柏林 1844 年，第 65 页。

德的革新视为革命成功的必要前提，所以他怀疑革命成功的可能性，尽管他把封建绝对主义体制的瓦解看作是历史和道德上的必然。但是，席勒思想中值得注意并且重要的是，他认为，在民众道德革新的问题上，国家的任何教育作用都是不可能的。

青年黑格尔与席勒在这个问题上的差别，恰恰是由于他在人类的革新，在苏醒的自由和人性的革命时期到来的可能性方面的乐观精神。所以，在他青年时期的唯心主义思想中，宗教才占据如此重要的地位。他看到，国家只能使它的国民外表上遵守法律，只能使他们合法而不能使他们有德，在康德的伦理学和社会理论中也有同样的见解。但是，既然在他看来，一个政权能否巩固全看它是否在国民的道德观念中生了根，他就在历史中寻找对国民道德观念起决定作用的因素，并发现宗教是决定道德观念最有效的手段。于是，他在他伯尔尼时期论国民与国家的关系的那篇最重要的论文《基督教的实定性》中这样说道：

> 要想使国民对这些机构鞠躬尽瘁，只有通过信赖才是可能的，国家必须激起国民对这些机构的信赖。宗教主要就是这种手段，但至于宗教能不能符合这个目的，则取决于国家如何使用它。一切民族的宗教都明显地具有这种目的，它们的共同点是，它们始终涉及的是培养那种不能成为市民法律的任何对象的思想

意识······①

我们认为，现在看来已经完全清楚，黑格尔青年时期著作的"神学"性质究竟是怎么回事。青年黑格尔认为：对他而言重要的历史转变，即从古代的自由到中古和近代的专制的过渡以及他希望的从这种专制再到新的自由的过渡，都是与宗教的转变密切结合着的；不论是民主还是专制都必须使它们的特殊目的符合宗教，才能长期生存下去。从我们至此为止的论述已经足够清楚地看到，黑格尔在方法论上提出未来宗教的问题以及未来宗教与古代复兴的关系问题的方式与法国大革命人士的幻想，与法国大革命中的宗教—道德志向具有极高的亲缘性。黑格尔在青年时期对法国大革命意识形态发展中的这个基本上次要的方面产生如此强烈的反应，这乃是黑格尔的德国品性的必然结果。但我们将在下文看到，他甚至能够从这个被人舍弃的观点出发把握到社会—历史发展中一些客观上重要的因素。

当然，过分地高估宗教的历史作用属于唯心主义哲学的本质。而且这种高估在黑格尔的整个思想发展中是贯彻始终的。正如我们将看到的，黑格尔后来在他的历史观的几乎一切重大问题上都彻底修正了他青年时期的见解，但直到他在柏林讲授历史哲学的时候，在他的那些已经涉及1830年七月革命的论述里，他仍回溯到他早期的这个提法

———————————

① 诺尔版：第175页。

上来。他当时驳斥西欧国家的自由主义说道："因为，认为不解放良心就可以解放法权和自由，没有宗教改革就可以有革命，这是一个错误的原则。"① 我们看到，青年黑格尔在宗教的历史作用方面的这种方法论出发点陪伴了他整个一生，当然在内容上有巨大变化。这乃是哲学唯心主义的一份不可逾越的遗产。但尽管如此，对青年黑格尔"神学"时期的理解始终是帝国主义辩护者的一种历史捏造。

第二节　青年黑格尔的
"实定性" 的含义

青年黑格尔在伯尔尼时期现实的核心问题是宗教问题，特别是基督宗教的"实定性"② 问题。为了立即使读者明白黑格尔的核心思想，我们必须这样说：实定的基督教对青年黑格尔而言是专制和压迫的一个支柱，而非实定的古代宗教是自由和人类尊严的宗教。按青年黑格尔的理解，复兴古代宗教就是他那个时代的人要求实现的一个革命目标。

---

　① 《黑格尔全集》，第 IX 卷，柏林 1840 年，第 542 页。

　② 德文 Positivität 一般译为"实证性"，现根据青年黑格尔的用意，统一译为"实定性"（贺麟先生曾译为"权威性"）。但由于 positiv 在本书中还有通常的用法，因而在本书中除被译为"实定的"之外，还被译为"积极的""肯定的"等。此外，在本书中 Positivismus 基本是在传统的意义上使用的，故仍译为"实证主义"。——译注

因此，我们首先必须弄清楚，青年黑格尔如何理解一门宗教的实定性。他在伯尔尼时期的著作好多地方都谈到这个思想，我们将在下文引用几处，以便使读者尽可能地通过青年黑格尔自己的话来弄懂他的这个核心概念。他说：

> 一种实定的信仰是由宗教命题构成的这样一个体系，这个体系之所以对我们来说具有真理性，是因为它是被当作律令由一个权威加给我们的，而我们不能不使我们的信仰服从于这个权威。在这个概念中首先出现一个由这样的宗教命题或真理构成的体系，它们不管我们承认其为真或不真，而总得被视为真理，即使从来没被人认识过，即使从来没有人承认它们是真的，也仍然是真理，就此而言时常被称为客观真理，这些真理现在也应当是为我们的真理即主观真理。①

黑格尔的这种规定的本质在于实定的宗教原理对主体的独立性以及对主体的要求，即要承认这些不是主体自身创建的原理是与主体自身发生关联的。因此，实定性在这里首先就意味着主体的道德自主性的消除。就此而言，这种见解似乎与康德的道德学很接近，并且事实上也确实含有许多共同因素，但是我们必须注意到，黑格尔这里所说的主体其实与康德的道德主体不是一回事，毋宁说它始终

---

① 诺尔版：第233页。

是某种社会—历史的东西。青年黑格尔的主体是极其含糊的规定。因为主体思想的内容——就涉及的是非实定的希腊精神，因而是历史—道德理想而言——是个别主体的道德自主性与整个民族的民主集体性的重合。根据青年黑格尔的看法，单个人的主体性与社会整体的社会活动之间的矛盾，是随着城邦民主政治的衰落，并且与这种衰落相关联，由于基督教的出现才发生的。然后，基督教就与单个主体对置起来，成了某种客观的实定的东西，而顺从基督教的律令一方面是丧失自由的必然结果，另一方面则是压迫和专制的持续再生产。 *54*

青年黑格尔认为，这一专制时期一直延续到现时代，并且渗透进社会生活和意识形态的全部表现形式。青年黑格尔评判人的堕落程度，主要依据他甘于自由的丧失达到了何种程度，依据他在自由或屈从于实定性的方向上解决世界观问题达到了何种程度。黑格尔在伯尔尼时期的旅行日记里有一段话（1796年7—8月）非常确切地指明了他的观点的特征，并且更加清楚地揭示了上面引用的实定性的一般规定。黑格尔当时在伯尔尼高原地区做了一次短期旅行，观察到当地自然条件的贫瘠和人们在这些自然条件下通过自己的劳动来创造生存基础并生活下来的巨大困难。与他当时的兴趣相符合，他这时就提出这样的问题：在这样的生活条件下必定会产生怎样的宗教、怎么样的世界观呢？他得出如下颇具特色的答案：

在这种荒无人烟的不毛之地，有教养的人们也许会发明一切别样的理论和科学，但很难发明自然神学的这样一个部分，这个部分向人的骄傲证明，自然已为人的享受和安适准备好了一切。人的这种骄傲，同时标示着我们时代的特征，因为这种骄傲毋宁说是在这样的想象里得到它的满足，即一切都已由一个异己的存在者给它安排妥当，而不是在这样的意识里得到它的满足，即其实正是人的骄傲自身给予自然这一切目的。[①]

青年黑格尔的极端主观主义在这里可以非常鲜明地看出来。康德也反对所谓自然神学中证明粗糙且独断的合目的性思想的那些论据。但他这样做，是因为他指出了这种合目的性思想的内在矛盾性，因为他揭示了从合目的性思想中产生的二律背反。对于这一切，青年黑格尔都不感兴趣。对他而言问题在于，对相信自然神学的人来说存在什么，对不相信自然神学的人来说又存在什么？人是以他自己所做的、自己所创造的东西而骄傲，还是由于一个异己的力量（上帝）关心他而得到满足呢？因此，黑格尔之所以想把一切神学的实定因素都从道德学中清除出去，并不是因为他像康德一样觉得神学的对象不可认识，而是因为他认为信仰同自由和人类尊严是不可统一的。所以，青年黑格尔坚

---

① 罗森克兰茨：《黑格尔生平》，柏林 1844 年，第 482 页。

决拒斥康德的观点，这种观点把《纯粹理性批判》从认识论上加以取消并解释为不可知的一切神学的东西，都借助"实践理性的公设"重新搬进世界观里来。

在反对借助康德的伦理学来复兴神学的这场斗争中，青年黑格尔并不是孤军奋战，他与青年时期的朋友谢林在这个问题上是站在一条战线上的。谢林在 1795 年的一封信里向黑格尔抱怨说，在图宾根这个他当时的驻足之地，《实践理性批判》已经变成了复活反动的正统神学的据点。

> 一切可能的教条都已打上了实践理性的公设的烙印，凡是在理论—历史的证明做不到的地方，（图宾根的）实践理性就大刀阔斧为之解围。共睹这些哲学英雄人物的胜利，实乃幸事。过去所说的那些哲学苦闷时代，现在一去不复返了![1]

在这场斗争里，青年谢林基本上依据的是费希特哲学。

谢林反对晚近的这种康德套路的神学，这是黑格尔完全同意的。但黑格尔的回信表现出一些非常独特的特征，我们必须在此予以探讨。首先，他对狭义的哲学问题表示相当冷淡，同时他在这里已经表明他对费希特持一种非常批判的态度。他在同意谢林的意见之后，写道：

---

[1] 普利特：《书信中的谢林生活》，第 1 卷，莱比锡 1869 年，第 72 页。下文引用时简称"普利特版"。

我可以想象你来信所说的胡作非为及其结局，但无可争辩，费希特已经通过他对天启的批判给这种胡作非为开辟了道路。他本人作了适度的运用，可是一旦他的原理被固定地接受下来，就再也不能对神学的逻辑学设定任何目标和阻碍了。他从上帝的神圣性中把他由于他的道德本性而必须做和应当做的事情构造出来，这样他就把独断论中的那套证明教条的老办法重新启用了。也许我们值得费些力气进一步规定，在道德信仰巩固以后，我们现在回过头来在多大程度上可以使用合法化的上帝理念，例如在解释目的关系等的时候，可以从道德神学乃至到现在的自然神学都用到这个上帝理念，并允许现在用它进行统治。①

如果我们还记得前面关于自然神学的引文，我们就会清楚地看到，黑格尔比他同时代的任何哲学家都更加激进地试图要清除康德的实践理性、人的道德自律中的神学因素，他在康德甚至费希特的这一切努力中看到的不过是基督教实定性的一种变相延续。

他给谢林的回信还包含有另一段标志着青年黑格尔典型特征的话，这段话如此典型，以至于我们无论如何也必须提及。黑格尔对待宗教和神学中实定性问题的认识论方面相当冷漠，而他非常深刻地分析了争论的社会基础，以

① 罗森克兰茨：《黑格尔生平》，柏林1844年，第67—68页。

一种粗陋的自然主义的方式描绘了这种神学复兴现象的实际基础：

> 你在给我的信里谈到的在图宾根出现的神学—康德式的——si Diis placet［是否取悦于神］——哲学路径的情况，不足为奇。只要正教的职业还有世俗的好处，还交织在国家的整体中，正教就不会被动摇。这种利益太强烈，以至于正教不会马上遭到扬弃，并且这种兴趣正在发生着作用，而人们并没有完全清晰地意识到这一点。①

从这封信可以清楚地看出，青年黑格尔的实践概念比康德、费希特甚至青年谢林的更加广泛、更有社会性。黑格尔诚然是以康德实践性的自由概念为哲学出发点进而提出自由和人类尊严的要求的，但他的思想一旦涉及这些要求如何现实化，就立即过渡到社会方面。而且他在这个时期完全不关心这种主观—唯心主义的出发点如何能够在认识论上与那些结合他的要求的实际社会和历史后果统一起来。大家知道，黑格尔在他以后的发展过程中，对康德伦理学的主观主义提出了非常尖锐的批判，并且试图以客观唯心主义，以唯心主义地理解社会发展的客观辩证法为基础来解决康德伦理学中包含的实际社会问题。

57

---

① 罗森克兰茨：《黑格尔生平》，柏林 1844 年，第 67 页。

然而在伯尔尼时期，黑格尔还做过一个引人关注的尝试，他想把康德—费希特式的二元论进一步进行社会—历史的发展，这种二元论在黑格尔那里也必然从他对道德学核心问题的主观唯心主义理解中产生出来。康德把世界分为两个各执一端无法过渡的世界：一个是伦理世界，理智自我（本体）的世界，在其中现象世界的诸范畴（因果性等）完全不适用；另一个是知识世界，经验自我（现象）的世界，在其中，上述的范畴都适用。费希特提出他的"自我"设定"非我"（即整个外在世界）的学说，把这个问题推到普遍哲学问题中去，把康德伦理学的根据变成了认识论的基础和出发点。我们马上就将看到这个观点对青年谢林的哲学产生了决定性的影响。

在自由的道德意识与客观现实的关系方面，青年黑格尔的看法完全不同。这种客观现实在他看来也是一种与道德意识异己地相对置的、与它的鲜活主体性相比客观的和"僵死的"外部世界。但黑格尔的这种对立与康德及其追随者的不同，它决不是"永恒的"、哲学的、认识论的对立，而是一种历史的对立。它是中古和近代的具有历史特征的因素，但它在古代的民主制城邦中还不曾存在。而青年黑格尔的未来希望的核心所在，就是这种对立的扬弃。

只有在这样的阐释中，我们才能明白伯尔尼时期的核心问题即基督教的实定性问题的全部意义。根据青年黑格尔的理解，这种实定性就是相当于康德伦理学中的二元论的那种实际的社会现实性。只有当我们看清了这个问题之后，我们才能懂得，青年黑格尔对费希特之改造康德哲学持冷淡态度并不是由于黑格尔没有哲学兴趣。因此，我们不应该产生这样的印象，仿佛青年黑格尔当时还没有真正的哲学问题，仿佛黑格尔的传记就是他向哲学家发展的历史。相反，我们下面将看到，他的哲学的大部分独特之处都是从实定性与道德主观性的对立这种思想中有机地发展出来的。但是，黑格尔哲学的认识论问题，只有在他看到这种原初思想的矛盾性就是社会现实本身的内在客观矛盾性以后，只有在认识论变成了现实本身的辩证法以后才出现，才被意识到是哲学的核心问题。

因此，青年黑格尔认为道德法则的这种异己的、僵死的、"被给予的"性质乃是实定性的最重要标志。他说，由道德主体自身来制定道德法则，这属于任何伦理法则的本质；

> 但基督教向我们宣称，道德法则是某种外在于我们的、被给予的东西，所以基督教必须努力通过另外的途径使人尊重道德法则。这样一种特征在实定宗教的概念中已经被接受下来，即实定宗教是把道德法则当作某种被给予的东西强加给人们的。[①]

由此就为基督教产生了一种复杂的道德决疑论，完全

---

① 诺尔版：第212页。

不同于在非实定宗教的社会状况中依靠纯洁的伦理感的自由抉择。基督教教会里有一种法典，其中规定"什么是人应该做的，什么是人应该知道和相信的，什么是人应该感觉的——教会的整个立法权和司法权都是以这部法典的运用为根据的，如果说任何一个人屈服于这样一部异己的法典都是与他的理性的权利相抵触的，那么教会的全部权力就都是不合法的。任何人都不能放弃自己给自己制定法则，自己负责解释法则的运用的权利，因为当他让渡这种权利时，他就不再是人了"。[1]

在这里，黑格尔明确表述了实定宗教与人的自由之间不可解除的矛盾。在伯尔尼时期最重要的文章《基督教的实定性》——我们上文已经提到，并且随后还要引用——中黑格尔把这种对立试用于人类道德生活中的一切领域、社会问题的一切本质部分。按照黑格尔的看法，如此描绘的宗教实定性的特点，乃是决定整个中古和近代生活的关键因素。不言而喻，这种规定也延伸进了认识领域，即知性和理性的领域。在黑格尔看来，丧失道德自由就必然地跟着要丧失理性自身的独立运用。实定宗教的异己的、僵死的、被给予的但占统治地位的客体，撕裂了从前在自由的古代生活的人所享有的那种生活的统一与团结，而把关键的生活问题变成了超验的、不可知的、理性所不能及的问题。

---

[1] 诺尔版：第212页。

这样的问题域的产生对青年黑格尔来说同样也是实定宗教的结果。实定宗教的力量正是基于，人在其存在与思维的整个范围里承认有这样一种超越其自身的异己力量；如果人放弃了他的道德自由，他就再也躲不开实定宗教的超越力量。现在实定宗教已经把它的力量扩张到生活的一切领域，对任何自由运用人的理性的尝试都压制于萌芽之中。

> 达到这样一种东西［即实定信仰——卢卡奇注］的能力必然以丧失理性的自由和理性的独立为先决条件，它丝毫没有能力与一种异己的力量相对抗。这是一切对实定宗教信仰或不信仰的出发点，同时也是一切争论之所以围绕进行的中心点，即使这个点没有得到明确的意识，它仍构成一切屈服或违抗的根源。正教的教徒们在这里必须坚持，在这里一步不能退让……①

因此，这种统治势力也关联到知识领域。关于宗教的所谓历史真理，更不必谈奇迹等，理性必定这样判断，即它们只是与想像、"诗句"相关等。这是实定宗教所不能容忍的；

---

① 诺尔版：第 234 页。

60

　　因此，在这里发生作用的必定是一种更高级的能力，知性在这种高级能力面前只能缄默，信仰则被变成属于义务的事情，并且被移交到一个超感性的、知性再也不得在其中出现的领域里去；在这种考虑中，信仰不过是各个事件的一种关联，这种关联被给予想象力，并且在这种关联中知性始终都在寻求一种不同的关联；出于义务，在这里即出于对强有力的主宰的恐惧而坚持，还强迫知性本身提供帮手，去从事这种它视之为恶行的事务……①

　　大家看到，青年黑格尔的这些所谓神学著作基本可以说是对基督教的一篇恢宏的控诉书。任何一个了解启蒙运动文献的人，都会从我们方才引用的这些论述中找到一些与当时一般的反宗教斗争合拍的地方。但是，在肯定黑格尔与启蒙运动在反对基督教方面的这种一致的同时，有必要突出强调两者在方法上的差别。我们已经注意到，黑格尔从来没有像狄德罗、霍尔巴赫或爱尔维修那样一般地反对宗教，他只是论战性地提出一种非实定的信仰与实定基督教相抗衡（在这方面，他大部分仍与卢梭的思想相近）。但除此之外，在反基督教斗争的一般方法论中还有一个分歧：重要的启蒙思想家也像黑格尔一样时常谈到基督教奴役人、摧毁自由和人的尊严的作用，但他们从来没有像黑

---

① 诺尔版：第236页。

格尔那样专门把这种动机当作论战的中心点。对他们来说，将基督教以及一般宗教的教义与科学所确证的现实事实进行对比，并以这种方式揭露宗教内在的空洞和矛盾性，至少也同样是重要的任务。

对青年黑格尔来说，这种动机只占极其次要的地位。正如我们已经看到的，他间或谈及基督教教条与现实及理性无法统一，但这种论断对他来说只起着插曲的作用。即使当他明确地讨论这个问题的时候，对他来说起决定作用的也不是科学方面，亦即宗教教条与现实的不一致，而是教会对人的理性的不道德苛求，即未经检验地和实定地将这样的教条变成信仰的和宗教情感的对象。这种方法论非常清楚地表明，伟大的法国启蒙思想在反宗教斗争的坚决程度上，与青年黑格尔有天壤悬殊。但我们同时可以断言，致使青年黑格尔提出这个问题的主观主义，虽然从社会和意识形态上看产生于德国的落后状态、德国启蒙运动和康德哲学等等，但同时又构成塑造黑格尔考察方式的"能动方面"和历史主义的基础。

我们在本章还要再次深入讨论黑格尔实定性概念的哲学基础和结论。在这里我们只想使读者广泛理解他在伯尔尼时期的这一核心概念的基本特征、主要轮廓，以便读者能正确地理解青年黑格尔的历史哲学思想。

我们已经指出，青年黑格尔是"实践理性优先"的信奉者。绝对的东西、自主的东西和实践的东西现在对他来说简直都是同一的。这种完全信赖实践理性的态度，是他与谢林的青年时期哲学的共同特征。我们在实践理性与神学的关系问题上已经能够观察到青年黑格尔与青年谢林既有一致，又有差异。由于黑格尔与谢林起初的哲学友谊和后期的分道扬镳在辩证法的形成史中起着重大的作用，所以，我们认为将这个时期谢林的观点向我们的读者做简略的介绍是必不可少的。谢林在一篇最早作品《自然法权的新演绎》（1796年春）里，与费希特一致并与黑格尔的实定性思想具有某种亲缘性，宣称无条件的、绝对的东西永远不能成为客体：

> 当我想坚持把它当作客体的时候，它就退回到有条件性的局限中去。客体对我所是的东西，只能显现出来；一旦它对我多于现象而存在，我的自由就会被摧毁……如果我要想使无条件的东西实现出来，它就必须不再是对我的客体。

绝对的东西与我是同一的。[①]

谢林的这些观点及其所有结论在他的一篇没打算发表的短小文章中表现得更加清楚，这篇文章的一些片段通过黑格尔在1796年的抄录而流传下来。黑格尔的抄录是从伦理学部分开始的。前文还有什么内容，我们无从知晓。也许前面部分已经遗失，也许——这种做法在青年黑格尔那

---

① 施勒特尔编：《谢林全集》，第I卷，耶拿1926年，第108页。

里是常有的事情——就只有他抄的这部分。谢林在这里宣称，整个哲学（他是说：形而上学）与伦理学是一回事；康德已经开始作这种阐发，但还远远没有详尽阐述。从这种思想就必定会达到关于自然、关于自然科学的一些全新概念。青年谢林最早的自然哲学梦想就在这里表露出来。但对我们的问题来说，最重要的是他的社会和国家观。谢林就此说道：

> 我从自然达到了人的事业。在谈人类这一理念之前，我想预先指明，根本没有关于国家的理念，因为国家是某种机械性的东西，根本不存在一架机器的理念。只有自由的对象才叫作理念。所以我们必须超越国家！因为任何国家都必定把自由的人当作机械的齿轮看待；国家不应该这样，所以国家应该停止存在。

青年谢林从这种考虑出发，想终止人类历史的原则，"并且将关于国家、宪法、政府、立法的整个贫乏的人的事业剔除干净"。道德世界和宗教的理念应当在此基础上得到说明。

> 一切迷信的颠覆，通过理性本身来重新假装成理性的僧侣精神的追求——在自身承载着理智世界、既不能在自身以外寻求上帝也不能在自身以外寻求不朽

的一切精神的绝对自由。

这个残篇在结尾时宣称美学是精神哲学的顶峰，要求创造一门新的、通俗的神话学。[1]

在青年谢林随手写下的这些评论中，我们不难认知他在耶拿著名的自然哲学时期重要的基本思想。同时我们也不难看出，谢林对"实践理性"的运用与扩展，与黑格尔的实定性思想是何等相近。因此，完全可以理解，谢林和黑格尔在青年时期视彼此为哲学同盟者。但至少同样重要的是，应该清楚地看到，在这个时期谢林与黑格尔之间已经存在着深度的——即使从来未曾公开说出的——对立。正如我们已经看到的，在拒绝"实定性"这一点上谢林比青年黑格尔走得更远。对谢林而言，国家以及一切与国家有关的东西从一开始在根本上就是黑格尔意义上"实定的"；在他看来，人类的解放是与一般国家的解放同一的。这就表明，谢林在这个时期已经不同意或至少不再同意青年黑格尔主张的那些彻底革新国家和社会以便去除其"实定"特性的革命幻想。但这样一来，青年黑格尔的革命乌托邦就变成了一种没有国家的人类解放的——用后来的概念说就是——无政府主义乌托邦。同样显而易见，这样一种思想，不论它是原因还是结果，总是与青年谢林当时坚定的费希特主义密切关联着的。

---

[1]　霍夫迈斯特版：第219页及以下。

青年黑格尔由于其历史追问从一开始就不同于他的哲学同盟者。对他来说，国家一般决非都是实定的东西，只有从罗马帝国到现时代的专制国家才是实定的。与这些专制国家截然不同，古代国家乃是人的自由自主和民主社会的产物和表现。因此，他的目标和发展远景与此相应地就不是消灭一般的国家，而是重建那种非实定的古代城市国家，恢复自由自主的古代民主制。

按照这个时代的方法论习惯来看，青年黑格尔的问题似乎不像谢林的那样哲学意味浓厚。谢林通过把认识论完全归结为伦理学的方式来使用康德—费希特关于自由与必然、本质与现象的对立关系（这些两两对立的范畴在谢林和费希特那里比在康德本人那里更加直接地重合起来）。凡是只成为伦理学对象而不构成实践的主体的东西，都变成单纯的客体（按照青年黑格尔的术语说，都是"实定的"）。这个具有僵死客观性的世界同时是与康德的"现象"世界同一的；只有实践才使人与真正的现实及本质发生联系。青年谢林的康德式认识论与他的反历史的观点之间的关联 *64* 在这里可以看得很清楚。同时也可以理解，为什么费希特—谢林在认识论方面对康德主义所做的发展，对认为实定性首先是一个历史问题的青年黑格尔来说，简直没有什么意义。

因此，黑格尔在这里对他青年时期的朋友的认识论—伦理学建构所表现出的冷淡态度，决不是一种与哲学无关的态度。事实上，我们在这里已经能看到黑格尔后来的卓越见解的最初萌芽，这一见解把哲学问题、范畴问题与客观现实的历史发展密切联系起来。当青年黑格尔把实定性概念——这个概念在神学和法学中已经成为一个非历史性—普遍的概念，即是说，它是信奉自然神论的自然宗教的对立极或者自然法权的对立极——置于中心点时，他就向着他后来的辩证历史观无意识地迈出了第一步。当然，我们在这里必须反复强调，青年黑格尔在这个时期不仅没有综观到他的问题在哲学上的深远影响，而且甚至很少关心哲学基础，很少关心哲学要求。

青年黑格尔的核心问题的这种历史性，是逐渐发展出来的。某些相关的萌芽，就我们已知的他的思想发展的材料而言，特别是古代与基督教的反差，当然从一开始就有了。但是，他的问题的历史主义毕竟是一步一步地发展出来的。我们在下一章分析他的法兰克福时期时将会看到，早在伯尔尼就已历史地得到理解的实定性概念；到了法兰克福时期在历史性的意义上就被黑格尔发展得更远和更灵活了。

在黑格尔图宾根求学时期，他的这些问题还具有一种强烈的人本学—心理学的性质。我们已经提及，我们拥有黑格尔在这一时期相对丰富的笔记和摘录，它们从人本学的角度探讨人的精神能力和各种身心属性，其中几乎涵盖与此有关的德国启蒙运动的全部文献，同时也涉及法国和英国启蒙运动的重要著作。直到最近几十年才发表问世的这些摘录（最初发表在《逻各斯》杂志，后来由霍夫迈斯特以著作形式出版），在黑格尔研究中还根本没有得到利用。特别是，其中有多少内容被转化成了《精神现象学》和《哲学全书》的人本学部分，至今还完全没有被研究过。

研究这个问题超出了我们的讨论范围。我们在这里只想作一般的方法论评论，即人本学的历史化属于黑格尔全部思想发展的普遍标志。不仅他在《精神现象学》中试图把人本学的问题纳入一个历史—辩证的过程中去的意义上，而且在他整个后来的体系结构的意义上，都是如此。直观、表象、概念所有这些在他原来的摘录里都是被当作人本学问题来讨论的东西，到了后来，一方面被黑格尔当作体系化的原则（直观：美学；表象：宗教；概念：哲学），同时另一方面又被他当作历史分期的基础（美学：古代；宗教：中古；哲学：近代）。

对我们的问题来说，他原来在记忆与想像之间所作的人本学对比很重要。黑格尔在这个时期比较了客观宗教和主观宗教：对客观宗教来说"知性和记忆是在其中发生作用的两种力量……属于客观宗教的可能还有实践见识，但这仅仅是就实践见识是一种僵死的资本而言的，客观宗教可以让人有条不紊，可以形成一个体系，可以用书来陈述，并且通过讲演传达给别人，而主观的宗教仅表现在感觉和行为中……主观宗教是活的，是存在者内心的效用性和向外的能动性"。他进一步把主观宗教比作自然界的生物本身，而把客观宗教比作自然科学陈列室里的动物标本。① 主观宗教与客观宗教的对置在整个伯尔尼时期都发挥着作用，读者从我们至此为止的论述可以清楚地看到，图宾根笔记中的客观宗教就是伯尔尼时期基督教的实定性的一种思想前身。我只引述他伯尔尼时期历史研究的一句话，以表明这种思路的深远影响："记忆是绞死希腊诸神的绞刑架……记忆是墓穴，即死者的存放处。死者作为死者躺在这里面。死者像一堆石头一样被展示出来。"随后就是一段对基督教仪式的尖锐攻击，其中有这样的话："这是行尸走肉的行动。人试图完全变成一个客体，完全受一个异己者支配。这种事奉就叫祈祷。"②

66

青年黑格尔在图宾根时期的态度是一种非常尖锐的、带有启蒙思想的反对客观宗教的态度。在他眼里只有主观宗教有价值。当然，这种主观宗教还具有非历史的色彩，是从启蒙运动的"自然宗教"或"理性宗教"发展而来的，同时青年黑格尔的这种思想显然受莱辛的影响极大：

> 主观宗教在好人那里存在，而客观宗教几乎可以随心所欲地着色，完全无所谓——纳坦说：把我变成你们心目中的基督徒的东西，把你们变成我心目中的犹太人［莱辛的《智者纳坦》里第 IV 幕第 7 场——卢

---

① 诺尔版：第6—7页。
② 罗森克兰茨：《黑格尔生平》，柏林1844年，第518—519页。

卡奇注]——因为宗教是内心的事情，而内心时常并不始终一致地对待它的知性或记忆所接受的那些教义……①

但是，主观宗教与客观宗教的这种对立，在图宾根时期的青年黑格尔那里是同公共宗教与私人宗教的对立交叉并存的；还必须说明的是，这两组两两对立直到伯尔尼时期才形成方法论—历史的统一。但在图宾根，黑格尔就已经使公共宗教与主观宗教，私人宗教与客观宗教密切关联起来。

在这里我们可以清晰地把握到，青年黑格尔在他有意识地思考辩证法问题很久以前就已经有了原初形态的辩证法。因为按照任何形式性的、形而上学的理解，私人的东西比公共的东西更应该与主观的东西结合起来。当黑格尔在这里自发地打破形而上学思维的局限时，这一方面是他日渐成熟的历史观的作用，另一方面则是法国大革命的影响促使他产生了不可抗拒的自由愿望。按照他的理解，主观宗教是一种现实的"民众宗教"。他把必须对这样一种宗教提出的要求总结如下："Ⅰ. 它的学说必须建立在一般理性之上。Ⅱ. 它不得使想像、心灵和感觉在它这里一无所得。Ⅲ. 它必须具有使一切生活需要、国家公共措施都参与其中的特性。"在随后的一段否定—论战的话中，黑格尔拒绝了一切偶像信仰，对此他把假启蒙的基督教辩护士全都

① 诺尔版：第10页。

归入这些偶像信仰。①

这些评论已经说得很清楚了。我们在这里只需补充一句：黑格尔这里的出发点显然是主观宗教和公共宗教的合理性。帝国主义时代所有那些认为黑格尔把想像与记忆对置起来是他的"非理性主义"的一个标志的反动解释，由此表明都是歪曲和毁谤。至于这些要求的社会内容，黑格尔在这个时期也已经毫不含糊地作了说明。他强调公共宗教不仅必须包含直接的律令和禁令，例如不许偷窃等，而且"尤其是那些比较遥远的东西必须得到考虑，它们通常要特别加以重视。这些东西主要是一个民族的精神的提升与改善，即要使昏睡中的民族尊严在民族的灵魂中觉醒，使一个民族既不自暴自弃也不任人遗弃"。② 因此，对图宾根学子黑格尔而言，主观的、公共的宗教已经是民族自我解放的宗教。

第三节　历史观与现时代

因此，青年黑格尔设法把主观的、公共的宗教变成德国自由运动的基础和支柱。我们已经看到从他伯尔尼时期的这种努力中形成的历史客观性与极端的哲学主观主义的

---

① 诺尔版：第20—21页。
② 诺尔版：第5页。

奇特混合。青年黑格尔的历史问题就是，具体地指明古代社会的民主主观主义的最高级和最发达的形式，然后用比较阴暗的色调描绘这个世界的没落，描绘僵死的、疏离人的、专制的实定宗教时代的产生，以便从这种对比中获得未来解放的前景。所以，古代文化与基督教、主观宗教与实定宗教的对置，乃是青年黑格尔在伯尔尼时期的政治哲学的基础。

　　不言而喻，反动的黑格尔解释者也必定注意到了黑格尔哲学的这种实践性质。通过将青年黑格尔的"民众教育家"倾向理解为黑格尔哲学发展的最本质特征，黑林直接把黑格尔哲学的实践性质提到了中心地位。就此而言，一切似乎都没什么问题。但是，黑林和其他反动辩护士在解释青年黑格尔的观点时，以他后期政治立场的反动特征为出发点，认为这些特征是黑格尔哲学从来就有的"本质"，企图利用青年黑格尔思想中特别是在宗教问题方面的许多现存的、无可避免的混乱，以便从一开始就将一些反动倾向置于黑格尔思想的中心。

　　青年黑格尔的共和主义倾向当然不能完全隐瞒不说。虽然这些倾向可能遭到抹杀或完全不被公开，但它们不能被彻底忽视。帝国主义的辩护士们在这样的情况下就通过把青年黑格尔的共和主义看作是一种"幼稚病"来自我辩护。例如，罗森茨魏格就把黑格尔看成是俾斯麦政治的一个意识形态先驱。他以完全违反历史、篡改历史的方式闭口不谈下列事实：首先，即使老年黑格尔也从来都不曾是

68

俾斯麦的一个先驱，而且，即使黑格尔的最反动观点也是与俾斯麦的在方向上完全不同的；其次，他掩盖了那些对黑格尔思想发展的政治特性起决定作用并使后来的黑格尔产生深重的听天由命情绪——这种情绪同样是那些期待在拿破仑时代出现德国复兴的德国重要人物们典型地具有的特性（想想晚年的歌德）——的重大历史危机（热月政变、拿破仑的垮台）。现在由于帝国主义的辩护士在青年黑格尔的灵魂里已经找到了"尚未成形的"类似于俾斯麦的东西，所以他们很容易就把黑格尔的全部共和主义，把他与法国大革命的全部关系说成是某种肤浅的东西，而这种肤浅的东西随着他思想的发展"成熟"逐渐被去掉了。

黑格尔对法国大革命的历史必然性的洞见，对法国大革命构成现时代的文化基础的理解，甚至在他老年时期的著作里也仍毫不含糊地流露出来，而这对这些辩护士是根本不起作用的。我们在此仅举一例，说明他们的这种遮遮掩掩欲说还休的狡猾手法。罗森茨魏格曾谈到青年黑格尔的一篇政论性论文，他强调能够据以推论黑格尔反共和主义、反启蒙思想的一切可能迹象，然后用轻蔑的口吻——貌似他很客观，其实只是混淆事实——补充说道："当然，黑格尔当时对君主制的认可毕竟也还没那么强。"①

我们已经知道，在青年黑格尔那里哲学的实践特性是

---

① 罗森茨魏格：《黑格尔与国家》，第 I 卷，慕尼黑、柏林 1920 年，第 51 页。

与他的政治梦想密切结合着的。我们现在必须借助一些引文来简洁地表明，黑格尔在多大程度上把德国当时的状况理解为他的那段所谓以宗教实定性为特征的历史发展的产物。因为我们可以从中完全清楚地看出，强调古代的自由和民主对青年黑格尔来说如何构成当时德国状况的一种革命性对照。

经过上述论述，说宗教观点、宗教传统在这里也构成黑格尔考察的出发点，就不会让人吃惊了。正是由于这个原因，他评论德国说道：

> 这是我们的传统——例如民间歌谣，等等。并不存在享受着永恒荣誉的任何哈尔摩狄奥斯或阿里斯托革顿，因为他们刺杀了暴君，给予他们的公民以平等的权利和法律，他们一直生活在我们民众的传说里，生活在我们民众的歌谣里——那么我们民众的历史知识是什么呢？我们的民众缺乏独特的、祖国的传统，无论记忆也好，想像也罢，都伴随着人类的史前史，伴随着陌生民众的历史，伴随着与我们毫无关系的那些君王的所作所为。[1]

——在这种关联中黑格尔比较了德国的建筑风格与古希腊的建筑风格，但青年黑格尔主要不在于从美学上进行比较，

---

[1]　诺尔版：第 359 页。

他认为重要的毋宁说是比较两种不同的生活习惯，即希腊人的自由美好的生活与德国人的那种狭隘、琐屑、庸俗、放纵的生活。在青年黑格尔那里，建筑风格的不同只是不同民族的社会生活内容的不同的表现而已（在这里，已经显示出他在后来的美学中一直保存下来的考察方式，当然，此时的考察方式在辩证法和历史分析的具体性方面都还处于完全不同的水平）。

70　　　我们发现他对当时德国的最重要论断，重新出现在他伯尔尼时期的主要论文《基督教的实定性》中。他在那篇论文中谈到，罗马的征服以及后来基督教的兴起，毁灭了原始的、民族的宗教，也毁灭了德国的宗教。他认为，德国的历史发展并没能给一种民族的、宗教的想象力提供任何养料。

　　　　在新教徒中，除了路德，有谁能够成为我们民族的英雄，有谁能算是我们的建立国家和制定法律的忒修斯？我们可以将其作为我们祖国的解放者来歌颂的我们自己的哈摩狄奥斯和阿里斯托革顿在哪里？吞噬了千百万德国人的战争，是为了公爵们的荣誉或独立的战争；民族只是一个工具，即使它满腔怒火投入战斗，可最终仍不知道说：这是为什么？或者说，我们获得了什么？

黑格尔进而对新教历史传统鲜活的持续存在给出了一种极

其怀疑的描述，其要点在于，德国的当权者根本不关心新教运动的具有解放意义的方面是否会在民众中鲜活地保留下来。①

黑格尔从他对德国情况的这种分析得出结论，德意志民族是一个没有从自身的土壤自发地生长出来的、拥有与自身历史相关的宗教想象力的民族，甚至"没有任何政治想象力"。② 这种没有自身民族情感生活的缺陷，后来在整个德国文化中表现出来。青年黑格尔在这方面首要关注的——这一点又是非常独特的——并不是德国文化成就的绝对高度，尽管我们已经看到他对德国文化成就是非常熟悉的，而是德国文化没有在民众中普及，没有在民众中生根。他指责当时的德国文化，主要就是由于它具有这个缺陷：

赫尔蒂、比格尔、慕索斯在这一方面的迷人戏剧，对我们的民众来说可能毫无意义，因为我们的民众在其余的文化方面落后得太远，以致欣赏不出这些戏剧的美妙——正如民族中有教养的人士的想象力与普通阶层③的想象力是完全不同的领域一样，为有教养人士创作的作家和艺术家在场景和人物方面也是普通阶层

71

---

① 诺尔版：第 215 页。

② 诺尔版：第 215 页。

③ 德文 Stand 既有"等级"又有"阶层"的含义，前者偏向于强调一个群体的政治含义，而后者侧重于强调其社会和经济含义。中文版《马克思恩格斯全集》多译为"等级"。——译注

完全不能理解的。

即使在这个问题上，黑格尔也补充了德国与古希腊的对置，他特别强调古典古代的最高艺术，即索福克勒斯和菲狄阿斯的艺术，恰恰是一种大众喜爱的、激励整个民族的艺术。[①]

在这种关联中，青年黑格尔斗争的目标是要使未来的德国文化建立在古典传统之上。他把古典传统的接受看作是唯一真正的进步，他特别反对克洛普施托克的观点，克洛普施托克在他的诗中部分地追溯到德意志民族的史前史（赫尔曼战役），部分地追溯到基督教—犹太人的传说（后者是英国革命的意识形态传统产生的一种回响，这种回响是以米尔顿的影响为中介的，是滞后的，并且在德国是微弱的）。克洛普施托克提出反古典思想的问题："难道阿哈雅是图伊斯科人的祖国吗？"对于这个问题，黑格尔首先以如下详细的探讨作了回答，即今天在艺术上复兴古老德意志传统，就像罗马皇帝尤立安当年试图复兴古代宗教一样，是毫无希望的。

　　古德意志的想象力在我们这个时代已经找不到任何可以发生关联的东西，它支离破碎地处于我们的表象、意见和信仰中，使我们觉得它像俄喜安人或印第

---

① 诺尔版：第 216 页。

安人的想象力一样对我们是异己的……

其次，对于复兴基督教—犹太人传统的问题，黑格尔反问道：

> 那位诗人就希腊神话问题向他的民族所提出的问题，我们可以同样有理由就犹太人传统问题向他和他的民族问道：难道犹大是图伊斯科人的祖国吗？[①]

也是在这里，特别是在古德意志的倾向方面，我们看出黑格尔终其一生坚守的一种立场。正如我们将看到的，他不仅在政治上反对解放战争，而且也同样反对浪漫派的一切德国式的努力。针对黑格尔的帝国主义篡改者想要给黑格尔打上浪漫主义的烙印，就连这一情况也避口不谈，或相应地加以"曲解"。

当时德国的这幅没有自由的狭隘景象，当时的这种缺乏真正大众文化的情形，是与青年黑格尔的整个民主政治立场密切关联着的。他在伯尔尼旅居期间，伯尔尼当时正在实行一种贵族寡头政治，他对瑞士的这座城市的评判就像对德国的评判一样是贬抑性的。而且他的评判还更明确地含有政治性质，因为它出现在一封信里，而不是在著作中，如果是著作，他就必须考虑德国的出版审查制度。黑

72

---

① 诺尔版：第 217 页。

格尔的这封信是 1795 年 4 月 16 日写给谢林的：

> 主权委员会每隔十年补选一次在此期间空缺的委员职位，我无法向你描述，补选如何注重人情关系，堂表兄妹为反对此间形成的各种结盟组合而玩弄的一切宫廷阴谋是如何落空的。父亲任命自己的儿子或送来妆奁的女婿等。要想了解一种贵族宪政，就必须在举行补选的复活节之前过这样一个冬季。①

这封信实在无需任何评论。对黑格尔以后的发展而言，还必须说明，他在伯尔尼的经历使他对贵族—寡头政体的难以磨灭的鄙视根深蒂固。甚至在他已经彻底改变了他在伯尔尼形成的其他信念之后，这种反对态度也没有改变。

黑格尔这时将这样一种政治和文化状况视为一种以实定的基督教统治为其核心推动力的发展的产物。如果说黑格尔在垂暮之年仍始终称法国大革命为"璨烂的朝霞"，那就不难想象，他在当时是如何急切盼望法国大革命实现世界的革新，这种革新在他那里以对基督教的批判为论战前提，而革新的实定内容表现为古代的一种复兴。② 因此，对古代的民主制所作的分析和赞扬，在这一方面对黑格尔来

---

① 罗森克兰茨：《黑格尔生平》，柏林 1844 年，第 69 页。
② 在德文中，Erneuerung 既指"革新"，又指"复兴"。黑格尔在这里对这个德文概念作了一种辩证的阐释，即现代的革新与古代的复兴是同一的。——译注

说具有巨大的现实政治意义。

在这一点上，黑格尔的见解也有很多先驱。自文艺复兴以来，在那些围绕消灭封建社会进行的伟大阶级斗争中，古代民主制的典范在意识形态先锋的著作里起着决定性的作用。古代的复兴与资产阶级解放斗争之间的这种关联从未得到重视，可以说也是历史学、意识形态领域的重大缺陷之一。的确，资产阶级历史学甚至日益致力于抹杀这些痕迹，以便把古代的复兴阐述为艺术、哲学等的固有事务。从正在形成的艺术到政治学和历史学的这些意识形态斗争的现实历史将会表明，这些关联有多么密切，并且——用反例来说明——慕古之风一旦在 19 世纪丧失这种政治—社会内容，是如何失去自身的进步意义，并变成空泛的学院式研究的。我们在这里当然不可能勾勒一条从马基雅维利经孟德斯鸠、吉本等人到卢梭的发展线索；正如恩格斯所强调的，在卢梭那里已经出现了社会发展的辩证法的最初萌芽。

由此可见，黑格尔对这些文献中的大部分都非常熟悉（只有马基雅维利的著作似乎读得较迟，可能是在法兰克福末期）。但即使没有这些文献的影响，在青年黑格尔那里推崇古代与资产阶级发展之间的本质关联也是无可置疑的。因为法国大革命的政治哲学、法国大革命的英雄主义幻想的系统化都是站在这整个发展的肩膀上的。雅各宾派的领导人物都是卢梭的亲传弟子。

尽管雅各宾派的复兴古代民主制的意志形态是平民革命者的一种英雄主义幻想，但这种幻想决不是完全虚无缥

缈的。主张这种社会革新的意识形态家是以特定的、非常
实际的经济—社会前提为出发点的。他们与那些不那么坚
定的民主革命的代表之间的差别，正是一种经济的差别：
激进的雅各宾派认为，财产的相对平等构成现实的民主制
的经济基础，一个国家的公民的财产状况日益不平等必定
会导致民主制度的毁灭和新的专制制度的形成。这种学说
已包含在上述关于古代复兴的文献的激进派手里，而且这
种把财产的相对平等看作民主制的基础的思想发展，正是
在卢梭的《社会契约论》中达到了它的顶峰。

74   在法国大革命本身中，关于这个问题的争论曾产生过
多么大的作用，可以从这个时期任何真实的历史中得到查
明。我们只想举几个典型的例子。拉博·艾圣德迁在1793
年《巴黎纪事》里的一篇时常被引用的文章中提出这样的
要求："1. 尽可能地平均分配财产，2. 制定法律以维护财
产并防止将来财产不均。"① 同年，《巴黎革命》中写道：
"为了防止完全平等的共和主义者在财产上发生严重不均现
象，必须规定财产最高限额，收益不得超过这个限额，即
便相应地增收赋税也不行。"② 同样，卡斯特尔的人民联合
会的一个决议写道："决不能放弃真正的原则，决不能接纳

①   转引自欧拉：《法国大革命政治史》，第 I 卷，慕尼黑、莱比锡1924
年，第364页。圣艾德迁大部分是跟吉伦特派一道的。但这个建议在吉伦特派
那里当然不会得到赞同，见欧拉：《法国大革命政治史》，第 I 卷，慕尼黑、莱
比锡1924年，第365页。

②   欧拉：《法国大革命政治史》，第 I 卷，慕尼黑、莱比锡1924年，第
366页。

一个巨富的人到联合会里来，除非他被公认为纯粹而热烈的爱国者，除非这种财产不均已经事先通过他所能使用的一切手段予以消除。"①坎蓬在关于累进税和强制公债的辩论中也表达了类似的观点："这个制度是最理性的和最符合我们原则的制度，因为通过这样的规则，你们将会实现有些人想到童话王国里去找的那种平等。"②诸如此类的例子不胜枚举。

通过对这两种发展在经济上的差异作犀利的分析，马克思无情地揭露了雅各宾派革命党人谋求复古的幻想特征。他在《神圣家族》里谈到这一点时写道：

> 罗伯斯比尔、圣茹斯特和他们的党之所以灭亡，是因为他们混淆了以真正的奴隶制为基础的古典古代实在论民主共同体和以被解放了的奴隶制即资产阶级社会为基础的现代唯灵论民主代议制国家。他们认为必须以人权的形式承认和批准现代资产阶级社会，即工业、普遍竞争、自由地追求自己目的的私人利益、无政府状态、自我异化的自然个性和精神个性的社会，同时又力图在事后通过单个的个人来取缔这个社会的各种生命表现，同时还力图以古典古代的形式来造就

75

---

① 欧拉：《法国大革命政治史》，第 II 卷，慕尼黑、莱比锡 1924 年，第723 页。

② 欧拉：《法国大革命政治史》，第 I 卷，慕尼黑、莱比锡 1924 年，第367 页及以下。

这个社会的政治首脑，这是多么巨大的迷误！①

　　然而，这些幻想在法国本土是平民—革命政治家的英雄主义幻想，也就是说，这些幻想虽然具有幻想的性质，却是与平民党派在1793—1794年的具体情况下所采取的实际政治行动方式的一些具体因素密切结合的。因此，在法国本土，凭借这样一些虚幻的理由却能推行一些从当时的实际发展的观点来看必不可少的政治措施。我们在这里只强调两项措施：第一，法国因受联合起来的整个欧洲的威胁而发动的战争，不仅为了在政治上——也包括在资产阶级中——镇压反革命思潮，而且为了保证军队的给养并保证对激进的雅各宾派的社会基础、城市下层居民的最低供应，必然采取一系列的强制措施；第二，民主革命的彻底贯彻使得一大部分封建土地被没收和分配，因此——无论是在意图上还是现实地对一个特定的时期而言，至少部分地——实现了以农民的小土地所有制为基础的土地均等化。

　　因此，按照马克思的上述批评，雅各宾党人的行动中的幻想因素涉及的是，他们并不了解他们自己所采取的革命措施的现实的政治—社会原因，并且对这些革命措施将要引发的发展前景抱有完全错误的想法。可见，这些幻想性丝毫没有抹杀他们行动方式的民主本质、革命因素。相

――――――――――

　　① 马克思、恩格斯：《神圣家族》，柏林1953年，第250—251页。（中文见《马克思恩格斯文集》第1卷，人民出版社2009年，第324页。——译注）

反，正确的、平民的、民主—革命的实际政策和对于由民主革命解放出来的资产阶级社会的各种力量的发展前景所抱有的奇妙幻想，这两者的这种难分难解的混合，正是描述这一革命时期的典型特征的那种鲜活的辩证矛盾。

从这个观点来看，我们就必须考虑民主革命的意识形态先驱和雅各宾党人本身同古代的联系。马克思非常正确地指出，这种虚幻的见解完全忽视了古代经济的实际基础，即奴隶制，同时又没有能力在思想上把握无产阶级在资产阶级社会的图景里的地位和作用。但是，这种基本观点上的错误，在一定的具体历史界限内并没有消除这样的正确感觉，即在相对平均的小土地所有制与古代民主制之间存在一定的关联。马克思曾极其明确地强调这种关联。他说：

> 自耕农的这种自由小块土地所有制形式，作为占统治地位的正常形式，一方面，在古典古代的极盛时期，形成社会的经济基础，另一方面，在现代各民族中，我们又发现它是封建土地所有制解体所产生的各种形式之一。英国的自耕农，瑞典的农民等级，法国的和德国西部的农民，都属于这一类……土地的所有权是这种生产方式充分发展的必要条件，正如工具的所有权是手工业生产自由发展的必要条件一样。在这里，土地的所有权是个人独立性发展的基础。①

------

① 马克思：《资本论》，第Ⅲ卷，柏林1953年，第858页。（中文见《马克思恩格斯全集》第46卷，人民出版社2003年，第911—912页。——译注）

马克思的这些评论在很多方面对我们的问题具有非常重大的意义。首先，马克思在这里简洁地强调了繁盛时期的古代民主政治与农民小土地所有权的相对平等之间的经济关联；其次，他特别重视英国的自耕农，这也非常重要。因为，正如在法兰西共和国的战争和拿破仑时期的战争中，那些被革命解放出来的农民小土地所有者是军队的核心一样，在英国革命中，自耕农也是把民众从斯图亚特王朝的桎梏下解放出来的革命军队的核心。

就此而言，雅各宾派的幻想具有一种现实—经济的内核。可是他们思想中的幻想因素也暴露出来了，即雅各宾派把这种向成熟的资本主义过渡的经济状态看作是获得解放的人类的一种永久状态，并且他们还企图把这种过渡状态作为终极的状态固定下来。马克思和恩格斯的历史论著列举了大量的证据表明，这些幻想是毫无根据的和错误的。恩格斯指出，参加过克伦威尔指挥的战役的自耕农，到克伦威尔以后一百年的时候，在原始积累和圈地运动中，几乎消失得无影无踪。马克思在他关于1848年法兰西革命的历史著作中表明，从封建桎梏下解放出来的法国农民小土地所有者，从这时起又陷入牟取暴利的资本的更加沉重的桎梏之下。所以，雅各宾派革命党人的幻想"仅仅"在于他们忽视了一小点，即他们的革命措施客观上成了促进资本主义发展的措施。

这种现实和这种观念，对当时德国哲学的发展产生了极其深刻的决定性影响。当我们详细研究这种影响的时候，我们必须再次提醒大家，尽管这一时期的德国哲学只是法国大革命事件的一种回响，但它毕竟是在经济和政治落后的德国的条件下产生的。我们也已经指出，当时德国哲学的唯心主义性质就是从德国的这种落后状态产生出来的。现在这种唯心主义从它那方面看是这样发挥作用的，即法国大革命事件在思想上的反映和在哲学上的加工恰恰是在实际行动者的意识形态最具有幻想性的地方结合起来的。因此，18 世纪 90 年代的德国哲学恰恰是与这些幻想结合着的，并且由于这个时期的德国哲学把这些幻想从哲学上予以系统化和深刻化，而加强了它们的幻想特征。如果说这些幻想本身就是对客观现实的一种唯心主义地歪曲的反映，那么它们的幻想特征经过德国哲学的加工之后就更加显著了。它们成了幻想的幻想。

在德国的所有哲学家中，费希特最坚定地赞同法国大革命的思想。他早期匿名出版的书籍都是公开支持法国大革命而反对其敌人即欧洲封建绝对主义君主制的宣传小册子。在 1796 年，当费希特在他的著作《自然法权基础》中着手于在狭义的实践哲学方面将他的观点体系化的时候，他从法国大革命中雅各宾派的虚幻观点得出了极端激进的结论。费希特的自然法权，像 17 或 18 世纪的法权[①]哲学著

---

①　德文 Recht 主要包含四层含义：（1）法律，（2）权利，（3）兼指法律和权利，（4）正义、正当性。在德国古典哲学，Recht 往往是在（3）的含义上使用，而中文并无一个既指法律又指权利的词汇相对应，只好权且译为"法权"。此外，由于在黑格尔《法哲学原理》中，Recht 还具有形而上学的含义，是指"客观精神"，所以我们另把他所使用的 Recht 译为"法"。——译注

作一样是建立在"社会契约"理论基础上的，但却是以这样的方式提出来的，即它一方面是由康德哲学中的主观主义，另一方面又是由雅各宾派的社会观决定的。因此，在费希特看来，社会契约在自身就包含这样的社会义务，即在财产相对平等的范围内关心社会成员的生存。费希特说：

> 一切财产权都是建立在所有的人与其他所有的人签订的契约上的，这个契约规定：我们大家各得其所，条件是我们也承认你的财产权。一旦某人不能靠自己的劳动生活下去，那么，完全属于他的东西就得不到承认了，因而涉及他的契约也就被完全取消了，并且从这时起，他也不再受到法律的约束，去承认其他人的财产。①

费希特的这些观点，与雅各宾派的极端左翼已经非常接近。而且有趣的是，费希特是德国重要哲学家中坚持这些观点为时最久的一个人。贡斯当对此嘲笑说，费希特在1800年仍在撰写他的乌托邦（《锁闭的商业国》），这种乌托邦的原则在诸多方面与罗伯斯庇尔政权最后阶段所实行的社会和经济政策如出一辙。当然，必须补充说明的是，费希特对这些思想从哲学上进行的系统化走上了这样的方向，即他使这些幻想在唯心主义上登峰造极了。（费希特哲

---

① 梅迪库斯编：《谢林全集》，第 II 卷，莱比锡 1908 年，第 217 页。

学的后期发展，即由于他参加民族解放运动而产生的内在冲突，已不在我们现在的讨论范围之内，但有必要简单提一提，因为资产阶级的历史学就连费希特在这里产生的现实问题和冲突也闭口不谈或者予以歪曲。)

青年黑格尔即便在其伯尔尼时期，也从未像费希特那样走得如此之远。我们在上文就已从黑格尔致谢林的信中看到，他反对雅各宾主义的激进—平民派。虽然如此，构成他的革命哲学的经济基础的仍是卢梭—雅各宾派的财产相对平等的思想。他的这种革命哲学具有一种奇怪的特点，这种特点在此已经引起我们的注意，但只有到我们详论黑格尔有关古代和基督教的观点时，我们才将清楚地看到这种特点的现实影响。简言之，这个特点就是，古代在青年黑格尔的眼里表现为一个几乎"无经济"的时期。青年黑格尔的出发点是在古代城邦中财产相对平等这种独断的观点，他仅仅分析了表现这些古代共和国的特性的一些政治、文化和宗教现象。与此相反，他对基督教的考察就有了经济的考虑，尽管还很幼稚。因为在他看来，基督教时期是一个私人产生的时期，私人关心他的财产，并且只关心他的财产。在青年黑格尔看来，古代公共生活的消亡、专制主义的产生，恰恰就是他当时所理解的基督教时期这一经济生活时期。只有当他的雅各宾派幻想与现实发生了冲突之后，他才产生了寻找一种基础更加深刻的经济学观点的需要。因此，极其典型的是，强调奴隶制在古代的重要作用，在黑格尔那里相对较晚、直到耶拿时

79

期才出现。

但是，这决不意味着青年黑格尔对社会问题熟视无睹。相反，劳动分工问题在他理解古代与基督教的区别时起到了非常重大的作用。他的历史哲学的虚幻因素表现在，他把古代缺乏劳动分工的事实理想化，甚至希望民主革命能够重新恢复古代的这个特征。

当然，对资本主义劳动分工的批判性考察，本身就是这个时期人文主义哲学的一个非常具有进步意义的因素。使这个问题成了人们关注的中心点，这尤其是席勒的功绩。我们已经知道，青年黑格尔曾以极大的热情阅读席勒在这方面的重要著作《美育书简》。我在一篇讨论席勒美学的专论中曾详细地阐释，对资本主义劳动分工的这种批判不是浪漫派的反资本主义产物，而是启蒙运动传统的延续，特别是弗格森的优良传统的延续。[①] 青年黑格尔的观点在多大程度上受到席勒的影响，在多大程度上要追溯到他肯定已经熟悉的弗格森本人，这是很难论断的。重要的是，席勒和黑格尔两人同弗格森比较起来存在方法论的一致：在他们的思想里，资本主义劳动分工的经济基础显然被大大削弱了，他们所关心的首先是劳动分工在意识形态和文化上导致的后果。当然，黑格尔又有特殊的细微差别，即关于不会因劳动分工而支离破碎的人的人文主义理想，

---

① 参见拙文《席勒的现代文学理论》，载拙著《歌德和他的时代》，柏林1950年，《著作集》，第7卷，第125—163页。

对他来说不是寄托于艺术道路，而是寄托于政治行动。对席勒而言，古代艺术的伟大是一个核心问题，即古代艺术是全面的、未被肢解的人的表现形式；而对黑格尔而言，这种人文主义的理想体现在古代民主制中充分人道的、全面政治的行为方式中。青年黑格尔只是偶尔谈到，并且仅仅作为对他的核心问题的一个说明才谈到古代的艺术。

更重要的乃是席勒和黑格尔在历史哲学见解上的差别。席勒在撰写他的著作时，正值他已经转离法国大革命的行动方式的思想发展时期。因此，在他的著作中贯穿着一股对现时代的强烈悲观主义，他觉得古代是人类的一个作为永恒典范的伟大时期，但这个时期已经完全地、最终地成了过去。伯尔尼时期的青年黑格尔对此采取了相反的立场。对他而言，古代是一个鲜活的、现实的典范；虽然古代已经过去，但它的伟大值得加以复兴，这种复兴正是构成现时代的政治、文化和宗教的核心任务。

第四节 古代共和国

因此，古代在黑格尔那里是针对现时代的一种政治乌托邦的对照。诺尔版的黑格尔伯尔尼时期的残稿非常清晰地展现了黑格尔当时对古代文化的想象。但是，为了真正理解这幅图景的政治含义，我们必须考虑到他在伯尔尼时期的一些历史研究论文的残稿，在这些残稿中，古代与现时代的关系比在诺尔编辑出版的历史论文中呈现得更加形象生动。鉴于这个问题的重要性，鉴于黑格尔思想发展被资产阶级哲学史系统地歪曲了，我们必须全文引用这段残稿。由于引文很长，我们恳请读者谅解。

81

　　黑格尔写道，在晚近的国家中，确保财产是关系到整个立法、涉及国家公民的大多数权利的轴心。在古代的一些自由共和国，严格的财产权——这是我们一切当局关心的事情，是我们这些国家的骄傲——已经受到国家宪政的阻碍。在古代斯巴达的宪政中，确保财产和产业是一个几乎完全没有被考虑到的点，是一个几乎可以说被人遗忘的点。在雅典，富有的公民通常会被剥夺他们的部分财产。但是，仍需给想要加以掠夺的人一个光荣的借口，这就是托付给他一支需要庞大开销的军队。谁在公民被划分成的特里布斯①中被选中负担一支费用昂贵的军队，谁就可以在他所在特里布斯的公民中打探，看是否会找到一个更加富有的人。如果他认为他找到了这样一个人，而这个人宣称并没有他富有，那么他就可以提议与这个人交换

────────

① 特里布斯（Tribus）系古罗马早期社会的构成单位，相当于"部落"。早期的古罗马被分成三个特里布斯，即 Ramnes、Tities 和 Luceres 三个部落，每个部落又有十个胞族（Curia）。——译注

他们的财产，而这个人是不允许拒绝他的提议的。历史表明，在雅典的伯利克里、罗马的贵族——格拉古兄弟和其他人试图徒劳地通过农业法的提议来阻止罗马的覆灭——和佛罗伦萨的医疗的事例中，即使是最自由的宪政中，少数公民所享受的过度财富也是多么危险，也能够摧毁自由本身；一个共和国要想持久存在，就必定有多少严格财产权的规定被牺牲，这是一项重要的研究。但如果人们只想在劫富济贫中寻求由法国的激进主义制度意欲建立的更大程度的财产平等的根源，那可能就冤枉了法国的这种制度。[①]

这些论述之所以不需要任何评注，是因为它们已经通过我们从黑格尔伯尔尼时期的研究中援引的引文得到多方面的说明。我们只能从这个残稿开始，因为在这里古代的财产平等与法国大革命的财产平等的关联，作为共和主义自由的基础的财产平等问题，比黑格尔伯尔尼时期的大多数其他笔记都更加清楚地呈现出来。

下文关于君主制下的军队制度和作战制度同共和制下的军队制度和作战制度之间关系的法文残稿，或许更引人入胜。关于这个残稿，在帝国主义的辩护士中间曾发生一

---

① 罗森克兰茨：《黑格尔生平》，柏林 1844 年，第 525 页。

场广泛的语文学讨论，他们讨论这完全是黑格尔自己的一篇论文，还是一段单纯的摘录。当罗森克兰茨首次出版这个残稿时，他称之为黑格尔的一篇独立论文，他将其描述为关于一个国家从君主制向共和制转变而在军务方面进行变革的一篇文章的结尾（在此，我们必须再次控诉黑格尔的亲传弟子们在处理他的遗稿时令人愤慨的疏忽大意。因为罗森克兰茨只出版了其结尾部分的这篇文章的手稿，在此期间遗失了）。在黑格尔研究中，"晚近学术界"的代表拉松、罗森茨魏格、霍夫迈斯特及其同伙站在他们那一边争论，这是否是黑格尔自己的一篇论文。霍夫迈斯特说："这个文本读起来不像是黑格尔的一篇文章，而更像是一个法国将军的一次煽动性的讲话。"不言而喻，这一"批评"的实质性内容是同样微不足道的。因为首先，新黑格尔主义者，只要对他们来说方便，就总是以下列情况为依据，即罗森克兰茨这位黑格尔的亲传弟子已经为他的出版物使用了鲜活的遗留文本。而只有在此时的这种情况下，这位最早的和至今为止最严谨的黑格尔传记作者才对他们来说"突然"显得不值得信任了；其次，即使霍夫迈斯特是对的，认为这段话实际上只是一篇法文宣言的摘录，它也根本证明不了什么。在这种情况下，就必定要提出这样的问题，即为什么青年黑格尔会恰好摘抄这篇宣言，这篇宣言与他的业已遗失的文章有什么关联。既然任何读过黑格尔伯尔尼时期笔记的公正读者都必定会察觉到这里所阐发的观点与他的整个社会和历史哲学的一种深刻一致，新黑格尔主义者通过他们的"语文学洞察力"就没有实质地达到他们的篡改目的。①

法文残稿内容如下：

83

在君主制中，民众只有在战争时刻才变成积极的力量。民众不仅必须像在战役中一支发饷的军队一样井然有序，而且必须在胜利后同样重新适应于无条件的顺从。我们习惯于看到，一群士兵如何在一声令下带着有组织的嗜杀成性的狂热投入到生与死的游戏，又是如何在一声令下恢复平静。人们渴望一个将自身武装起来的民族也是如此。但在这里，命令是自由，敌人就是暴政，总司令就是国家宪法，屈从乃是对人民代表的服从。但在纯粹军事服从的消极性与一次人民起义的激昂之间，在对将军命令的服从与自由浇铸在任何一个生命体的天性之中的热情似火之间存在巨大的差别。这就是赋予一切神经以生机的神圣火焰，并且一切神经都活跃起来，以便感受这种火焰。这种努力就是自由的享受，你想要自由的享受遭到毁灭吗？这些努力、这种为了普遍性的事业而进行的活动、这种兴致，所有这些都是推动力，你想要人民又沉沦于

---

① 霍夫迈斯特版：第 466 页；拉松版：第 VII—XII 页；罗森茨魏格：第 I 卷，第 239 页，都是完全类似的。

怠惰和无聊吗？①

这两处引文说的话是足够清楚的。它们表明，黑格尔对古代民主制的热情是多么深刻和密切地与他对待法国大革命的立场联系在一起的。现在，我们的任务就是关于古代理想如何在他的发展时期的这些表述中鲜活地存在于他的灵魂之中，给出一种尽可能概括性的描绘；这里尽可能地采用黑格尔自己的话，因为他的表述极有特色，不可因改写而被弱化。我们的阐述必须始于业已多次提及的黑格尔伯尔尼时期关于基督教实定性的主要著作，以便接下来能够过渡到阐述他关于古代生活的各个方面的观点。

84

----

① 罗森克兰茨：《黑格尔生平》，柏林 1844 年，第 532 页。（上述引文的原文为法文，为中文读者阅读的方便，现将原文的法文移至脚注。引文是根据卢卡奇提供的德文译文翻译过来的。原文的法文如下："Dans la monarchie le peuple ne fut une puissance active, que pour le moment du combat. Comme une armée soldée il devoit garder les rangs non seulement dans le feu du combat même, mais aussitôt après la victoire rentrer dans une parfaite obéissance. Notre expérience est accountumée, de voir une masse d'hommes armés entrer, au mot d'ordre, dans une furie réglée du carnage et dans les loteries de mort et de vie, et sur un même mot rentrer dans le calme. On le demanda la même chose d'un peuple, qui s'est armé lui même. Le mot d'ordre étoit la liberté, l'ennemie la tyrannie, le commendement en chef une constitution, la subordination l'obéissance envers ses réprésentants. Mais il y a bien de la différence, entre la passivité de la subordination militaire et la fougue d'une insurrection; entre l'obéissance à l'ordre d'un général et la flamme de l'enthousiasme que la liberté fond par toutes les veines d'un être vivant. C'est cette flamme sacrée, qui tendoit tous les nerfs, c'est pour elle, pour jouir d'elle, qu'ils s'étoient tendus. Ces efforts sont les jouissances de la liberté et Vous voulez, qu'elle renonce à elles; ces occupations, cette activité pour la chose publique, cet intérêt est l'agent, et Vous voulez que le peuple s'élance encore à l'inaction, à l'ennui?" ——译注）

　　希腊和罗马的宗教无非是自由民众的宗教，随着自由的丧失，这种宗教的含义、力量以及它对人们的适用性也就必定会消失。大炮对一支耗尽弹药的军队有什么用呢？这支军队必须寻找其他武器。如果河流干涸，渔网对渔夫有什么用呢？作为自由的人，他们服从他们为自己制定的法律。他们发动他们自己决定的战争，他们为了一项属于他们的事业而奉献他们的财产、他们的热情，牺牲成千上万的生命，他们无论是否受过教导，都通过他们完全能够称呼其为属于他们自己的行为来履行德性原则；在公共生活、私人生活和家庭生活中，任何人都是一个自由的人，任何人都根据自己的法则生活。他的祖国、他的国家的理念是他为之劳作并驱策着他的不可见的东西、更高级的东西，这是他在世界中的终极目的，或者说他的世界的终极目的，他发现这个终极目的在现实中得到体现，或者说他协助这个终极目的的体现自身和维持自身。在这个理念面前，他的个体性消失了，他仅仅为了理念的维持才渴求生命及其延续，并且能够实现生命及其延续本身；他不可能或者只是很少想到为了他这个个体而渴求或者恳求生命的延续甚或永恒的生命，他仅仅在悠闲懒散的时刻才能够稍微强烈地感受到一个单纯关涉他的愿望——加图只有在他的世界和他的共和国这种迄今对他而言事物的最高秩序遭到毁灭的时候，才求助于柏拉图的《斐多篇》，然后遁入了一种更高的秩序。

希腊和罗马的诸神在自然王国主宰着一切能够使人痛苦或快乐的东西。高尚的热忱是诸神的作品，智慧、雄辩和谋略的伟大禀赋是诸神的馈赠。人们做一件事情的结果是吉是凶，都要征询诸神的意见，他们恳求诸神的赐福，感谢诸神的任何一个恩赐。如果人与诸神发生冲突，人自身、人的自由就与自然的这些主宰、这种威力本身对立起来。人的意志是自由的，他们服从他们自己的法则，他们不知道任何神圣的律令，或者说当他们称道德律为一种神圣的律令时，这种律令在任何地方都不是以文字的形式颁布的，它以看不见的方式实行统治（安提戈涅）。在这方面，他们承认每个人都拥有自己的意志——无论这种意志是善的还是恶的——的权利。好人承认自己有义务成为好人，但同时尊重他人的也可以不成为好人的自由，因此，他们就既没有提出一种神圣的道德学，也没有提出一种由他们自己制定的或抽象的道德学去要求他人。

幸运的战争、财富的增多以及对生活的若干舒适与奢侈的熟知，在雅典和罗马产生了一个基于战争荣誉和财富的贵族等级，并赋予他们一种支配很多人的权力和影响。贵族通过他们的行为迷惑了，更多地则是通过他们的财富买通了很多人，使这些人乐意并自愿把他们在国家中的优势和权力转让给贵族……他们自由转让出去的优势很快就凭借暴力得到维持，这种可能性已经预设了这样一种情感和意识的丧失，这种情感和意识被孟德斯鸠以德性的名义变成共和国的原则，是为了一种对共和主义者来说他们的祖国业已实现的理想能够牺牲个体的能力。

国家作为公民活动的产物这一形象，从公民的灵魂中消失了；操持和统揽整体的事务落在一个人或少数几个人的手中；任何一个人都有指派给他的或多或少有局限的、不同于他人岗位的岗位；少数公民被托付以掌管国家机器的任务，这些人只是充当着个别的齿轮，这些齿轮只有在与其他齿轮的结合中才获得它们的价值；在被肢解的整体中托付给每个人的部分，在与整体的关系中都如此微不足道，以致单个人不需要了解这种关系或者把这种关系放在心上。国之所需是国家为其臣民设定的伟大目的，臣民为自己设定的目的则是挣钱和维持生计，再加上点虚荣。现在，一切活动、一切目的都关乎个体，任何活动都不再是为了一个整体，为了一个理念；每个人都要么为自己劳作，要么被迫为另一个人劳作。遵守自己颁布的法则，在和平时期服从自己推选的领袖，在战争时期服从自己推选的统帅，实行自己参与决定的计划，这些自由一去不复返了；所有的政治自由都一去不复返了；公民的权利只有一项确保财产的权利，这项权利现在充满了他的整个世界；摧毁他的整套目的、摧毁他的全部生命活动的现象，即死亡，对他来说必定是某种可

86

怕的东西，因为没有任何东西延续他的生命，而对共和主义者来说，共和国会延续他的生命，他会想到这样的思想，即共和国是他的灵魂，是某种永恒的东西。[①]

在这里，黑格尔关于古代各种民主制的理解的基本原则清晰地呈现在我们眼前。他对现时代和法国大革命的指涉，对任何读到文本本身的上述段落的公正读者都清楚地产生出来，并且能够通过与以前的相关段落的比较而得到强化。例如，典型的是，青年黑格尔在这里一再从进行讲述的历史学者的客观口吻跳出来，直接谈论共和主义者和共和主义德性，虽然在这方面引用的是孟德斯鸠，但每个读者都会不由自主地想到共和主义德性是如何被罗伯斯庇尔提到日程上来的。

通过财产平等的终止被描述为共和主义世界衰落的关键原因，这一关联仍得到了强调；在这方面，任何读者都会注意到，黑格尔仍是多么幼稚地并以意识形态的方式构思从自由向不自由的过渡。他认识到这些已由卢梭着手研究的经济原因的重要性，但暂时还只是完全抽象地认识到的，没能够从这里出发将某些具体的中介环节加进尤其使他感兴趣的意识形态问题中去。

对青年黑格尔来说，核心的意识形态问题在这种情况

[①]　诺尔版：第 221 页及以下。

下就又是被他称作与实定性相反的主观性的东西。在纯粹政治领域，主观性可以这样相对简单明白地加以表达：人们服从于他们自己制定的法律、自己选举的领袖，等等。国家始终是他们自己活动的产物。青年黑格尔当时的理解非常独特的地方在于，鉴于当时的社会状况，他拒绝任何一个等级，无论是世俗性的等级还是精神性的等级。我们已然知道，青年黑格尔完全忽视了古代奴隶制的存在和意义。他关于古代民主制的思想是一种没有任何等级分化的思想。按照他的理解，一旦等级的诸差别在经济和政治上得到增加，现实的自由就走到了尽头。

　　对此还要注意的是，他也是极其抽象地并以高度意识形态的方式描述这个过程的。他在其伯尔尼时期最早的一篇论文中这样写道：

　　　　但如果一个等级——统治等级或教士等级——抑或两者同时，丧失了这种曾经创建它们的法律和秩序并赋予其以灵魂的纯朴精神，那么不仅纯朴会一去不复返，而且对人民的镇压、侮辱和贬损也是肯定的［因此，等级的分化对自由而言是危险的，因为可能存在一种很快就与整体精神相对抗的 esprit de corps（团伙精神）］。①

---

① 诺尔版：第 38 页。

这种对民主制中的等级的否定立场既是坚定的，在根据上又是幼稚的。尽管如此，不应忽视的是，黑格尔在此关于氏族社会的思想的最早猜想逐渐清晰起来。当然，黑格尔后来也从未能够对氏族社会达到一种具体的思想——巴霍芬是唯一对氏族社会的思想产生了一种尽管唯心主义—神秘主义歪曲，但毕竟在重要特征上正确的看法的研究者——但毫无疑问：黑格尔在《精神现象学》中对安提戈涅的悲剧性冲突的分析，以及他后来在美学中关于"英雄时代"的整个美学思想，都在神秘主义的外壳下包含着对这种社会状况的强烈猜想。在青年黑格尔那里，这幅图景的这个方面还是非常抽象的：一方面是抽象的平等（没有等级的社会），另一方面是人民的充分自治和主动。我们在黑格尔写给谢林关于正教的物质原因的信中就已经遇到的他在观察日常生活的事实时具备的清醒的现实主义，在这里也一再表露出来。例如，注意到黑格尔以极大的热情谈论古代人的庆典并非是无关紧要的，但不要忘记添加这样的本质特征，即民众不仅自己布置庆典，而且自己支配所有的宗教捐赠。[1]

民众的这种自由和主动使得古代宗教有了非实定的、非偶像化的、非客观的特性。当然，青年黑格尔——尽管在他对"实践理性"的绝对化中尽是主观唯心主义的异想天开——也非常清楚，一个世界完全没有客观性、没有感

88

---

[1] 诺尔版：第39页。

性和思想的任何客观化，就是一种不可能的事物。现在，他试图在非常复杂的描绘和分析中阐释具有古代的这种非客观的客观性的特殊东西究竟存在于何处。

我们从他的这些众多分析中选取一个极端的因而特别具有代表性的例子。黑格尔在其伯尔尼时期的历史研究中谈到雅典人的公共葬礼和在葬礼上出现的雇来哭灵的妇女。黑格尔已经把眼泪看作是痛苦的客观化。

> 但由于痛苦按其本质是主观的，所以走出自身是完全与它相违背的。只有极度的困境才能使痛苦客观化……丝毫异质的东西都不可能使这种情况发生。仅仅由于痛苦自己被给予自己，所以它拥有作为自己的自己和部分地外在于自己的某种东西……话语对主观东西而言是客观性的最纯粹形式。话语显然还不是任何客观的东西，但毕竟是朝向客观性的运动。同时，歌唱中的哭诉更多地具有美的形式，因为它是遵循一种规则运动的。因此，被订购来哭唱的妇女对痛苦、对发泄痛苦的需要来说是最人道的东西，因为她们把痛苦最深刻地发挥出来，最广泛地展现出来。唯独这种展现才是安慰。[①]

在这种分析中，对青年黑格尔来说关键因素是客观性的、

———————

① 罗森克兰茨：《黑格尔生平》，柏林1844年，第519—520页。

没有固定的、没有永久确定的东西；这种东西不应当是任何终极的客观东西，而只是一个通向客观东西、并从那里重新返回业已改变的和得到纯化的主体性中去的过程。

这个思路在青年黑格尔的文化哲学中非常紧密地与他关于古代的纯粹政治的、纯粹共和主义的图景关联起来。古代人的生活中心在公共领域。但人们在公共领域是拥有自己命运的自由的和独立的个体。因此，他们的私人思想、感受和激情必定具有这样的性质，即它们从不固定在这个阶段，它们总是能够非常顺利地汇入公共生活之中。

黑格尔在这一时期多次在耶稣与苏格拉底之间作了比较。他一方面察觉到人们对耶稣门徒数量（12位）的偶像化，而另一方面强调耶稣使他的门徒脱离生活，脱离社会，将他们与社会隔离起来，把他们变成其主要特征恰好符合做他的门徒的人，而苏格拉底的学生却始终是社会性的，始终是他们之所是，甚至在社会中他们的个体性也没有被人为地改造。因此，苏格拉底的学生们在丰富自己之后重新返回公共生活，"他的每个学生本身就是导师，很多人创办了自己的学园，好些人是将军、政治家和各类英雄"，而在耶稣那里却形成了一个狭隘封闭的教派；"他会成为希腊人的笑柄"。[1]

根据青年黑格尔的理解，在个体的这条时刻返回到公共生活的始终开放的道路中包含着古代世界的正常性的基

---

① 诺尔版：第33页，也可参见第162—163页。

础，而这种正常性是与基督教中生活的正在扭曲的和已被扭曲的病理学相反的。

借助由黑格尔选取的一个极端事例，我们可以轻而易举地阐明他的观点。他反复分析了中世纪的女巫与古代的醉妇之间的差别。

希腊妇女在酒神节被给予一个惠允的空间来发泄怒气。她们在身体和想象力精疲力竭之后就平静地回归到平常的情感和传统的生活当中。在平常的时间，狂野的女祭司就是一个理性的妇女。

因此，古代的本质东西就是"回归平常的生活"，而基督徒女巫"从个别的精神病发作发展到精神的彻底且持久的错乱"。[①] 这里的关键不在于，黑格尔是否正确地理解了酒神节，而在于他所描绘的古代生活的这种普遍特征，在于公共生活与私人生活之间的这种鲜活的关联，在于私人生活在公共生活中的这种自由主动的终止，而这种公共生活，在谈论人的灵魂生活的逐渐变成病态东西的方面的地方，例如在这个例子中，得到了证实。

确切了解这种相互作用对把握青年黑格尔的思想之所以重要，也是因为我们可以从中更加清晰地看到，他当时

---

① 罗森克兰茨：《黑格尔生平》，柏林 1844 年，第 524 页，也可参见诺尔版：第 54—55 页。

观点的共和主义的主观主义与现代意义上的个体主义关系不大；甚至可以说，黑格尔的理解恰好是现代个体主义在思想上的对立极。当然，青年黑格尔也考虑到了个体主义，但他将其视为宗教衰落和实定性的产物，视为基督教时期的产物。青年黑格尔在其幻想的一切偏见中，在其主观唯心主义的一切夸张中的历史洞察力具有的非常典型的特征是，他清楚地考虑到作为生活感情和世界观的现代个体主义同中世纪和近代发展过程中人的个性事实上的肢解和萎缩之间的内在关联。另一方面，他同样清楚地认识到，只有在社会关系提供人的公共生活与私人生活的这样一种相互交融以及两者的这样一种鲜活的相互作用的可能性的时候和地方，全面发展的个性才能形成和发展起来。

因此，人类生活的贫乏和畸形是黑格尔对近代的文化批判的主要因素之一。紧接着对美因茨雅各宾派格奥尔格·福斯特的长篇游记《下莱茵观感》的摘录，并深受他关于古代同现代的文化和艺术的对比——这是福斯特同样从共和主义精神中得出的一种反差——的影响，黑格尔对古代生活与现代生活作了下列比较：

> 在共和制中，有一个人们为之而生活的理念，而在君主制中总是为着个别的人，但在这种情况下，人们毕竟不能没有一个理念，他们也产生个别的理念、理想；前者的理念是应当存在的观念，而后者的理想是现实存在的，但很少是由人们自己树立起来的，这

个理想就是神。共和制中的伟大精神，使它的一切力量，包括自然的和道德的力量，都转向它的理念，它的整个作用范围具有统一性。虔诚的基督完全献身于事奉自己的理想，是神秘主义的幻想者；如果他的理想完全充盈着他，他就不能在这个理想和他自己世俗的作用范围之间作出区分，而是用他的一切力量追逐理想，这样一来他就成了一个居易昂①，过分的想象力将满足直观理想的要求，感性也会坚持自己的权利；例如，无数的善男信女爱慕耶稣，想要拥抱他。共和主义者的理念是这样的类型，即他的所有最崇高的力量在真正的工作中得到其满足，而幻想者的理念只是 　91
想象力的幻觉。

黑格尔接下来——同样深受福斯特的影响——对古代艺术与基督教艺术（建筑）作了对比，不言而喻，这种对比的结果是完全有利于古代的，但在这种对比中同样必须强调的是，艺术不是单单作为艺术得到考虑的，而是被看作两个伟大时期的不同社会的生活感受的表现。②

青年黑格尔针对在这一时期备受他崇敬的美学家席勒的一段论战性的话表明，他在与古代作比较而谴责整个现代发展的过程中有着怎样极端的立场。虽然席勒在他为如

---

①　Jeanne Guyon（1648—1717），法国寂静派信徒，著有一套灵修理论，并广为宣扬。——译注

②　诺尔版：第 366—367 页。

何认识现代诗歌的特殊性奠定基础的文章《论天真的诗和感伤的诗》（1795/96 年）中承认古代诗歌永恒的和无以伦比的伟大，但他同时也试图从哲学和历史的角度为现代诗歌的合法性提供根据。席勒的这些描述——以及歌德同时的和类似的倾向——后来对黑格尔理解现代艺术产生了重要影响。在这一时期，黑格尔还根本没有重视这些哲学的和历史的发现。他反对这篇文章的一个重要段落，当然他并没有提到席勒的名字。

席勒在他的文章中强调，现代诗人在描写爱情方面比古代诗人更胜一筹。"无需痴人说梦——梦幻当然不会美化自然，而是摒弃自然——人们就会相信，自然在两性关系和爱情方面能够具有一种比古人业已给予的更加高贵的特性。"席勒依据莎士比亚或菲尔丁的作品来说明这种事实情况。我们必定会想到恩格斯的奠基性著作《家庭、私有制和国家的起源》中阐述的个体性的爱及其在诗歌中的反映的历史，以便看到席勒在这里多么重要地猜想到现实的和历史的关联，尽管他显然对这些关联的实际原因还没有任何想法。而青年黑格尔的论战正是针对席勒对这种重要的历史关联的强调。他把现代对爱的这种高估，把爱在古代受到的少量评价看作是他一再分析的政治—社会的对立的结果。他说："这种现象也不应当与希腊自由生活的精神关联起来！"他虚构了这样的情况，即一位骑士向雅典政治家阿里斯泰德讲述了所有他出于爱的激情去做的行为，而没有告知这些行为的对象是谁。在这种情况下，按照黑格尔的看法：

> 阿里斯泰德——他不知道情感、行为和热忱的所
> 有这些付出是献给谁的——肯定不会反驳下列方式：
> 我把我的生命献给了我的祖国，我不知道任何比祖国
> 的自由和祖国的福祉更高的东西，我为祖国劳作而没
> 有任何嘉奖、权力或财富的要求，但就我而言，我知
> 道自己没有为祖国做这么多，也没有感受到这样唯一
> 的和深刻的尊敬；我可能认识做得更多、热情更高的
> 希腊人，但我决不认识谁达到了您所站到的否定自我
> 的情感高度。你们的这种高尚生活的对象是什么呢？
> 这种对象必定比我所能想到的最高东西都更伟大、更
> 有价值，比祖国和自由更伟大！①

在这里，在对具有个体性的爱的情感的整个现代文化的讽
刺性否定中，包含着对古代的正常生活的热烈赞美。近代
的全部情感文化都被黑格尔当作过分的东西，当作高尚情
感在单纯个体性的、单纯私人的因而没有价值的对象上的
浪费而予以否定。因为在他的眼里，对英雄行为而言，有
价值的对象仅仅就是祖国和自由。

在这些观点中包含着某种程度的共和主义的禁欲主张，
这种禁欲主张同样属于卢梭的雅各宾派追随者的哲学，青

---

① 罗森克兰茨：《黑格尔生平》，柏林1844年，第523—524页。

年黑格尔也已通过《实践理性批判》中的的唯心主义禁欲学说而在哲学上为这种禁欲主张做好了准备。但黑格尔在这里的激进主义方面也远远超过了康德，并因康德道德学的禁欲观念的不彻底性而批评了他。

我们知道，康德在其伦理学中反对义务律令与感性的任何一种联系，反对通过人的感性幸福的要求而对义务律令的内容和形式产生的任何一种影响。对此，黑格尔表示赞同。他反对的只是：康德在其伦理学的宗教结论中提倡幸福值得尊重，这个范畴在作为"实践理性的公设"的上帝的出现方面起着重要作用。黑格尔在其中尤其是又看到了宗教的实定性的复兴。按照他的理解，康德伦理学要求"一个异己的存在者，在这个存在者中蕴含着对自然的主宰，这种主宰现在遗失了自然，并且再也不能鄙夷自然了。在这方面，信仰意味着意识的缺失，即理性是绝对的，在自身中得到完成，理性的无限理念只有由它自身，清除异己的混杂才能创造出来，只有通过剔除这个纠缠不休的异己存在者［即康德的上帝——卢卡奇注］，而不是通过祂的形成才能得到完成。由这种方式制约的理性的终极目的，就提供了对上帝存在的道德信仰，而这种上帝不可能是实践性的……"① 黑格尔在这里从康德伦理学自身的前提出发批判了康德伦理学，并且虽然黑格尔达到了使康德伦理学消除虚假的上帝存在证明，达到了否认康德信仰学说的目

① 诺尔版：第 238 页。

的，但这仍是建立在进一步提升《实践理性批判》的道德禁欲主义的基础之上的。

然而，这还不是黑格尔否定康德伦理学的决定性动机。黑格尔把康德的上帝同样看作是在他伯尔尼时期尖锐批判的意义上的某种实定东西，但他之所以否定康德伦理学的这些思路，主要是因为他把这些思路看作是在建构英雄主义—共和主义道德学中的一个障碍，看作是现代市侩习气的一种表达。因此，他嘲笑说："如果有人为荣誉、祖国或德性而死，在我们的时代就只能说，这个人配享一种更好的命运。"在尖锐反对康德将幸福与道德在拟设的上帝中结合起来的实定特点时，他补充说：

> 因此，谁——例如一个共和主义者或一个并非为了祖国，但却为了荣誉而战争的战士——为自己的存在设定了一个目的，当另一种因素即幸福不存在时，他仍有这样一个其实现完全取决于他，因而不需要任何他人协助的目的。[①]

显然，黑格尔在这里称赞法国大革命的禁欲英雄主义，甚至把法国大革命在诸多方面不同于古代的特征也搬到古代去。而这在黑格尔的所有这些论述中都表明他在这一时期

94

[①] 诺尔版：第239页。

多么看重人的生活目标的充分实现，人的个性的本质力量的现实展现就在于对祖国、对公民生活的利益、对共和国的绝对奉献，表明他把任何以个人的私人生活为取向的努力都看作无非是一种市侩习气。

在对市侩习气的这种讽刺性批判中，也必须考虑到确切的历史状况。因为德国的资产阶级历史学具有这样的普遍程式，即把任何反对市侩习气的斗争都看作是某种浪漫主义因素。但是，这样的说法在当前情况下是完全错误的。资产阶级文献史学家就称呼在意识形态上与青年黑格尔非常相似的荷尔德林是一个浪漫主义者；今天，在资产阶级哲学史中存在一种同样要使黑格尔向浪漫派靠拢的普遍风气。与此相比，原则上必须说，对市侩习气的浪漫主义批判针对的是市侩习气的现代—乏味方面，并且使它与审美理想相对置。因此，对市侩习气的浪漫主义批判，一方面时常向为波西米亚无政府主义倾向的辩护过渡，另一方面则美化了前资本主义的、还没有劳动分工的手工业在精神和道德上的狭隘性。

在青年黑格尔及其志同道合者这一边，对市侩习气的反对与所有这一切都没有关系。对青年黑格尔来说，市侩习气正是中世纪视域的狭隘性向现时代的生活和思维的鲜活延伸。他从未将某种审美的东西与市侩习气对置起来。毋宁说，相反，对青年黑格尔而言拘囿于纯粹私人生活利益的问题是市侩习气的根本标志，正如我们业已看到的，与此相对照的则是古代城邦公民完全献身于公共生活。在这方面，马克思也以深刻的历史眼光描述雅各宾派阵线的独特特征。他说："全部法兰西的恐怖主义，无非是用来对付资产阶级的敌人，即消灭专制制度、封建制度以及市侩主义的一种平民方式而已。"① 因此，青年黑格尔反对市侩习气的斗争显然也属于他围绕民主革命的目标进行的意识形态斗争的范围。

因此，青年黑格尔使公共生活的英雄主义道德与"私人"的基督教市侩习气的道德相对置。这种对置发展得如此深远，以致针对基督教的市侩道德，他甚至——用古代的事例和斯多亚学派的理由——捍卫自杀的权利。这种立场在 18 世纪末的进步知识界中并不罕见。例如，我们在歌德的《少年维特之烦恼》中也看到对这种自杀的权利的热情辩护。在那里，这种斗争也是与民主的自由斗争相关联而得到维护的。但是，即便在这里，确切地说是在公共生活、共和国利益和自由独领风骚的方向上，黑格尔也走得更远。他援引了自杀受到的各种不同基督教市侩习气的谴责，并紧接着补充说：

> 对加图、克里昂米尼以及其他在其祖国的自由宪政被废除之后自杀的人而言，返回私人状态是不可能的，他们的灵魂把握住了理念，当不可能再为理念效

---

① 马克思 1848 年 12 月 15 日刊于《新莱茵报》的文章，MEGA，第一部分，第 7 卷，第 493 页。着重号由我所加。（中文见《马克思恩格斯文集》第 2 卷，人民出版社 2009 年，第 74 页。——译注）

劳的时候，他们的灵魂就从巨大的作用范围中冲决出来，渴望摆脱肉体的桎梏，重新转向无限理念的世界。[①]

在青年黑格尔那里，死亡问题也属于古代—共和主义的伟大与现代—基督教的狭隘和卑劣之间的对置。青年黑格尔并不赞同基督教关于生与死的生硬对置的立场，他把死亡看作是普通度过一生的方式的一种必然且有机的延续。

一切民族的英雄都以同样的方式死亡，因为他们活过，他们在他们的生命中学会了承认自然的力量。但对自然、对自然的少许弊端的不能忍受，后来也使得他们不能适应于承受自然的更大影响。这通常会是这样发生的，即有些民族——在它们的宗教中，为死亡做准备是一个要点，是整个大厦的一块基石——整体上死得比较缺乏男子气概，相反，另一些民族则坦然地看待死亡时刻的到来。

黑格尔接着描述了希腊人的优美之死，这种描述在很多特征上受到了席勒哲学诗的影响。黑格尔这时将实定宗教即基督教的狭隘局限性与这种优美作了比较："因此，我们看到病人的床边围绕着神职人员和朋友，他们向临死者恐惧

---

① 诺尔版：第362页。

的灵魂照本宣科地哀吟机械性复制的悲叹。"① 在另一处，青年黑格尔直接嘲讽耶稣之死。他讽刺地说道，整个世界都应当由于耶稣的自我牺牲而对他的人格充满感激之情，"仿佛千百万人没有曾经为了微小的目的而牺牲自己，没有曾经面带微笑，不怕流血，为了自己的君王、为了自己的祖国、为了自己的爱人慷慨赴死一样，他们恰恰是为了人类而死的"。②

　　这就是青年黑格尔在与基督教的对比中用以描述古代的本质特征。在读者业已熟悉这些材料以后，我认为有必要再次向他们指出的是，青年黑格尔在此关于古代的印象流变成共和主义未来的乌托邦思想，古代的特征不断地被搬进共和制的特征之中。从黑格尔后来思想发展的观点来看，特别要强调这种对待古代的立场，要强调下列事实，即对青年黑格尔而言，古代决不是过去的历史时期，而是现时代的鲜活典范："还要等数世纪，欧洲人的精神才会在积极的生命中、在立法中认识到那种差别，并且学到希腊人的确切感受生来就带给他们的东西。"③ 正如我们已经看到的，这种典范性是以民主共和制为政治内容的。这种典范性的哲学表现方式就是青年黑格尔的极端唯心的主观主义，就是他对基督教这种疏离于人的专制主义的宗教即实定宗教的激烈而热切的反对。

---

① 诺尔版：第 46 页。
② 诺尔版：第 59 页。
③ 诺尔版：第 211 页。

第五节　基督教：
专制主义和对人的奴役

　　现在，当我们转而阐述基督教，阐述哲学实定性和政治专制主义可憎可鄙的体现的时候，就不仅会发现黑格尔在阐述方式上完全不同的语气——这一点显而易见——而且会发现完全不同的、更具历史性的考察方式，当然这种考察方式是处在对伯尔尼时期的青年黑格尔的历史主义而言总体上可能的框架范围之内的。

　　我们已经看到，黑格尔将古代的伟大和共和主义的英雄精神同它们的以卢梭的方式理解的经济基础紧密地结合起来。但我们也已经看到，这样一种社会、这样一种国家的形成问题甚至还没有作为问题出现。对青年黑格尔来说，古代纯粹是乌托邦式的愿景。这种方法论的非历史性并不仅仅是他的极端哲学主观主义的结果，因为我们可以从一些细节观察到，他的这种主观主义决不排斥对某些具体的社会关联作一种非常现实主义的理解。毋宁说，我们认为，在研究古代时历史追问的缺失，是同德国经济和政治状况极其落后的程度相关联的。如果说复兴古代共和主义的梦想即便在法国也仍如此虚幻，但它在法国毕竟与一场现实革命及其意识形态的准备的各种现实目标处于紧密的实际关联之中。因此，使这些理想和幻想同社会现实处于实际关联之中的可能性和必然性，在法国，即使在涉及过去时，也强求一种比古代更高程度的历史性。但在德国，实际的社会状况还没有现实地将民主革命提到政治议程上来。所以青年黑格尔对实际社会状况的热情是一种纯粹意识形态的热情。因此，在他那里，他的梦想实现的图景以及实现的方式始终是他的论述的最薄弱、最苍白和最不具体的部分（我们将看到，黑格尔哲学的这种软弱长期以来都始终没有得到改变，并且在他思想发展的过程中从未彻底得到扬弃）。黑格尔的伯尔尼时期不仅是他的革命热情的顶峰，而且同时——由于意识形态的目标与德国实际社会状况之间的巨大差距——也是这种抽象性的顶点。关于未来前景的这种抽象性、这种差距，反映在对下列问题的追问的抽象性和非历史性中，即古代共和国的那种理想图景是如何现实地形成的。

　　这与黑格尔对基督教的理解完全不同。他在后者中的历史追问直截了当地源自青年黑格尔的革命热情。他对古代生活的热情越高，他就越看到古代生活与后来的历史发展的困境之间的反差；他遭遇现代—基督教生活的不幸越多，他就越发热烈地、具体地和历史地提出这样的问题：一个如此美好且人道的社会怎么可能会衰落，而让位给了一个如此悲惨的社会？黑格尔这样写道：

　　　　基督教能够取代异教是令人惊叹的革命之一，寻求这样的革命的原因应当是从事思考的历史研究者的任务。在重大的令人注目的革命之前，必定在时代精神中已经有了一场沉静的秘密的革命为先导，这场革命并不是任何眼睛都能看得见的，而是极少数同时代的人所能观察到的，既难以用语言表达，也难以理解。由于不熟悉精神世界中的这些革命，于是就感到结果令人吃惊；一种本土的原始宗教被一种外来的宗教所代替，就属于这样一类革命，这样一种直接在精神领域发生的革命，必须越来越直接地在时代精神本身中去寻找它的原因。一种千百年来在国家中已经固定下来，并且与国家制度有着最密切联系的宗教怎么能够被别的宗教取代呢？对这样一些神灵的信仰怎么能够终止呢？城市和帝国的兴起都归功于这些神灵，各个民族日常给祂们奉献祭品，他们的一切事务都要祈求祂们的庇佑，只有在祂们的旗帜下军队才取得了胜利，他们为了自己的胜利而感谢祂们，欢乐的歌唱、严肃的祈祷都是献给祂们的，祂们的庙宇和祭坛、祂们的财富和雕像，都是民族的骄傲和艺术的光荣，对祂们的崇拜和庆祝简直成了举国欢腾的节日——对诸神的这样一种与人的生活之网有着千丝万缕联系的信仰——怎么能够被割断呢？[1]

99　　黑格尔对这个问题所作的奠基性的历史回答，在业已

---

[1]　诺尔版：第220页。

援引的他伯尔尼时期的论文《基督教的实定性》的大段文字中已为我们所熟知：原因在于财产不平等的形成，这种不平等，按照黑格尔的看法，同时按照他的所有法国和英国的前辈们的看法，必然导致自由的丧失和专制的产生。即便在这里，黑格尔也绝对既没有达到吉本或弗格森的历史具体性，也没有达到孟德斯鸠或卢梭的历史具体性。在我们谈论对这个领域的追问的更强的历史主义时，我们就必须重申，这种历史主义仅仅是在青年黑格尔当时的各种可能性的框架范围内存在的。

但是，提出问题的这种更具历史性的精神主要表现在，黑格尔这时在解释基督教的统治时不是首先研究基督教本身的形成史，而是研究古代国家的衰亡史。因此，他的出发点是人们对宗教的社会需要以适应自由的衰落状态和专制制度，并且他从基督教符合这些要求的事实出发来说明基督教的胜利。

在这种状态，没有对某种固定东西和某种绝对东西的信仰；在服从一个异己的意志和异己的立法的习惯中，没有自己的祖国，在这一个国家，找不到任何快乐……在这种状态，提供给人们这样一种宗教，这种宗教或者已经符合时代的需要，因为它是从一个具有类似的腐朽和具有类似的、只是色彩不同的空虚和缺陷的民族里产生出来的，或者它是这样一种宗教，

> 从其中人们可以形成并且依恋他们所需要的东西。①

因此，对黑格尔来说主要的问题是由财产不平等导致的古老的民主自由和古老的民众主动性的瓦解。那种非实定的、自然的宗教——这种宗教其实无非是在与自然紧密结合的自然而然的生活中对达到英雄主义行为的一种激励和推动——是与古老的状态相适应的。这些生活方式的毁灭就是黑格尔在这里研究的最重要的历史过程。他反复谈到，罗马帝国的扩张拉平了各个不同的民族，摧毁了他们的民族宗教。但他在进一步的研究中超出了这个范围，强
100 调随着罗马共和国的衰亡，人与自然的古老联系也遭到毁灭：

> 自然由于罗马国家的建立——这一建立几乎夺走了整个已知世界的自由——而从属于一种异于人的法律，并且人与自然的关联被撕裂了。自然的生命变成了石头和木头；诸神变成了被创造的和事奉人的存在者。哪里权力正常运转，善行表现出来，伟大占据上风，哪里就有人的心灵和性格。忒修斯一死，就被雅典人奉为英雄……罗马的皇帝们被神话了。提那亚的阿波罗尼奥斯创造了奇迹。伟大的东西不再是神圣的，因而不再是美好的，不再是自由的。在自然与神圣东

① 诺尔版：第 224 页。

西的这种分离中，人成了两者的结合者，因而成了和
解者和救世主。[1]

黑格尔这时研究了在处于衰亡过程中的罗马内部的各
种思潮，以便揭示基督教的道路得到接受有着历史必然性。

在罗马和希腊的自由没落以后，当这种自由的理
念对客体的统治权被人夺取后，人类的天才就发生了
分离。堕落大众的精神对客体说：我是你们的，接受
我吧！大众投入到了客体的洪流中，使自己受客体迷
惑，并在客体的变换中沉沦了。

随后则是黑格尔对反对这一情形的各种不同思潮的分析，
他带着一种对当时来说令人惊叹的历史眼光发现，这些思
潮尽管持反对立场，但在基本立场上丝毫没有改变。他就
这样从这种结构出发来解释罗马晚期斯多亚学派对生活的
回避（独特的是，他在这时期既没有研究伊壁鸠鲁学派，
也没有研究怀疑论者。他对希腊怀疑论的研究出现在耶拿
时期，并处于一个非常高的理解阶段。关于伊壁鸠鲁，黑
格尔从未给予恰当的评论）。黑格尔进一步表明，感官不能
接受不可见客体的感受导致对这些客体的崇拜，导致一些
宣扬神迹的思潮。他接着表明，从这些思潮出发，一条径

---

① 罗森克兰茨：《黑格尔生平》，柏林 1844 年，第 522 页。

直的道路通向了基督徒。最后，他在结尾说道：

> 发展起来的教会将斯多亚学派的愿望和内心沮丧的圣贤的愿望两者统一起来。教会允许人生活在客体的漩涡中，同时预言通过简易的练习包括动手和唇动等就能超越客体。①

101 因此，根据黑格尔的理解，已经在罗马及整个罗马世界引起对新宗教的需要——这一需要后来通过基督教得到了满足——的根本点，就是共和主义公共性和自由生活的终止，是人的一切生活表现的私人化。在黑格尔看来，在这种社会氛围中，现代意义上的个体主义出现了：个体仅仅关心他自己狭隘的物质方面和充其量精神方面的需要，感觉自己是社会中孤立的"原子"，他的社会活动只能是一架巨大机器上的一个小齿轮的活动，个体既没有能力也不愿意去看清这架机器的整体、目的和目标。因此，现代个体主义在黑格尔看来同时就是社会分工的产物。在这样一个社会就形成了对私人宗教即私人生活的宗教的需要。

我们已经从青年黑格尔的图宾根笔记中知道，他把这种私人特性看作是基督教的关键因素。与那些始终面对整个民族的古代宗教相反，基督教的典型特征恰恰在于，它关注个人，关注个人灵魂的救赎和拯救。

---

① 罗森克兰茨：《黑格尔生平》，柏林 1844 年，第 521—522 页。

但黑格尔在此还提出了另一个历史问题。在罗马帝国被接受下来的基督教，与在《新约》的某些部分中流传下来的耶稣最初创建的基督教并不完全相同。

这种对置是宗教史上的一个古老问题。中世纪的革命教派运动已经通过论战将耶稣的原初教义与天主教会的原初教义对置起来，并且把背离耶稣的原初教义看作是基督教衰落并变成了剥削者和压迫者的宗教的原因。这些教义在托马斯·闵采尔的追随者那里，在英国革命的清教徒激进派那里，仍然发挥着重要的作用。在英国革命以后，下列情形就终止了，即《旧约》和《新约》的某些教义和讲述成了诸政治—激进派的意识形态旗帜。资产阶级民主革命在法国的准备，越来越坚决地反对基督教，反对一般的宗教和教会。然而，这并不意味着耶稣的道德学说与一般教会反社会的实践的不道德性之间的对置，在启蒙运动的反教会的论战中已经不再发挥作用。甚至在法国大革命中也偶尔会在宣传上出现"耶稣的好心无套裤汉"的思想，这种思想被用于对抗反革命的、拥护君主制的教士。在落后的德国，在这个如我们所见既不可能形成坚决拥护无神论的唯物主义、也不可能产生反对一般宗教的激进斗争的地方，在这个甚至在启蒙运动的局势下"理性宗教"也仍占据意识形态中心位置的地方，耶稣的很多格言和教义（"登山宝训"等）也合乎自然地作为"理性宗教"的要素在意识形态上得到利用。

这些在德国占主导地位的观点，自然也对青年黑格尔产生了极大的影响。这种德国式的追问，正如我们将在下一章中看到的，甚至在他思考人类发展的观点的法兰克福危机时期也仍在根本上得到了加强，并产生了基督教的创建者是世界历史—悲剧性人物的思想。在伯尔尼，他对耶稣的感同身受还要少得多。虽然他对作为一门纯粹道德学的教师的耶稣产生了某种同情，但正如我们在前一节中所见，他还是把作为这种教师的耶稣在本质上置于苏格拉底之下。这种对耶稣不利的比较有机地源自青年黑格尔的总体思想。作为教师的耶稣教导他的学生与社会生活隔离开来，进行个体的与世隔绝，而苏格拉底带领他的学生进入公共生活的活动中。

因此，无论耶稣的宗教与后来的基督教之间存在多大的差别，它们毕竟仍是两种私人宗教。耶稣最初的门徒团体在青年黑格尔眼里已经具有某种"实定的"特性。这种情况从耶稣 12 门徒的数字上表现出来，青年黑格尔把这看作是偶像崇拜的一个标志。[①]

耶稣的教义和活动的这种实定性的基础，在黑格尔看来甚至就在于，耶稣在原则上始终面对的是个人，并且在原则上无视社会问题。这直接表现在耶稣对财富、不平等等的反对，表面上看他在其中所维护的观点必定也是青年黑格尔有同感的，但这些观点一贯地由于其宣告的非社会性而遭到黑格尔的否定。例如，黑格尔就富有少年的著名

103

① 诺尔版：第 33 页。

事例这样说道：

> "但如果你想成为完善的，你就卖掉你所拥有的，并将你的财富分给穷人"，基督对少年这样说。基督提出的这幅关于完善的图景本身包含这样的证据，即基督在他的教导中仅仅呈现了个别的人的教养和完善，而这些教导无法在总体上扩展到一个社会。[①]

由此我们就触及了黑格尔在此提出的第二个历史问题。基督教变成黑格尔这种意义上的实定宗教的必然性在于，仅仅面向单个人并仅仅以作为个体的单个人的自我完善为目的的道德律令，在历史发展过程中被扩展到整个社会。黑格尔区分这段历史发展的不同阶段：首先是耶稣本人的教义以及他与他的亲传弟子的关系；其次是他在殉难以后形成的基督教教派，在这个教派中，这些作为萌芽已经始终存在的实定特征更加强烈地呈现出来，并且从最早的基督徒教团有意图的道德统一中形成了一个带有强烈实定特征的宗教教派；最后是这些教义在整个社会的进一步扩展，基督教成为占统治地位的教会，在其中，实定性的这些疏离生活和敌视生活的力量，获得了那种灾难性的意义，决定了从中世纪到近代的整个历史发展过程。

我们看到，这种发展过程的模式要比青年黑格尔关于

---

① 诺尔版：第 360 页。

古代城邦的思想更具历史性。在这方面，引人关注和值得注意的是，对青年黑格尔来说，这种历史发展的基础就是卢梭关于质的作用的思想，量的扩展对民主制度就发挥着质的作用。在关于民主制的章节（《社会契约论》第3章第4节），卢梭谈到，一种民主制的单纯量的扩展对它的民族特性来说可能是危险的，甚至是灾难性的。现在，极其典型的是，卢梭的这些在该章节直接涉及古代民主制的评论，被黑格尔运用于基督教。当然，这里重点的转移并非是无关紧要的，即古代民主制衰落的推动力量不是直接民主制的内在辩证法，而是像在卢梭那里一样，涉及个体本身的私人道德和伦理律令向一个更大范围的社会的扩展的辩证法。然后，在青年黑格尔那里，社会的扩大，随着其量的扩展，就产生了实定性的各种不同的质的发展形式（因此，我们在这里可以看到，黑格尔关于量变到质变的过渡的最早的、还很粗陋的、概略的和无意识的形式。值得一提的是，后来在黑格尔那里这种卢梭式的思想涉及国家和宪政问题时又明确地再度出现，当然是经过概括和改动的，例如《哲学全书》§108附释）。

因此，黑格尔的出发点是，基督教后来的一些糟糕方面"已经包含在它们最早的未经发展的构思中，然后又受到了贪欲和伪善的利用和扩展"。他进一步概括道：基督宗教的历史"给我们提供了很多事例中的一个新事例，即一个小社会——在那里任何公民都有成为或不成为其成员的自由——的制度和法律在被扩展到庞大的公民社会时，就不再适用，并且不能与公民自由共存"。①

　　黑格尔这时非常详尽地分析了耶稣的一些个别教义和诫命在最初的教团中经历了哪些改动，这些改动后来在发展起来的基督教教会中又如何进一步发展到了彻底的实定性和专制的伪善。这种分析的详尽，从当时德国的状况来看是可以理解的；我们还从黑格尔的书信中得知，反动的正教是如何利用例如康德哲学来达到它的目的的。当然，这些研究并没有把黑格尔青年时期的著作变成"神学"作品，毕竟这些著作的基本内容恰恰是反神学的内容；不过，我们今天对基督教的一些个别教义的蜕变史也不再有太大兴趣。我们仅限于解释历史发展的原则方面。这里必须再次强调，青年黑格尔到处用经济和社会的差别侵入基督教教团这个动因来补充基督教教团的量的扩展的动因，也就是说，黑格尔的历史性的基本问题即财产不平等问题在这里也起着至关重要的作用。这样一来，随着教团的扩大，成员们最初的紧密团结和兄弟情谊也烟消云散了。正是由于成员是由在物质和社会方面各不相同的等级拼凑而成的，所以最初的教团实行的财产公有制也终止了。这种原初的财产公有制"不再被要求是成员得到接纳的一个条件……但出现越来越多的社会自愿捐赠，作为一种在天国购买席位的手段……结果僧侣阶层获益——因为他们鼓励俗众的这种慷慨捐献——但他们也谨防浪费他们自己的获得的财

105

---

① 诺尔版：第 44 页。

产，这样一来为了使他们自己作为穷人和需要帮助的人富有起来，就使其他的人变成了乞丐"。同样，原初的平等变成了伪善，变成了实定的宗教信条；"这个理论当然被完整地保留下来，但被聪明地附加了一点，即在上天的眼里会是众生平等的，因此在尘世生活中不用关注平等问题。"基督教的一切习俗和仪式都以这种方式变成了实定的，亦即变成了疏离人的喜剧，这些喜剧伪善地忽视了参与进来的人的现实状况。这样一来，圣餐礼，最初作为导师与其学生的离别形式，后来就变成了对已故的亲爱导师的纪念庆典，在那里，弟子之间的平等和兄弟之情同样成了至关重要的宗教—道德问题。

> 但随着基督教的普及，就出现了基督徒等级的一种更大的不平等，这种不平等虽然在理论上被摒弃了，但在实践中被保留了下来，如此一来，这样一种兄弟情谊就终止了。[①]

基督教在所有领域都发展成为一种实定的教会，并将它的创建者最初的私人道德学变成了这样一种教条性的伪善，这种伪善按照青年黑格尔的理解是一个以私人利益为基础的社会即资产阶级社会的必然的和合适的宗教。

106　　根据青年黑格尔的理解，只有一条出路可以摆脱这种

---

① 诺尔版：第 167 页及以下。

处境：古代自由和人的主动性的恢复。我们曾提到，对青年黑格尔的思想发展进行帝国主义解释的人们得意洋洋地提出，黑格尔曾深入地研究过莫斯海姆的教会史。但是，即使从这里也挤压不出任何证明黑格尔青年时期的思想发展具有神学性质的证据。因为黑格尔从一开始就否认任何以基督宗教的方式超越基督教实定性的企图，他认为这是毫无希望的。他显然研究过古代以来的教派运动史，但由此得出的却是这种否定性的结论。他正是借助于提到莫斯海姆的著作来谈论那些时不时冒出来的想要通过返回到基督教的原初道德来克服基督教的僵死实定性的人。关于这些努力产生的命运，他说：

> 如果他们并不是独一无二地维持他们的信仰，他们就成了一个教派的创立者，这个教派在不受教会压制的情况下得到了传播，并且它从它的来源出发不断缓慢变化，后来就又只剩下它的创立者的规则和律法，这些律法这时对这个教派的追随者而言也就不再是出于自由的律法，而是又成了教会的法规；这就又引起了新的教派的形成……[1]

因此，只要基督教的传播和统治所归因于的那种人类社会形式持续存在着，基督教的实定性连同其所有灾难性的后

---

[1] 诺尔版：第210—211页。

果就是难以克服的。

青年黑格尔的著作包含下列非常详细的描述，即所有的道德问题是如何被基督教扭曲的，又是如何在专制制度下被变成伪善和卑劣的。我们跳过黑格尔关于纯粹个体性的道德学问题的一切研究，将我们的注意力集中于他对基督教之于公共生活、国家和历史领域的影响所作的批判。

我们在黑格尔伯尔尼时期的那些论述中找到最典型和最尖锐的批判性评论，那些论述是紧接着吉本的历史著作摘录作出的。黑格尔说：

107

> 最早的基督徒在他们的宗教中为自己找到了未来得到报答的安慰和希望，找到了对他们敌人的惩罚和对他们的崇拜异教神的压迫者的反对。但修道院里的下属或者专制国家的臣仆，可以反对他的生活奢侈、挥霍穷人的血汗的主教和税吏，却不能在宗教上对挥霍者进行复仇，因为这个挥霍者也听相同的弥撒，甚至亲自做弥撒等等。然而，相对于人权方面的一切损失，下属或臣仆在他的机械刻板的宗教中找到了如此多的安慰和补偿，以致他在他的动物性中丧失了他的人类感官……
>
> 在罗马皇帝统治下，基督教不能阻止任何德性的沦丧、罗马人对自由和权利的压迫、统治者的专制和残暴、天才和一切美好艺术以及一切基础科学的衰落，不能重新赋予消沉的勇气、关乎民族美德和民族幸福

的任何没落的部门以生命，而是让这些部门受这种普遍瘟疫的浸染与毒害，并在这种扭曲的形态中凭借它们奴仆的身份，充当专制主义的工具；基督教导致艺术和科学的衰落，在有人践踏人性、人道和自由的任何美丽花朵时使人们痛苦地忍耐，使服从暴君成了一种制度，产生了专制主义最可怕的罪行的辩护士和最激烈的颂扬者，而且比这样的个别罪行更令人愤慨的是吞噬着人的一切生命力并通过缓慢的秘密的毒害进行破坏的专制主义的罪行。①

　　黑格尔描绘了基督教的历史影响的这种黑暗景象，这不仅涉及没落的罗马，而且涉及整个中世纪和近代的历史。他在另一处关于基督宗教②的历史效应说道：

　　　　客观的宗教对所有等级的堕落、各个时代的野蛮、民众的粗陋成见能起到的控制作用很少。基督宗教的反对者们怀着充满人性感受的心灵，读到了十字军东征的历史、美洲的发现和现今的奴隶交易的历史，他们不仅读到了这些辉煌的事件——在那里，基督宗教部分地起到了突出的作用——而且读到了君侯堕落和

---

　　① 诺尔版：第365—366页。
　　② 在中文语境中，"基督教"可以指新教，与广义的"基督宗教"存在差别。在本书的翻译中，我们对"基督教（das Christentum）"和"基督宗教（die christliche Religion）"作了适当区分。但就本书而言，黑格尔和卢卡奇并未严格区分两者。

108

民族卑鄙在总体上构成的整串历史，这使他们内心感到惨痛，于是宗教导师和事奉者就针锋相对地提出高尚、公益的要求以及诸如此类的声明；他们必定对基督宗教充满厌恶和憎恨……①

黑格尔处处类似地探讨基督宗教在一切历史时期对它的历史效应的一切领域的影响。例如，他一再强调，那些在其中教会的影响最强大的国家，例如教皇国或那不勒斯王国，恰恰是在社会和政治上最堕落的欧洲国家。他以下列简洁的形式概括了针对教会始终反复出现的控诉："教会教人把公民的和政治的自由蔑视为相对于天堂财富的污泥，教人蔑视生活享受。"② 这样一来，基督教在其整个统治时期就产生了对任何人性的一种贬抑，它变成了任何一种专制任性、任何一种恶意反动的主要支柱。对青年黑格尔来说，这里涉及的不是堕落的教会统治者或世俗统治者的个别的肆意妄为和骄奢淫逸，按照黑格尔的看法，毋宁说基督教的这种影响源自它的最内在本质：它的实定性。

我们从黑格尔先前将基督教的卑鄙与古代的英雄道德加以对照的论述中已经充分清楚地看到，基督教作为私人生活和私人利益的宗教，作为面向单个人的宗教，必定毁灭古代的一切高尚德性。这种宗教创造了这样一种世界观，

---

① 诺尔版：第39页。
② 诺尔版：第207页。

在这种世界观中，任何英雄气概、任何自我牺牲都表现得荒谬可笑。对一个只关心自己财产的人来说，为了共同福祉而牺牲生命的英雄行为确实只能表现为荒谬可笑的。[①] 青年黑格尔甚至把个体主义的比较精致的、更有文化的自我满足也同样当作一种市侩利己主义的表现而予以拒斥。这样一来，灵魂不朽、永恒幸福的信仰就尤其遭到拒斥。我们要提醒读者注意黑格尔关于古代共和主义者的英雄主义的阐述，正是因为他们转化成了共和主义团体，所以他们不需要、也不追求个体性的不朽。正如我们所知，这样一种英雄主义的基础是民众在古代城邦中的主动性。我们在涉及黑格尔的与此有关的观点时已经指明，他把古代共和国设想成没有等级的社会。相反，正如他至此为止的论述清楚地表明的那样，他将基督教与社会的等级分化紧密地结合起来，尤其是把教士看作是一个特殊的等级。这种按等级所作的分离——黑格尔偶尔将教士等级与行会作比较——在他那里涉及社会的一切物质利益和精神利益。我们先前已经看到，黑格尔如何将财产所有制向僧侣的利己主义致富的变迁描述为一个必然的历史过程。他在另一处详细地谈到按等级划分的民众的主动性，并且把基督教教士等级当作"传说的保管人"[②]，当作宗教真理的垄断者与民众的主动性对置起来。这种垄断也是教士等级能够实行

109

---

① 诺尔版：第 230 页。
② 诺尔版：第 65 页。

其自身统治并支持世俗掌权者的专制制度的一种手段。基督教的神话和传说对欧洲民众而言是外来的这一事实，在黑格尔眼里增强的还不仅是这种垄断的权力，而且是这种垄断的不爱好自由的特性。

因此，人们在实定的基督宗教的统治下生活在这样一个社会世界，这个社会世界作为不可扬弃地"给定的"和完全异己的世界而与人相对置。实定的基督宗教的灾难性的历史任务在青年黑格尔那里概括起来就是，它在人心中摧毁那种要自主活动、要在自由的人的社会中生活的意志。所以，黑格尔关于基督宗教的社会功能总结说道：

> 这个原理在基督宗教提供给理性的神灵里仍向理性显现出来，这个神灵虽超出我们的权力和意愿的范围，但仍能为我们的吁请和祈祷所感动。因此，道德理念的实现就只能被愿望（因为人们能够愿望的东西，是他们自己不能完成的，他们只是盼望没有我们的帮助就能获得），而不再被意愿。基督教的最早传播者就怀抱着这样的希望，希望通过一个神圣存在者的降临带来这样一种革命，而人们却完全采取消极的态度；这种希望最后落了空，于是他们就满足于期待整体的那种革命在世界末日到来。①

110

---

① 诺尔版：第224页。着重号由我所加。

我们在此非常清楚地看到，青年黑格尔对实定宗教、对基督教的憎恨和蔑视的最深层的根源在于他对革命的热情。恰恰因为他纯粹唯心主义地把革命设想为由他在社会层面加以转释的"实践理性"的实现，所以在他那里意愿问题起着决定性的作用。正如我们所见，意志对青年黑格尔而言不仅是实践东西的原则，而且同时是绝对者本身。一切东西都依赖于这个意志。只要人们想要成为自由的，古代城邦的壮丽美好就持存着。由于基督教把积极的和自由的意愿变成了一种消极的和谦恭的愿望，所以专制主义能够并且必定大行其道。不言而喻，黑格尔看到了意愿向单纯愿望转变的社会历史原因。但正是因为他是一个德国人，并且生在德国（即便在他身上没有那么多唯心主义的偏见和幻想），所以要求民主革命的力量客观地讲在那个时代是不可见的，他的乌托邦式革命希望必定集中于唯心主义地夸大的、变得夸张的意愿。

在这样一种唯心主义的世界观中，宗教自然必定是这一历史运动的核心推动力。因此，宗教的实定性对青年黑格尔来说就表现为人类解放的关键阻碍，表现为他像伏尔泰一样对其喊出"ecrasez l'infâme"［铲除卑鄙］的怪物。所以，他这样总结他关于宗教及其历史作用的观点：

> 这样一来，罗马王侯的专制主义就把人的精神从地上赶走了，剥夺了自由，强迫人使其永恒的、绝对的东西逃避到神灵那里去。专制主义带来的苦难迫使

人在天国寻求和期待幸福。神灵的客观性是同人的堕落与奴役以同样的步伐前进的，前者只不过是这个时代精神的一种启示、一种显现……时代精神在其神灵的客观性中显现出来，这时它……被放置进一个对我们陌生的世界；在这个领域内我们什么也不能参与，我们通过我们的行动什么也做不了，而是至多只能乞求或者以巫魅的方式沾一点边，这时人自己是一个非我，他的神灵则是另一个非我……在这样的时期，神灵必定已经完全不复是某种主观的东西，而完全成为了客体；于是，道德原则的那种颠倒通过理论得到维护，是非常容易的和合乎逻辑的……这就是每个教会的制度……①

我们最后还必须强调黑格尔对基督宗教的批判的一个方面，即与现实的和解问题。之所以如此，主要是因为在这个问题中青年黑格尔与其后来的思想发展之间的对立特别强烈地凸显出来。黑格尔反复地并以极其尖锐的表达谈论这个问题，我们仅仅引用最典型的几处。他说：

在这种堕落的人性——这种人性从道德方面看必定

---

① 诺尔版：第227—228页。正是在这里，在黑格尔反对基督教的关键地方，福斯特的观点直至其文风对黑格尔的影响都是显著的。例如，黑格尔在其福斯特的摘录中抄下了形象地表达"乞求"，并且像福斯特本人运用这个表达在类似的方面一样，也在这里加以运用。

是人类自身所鄙视的——的萌芽中……人性堕落的学说必定被创立出来，并被人乐意地接受下来；它……满足了人的自尊心，即从自身推卸掉罪责，并在痛苦感本身中给出一种骄傲的根据；这个学说使耻辱变成荣誉，通过它自身把那种能够相信一种力量的可能性的东西变成了罪恶，它将那种无能神圣化和永恒化了。[1]

在另一处，他写道：

但是，当基督教渗透到更堕落、更高贵的等级，当在基督教内部产生了高贵与卑微的巨大差别，当专制制度更多地毒化了生活和存在的一切源泉时，时代便通过这样一种转变而暴露出其本质的毫无意义，这种转变表现在这个时代关于上帝的神性概念及其争论上面；这个时代越来越赤裸裸地表现它的弱点，因为它用神圣性的光圈环绕着它的弱点，并把它的弱点吹捧为人类的最高荣誉。[2]

最后，他再次说道：

一个具有这种情绪的民族必定会欢迎这样的宗教，

---

① 诺尔版：第 225 页。
② 诺尔版：第 226 页。

112 这种宗教能够把占主导地位的时代精神、道德无能、受人鄙视的不光彩以受苦受难的服从的名义推崇为荣誉和最高的德性，这种做法使人们带着欢乐和惊喜看见了过去受人蔑视和自己感到的耻辱现在转变成了平静和骄傲。[①]

因此，黑格尔的这些观点必须借助详细的引用加以证实，以便研究他后期观点的行家看到在这个问题上青年黑格尔与其后期思想发展之间的整个间隙。我们知道，与现实的"和解"是黑格尔后来历史哲学的一个核心点，尽管这个核心点必须以恩格斯在《路德维希·费尔巴哈和德国古典哲学的终结》中解释黑格尔的这些观点的辩证方式得到理解。至于黑格尔的这种对待历史现实的成熟态度包含多少内在矛盾，我们将在下面的分析过程中，在我们谈论这种观点在法兰克福危机和后来在耶拿的形成史时看到。但是，这种观点的辩证内核是对如其所是的社会现实的承认；这种现实后来也自然必定在历史发展过程中被转变为非现实、非存在和被扬弃物。因此，对后来的黑格尔来说，各种世界观必定在思想上表现为时间的各种历史必然关联。这种后来的思想预设了这样一种历史图景，在其中，历史辩证法的连续发展从人类之始直到现时代都在进行着。

"和解"在后来的黑格尔那里成为这样一个范畴，在这

---

① 诺尔版：第 229 页。

个范畴中表现出客观历史过程相对于在它之中活动的人们的道德努力和道德评价的独立性。各种不同的世界观、宗教等与此相应地在这种关联中表现为特定历史时期的思想总结。因此，对它们的纯粹道德评价也逻辑一致地受到后来的黑格尔的拒斥。这当然并不意味着，他不对它们发表任何看法。在这方面关键的因素只是它们的进步性或反动性，而不是像在这里一样是与一种永恒的、超历史的道德的关系。就此而言，"和解"包含着黑格尔历史意识的发展中的一个巨大进步。*113*

　　但是，这种思想发展是非常矛盾的。因为另一方面，这个范畴的运用也意味着一种同过去和现在的坏的倒退倾向的现实和解；它尤其是导致对德国现时代的这些坏的反动制度的美化，导致放弃任何一种斗争，放弃对任何一种现实的批判，特别是对基督教的批判。因此，黑格尔超越伯尔尼时期的道德愤慨而在历史—科学方面的进步，从另一方面看，又是以其思维的进步性的极大损失为代价的。

　　青年黑格尔还没有看到任何会通向"现实"当下的历史必然的、客观的道路。现实的当下对他来说就是法国大革命的伟大奇迹，就是古代民主制的自由的虚幻复兴。现在，在真正的古代与其在未来的复兴之间存在专制、压迫和实定宗教的堕落腐朽时期。虽然黑格尔看到了这种实定宗教的形成的历史必然性，但他没能看到任何实际历史力量，这些历史力量会在实定宗教本身中发挥作用并且它的内在辩证法会通向古代的复兴（典型的就是，我们发现青年黑格尔的任何一本笔记都没有研究过法国大革命的实际原因)。

他对人类的革命性复兴的渴望的这种过分虚幻的特性，不允许他的历史哲学具有一种方法论上统一的观点，即他的历史哲学会现实地从自身的辩证法中揭示通往现时代、通往未来前景的道路。这样一来，他的未来远景，即古代自由的复兴，就始终是一种单纯的拟设，并且这种抽象的拟设以那种对基督教的强烈憎恶——我们刚才已经看到这种憎恶的各种表现——为必然的和有机的补充。这种憎恶的根源在于，青年黑格尔将自由和其他道德概念理解为永恒的、超历史的范畴。根据他的观点，基督教违反了道德学的这些永恒的真理，颠倒了这些真理，用神圣性的虚构光圈环绕卑微的东西和永远卑鄙的东西。针对道德概念的这种颠倒，青年黑格尔发泄了他的全部革命性的憎恶。

114   把黑格尔的逐渐成熟简单地理解为是他的观点的进步，那就是不对的。毫无疑问，在他的思想发展中，一种巨大的进步恰恰就包含在历史观中。正是由于黑格尔背离了他青年时期的革命理想，他才成为德国唯心主义哲学的顶峰人物，他才如此深刻和真实地理解历史发展的必然性并把握这一必然性的方法论，而这一必然性在一般的唯心主义基础上是不可理解的。而在黑格尔那里，德国经济和社会的落后状况的悲剧性表现在，黑格尔的思想发展、他的成熟只有在放弃民主革命的目标的基础上才能实现。马克思和恩格斯曾反复指出，在与"德国的不幸"的斗争中连当时最伟大的德国人也败下阵来，甚至像歌德这样的巨人也只能是"有时非常伟大，有时极为渺小"。[1] 黑格尔也不能摆脱这一命运。当我们追寻他的观点进一步发展到这样的卓越形式——在这种形式中他把唯心主义辩证法概括为一种统一的方法——时，我们就必定会持续不断地发现德国的发展状况的这种分裂，这种分裂也使黑格尔"有时非常伟大，有时极为渺小"。

第六节 "实定性"
对黑格尔思想发展的意义

我们在至此为止的阐述中描绘了青年黑格尔当时的历史哲学的轮廓。现在关键仅仅在于，通过一些评论来描绘黑格尔这一时期的核心概念的哲学意义。在这方面，这里还不会涉及对黑格尔的这些概念的现实批判。我们的任务暂且在于，追寻黑格尔观点的基本路线的发展过程，直至我们达到这些思想在《精神现象学》中最初定型的和具有历史意义的表述。只有在这个阶段，审查黑格尔达到的在其真理形态上的辩证法的阶段，并将这种辩证法与唯物主

115

---

[1] 恩格斯：《诗歌和散文中的德国社会主义》，第二部分，MEGA，第一部分，第 6 卷，第 57 页。也可参见马克思、恩格斯：《论艺术与文学》，柏林 1950 年，第 218 页。（中文见《马克思恩格斯全集》第 4 卷，人民出版社 1958 年，第 256 页。——译注）

义辩证法加以对比，以便能够以这种方式强调唯心主义辩证法的这个最高点的历史伟大和哲学局限，才是可能地、现实地和必然地有教益的。到目前为止，我们的提问在某种程度上还始终处于黑格尔思想发展本身的内部，也就是说，我们试图揭示，某些问题的提出和解答对黑格尔辩证法后来更加完善的发展阶段具有什么意义。现在对这一时期的一切概念进行详细的唯物主义批判，肯定不会很难。但是，一方面黑格尔本人在他后来的思想发展阶段克服了他思维的某些不足和片面性以及某些非辩证的方面，而另一方面，他的观点在其内核中所具有的从未被克服的唯心主义缺陷又在所有时期都是相同的。因此，在这两种情况下，现在进行详尽的哲学批判不可避免地会导致重复。

我们已经看到，黑格尔在这一时期使用的在哲学和历史领域关键的核心概念是实定性概念。在黑格尔哲学至此达到的形式中，在主观的主动性和自由同僵死的客观性、实定性的对置中已经包含着黑格尔后来成熟的辩证法的一个核心问题的萌芽，黑格尔后来通常用术语"外化"来指称这个问题，并且根据黑格尔后来全面化和系统化的观点，包含着在思维、自然和历史中的整个对象性问题。我们只要想想，根据后来的黑格尔哲学的看法，整个自然都被理解为精神的外化。

在这一时期，黑格尔还没有提出任何明显的认识论意义上的问题。例如，即使他偶尔使用费希特的术语，并且用"非我"的表达来指称基督教的人和上帝，正如我们所见，这也决不意味着，他会完全站在费希特认识论的基础之上。他使用这种表达是为了生动地和激昂地阐述人类的一种社会—道德状况。他同样自由地对待康德哲学的范畴。可以说，在这一时期他唯独感兴趣的是社会实践与宗教—道德意识形态之间的相互关联。他在这里达到的发展阶段颇具特色的是，虽然青年黑格尔一再将这种社会实践的主体理解为集体性的主体，但他根本没有尝试从哲学上说明这种主体的本质并准确地规定这种主体的概念。对任何了解黑格尔哲学后来发展的人来说都很清楚，这种主体后来在他那里具有"精神"的形态。他的建立在逻辑学和自然哲学基础上的精神哲学高峰，阐述了主观精神超越客观精神达到绝对精神的发展过程。他在伯尔尼甚至在法兰克福都还没有谈到这样一个概念性的体系。关于这个发展过程的最早文本，只有在《精神现象学》中才呈现出来。在伯尔尼时期的研究中，黑格尔的直接兴趣是历史性的东西：他想在具体的历史过程中追寻这种集体性的主体（社会发展的连续性以唯心主义的方式被神秘化的承载者）的实际命运。要说这个历史过程本身是一个抽象地、唯心主义地构造出来的过程，这就说来话长了；而黑格尔在这种历史研究过程中偶遇实定性、客观性概念，这对他的整个后来的哲学发展来说都具有极其重要的意义。

　　因为黑格尔由此开始有了这样的想法，即把真正的客观性，把对象相对于人的理性的独立性理解为人自身的这种理性的发展的一个产物，理解为这种理性的能动性的一个产物。由此他在这里就不仅已经略微涉及那些将在他成熟的辩证法中构成一个顶峰的思路，而且他同时确立并固定了唯心主义自身的局限，那些局限是他的思维将决不能够超越的。在这里，第二个因素对任何唯物主义者来说都是完全可以理解的，我们将在第四章详细地考察马克思对整个黑格尔哲学的这种唯心主义局限的极其深刻的批判。对黑格尔辩证法的形成来说，第一个因素——当然，它与源于第二个因素的那些局限处于不可分离的纠缠交织之中——具有至关重要的意义。因为它包含着这样的思想，即整个社会发展连同其在历史进程中产生的一切意识形态形式，都是人类活动自身的产物，是社会的自我生产和自我再生产的表现形式。凭借这种辩证的历史观，德国唯心主义就超越了机械唯物主义历史观的某些——同样唯心主义的——局限。机械唯物主义一方面只能将任何一个社会的持续现存的自然条件（气候等）都纳入它的历史考察范围，另一方面又把对人的实践的研究局限于对决定单个人的行动的可见的和可感的原因的那些研究。恩格斯着力强调黑格尔的——当然是后来的——历史哲学的这种相对于其前辈的优势：

> 相反，历史哲学，特别是黑格尔所代表的历史哲学，认为历史人物的表面动机和真实动机都绝不是历史事变的最终原因，认为这些动机后面还有应当加以探究的别的动力；但是它不在历史本身中寻找这种动

力，反而从外面，从哲学的意识形态把这种动力输入历史。①

对黑格尔历史哲学的这种认可和批判，对青年黑格尔而言必须做如下改动：他在更大程度上存在唯心主义缺陷，而他提出的对历史科学的发展至关重要的问题，只有最初的萌芽。

但毫无疑问，这些最初的萌芽是存在的，一方面在于历史发展的推动力的着重得到强调的社会性（尽管这些推动力可能非常强烈地以唯心主义的方式被神秘化），另一方面在于历史发展的核心对青年黑格尔来说已经是人类自由的历史。正是由于宗教的实定性虽然包含着一种普遍的客观性思想，但根据其本质，仍是历史发展的一种历史地形成的并在历史过程中必须加以扬弃的结果，所以就理所当然地形成了一种非常抽象的、非常唯心主义地构造出来的关于自由的历史辩证法。历史进程在青年黑格尔的伯尔尼时期是由一种宏大的三一式结构组成的：人类社会最初的自由和主动性——这种自由在实定性的统治下的丧失——失去了自由的重新获得。这种历史哲学与卢梭唯心主义—辩证法的历史观的关联是显而易见的。

在青年黑格尔那里，自由的丧失和重新获得的这个过 *118*

① 恩格斯：《路德维希·费尔巴哈和德国古典哲学的终结》，柏林 1852 年，第 48 页。（中文见《马克思恩格斯全集》第 28 卷，人民出版社 2018 年，第 357 页。——译注）

程集中在宗教问题上。一方面，客观性、实定性的僵死特性以及疏离人和敌视人的本质，在青年黑格尔那里是在基督宗教中获得其最高表现的；另一方面，这种宗教——尽管青年黑格尔做了一切尝试为改造这种宗教去考虑经济的和社会的原因——按照他的理解就是社会的这种非人性的状态、人与人的外部世界之间的这种非人性的关系的最终原因。因此，理解并挣脱专制的枷锁，对青年黑格尔来说首先就意味着摆脱这种实定性，使人从一种其对象处于人的彼岸的、超验的宗教中解放出来。因此，青年黑格尔要求从哲学上对实定性的彼岸的客观性进行理论的揭露和根除，并使一切客观性返回到主动的主体性。"除以前的各种尝试以外，我们的时代仍首先要求，至少在理论上把在天国被浪费的珍宝作为人的财产予以归还……"[1]

在青年黑格尔的这些类似表述中表现出了一种与费尔巴哈的表述呈现某种亲缘性的哲学倾向。这种亲缘性已经由 19 世纪 50 年代自由主义的黑格尔研究者鲁道夫·海姆作了评价，同时海姆也使人注意到青年黑格尔与费尔巴哈之间的差别，当然，在这方面，他完全没有考虑到费尔巴哈唯物主义相对于黑格尔的优势。他说："费尔巴哈说上帝的真实本质是人的本质，黑格尔说上帝的真实本质是完善政治的本质。"[2]

---

[1] 诺尔版：第 225 页。
[2] 海姆：《黑格尔和他的时代》(1887 年)，莱比锡 1927 年，第 2 版，第 164 页。

海姆的哲学发展状态还处于 1848 年前的时代，他在青年时期经历了黑格尔主义的瓦解和费尔巴哈的强烈影响；出于这些原因，海姆至少对哲学的现实关联有了一种猜想，并且不想有意识地像帝国主义时期的新黑格尔主义者那样曲解和扭曲这些关联。当然，在海姆的理解中，只有黑格尔哲学相对于费尔巴哈的长处得到了强调，而黑格尔的唯物主义反面被海姆忽视了，而这一反面对比较的平衡有着截然不同的影响。当然，费尔巴哈对宗教的批判也有其短处，这个短处受到了恩格斯极其尖锐的批判。恩格斯说，费尔巴哈"决不希望废除宗教，他希望使宗教完善化。哲学本身应当融化在宗教中"。① 然而，费尔巴哈的这种唯心主义弱点并不能阻止我们清楚地认识到他的机械唯物主义在那些对宗教批判产生了重要影响的认识论的关键问题上的优势，尽管费尔巴哈在宗教批判的运用中并不是一以贯之的。

　　唯物主义的这种优势恰好表现在对青年黑格尔来说关键的"实定性"范畴中。正是费尔巴哈将他的毁灭性的、批判性的攻击指向黑格尔实定性的后来比较成熟的、经过更加仔细思考的思想，指向"外化"，这决非偶然。青年马克思始终承认费尔巴哈在批判黑格尔唯心主义中的这一功绩，并进一步辩证地贯彻和发展了这一批判中有价值的东

119

---

① 恩格斯：《路德维希·费尔巴哈和德国古典哲学的终结》，柏林 1852 年，第 30 页。（中文见《马克思恩格斯文集》第 4 卷，人民出版社 2009 年，第 287 页。——译注）

西。关于这个问题，我们将在第四章详细谈论。在此指出下列主张就足够了，即费尔巴哈把自然的诸对象理解为独立于人的意识的。因此，当费尔巴哈从人本学上消解上帝表象的时候，当他把宗教神灵理解为是人按照自己的形象创造出来的时候，这在他那里决不会像在黑格尔那里一样促使客观性的一种瓦解，而是相反，导致现实客观性和外部世界的相对于人的意识的独立性的一种证实。只有通过这样一种理解，宗教表象才能现实地被消解。因为只有在这里，宗教表象狂妄的、虚假的和骗人的客观性才会清楚地显露出来，只有在与外部世界的客观现实性的尖锐对照中，宗教客体的虚假性、空洞性和无对象性才会清楚地显露出来。即使费尔巴哈——正如恩格斯正确地指出并批评的那样——没有能力将他对宗教的唯物主义的扬弃贯彻到底，在他的唯物主义追问中仍存在一种正确的萌芽，即要如何从哲学上废除宗教表象。

120　　　因此，宗教批判的所谓人本学方法，即关于宗教表象只是人对于自己所思考、感受、愿望等的事物在思想上的投射和虚假的客观性的证明，仅仅作为现实的、唯物主义的宗教批判的一部分，是正确的方法。列宁非常清楚地认识到这一弱点，并中肯地说道：

　　　　这就是为什么费尔巴哈和车尔尼雪夫斯基所用的术语——哲学中的"人本主义原则"——是狭隘的。无论是人本主义原则，还是自然主义，都只是关于唯物主义的不确切的、肤浅的表述。[1]

由此列宁以一贯的犀利描述并批判了费尔巴哈哲学的弱点，除此之外，他为批判那种在唯心主义哲学框架内出现的人本学原则提供了恢宏的前景。

因为在青年黑格尔那里就是这种情况。海姆的严重缺陷在于他使人本学原则彻底脱离了唯心主义和唯物主义，而人本学原则在唯心主义的理解中具有全新的含义。因为对唯心主义而言，决不存在独立于意识的对象性。外部世界的对象的真正客观性与宗教表象错误的、骗人的、虚假的客观性，在唯心主义中变成了同一个东西。两者都是被唯心主义地神秘化的主体的产物，从这种立场看，唯心主义哲学家是简单地从单个人的现实意识出发，还是从一种被神秘化的集体性的意识或者"普遍的""超人类的"意识出发，并无两样。因此，唯心主义哲学家也不得不承认这些宗教对象，尽管他们拐弯抹角地想赋予外部世界的现实对象以某种客观性。相反，当他们像黑格尔在探讨实定宗教时着手进行的那样，想瓦解宗教对象的时候，他们就会由此瓦解现实世界的全部客观性，并退回到某种"创造性的主体性"。后者的这种命运不仅是青年黑格尔的哲学具有的特征，而且是德国古典哲学的全部起点。谢林和黑格尔

---

[1]　列宁：《哲学笔记》，柏林1949年，第325页。（中文见《列宁全集》第55卷，人民出版社2017年，第58页。——译注）

121　超越唯我论、超越费希特主观唯心主义的努力终结于对神秘的主客同一体的接受，这种主客同一体使世界脱离客观性，又重新返回自身；当然，他们的方式各不相同。

　　当然，这种方法在青年黑格尔那里还没有逻辑连贯地发展起来，但它在那里，从趋势上看已经有了萌芽。这种基本立场决定了青年黑格尔宗教批判中人本学原则的运用的唯心主义局限和不确切性。宗教表象的这样一种人本学理解的萌芽古已有之。我们在古希腊哲学中就已找到这些萌芽，他们在法国启蒙思想家的著作中也频繁出现。因此，当青年黑格尔试图将特定时期的宗教表象看作是人的生存方式的投射时，他还没有做出任何原创性的哲学成就。人本学原则、人本学的宗教批判甚至由于他的唯心主义基本立场而经历了一种根本的弱化，这种弱化远远超过了列宁正当地批判的重要的旧唯物主义者当中的那种弱化。简言之，这种差别可以这样来表达：在一般作为唯物主义者的思想家的人本学原则也可能具有的一切缺点中，仍始终存在一种片面的和清晰的因果关系：正是人创造了他的上帝（他的上帝表象）。相反，在黑格尔那里形成了一种令人吃惊的、混乱的相互作用：一方面，在那里有了这样一种思想的萌芽，即实现民主制的希腊民众的自由和主动性创造了奥林匹斯诸神的快乐世界，而罗马晚期专制统治下人的不受尊重和卑贱就形成了实定的基督宗教等；但同时，另一方面，关系也被颠倒了：诸神作为世界历史舞台上的演员出现，自由不仅只是奥林匹斯诸神的起源，而且也是祂们给予人类的馈赠；不仅基督教源自一个受暴政统治的民族的道德堕落，而且暴政本身也是由基督教造成的一个结果。

黑格尔始终没有超越宗教哲学研究的这种 Clairobscur [朦胧状态]。不仅在《精神现象学》中，而且在他探讨宗教问题的最后著作中，我们都会发现诸观点的这种混乱的双重性，这种双重性甚至在他后来思想发展的过程中导致他对宗教的假客观性的一种日益强烈的哲学认可。因为在青年时期，黑格尔仍想以充分的热情摧毁基督教。但他的反宗教斗争具有不可挽回的致命缺陷，即他想用一种宗教取代另一种宗教，用非实定的希腊宗教取代实定的基督教信仰。

122

由此，宗教就被变成了人类生活和整个历史进程的一个不可分割的组成部分。在历史中，人类并没有从宗教表象中摆脱出来，人类从诞生之初就接受了宗教表象，数千年来，与社会形态的变迁相适应而不断地改变着宗教表象。毋宁说，历史不过是宗教的变迁，或者用连贯一致的客观唯心主义语言表达就是，历史乃是神自身发生改变的历史。唯心主义首先达到这种观点——这种情况在青年黑格尔那里仅仅具有倾向性，但还是混乱的和不连贯的——所以神的这一历史必然地变成历史本身最重要的基本要素，一切本身被认为正确的、源于宗教表象的人本学批判的相反倾向，都被这种神学唯心主义原则的优势所遮蔽甚至压制。因此，我们看到，对黑格尔体系后来的建构产生了严重影响的整个系列的唯心主义倾向，已经在青年黑格尔那里开始发生作用。但是，这种认识不能掩盖这样一些原则，在这些原则中，黑格尔强烈且真实的辩证—历史的倾向在他青年时期就开始表露出来。因为无论我们刚才谈论过的黑格尔关于人与神的那种混乱的相互作用的观点多么错误，在其中毕竟存在一个现实的问题，这个问题当然只有辩证唯物主义才有能力现实地和科学地加以解决，而且连费尔巴哈和其他机械唯物主义者也无力加以面对，这个问题就是：宗教表象的历史形成和历史效应的问题。毫无疑问——任何留意我们先前引自青年黑格尔著作的文字的读者都可以自行验证——青年黑格尔提出了这个问题，并严肃地探讨了这个问题，尽管他显然不可能给出一个令人满意的解答，甚至无法提出一个清晰的问题。

123　　青年马克思在他的唯心主义发展阶段，在他的博士论文中，也提出了这个问题——他当然是在比青年黑格尔清晰得多的阶段上提出的，但同样还没有能力加以解答。他说：

> 　　或者，对神的存在的证明不外是空洞的同义反复，例如，本体论的证明无非是："我现实地（实在地）想象的东西，对于我来说就是现实的表象"，这东西作用于我，就这种意义上说，一切神，无论异教的还是基督教的神，都曾具有一种实在的存在。古代的摩洛赫不是曾经主宰一切吗？德尔斐的阿波罗不曾经是希腊

人生活中的一种现实的力量吗？在这里康德的批判也毫无意义。[1]

马克思只有在已经达到对辩证唯物主义的清楚理解以后，才能令人满意地回答这个问题。只有在他有能力批判重要的机械唯物主义者以后，他才能够从辩证唯物主义的角度带着毁灭性的洞察力揭露一切宗教表象的虚无性，同时从生产力的发展、从由生产力引起的生产关系的变化出发历史地具体地揭示，在特定的历史时期是如何正好形成了这种或那种类型的宗教表象，这些宗教表象又是如何统治人们的思想生活和情感生活的。

　　宗教的具体历史效应问题的提出，在青年黑格尔的各种在哲学上如此混乱的倾向中，是非常重要且引人关注的思想。启蒙运动已经反对过基督宗教，并且反对得比青年黑格尔更加激进和更有见地。但是，启蒙运动几乎没能提出这个问题，更不用提尝试回答这个问题了。甚至费尔巴哈也没有真正严肃地提出问题：为什么正是基督教成了西方占统治地位的宗教。费尔巴哈把这个事实接受为事实，并试图从一种同样抽象的人的抽象"本质"推导出基督教，推导出人"的"基督教。从这种推导中产生出来的必定只能是一般宗教表象的形成，但决不是特定宗教表象的形成，

———————————

[1]　马克思：《德谟克利特的自然哲学和伊壁鸠鲁的自然哲学的差别》，MEGA，第一部分，第 I 卷，第 1 分册，第 80 页。（中文见《马克思恩格斯全集》第 1 卷，人民出版社 1995 年，第 100 页。——译注）

更不用提它们的历史变化了。

　　而青年黑格尔正是从这里开始的。上文业已引用的海姆的评价已经触及青年黑格尔的重要功绩：他不仅从历史的角度，而且同时与之不可分离地从社会的角度提出宗教的形成问题。对青年黑格尔来说，历史就是人的社会活动的历史。无论他的社会分析还多么粗陋，无论他所使用的经济—社会范畴还具有多么幼稚、虚幻和构想的特性，无论他的运思还充满着多么浓厚的启蒙精神和康德的偏见（将社会状态视为好政府或坏政府的结果，这是启蒙哲学的典型观点；高估纯粹道德的问题具有的社会意义，则是康德等人的看法），他的这种理解毕竟意味着在研究宗教的形成和消亡的方法论的发展过程中向前迈出的重要一步。正是在这里表现出马克思在其《关于费尔巴哈的提纲》中将旧唯物主义与德国古典唯心主义的联系规定得多么真实和正确。因为黑格尔在宗教的形成和终止中对社会因素的凸显以一种少有的彻底性正好指向了马克思所强调的"能动的方面"。我们以前的分析也给唯心主义具有的马克思主义特征的另一面提供了证据，即这个"能动的方面"在唯心主义中只能是一种抽象的、意识形态的能动性。

　　我们已经强调唯心主义的这种必然抽象性的一个根本的、否定的后果：青年黑格尔没有能力连贯一致地反对宗教。在黑格尔这种历史观的无意识的辩证法中存在这样一种倾向，根据这种倾向，在严格的意义上，只有实定宗教才是现实的宗教，并且这样一来，不论是希腊宗教还是青年黑格尔所期待的实现复兴的宗教，就都不会是狭义的宗教了。对实定的基督宗教的非人道性的反对，在这种关联中就有了一种比通常在黑格尔那里更加鲜明的反宗教色彩。当然，黑格尔正是由于他的唯心主义而不能贯彻他的这种倾向。因此，实定性变成了一个含糊矛盾的概念。它一方面是对任何一种客观性的极端唯心主义扬弃的哲学表达，另一方面又开始猜想到马克思后来称之为拜物教的社会对象性的那些类型。不言而喻，黑格尔的这种倾向始终是一种含糊混乱的猜想，甚至他后来对这个问题的更加成熟的说法，即作为"外化"的社会对象性思想，也不能做出清晰的提问。正如我们业已揭示的，原因在于唯心主义本身。因为商品的拜物教性质的"幽灵般的对象性"，在马克思那里之所以能得到推导和说明，只是因为辩证唯物主义已经极其清晰地刻画出对象的现实客观性，因为物的现实对象性与物的被偶像化的对象性之间的混乱和模糊丝毫不可能出现（在这里关键在于解释唯物主义与唯心主义之间的哲学对立；黑格尔，尤其是在其青年时期，还不具备允许他从社会的具体经济结构中具体地推导出这些被偶像化的形式的任何这样的经济学知识，这是不言而喻的）。

125

因此，即使我们在青年黑格尔那里只能发现他对某些重要的社会和哲学关联的一种极其混乱的、消散为神秘迷雾的猜想，但历史地看，这一事实也仍具有不可小觑的重要性。这里涉及的是两个彼此紧密结合的思想倾向，这两个倾向在黑格尔辩证法后来的建构中也将起到巨大作用。

这两个倾向就是：其一，整个人类历史，连同在这个历史过程中兴衰起伏的一切社会形式，都是人们的社会活动的产物，其二，它们超出了人们的能力范围，并相对于后者获得一种自身的独立力量、一种独特的客观性。人们会想到，根据黑格尔的理解，某种在本质上不同于基督教创立者的意图的东西是如何从基督教中产生的。而这种辩证法也在基督教的整个发展过程中发挥着作用。从我们到目前为止的论述中得出这样的结论，即黑格尔的"实定性"概念在自身非常强烈地包含着第二种倾向。根据青年黑格尔的理解，这种倾向决不会是某种从外部闯进人类历史的东西。相反，正是在这种倾向的推演中，青年黑格尔的历史主义达到了当时对他而言可能的巅峰。正是基督教的那些最强烈地提出人类彼岸的妄念（全能的上帝、启示、奇迹等）的方面，在青年黑格尔那里被他以极大的激情描述为内部社会进程的产物，当然是瓦解和没落的产物。实定性、人类社会的怠惰和人类尊严的自暴自弃的这个历史顶峰，在黑格尔看来是从人们的社会活动的必然发展过程中产生的。

我们在分析青年黑格尔的这些观点时不要再向前迈步了，即不用反复指出他的世界观的唯心主义局限。因为我们已经看到，包含在这种猜想中的达到对社会关系的现实认识的各种正确倾向，一再地无法使实定性的思想转变成一般的客观性理论。正如我们知道的并且将在第四章详细解释的这种倾向，对黑格尔的整个辩证法都产生了重要影响。但在此不要忽视，黑格尔辩证法的那些指向未来的伟大倾向是与其弊端紧密交织着，历史地形成的，对这种辩证法的起源的历史研究恰好具有揭示这种错综交织——对黑格尔哲学的批判必须厘清这种错综交织——的任务。就我们而言，问题在于，青年黑格尔把实定宗教的僵死客观性转变成了一种社会运动，转变成了人类自身的社会活动的产物。由此他就朝着这样一条道路迈出了第一步，我们将把他的辩证方法的一个基本思想，即任何一种僵化的存在都要被转变成运动过程，看成这条道路的终点。当然，对那时的黑格尔来说还有一长段路要走。因为最初在伯尔尼时期，他与此相关的倾向还仅仅专门地局限于社会问题。正如我们稍后将在他的逻辑学中看到的，这里还根本没有谈到向普遍运动过渡意义上的普遍化。在本书中，对黑格尔的这条发展道路的研究必然将是一项很不完善的研究。我们必须仅限于解释黑格尔的社会观点，而且正是在这种普遍化中他对自然科学的研究，对自然科学的新成果的哲学运用起到了非常重要的作用。因此，在这里只有揭示黑格尔自然哲学观点的发展过程这项补充性的工作，才会给历史问题提供现实的解决方案。

　　然而，即便是在诸社会范畴的范围内，青年黑格尔也还远远没有达到将他关于辩证关联的猜想，即诸社会对象在思想上的再现是人的活动的产物，人的活动的产物又在思想上转化为社会运动，变成真正的哲学方法的程度。他所分析的这两个时期之间的对比还太僵化和形而上学：在 *127*

希腊文化中一切都是主动性和公共性，而在基督教文化中一切都是消极性和私人生活。古代公民的世界与现代资产阶级的世界被僵化地对置起来。这里还几乎没有谈到对下列情况的辩证法的一种有意识的见解，即人们在基督教时代的消极性也是社会积极性的一种形式，更没有谈到单个人、单个阶级（黑格尔始终说的是等级）的个体性利益在任何社会都是与公共利益辩证地矛盾地交织在一起的。在后续章节中，我们将详细讨论黑格尔对政治经济学问题的进一步熟识在辩证地理解社会运动时带来了哪些进步；我们在这方面同样必须查明他的认识被划定的必然界限。在这里我们必须概括性地强调，他对社会—历史发展的辩证法的模糊猜想，不仅由于他的思维的普遍唯心主义局限，而且由于他尚未克服的形而上学遗产，而始终只是对各种关联的一种猜想。

然而，在这种如此混乱的猜想中存在各种不同的倾向，这些倾向不仅是普遍地科学的，而且对他后来的思想发展具有重大意义。尤其是这样的思想，即一种宗教的影响的现实基础在于它适应于这些它在其中形成并达到统治地位的社会状况。由此黑格尔超越了这样一些看法，这些看法把宗教单纯看作是对民众的一种有意识的误导，把宗教的历史效应唯独看作是这样一种误导、这样一种欺骗的结果，因而超越了很多启蒙思想家的纯粹意识形态的理解。我们已经看到，青年黑格尔对这种观点的超越决不包含对基督教的丝毫容忍。相反，他带着激昂且嘲讽的愤慨谈论各种不同形式的伪善和欺骗，根据他当时的理解，这些伪善和欺骗必然源自基督教的本质。但他的进步恰好在于认识到 *128* 这种必然性，在于从社会的角度对这种必然性进行具体说明。黑格尔用各种不同的事例表明，最初的基督教教团——在其中仍满是某种兄弟情谊、某种社会平等——的原始风俗习惯，随着普遍的教会的兴起，随着社会和经济差别侵入教会，随着这种差别得到教会的批准，必定不可避免地转变成伪善。另一方面，青年黑格尔的论证一再依据的是，虽然基督教的宗教和道德观点显著地违背真理、理性和人的尊严，但它们正是在它们的这些矛盾性中才符合这个时期的社会和道德状况。由此对这些观点作为欺骗和伪善加以揭露，就从启蒙思想家抽象的意识形态的论证基础转变成了一种具体的、社会的、历史的论证基础。在青年黑格尔的论述中，人们也受到基督教的传教士的欺骗，但根据他的看法，他们之所以受到欺骗，仅仅是因为他们生活于其中的社会的败坏和源自这种社会败坏的道德堕落正好需要基督教传教士所提供的这样一种欺骗。

进一步达到这种社会—历史的具体化的一种尝试，也是希腊宗教的特殊的、非客观的、非实定的特性，这种特性对青年黑格尔的观点起到了非常核心的作用。当然，在这里他当时的主观主义的矛盾特性也最强烈地显露出来，他的荒谬结论之所以没有明显地表露出来，仅仅是因为他在这里没有将所有的哲学结论从他的基本立场出发一以贯之，并公开地加以谈论。我们指的当然是整个希腊世界的非客观性，即一种自由的、主观的主动性思想，这种主动性可以说创造客体仅仅是为了废除客体，也就是说，客体在其本来能够固定下来成为自主性和摆脱主体的独立性之前，反复又被这种主动性转变回主体性中，被退回到民众的能动主体中。

这种主体性思想后来将在黑格尔的体系中扮演重要角色。《精神现象学》的辩证的重要问题之一就是实体转变为主体。黑格尔青年时期的希腊文化观念包含着这种思想的最早萌芽，更确切地说，尤其是在这种希腊文化在现时代的革命运用中，在关于希腊文化的复兴、民众的主动性和自由、在法国大革命开始的时期对象性世界的非客观性的梦想中，包含着这种思想的萌芽。因此，我们获得下列模式，用《精神现象学》的话转述就是：尚未转变成实体的主体时期——与实体交织起来的主体性（实定性）——实体退回到新生的主体。这个模式在青年黑格尔的著作中显然决没有像现在这样清晰地表达出来，但它构成他的历史构想的根据。

当然，黑格尔历史哲学的进一步发展，正如我们将在后续几章中看到的那样，不仅朝着方法论的建构即历史进程的辩证说明的方向进行，而且朝着这种历史模式的彻底改造的方向进行。因为在后来的黑格尔那里，历史决不是始于这个希腊时期，不仅在他（早在法兰克福时期）将东方的历史问题纳入他的哲学的意义上，而且在普遍哲学的意义上都不是始于希腊时期。历史进程在后来的黑格尔那里越来越丧失卢梭的三一式这个起源，自由——自由的丧失——自由的重新获得，取而代之的是关于在历史过程中自由理念的普遍传播的一种更加注重进化的思想，一个人的自由（东方专制主义）——一些人的自由（古典古代）——所有人的自由（基督教和近代）。但如果以为黑格尔青年时期的观点已从他的哲学中消失得无影无踪，那就大错特错了。相反，这一思想构成《哲学全书》呈现出来的体系的基础，当然经过重大修改而变得没有了历史。这种体系建构的基本模式是：逻辑学（精神的自我活动）——自然哲学（精神的外化）——精神哲学（精神通往完满的自由、通往主客同一体之路，逻辑学是精神哲学的最终结果）。

　　但是，即使撇开这些宽泛的结论，撇开在黑格尔的思想发展中最初的没有贯彻到底的模式的这种潜意识的继续存在不论，他的充满矛盾的希腊文化观念也具有其他比较具体的、历史地来看比较重要的结果。我们已经在批判黑格尔宗教哲学观点时指出他的立场的那些弱点，即他不是摒弃和反对一般的宗教，而是将非实定宗教与实定宗教对置起来。黑格尔青年时期思想的这种弱点，在根本上有助于他青年时代的著作在帝国主义时期的普及。当然，在这方面必须注意，这种普及只不过在于某些特别混乱的段落被频繁地引用，而不在于研究他整个青年时期的思想发展。但毫无疑问，除了青年黑格尔的所谓非理性主义，正是这种没有特定客体的宗教，这种超越尘世的和美学的、没有实体和没有教义的宗教起到了某种作用。帝国主义时期的

130

反动意识形态家们通常，尤其是在战前时期，不敢通过公开为现实的宗教辩护来博取名声，但毕竟想在思想上帮助保全和维持宗教。列宁非常清楚地认识到这些倾向在意识形态上的重大危险。他在一封给高尔基的信中就此写道：

> 奸污少女的天主教神父……对于"民主制"的危害，比不穿袈裟的神父，比不相信拙劣宗教的神父，比宣传建神和创神的、有思想修养的、民主主义的神父要小得多。这是因为揭露、谴责和赶走前一种神父是容易的，而赶走后一种神父就不能这样简单，揭穿他们要困难一千倍，没有一个"脆弱的和可悲地动摇的"庸人会同意"谴责"他们。①

但是，青年黑格尔宗教观的这种核心缺陷具有一个历史性的方面，这个方面对他后来的整个思想发展都具有重大意义。这个同样的思想，即希腊宗教在后来实定基督教的意义上不是任何宗教，在黑格尔那里促使他尝试对希腊文化的本质进行一种具体的、历史的突出强调。黑格尔关于希腊的思想与他对现时代的理解及他对未来的展望结合得越少，这些历史特征就越多地得到加强。这意味着，他

① 列宁写给高尔基的信，1913年11月14日。关于一些涉及德国的这种意识形态发展的问题，可参见拙文《费尔巴哈与德国文学》，载拙著《19世纪和马克思主义的文学理论》，莫斯科1937年。（中文见《列宁选集》第2卷，人民出版社2012年，第366页。——译注）

后来越来越把古代看作某种最终消逝的东西，看作一种已
被超越的精神发展阶段。我们将在下面几章详细地表明，
黑格尔观点的这种转变是如何与他对现时代、对德国革命
和民主共和国的历史现实的业已改变的立场相关联的，我
们将在那里看到，这种转变对整个黑格尔的体系产生了多
么重要的结果。

　　这里只需要指出，在这种特殊的古代观中已经有了黑
格尔美学的历史观萌芽，也就是说，在人类发展过程中美
的事物拥有历史命运。众所周知，希腊艺术在黑格尔后来
的体系中是美学原则的真正客观化，它在黑格尔美学中决
不是依据形式—艺术的原则创作出来的，而是从对整个希
腊生活的分析中有机地发展出来的。在后来的所有时期，
审美的东西早在浪漫主义时期（在黑格尔那里即中世纪和
文艺复兴期）就不再以真正纯粹的形式表现出来。这一时
期占主导地位的原则已经是宗教，即基督教。精神对这第
二个时期的辩证超越，从这时起决不是产生一种向希腊文
化的返回，而是相反：精神以其概念的形式与自身同在的
时期，从审美的角度看，即枯燥乏味的时期。由此希腊文
化就在黑格尔后来的体系中有了极其特殊的作用和意义，
我们将黑格尔审美原则的很多卓越的具体性和丰富性都归功
于这种作用和意义。不言而喻，这样划分时期的诸原则性根
据，带有强烈的意识形态性质，是非常唯心主义的。黑格尔
美学的这种分析的重大价值恰好就在这样的地方，在那里他
超出了他的这些原则，并研究希腊生活的现实现象和希腊生

活在艺术中业已获得的现实客观化。但不要忽视，对黑格尔本人来说，这种关于希腊宗教并非具有真正宗教性质的理解，成了通向研究希腊生活的独特性的一把钥匙和一条通道，尽管他所达到的现实结论远远超出了这种唯心主义模式。

黑格尔思想发展的悲剧性矛盾在这一点上也能变得清晰可见。他作为18世纪与19世纪之交的德国思想家，只有在乌托邦幻想主义与顺应当时德国的不幸现实而听天由命之间做出选择。对黑格尔而言，此时希腊文化只能要么是在伯尔尼时期对人类的民主变革的一种雅各宾派幻想，要么是关于美和有机的人类文化的一段最终消逝的繁盛时期，随之而来的必定是枯燥乏味的时期，人类从这种乏味中再也找不到任何出路，在思想上容忍这种乏味，在思想上把这种乏味看作是正确的，就是哲学的最高事务。我们知道，黑格尔的思维是在什么方向上从这种选择的一个方面转向另一个方面的，而且我们将在接下来的几章研究这条道路的一些重要阶段。我们也将看到，黑格尔的辩证法仅仅由于其思想发展走在这个方向上，才能形成。居于他的前辈或同时代人诸如福斯特和荷尔德林之下的英勇的雅各宾派，始终都是德国意识形态发展的次要人物。

但是，在这个问题上看看黑格尔唯心主义辩证法同马克思和恩格斯的唯物主义辩证法之间的差别是颇有教益的。即使对马克思来说，希腊文化也处于他的美学考察的中心，而且也代表着人类审美活动的迄今为止最纯粹、最高级的表现形式。马克思旗帜鲜明地强调古代艺术的这种引领方向的特性。他在指出古代艺术形成的具体历史条件以后，强调指出：

> 但是，困难不在于理解希腊艺术和史诗同一定社会发展形式结合在一起。困难的是，它们何以仍然能够给我们以艺术享受，而且就某方面说还是一种规范和高不可及的范本。①

马克思也将资本主义的乏味与希腊的美显著地对置起来。但是，由于他以一种完全不同于黑格尔在其鼎盛的且科学的成熟时期可能做到的方式看透资本主义的本质，由于他带着势不两立的、建立在科学深刻的论证基础上的敌意与资本主义制度相对峙，所以他对资本主义文化的谴责就比黑格尔所能做的更深刻全面和更具摧毁性。而正因为如此，马克思就不可能像后来的黑格尔一样形成一种对人类文化听天由命的基调；正因为如此，考察古代业已消逝的美和永不消逝的美对马克思来说就不会成为忧伤的原因。正是从这种对人类历史的深刻全面的认识中，从对这一发展过程的真正推动力以及资本主义现实的经济和社会结构的认识中，马克思阐发了在社会主义中进行人类变革的前景，这种社会主义不再是乌托邦社会主义，而是科学社会主义。希腊艺术的模范性在这种科学社会主义的前景下就

133

---

① 马克思：《政治经济学批判》，柏林1951年，第269页。（中文见《马克思恩格斯全集》第30卷，人民出版社1995年，第52—53页。——译注）

是一笔巨大的遗产，是对人类的一种激励，即要在人类解放时期，在结束人类的"史前史"以后，借助这笔遗产创造一种将远远超越一切过去东西的文化。这样一来，在黑格尔所处的乌托邦与听天由命的两难境地的解决方案中就不仅表明唯物主义辩证法对唯心主义辩证法的科学优势，而且同时表明这样的事实：甚至在马克思向黑格尔学到很多东西的地方，在马克思将黑格尔思维的本质因素转移到未来的地方，这些黑格尔式的考察和论断在唯物主义辩证法的语境中也获得了一种与在黑格尔本人那里完全不同的意义。

而对黑格尔本人来说，这个两难境地是不可能存在任何出路的。他青年时代的道路的延续可能只会给予他福斯特或荷尔德林式的命运。在黑格尔伯尔尼青年时期的著作中有些地方的天才的胚胎和萌芽，对人的思维来说仅仅由于他超越了自己青年初期的共和主义幻想，才变得意义重大。我们已经看到，所有这些萌芽，尽管还具有很不成熟和十分混乱的形式，但都指向着辩证历史观的方向。青年黑格尔在伯尔尼时期缺乏能够对历史进程达成一种真正辩证的掌握的任何可能性，即便是在唯心主义辩证法的局限范围之内。我们从以下事实就能清楚明白地看出这一点，即他后来的方法中最重要的辩证法范畴，例如处于辩证的相互作用中的"直接性"与"中介"、"普遍"与"特殊"等，在他的这一时期还根本不存在。在他那里存在历史进程的一种从萌芽看并非不辩证的模式，但对这种历史进程的思想论述几乎完全是借助形而上学的概念手段进行的。青年黑格尔在诸多方面摆脱了僵化的形而上学见解，仅仅 *134* 因为他不是从他的前提得出特定结论的，他使这些前提和结论处于一种混乱的明暗对照之中。不言而喻，这只是一种虚假的解决方案，一个像黑格尔这样级别的思想家不可能会持久地满足于这样的虚假解决方案。但是，我们已经反复说明，这种混乱状态、这种明暗不清决非主要是由于思想和方法论的原因，而是相反。我们已经反复表明，青年黑格尔方法论的晦暗混乱是由他对待现时代的立场的乌托邦的和虚幻的混乱决定的。正确认识高级历史发展阶段为认识低级历史发展阶段提供了钥匙，因此必须正确认识现时代，以便能够充分把握和阐述过去的历史，马克思的这种理解的真理性也在黑格尔那里得到了证实。黑格尔思维的关键危机——我们在下一章就转向对这一危机的具体论述——正是他对现时代及资本主义现实的态度的改变。

第二章　黑格尔社会观的危机与其辩证方法的开端（法兰克福1797—1800年）

第一节　法兰克福时期的一般特征

黑格尔伯尔尼时期的观点与他那个时代的德国社会现实之间没有任何连接桥梁。在德国进行一场资产阶级革命的客观非现实性和不可能性，从一开始就已经使他的这些观点在实践活动中的任何转化变得毫无希望。黑格尔的本性从一开始就是指向实践东西的。他始终希望能过上积极介入他所处的时代的政治生活。例如，典型的事例就是，他在完成《精神现象学》以后愉快地和充满希望地接受了一份提供给他的在班贝格的编辑职位；在从事这份工作期间，他备感沮丧，这主要是由于他所在的报纸在当时的审查局势下具有非常有限的活动范围。

的确是有相当一批德国资产阶级知识界人士同情法国大革命的思想。这些人士极有可能比人们能从资产阶级历史学家的有倾向性的论述中所推断出来的更多。但无论如何，他们都没有庞大和强壮得足够使法国大革命的思想在物质和道德层面的一种新闻学的、哲学的或文学的传播成为可能。黑格尔青年时代的朋友荷尔德林的悲惨命运就是这种情形的一个明证。

黑格尔伯尔尼时期的观点与社会现实之间的差距，由于法国大革命自身的发展而被扩大了，而且是在两方面被扩大的：一方面是由于法国阶级斗争的内部发展，另一方面则是由于法兰西共和国针对封建—绝对主义的干预力量进行战争的影响。

在黑格尔的伯尔尼时期，发生了法国大革命历史中的 *136* 巨大转变，即热月政变（1794 年），这个转变几乎在当时没有直接对黑格尔造成任何决定性的影响。我们已经看到，他赞同对罗伯斯庇尔的追随者们实行镇压；但是，这仅仅表明他一开始就与法国大革命的平民—激进派划清了界限。但在他的共和主义—革命的观点中，我们没有发现热月政变前后的丝毫差别。这个最初令人吃惊的事实既从法国大革命自身的发展过程中，也从青年黑格尔关于法国大革命的评判的观点中得到了解释。督政府统治下的法国国内历史，就是资产阶级共和党人在保皇党人的反动企图与平民—激进派残余势力继续推行平民革命路线的努力之间的一种不断平衡，他们想要维护和进一步发展资产阶级所必需的革命成就的。这些资产阶级共和党人一再企图时而与彼端、时而与此端达成一项暂时的妥协。阶级斗争造成的这种不稳定形势促成了法国资产阶级对军事独裁的需要（1799 年 11 月 9 日：拿破仑·波拿巴的政变）。

关于热月政变的社会评价，对评判这一时期来说是更加重要的。与自由主义历史学家及其反革命的跟风者（即托洛茨基分子）不同，马克思对热月政变的社会内容有着极其明确的界定：

> 罗伯斯庇尔倒台以后……政治启蒙才开始以质朴平淡的方式得到实现。尽管恐怖主义想要为古典古代政治生活而牺牲市民社会，革命本身还是把市民社会从封建的桎梏中解放出来，并正式承认了这个社会。在督政府统治期间，市民社会在汹涌澎湃的生活浪潮中迅速崛起。创办工商企业的狂飙突进运动已经兴起，人人渴求发财致富，新的市民生活使人眼花缭乱，这种生活的最初享受显得鲁莽、放荡，无礼而且令人陶醉；法国的土地状况真正被查清，土地的封建结构已经被革命的巨锤打得粉碎，现在许许多多新的所有者正怀着初次涌动的激情对土地进行全面耕作；获得了自由的工业也第一次活跃起来——这就是刚刚诞生的市民社会的某些生命特征。市民社会由资产阶级作为

137

其正面的代表。于是资产阶级开始了自己的统治。①

在落后的德国，法国资产阶级发展的这一转折反映出来当然比革命本身的英雄事件更加扭曲、曲折和意识形态化。与法国的这一发展相适应的经济繁荣，自然不可能在德国出现。在德国，事件观察者对热月政变后法国发展的经济方面理解甚少，甚至无法理解。但是，意识形态的后果越来越强地发挥着作用。由于德国的大多数资产阶级人文主义者并不理解甚至反对法国大革命极左翼的平民禁欲主义，所以某种对这个资产阶级政权——这个政权反对封建主义和反动派，同时也同样尖锐地反对革命"激进分子"——的同情，对资产阶级的这个对待生活持美好乐观态度的政权的同情就产生出来。这种后来非常强烈地集中倾注在对拿破仑·波拿巴这个人身上的同情，饱含着人们对热月政变后的发展出的一种人文主义—理想主义的美化和理想化。

人们形成了某些幻想，认为全面的、充分发展的、乐观的人的人文主义理想在当时的资产阶级社会是可实现的。不言而喻，资产阶级人文主义的重要代表也看到了这一革命发展的矛盾，尤其是看到了资产阶级社会与现实的个性发展相对抗的那些阻碍和障碍。探讨这个问题构成德国古

---

① 马克思、恩格斯：《神圣家族》，柏林 1853 年，第 250—251 页。（中文见《马克思恩格斯文集》第 1 卷，人民出版社 2009 年，第 324—325 页。——译注）

典文学的一个主要内容。我们将在分析黑格尔这一时期的观点的过程中一再地观察到，他提出的问题与德国古典人文主义的最重要代表歌德和席勒提出的是多么的相似。帝国主义的新黑格尔主义者，尤其是那些利用黑格尔法兰克福时期对此在思想和术语上的混乱、模糊和玄奥，以便把他变成反动浪漫派的先驱者或追随者的新黑格尔主义者，在这里甚至把现实的革命发展颠倒过来。

138　　法国历史发展的这个发展阶段使得关于市民社会的探讨成为关注的中心。与德国的经济、社会和政治的落后状况相适应，这种探讨错误地走上了一条几乎纯粹意识形态的路线。这种探讨不像在法国是关于市民社会的政治追问，也不像在英国是关于给这种探讨奠定基础的经济规律的科学分析，毋宁说，人的状况、个性及其在市民社会中的展现从人文主义的角度得到研究。如果说这种追问也是意识形态的，那么它无疑就仍是法国在热月政变后革命发展的一种反映，并且在这一时期的文学作品中，尤其是在歌德的文学作品中，这种发展提升到了相当高的现实主义水平。

　　在青年黑格尔的哲学中，唯心主义的特征无疑表现得更为强烈和突出。但是，作为关于黑格尔思想发展的一个根本趋势的预先交待，现在必须强调，黑格尔是他那个时代唯一通过对市民社会的探讨而被驱使着严肃地探讨经济学问题的德国思想家。这不仅表现在黑格尔是这一时期唯一深入地研究了英国古典经济学的重要德国思想家，而且正如我们将看到的，他的研究涉及英国自身的具体经济情况。因此，正是在法兰克福时期，黑格尔的国际视野得到了极大扩展。他在伯尔尼时期只是从法国大革命的世界历史事件出发建构他的历史哲学体系，而从这时开始，英国的经济发展同样成为他的历史观和社会观的基本组成部分。以下问题就不必特别探讨了，即甚至在这种情况下，黑格尔也始终是一位德国哲学家，因此他的基本观点在任何方面都完全是由德国的落后状况决定的。

这个组成部分在法兰克福时期显著地得到强化，而且这正是由于法国大革命的发展所致。黑格尔返回到阔别三年的德国，在他的家乡符腾堡待了几个月，然后来到德国的一个商业中心，法兰克福。于是，他有了直接从近处观 139 察法国大革命的发展对德国的生活带来的影响的可能性。这些影响在符腾堡相当强烈，并且在那里引起了一次持续多年的政府危机，当然，这是在德国政治落后的范围内发生的。因此，德国的封建—绝对主义的结构必须如何通过法国大革命得到改变的问题，从这时起对黑格尔而言不是作为一个一般的历史哲学问题，而是作为一个具体的政治问题出现的。

但是，法国大革命在这一时期对德国的影响不再局限于这种意识形态的影响以及人们对这种影响的更加强烈的感受，即封建—绝对主义的政权形式已经岌岌可危。正是在这个时期，法兰西共和国最初的防御战转变为一种几乎持续不断的进攻战。这意味着战场现在不再只是法国自身，而且变成了德国和意大利，同时，由于热月政变之后的各种变化，占主导地位的东西从最初革命年代的防御战和国际宣传战的混合体变成了现在的侵略战争。宣传战的某些特定要素在整个革命时期，甚至在帝国统治下都被保留下来。这个时代的任何法兰西政权都不得不尽可能地在占领地区肃清封建残余，最大可能地熟悉法国这些地区的经济和政治事态。但是，这一趋势越来越从属于资产阶级共和国的、后来则从属于帝国的侵略目标。

因此，德法战争直接地并且深刻地影响到德国人的生活。正如我们将在下文详细看到的，这种影响极其矛盾：一方面，德国最优秀的和最进步的意识形态家将他们对德国改革的希望与法国大革命的影响，有时甚至与法国大革命的武装干涉，结合起来。在这方面，我们不需要仅仅想到美因茨共和国及其与屈斯蒂纳的暂时获胜的战役的关联，即便是在莱茵联盟时期，这种情绪也没有完全消退；另一方面，法国的侵略仍进一步加剧了德国的民族分裂。民族统一、统一的民族国家的形成似乎变得更加遥不可及，民族统一的实现变得更加充满矛盾。

140　　我们将在具体探讨黑格尔法兰克福时期的过程中看到，他已经无法从政治和哲学上克服由于这种情形而形成的各种矛盾。但是，我们同时将看到，正是由于对市民社会的具体问题，对德国政治和社会现实命运的具体问题的这种研究，矛盾才更加强烈地成为他思想的中心，他的矛盾更加强烈地被体验为生命的基础和推动力。我们着重强调"体验"这个词，因为黑格尔的思想发展，并不像谢林思想发展进程的模式那样，是从一个哲学体系到另一个哲学体系的发展。我们必须注意黑格尔的伯尔尼时期，尤其是记住他当时论文的那种特征，即他很少表现出对哲学问题，尤其是对认识论和逻辑学问题的兴趣。他想要从思想上解决特定社会和历史的关联问题，并仅仅利用哲学去实现对这一工作来说必要的某些概括。这也首要地和普遍地是他在法兰克福时期的工作方法。但我们将看到，与他的社会和政治问题的更加强烈的具体化类似，向有意识的和直接的哲学追问的过渡变得更加简短，社会和政治的追问更加直接地骤然变成哲学的追问。引人关注的是，当时探讨的具体问题的哲学核心，越是矛盾本身，这种情况就越是激烈和直接。

关于黑格尔法兰克福笔记和残稿的正确阐释的困难正是在于，这种过渡大多是一种比较生硬的、突兀的和毫无来由的过渡。黑格尔在其法兰克福时期的思想进程，同他早期和晚期的思想发展完全不同，几乎始终都是从具有个人色彩的体验出发的，在风格上体现了个人体验的激情以及混乱和模糊的特点。关于体验到的矛盾的最初哲学表达，不仅直接与个人的体验相关联，而且也在内容和形式上很少具有一种现实的清楚性和明晰性。黑格尔最初的哲学表达经常迷失在玄奥的抽象之中。此外，对个别思想成果的系统概括，起初同样也很少成为他的需要。黑格尔首先同样想要解决特定的、具体的历史问题以及政治问题。在这方面，从他对一些个别现象的分析中产生出来的各种哲学

141

观点，发展得更加强烈，并且内在地关联得更加紧密。在法兰克福时期的各种问题的最后，他做了在他生命中将他的哲学观点概括进一个体系的第一次尝试。

所以，辩证法最初在黑格尔那里的出现是特别混乱的。由单个生命现象体验到的矛盾，在他那里被嵌进一种极其神秘化的关联之中，黑格尔在这一时期反复用"生命"一词来表示这种关联。他还没有系统地清算形而上学思维的逻辑学和认识论。因此，辩证法与形而上学思维的对立，最初作为思维、表象、概念等这一方与生命这另一方的对立，被他意识到了。在这种对置中，黑格尔后来的辩证法的深刻，即在矛盾性中富有激情地把握生命的具体现象的那种倾向，已经表现出来，由此就像列宁已经令人信服地证明的那样，黑格尔偶尔被驱使着接近正确的唯物主义的辩证法。然而，在法兰克福时期这种"生命"观不仅由于其模糊性而是混乱的，而且在内容上充满神秘主义。因为表象与生命的对立在这一时期驱使着黑格尔在宗教中看到了"生命"的最高实现，因而看到了哲学体系的顶峰。

与伯尔尼时期相比，这是一次非常强烈的转向。正如我们将在下文详细阐明的，这次转向的基础在于，黑格尔提出的核心问题从这时起涉及个体即市民社会中的人的地位。在伯尔尼，黑格尔在某种程度上是从外部考察他所处时代的市民社会的，也就是说，他把从罗马共和国的衰落直到现时代的整个历史发展评价为一个统一的衰退时期，评价为一种虽然延续了数百年，却仍是世界历史的权宜之计的东西，而这种东西应当再次被古希腊罗马共和国的复兴所接替；因此，他以逻辑连贯的方式仅仅对这一时期的否定特征作了正确的判断。可以说，他把市民社会的整个实存看作是唯一的衰亡征兆。 *142*

黑格尔思想发展的新阶段首先表现在，他开始把市民社会看作是一个奠基性的和不可改变的事实，并且他必须从思想和实践上研究它的本质和合法性。这一研究是在一种非常主观主义的基础上开始的。这意味着，黑格尔还没有像后来在耶拿那样追问市民社会的客观本质。毋宁说，他的问题在于，单个的人要如何与市民社会达成协议，个性发展的道德的和人文主义的拟设同市民社会的性状和法制处于怎样的矛盾之中，并且这些拟设如何能够与市民社会协调一致，达到和解。

因此，黑格尔对现时代的态度发生了根本的改变。我们现在使用他体系的后来毁誉参半的范畴"和解"来称呼他的立场。这并非偶然，因为和解范畴——我们还记得，他在伯尔尼曾最激烈地反对这个范畴（第 111 页及以下）——恰好在这一时期作为他思想的一个核心问题出现了。虽然他研究了个体与市民社会的关系存在的各种矛盾，更好的说法是，虽然在具体研究的过程中不断出现各种新的矛盾，但黑格尔思想的目标仍是扬弃这些矛盾，实现它们的一种和解（甚至后来极其重要的术语"扬弃"也是最早在黑格尔的法兰克福时期出现的，并且日益变成他思想中一个占主导地位的范畴）。

我们必须将黑格尔主观主义的这种新形式与他伯尔尼时期的主观唯心主义区别开来。我们已经在第一章详细地分析后者，因而只需提醒读者注意最后的结论，即社会——历史事件的主题当时对黑格尔来说始终是一种集体性的东西。在古代城邦中个体与他生命的直接社会性的分离，即"私人"的形成，对当时的黑格尔而言表现为衰落的最明显特征。黑格尔现实地和直接地从个体以及个体的体验和命运出发，在市民社会对这种个体性命运的影响、市民社会与个体的相互关系方面研究市民社会的各种具体形式。

143

关于个体的客观环境的研究，即关于市民社会的研究，才缓慢地逐渐占据了主导地位。黑格尔这时试图从单个人即以前被他蔑视的"私人"的个人命运出发来探索市民社会的普遍规律性，来达到对市民社会的客观认识。在这方面，伯尔尼时期的老问题即"实定性"问题又冒了出来，但在这时的研究中，与在伯尔尼的研究相比获得了一种更复杂、更矛盾和更具历史性的表述。正是这一追问促使黑格尔对生命在市民社会中的主导力量作了日益深入的研究，即经济问题的研究。在个性发展的人文主义理想与市民社会的客观的不可移易的事实之间寻求哲学和解的尝试，促使黑格尔首先关于私有财产问题，后来则是关于作为个体与社会之间根本性的交互关系的劳动问题，作了日益深刻的理解。

黑格尔当前这样发生转变的态度，与伯尔尼时期的态度相比，对待基督教的立场发生了彻底的改变。根据我们到目前为止的阐述，这种转变已经不足为怪。众所周知，对任何唯心史观而言，历史过程的巨大转变都是与宗教变革联系在一起的；甚至费尔巴哈的历史观也没有超出这个阶段。在青年黑格尔那里，他这时对市民社会即由"私人"组成的社会的否定评价最紧密地与基督教结合在一起。尽管存在考察古代共和主义衰亡的社会原因的各种尝试，但在青年黑格尔那里基本上仍是基督教构成近代发展的原因和驱动力。在这样一种历史观那里，如果在对现时代的评价中，一种变化很快影响到对基督教的评价，是没有人会感到吃惊的。因为很清楚，在青年黑格尔——他的唯心主义历史观在法兰克福始终没有改变，甚至还增添了宗教神秘主义——那里，基督教这时必定还是正当地作为现时代的意识形态—道德的基础持存着的。

　　关于这样一种观点的唯心主义性质，我们无需谈论。*144* 但我们必须同时看清，这种观点不是偶然的，不是没有根源的，而是具有其顽强生命力和不可根除性。这种观点的根源——它在各种不同的唯心史观中是非常扭曲和玄奥地表现出来的——是基督教与整个现代欧洲的发展的客观的、历史的关联。马克思和恩格斯在深入的具体的历史研究中揭示，为何在罗马帝国解体时期的各种不同教派中，正是基督教发展成了世界宗教。他们已经表明，基督教如何在欧洲经济发展的各个极为不同的时期适应各种主导性的需求，基督教如何在欧洲阶级斗争的各个不同阶段总是形成了它的各种新形式（中世纪的教派运动、路德教派、加尔文教派，等等）。他们已经表明，甚至现代市民社会也必然以某些经过改动的形式又会产生出基督宗教作为其上层建筑。马克思在其反对青年黑格尔派唯心主义者布鲁诺·鲍威尔的论战中说道：

> 的确，那种把基督教当做自己的基础、国教，因而对其他宗教抱排斥态度的所谓基督教国家，并不就是完成了的基督教国家，相反，无神论国家、民主制国家，即把宗教归为市民社会的其他要素的国家，才是这样的国家……确切地说，它可以撇开宗教，因为它已经用世俗方式实现了宗教的人的基础……这种国家的基础不是基督教，而是基督教的人的基础。宗教仍然是这种国家的成员的理想的、非世俗的意识，因为宗教是在这种国家中实现的人的发展阶段的理想形式。①

这种现实的、社会—历史的关联在唯心主义者们的诸历史哲学，也在青年黑格尔的历史哲学中歪曲地和颠倒地表现出来。基督教，欧洲中世纪和近代的社会发展的必然产物，表现为这一时期历史进程的主要的驱动力和推动力。

----

① 马克思：《论犹太人问题》，另见马克思、恩格斯：《神圣家族》，柏林1853年，第41页、第42页、第45页。（中文见《马克思恩格斯文集》第1卷，人民出版社2009年，第33页、第34页、第36页。——译注）

在这个普遍的方面，黑格尔的哲学从伯尔尼到法兰克福没 145
有任何决定性的改变。因为两者是一样的，不论是他在伯
尔尼摒弃基督教，还是在法兰克福寻求与它的一种和解，
在两种情况下宗教在唯心主义所特有的历史观中都保留着
那种主导地位。当然，由此就形成了这样的局面，即黑格
尔一方面以个体的生命问题为出发点，另一方面又寻求与
现时代的和解，同以前相比，这是一种与基督教更加紧密
的关系。在这个方面，黑格尔法兰克福时期的立场相对于
伯尔尼时期的立场是一个鲜明的转折。

以个体的生命问题为出发点，是我们发现在黑格尔那
里唯独存在于其思想的法兰克福过渡危机中的某种东西。
下列观点是他——而且不论是对其青年阶段还是对其成熟
阶段——特有的，即使他感兴趣的始终只是作为社会的中
间环节的个体。他后来对康德和费希特以及施莱尔马赫和
浪漫派的道德观的尖锐批判大多都是以如下观点为出发点
的，即这种道德观——当然是以不同的方式——忽视了貌
似纯粹个体性的活动的社会因素，忽视了即便是个体性—
伦理性的范畴也具有的社会制约性和规定性。因此，法兰
克福时期追溯到个体，以个体的志向和需要为出发点，只
是黑格尔思想发展的一个插曲而已。当然，这个插曲也不
是消失得无影无踪，它的后果甚至在它消失以后很久都始
终可以察觉到。因为我们将有机会反复指出，《精神现象
学》的方法的最早萌芽就存在于黑格尔法兰克福时期的追
问中，存在于从个体意识向客观社会问题的进程中，存在

于辩证地分离开从思想上和凭感觉把握世界的各个特定阶段，亦即使高级阶段作为低级阶段的矛盾的扬弃的结果呈现出来的尝试中。

但是，黑格尔法兰克福笔记只有在我们从其后来的著作出发回溯性地加以考察时，才具有这种清晰性。如果我们只是占有这些手稿本身，或者直接从伯尔尼时期的著作之后开始阅读这些手稿，我们就会惊讶于它们的模糊和混乱。在黑格尔那里，那些并不明确的、由各种未经说明的联想形成的云山雾罩的表达，从未像在这个时代一样，起到这样一种作用。矛盾性的体验作为生命基础日益强烈地出现，在这一时期表现为诸矛盾的一种悲剧性的不可解决状态。下列情况不是偶然的，即诸如命运这类范畴暂时地变成他从思想上把握世界的各种尝试的中心点，唯独在这一时期，对宗教生活的神秘主义构想变成了他的哲学顶峰。在黑格尔的生活和思想中，一场危机已经出现，我们在导论中简短地概述过引发这场危机的社会和历史原因：这是他的共和主义—革命的观点的危机，这场危机在耶拿以赞同当时市民社会的形式，以它的特别拿破仑的方式找到了它的暂时解决方案。在法兰克福时期进行着对新事物的探索，对旧事物的缓慢且持续的拆除，这是一种不确定性，一种四处摸索；这是一场真正的危机。

黑格尔自己就是这样感受这一时期的，他既在其后来的著作中也在其同时期的表述中明确地表达了这种危机感。这些后来的著作的典型特征是，它们带着黑格尔普遍典型地具有的毫无顾忌的坦率，谈到忧郁多疑、自我谴责和自我分裂的悲惨状态。在《哲学全书》中，黑格尔在描绘人的不同年龄阶段的特征时提供了对青春期即男性成熟过程的描述，这种描述的很多本质特征都是取自法兰克福时期。他说，少年的理想具有一种或多或少的主观形态。"包含在这种理想的实质内容的这种主体性中的不仅有这种理想与现存世界的对立，而且有通过实现理想来扬弃这种对立的冲动。"少年从他的理想生活向市民社会的过渡是一个痛苦的、带有危机的过程。

　　　　任何人都不能轻易避免……这种忧郁多疑。人患此疾越晚，它的症状就越令人担忧［黑格尔当时在法兰克福大概在26岁至30岁之间——卢卡奇注］……在这种病态的情绪中，人不想放弃他的主体性，不能克服对现实性的反感，并且正是由于这个缘故而处于相对无能的状态，这种相对的无能容易变成一种真正的无能。因此，如果人不想毁灭，他就必须承认世界是一个独立的、在本质上业已完成的世界……①

　　法兰克福时期的这种评价在1810年的一封信中表达得更加坦率，因为通信更加私密：

　　①　黑格尔：《哲学全书》，§396，附释，载《黑格尔全集》，第 II 卷，第 VII 部分，柏林 1845 年，第 98—99 页。

　　我从自己的经验也了解这种情绪，这种情绪与其说是情感上的，不如说是理性上的，当情绪一旦带着兴趣和它的期翼进入了现象的混乱之中……尽管目标是内在地确定的，但还穿不透这团混乱，达不到对整体的清楚详细的了解。我曾有几年患过这种忧郁多疑症，直到精疲力竭；也许每个人在生命中都有这样一个转折点，有他的本质凝聚起来的昏暗点，他不得不穿过这道窄门，并巩固和保证对他自身的确定性、对日常生活的确定性；当他已经不能适应实行这些举动的时候，就达到了对一种内在的、更加高贵的实存的确定性。①

　　法兰克福的文献资料记载的话更加清楚。我们在这些文献资料中比在后来已经概括地得到理解的回忆中，更清楚地看到这场危机的具体的即人的和社会的引发因素。黑格尔的一本小册残稿《德国宪政》就是始于对当时的人的灵魂状态的一种阐述。

　　　人们不能孤独地生活，而人始终都是孤独的……由那些被时代驱赶到内心世界的人组成的等级，要么

---

　　① 罗森克兰茨：《黑格尔生平》，第 I 卷，柏林 1844 年，第 102 页。罗森克兰茨也公布了从黑格尔主义者加布勒的亲笔回忆录中摘取的一段话，这段话涉及 1805 年与黑格尔的一次谈话，在这次谈话中黑格尔关于这段时期作了完全类似的表达。同上书，第 236 页。

当它想在内心世界获得自我时，无非是一种永久的死亡，要么当自然驱使着它去生活时，无非是一种扬弃现存世界的否定东西的努力，以便能够在现存世界发现自我和享受自我，以便能够生活。①

我们在他法兰克福初期写信给南内特·恩黛尔——他妹妹的一个朋友，他是在离开伯尔尼前往法兰克福的途中逗留斯图加特期间结识她的——的一些信件中找到了黑格尔最私密的自白。他在1797年2月9日的一封信中说：

我甚至发现，树立圣阿列克塞这种榜样是完全多余的，并且向鱼布道的帕多瓦的圣安东尼肯定比我在这里过这样一种生活要取得更大的成就。经过慎重的考虑，我终于下定决心，不指望在这些人这里有所长进，而是要与狼共嗥……

148

我们从其他的文献获悉，事实上黑格尔与他在那里做家庭教师的那个法兰克福商人家庭的关系，比以前与他的伯尔尼学生及其家庭的关系更加融洽。我们在黑格尔写给谢林的信中了解到共和主义对伯尔尼的城市贵族经济的粗暴反对。我们现在引用的信件表明，黑格尔在法兰克福已经改

---

① 拉松版：第139页。关于我们之所以要把《德国宪政》的这个残稿延至法兰克福时期论述的原因，我们将在详细探讨法兰克福时期残稿的时候进行解释。

变了他对他周围的人的肤浅看法。这段信文还可以这样诠释，即好像这涉及的是在与他周围的人的关系中的纯粹策略，甚至是伪善。但是，黑格尔的性格相去甚远。同年7月2日的另一封信——在这封信中，他对恩黛尔谈到他对于自然的态度的改变——中的一段话非常清楚地表明，他们谈论的是他观点的一种极其深刻的转变：

> 在那里 [伯尔尼——卢卡奇注]，我在大自然的怀抱中始终与我自己及他人达成和解，我在这里也经常逃到这位慈祥的母亲身边，以便在她那里再度同我与之和平相处的人们分离，在她的庇护下免受人们的影响，解除人们的羁绊。①

在这些信中，尤其是在后一封信中，我们充分清楚地看到黑格尔对待他当时社会的看法发生的转变。我们同时看到，这一转变一开始就带来了一种内在的矛盾，更确切地说，这一转变的核心包含着各种矛盾构成的一个整体。这些矛盾的特点和客观基础对黑格尔只是逐渐地变得清晰起来的。因此，一方面是他在法兰克福时期痛苦的、忧郁多疑、深感危机的情绪，尽管他个人的生活状况比在伯尔尼要好得多；在这方面我并不只是考虑到外在的状况：他

---

① 拉松编：《黑格尔研究论文集》，第2册，柏林1910年，第7页和第11页。

精神的孤独感在法兰克福比在伯尔尼更少，例如，他在与他青年时代的朋友荷尔德林的密切接触中度过了最初的一段时间，并通过荷尔德林进一步接触到了德国年轻一代诗人和哲学家的其他一些并非无关紧要的代表人物，例如辛克莱尔。

149

　　另一方面则源自这些矛盾具有一种体验到的、与他的个人命运相结合因而长期只是凭体验而不是从概念—体系上予以澄清的特点，这是黑格尔在这一时期业已突显出来的面对问题的方式，即从个人体验继续向概念的普遍化发展，但却是这样的情况，即在笔记中，整个进路明显地是与体验性的起因连在一起的。我们在前文引用的《德国宪政》残稿中已经看到黑格尔这种探讨问题的方式的一个例证。这种方式恰好来自于下列情况，即黑格尔这时仅仅才走在成为一位辩证的哲学家的道路上。因此，他决没有将初始的、个人的、体验性的起因看作是这样的单纯起因，好像我们甚至必须像他后来在耶拿所作的那样分析这种起因，追溯它的客观原因和规律性，而是把这种起因看作是问题本身的一个不可缺少的部分。当然如此，因为黑格尔这里提出的问题正是他个人对市民社会的探讨，是要在市民社会中找到他自己的位置的尝试。

　　不言而喻，这决不是纯粹个人的问题。如果这涉及的只是黑格尔生平中的一个纯粹传记的问题，那么我们对这个问题的兴趣就不会像我们现在对它的兴趣那样大。黑格尔在法兰克福与之较量的矛盾，客观地讲是德国这一时期的所有重要诗人和思想家所面对的普遍矛盾；从矛盾的解决中形成了这一时期的古典哲学和文学。既然这种文学和哲学已经获得广泛而深刻的国际意义，那么就很清楚，甚至这种文学和哲学以之为根据的社会矛盾也决不可能是德国的地方性事件，即使社会矛盾的特殊表现方式是由当时德国的社会状况决定的。

这涉及德国的伟大人文主义者对待市民社会的态度，市民社会在法国大革命和英国工业革命中已经获得胜利，但同时，市民社会也开始以一种完全不同于当时在法国大革命之前和期间的各种英雄主义幻想的清晰性，暴露出自身令人可怕的、敌视文化的、单调乏味的方面。这时对德国重要的资产阶级人文主义者而言，形成了下列妥协的和矛盾的必然性：既要承认这种市民社会，肯定它是必然的、唯一可能的和进步的现实，又要公开地和批判地揭露和宣布它的各种矛盾，即不容辩解地屈从于非人道，而这种非人道是与市民社会的本质结合在一起的。德国古典哲学和文学在歌德的《威廉·迈斯特的学习时代》和《浮士德》中，在席勒的《华伦斯坦》和美学著作中，在黑格尔的《精神现象学》及其后的著作中抛出这些矛盾并试图加以解决的方式，表明他们的世界历史性的伟大，同时也表明他们的普遍地由资产阶级的视野和特殊地由"德国的不幸"所划定的界限。

如果说黑格尔在我们最近引用的信中逃遁到了自然中去，以便不被他的社会环境所同化，那么他就以一种原始的、直接的和凭体验的形式表现了这一矛盾：一方面，他想充分把握他那个时代如其所是、如其所行的市民社会，并在这个市民社会中发挥影响；另一方面却相反，他拒绝承认市民社会中非人道的、僵死的和扼杀人的东西是活生生的和赋有生命的东西。因此，在黑格尔法兰克福初期的体验中出现的矛盾，既是他个人生活的一种富有激情的、被把握和被体验的矛盾，同时也是他所处时代的一种重要的、客观的矛盾，两者不可分离。

　　黑格尔法兰克福时期生活和思想中的危机在于，要把这种矛盾提升到哲学客观性的阶段。黑格尔的哲学天才，他相对于其同时代人的思想优势，表现在他不仅已经从对他个人生存的体验到的矛盾的单纯表达进一步发展到对市民社会的矛盾性的认识（这当然是在一般的资产阶级的视野范围内，并且带有唯心主义哲学的局限），而且已经在这种矛盾性中认识到一切生命、全部存在和全部思维的普遍辩证特性。在黑格尔那里，法兰克福时期的危机终结于辩证方法的最初表达，尽管这种表达仍然带有神秘主义的理解。这一危机同时——并且不是以偶然的方式——是在与他当时市民社会的一种辩证的、承认自身有着充满矛盾的基础的"和解"中终结的。在一首要么写于法兰克福晚期，151 要么写于耶拿初期的短诗中，黑格尔非常清楚地表达了他已经克服其法兰克福危机的生活心境：

　　　　愿众神之子勇敢地投入这场追求完美的战斗，相

信自己，

　　打破你内心的宁静，刷新世界的事业！

　　努力吧，尝试超越今天和昨天，你就会

　　纵然无法好于时代，但能使时代达到最好。[①]

第二节　法兰克福初期的
旧事物和新事物

　　黑格尔的思想发展是非常缓慢、循序渐进地进行的，这是他的哲学个性的最本质特征。我们在前面的阐述中为了将读者带进黑格尔法兰克福时期的思想气氛中，曾明确地强调他思想世界的转变。在现实中，这个过程是非常缓慢地，但通常又是逐步地进行的。黑格尔伯尔尼时期的很多东西在很长一段时间内保持不变，或者说变化很少。他部分地改动了他旧的思想、旧的历史建构，有时又没有完全清晰地看到，这些旧思路与他的新思路之间的间距有多大。例如，我们将看到，他在法兰克福时期的最后作品是给伯尔尼的主要著作《基督教的实定性》写的一篇新导论，尽管我们将同样看到，实定性的观点在这几年间已经经历了根本的改变。他在几乎所有领域的思想发展都是这样进

[①]　霍夫迈斯特版：第388页。

行的。

　　我们尤其不要忘记，黑格尔决不是一夜之间就背弃了他伯尔尼时期的共和主义观点；可以这样说，在拿破仑战败之后，考虑到复辟时期的稳定性，黑格尔才与德意志类型的君主制达成了"和解"。到那时为止，在他那里有着非常复杂的过渡，这些过渡部分地由于最重要手稿的遗失而无法完全重构。但我们大体上仍可以说，这种思想发展——可以理解，是有一些延误的——依循的是法国的政治发展。当然，必定有所保留的是，黑格尔越来越强烈地关注到德国具体现状的理论和实践方面，由此虽然他的政治分析增加了生活的真实性，然而他的目标和志向的乌托邦特性在与落后德国的现实处境的关系中一再消磨掉他论述的锋芒，或者说，使这一锋芒在一种朦胧和模糊中消失了。

　　黑格尔带着他伯尔尼时期的共和主义观点来到了法兰克福。关于他当时的心情，有一首诗《厄琉西斯》，这首诗是他还在伯尔尼时带着即将聚首的期待写给荷尔德林的，描绘了一幅清晰的画面。我只引用几行，以便向读者传达这种情绪：

　　　　……确定的幸福，
　　　　是发现旧时的盟约和忠诚更加巩固，更加成熟，
　　　　未经宣誓的盟约，
　　　　是只活在自由的真理中，

152

决不，决不与掌控看法和感受的法规媾和。①

在法兰克福初期，黑格尔的第一部印刷作品问世了，这本著作内在地仍部分重述了他在伯尔尼的观点。这部作品涉及他对洛桑律师卡特的著作的带有评注的转述，是在反对伯尔尼寡头政治而维护受伯尔尼压制的沃州的权利过程中写成的。受法国大革命的影响，解放的企图落空了，伯尔尼寡头政治的反动镇压反而加强了。当时，在黑格尔写完转述和评注以后，才发生与革命战争相关的被压迫的州的解放。黑格尔在他的序言中详细地谈到这种转变，甚至带着这样一种倾向出版了这个小册子：要给得意洋洋的德国反动派提供一幅图景展示它自身统治的不稳定性。他在其"前言"的结尾处写道：

通过比较这些信件的内容与沃州的最近事件，通过对比 1792 年强制实现的平静假象，政权对其胜利的沾沾自喜同这个国家的政权的现实衰弱、国家与政权的突然脱离，就会得到一些教益；毕竟这些事件本身已足够说明问题，我们可以关心的只是去充分地了解它们；它们的声音响彻大地：Discite justitiam moniti [必须发出正义的告诫]，而不愿听的人将难以掌握他

153

---

① 霍夫迈斯特版：第 380—381 页。

们的命运。①

我们已经从黑格尔的这个前言看到，他这时的倾向还完全没有改变，这种倾向在伯尔尼时期就已经存在。但是，这本著作的发现者法尔肯海姆已经企图利用黑格尔评注中的一些因素来否认黑格尔的革命性。他的出发点是，黑格尔在前言中维护沃州的"旧权利"而反对伯尔尼的寡头政治。他的意思是，这样一种倾向不可能是革命性的。由此产生的就会是历史性的阐述方式，而不是革命性的征兆。这种思路在方法论上是建立在旧的德国式—学究气的反动偏见基础上的，即历史主义是反动派的发明，始于柏克和主张复辟的法国哲学家，而以往的时代原则上都是反历史的。没有必要与这种理论纠缠，它没有像读者能够从第一章清楚看到的那样，青年黑格尔的革命—共和主义的观点也是历史性的，并且卡特的小册子意味着在这方面总的来说没有任何改变。

从维护"旧权利"得出的结论并非谬误更少。法国大革命的前史恰恰表明，争取这类"旧权利"至关重要。当 *154*

---

① 霍夫迈斯特版：第 248 页。这个小册子在当时只发挥了一种非常小的作用，如今已经变成图书目录上的一本罕见书籍。霍夫迈斯特指出，只有三个德国的图书馆藏有这个小册子。我们引用的是霍夫迈斯特撰写序言和注释的重印本。后来几年的书目摘记十分清楚地表明了黑格尔的作者身份。尽管如此，这个小册子仍被完全遗忘了，直到胡戈·法尔肯海姆在《普鲁士年鉴》的一篇文章（柏林 1909 年，第 193 页及以下）中提到它。读者可以在霍夫迈斯特版：第 457—458 页找到最重要的书目说明。

然，这场运动是一场非常矛盾的运动：一方面，封建特权得到维护，而反对站在绝对主义一边的在经济和社会层面进步的、合法的平均主义；但另一方面，劳动人民的这些威胁着要没收联合起来的封建主义和资本主义的原始积累的权利也得到维护，部分地某些遗留下来的旧特权又意味着某种保护，以反对绝对君主制的任意侵犯。例如，法国议会基本上是反动机构，它反对任何赋税改革，反对废除最不公正的封建权利，因而受到了所有重要启蒙学者的尖锐批判。但是，由于法国议会有时也是反抗绝对主义的侵犯的唯一有组织的中心，所以它仍在法国大革命时期受到民众的普遍欢迎。[①] 相对于基佐，马克思和恩格斯甚至强调法国大革命准备时期的这种"保守"特征是它的特别典型的特征。[②]

显然，那些比瑞士或德国落后得多的国家对"旧权利"的维护，发挥着一种更大的当然仍是比较矛盾的作用。但无论如何都很清楚，当黑格尔在这个问题上维护沃州的"旧权利"而反对伯尔尼的寡头政治时，毫无疑问他没有采取任何敌视革命的立场。显而易见，对"旧权利"的这种维护在黑格尔那里决不是清晰的、连贯的和民主的，他很少区分开这些"旧权利"，就像数年以后在戏剧中歌颂对人民的"旧权利"的维护的席勒一样（威廉·特尔）。只有青

---

① 莫奈：《法国大革命的理智起源》，巴黎 1933 年，第 434 页。

② 梅林编：《马克思恩格斯遗著》，第 III 卷，斯图加特 1913 年，第 410—411 页。

年马克思，才在他发表在《莱茵报》的重要文章中就这个
问题采取了一种连贯的、革命—民主的立场，并鲜明地区
分了劳动人民的"旧权利"同特权和剥削的"旧权利"。①

虽然我们已经看到，这个小册子没有表明黑格尔立场
的任何变化，但黑格尔在这个小册子中所作的说明对他的
思想发展并非是无关紧要的文献。我们只是简短地提到，
在这里对伯尔尼贵族政体的憎恨，像在我们业已引用的他
写给谢林的信中一样，表现得同样鲜明，但又是建立在诸
多事实基础上的。此外，了解到黑格尔以怎样的勤奋搜集
关于伯尔尼的状况、税收制度等经济事实，也是颇有趣味
的。人们在这里可以窥见他的工作坊的一斑，并认识到他
以多大的努力在一切领域获得了他后来百科全书式的知识。
但这些经济学研究仍是在另一种消极的意义上构成他思想
发展的引人关注的文献：它们还只是纯粹经验性的事实收
集，附带一些政治评论而已；关于这些事实在经济学上的
普遍化的思想，在黑格尔那里还没有出现。② 此外，对我们
来说具有某种传记趣味的是，黑格尔在这里首次开始研究
英国的状况。但是，他在此还纯粹是从他的以法国大革命
的政治学为目标的角度这样做的。他评论了卡特的一句格
言，这句格言抨击下列观点，即低税收构成一个民族幸福

155

---

① MEGA，第一部分，第 I 卷，第 1 分册，第 271 页及以下。（中文参见
马克思：《关于林木盗窃法的辩论》，载《马克思恩格斯全集》第 1 卷，人民
出版社 1995 年，第 240 页及以下。——译注）

② 霍夫迈斯特版：第 459 页及以下。

的标准。卡特援引他所崇敬的自由的英格兰为反例，在英格兰，人民虽然支付高税收，但仍实行着自由的自治。黑格尔赞同这一理论，甚至援引在美国自由战争的爆发中茶叶税的影响的事例来支持这个理论，在这个事例中，他关于赋税的观点本身已不重要，但正是为了独立权利的斗争引发了革命。他只是在评价英格兰的自由方面纠正了卡特。他谈到在英国业已发生的对法国大革命的镇压，谈到政府凌驾于国会之上的权力，谈到基本法的悬置以及个人自由和国家公民权利的限制。他总结性地说道："由于那些事实，英格兰民族自身的威望下降了，甚至在她的许多最强烈赞赏者那里已经下降了。"[1]

因此，我们可以把这部作品看作是伯尔尼时期的思想在法兰克福以文献的形式完成的一次回响。

他的思想境界、写作方式、提问内容等的改变，在同 156 时或紧随其后形成的残稿——这些残稿被诺尔出版——中日益引人注目。[2] 在这些残稿中，法兰克福的过渡危机已经非常清晰明了。我们在前文已经指出，黑格尔的术语从未像在这个时代一样摇摆不定和混乱不堪。他着手研究概念，用概念试验，改变概念的含义，然后又舍弃概念，等等。

---

[1] 霍夫迈斯特版：第 249 页。

[2] 可惜这些残稿无法准确地确定日期。我们直到现在也不能准确地确定在诺尔那里以附录的形式出版的残稿第 7 篇（《关于犹太教精神的草稿》）和第 8 篇（《道德、爱和宗教》）的写作日期。第 9 篇（《爱和宗教》）写于 1792 年初，附录 10（《爱》）写于 1797 年末。附录 11（《信仰与存在》）写于 1798 年。对此，参见诺尔版：第 403—404 页。

正是因为现在他的思想开始把握生命的矛盾性，所以他的笔记初看起来像是关于矛盾的一团乱麻。而且，这种面对现实的做法的一时占优势地位的凭体验的、个人的特点，构成这种混乱的基础。这完全是可以理解的，即正是这种混乱，把黑格尔的法兰克福残稿变成了诸反动诠释、要使黑格尔接近于浪漫派的反动神秘主义的企图的一个游戏场所。在其中，尤其是狄尔泰的那本名著，为帝国主义时代的整个黑格尔研究文献树立了典范。如果对黑格尔伯尔尼时期的这种解释已经去除了一切与时代事件和社会问题的可能联系，那么，当法兰克福残稿被纯粹诠释为“神秘主义泛神论”（狄尔泰语）时，就没有人会感到吃惊了。正因为如此，剥离出这些残稿现存的——当然暂时是稀少的和混乱的——合理的内核，剥离出它们与现实生活、与市民社会的现实问题的联系，就是非常重要的。

由于就像我们已经看到的，黑格尔这时是以个体与现代市民社会的关系为出发点的，所以伯尔尼的实定性的旧问题又摆在了他的面前。人文主义者在反对封建—绝对主义的社会秩序的斗争中，把市民社会理解为人的自我创造的、自身的世界。法国和英国成熟的市民社会的实际形成，给这种信念，同时也给这些幻想带来了新的转折。社会似乎越来越成为结果，而且是人自身活动的一再重新创造的结果。但同时，这个社会展现了一系列现象、生活方式和制度等，这些现象、生活方式和制度带着僵死的客观性与个体相对置，阻碍个体的个人发展，扼杀在个体中和在个

157

体之间的相互关系中人类生活的人文主义要求。这一时期
德国的重要人文主义者，作为资产阶级意识形态家必定赞
同这样形成的市民社会的一般基础。但是，他们同时又以
最尖锐的立场反对市民社会中一切僵死的和扼杀人的东西。
但这种反对、这种批判至少直接地看从未超出市民社会的
视野。相反，基本倾向恰好在于，寻求主观能动性的形式，
塑造人的类型和生活方式，借助它们，市民社会的一切僵
死的和扼杀人的东西都能在市民社会的框架内，在它的持
存的领域中得到扬弃。歌德的长篇小说《威廉·迈斯特的
学习时代》就是这些努力的最伟大的文学形态。而即便是
三十年后才完成的《浮士德》，也标志着歌德在当时历史所
赋予的各种可能性的水准上毕生与人文主义同市民社会之
间的这种对立所做的搏斗。普希金把《浮士德》称为"我
们时代的《伊利亚特》"，这决非偶然。

在黑格尔的法兰克福时期，我们看到他对实定性的追
问在这个方向上的延迟。在伯尔尼时期，对实定性的深入
探讨是纯粹在社会和历史哲学领域进行的：实定性在黑格
尔当时看来表现为人类的那个衰落时期的产物，这种实定
性在他的历史哲学中会被称为基督教和市民社会。根据他
的观点，只有古代共和国的革命性复兴才可能促使实定性
的一种扬弃。而这种情况是一劳永逸的，因为根据他当时
的观点，古代城邦在其全盛时期丝毫不包含实定性的内容，
连仅仅类似的东西也不包含。

现在，问题以不同的方式提了出来。黑格尔以个体的

生命为出发点。个体生活在这样一个社会，这个社会充满着实定的制度、实定的人际关系，甚至充满着被实定性扼杀而被变成客观事物的人。他的问题不再是如何能够砸碎这个实定性的社会，并用一种彻底不同的社会加以替换，而是相反，这个社会中的个体如何能够过一种人的，因而在自身中、在他人身上、在他同人和物的关系中扬弃实定性的生活。因此，社会问题变成了一个个人—道德的问题，变成了我们应当做什么、我们应当怎样生活的问题。带着这样的基本倾向，即要通过这种个人—道德的问题，达到与市民社会的和解，达到市民社会的实定特性的（可能是部分的）扬弃（因此，黑格尔似乎比他在伯尔尼时期更加接近于康德伦理学。但我们后面将看到，正是这种接近，有助于迅速而明确地阐明康德与黑格尔之间真正的哲学对立）。

158

黑格尔在这一时期试图借以表达其哲学志向的核心范畴是爱。在这里，一个在某些方面使人联想到费尔巴哈的范畴，又在青年黑格尔那里出现（费尔巴哈显然不可能看到当时尚未出版的黑格尔青年时期的著作）。既然某些现代哲学家（例如洛维特）极其看重青年黑格尔与费尔巴哈之间所谓现存的一致倾向，我们就有必要强调在这里现存的对立。因为费尔巴哈的爱的伦理学也是模糊的和有问题的，它也就正如恩格斯业已令人信服地指出的，已经颠倒成了唯心主义，所以"我"与"你"之间的最终被认为唯物主义的关系，在认识论上毕竟仍是以爱的伦理学为基础的。对费尔巴哈来说，在"你"那里恰好相对于"我"的意识的唯物主义独立性是本质性的；他的爱的伦理学虽然颠倒成唯心主义的异想天开，颠倒成市民社会的矛盾的一种唯心主义解读，但在认识论上仍是建立在唯物主义基础之上的：承认一切对象（因而也包括一切其他人）的这种相对于"我"的意识的独立性。相反，在黑格尔那里，恰好这种独立性通过爱应当在思想上被克服。黑格尔对实定性的理解的根本缺陷，即唯心主义缺陷，就在于这种独立性的克服一般来说只有通过对象性的克服才是可能的，因而在任何不是直接由意识产生出来的对象性中都必定塞进某种实定的东西；这种唯心主义缺陷恰好以爱的过分玄奥的说法非常强烈地表达了出来。因此，他的爱的思想必定颠倒成宗教的东西。

> 宗教是与爱统一的。被爱者不是与我们对立的，他是与我们的本质统一的；我们仅仅在他身上看到我们自己——然而他毕竟不是我们——这是一种我们不能把握的奇迹。①

159

我们看到，费尔巴哈和黑格尔的两种爱的思想，在他们的认识论根据中是截然相反的。然而，这种对立不能掩盖这样的事实，即在这两位重要哲学家那里，"爱"的范畴都不是偶然形成的，而是在社会层面具有相似的基础；只

---

① 诺尔版：第 377 页。

不过由于德国的经济和阶级斗争经历四十年的发展时间，爱的社会意义又变得大不相同了。在这两种情况下，一方面，爱的范畴是一个多样性的、全面发展的人的人文主义—资产阶级革命要求的一种模糊的唯心主义表达，这种表达相应地具有与他的邻人之间丰富的、得到发展的、多样性的人际关系；另一方面，在爱的范畴的模糊性和唯心主义的异想天开中，表现出这些努力可以在市民社会内部实现的幻想。但是，这些幻想在19世纪40年代，即无产阶级解放运动已经强大起来和科学社会主义逐渐兴起的时代，与在18—19世纪之交相比，意味着某种完全不同的东西。正是由于在德国"真正的社会主义者"中间的费尔巴哈追随者想要从费尔巴哈爱的伦理学中获取社会主义的结论，所以他们揭露了在这个范畴以之为基础的幻想中的一切有局限的和反动的东西。

但是，在青年黑格尔费力思索这些问题的时期，这些幻想还决不是与这些幻想得以产生的时代的进步倾向处于如此尖锐的对立之中的。当然，我们将看到，黑格尔在他后来的思想发展过程中对待市民社会将达到更加广泛和真实的立场。而在法兰克福时期的这些立场的所有玄奥和混乱中，这些幻想对他理解市民社会的矛盾性来说仍是必要的路径。正因为爱在黑格尔那里具有这样一种过渡性质，所以爱的含义变得有所不同。

出现了这样的情况，即要看透这些从普遍唯心主义角度表达人文主义努力的范畴具有的虚幻本质，客观地讲， *160*

在这一时期的德国已经是不可能的。在经济落后的德国，资本主义发展的进步性不可能像英国古典经济学所做的那样，在纯粹经济的基础上得到表达。关于这种进步性存在于物质生产力的发展之中的认识，只能在英国自身中被获得。即便在英国，这种认识也只有在数十年以后，在李嘉图的经济学中才获得它的对资产阶级的立场来说最高的理解。

然而，正是英国的这种最发达的经济发展——这种经济发展曾经创造了古典经济学的理论高度——阻碍了人们以有意识的辩证形式来表达资本主义发展的各种矛盾和对抗。虽然亚当·斯密和李嘉图带着知名思想家的毫无顾忌的诚实明确地和不受拘束地说出了他们偶然遇到的一切矛盾，但他们仍很少关心一种关联的确立与另一种由他们自己确立的关联发生矛盾的情况；因此，马克思完全正确地评价李嘉图说：

> 在大师那里，新的和重要的东西在矛盾的"肥料"中发展出来，他暴力地从相互矛盾的现象中塑造出规律。奠定基础的矛盾本身，证实了理论从中摆脱出来的鲜活的基础的丰富性。[1]

---

[1]　马克思：《剩余价值理论》，第 III 卷，斯图加特 1921 年，第 94 页。（中文见《马克思恩格斯全集》第 35 卷，人民出版社 2013 年，第 89 页。——译注）

但矛盾性只是在物质上，只是 de facto［事实上］存在的，对英国古典经济学家来说，没有什么比将矛盾性自身看作经济生活的基本事实，因而看作政治经济学方法论的基本事实，更遥远的了。

但是，对生活的矛盾性的意识恰恰是德国古典哲学和文学的基本问题。正是由于它们是以人文主义理想与德国充满封建残余的市民社会之间的矛盾为出发点的，"矛盾的肥料"对它们而言才同样变成它们提出问题和解决问题的基础。它们在这里谴责人的生活的整个范围，体验、塑造和思索从这个宏大复杂的背景中产生的一切矛盾。既然这些矛盾的经济基础对它们而言是不清楚的，并且不可能清楚，它们就在思想上误入了唯心主义体系的歧途。但正是因为这场运动的这个思想方面是在哲学上有意识地进行的，因为它是以对矛盾性的鲜活体验为出发点，以对从另一种矛盾的解决中又产生的一个矛盾的鲜活体验为出发点的，所以它的路径就通向了辩证法的最初的、当然是唯心主义的表达。 *161*

活生生的全面发展的人，与市民社会中被扭曲为具有商品关系的机器人并被贬低为资本主义劳动分工中执行某个狭隘职能的片面"专家"之间的对立，构成歌德《威廉·迈斯特的学习时代》的基本问题。这种对立不仅在威廉与品德败坏的青年商人威尔纳之间的对立那里得到例证，而且在艺术表演中，在此处即剧院表演中显现出来，在那里，歌德以伟大的艺术才能揭示了分工专业化对人的千奇百怪的破坏作用。对德国当时的情形而言非常典型的是，连歌德也不能彻底撇开针对这些矛盾的宗教解决方案。贵族女性的生活（《一颗美好灵魂的自白》）给针对矛盾的这样一种解决方法提供了充满爱意的描绘，在这种描绘中，一个情感敏锐的人凭借日常生活之外的宗教的帮助来维系自身，并且维持着爱，即对一切他人的鲜活的人际关系。当然，这个阶段在歌德那里决不意味着顶点。相反，这个阶段作为另一端被批判地与资本主义在日常生活中的不断上升对置起来。这部小说中的理想人物恰恰是那些将人类的爱的鲜活性在积极有力地影响市民社会的日常生活过程中加以实现的人，即罗塔里奥和娜塔莉。[①]

青年黑格尔法兰克福时期的立场并没有达到歌德这种观点的高度。在黑格尔的这个过渡危机中，宗教的解决方案起着无比重要的作用，这种解决方案在他那里比在歌德那里更少被批判地加以看待，更高地从人和历史的角度加以评价。但我们将看到，这种对立也决不像它初看起来那样如此尖锐。

黑格尔起初生硬地——这种生硬是他伯尔尼时期方法论的一种延续——使主观的、人性的和鲜活的东西同客观的、僵死的和实定的东西对置起来。但正是由于新的追问的缘故，这些生硬的对立日益变成运动的和活跃的矛盾。

---

① 威廉·迈斯特、维尔纳、罗塔里奥和娜塔莉均为歌德小说《威廉·迈斯特的学习时代》中的人物。——译注

虽然一方面他的观点的玄奥晦暗程度由此增强了，宗教的东西在整个法兰克福时期始终都是现实生活、现实鲜活性以及僵死实定之物的现实扬弃的真正领域，但另一方面，从主观东西与客观东西的具体对置中形成了日益新的、日益复杂的矛盾，这些矛盾是与那种以宗教为导向的一般哲学范式背道而驰的。 *162*

　　恩格斯对黑格尔的体系与方法的矛盾的发现，已经在法兰克福时期的这个过渡中显现出来。而且长期以来，对矛盾从宗教上加以克服带来的危机恰恰始终都是无意识地存在的，无意识地实行的。正如我们将看到的，黑格尔在宗教中寻求爱的最高形式，即充满人的主体性的不再实定的社会现实。然而，正是由于他的宗教思想接近于基督教思想，由于他放弃了他在伯尔尼时期对基督教的否定立场，所以基督教以及一般的宗教态度回避生活、逃避生活的特点越发强烈地出现在他的意识中。既然他的主要志向正是致力于实现个体与现存的、当下的市民社会的具体现实的和解，他就必定在这一点上看到，而且日益看到宗教态度的欠缺和软弱。与他当时的思想相适应，这种软弱在于人的这样一种宗教态度并不会使周围世界的实定性受到触动和扬弃，因而它对市民社会的实定性构成一种补充现象。在这一探讨中，极端的宗教主体性表现为对人文主义努力的另一种形式的舍弃而转向社会的实定性。"依赖于一个客体的另一个极端就是——害怕客体，逃避客体，害怕统一，这是最高的主体性。"①

这样将纯粹的主体性和对客体的宗教逃避与实定性同等看待的态度，在黑格尔的法兰克福时期起着决定性的作用。通过这种态度，就像我们将看到的那样，矛盾就进入了他的基督教观念，尤其是他关于耶稣生平和教义的观念。

163 黑格尔在法兰克福时期之后的耶拿仍将把费希特的主观唯心主义和法国唯物主义评价为两个错误的极端，而这两个极端都同样地表达了重要的时代思潮。

但从这种看法中暂时还没有得出任何广泛的结论。黑格尔的主要兴趣暂且只是在于：一方面给予那些听任于当前社会的实定性力量的人以尖锐的批判，而另一方面颂扬进行拯救和救赎的爱的力量。

因为这种爱为了拯救僵死的东西而仅仅与材料打交道，材料本身对爱而言是无关紧要的……这样一来，虽然材料的对象在变换，但它们从未缺失材料……因此，这是材料在损失中的平静、它的某种慰藉，即损失对它来说会得到弥补，因为损失对它来说能够得到弥补。物质以这种方式对人来说是绝对的；但是当然，倘若人自身不再存在，那么任何东西对人来说也就不再存在，为什么人甚至必定存在呢？人要存在，这是完全可以理解的，因为在人的全部局限性、人的意识

---

① 诺尔版：第 376 页。

之外……只有干瘪的虚空，而人当然不能承受在虚空中思考自身。[①]

黑格尔现在使这种关于市民社会中普通的人的灵魂状态的非常笨拙和混乱的描述与他的爱的理想对置起来。对市民社会的这些人来说，整个世界都是由各个捉摸不透、不可理解、彼此之间并且与人之间机械地分离开的对象构成的，人驱使着自己来来回回空虚地和不如人意地忙碌于这些对象之间。人既不与物，也不与他的邻人，甚至不与他自己产生一种现实的、实体性的关系。相反，爱对黑格尔而言是这样的本原，这种本原扬弃这种僵死的限制，在人们之间产生鲜活的关系，由此使人自己也变成现实的和鲜活的。

真正的统一、原本的爱只有在鲜活的东西那里才会发生，这些鲜活的东西在力量上是同等的，因而彼此完全都是鲜活的东西，相互之间在任何方面都不是僵死的东西……在爱中还有被分离的东西，但这种被分离的东西不再是被分离的东西，而是统一的东西，鲜活的东西感受鲜活的东西。[②]

[①] 诺尔版：第378页。
[②] 诺尔版：第379页。

黑格尔思想发展的连续性具有的典型特点是，关于这种对置的种种表述不仅源自伯尔尼时期，而且源自他对福斯特著作的摘录。这样一来，一方面在爱者之间存在平等的必然性，另一方面在我们刚才的引文的延续部分存在这样的转变，即市民社会的人屈从于异己的力量，并战战兢兢地请求这一力量的饶恕。当然，这些表述的含义也经历了根本性的转变。在福斯特那里，并且在黑格尔伯尔尼摘录时期，平等首先意味着政治的平等。现在对黑格尔来说，更多地涉及的则是市民社会的行为的平等。但正如我们同样将看到的，平等的社会内容（平等的权力）有了这个时期典型地具有的新难题：平等取决于爱者之间物质和经济状况的平等。而对黑格尔而言，这个问题的提出暂时只是他在实现这样一种统一性的道路上要逾越的障碍，在这种统一性中，爱扬弃了人们之间一切分离着的东西，并促成他们之间的生命的现实统一性。

显而易见，帝国主义时期的反动新黑格尔主义者企图从下列事实中得到好处，即对黑格尔来说，在他的法兰克福危机时期，诸如"爱""生命"等范畴在他的思想中占据核心地位。他们想把黑格尔变成一个浪漫主义的"生命哲学家"。他们在这方面抹杀了法兰克福时期带有危机的过渡特征，利用在这一时期出现、后来又消失的范畴以从浪漫主义、"生命哲学"的角度诠释整个黑格尔。但是，且不说这种概括不被允许，这样一种诠释对法兰克福时期本身而言也是不对的。黑格尔在法兰克福时期决不是浪漫主义者。

我们为此也已经非常明确地强调他以及席勒和歌德的人文主义追问，以便使读者确信这一传闻的不可靠。我们将在稍后论述耶拿时期时看到，黑格尔其实很少参与这场运动的各种努力，尽管他生活在浪漫派运动的中心。

至于所谓的生命哲学，从黑格尔后来的著作可以充分知晓，他反对生命哲学。他在耶拿就尖锐有力地批判这一思潮当时的典型代表雅可比，并且他从未放弃对"生命哲学"的这种反对立场。而如果有人带着些许哲学的注意力读了黑格尔的法兰克福残稿，他就会看到，黑格尔从未真正接受当时的生命哲学在认识论上的基本命题，即"直接知识"。当然，正如我们将看到的，黑格尔也反对他那个时代的理性主义"反思哲学"，尤其是，法兰克福时期充满着他对康德哲学最早的大量探讨。在法兰克福末期，当黑格尔的实定性思想变得更有历史性和辩证性的时候，他同样转而反对启蒙运动的理性主义。然而，所有这些都丝毫不意味着他赞同他那个时代的"生命哲学"。人们在这里不要被"爱"和"生命"这样的表达引入歧途。黑格尔的第一位传记作者罗森克兰茨——虽然他经常把黑格尔的辩证法肤浅化，并且使它接近于康德的主观唯心主义，但是他仍没有受到后来各种哲学风气的影响——比后来的新黑格尔主义者更加清楚地看到，黑格尔在法兰克福称作"生命"的东西其实与他后来在耶拿称作"伦理"的东西是同一个东西[①]：

① 罗森克兰茨：《黑格尔生平》，柏林 1844 年，第 87 页。

市民社会中的人的行为方式的具体总体。

在黑格尔的法兰克福时期，爱当然是与反思相对置的，但不是以二律背反的方式，而是在爱是反思阶段的辩证扬弃的意义上与当时"直接知识"的学说相对置的。人们当然不能从法兰克福初期的黑格尔那里期待，这种辩证关系本身是他有意识地造出来并连贯地加以实行的。但他的笔记清楚地表明，他甚至在阐述反思与爱之间的关系时就有了"扬弃"后来的第二层含义即保存之意的想法。他说：

> 这种统一之所以是完满的生活，是因为在这种统一中反思也得到了考虑；与没有得到发展的统一相对应的是反思、分离的可能性；在这种统一中，统一和分离是统一的，是一种鲜活的东西，这种鲜活的东西以前与自己本身相对立（现在则感觉到自己本身），但没有把这种对立变成绝对的。鲜活的东西在爱中感受鲜活的东西。因此，在爱中，一切任务，即反思的自我破坏的片面性和无意识的没有得到发展的统一东西的无限对立，都得到了解决。[1]

166 这些地方不仅作为对帝国主义新黑格尔主义的反动歪曲的驳斥是重要的，同时也标志着黑格尔当时思想发展的阶段是非常清晰的。这些地方表明，在黑格尔那里关于矛盾的

---

[1] 诺尔版：第 379 页。

辩证理解的思想因素是如何迅速地从市民社会的体验到的对立中，从源自这种对立的体验到的自我分裂中形成的。他只能达到对他在这些探讨中模糊不清地强调的东西的自我意识，以便能够"一下子"作为完满的辩证法家出现。对很多资产阶级哲学史家来说，黑格尔在耶拿引人注目的"突然"成熟，在这一关联中找到了解释。

　　但不言而喻，黑格尔辩证法的这个发展过程进行得极不均匀并且充满矛盾。他的哲学立场的内在矛盾性在反思问题上表现得最为明显。他在这里像我们业已看到的，想要把爱理解为反思的辩证扬弃，也就是说，爱之所以作为一个更高的阶段与"无意识的、没有得到发展的统一东西"相对立，正是因为爱包含着自身被扬弃的反思。然而，黑格尔宗教神秘主义倾向通常占据上风，因为爱表现为一种任何分离的痕迹、任何反思的痕迹都已从中消失的，完全的，彻底的"统一"。我们发现这些彼此完全矛盾的解决方案不仅出现在黑格尔法兰克福时期的开端这里，而且出现在他的终结这整个发展阶段的体系残稿中；我们发现这些解决方案不仅出现在爱之中，而且出现在宗教生活之中，这种宗教生活根据他当时的思想据说能扬弃爱的各个矛盾。

　　但是，这里在引用的这段话中，寻求反思与生活之间关系的暂时未被意识到的辩证解决方案的方式，在另一方面也仍是颇有特点的，同时还阐明了黑格尔一方同当时的浪漫主义者以及"生命哲学家"另一方之间深刻对立的社会原因。当黑格尔在法兰克福时期把生活不是看作某种直接的东西，而是看作只有在扬弃反思（也是在保存反思的含义上）以后才能实现的计划时，他所指的是在资本主义社会中人文主义理想的哲学拯救，是资本主义社会的一种使这样的人际关系成为可能的发展或转变。他在反思的扬弃中对反思的保存的必要性的强调意味着，他对待社会既不奔向原始的、前资本主义的社会状态（像反动的浪漫主义者那样），也不外在于、"独立于"、在一定程度上从思想上脱离于这些社会关系，完全把它们抛到后面，而去想象生命在现实中的得到实现并在思想中得到理解（谢林的"理智直观"就是这种情况）。很清楚，并且德国哲学后来的发展也非常清楚地表明，这两种与黑格尔对置的倾向尽管彼此存在暂时的、激烈的论战，但从社会的角度看，都是奔向同一个目标的：通过努力使市民社会返回到原始的、前资本主义的状态来解决市民社会的矛盾（复辟的哲学）。我们已经谈了很多黑格尔的幻想，并且将在下文中，在这些幻想在社会上更具体地显现出来的时候，更具体和更尖锐地来批判它们。但是，所有这些幻想都不可能在黑格尔与他那个时代的各种反动复辟倾向之间建立某种关联。凭借所有这些幻想，黑格尔在社会层面并因而在哲学层面走上了一条完全对立的道路。

黑格尔与市民社会的这种关系，当他在爱的分析中日益摒弃宗教的普遍化和体验的模糊性，并研究爱在现实世界中的实现时，就非常清晰地表现出来。现在在这里，他立刻遇到占有和财产的问题。我们记得，他在伯尔尼对这个问题只是非常一般地采取了一种社会—历史的立场：财产的相对平等是古代共和主义自由的经济基础，古代晚期日益增长的不平等则是它后来没落的经济基础，是它从古代公民向现代资产阶级，向"私人"堕落的经济基础。现在，黑格尔被驱使着更加具体地探讨财产问题。与法兰克福时期的一般特性相适应，这种情况最初是直接凭体验的和原始的。虽然我们知道，黑格尔在他的历史—政治研究中也已经收集和了解一些经济事实，但这暂且还只是各种从中得出直接的政治结论的事实的经验性收集。与这种态度相适应，他最初就在财产对市民社会中单个人的灵魂—道德生命的直接影响中来看待财产。这意味着，他把财产看作某种丝毫不可能与鲜活的主观的能动性有机结合的纯粹僵死的和实定的东西。在这几年间，劳动与财产的关系还没有进入他的视野。他只把财产看作是享受手段，或者至多是个人的统治工具。

168

　　显然，凭借他当时爱的思想的非常抽象的主体性来这样理解的财产，是不可能被带进真正鲜活的关联之中的。越来越引人关注的是，黑格尔现在已经开始费力地去建立这样一种关联。他看到，爱必须在具体的市民社会中实现，因而在那些要么有财产要么没有财产、并且其财产在大多数情况下差别悬殊的人们那里实现。虽然他把占有和财产看作某种僵死的和实定的东西，因而是与生命和爱正相对立的东西，但他仍研究了这样被理解的相互关系。

但此外，爱着的人们仍与很多僵死的东西处于结合之中，很多物都属于一切僵死的东西，也就是说，一切僵死的东西都与对立的东西处于关联之中，这些对立的东西对发生关联的东西本身而言也还是对立的东西、客体；这样一来，这些对立东西在财产和权利的多样性的获取和占有中仍能有一种多样性的对立……如果占有和财产构成人以及人的操劳和思想的一个非常重要的部分，那么爱着的人们也就不能不反思他们的处境的这个方面。①

在这种经济思想的原始性方面，在人们研究的人与财产之间关系的心理特点方面，黑格尔现在所能达到的只是一种肤浅的妥协。这里重要的只是，他已经认清这个问题的不可避免性，并表明探讨这个问题的必要性。他这时打算寻求的解决方案是爱者的共有财产制。

但是，黑格尔的现实主义清醒具有的典型特征又在于，他预感到，这种解决方案只是一种虚假的解决办法。在上述引文的一个边注中，他谈到爱者的共有财产制：

169 由于财产没有分离……共有财产制与权利被充分扬弃的一种假象混同起来，其实在这种财产制中，对于不是被直接使用而只是被利用的部分财产，仍保留

---

① 诺尔版：第381—382页。

了一种权利，只是这种权利保持着沉默。在这种财产制中重要的并不是财产，而是在其中隐藏着权利，即对部分财产的所有权。[①]

因此，黑格尔看到，通过爱者的共有财产制对财产的实定性所做的扬弃，决不是现实的扬弃。

黑格尔在这里显现出来的现实主义的实事求是，即对自己先前异想天开的观念的毫无偏袒的批判和摧毁，也表现在他偶尔清楚地看到爱自身的短暂性和渐进性。

但这种被统一的东西只是一个点、萌芽，爱着的人们不能把它分成任何东西，好像在它之中有一种多样性的东西似的；因为在统一中，一种对立的东西不会得到探讨，统一纯粹是关于一切分离的；被统一的东西由以成为一个多样性的东西、具有一种定在的一切因素，都必须在自身分离、对立和统一新产生的东西本身。[②]

我们看到，在黑格尔在提出爱的范畴这一时期所给出的所有核心观点中，他仍远离对爱的浪漫主义称赞。他把爱看作生命的顶点，看作世界上一切僵死的和实定的东西的现

---

① 诺尔版：第 382 页。
② 诺尔版：第 381 页。

实克服，但他同时也看到，建立在这种感觉基础之上的不可能是能够与市民社会的实定性真正对抗的更高的现实性。在法兰克福后来思想发展的过程中，他把爱的这种缺陷看作是客观性的缺失。他想使非实定的、鲜活的客观性与实定东西的世界的僵死客观性相对立。两个时期的旧有的对立，在这里变成市民社会范围内的内在对立。从这一问题中就形成了后来黑格尔在法兰克福的努力，即要使非实定宗教的鲜活客观性超越爱的单纯的、鲜活的主体性。关于从这种构想得出的矛盾，我们将在下文谈论。在此我们只需强调，黑格尔在这个地方为爱的主观性和不能实现的问题探索并找到另一种解决方案，这一解决方案在他后来的社会—哲学著作中仍将是决定性的解决方案，即作为婚姻 170 和家庭的基础的爱。他紧接着上述引文说道："现在是这样的，即有些东西是分离的东西和重新统一的东西，统一的东西重新分离，但在儿童身上统一本身是没有分离的。"在"重新统一"这个词那里，他补充了一个注释："儿童是父母本身。"① 正如我们看到的，黑格尔关于家庭是市民社会的细胞的理论在这里已经有了萌芽。

因此，我们在黑格尔法兰克福的这些草稿中看到了他后来市民社会思想的最初轮廓，尽管是以非常矛盾和混乱的方式呈现出来的。更确切地说，我们在青年黑格尔身上看到这样一些倾向和要求已经形成，这些倾向和要求后来

① 诺尔版：第381页。

引导他达到了被他加以丰富的关于市民社会的认识。我们将看到，黑格尔思想发展中主导的基本思想是这样的思想：要在对象的看似僵死的客观性与社会制度之间寻找一种辩证的关联，而且是以这样一种方式进行的，即一切对象的客观性都会失去它们的僵死特性并且会表现为主体的主动性的前提和结果；社会和历史从哲学的角度被理解为人自己的世界和人自己的活动的产物。对此，现在还只有最初的、非常微弱和相当模糊的萌芽，而且不论在内容方面还是在方法论方面都是这样。黑格尔关于现代市民社会的结构的认识还是非常含糊、非常经验性的，还远远没有达到对寓于这些了解之中的规律的洞见。与此完全类似，他的方法论还仅仅在于，对主体与社会性的客观世界之间的鲜活关联进行不甚清晰的探索。他对各种辩证关系的预感一再冒出来，但又迷失在宗教的神秘迷雾中。

　　这个时代占主导地位的原则仍始终是主体与客体的僵化对立，当然是带着克服这种僵化二重性的强烈要求。黑格尔从法兰克福时期开始就设法寻求对市民社会中个体的主动性的一种理解，这种理解是与他的人文主义理想相适应的，但通向的仍是市民社会范围内的主动性。市民社会应当从内部通过它的哲学表述而不是通过从外部塞给它的原则而被赋予生命，应当从它直接表现成的那种僵死机器 *171* 被变成某种鲜活的东西。但正如我们业已看到的，这条从僵死之物到鲜活东西的道路，从一开始就已然是一条揭示市民社会矛盾的道路，当然也是带着在市民社会框架内扬弃矛盾的意图而对矛盾所作的揭示。这就是黑格尔努力争取人文主义理想与市民社会的和解的道路，我们在这里同样从一开始，在这个问题最初出现的时候就能够清晰地看到黑格尔社会思想的优点和弱点。

黑格尔当时要达到鲜活性的倾向，由于其凭感受和体验的模糊性而必然一再转变成宗教的东西。我们已经发现黑格尔对基督教的显著接近，这是与他在伯尔尼对基督教的鲜明反对相反的。正如我们已经引用的，如果说对黑格尔而言现在爱是与宗教同一的，或者说，正如黑格尔即将阐述的，爱构成一条通往宗教的道路，那么这一倾向无疑具有一种与基督教达成和解的方向。也是在这里，黑格尔在他的法兰克福危机中走上了一条他将用毕生的时间加以延续的道路。但是，如果逐字逐句地接受那些对他的哲学的反动诠释——这些诠释肇始于他的亲传弟子中的右翼——认为黑格尔毫无保留地曾经是或一直是一位基督教新教哲学家，那就错了（在晚近的时代，拉松尤其强烈地支持这种观点，并且批判任何一个"低估"了这种新教信仰的、通常还非常反动的新黑格尔主义者）。

黑格尔对基督教的态度决不是清楚明白、没有矛盾和毫无保留的。我们将在黑格尔法兰克福时期的研究过程中看到，他被驱使着大量地探讨基督教，并主要探讨基督教创始者耶稣的个性，基督教的宗教范畴对他的整个思想都起着巨大的作用。但我们同时也将看到，这种探讨以在耶稣的生平和教义中发觉一种不可解决的悲剧性矛盾而告终，

黑格尔体系当时在宗教中的顶峰决不是直截了当地包含着
与基督教的同一性。相反，我们仍将在耶拿遇到黑格尔关 172
于宗教发展过程的历史哲学草稿，这些草稿超出了基督教
的范围，指向新的第三种宗教的来临。在黑格尔后来对基
督教和一般宗教的这些立场的分析方面，我们将探讨——
至少简要地提及——即便是他最晚时期对待这些问题的立
场也仍具有的矛盾性。因此，如果我们一方面发觉他接近
了基督教的这种充满矛盾的形式，即他扬弃了在伯尔尼时
期尖锐否定基督教的立场，另一方面指出，他在整个法兰
克福时期在宗教中以宗教的原则寻求的东西，正是各个矛
盾的鲜活统一体，因而根据他从这时开始日益固定的观点
看，乃是生命的最高形式，那么，这对理解黑格尔哲学这
时的发展阶段也就足够了。从这种思想的充满矛盾的特性
就得出了他法兰克福体系的基本倾向，即将哲学扬弃于宗
教之中的倾向（哲学与宗教之间的这种关系的颠倒是黑格
尔在耶拿时期的思想中业已发生的最重要变化之一）。

　　黑格尔对基督教的态度的这种变化，对他的历史哲学
思想和普遍哲学思想并非具有无关紧要的后果。我们仅仅
强调一些最重要的因素。正如我们记得的，历史发展的模
式对伯尔尼时期的黑格尔来说就是，基督教来临的时期是
从古代共和主义自由的衰落中形成的。基督教的犹太起源
在这方面起到了一种历史诱因的次要作用。罗马帝国的政
治、经济和道德的败坏是决定性的。犹太民族作为新的世
界纪元的宗教的创建者，仅仅被看作是一个道德败坏的民

221

族，因此它当时的处境是为了普遍的人类堕落状况的需要而创造一门宗教。可以理解，犹太教的形成史现在对黑格尔呈现出一种独立的兴趣；他开始更加深入地研究犹太教与基督教之间的联系和对立。他的历史兴趣范围的这种扩展是其后来的历史哲学的最初萌芽，这种历史哲学把关于东方国家的广泛探讨置于古希腊罗马历史之前。

173   当然，在法兰克福时期的最初几年，这种关于东方世界的探讨还很少具有现实的历史性。这种探讨更多是关于圣经中的犹太人传说——作为现实的历史——的历史哲学分析。尽管如此，在这里出现了一些对黑格尔历史观后来的改造具有重要意义的观点。例如，黑格尔在分析犹太教时的出发点是：与自然的二分是这个民族——与希腊人相反——的典型特征。撇开我们在此已将黑格尔后来关于东方国家的观点的一个萌芽置于我们面前不谈，他从中得出一个非常奇特的当然暂时只是纯粹格言式的要求。他说，这种二分"必然从自身引出国家等的起源"。①

也就是说，对黑格尔后来的历史构想来说非常重要的是，他认为一旦社会矛盾达到某个高位，国家就会形成。在伯尔尼时期，古代国家曾被他直截了当地视为没有内在社会矛盾的时期的产物，而这些社会矛盾的形成和尖锐化

---

① 诺尔版：第368页。在此只是简短地提及，黑格尔伯尔尼时期的一个简要历史学笔记中的这些残稿——由罗森克兰茨公开出版，第515—516页——有一个先声。但是，在那里关于东方国家的本质的概略观点对黑格尔伯尔尼时期的历史哲学构想丝毫没有产生影响，因此我们就不具体加以研究了。

导致了国家的灭亡。现在在这里，就出现了后来与此相反的辩证且历史的观点的萌芽，尽管前后观点的对立暂时还只是一种在方法论上僵化的、在内容上极度神秘化的对立。

黑格尔关于国家的历史作用以及市民与国家关系的观点的转变，在关于"犹太教的精神"的同一残篇的另一处表现得更加清晰。为了完全理解这一转变，我们必须重新提到黑格尔伯尔尼时期的观点。当时，市民只有在他们与国家的关系是公民对民主共和国的自由奉献以后，才与国家建立起关系。黑格尔正是通过下列情况来描述国家衰落时期的特征，即在国家中盛行专制主义，市民作为私人根本不可能与国家有任何关系。现在他也极力强调古代共和国与犹太人的神权政治国家之间的尖锐对立，但是关于犹太民族的始于王国的建立的发展时期，他这样说道：

174

单个人完全被排除在对国家的积极关注之外；作为市民，他们的政治平等是共和主义平等的反面。只存在无关紧要之事的平等。只有在国王之下才会在众多臣仆中伴随着不平等——这种不平等必定伴随着国王出现——形成一种对国家的联系，对很多人来说这种联系是顾及下层人的一种意义重大的事，至少对有些人来说是达到这样一种意义重大之事的可能性。①

① 诺尔版：第 370 页。

这段话也是极其模糊的，但从中仍能得出很多结论，即根据黑格尔的新观点，正是从王国统治下市民的政治和社会地位的尖锐化的不平等中形成了一种与国家的比以前原始神权政治下的抽象平等更加强烈的联系。

换言之，这就意味着，黑格尔开始在市民与国家的关系方面把在历史过程中形成的等级和阶级评价为本质性的和决定性的。在伯尔尼，他已经把任何等级分化都看作是国家堕落与衰败的一个因素。现在，在他竭力从思想上理解现代市民社会的时候，他理所当然必定将各个等级和阶级的社会分化之间的现实结合理解为国家的一个根本因素。黑格尔在耶拿时期才迈出这一步，这一关联获得一种对他来说盖棺定论的理解还要等到很久以后，要等到《法哲学原理》（1821 年）。但是，正因为如此，指明下列情况是非常重要的，即黑格尔这一观点的最早萌芽在他现在探讨市民社会时就已经出现了。

我们刚才的引文表明，黑格尔关于古代政治生活的评价是一成不变地从伯尔尼时期接受而来的。这一评价在他后来思想发展的过程中也将不再发生变化，只是黑格尔在历史发展过程中分派给古代的位置变成了另一个位置，他将越来越强烈地把古代看作是一去不复返的，与此同时，他从思想上通过现代社会的必然性和规律性来把握现代社会的具体条件。

175　　但在法兰克福时期，普遍盛行的宗教情绪也侵入他对古代的理解。在黑格尔寻求他的宗教客观性，而非实定客观性时，他也追溯到了古代的宗教，并且把这种宗教的自然生机看作是他的哲学努力的一个典范。但是，比强调重点的这种转移更加引人关注的是，他从分析这种关联开始，试图提出必然性与偶然性、主体与客体的统一问题。

> 主体与客体或者自由与必然在哪里被设想为是这样统一起来的，即自然就是自由，主体与客体不可分离，哪里就有神圣的东西——这样一种理想是任何宗教的客体。一位神祇同时是主体和客体，人们不能说祂是与客体相对立的主体，或者祂有客体。理论综合变成完全客观的，与主体完全对立，而实践活动毁灭客体，是完全主观的。只有在爱中，人们才是与客体合一的，客体不实行统治，也不被统治——这种爱在被想像力变成存在者时，就是神祇……人们可以把那种统一称为主体与客体的统一、自由与自然的统一、现实与可能的统一。[①]

我们在此看到，从黑格尔阐述辩证法问题的首要尝试中，德国哲学所特有的客观唯心主义的形式即主客同一体是如何同时显露出来的。甚至从术语上看，黑格尔的这些论述也涉及谢林的以下尝试，即在基本保留费希特认识论思想的同时，将其进一步发展为客观辩证法。在这方面，

---

① 诺尔版：第376页。

黑格尔当时的思路在多大程度上受到了谢林著作的影响，或者说自发地走上了同样的方向，并不太重要。因为从那些在德国古典唯心主义中通向绝对唯心主义的问题看，主客同一体的思想是一种不可避免的必然性。这仅仅取决于主体与客体的扬弃如何在这一更高的统一体中得到把握。这决定着绝对唯心主义是完全迷失在宗教神秘主义之中（谢林的发展路径），还是通过尽可能地极力强调鲜活的矛盾并使之在被扬弃中得到保存，来从这种唯心主义的玄思那里夺取一大块地盘去辩证地把握现实。黑格尔的整个思想发展过程都充满着这两种倾向的斗争。一方面谢林对他的影响是落后倾向暂时得到加强，另一方面他与谢林的论战、与他的分道扬镳又取得了胜利，但这种胜利在绝对唯心主义的框架内决不可能是一种彻底的胜利。

176

无论如何，我们已经在这些残稿中看到我们在伯尔尼的残稿中没有看到的一种对哲学问题的深入研究。在这方面，黑格尔思想当时的状况具有的典型特征是，他的客观性思想已经变得摇摆不定，他竭力对客观性作出形形色色的表述，但又无法得出最终的解决方案。例如，引人关注的是，他在上述引文中纯粹主观地理解那种根据他的观点被规定为用于扬弃主体与客体的对立的信仰。这是把主体性——通过想像力——带入客体的一种方式，因而一贯到底地加以思考就是某种丝毫不能改变客观性的东西。这种摇摆不定首先就表现在黑格尔在宗教中、在生命中寻求这样一种存在，这种存在应当比一切表象和概念都更高级，应当扬弃并由此矫正反思的一切片面性和僵化性。

在思索这个思想系列的时候，黑格尔偶尔发现存在对意识的独立性，但由于他一刻也没有放弃过他的唯心主义认识论，所以他不能从中得出任何富有成果的结论。

> 人们遇到的正是存在的这种独立性、绝对性；存在的确应当存在，但由于它存在，所以它就不会是对我们存在的；存在的独立性应当在于，不论它是对我们存在的还是对我们不存在的，它都存在，存在应当能够是某种完全与我们分离的东西，在这种分离之物中并不必然地包含着我们与存在发生联系。

黑格尔现在从这些前提得出了一些完全不同的结论。他先前就说过，"信仰以一种存在为前提"，他现在一方面想要说明存在相对于思维的优先性，但另一方面却同时在信仰中发现这样一种更高的宗教原则，凭借这种宗教原则，客观—唯心主义的统一体就会被产生出来。因此，他说："存在的东西不必被信仰，但被信仰的东西必定存在。"[1]

这些思路是极其混乱的。但无论如何，从这些思路可以看出黑格尔已经在研究认识论问题、客观性问题。而且饶有趣味的是，我们发现"存在"后来的辩证环节（存在、定在、实存等）正是在与上述思路的关联中第一次在黑格

177

---

[1] 诺尔版：第383 页。

尔那里出现的，当然仍是以一种未被澄清的、没有达到辩证概念的形式。但是，黑格尔思想发展史非常独特的地方在于这些问题是在与伯尔尼的核心问题即实定性的关联中出现的。作为社会问题的实定性与哲学中的客观性问题、对象性问题之间的关联，在伯尔尼仅仅是无意识地和凭直觉地存在的，现在则开始成为黑格尔的一个问题。与此同时，旧的实定性思想也发生了变化，而且矛盾也开始在这里出现，这绝非偶然。

虽然黑格尔在法兰克福赋予了实定性一种完全准确地符合其伯尔尼时期思想的规定，① 但在后来更加具体的研究过程中，"实定性" 这个概念得以具体化，它获得了一种有意识的哲学阐述，由此对它的表述同时也变得比在伯尔尼时更加灵活。我们已经完全看到，黑格尔现在追求生命的对立和对设的一种现存的、鲜活的统一。这时对他而言，实定性在这种关联中表现为这种统一的一种错误形式。"当自然中有永恒的分离时，当不可调和的东西被调和起来时，这就是实定性。"② 在补充前面引用的关于信仰与存在的思想时，黑格尔这时表述实定性如下：

> 一种实定的信仰是这样一种信仰，这种信仰建立起一种不同于唯一可能的统一的另一种统一，另一种

① 诺尔版：第 364 页。
② 诺尔版：第 377 页。

存在取代了唯一可能的存在；因此，这种信仰以这样的方式统一起各个对立的东西，即这些对立的东西虽然被统一，但没有完全被统一，也就是说，以没有考虑到它们应当被统一起来的方式被统一起来。①

同样引人关注的是，我们注意到黑格尔先前在面对存在对意识的独立性时，如何被驱使着达到了唯心主义的边界，在那里，他立刻掉转头到相反的方向，并投入到主体性的怀抱，他在这里亦复如此。因为如果仔细阅读上述引文，并留意到对黑格尔而言"生命"是存在中各个对立物的统一，那就很清楚，在这种实定性思想方面浮现在他面前的是某种——用唯物主义的方式表达——符合客观关联的错误反映的东西。但是，他在关键时刻做了一个180度的转向，补充进了"应当"，由此实定信仰在思想上的各种统一应该与什么达成一致或不一致，现在就变得完全不可理解了。这种摇摆不定在下列情况下也是显而易见的，即关于实定性他紧接着上述引文的思路说道："实定的信仰要求对某种不存在的东西的信仰。"② 他还通过在实定信仰与非实定信仰的对比中把对立尖锐化为表象与存在的对立来强化这一表述。

178

---

① 诺尔版：第383页。
② 诺尔版：第384页。

> 在实定宗教中，存在着的东西、统一仅仅是一种表象、一种思想之物；我相信某物存在，这就是指，我相信表象；我相信我在表象某物，这就是指我相信某种被相信的东西（康德、神祇）；康德哲学—实定宗教（神祇这种神圣的意志和人这种绝对的否定，在表象中被统一起来，各个表象被统一起来，表象是一种思想，但思想之物决不是存在着的东西）。①

黑格尔在进一步具体化这个概念的过程中，并没有坚持这种把实定性理解为单纯表象的观点。关于实定性概念的这些最初在认识论上的表述所具有的意义首先在于，伯尔尼时期的僵化对立这时仍在继续，正如我们业已揭示的，存在的各个环节在他的思想视域中已经呈现出来；对此，还要补充的是，实定性这种表述第一次使康德与黑格尔之间的对立清晰地呈现了出来，由此第一次引发了黑格尔对康德哲学的探讨。

第三节　关于德国现实问题的两份小册残稿

179　　黑格尔这个发展阶段的充满矛盾的特性尤其明确地在

---

① 诺尔版：第385页。

两个写于1798—1799年的残稿中表露出来。

第一个小册子探讨黑格尔故乡符腾堡的宪政冲突。这场冲突必定发生在1798年上半年，因为罗森克兰茨出版了黑格尔的一个朋友在1798年8月17日写给他的回信，[①] 当时这个小册子已经完成了。

撰写这个小册子的起因是18世纪末符腾堡公爵与邦议会代表之间的宪政冲突。冲突的爆发是由于法国的地位造成的，因为公爵支持奥地利干预其内政而反对法国，而议会代表同情法国。从公爵企图撇开议会代表实行完全绝对的统治之后，1796年邦议会又呼吁召开选举一个新的邦委员会，公爵曾希望在这个邦委员会里获得一个支持自己政策的顺从的机构。但是，冲突变得更加尖锐。与这场冲突相关联的是，在符腾堡出现了大量的宣传小册子，尖锐地批判了符腾堡腐朽的封建绝对主义状况以及宪法的陈旧，偶尔甚至要求从全部民众中选举人民代表。据称，在符腾堡甚至出现了一些共和主义倾向，出现了赞同建立施瓦本共和国的呼声。

黑格尔小册子的写成与这些冲突有关。保存下来的残

---

① 罗森克兰茨：《黑格尔生平》，柏林1844年，第91页。人们如何疏忽地对待黑格尔的遗著，也就揭示了这个小册子的命运。罗森克兰茨在同一处说，关于这个小册子只有个别残稿保存下来。相反，海姆声称，他完整地见过整个小册子（同上书，第489页）。他确实在他的黑格尔专著中从这个小册子里提取了一些在罗森克兰茨那里没有的文字，并且还对这些引文作了一系列或多或少重要的说明，在这些说明中他并没有逐句援引黑格尔的文本。在这期间，整个手稿遗失了。

稿部分非常清楚地表明黑格尔对时代的现实问题摇摆不定的立场。这不能在这样的意义上加以理解，好像黑格尔已经与德国的封建绝对主义状况达成了一种妥协，或者在它们面前投降。正如我们将看到的，他对这些状况的批判是非常尖锐的，并且只要他是批判性的或普遍性—哲学性的，他就极其坚决地反对德国的状况。在这方面，这时也不能说他的政治立场发生了根本性的变化。但他这时想要直接介入德国现实的实际问题，并且在那里，在他接近具体的日常问题的地方，处处都表现出巨大的不确定性、不明朗的摸索，甚至偶尔表现出从自身建立的前提来看非常令人惊讶的克制。猛烈批判的开头以相对温和的改革建议告终，他同时代的海姆发觉了这一点。①

　　这种不确定性可以非常清楚地在这个小册子的标题变化中看出来。最初的书名是《符腾堡官员必须由人民选举》，后来他改了书名，用"市民"取代了"人民"，但最终的书名却是《关于符腾堡最近的内部关系，尤其是关于市政府宪政》。小册子最初有一句题词："献给符腾堡人民"，后来也被删掉了。② 标题的这种更改是考虑到审查制度的情况，还是出于黑格尔自身立场摇摆的原因，以及这是否并且在何种程度上与文本自身的修改有关，我们今天已经无法确定。我们只能分析这个小册子保存下来的少量残稿。

---

　　① 海姆：《黑格尔和他的时代》（1887 年），莱比锡 1927 年，第 2 版，第 67 页。

　　② 罗森克兰茨：《黑格尔生平》，柏林 1844 年，第 91 页。

这个小册子的政治出发点在诸多方面都接近于黑格尔伯尔尼时期的共和主义观点和他对卡特小册子的评注。在海姆出版的残稿中，我们发现了他对绝对主义所作的强烈轻蔑的、果断的判断。黑格尔关于绝对主义说道：

> 最终一切东西都会围着一个人转，这个人 ex providentia majorum［承继祖宗之先意］在自身将一切权力统一起来，并且他并不保证他会承认和尊敬人权。

与这种判断充分一致，他说："整个符腾堡代议制本身都是欠缺的，需要一种彻底的改造。"① 这一批判在对正义和人权的呼吁中找到了其理论根据。

181

> 正义在这一评判中是唯一的标准。伸张正义的勇气，是能够彻底消除荣誉和宁静的动摇并实现有保障的状态的唯一力量。②

只有这种对正义的追求，只有一种提升到普遍东西的尝试，才使得超越狭隘的特殊的利益和狭隘的市侩习气成为可能。

在现存残稿的导论中，黑格尔非常生动地描绘了人们对符腾堡状况的革新抱有的持续增长的愿望，他将这种呼

---

① 拉松版：第 XIV 页、第 XV 页。我们就这两个小册子尽可能地引用拉松版的文本，因为这个版本对读者来说最容易理解。只有某些东西在拉松版里根本没有或不全的时候，我们才会援引其他版本。

② 拉松版：第 151 页。

声描绘为无法抵挡的呼声，这种呼声的实现的任何延迟都只会使这种呼声更加强烈。"这一呼声决不是瞬间易逝的偶然琐事。可以把它称作一种发热症状，但这种症状要么以死亡结束，要么以病质通过发汗被排除体外结束。"① 黑格尔这时重新强调，符腾堡的状况，就像它实际所是的一样，已经变得不能持续下去，需要彻底的改造。

黑格尔这时带着尖刻的讽刺，反对那些虽然抽象地承认一种改革的必要性但从等级的利己主义出发抗拒任何具体改革的人。

不过，在对普遍的最好东西的愿望和热情背后通常隐藏着一个保留条件：在符合我们利益的范围以内。这样一种对一切变革都表示赞同的意愿，一旦有朝一日被要求兑现，就会令人惊恐失色。

于是，他这样总结他关于改革的必要性的讽刺性评论：

如果应当发生一场变革，就必须改变某种东西。一种如此明白的真理之所以必须说出来，是因为必然的畏惧与意愿的勇气有所不同，这种不同在于，虽然被畏惧驱使的人们在开始着手变革，但仍表现出想要保留他们正占有的一切东西的软弱性，就像一个浪荡子弟，虽然他有必要限制自己开支，但却觉得人们劝他

---

① 拉松版：第 151 页。

节省的迄今各项需要中的任何一项都是不可缺少的，丝毫都不愿放弃，直到最终不可缺少的东西和可缺少的东西都被剥夺为止。[1]

为什么符腾堡的状况是不可持续的？黑格尔给出的答案简单明了：这些状况之所以如此，是因为它们源自一个以前的、过去的、在社会和政治上已被超越的时代，并且不再符合现时代的精神和需要。这是对待德国封建绝对主义的一种进步资产阶级的普遍立场。尽管黑格尔的这些评论可资谈论，但我们必须稍作停留，因为这些评论在他的历史哲学甚至普遍—哲学的观点的发展过程中都意味着一种巨大的进步。黑格尔在这里第一次把历史发展的思想运用于社会进步的意识形态辩护。

在他的伯尔尼时期，希望古典共和主义者的复活，在由基督教的实定性和财产的不平等造成的现时代的堕落状态中，就是一种居维叶式的灾变[2]。这时，黑格尔开始把社会发展自身——当然还是非常一般地和抽象地——看作进步的推动力量。这就引起他开始带着更多历史的眼光考察各种社会制度和政治制度。也就是说，他现在开始看清，一种制度不再像他还在伯尔尼时评判这个问题那样，是自在自为地好的或坏的，而是在历史发展的过程中可能从某种最初正确的东西中形成一种错误的、阻碍进步的、反动

---

[1]　拉松版：第152 页。

[2]　居维叶（1769—1832 年），法国古生物学家，提出灾变学说，主张地质现象是因多次天灾引发的突然剧变而非连续的均变。——译注

的制度。黑格尔对符腾堡状况的不可持续性提出理由如下：

> 这样的人是何等盲目啊，他们会相信不再符合人们的伦理、需要和民意并且精神也从中逃离的制度、宪政和法律还能长久持存，相信理智和感觉对其不再有任何兴趣的各种形式还足够有力量长久构成一个民族的纽带！[①]

在此我们看到，黑格尔关于实定性概念的全新表述的复杂混乱的思路给予了他的思想发展以多么重大的意义。当时我们只能确定的是，对实定性的最初僵化的理解已经涉及某种东西，即从实定性与非实定性的僵化—形而上学的二律背反中开始形成向辩证法过渡的萌芽。黑格尔在不久以前还将其表述为真的或假的统一化的东西，在这里开始获得一种历史的具体性："精神"从中"逃离"出来的东西，这时被称为实定的。黑格尔开始不再去追问什么是实定的，什么不是实定的；他的注意力毋宁说开始指向：一种制度如何变成实定的。我们将在法兰克福末期看到，对整个实定性问题从哲学和历史的角度进行有意识的、新的理解这种趋势不断深化，然后就变成了黑格尔后来的整个历史哲学的一个方法论基础。我们从现存的残稿不能判定，黑格尔在撰写这个小册子的当时关于这个问题的哲学清晰性达到了何种程度，他将上文引用的表述与普遍的实定性

183

---

① 拉松版：第151页。

问题结合到了何种程度。海姆提供的几处零散引文表明，关于这种关联的论述必定曾在这个小册子中存在。但是，除了几句话例外，海姆以自己高度缩略的措辞呈现出黑格尔的文本，以至于我们在这里对我们的问题只能获得一些暗示。海姆说：

> 他用确切的语词描绘和责骂这样一个官员等级，这个等级已经丧失"人的天生权利的一切意义"，他们在对进步着的时代的追随中，在官职与良心之间的争夺中，始终只是在寻求"实定东西的历史根据"。①

由此可见，实定性与历史陈旧物的结合看来在黑格尔最初的小册子里就已存在，但至于这种关联在哲学意义上有多么自觉和清晰，从现存的文本是无法判定的。

海姆的上述引文向我们呈现了黑格尔小册子的另一个实践—政治的重要方面：他对符腾堡绝对主义官僚体制的尖锐批判。在这个小册子的另一个残稿中，黑格尔也以十分尖锐的表达反对邦国绝对主义的官僚机构。他看到并且反对这样的事实，即这个机构事实上比邦议会代表本身更有权力。"委员会就这样被官员牵着鼻子走，并且借助这个委员会，整个邦国也被官员……牵着鼻子走。"②

这些评论之所以重要，是因为在其中清楚地表达出，*184*

---

① 海姆：《黑格尔和他的时代》（1887年），莱比锡1927年，第2版，第67页。

② 拉松版：第153页。

黑格尔不仅已经是尖锐批判符腾堡宪政中的封建残余的反对者，而且他同时发起了一场同样尖锐的反对那种邦国绝对主义的斗争，那种邦国绝对主义当时正处于与各封建等级的冲突之中。因此，黑格尔的最终目标显然只能是某种彻底不同的东西，一个第三者，即符腾堡的资产阶级—民主的改造。

黑格尔表述他的具体建议的那些评论的胆怯和含糊，越来越令人失望。参照他对符腾堡状况的非常尖锐的批判，参照他对彻底变革的绝对必要性给出的历史哲学的理由，当他提出以下问题时，听起来非常令人失望：

> 在一个拥有几百年世袭君主制的国家,使一群未经启蒙的、习惯于顺从并依赖于眼前印象的群众突然听任于他们的代表的选择，是否是可取的。

他关于变革的具体建议是根据这些评论的路线，而不是根据他对符腾堡状况的尖锐批判的路线提出来的。

> 只要一切残余都保持旧的状态，只要人民还不了解自己的权利，只要没有公共精神存在，只要官员的权力没有受到限制，人民选举就只会导致我们宪政的全面垮台。关键似乎在于，要使一个由开明正直的诸人物组成的、独立于宫廷的机构来掌握选举权。但我看不出来，人们通过怎样的选举可以保证选出这样一种议会，无论人们是否还在十分细心地规定积极的和

消极的选举资格。①

批判持存之物的尖锐同改革建议的胆怯和含糊之间的差距是显而易见的。正如我们在伯尔尼时期看到的，黑格尔已经与法国大革命的激进—平民派划清界限，这不足以解释这种胆怯，不足以要求一个"独立的"议会，即使我们考虑到这个小册子本来就是根据法国大革命的经验写成的，并且黑格尔可能担忧一个选举出来的代表机构会变成激进的代表大会。因为无论是当时在法国还是后来甚至在德国，很多温和的自由主义者都持这样的观点，即一个选举出来的代表机构能够形成向合乎时代的改革的适宜过渡。

现实的原因当然在于德国的普遍状况和从中产生的意识形态立场，这种意识形态立场对黑格尔的态度（甚至对他同时代的一些重要人物例如歌德的态度），持续不断地起着决定性作用。由于黑格尔的国际视野，他相对清楚地既看到了德国的落后状况，又看到了那种应当提供的宪政。但是，关于他的批判如何在政治上与他的计划结合起来，他还没有任何想法。由于这些摇摆和窘迫，就形成了各种不同形式的从社会的角度看必然的但或多或少反动的幻想，这些幻想决定了他的思维，直到他去世。他越具体地面对一个问题，这种差距以及各种从表面上即纯粹从意识形态上消除这种差距的幻想就必定越发鲜明地显露出来。马克

---

① 拉松版：第 XV 页、第 XVI 页。

思在《德意志意识形态》中非常清醒地分析了这些幻想产生的社会原因和社会特征。他这样论述18—19世纪之交德国在政治和经济上四分五裂的特征：

> 由于每一个生活领域都软弱无力（这里既谈不上等级，也谈不上阶级，而顶多只能谈已属过去的等级和尚未形成的阶级），因此其中任何一个领域都不能获得绝对的统治。由此产生的必然结果是，在德国以最畸形的、半家长制的形式表现出来的君主专制的时代里，由于分工而取得了对公共利益的管理权的特殊领域，获得了异乎寻常的、在现代官僚政治中更为加强的独立性。这样一来，国家就构成一种貌似独立的力量，而这种在其他国家曾是暂时现象（过渡阶段）的情况，在德国一直保持到现在。由于国家的这种情况，也就产生了在其他国家从来没有过的循规蹈矩的官僚意识以及在德国很流行的关于国家的一切幻想；由于这种情况，也就产生了德国理论家不依赖市民的那种虚假的独立性，即这些理论家用以表达市民的利益的形式和这些利益本身之间的假象的矛盾。[1]

186　　即便是在对黑格尔思想发展的浅显了解中，我们也必

---

[1] 马克思、恩格斯：《德意志意识形态》，柏林1953年，第198页。（中文见《马克思恩格斯全集》第3卷，人民出版社1960年，第213页。——译注）

定会看到，马克思在此描述的这个时代的德国意识形态的所有特征都适用于黑格尔。当然，关于"正直的官员意识"和国家的幻想，只有在他后来更加具体的社会思想的发展过程中才得到展开和显露，由马克思最终强调的上升的资产阶级的实际利益的虚假独立性，这时已经以显著的方式构成他研究政治和社会的方法论的核心推动力。不论是改革建议本身的含糊和胆怯，还是关于符腾堡宪政应当决定的一个"独立"代表机构的幻想，都来自于这个根源。在这方面，黑格尔这时与自由主义的关系特别重要。至于社会计划，黑格尔在很多问题上与自由主义者站到了同一条战线上。黑格尔显然早就深入研究过自由主义的重要意识形态家，例如贡斯当①或福克斯②。尽管如此，他直到去世都对自由主义，尤其是对德国自由主义的政治方法采取了日益清晰地突显出来的反对态度。他日益坚决地反对这些政治方法对选举权、议会制、议会改革等的信赖。

在这种对立中以非常引人关注的方式反映出德国经济和社会的落后，以及从中形成的政治意识形态的不仅不均匀的，而且分裂的、受阻碍的和狭隘—庸俗的发展。两个方向都既带有市侩倾向，又带有不明确的乌托邦主义。那

① 罗森克兰茨：《黑格尔生平》，柏林 1844 年，第 62 页。
② 海姆：《黑格尔和他的时代》（1887 年），莱比锡 1927 年，第 2 版，第 67 页。

个时代的德国自由主义者大多根据教条提出他们的要求，而没有对现实的社会力量状况作出某种认真的考虑（为了避免误会，要明确强调的是，这里谈论的只是自由主义的意识形态家，而不是少量福斯特那样的革命民主主义者）。这些自由主义者的教条主义在——由于法国的战争——业已形成假立宪制的地方，与小资产阶级的机会主义，与非常狭隘的地方政见（南德意志的自由主义者）混淆起来。

187 黑格尔——歌德也以类似的方式——看清了德国自由主义的这种狭隘头脑。他的看法不论是在评论德国状况时还是在资产阶级社会的经济—社会的生活条件方面都与这种狭隘头脑的幻想不一致。但是，这种通常正确的批判在他那里同样被混淆，甚至与性质完全不同、我们业已熟知的幻想混淆起来。这些幻想后来在某些个别的问题上促使他达到了极其反动的立场。

当时可能的两种观点的狭隘头脑和幻想就这样以同样的方式反映了"德国的 Misère［不幸］"：甚至那些拥有最广阔国际视野的最高水准的德国意识形态家，也由于对德国社会状况浅薄的、市侩的狭隘头脑而被打败。只有直接在法国七月革命（1830 年）之前，尤其是在其之后，也包括在德国开始形成异常坚决民主的运动的时候，对这些狭隘头脑的现实超越才开始（格奥尔格·毕希纳、海涅）。但是，只需想想青年马克思与激进青年黑格尔派的斗争，就能看到这些有局限的意识形态在德国的社会状态中有哪些深厚的根源。

既然黑格尔意识形态思想的这个基础源自德国当时阶级分层的决定性结构，这个基础对他来说就是毕生无法逾越的。在他的思想发展过程中，虽然他越来越具体地认识到社会发展的推动力，并且日益深入到社会发展的规律中去，但是他所追求的这样加以认识的规律始终只是达到一个特定的点。在这个点上，一些有时非常具体和清晰地得到理解的社会对立，直接地在客观的和社会的层面毫无根据地转变为一种抽象的、后来充满官僚主义内容的、由对国家的幻想所滋养的普遍性。尽管黑格尔在其思想发展的过程中竭尽全力地去探究私人利益和阶级利益的"特殊性"同它们的社会结果之间的辩证结合，但这种"普遍性"在他那里仍然从未真正从实际的和特殊的社会条件中得到发展，而是在哲学的意义上唯心主义地、从阶级基础看则由这种虚假的独立性"从上层"罩在"特殊性"上面。显然，黑格尔社会和哲学思想的这种根本的矛盾性，在这里远没有在他后来的思想发展中那样清楚明白。我们也将看到，不论是政治内容还是方法论的结合在黑格尔那里都经历了 *188* 巨大的转变；然而，这种根本的矛盾性是他整个思想的贯穿始终的特征。

我们知道，黑格尔的这个小册子从未出版。至于没有出版的原因，由罗森克兰茨公开的黑格尔的一个斯图加特的朋友的来信给出了某种解释。这封信代表下列观点，即在当时的情况下出版与其说有益，不如说有害。在各种决定性的论证中，一种论证指向黑格尔的议会方案，写信者称这个方案是"随意的"。但是，这个小册子没有出版的更加重要的原因显然是思想进步的甚至有革命倾向的德国人对德法战争的结果的失望。1797 年 12 月至 1799 年 4 月召开的拉施塔特会议，结束了第一次反法同盟战争，为德国带来的却只是德国领土的割让。德国爱国人士本来指望从对法兰西共和国的战争中获得民主制度的一种国际传播，却发现在和平谈判中只是就不同的领土进行狭隘的讨价还价，他们的——当然是极其充满幻想的——期待和希望受到严酷挫败。这种失望反应在这封写给黑格尔的信的最后几行：

　　当然，亲爱的朋友，我们的威望已经严重下降。伟大民族的守护者们已经将人类最神圣的权利置于我们敌人的蔑视与嘲弄之下。我不知道有怎样的报复适合他们的应受谴责的行径。在这样的情况下，您的文章公之于众对我们而言更多地甚至会是一种祸害。①

在这封信中非常情绪化地表现出来的矛盾，是我们已

---

① 罗森克兰茨：《黑格尔生平》，柏林 1844 年，第 91 页。

经反复探讨过的。在这一时期恢复德意志国统一的全部理论和实践的尝试解决方案都是以这种矛盾为基础的。黑格尔本人在他这一时期起草、但还没有完成的最新小册子里对这一系列的问题发表了看法。但黑格尔引人关注并且非常独特的是，在他的笔记里找不到任何针对法国人的愤怒情绪的痕迹。他从德国民族发展的内在矛盾出发着手探讨德国的统一问题，并且他后来关于这个问题、关于当时整个世界史观点的更加具体的阐述表明，他从未对在法国发生骤变的发展路线失去他的同情；他的这份同情甚至随着拿破仑的统治而变得更加强烈，他日益将拿破仑对法国大革命问题的解决方案看作是一个历史典范。不言而喻，社会—历史的分析与其结果的实际实现的前景之间事实上无法消除的鸿沟，不可能得到弥合。

　　这种差距在《德国宪政》这个小册子的现存残稿中暂时表现在，黑格尔的手稿在他应当具体地表明观点的地方总是出现中断。在耶拿，黑格尔重新着手写作这个小册子的工作，并且不论是在批判的和历史的部分，还是在探讨具体建议的部分，都在本质上拓宽和深化了这项工作。但是，这种差距由此只是被移到了别处，甚至在与通常十分具体的建议的更加尖锐的对立中显露出来。因为黑格尔在过去非常明确地表明，国家宪政的一切变化都只有通过现实的历史力量才能得到完成。但是，耶拿时期的《德国宪政》对那些能够进行黑格尔希望在德国发生的改革的历史

189

力量完全保持缄默，并且当他在有些地方暗指这样的力量时，这些暗指都是混乱的、极度虚幻的。①

190 　　至于第一个残稿，在此引人注目的也是批判的尖锐和分析的冷静，而不是缺失的具体观点。黑格尔通过他对德国状况的研究，达到了这样的程度，即他预见到作为民族和国家的德国的没落和它的分裂是实际构成威胁的可能性。虽然他略微提及作为备选方案的另一种对立的解决方案，

---

①　我们现在要探讨的出自黑格尔宪政著作的两个残稿，很有可能写于1798—1799 年之交。关于第一个残稿，罗森克兰茨版第 1 卷第 88 页及以下和霍夫迈斯特版第 468 页已经以最大的可能性证明这个结论。因为它们表明，在黑格尔的手稿中，在他谈论拉施塔特会议的地方，"werden" 这个词后来被用别的墨水改成了 "wurden"。也就是说，这个手稿无疑是在拉施塔特会议召开期间写成的，并且后来在耶拿，很可能是在重新着手研究这个主题时，被他审阅和修改。关于第二个手稿，在那些独自拥有原始手稿的黑格尔研究者之间存在意见分歧。黑林在第 595 页和第 785 页将这个残稿移至耶拿时期，因而把这个残稿看作是与耶拿全部著作中后来的观点同时的。相反，罗森克兰茨版第 1 卷第 92 页及以下、第 235 页和霍夫迈斯特版第 469—470 页主张，这个残稿在法兰克福就已写成。罗森克兰茨和霍夫迈斯特从黑格尔笔迹的转变中提出纯粹语文学的论证，而黑林将他的观点建立在所谓 "内在的迹象" 之上。这就必定促使我们宁愿接受第一种看法。而所谓 "内在的迹象" 也不利于黑林，因为第二个残稿的方法和结构本身具有非常典型的黑格尔法兰克福时期的特征，它们以被体验的、个人的问题为出发点，并从那上升到历史的关联和哲学的普遍化。阐述方式的这种主观性离法兰克福时期之后的黑格尔是相当遥远的。熟悉本章第一节关于这个残稿的一部分导论（第 147 页）的读者，可以评判残稿本身的这种基调、这种精神气氛。我们现在将残稿直接移至上述的耶拿时期，依据的是，一方面，正如读者将看到的，这些残稿包含着与符腾堡小册子类似的思想，但在哲学上具有更高的普遍化水平，因此，这些残稿显然要比符腾堡小册子形成得更晚；另一方面，黑格尔在 1799 年 2 月开始他的第一次深入的经济学研究。我们在这些残稿中几乎找不到任何经济学的思路。因此，这些残稿很可能是在他研究斯图亚特经济学之前写成的。所有这些当然只是假设，但我们在黑格尔遗著的当前状况下，如果想要重构黑格尔的思想发展进程的话，就不能没有这样的假设。

但在他本应谈到这个方案的地方，手稿中断了。在尖锐地批判德国各邦的独立自主后，黑格尔说道：

> 如果这种想要孤立的冲动是德意志帝国的唯一运行原则，那么德国就正在势不可挡地走向瓦解的深渊，对此发出的警告虽然显示出热情，但同时也显示出徒劳无益的愚蠢。德国的进程难道不仍是处于意大利的命运与结合成一个国家之间的十字路口吗？首先有两种情况给后者带来希望，这两种情况可以被看作是反对德国瓦解原则的倾向。①

但关于这两种原则，手稿里已经找不到任何踪迹。

我们已经指明，黑格尔达到这个结论的分析，仅仅是以德国的国内状况为出发点的，并没有把德意志帝国所处的危机的罪责归咎于法国的战争。像德国所有的进步人士一样，黑格尔把大大小小的邦国所谓的邦国主权，把德国分裂为一系列大大小小的独立国家的状况看作是德国的根本祸害。在这方面，他产生了非常激进的看法："在专制政体之外，也就是在无宪政的国家之外，没有哪个国家的宪政比德意志帝国的更加糟糕。"他又补充说：

> 伏尔泰将他国家的宪政直接称为无政府状态；这

---

① 拉松版：第142页。

是最好的称呼，如果德国被看作是一个国家的话；但现在连这个称呼也不再有效，因为人们再也不能把德国看作是一个国家了。①

这种严厉评判的理由对黑格尔而言是颇有趣味和有些独特的。这个理由一方面表明，黑格尔关于事实的看法与他的原初观点如何陷于矛盾之中，另一方面则表明他——当然是在非常冒险的诸唯心主义体系的道路上——如何在这些矛盾的"肥料中"发展出全新的丰富的知识。黑格尔认为德国宪政的根本矛盾在于，它的法权性质总体上不是国家法而是私法。在这种思想中还塞进了很多旧的思想，部分地是自然法思想，部分地则是源于古希腊罗马典范的国家思想。因此，黑格尔也指责德国公法的原则"不是从以一种理性为根据的概念中推演出来的原理"，而是"各种现实"的单纯"抽象物"。黑格尔在现实中看到法律条文是如何从实际的社会斗争中形成的，并且在他发现事实的地方承认这种事实，但他又把这种事实看作是某种违背理性的东西、某种反对现实——现实才是应当存在的——的东西。②

这种对立具有强烈的唯心主义和形而上学特征，当我们考察各种现实的抽象物在概念上的根据时，这一点就更

---

① 霍夫迈斯特版：第283页。
② 霍夫迈斯特版：第285页。

加显而易见了。黑格尔严厉地谴责德国的这种发展："因为占有早于法律，占有不是从法律中产生的，毋宁说，先前获得的东西本身，现在变成了法律上的权利。"但如果我们进一步谋求具体的分析，我们就会看到，他反对德意志帝国的私法特性针对的是德国封建力量在从中世纪直到近代的社会斗争中取得的胜利。

> 国家始终只得证实从国家力量那里被夺走的东西……在德国，政治团体的各个成员在国家中拥有他的权力以及他的权利和义务，即以个人的身份感谢他的家庭、他的等级或他的行会。①

显然，黑格尔正是在封建原则的这种胜利中看到了德国不再是一个国家的原因。他进一步解释说，这些以私法为根据的公法有一种变得独立并脱离国家和民族整体的内在倾向，以致由于这些公法就必定形成各种互相矛盾的权利和合法要求的混乱状态。当然，黑格尔在这里比后来更多地把法不是看作结果，而是看作社会和国家状况的最高原则，而他在对现实的这种唯心主义歪曲的框架中关于德国的局势给出了一幅清晰的、生动的和讽刺的图景，在那里一个人在同样的基础上有共同谈论整个德国的战争与和平的权利，就像另一个人有拥有若干田产或葡萄园的权利

---

① 霍夫迈斯特版：第285 页。

一样。①

在对德国状况的这种严厉谴责中，我们从符腾堡小册子中业已知晓的他对待实定性、对待陈旧之物、对待德国状况的改革需要所持的历史性观点，比在符腾堡小册子中表达得更加明确。一方面，黑格尔绘声绘色地描绘了那些在过去有效的并在过去的时代有进步意义的力量，这些力量最初缔造了德意志帝国的大厦，他也能说会道地表达了德国人对他们的这种过去所拥有的那些关于传统和归属的情感；但另一方面，他极其尖锐地指出，这整个历史的产物与当前的现实问题再也没有任何联系，正如他在谈及符腾堡时所说的，精神已经从那里逃离。

> 德意志国家宪政的大厦是过去数百年的事业；它不是由现时代的生命承载的；一个多世纪的全部命运都铭刻着它的各种形式，早已消逝的时代和早已腐朽的世代的正义与权力、勇敢与胆怯、荣誉、鲜血、贫困和安康都居于德意志国家宪政大厦的这些形式中；生命和力量——它们的发展和活动是当前鲜活的一代人的骄傲——没有参与到这些形式中来，对这幢大厦没有任何兴趣，也没有得到这些形式的滋养。这幢大厦连同其支柱和装饰都与世界的时代精神隔绝起来。②

193

---

① 霍夫迈斯特版：第286页。
② 霍夫迈斯特版：第283页。

黑格尔在此没有说出"实定性"这个词，但很清楚，我们在这种分析中也看到了他的实定性思想的一种历史性延续。

对黑格尔的历史建构的发展特别重要的是他对这种历史分析的进一步解释，对"德意志自由的传说"的研究。黑格尔在这里第一次设法在他的思想发展过程中描绘一种前国家的社会状态，他后来用"英雄时代"一词来称谓这种状况。当然，这种思想后来在黑格尔那里，特别是对认识古希腊罗马的前国家的发展起着关键性的作用。但在他那里存在一系列的暗示（例如在美学中），在这些地方，他把逝去的中世纪同样称为这样一种英雄时代，称为这种英雄时代的维柯式重现。黑格尔这时作出的评论对他的历史意识的发展，对他的辩证历史观的开端来说具有非常典型的特征。他这时已经无意于赞美原始状态，无意于期待返回到原始状态，同样也无意于对原始的社会状态进行庸俗—进步的鄙视，从文明的"最终成就的高度"对它们作庸俗化的俯视。黑格尔在此提供了一幅饶有趣味的画面，描绘所谓德国自由的时期，描绘"在其中不是法律而是伦理把一群人变成一个民族，是共同的利益而不是普遍的命令把民族建成国家"的一种状态。他在一节中补充进下列普遍的考察作为他的分析的结尾：

> 称呼那种原始状态的子嗣是可恶的、不幸的和愚蠢的，并且相信我们无限地更人性、更幸运和更聪颖，这是胆怯和懦弱的；如果渴望重回这样一种状态——

194 　　好像唯独这种状态是自然一样——而不把法律在其中实行统治的状态当作必要的和一种自由状态加以尊重，加以认识，这是幼稚和荒谬的。[1]

黑格尔在几年后的耶拿初期，在其教授资格论文的提纲中对这种思想作了非常简洁的、极其悖谬的表达。在那里，他一方面在承上启下时，另一方面在反驳霍布斯时说道："自然状态并非是不正义的，由于这个原因，我们应当从中离开。"[2]

　　另一个残稿以更加普遍和哲学的方式探讨这些问题。第一次将这个残稿付印的罗森克兰茨，甚至把它称作黑格尔关于世界危机思想的一个总结。[3]

　　这个残稿的出发点和一般基调是我们在本章第一节已引用的部分所知晓的。黑格尔从在那里给出的个人危机状态的描绘向普遍世界状态的分析过渡。他总结说道：

　　　　这个时代的一切现象表明，古老生活中的满足现在再也找不到了；古老生活曾限于对它的财产的有序掌控，察看并享受它的完满的、恭顺的、小巧的世界，

---

① 霍夫迈斯特版：第284页。

② 黑格尔：《早期论著集》（拉松版），莱比锡1928年，第405页。在下文中援引的始终都是《早期论著集》。

③ 罗森克兰茨紧接着1798年的康德批判手稿，将这个残稿付印（第88页及以下）。由于他是黑格尔的亲传学生，所以其中可能也包含着对我们确定日期的假设的一种支持。

然后也在与这种限制达成和解中自我毁灭并升入天国。

时代已经消除了这种庸俗的、宗教的和自我满足的局限性。不论是贫穷还是奢侈，都扬弃了古老状态。一方面形成了发财致富的一种欲望，即"要把财产和物件变成绝对者的恶的良知"，另一方面，"一种更好的生活……已经吹拂在这个时代"。黑格尔在此一方面明确依据的是法国大革命（可能已经是拿破仑），另一方面依据的是德国古典文学和哲学的伟大功绩。

> 生活的追求获得的滋养来自于众人当中伟大人物的事迹，来自于整个民族的运动，来自于诗人对自然和命运的描绘；通过形而上学，各种限制获得了它们的在与整体的关联中的界限和必然性。[1]

黑格尔在这里给他的至此为止的实定性思想补充了一个新的特征。正如我们在符腾堡小册子中看过的，这个概念的历史化表现在，最初符合民族伦理的制度随着时代的发展已经远离生活，精神从中逃离，由此这些制度变成了实定的制度。现在黑格尔给一幅图景又新添一笔：在僵化的、老旧的、实定的生活中，一种新的精神开始成长，旧

195

---

[1] 拉松版：第140页。黑格尔在这里将形而上学理解为那种超越主观唯心主义界限的哲学。

东西与新东西的鲜活对立、鲜活对照将历史上承继下来的东西变成实定的东西。

黑格尔这时在这个残稿中如何想象改变德意志帝国的已经变得不能持续下去的状况呢？他在此给出了一个简短的、普遍的和哲学的看法，因而典型地比在其他的论述中既更加激进，又在政治上更加具体。

> 有局限的生活作为强力只有在更好的东西也变成了强力以后，才能被更好的东西用强力加以攻击……作为反对特殊的特殊，自然在其现实的生活中是对更坏的生活的唯一攻击或反驳。[①]

黑格尔在此已经表明他对社会发展的现实主义洞见，因为他把社会发展理解为强力反对强力（特殊反对特殊）的斗争。他在这里已经无意于去做那些关于"理念的不可抗拒的强力"——面对这种强力的呼声，绝对主义的堡垒就像在圣经中约书亚的号角使耶利哥之墙自行坍塌一样——的自由主义幻想。但同时，黑格尔就像当时革命的资产阶级的意识形态先锋们看待这场反对绝对主义、反对封建残余的斗争一样，来考察这种斗争。因此，他进一步具体化了这种对变得实定的古老生活的攻击。这种古老生活

---

① 拉松版：第 140 页。

将其统治不是建立在特殊反对特殊的权力之上，而是建立在普遍性之上。生活所要求的这种真理、法必定要被拿走，生活被要求的那个部分必定要被给予……对持存之物的实定东西——它是对自然的一种否定——而言，生活的真理被保留下来，即法应当存在。[①]

黑格尔的这些非常抽象—概念性地提出并相当模糊地阐发的论述，如果转化成哲学性的东西，就包含着资产阶级革命派反驳旧封建社会的一般倾向。这些论述始终探讨封建社会中的统治阶级如何成为整个社会的代表和领袖的要求，作为一个小众的少数派、一个由特殊利益获得者组成的团体的要求。另一方面，这些论述在"第三等级"的要求中看到的与其说是一个阶级对其他阶级的要求，毋宁说是普遍的利益、整个社会的利益的迄今被压制的权利。于是，如果黑格尔在这里实行特殊与普遍之间的这种位置转换，如果他把（封建—绝对主义的）普遍性揭露为不过是要求一种特殊性，另一方面将在资产阶级的各种要求的直接表现出来的特殊性看作现实的、符合自然和历史的普遍性，那么他就只不过是以抽象—哲学的方式表述了那些已经以一种政治上清楚具体的方式——只是没有哲学要求——在法国大革命之前和期间就通过进步的大众传媒进行传播的思想。对黑格尔作为思想家的思想发展来说，同样引人关注和十

196

---

① 拉松版：第140 页。

分独特的是，当普遍与特殊的辩证法在他的思想发展中出现之初，这不是关乎抽象—哲学的问题的解决，而是一种尝试，即试图使自己明白资产阶级摧毁封建社会的实际的、历史的辩证法，并向他人阐明这种转变的必要性。

黑格尔的进一步论述更加清楚地表明，在他那里提问的这种哲学方式是如何从政治—历史问题中产生的。他紧跟着上述引文说道："在德意志帝国，掌握权力的普遍性作为一切法的根源消失了，因为它孤立起来，变成了特殊。因此，普遍性更多地还只是作为思想而不是作为现实存在的。"① 在这最后的思想中，德意志帝国在政治上被明确描述为一种被降格为特殊东西的普遍性，就是我们上文业已谈到的反对封建—绝对主义残余那个方向的进一步证实。关于黑格尔哲学思想发展的观点，我们在这里必须想到诺尔所编辑的残稿中的那些评论，在这些评论中，黑格尔第一次摸索实定性的新观点。我们当时（第 177 页及以下）已经表明，黑格尔看到实定物与非实定物之间的差距在于，虽然两者都是统一物，但实定物只是一种观点，只是一种思想，而非实定物是一种存在。

我们还记得，黑格尔在这个思想方面第一次致力于确立和规定存在的各个不同阶段。这在当时是极其抽象和模糊地表述出来的。在这时的历史运用中，这些问题获得了更加具体的理解，存在、现实的存在和非现实的存在等各

---

① 拉松版：第 141 页。

阶段处于与各种旧的社会构成的枯萎或毁灭的历史问题，与新的社会状态的生长的关联之中。因此，我们就不断接近了黑格尔历史发展的辩证法，恩格斯用下面的话描述了这种辩证法的特征：

> 这样，在发展进程中，以前一切现实的东西都会成为不现实的，都会丧失自己的必然性、自己存在的权利、自己的合理性；一种新的、富有生命力的现实的东西就会代替正在衰亡的现实的东西……①

当然，黑格尔离他在其历史哲学中将达到的那种历史具体性也还很远。这里对我们来说重要的只是，要表明他在这些残稿中向这样一种历史观的方法论迈出了第一步。同样，他当时的思想状态的典型特征是，在具体的结论必定会从这些在政治和哲学上大胆而进步的前提中得出来的地方，这个残稿也中断了。

第四节　对康德伦理学的批判性探讨

黑格尔法兰克福时期的内在危机感不仅表现在他的各

---

① 恩格斯：《路德维希·费尔巴哈和德国古典哲学的终结》，柏林1952年，第7页。（中文见《马克思恩格斯文集》第4卷，人民出版社2009年，第269页。——译注）

个笔记——正如我们已经看到的，这些笔记经常在关键地方中断，并且以这样一种未完成的状态遗留下来——的残稿特点，而且表现在黑格尔对主题的关注的跳跃性。我们已经看到，犹太教、基督教等的研究被符腾堡小册子取代，但从年月顺序看紧接着符腾堡小册子的并不是我们随后要分析的《德国宪政》残稿；只是由于主题的彼此相关，为了避免多余的重复，我们才一道概述了这两者。从时间顺序看，符腾堡小册子之后的作品只是黑格尔关于康德伦理学著作的详细分析。从黑格尔自己的笔记可以确定，这一探讨始于 1798 年 8 月 10 日，几乎是紧随着符腾堡小册子之后写的。对康德的研究——如果我们的假设是对的——被《德国宪政》的写作取代，而紧接着，从 1799 年 2 月开始，黑格尔又着手研究斯图亚特的经济学。然后，黑格尔重新开始探讨基督教，并写出了他法兰克福时期的内容宏富的著作《基督教的精神及其命运》。

我们在这个过渡时期一再有这样的感受，即黑格尔以巨大的热情作出了对这样一些问题的解答，这些问题作为直接的、个人的生命问题引起了他的思索，但我们在这方面又一再认识到，不论是黑格尔的社会—历史知识还是他的哲学知识，都不足以针对这些问题作出一种能符合他的要求并适合这些问题的解答。当然，黑格尔想通过拓宽他的知识、深化他的哲学方法论来消除不可逾越的鸿沟：我们已经指出黑格尔之所以拒绝关于他时代的市民社会及其形成和规律的真正适当的、历史的科学知识的客观社会原因。而朝着这个目标前进的道路，在黑格尔那里就是对辩证方法的持续不断的完善。他以为自己正不断接近他所渴望的与现实的"和解"，而且越是接近，他在为这一目的而研究的材料中就越是深刻地认识到各种矛盾，然后，他对这种矛盾性的洞见就造成了他相关工作的暂时中断。但是，通过对存在的辩证结构不断深入的认识，这些阶段中的每个阶段实际上又都变成了在接近科学辩证法的过程中的一个阶段。黑格尔在法兰克福的科学活动从传记—主观的角度看具有的跳跃性，在客观上则表现出连续性：这正是认识矛盾乃是一切存在和思维的基础的道路。

探讨康德伦理学首先是由黑格尔对待市民社会的新立 *199*
场决定的。在这方面，正如我们已经看到的，黑格尔的出发点是个体的问题和需要，以及由于市民社会中的生活而对个体产生的道德问题。由此黑格尔就接近了康德伦理学，众所周知，康德伦理学的主要问题同样是个体的道德义务。但是，黑格尔的问题在基本路线上甚至从一开始就完全不同于康德的问题。因此，表面的方法论的接近要求详细的探讨，而在伯尔尼，当黑格尔提出的问题几乎完全疏忽个人命运的时候，他对康德伦理学可能还是一种友好—中立的态度。这一探讨也由于两位思想家对待宗教的态度而变得必要，并且被尖锐化。康德伦理学以宗教的方式把上帝提升到"实践理性的公设"而告终（我们知道，青年黑格尔和他的朋友谢林对康德伦理学的这个方面持有何种态度。参见第 54—55 页）。黑格尔法兰克福时期的哲学也以宗教为顶峰。但这是与康德哲学完全不同的。既然对法兰克福的黑格尔来说，一个核心问题是使哲学在宗教生活中达到顶峰，研究康德就迟早是不可避免的。

批判康德关于宗教与国家关系的理解，似乎成了黑格尔最初大量探讨康德的一个要点。我们说"似乎"，因为也是在这里，在研究黑格尔的青年时代时，我们遗憾地发现，这份手稿已经遗失了。在罗森克兰茨撰写黑格尔生平的时候，黑格尔对康德德性论的批判就鲜有遗留下来。但这位最早的黑格尔传记作者还完整地拥有黑格尔对康德的伦理形而上学和法权学说的评论。在那之后，所有这些手稿都遗失了，我们只能获得罗森克兰茨从这些手稿中提供的一些注释和引述（罗森克兰茨主要援引的是黑格尔关于国家与教会关系的探讨）。[1] 从我们此前关于黑格尔法兰克福时期思想发展的了解就可想而知，这里事实上存在他探讨康德的一个核心问题。但倘若甚至不去想，强调这个问题正好是罗森克兰茨对它的特殊兴趣所致，并且这个问题在黑格尔的原始手稿里可能比罗森克兰茨所看待的具有更小的分量，那就是错误的。

因此，我们的分析必须从罗森克兰茨出版的残稿开始。但在这方面，我们必须谨慎从事，并要持刚才的保留态度。这种保留态度之所以比较合理，就是因为《基督教的精神及其命运》中对康德伦理学进行的非常详细的论争涉及伦

---

① 罗森克兰茨：《黑格尔生平》，柏林1844年，第87—88页。

理学的截然不同的领域；这个问题的确在后来的手稿中起着比较次要的作用。当然，从黑格尔的思想世界在法兰克福的非常迅速的、跳跃式的发展中，我们没法准确地知道：《基督教的精神及其命运》中对康德的探讨在多大程度上是与康德评注中的探讨相同的，康德评注中的探讨在多大程度上是为了达到这个目的而作出的，并且这些探讨又在多大程度上被改写和进一步加工。然而，尽管存在这样的可能性，即我们在这方面在严格的历史传记意义上不可能做到精确性，我们仍认为，最好紧随康德评注之后——在违反年代顺序的情况下——探讨《基督教的精神及其命运》中对康德的批判性探讨，这部分地是为了避免重复，部分地是为了能够关联性地体现这一时期康德—黑格尔的对立。

在黑格尔的康德评注的导论中，罗森克兰茨谈到黑格尔的努力，即要在伦理中，或者像黑格尔这时仍称呼的，要在生命中，扬弃在康德那里合法性与道德性的对立。这无疑是耶拿《伦理体系》的概要。我们没法获得这些关联的最早论述，这对我们了解黑格尔的思想发展是巨大的损失。罗森克兰茨连提都没有提到，道德的这些不同阶段的关联当时在黑格尔那里是如何被思考的，他甚至也没有提到，这些阶段是否被阐述为辩证地从彼此发展出来的阶段。当然，我们已经在诺尔版的法兰克福最早残稿中发现这样一种思想发展的一些萌芽，而这种方法早在《基督教的精神及其命运》中就已相当普遍。因此，可以设想，这种方法在康德评注中同样存在，但是我们无法知道它在辩证发展的方法论层面达到了何种程度的清晰性。从罗森克兰茨的阐述中推断黑格尔批判康德道德学的一般方法论的方向，是比较清楚的。罗森克兰茨这样阐述这种批判："他抗议在康德那里对本性的压制，抗议在通过义务概念的绝对主义形成的决疑论中对人的肢解。"① 反对康德的道德义务思想对本性的压制，在那个时代已经传播得相当广泛。撇开已对整个古典哲学宣战的哈曼和赫尔德不谈，我们尤其在歌德和席勒那里发现了这种反对，在歌德那里是以彻底拒斥康德道德学的形式，在席勒那里则是以尝试借助美学及其运用于生活的原则来超越康德道德学的形式进行的，我们将在下文从《基督教的精神及其命运》中引述的黑格尔的解释，与伟大的人文主义作家们的完全一致，当然，黑格尔的生命概念甚至比席勒的美学思想更加广泛和全面。我们从黑格尔对康德哲学的反对中，在绝对性和康德原则的形而上学特征对人的肢解中，看到一种思想动机显露出来，这一思想动机从耶拿时期开始就构成了他对康德的一般批判的一个要点。例如，他在耶拿就已经谈到"主体的灵魂袋子"，其中装满了各种机械性地彼此分离的"能力"。② 他看到客观唯心主义超越康德唯心主义取得的进步非常根本地在于，客观唯心主义在思想上恢复了主体的辩证统一性，

---

① 罗森克兰茨：《黑格尔生平》，柏林 1844 年，第 87 页。
② 黑格尔：《早期论著集》（拉松版），莱比锡 1928 年，第 211 页。

因而克服了康德对人的形而上学肢解。

　　这个康德研究文本的还算清晰明了地流传下来的唯一部分，探讨的是国家与教会的关系。黑格尔这样表述康德的观点："国家和教会两者应当相安无事，互不干扰。"在黑格尔当时以宗教为导向的观点中，他不可能对这种理解表示满意。他首先看到的是现存国家与教会之间的尖锐对立。国家建立在财产原则之上，因此国家的法律与教会的法规相对立。但按照黑格尔的观点，这在国家和教会同人的关系中拥有其根据。国家法律"在人被看作是一个占有者时，涉及的人是非常不完整的，相反，在教会中人是一个整体……对市民来说，如果他能在国家和教会中都能怡然自得，看重他与国家的关系还是看重他与教会的关系，就不重要了"。黑格尔这时分析了耶稣会和贵格会的两个极端，而没有赞同它们的尝试性的解决方案。他也将国家对教会的统治视为"不人道的"而加以反对；这种统治必定会产生一种狂热，"因为这种狂热在国家权力中看到诸单个的人和人际关系，在诸单个的人中看到国家，因而就这样打碎了他们"。他从这些思路达到教会与国家完全结合的一种乌托邦，由此人的整全性就会得到拯救。"教会的整体，只有在人从整体上被打碎成特殊的国家人和特殊的教会人以后，才成为碎片。"①

②

_____

　　① 罗森克兰茨：《黑格尔生平》，柏林 1844 年，第 87—88 页。

　　既然我们并不了解黑格尔的这种康德批判的确切语境，我们就只能非常谨慎地从这个残稿中得出结论。至少清楚明白的是，黑格尔在这里由于他的法兰克福倾向，即在宗教中去寻求通常由资本主义的劳动分工所肢解的人的整全性和生命的统一性，而被驱使着达到了哪些极端的结论。当然，即使在后来，黑格尔也从未达到对宗教与国家之间关系的正确理解，但他也从未走向反动—神权政治的乌托邦这个极端。这些思路大概也在黑格尔关于德国宪政的著作的观点中起到了一种作用，并共同导致这部著作的残稿特征。

　　整全的人与碎片的人之间的对立，在哲学上是本质的东西。因为尽管黑格尔在法兰克福对宗教解决方案的追求扰乱和扭曲了他的全部思路，但他的伦理学研究以及他与康德的对立的中心点，始终仍是由此出发分析市民社会。黑格尔日益坚决地把他所处的时代看作是一个爆发过渡性危机、普遍具有矛盾性、四分五裂的时期。在生活本身中扬弃这些矛盾，是哲学（这时还是宗教）的任务。但是，这种扬弃决不应当是掩盖分裂和肢解，也不是缓和或减弱矛盾。黑格尔的思维反而日益坚决地向这样的方向逼近，即正好通过突出诸对立的尖锐性和表面的不可解决性来达到对这些对立的扬弃。黑格尔这时反对康德的出发点在于，根据他的观点，康德把现代市民的分裂状态的诸个别环节绝对化了，通过这种绝对化使它们变得僵化了，由此就使各个矛盾以原始的、未展开的因而不可扬弃的方式永久化

203

了。正如我们将在黑格尔的以下论述中看到的那样，这种对康德的客观—唯心主义的批判，向如何在市民社会中更完善和更现实主义地理解人的道德问题的方向推进。

当黑格尔在法兰克福时期比康德及其在道德哲学领域的后继者费希特都更多地迷失在宗教神秘主义中的时候，要谈论他的一种更现实主义的倾向，初看起来可能显得有些悖谬。然而，如果我们进一步考察这两种互相矛盾的哲学倾向，不仅这种看似悖谬的观点的真理呈现出来，而且我们必定发现，黑格尔——当然是从一种客观唯心主义的观点，这里的这种客观唯心主义在这一时期更多地还是凭直觉而不是靠哲学意识在他心中存在的——非常坚决地批判伦理学中康德—费希特极端主观唯心主义的局限和狭隘。在这方面，重要的是"整全的人"的问题。在德国唯心主义哲学中，资本主义的劳动分工首先在其原初的、前革命的、禁欲主义的阶段表现为人在精神特性与感性特性上的一种划分。这种划分当然是宗教的遗物。但那种在德国古典哲学的开端处就包含这种划分的倾向，不是源于一般的宗教信仰，而是源于这样一些教派的禁欲主义信仰，这些教派在资产阶级的经济和意识形态的原初发展时期就在这种禁欲主义信仰中体现出这些意识形态的倾向。在这方面，我们必定想到这些教派在德国农民战争、荷兰独立战争，甚至还包括英国革命中起到的作用。忽视在卢梭的禁欲主义唯心主义和他的个别雅各宾派学生例如罗伯斯庇尔那里有着这一倾向的非常浓厚的残余，那就是错误的。

如果说这时德国古典唯心主义不论是在认识论上还是在道德学上都是以人的感性东西与精神东西的一种鲜明的、对立的对置为出发点的，那么黑格尔无疑就是这种发展的一个继承者。还出现了这样的情况，即在现实中资本主义劳动分工本身导致个人禀赋和能力的专门化和分离，导致一种能力以荒废另一种能力为代价来获得片面的发展。

对康德和费希特来说，这种分离在道德学中既是一种表现，同时也是一种哲学手段，用来将他们对他们时代的人的道德的批判与对市民社会的肯定统一起来。然后，康德和他之后的费希特在"定言命令"的纯粹精神领域构造出市民社会的理想图景，在这幅图景中，对超世俗的、精神的、不再属于现象界的"义务"的无条件奉献精神融洽和谐地发挥作用。现实市民社会中的一切对立和矛盾这时都化归为感性的人与道德的人的对立，即"现象的人"与"本体的人"的对立。因此，如果人们完全符合伦理法则生活，那么在社会中就根本不会存在冲突或矛盾。这个道德领域的哲学思想只有通过市民社会的所有道德问题都被转变成"实践理性"的形式性要求，才会变得可能。市民社会的人这时表现为这些公设能够在其身上得到实现的或多或少偶然的感性的"承载者"。费希特对这一思想的阐述可能比康德本人更明确、更坚定。他说：

> 我能够并且允许关心我自己，但这仅仅是因为我是伦理法则的工具，而且仅仅就此而言，我才能够并

且允许关心我自己；而任何其他人也是如此——在这
里人们就同时获得了一种可靠的检验标准，去体验我
们对自己的关心究竟是道德的，还是单纯的自然
冲动。①

　　在这些表述中表现出两种在社会层面重要的观点：一
是市民发展的最初禁欲主义时期的道德，即市民社会的道
德要求作出的激进的精神化和向天国的唯心主义投射；二 205
是这样的幻想，即市民社会"根据其理念"在自身决不包
含任何矛盾，现实中出现的各种矛盾部分是由市民社会还
没有在社会制度中完全得到实现导致的，部分地则是由人
的不完满，即市民社会的单个成员对感性的过度依恋导致
的。在康德—费希特伦理学的唯心主义狭隘头脑的这第二
个方面，它的前革命的特点（想想它对待法国大革命的态
度）是清楚明白的。许多革命者都对市民社会抱有同样的
幻想，尽管他们并非是以这些夸张的、主观—唯心主义的
哲学形式加以表达的。
　　青年黑格尔反对康德和费希特的伦理学就是针对这两
点。这一反对无疑也包含在我们刚才从其中援引了由罗森
克兰茨零星地留存下来其残文的那个手稿中。如果我们想
进一步了解这场论战——这场论战对黑格尔的思想发展、

---

　　① 费希特：《伦理学体系》（1798 年），§23，载梅迪库斯编：《费希特
全集》，第 II 卷，莱比锡 1908 年，第 675 页。

对他对待市民社会的立场的具体化都是至关重要的——的具体展开，现在就必须转向那些他在稍晚写成的《基督教的精神及其命运》中研究康德伦理学的地方。①

黑格尔在《基督教的精神及其命运》的最初草稿中阐述了他对康德伦理学的反对如下：这种伦理学中的人"始终是反对暴君的奴隶，同时也是反对奴隶的暴君"。② 在这个手稿中，黑格尔对这种反对给出了一个详细的理由：

> 一个想要恢复人的整全性的人不可能走上这样一条道路，这条道路只是给人的分裂加入了一种过分周全的模糊。在法律的精神中行动对人来说可能并不意味着，出于对义务的敬重和对偏好的抑制而行动。③

因此，黑格尔在此指责康德，认为他通过将义务与偏好（精神与感性）尖锐地对置起来，把市民社会中的人的分黑格尔也承认这种分裂是事实，因而是哲思的出发点——永久化了。康德道德学的解决方案不仅不是现实的解决方

---

① 黑格尔在这里只是直接地涉及康德伦理学。至于他当时是否已经读过费希特在那时刚好已出版的伦理学著作，我们无法从现有的材料中确定。然而，既然黑格尔后来在耶拿的详细的伦理学和哲学著作中几乎总是将费希特的伦理学与康德的伦理学一同加以批判，既然黑格尔在耶拿把费希特看作是康德——连同他的一切缺陷——的坚定继承者，我们也就可以把黑格尔在法兰克福时期对康德道德学的批判同时当作是对费希特道德学的一种批判加以看待和探讨。

② 诺尔版：第 390 页。

③ 诺尔版：第 266 页。

案，而且显示出一种非人道的倾向，这种假解决方案仅仅导致在通常的生活恶习中还增添了道德的伪善。

因此，黑格尔在康德伦理学中同样看到一种市侩习气的形式，这种市侩习气在关系到人和社会的进步方面必定会遭到反对。

我们还记得，黑格尔在最早的法兰克福笔记中就已将康德伦理学归类为用实定性在宗教中的保存（第177—178页）。以上述引文为根据，他从康德的宗教著作——康德在那本著作中试图证明他的伦理学对实定宗教的优势——出发谈到康德。[①] 黑格尔极其坚决地驳斥了这一扬弃。

> 但通过这种思路［即康德的思路——卢卡奇注］，实定性只是部分地得到解除，因为义务律令是一种普遍性，这种普遍性与特殊的东西对立，并且特殊的东西在普遍性占主导地位时是被压制的东西；在通古斯族的萨满同欧洲的统治着教会和国家的主教之间的区别，或者蒙古僧侣同清教徒之间的区别，以及这些宗教信徒同服从他自己的义务律令的人之间的区别，并不在于前者把自己变成了奴隶，后者则是自由的，而在于前者的主人在自身之外，而后者的主人在自身之内，但同时仍然是他自己的奴隶。对特殊的东西即冲

---

① 康德：《单纯理性限度内的宗教》（福尔伦德编），莱比锡1903 年，第206 页。

动、偏好、病态的爱、感性或凡此种种而言，普遍的东西必然地而且永远地是一种异己之物、客观之物。那里始终残留着一种不可摧毁的实定性，足以令人反感，因为普遍的义务律令所获得的内容即某种义务，为了普遍性的形式，而单方面地提出了极其顽固的自负要求。那些直接在义务概念——义务概念不仅是具有普遍性的空泛思想，而且应当体现在一种行动里——中找寻不到的人际关系会受到贬斥，所有其他的关系都受到排斥或支配。①

我们看到，这里已经包含着对康德伦理学的两个思想动机的反对，并且否定彼此关联的两者中的任何一个都是有根据的。黑格尔之所以首先反对康德伦理学，就是因为它没有顾及整全的鲜活的人，从而使得适用于鲜活的人的道德变成了某种僵死的和实定的东西。黑格尔清楚地看到，康德伦理学的这个僵化的机械的方面与义务概念的绝对化最密切地关联着。黑格尔在他的康德批判中通过这个动机在发展他的辩证法方面往前迈出了一大步。对他来说，重要的首先还不是从内容上看康德的各个义务律令是对的还是错的这样的道德问题。他从原则上反对这种伦理学的方法论。他越来越坚决地提出这样的命题，即某个在特定的社会和历史条件下、而且仅仅在这些条件下才正确的义务

①　诺尔版：第265—266页。

律令，如果要在业已改变的条件下维持下来，不改变它的内容就可能变成错误的。这不仅意味着对真假之间关系的辩证理解，对耶拿时期黑格尔辩证法的发展在认识论上的一个核心问题的进一步靠拢，而且同时通向黑格尔后来的道德学方法论的中心点。

简言之，康德与黑格尔这里在方法论领域的对立在于，康德没有研究道德的社会内容，没有进行历史的批判就接受了这些内容，并试图从义务概念的形式性批判中，从命令的内容的自相一致中推导出道德要求，而对黑格尔而言，任何个别的道德要求都仅仅构成一个鲜活的、处于不断运动中的社会整体的一个部分、一个环节。对康德来说，道德学的各个律令是彼此孤立的，这是一种超历史和超社会的普遍的"理性原则"的所谓强制性的、逻辑性的结果；*208* 而对黑格尔来说，这些律令是一个辩证过程的各个环节，这些环节在这个过程中彼此处于矛盾之中，通过这些矛盾的鲜活的交互作用来相互扬弃，在社会发展的过程中灭亡或者以改变的形式和以改变的内容重新出现。

当然，这种对立在我们现在探讨的时期还没有像几年以后在耶拿那样清楚明确地在社会的历史发展基础上得到解决，但是，这种对立作为两种方法的对立已经完全清晰地呈现在我们面前。在此也已经显而易见，黑格尔对康德伦理学的反对具有一些社会原因，这是对市民社会的另一种态度。我们在这里已经详细地谈过，黑格尔在其法兰克福时期寻求与市民社会及市民社会中的人的"和解"，就像市民社会和市民社会的人现实存在一样。因此，他抗议通过抽象的义务律令而对鲜活的和整全的人的宰制，抗议通过把人二分为一半精神的人和一半感性的人而造成对鲜活的且整全的人的分裂。

在这里，黑格尔对康德的批判，与歌德和席勒的大概同时提出的批判具有完全相同的方向。但是，歌德完全无视唯心主义伦理学的方法论问题，并从他的自发的唯物主义处世之道达到了作家和思想家的人文主义；席勒虽然反对康德伦理学的严苛，但仍对它的基本思想保留了巨大的依赖性，并且有意识地没有逾越康德的认识论；而青年黑格尔的努力在于，突显康德伦理学表现出的一切矛盾，以便借助这些矛盾达到对鲜活的人的生活整体、"宗教生活"、市民社会——就像这种市民社会现实存在一样——所要求的东西的一种规定。

我们还记得，在黑格尔法兰克福时期对实定性的斗争中，任何实定的东西都是一种错误的统一（第 177 页）。黑格尔关于实定性的思想自然地产生这样的结论，即人的积极性、人的行为是扬弃实定性的唯一道路。只要这种行为——像在伯尔尼一样——还是抽象地从社会的角度被规定的，对黑格尔而言问题就是非常简单的：古代共和主义的积极性不可能是实定性，只有基督教时代的私人的消极性才是实定性。现在，在谈论市民社会的单个人的行动时，另一个标准就是必要的。行动与不行动、积极性与消极性不再像在伯尔尼那样如此形而上学地、僵化地和排他性地彼此对置着。正因为如此，并非每个行动都无条件地是对实定性的扬弃，只有当这种行为产生正确的"统一"时，才是对实定性的扬弃。

> 行动的道德因素在于选择，在选择中统一就是：被排斥的东西是一种进行分离的东西，而在行动中被统一起来的被表象的东西，与活动的进行表象的东西，本身已经是一种被统一的东西，如果它是一种进行分离的东西，就仍是不道德的。①

这些论述也带着黑格尔法兰克福时期模糊和抽象的特征。黑格尔在这里的出发点是康德的自由概念，是主体在道德上的善与恶之间自由选择的可能性。后来的自由与必然的辩证法在此才刚勉强出现萌芽。黑格尔在其论战性的解释中又将选择界定为做出选择的主体与他选择的对象之间的统一。"统一"概念这时在这里就这样混乱地表现出来，在其中还鲜明地表现出黑格尔与康德伦理学的完全对立。对康德而言，自由的事实（即在事实中表现出来的道德信念的事实）本身就足够将由此产生的行动成为一种道德行动。如果产生这种道德行动的动机符合实践理性的要求，那么根据康德的观点，行动本身在其社会内容中也无条件地是道德的。因此，在康德那里，社会内容是直接

---

① 诺尔版：第387 页。

地——逻辑地——源自自由的形式性要求，源自 homo nou-menon［本体的人］战胜 homo phenomenon［现象的人］。

黑格尔这时驳斥这种直接的——形式—逻辑的——必然性。对此，他以其含糊的术语说道：一种统一可能要么是现实的统一，要么是仅仅虚假的（仅仅想象的、仅仅实定的）统一。选择在它的那一方也在做选择的主体与被选择的客体之间的实行统一。然而，符合这些形式性标准的行动本身，是否真正是道德的，在黑格尔看来取决于对象的内容。如果对象本身是真实的统一，那么行动就是道德的；如果对象只是虚假的统一，即实定的统一，那么行动就是不道德的；而且这不依赖于康德形式性标准的达到，不依赖于主体在选择中的思想意识。

与康德形成鲜明对立，黑格尔的标准在这里已经既不是形式性的，也不是人的个体意识（康德的良心等）的一个因素，而是某种有内容的东西，而且是与市民社会生活的一种有内容的关联。哪怕黑格尔在这里仍只是谈论一般的生活，这对我们而言是再也掩盖不了这一关联的。他说："道德性就是与生活法则的契合、统一，但如果这种法则不是生活法则，而是异己之物，那么道德就是最高程度的分裂：客观性。"① 因此，康德伦理学——在其中，究竟是否会发生与"生活法则"的统一，这是纯粹偶然的——对世界的僵死实定性在它之中得到克服，没有提供丝毫保障和

① 诺尔版：第 387 页。

任何标准。的确，康德义务律令的形式、人分裂成两个彼此敌对的部分即理性和感性，这在黑格尔看来必然导致不可能发生人与"生活法则"的现实统一和现实一致以及个体与市民社会的"和解"。康德的"道德性"在黑格尔的理解中是对我自己的依赖，是"在自身中的二分"。因此，实定性不可能在道德性中并通过道德性得到扬弃。"通过思想意识，被扬弃的只是客观法则［即道德法则——卢卡奇注］，而不是客观世界；人与世界各自存在。"①

黑格尔将康德伦理学当作实定性保存下来的一种形式加以反对，这一反对导致两者的道德思想在义务冲突问题上的另一种关键性的对立。这个问题最清晰地表现在，关于市民社会的本质的评判，在重要的作家和哲学家开始着手探讨革命后的市民社会问题的那个时代是如何发生变化和继续发展的。德国古典哲学的唯心主义性质必然产生这样的结论，即不是社会生活的道德问题从其经济结构中发展出来，而是相反，社会发展在道德信念和人的行为中的反映构成思维的基础和出发点。只有达到了这些信念和行动的物质和活动领域，达到了市民社会，转变才从那里开始。尽管存在现实的事实情况的这种唯心主义颠倒和歪曲，道德学的方法论仍非常清楚地反映了各位哲学家对市民社会结构的设想。

义务冲突问题在这方面是最独特的问题之一。因为关

211

---

① 诺尔版：第390页。

于这个问题的单纯设想，即道德学的各种现实要求彼此可能处于冲突之中，包含着对市民社会自身的矛盾性的承认。这些冲突在思想上被理解和在哲学上被解决的方式，进一步提供了唯心主义哲学家如何设想这些矛盾及其扬弃的一幅清晰图景。既然认为在市民社会中不存在任何矛盾（现象的人与本体的人之间的"永恒"对立除外），属于康德哲学的本质，属于他在市民社会的生活和发展方面前革命的幻想的社会性质，所以康德甚至极其坚决地否认义务冲突的可能性。他说：

> 诸义务的一种冲突……会是它们的这样一种关系，通过这种关系，一种义务（完全或者部分地）取消另一种义务——但由于义务和责任一般而言是表达某些行动的客观的、实践的必然性的概念，并且两个相互对立的法规不可能同时都是必然的，毋宁说如果根据其中一个法规行动是义务，那么根据另一个对立的法规行动就不仅不是义务，而且甚至是违背义务的，所以诸义务和责任的一种冲突根本就是不可思议的……①

费希特对这个问题持完全相同的立场。他比康德稍微多地将这个问题具体化了，因为他不再一般地谈论义务冲突，而是谈论人本身的职责与其他职责之间的冲突。但显

---

① 康德：《伦理的形而上学》（福尔伦德编），莱比锡1907年，第27页。

然，这只是对同一个问题的某种不同的表述，并且费希特
事实上得出了与康德完全相同的结论。他说：

> 在一般理性存在者的自由之间根本不存在任何冲 212
> 突，也就是说，若干理性存在者在同一个感性世界都
> 是自由的，这并不自相矛盾……冲突不是在一般自由
> 存在者之间形成，而是在理性存在者的特定自由行动
> 之间形成的，这仅仅由于他的一种自由的行使违背法
> 权和义务而导致压制了另一个人的自由……①

我们关于康德和费希特已经详细地作了这些论述，以
便尽量展现这时探讨的青年黑格尔的各种观点的对立产生
的全部影响，展现与迄今的传统，与古典哲学迄今的道德
和社会思想的一种断裂。当然，这一时期的重要作家歌德
和席勒在这方面，不仅在他们的文学实践中，而且在理论
上，已经走在了黑格尔的前面；他们的伟大部分地也在于，
关于这样的社会冲突，如果转换成道德哲学的语言则可以
称作义务冲突，他们已经描绘了一幅幅卓越的和写实的图
景。尤其是，席勒在其美学著作中，特别是在关于悲剧问
题的著作中使这个问题突显出来。然而，由于席勒在哲学
上始终未能真正脱离康德的前提，所以在他那里，他对个

---

① 费希特：《伦理学体系》（1798 年），§23，载梅迪库斯编：《费希特
全集》，第 II 卷，莱比锡 1908 年，第 694 页。

别社会历史性的对立所作的鲜活的、真实的、源于文学实践的解释与他囿于康德哲学原则的立场之间就持续不断地形成了一种矛盾。

黑格尔对康德道德学的批判，带着日益增强的尖锐性将这种矛盾性突显出来。而且，对在法兰克福的黑格尔来说，这涉及的与其说是各个具体义务——这是歌德和席勒的主要兴趣所在——之间的具体冲突，不如说是康德意义上的义务思想必然表现出来的矛盾性。我们还记得，黑格尔否定了通过康德伦理学能实现实定性的扬弃。他这时在实定性中描述了生活的哲学要义的如下特性：

> 虽然实定的人在某种特定德性——这种德性对他而言并且在他那里就是效劳，并且他履行某些义务的效劳，相对于同样的诸义务并不直接就是一种恶德——方面既不是道德的也不是不道德的，但是，从另一个方面看，与这种特定的漠不相关性相结合的同时就有一种不道德；因为他的特定的、实定的效劳有一个界限，他不能逾越这个界限，所以他超出这个界限就是不道德的。因此，实定性的这种不道德指向人际关系的不同于实定的服从的另一方面；在实定的服从范围内，无关乎道德并不是不道德的。与实定性对置的不仅是德性，而且是恶德和不道德。①

213

---

① 诺尔版：第 276 页。

黑格尔在这段话的一个边注中指责任何一种康德式的伦理学，即在它们那里"没有变化，没有获得，没有产生，没有灭亡"。相反，就像根据黑格尔的理解，德性是现实存在的一样，德性"作为鲜活东西的样态"可以存在，也可以不存在，"可以产生和灭亡"。这时，黑格尔在这里将康德式的思辨道德哲学家与民众导师、人类改良家对置起来，前者只能向鲜活的东西开战，而后者"求助于人自身"，在后者那里，产生和灭亡的所有这些问题都起着关键性的作用。

黑格尔关于德性所提出的双重对立，即德性既与实定性对置又与不道德对置，在此具有重大意义。在康德那里，伦理学的领域局限于履行义务或不履行义务的狭隘问题。就像各个义务的内容发生冲突的社会可能性对他来说不构成问题一样，他感兴趣的既不是履行义务或不履行义务的原因，也不是履行义务或不履行义务对人和社会带来的结果。这就必然导致康德道德学这样的基本思想，这种思想把道德学归结为在人身上合乎理性的道德东西与单纯的感性东西的斗争。黑格尔这时完全排除了这种对立，并在道德学的范围内在社会内容中寻求现实的对立。我们已经看到（第209页），被选择的"统一"的内容就是黑格尔评判道德行动的标准。这时，他对此进一步加以具体化，他的做法是使正确的、符合生活（社会生活）的统一与这样两种不同的错误类型的统一相对立：一是单纯的实定性，即拘囿于社会生活的直接的僵死的表现形式；二是不朽性，即直接地反对特定社会中现实的和占支配地位的"统一"。

214 黑格尔不仅把康德完全忽视的所有那些问题看作是道德学的核心问题，而且同时努力突显从这些复杂多样的冲突中产生出来的那种特殊的、矛盾的、人的和社会的内容。他在这些边注的结尾说：

> 对不道德行为的破坏就在于，这种破坏给人带来惩罚。惩罚是违法活动必然恶果，但并不是任何后果都能被称为惩罚，例如，品行在违法活动中变得更坏就不算惩罚；我们不能说，品性变得更坏是罪有应得。①

然后，从这些前提出发，黑格尔对康德否认义务冲突的观点进行了普遍而严厉的批判。他揭示了从生活本身的丰富性和多样性中表现出来的各种义务之间冲突的必然性。在这里重要的是指出，黑格尔甚至在法兰克福就已经历史性地理解这个问题。由于生活（在不断发展的市民社会中）变得日益多样化和复杂化，生活的那种必然基于义务冲突的矛盾性就会增加。我们接下来要提供黑格尔关于这个问题的一大段相关论述，同时必须提请读者注意，黑格尔的这些思想是通过爱和宗教，以道德学的整个领域的辩证扬弃为前提的。在黑格尔的这些考察中，与道德的矛盾性相

---

① 诺尔版：第 276 页。

比，爱和宗教表现为生活统一的原则。在黑格尔的爱和宗教思想中——有意识或无意识地——出现了哪些矛盾，我们只有在进一步研究《基督教的精神及其命运》的基本思想时才能加以探讨。黑格尔在谈到任何一种道德学的辩证矛盾性说道：

> 但是，爱不仅使违法者与命运和解，它也使人与德性和解，也就是说，如果爱不是德性的唯一原则的话，任何德性都会同时是一种恶德。与完全受一个异己主人的法则奴役相反，耶稣提出的不是一种部分受自己奴役的法则，不是康德式的自我强制的德性，而是没有统治和没有服从的德性，即爱的各种样态；假如爱的各种样态不被看作唯一鲜活的精神的样态，而是一种绝对的德性，由于绝对东西的复多性，就会产生不可解决的冲突；没有在精神中的那种统一，任何德性都有某种缺陷，因为任何德性顾名思义都已经是一种个别的东西，因而是一种有局限的东西；那些使德性成为可能的状况，一个行为的诸客体和条件，都是某种偶然的东西；此外，德性与它的诸客体的关系是个别的，不仅它排斥同一种德性与其他客体的关系，而且任何德性无论就其概念还是就其活动来说都有其不可逾越的界限。如果一个人具有这种特定的德性，并且他的行动超出了他的这一德性的界限，由于他只有在忠于他的德性时才保持为一个这样的有德者，那

215

么他就是在作恶……如果一种权利对一种关系而言被
放弃了，那么它对另一种关系也就不再是权利，或者
说，如果一种权利被省下来留给另一种关系，那么前
一种关系就必定会匮乏。人际关系的多样性一旦增加，
德性的数量也就增加，从而必然冲突的数量和履行德
性的不可能性也就增加。假如一个拥有众多德性的人
要将他不能令其个个满意的大量债主做一个排序，他
就会宣称自己对那些地位低于他的人所负的债要轻于
对那些地位高于他的人；因此，德性不可能是绝对的
义务，它甚至可能成为邪恶——在人际关系的这种多
面向和德性众多的条件下，除了对德性的绝望和对德
性本身的违背以外别无他法。只有当任何德性都不要
求以其有局限的形式固定地和绝对地持存的时候……
只有当唯一鲜活的精神唯独根据给定的状况整体，但
完全不受外界限制，同时无需由于状况的多样性而被
划分，去行动，去限制自身的时候，始终存在的仅仅
是状况的多样性，而消失的是众多绝对的和彼此不合
的德性。这里不是要谈论，在所有德性中奠定基础的
是一个，甚至同一个原理，这个原理在不同的状况和
不同的样态中始终都是一样的，表现为一种特定的德
性……在持存的这样一种绝对性中各种德性互相破坏。
这些德性通过规则达到的统一只是表面的，因为这种
统一只是一种思想之物，它既不扬弃也不统一多样性
的这样一种统一性，而是使这种统一性以其全部的强

度持存。

　　各种德性的一种鲜活纽带，即一种鲜活的统一是
一种完全不同于概念的统一的统一，它不为特定的状　　216
况提出一种特定的德性，而是哪怕在变化多端相互混
杂的关系中也表现为没有分裂的和单纯的；它的外部
形态可以千变万化，它决不会两次具有同一个形态，
而且它的外在表现决不会提供一个规则，因为它决没
有与特殊对立的普遍的形式。①

在这里，黑格尔与康德—费希特伦理学的对立已经清
楚明白地展现出来。这表明，在义务冲突问题中的对立多
么重要，具有多么深远的影响。我们看到，这个问题促使
黑格尔猛烈地攻击康德—费希特伦理学的形式主义。如果
说黑格尔这时将这场攻击建立在康德道德学原则的统一只
是某种思想之物，只是一种想象的基础上，而他探讨的是
一种存在，是生命本身——这是必然地从他的整个法兰克
福时期的思想中产生出来的——那么他就是在自我欺骗。
因为他后来所能赋予这种存在、这种生命本身的最外在的
具体化，即"客观精神"的具体化，甚至同样只是一种思
想之物。在这种自我欺骗中，黑格尔哲学的对他而言不可
逾越的唯心主义局限是显而易见的；当然，这种局限在法
兰克福特别清晰，因为在这一时期，生命在他那里具有强

---

　　①　诺尔版：第 293 页及以下。

烈的宗教色彩。

但是，倘若绝对地看待黑格尔的这种自我欺骗，那就是片面的。因为法兰克福时期的生命思想，尤其是后来的客观精神思想，已经包含客观现实的一种比康德的理解更丰富、更接近现实生活、更辩证的反映。这种丰富性在法兰克福时期已经表现在：黑格尔将康德狭隘的形式主义，即他对孤立个体的良心和义务感的空泛有限的呼吁，与作为道德学标准的市民社会中鲜活地发挥作用的各个规定的整体性对置起来，与此相应地将社会内容看作是德性和恶习的尺度。

对道德学的内容的这种追溯，使道德学的社会内容变成问题的这种努力，在黑格尔辩证法的发展过程中是向前迈出的一大步，而且在诸多方面都是如此。尤其是市民社会及其所有具体内容，都由此直接地和有意识地被变成道德学的对象。不言而喻，康德伦理学像黑格尔伦理学一样，以市民社会为前提，两者都是这种社会存在的哲学反映。但是，康德伦理学建立在想象的基础之上，即要采取一种比市民社会的立场更高的立场。康德伦理学在这方面仍持有前革命的启蒙运动的观点，这场启蒙运动无意识地和直接地将还没有实现的市民社会等同于"理性王国"。当然，身处正在上升的资产阶级的实际的、展开的斗争中间的法国和英国的启蒙思想家，尽管持同样抽象的、唯心主义的和非历史的观点，但具体地在市民社会方面，仍得出来很多更加具体的结论；他们在既定的情况下，实际地而不是从他们自己的道德哲学前提出发考察了现时代。在落后的德国，这种唯心主义方法发展为康德—费希特唯心主义的特殊形式。当这种方法以其主观—唯心主义的孤立性，声称要成为某种绝对的和永恒的东西出场时，就出现了这样的情况，即这种方法无法推导出社会内容，实际上，这种方法的各种先天建构在社会层面是以那些社会内容为基础的。这种方法在社会层面必然在其先天建构中达到终点；而它只能从自己的哲学前提出发，凭借自己的哲学方法骗取它自己的社会前提。黑格尔对康德伦理学的批判在这里已经明确地指出康德方法论的这个弱点；在耶拿，黑格尔将借助于特定的社会问题准确和具体地证实他对康德哲学的这种拒绝。

　　义务冲突的问题也指明了社会内容是一切道德律令的标准。然而，在黑格尔那里，这种社会内容是一个历史时期的各种社会规定的总体；而在康德那里，一项义务律令在内容上的具体化和履行仅仅在于，在这项义务律令中，借助道德学去支持市民社会的特定制度。康德正好独断地假定，市民社会的各种制度、道德律令等不仅能够自在自为地符合理性的要求，而且不可能陷入对立之中。黑格尔反对康德的这两个独断的前提，由此达到了对市民社会的辩证理解。我们在现在要分析的残稿中显然才处于这一思想发展的开端处。黑格尔的历史哲学理论的顶峰在于，理性和精神只有在人类的整个历史发展过程中才实现出来，因此只有这一发展及其结果的总体才符合理性的要求；在

218

这个总体中，黑格尔思想的市民局限性，像康德思想在那些独断的前提中具有的市民局限性一样，清楚地表现出来。这个过程的诸个别部分和环节不可能直接符合抽象的理性律令的要求。它们只能在与其他个别环节的具体的空间——时间关联中普遍地加以理解和评价，它们与这些环节共同构成历史形态的现时代体现。任何这样一种历史总体（如一个处于特定发展阶段的民族）同样只是相对完整地构成一个总体，它同时也是精神发展史中的一个单纯环节。因此，在黑格尔那里就形成了相对东西与绝对东西的复杂辩证法。黑格尔从来都不是历史相对主义者。他决不相对主义地将各个不同历史时期等彼此同等看待。他对康德独断的绝对性的解决依据的是历史发展的思想，根据这种思想，任何一个环节都绝对地与这种发展相关联，因为它构成发展的一个必要环节，但同时在与发展不可分离时也是相对的，因为它仅仅是历史发展的一个环节。

当然，康德同样知晓历史性的发展，即人类接近理性要求的无限进程。但是，康德对待历史的这种主导思想，一方面根本没有对历史发展的各个阶段提供实际的解释，另一方面又得出一种被归结为理性与非理性、理性与感性的斗争的抽象对抗的、过于直线型的历史观。黑格尔的更为辩证的思想克服了康德哲学的这两种僵化。历史发展的各个阶段——在黑格尔的一生中日益增强地——获得一种具体的独立生命；黑格尔日益强烈地致力于分析一个时代*219* 在其现实的历史语境中的各种具体的、社会的关联。我们已经看到，黑格尔在法兰克福时期将东方（犹太教）理解为历史上的某种独特东西的尝试，加强了古代与近代的对立。由此，康德历史观的线型单一性和直线性就被克服了。

黑格尔越发展他的历史哲学，他的主要观点就突显得越发明确，即历史的道路乃是精神通往完全达到自身、完全自我认识的道路；然而，通往这一道路的过程，在黑格尔那里决不像在康德那里一样可以归结为道德学上的直线型原则。一方面，在黑格尔那里，历史中更高级的发展原则决不需要在道德和文化上比已被超越的时代的原则居于更高的地位。相反，黑格尔将在其成熟的历史哲学中表明，更高级的客观发展阶段的激情、动力更糟糕，在道德上更卑劣和更自私，等等；另一方面，征服历史发展的更高阶段，在黑格尔看来总是与人类不可弥补的损失结合在一起的。我们将在分析黑格尔耶拿时期的历史观时，谈论他关于希腊文化的历史观的转变。但是，这种转变仅仅涉及希腊文化在历史发展中占据的地位：黑格尔在伯尔尼把古代的城邦看作现时代的现实典范，而他在耶拿则把古代文化视为不可复得的过往。然而，黑格尔对历史发展进程的这种评价并没有取消他对古代文化的评价。他一如既往地持这样的观点，即在人类活动的特定领域，尤其是在艺术领域，古代标志着人类发展的巅峰。既然这座巅峰必然关联着古代文化的特质，同时历史的发展又绝对必然地超越古代社会，结果就表现为这样一个历史进程的那种更为错综复杂、矛盾重重、极不均匀的路线，在这个历史进程中，人类更高级的发展阶段在很多方面都在其身后留下了永远不会再次达到的高峰。

从黑格尔本人对辩证方法的理解的发展过程的观点看，义务冲突问题无疑构成起点之一。但事实上，这个问题在黑格尔后来成熟哲学的意义上只是他普遍的、辩证的历史观的一个结果。在法兰克福时期，黑格尔把握了这个辩证的全貌中的诸个别环节，根据可能性拟定了这些个别环节的前提和结果，但全貌在他的哲学思想中还不存在。尽管如此，他这时已经不再狭隘地提出这个问题了。黑格尔的观点指向社会因素的这种广度和深度，从一开始就非常鲜明地与他同时代的那些同样抗议定言命令的独断和狭隘的思想家区别开来。正是在这里，我们发现，帝国主义的新黑格尔主义者在把黑格尔的法兰克福时期与一种"生命哲学"搅合在一起的时候，是多么荒谬和不科学。因为，例如实际上代表"生命哲学"观点的雅可比，同样抗议定言命令的僵化和狭隘。但他仅仅使定言命令与人类性情的财富及个体情感世界的财富相对置。当他矫揉造作地维护某些"英雄主义的"犯罪而反对定言命令时，他只是达到了伦理学中的一种情绪化的相对主义。正是义务冲突问题表明，青年黑格尔法兰克福时期的核心范畴"生命"其实与这些观点几乎没有关系，这个范畴只是对他所设想的市民社会的充满矛盾又生机勃勃的统一性思想的一种模糊的、暂时的表达。

当然，黑格尔这里的分析基本上是抽象的、哲学的。

然而，在哲学上相对于康德，两种非常重要的方法论观点显露出来：首先，义务的冲突源自绝对东西与相对东西的辩证法。根据黑格尔的看法，任何一种义务都只是社会——用他法兰克福时期的术语讲则是"生命"——具有的辩证关联的一个环节。但这种关联本身是充满矛盾的关联，各个规定的矛盾建立在这种关联的本质即生命的基础之上。对（义务的）各个规定的划界具有这样的特性，即它们会各自占据一个划分出来的领域，或者按等级分层，毋宁说这种联系本身就是冲突、斗争和矛盾。由于任何环节即任何义务都是带着绝对性的非分要求出现的，所以它们必然与另一个提出同样的非分要求的环节处于矛盾之中。只有所有这些规定组成的鲜活总体才能扬弃这种矛盾。但 *221* 这个总体的本质恰好在于，它是这些相互冲突的规定组成的总体。

　　其次，根据黑格尔的观点，单纯环节的这种带着绝对性的非分要求的出现是必然的。我们在这方面已经达到这样一点，在这一点上，我们能够注意到黑格尔理解市民社会的深度，理解辩证方法的本质的深度，以及唯心主义辩证法刚一形成就具有的必然局限。认识到个别环节必然带着绝对性的非分要求出现，这构成黑格尔后来以认可的态度批判所谓反思哲学，批判辩证方法中反思规定的地位的核心点。黑格尔把反思规定看作是辩证法的一个必要组成部分，但同时也看作是辩证地克服关于现实的认识的一个单纯阶段。一方面，这使黑格尔同康德和费希特分离开来，康德和费希特把反思规定变成绝对的，这些反思规定在他们那里始终留存着，因而不可能超越那些无法解决的、必然从反思规定的思维终点得出的二律背反；而另一方面，这同样也使黑格尔与同时代的"生命哲学"及哲学的浪漫派等分离开来，这些流派虽然在哲学上反对被变得绝对的反思规定的僵化和狭隘，但仍认为，无需反思规定并通过从哲学中消除作为低级的、劣等的、单纯理性主义的思维形式的反思规定，而在思想上把握现实是可能的，因此这些流派必定导致一种神秘主义的非理性主义。

康德哲学和浪漫派这两个相互激烈斗争的流派达成一致的地方在于，它们都在它们遇到的矛盾中，在二律背反中看到某种单纯主观的、源于人的思维的界限而不是源于现实本身的东西。它们的区别仅仅在于，康德从中得出不可知论的结论，而浪漫主义者得出神秘主义—非理性主义的结论。与这两个流派相反，黑格尔努力在矛盾中看到某种客观的东西，即现实的本质。因此，对黑格尔来说，反思规定以及必然从中产生出来的二律背反只是在辩证地把握现实的道路上的一个阶段。超越单纯反思的知性的二律背反，仅仅扬弃了知性的矛盾，以便发现一个更高级、更成熟、更丰富的阶段，即思辨理性阶段的矛盾。黑格尔的反思知性即仅仅相对合理的环节的绝对化具有的特征，表现为辩证方法本身的一个必要环节。在这个意义上，黑格尔后来在其哲学史中把康德和费希特描述为他的历史性的、必要的先驱，把他们的哲学描述为他自己的辩证法的预备阶段。

黑格尔对待反思哲学的这种立场，不仅从辩证方法的发展观点看，就在这种立场中包含着思维与现实关系的正确规定的关键环节，包含着思维中绝对东西与相对东西的辩证法的关键环节而言，具有奠基性的意义，而且具有历史的重要性。从现代辩护士们的角度看如此真正注重历史的浪漫派，在这里也持有完全非历史的立场：它把 17 和 18 世纪的形而上学思维——这种思维的最终结果和局限在康德的二律背反中变得显而易见——看作人类精神的一种严重的误入歧途。相反，黑格尔作为真正的历史学家看到，通往辩证法的道路只有以这样的方式才能达到。同时，他有这样一种猜想，即形而上学思维的统治在其先驱那里是与人类的整个文化发展密切相关，它是社会发展的这个阶段的必然产物。恩格斯后来，尤其是在自然科学的发展方面，从唯物主义的角度全面地证实，形而上学思维的统治这个历史阶段是不可避免的和必然的。

因此，从整个黑格尔体系的观点看，义务冲突的必然性的确立，是反思规定在哲学体系中的这种地位的一个简明个案，也是从那种构成康德—费希特伦理学本质的把相对规定提升到绝对规定的思维中形成各种辩证矛盾的必然性的一个简明个案。但从这里援引的黑格尔的论述中，显而易见的是，虽然他从哲学上阐述了这个问题并努力把这个问题追溯到他的哲学前提，但他仍把问题本身看作是源自生命的。也就是说，对黑格尔而言，康德伦理学不是康德凭空想出来的某种东西，不是对现实的单纯在思想上的错误反映。当然，黑格尔也反对康德那里的这样一些因素，在这些因素中，他看到某种错误的东西，某种从康德的前提出发不能达到最终的思考结果的东西。康德和费希特对义务冲突的否认就属于这种东西。正是由于黑格尔揭示了义务冲突与康德—费希特哲学的最终原则之间的深刻关联，他才在这一点上反驳他们。但在这一点上，黑格尔的立场也有变化。他把义务冲突本身看作是思维不得不探讨并且必须以之为起点的一种社会—历史现实。因此，黑格尔以两种方式看待和批判康德哲学的二律背反特性：一方面，它是康德的一项非凡功绩，表现为现实的关键事实在思想中的再现（发现二律背反的必然性）；另一方面，它是康德思维的主观局限（停留于二律背反）。

承认社会生活本身中的二律背反的这种必然性，在把握市民社会的矛盾本质的过程中是向前迈出的重要一步。为什么这一步首先并且主要必定是在道德学的领域迈出的，我们已经从德国古典哲学的特殊发展条件中做过推导。对市民社会不断加深的认识，将越来越促使黑格尔超越抽象道德学领域中的这些矛盾而进入到市民社会中人们的经济和社会活动的广阔领地。

当然，黑格尔也没有随即停留于义务冲突的单纯的二律背反。这必定会导致所谓的"悲剧世界观"，导致对整个市民社会的悲观主义。黑格尔的思维必然驱向扬弃这些矛盾的方向。我们已经看到，这种扬弃的方向就是在思想中把握处于运动中的整体。

在这里，黑格尔思维的唯心主义局限性连同他视野的资产阶级局限性就表现出来。黑格尔不断地努力将这个整体本身——义务冲突的各种矛盾（完全普遍地表述就是，个体生活在市民社会中的各种矛盾）就被扬弃进这个整体之中——理解为某种充满矛盾的和由矛盾推动的东西。正如我们将在法兰克福末期看到的，通过这种努力，他达到 *224* 了比他的所有前辈都更高的新阐述，也达到了唯心主义辩证法普遍所能达到的最高境界。然而，要连贯地落实这一理论，黑格尔就不能停留于对市民社会的辩证把握，也就是说，他至少必定关于这样的方向有了一种猜想，在这方向上，市民社会整体的各种矛盾在一个更高的阶段扬弃自身。但是，像英国古典经济学家一样，黑格尔把市民社会看作历史发展的最后的、最发达的、最终的形式。通过这种思想，市民社会的根本矛盾必定不同于以前各阶段的那些要么历史地，要么逻辑地，要么"现象学地"通向这个"最高观点"的矛盾而被扬弃。因此，黑格尔被迫正好在他的体系的顶点又放弃他新的辩证法思想，以便通过消灭一切矛盾来达到一种没有矛盾的统一。显然，黑格尔的这一思想发展并不清楚明确，而是他的思想中两种倾向的激烈斗争。而从他的这种社会视野必然得出，他从未能够完全超越旧的矛盾学说（关于辩证法的涉及他的市民社会思想的其他局限，我们将在下文详细谈论）。

因此，康德与黑格尔之间的对立远远超出了道德科学的方法论界限。这种对立标志着辩证方法的一个重要发展阶段，尽管黑格尔的转变最初只是以有局限的和抽象的形式进行的。除此以外，这种对立还标志着对市民社会的把握的一个新的发展阶段。具备法国前革命意识形态的值得尊敬的德国同时代人在法国大革命的酝酿时期业已创作的德国哲学和文学，由此就在思想和文学领域踏上了把握后革命的现实和发展中的市民社会的道路。当然，既然这种把握是在事实上还没有，也不可能有任何资产阶级革命的德国大地上进行的，这种把握就必定是一种在诸多方面有局限的和歪曲的把握。马克思和恩格斯已经不仅在黑格尔

225 哲学方面，而且在歌德、尤其是席勒的诗歌方面全面和令人信服地证实了这一点。就我们的研究范围而言，我们已经证实了魏玛古典时期的作家与黑格尔之间共同的社会倾向。同时，我们还指明，黑格尔与他的伟大同时代人相比，不仅更加强有力地突显了市民社会的矛盾特征，而且更加努力和深入地研究了市民社会的"解剖学"，研究了政治经济学。我们下面的论述要比至此为止的论述更加清楚地表明，黑格尔思想发展的这两个特征以最紧密的方式相互关联。

第五节　最初的经济学研究

正是在这里，在青年黑格尔的哲学传记的关键点，也

就是在他的辩证法的发展与他的经济学研究的具体关系等得到解释的地方，我们的资料来源完全中断了。正是在这里，我们几乎完全依赖于单纯的联想。还算幸运的是，罗森克兰茨至少为我们留传下不争的事实，即黑格尔最早研究经济学的时间点。罗森克兰茨完整拥有的原始材料，现如今已经遗失了。

恰好黑格尔遗稿的这个部分没有留存下丝毫痕迹，这决非偶然。在黑格尔的亲传弟子中找不到哪怕一个展现出了对经济学问题有所理解的苗头，更不用提谁会猜想到掌握经济学知识对黑格尔的体系和方法论的形成有多么重要。他们甚至在黑格尔业已出版著作（《精神现象学》《法哲学原理》等）——在其中，这些关联是显而易见的——中也丝毫没有察觉到这个问题的重要意义。

德国社会状况的落后在那个时代最伟大的哲学天才黑格尔本人那里导致社会对立在思想上的反映是一种唯心主义地颠倒的反映。他的那些大多在复辟时期已经度过其关键的青年发展阶段的学生，缺乏对经济学的任何理解，没有看到经济学对认识社会问题的重要意义。这种对经济学 *226* 的不理解在反动的黑格尔派右翼和自由主义中间派那里，同在黑格尔派左翼那里都是同样严重的。害怕着手研究重大社会问题，在 19 世纪 30 年代的这些自由主义者中也表现在对经济学问题的完全不理解。19 世纪 40 年代初德国阶级斗争的进一步加剧，才也在黑格尔主义中唤起了对经济学问题的某种关注，当然，这种关注大多对经济学问题没有扎实的知识和认真的研究，而黑格尔本人曾有这样的知识和研究。德国古典学者和伟大的乌托邦主义者对经济范畴的"哲学加工"，由于"真正的社会主义者"领导下的黑格尔派，也由于拉萨尔，而大多始终都是一种空洞的形式游戏。

只有在辩证唯物主义的创始人马克思和恩格斯的青年发展时期，我们才不仅遇到对政治经济学的所有问题的深入而全面的研究，而且遇到对下列问题的一种自觉认识，即正是在这里，辩证法的重大问题才必须加以研究，正是在这里，才有了这样的任务，即要将研究资产阶级政治经济学的古典学者以及乌托邦主义者还没有自觉地和辩证地加工的材料追溯到其关键的规律和原则上去，并在这方面发现社会发展的运动规律的辩证矛盾性。在恩格斯刊于《德法年鉴》的天才的青年时期作品中，经济学与辩证法之间在方法论上的这种关联早已受到关注。马克思本人随即在其《1844年经济学哲学手稿》中将主要注意力用于研究这个问题。这部手稿的整个最后章节都致力于批判黑格尔的《精神现象学》，并且马克思就此在对黑格尔唯心主义所有尖锐的和关键的批判中都发现经济学，尤其是以英国古典学者为典范所理解的劳动范畴，在黑格尔辩证法的发展中所起的主要的和积极的作用。他随后针对布鲁诺·鲍威尔、施蒂纳、蒲鲁东等的重要论战正好关于这些关联提供了一系列深刻的和富有启迪的评论。

"第二国际"期间的机会主义具有的非常典型的特征

是，这些当时其重要性没有人重视的著作，大部分都搁置 227
在档案馆里；随着机会主义的发展，甚至任何辩证法的意
识都消失了，然后这种广泛滋生的形而上学的平庸创造了
这样一种氛围，在这种氛围中，对马克思经济学如此明确
地阐述的成果进行经济学的歪曲变得极其容易。

只有布尔什维克主义者针对这种机会主义在一切领域
发起了一场坚定不移的斗争。列宁也是唯一一个在这个领
域——在这方面他未能了解马克思的大量前期工作——以
他一贯的深度高度评价这些关联的人。他说：

> 不钻研和不理解黑格尔的全部逻辑学，就不能完
> 全理解马克思的《资本论》，特别是它的第 1 章。因
> 此，半个世纪以来，没有一个马克思主义者是理解马
> 克思的!![1]

温和的自由主义者罗森克兰茨，黑格尔学派解散时期
所谓中间派的一名追随者，自然对于黑格尔经济学研究对
辩证法的发展具有的意义毫无预感。为了使读者清楚地了
解，黑格尔研究领域的每份文献数据有多少遗失了，我们
将在下文论述罗森克兰茨就这个主题在他的传记中提供的
所有内容；后来的传记作者只不过因袭了罗森克兰茨已经

---

[1] 列宁：《哲学笔记》，柏林 1949 年，第 99 页。（中文见《列宁全集》
第 55 卷，人民出版社 2017 年，第 151 页。——译注）

说过的东西。最近几十年发现的黑格尔手稿提供了很多关于黑格尔耶拿时期经济学研究的有价值的材料，但法兰克福时期仍一如既往地不为人知。

罗森克兰茨发现，黑格尔在法兰克福开始研究经济学问题，在这方面尤其是英国的状况本身引起了他的关注。他定期阅读报刊，并做详细的报纸摘记（正如我们所料，连这些摘记也遗失了）。罗森克兰茨说：

> 同时他又进一步接近了政治发展的直接舞台，并且他对政治发展的参与由此得到提升。在收入和占有的状况方面，他特别关注英国，这部分地符合上个世纪的普遍潮流，即研究作为一种理想的英国宪政，也部分地是因为收入和财产的形式在任何欧洲国家都没有像在英国那样如此多方面地得到发展，并且使一种同样丰富的多样性符合人际关系中的这种发展。黑格尔带着他从英国报纸的摘记中表现出的急切心情，关注议会协商的作为救济的济贫税，借助这种救济，贵族和财阀寻求平息无法维持生计的民众的狂怒。①

接着是关于黑格尔普鲁士监狱制度研究的一种更加详细的阐释。

---

① 罗森克兰茨：《黑格尔生平》，柏林1944年，第85页。

可惜罗森克兰茨在这里没有标明日期。这一情况，相比于我们的读者可以轻易地看出他没有正确地理解黑格尔与英国的关系，要更多地予以同情。我们没有获得黑格尔的哪怕一句评论，说他曾经是英国宪政的热烈崇拜者，更不用说他把英国宪政理解为典范。可以理解，他在伯尔尼根本没有具体地探讨英国的问题。他在法兰克福初期对卡特小册子的翻译和评注，反而非常尖锐地批判了英国的反动政策，作为法国大革命的回响（第155 页）。黑格尔对英国的兴趣看来是在他法兰克福时期探讨市民社会的本质和规律的过程中形成的。正因为如此，了解这些研究的开端的准确时间点，对黑格尔的生平而言会是重要的和值得关注的，因为在黑格尔法兰克福危机的岁月里，在他的观点相对迅速的转变中，哪怕几个月通常都起着重要的作用。

但黑格尔不仅已经开始深入研究英国的经济生活，而且研究了政治学理论。关于这些研究，罗森克兰茨说：

> 黑格尔关于市民社会的本质，关于需要和劳动，关于劳动分工和等级能力、济贫制度和警察、税收等所有思想，最终都集中在斯图亚特政治经济学德译本的评注中，这一评注是他在1799 年2 月19 日到5 月16日写成的，并且还完好地保存下来。在这一评注中对政治和历史有很多卓越见识，有很多精彩评论。斯图亚特还是重商主义的拥护者。黑格尔怀着高尚的热情，

借助丰富有趣的事例，反对重商主义的僵死东西，因为他力图在竞争以及在劳动和交往的机械性中拯救人的性情。[1]

关于最早的黑格尔传记作者的这些评论的缺陷和不明事理，我们无需再去谈论。但我们也可以从这种零星的摘录中清楚地看出，我们遗失了黑格尔思想发展的什么重要资料。因为显而易见，黑格尔是从他批判僵死的实定性的观点出发着手研究经济学问题的，如果了解他对经济学理论的这些最早的探讨，就会对于他与市民社会的最初关系有完全不同的清晰感。

此外还有，罗森克兰茨的摘录提出了一个不可解答的问题。他在上述最后一句话中说到，黑格尔试图在资本主义社会的机制中拯救性情。这看起来几乎是，好像黑格尔探讨政治经济学的初步尝试是朝着经济浪漫派的路线进行的。这从黑格尔后来的思想发展，从我们到目前业已了解的他的哲学和社会批判的面貌看，是非常不可信的。"凡是合乎理性的都是现实的，凡是现实的都是合乎理性的"，这句著名的话虽然是黑格尔很久以后才说出来的，但在一种普遍的意义上从法兰克福开始就构成了他思路的无意识的主导线索。我们将在研究黑格尔耶拿经济学笔记的过程中看到，他多么接近英国古典学者"愤世嫉俗"、求真务实的

---

① 罗森克兰茨：《黑格尔生平》，柏林 1944 年，第 86 页。

观点，这种观点在明确揭露资本主义社会的一切残暴和危害的同时，仍肯定了它的进步性。因此，我们认为，罗森克兰茨的这种评论是简单地建立在他并没有理解黑格尔的论述的基础之上的。然而，既然我们对这种看法不能作出任何严格的证明，而且说在青年黑格尔那里有过一个短暂的时期徘徊于浪漫派经济学的思潮，这种情况抽象地看只是可能的，我们就只能说，我们对罗森克兰茨的诠释的反对仅仅是假设。但我们相信，读者从青年黑格尔的整个思想发展的路线出发同样会得出结论：我们的假设是正确的。

　　斯图亚特的个别经济学观点对黑格尔的直接影响很难 230
能够证实，之所以如此，不仅是因为黑格尔的斯图亚特评注已经遗失，我们无法知晓他的哪些个别论述最深刻地影响了青年黑格尔，黑格尔赞同哪些，反对哪些，等等，而且是因为黑格尔的斯图亚特研究与他的新经济学见解在市民社会上的直接运用无法明确分开。在这里也表现出我们业已揭示的黑格尔法兰克福危机期间思想发展的跳跃性。在三个月的经济学问题研究之后，黑格尔转向了他在法兰克福的主要作品《基督教的精神及其命运》的写作。当然，正如我们将表明的，即便在这里，市民社会的问题也得到了探讨，但直接的主题是不同的，社会和经济观点的转变只在个别几处并以一种普遍哲学的方式呈现出来。从耶拿时期开始，各种手稿才可以供我们使用，在这些手稿中，市民社会的问题直接和详细地得到探讨，并且经济学问题扮演着一种显著且重要的角色。至于这些问题在黑格尔法兰克福最后的作品（即 1800 年的《体系残稿》）中被探讨到何种程度，我们无从得知，因为正如我们将看到的，连这个作品乃至两个更小的残篇也遗失了。但在耶拿手稿中，除了已有的涉及斯图亚特的文稿，有据可查的还有涉及斯密的文稿。在黑格尔经济学论述的强烈哲学抽象性中，在他独有的对重大普遍问题的关注中，各种具体细节发挥的影响难以查证。

至少极有可能，正是黑格尔对亚当·斯密的研究意味着他思想发展的一个转折点。因为劳动问题极有可能是在黑格尔研究斯密的过程中第一次出现的；劳动是人类活动的核心方式，用黑格尔当时的术语讲，是主观性与客观性的同一的现实性，是扬弃客观性的僵死东西的能动性，是发展的推动力，这种推动力将属人的东西变成他自己的能动性的一个产物；在劳动问题中，黑格尔哲学与英国古典经济学的真正亲缘性就表现出来了。不论是研究从资本主义的角度看极其落后的德国经济状况，还是涉及斯图亚特的文稿都不能给予他现实的推动。

在这个重要的问题上，我们现在又被引向了假设和联想，我们向读者提出我们的理解，同时完全意识到，我们的理解是一种单纯的假设。关于黑格尔了解斯密思想的最早文献依据，包含在不久以前出版的黑格尔 1803/04 年耶拿讲座的手稿里。[1] 在那里，黑格尔关涉到斯密强调行业中的

---

[1]　黑格尔：《实在哲学》，第 I 卷，莱比锡 1931 年，第 239 页。

劳动分工的发展带来生产力的发展的问题，他在页边还明确写下了斯密的名字。但早在 1802 年的《伦理体系》中，关于劳动和劳动分工等的类似观点就已占据了中心位置，尽管正如我们将看到的，仍不够成熟。因此，说黑格尔在耶拿初期就已了解亚当·斯密的思想，因而至少部分地超越了斯图亚特经济学的某些片面性和不完善性，这几乎是确凿无疑的。

现在我们认为，黑格尔对英国古典经济学的研究和探讨处于一个较早的时期，即《体系残稿》的准备阶段。当然，这一作品——至少在直接的意义上——派不上用场，在其流传下来的残篇中关于经济学问题只有极其零星的直接涉及，关于整体的结构如何被设想，这一结构在本质上现实地被进行到了何种程度，我们也没有获得丝毫提示。但在非常含混的宗教哲学探讨中有一段引人注目的文字，这段文字——结合他后来在耶拿的解释——也许能揭示黑格尔的这一不被知晓的思想发展阶段。

黑格尔在这个残稿中谈论人与生命的宗教关系，谈论客观性和僵死的实定性在它们同人和物的关系中如何被扬弃。关于从其中对黑格尔表现出来的哲学和社会问题，我们只有在详细分析这个残稿的章节时才能谈到。在此我们仅仅强调一个环节。黑格尔说："但是，人必然也将自己置于一种与客体的鲜活关系中去，使客体保持客观性直到完全毁灭。"黑格尔在这里以他的已为我们熟知的法兰克福方式，分析了人与财产的关系，由此达到了实定性与生命的

232

303

辩证法。他在这个残稿中通过一种独特的和令人感觉玄奥的祭品理论，找到了解决方案。他进而谈到人：

> 他会没有能力达到与无限生命的统一，因为他自身还是某种被维持的东西，还是在一种统治活动中被把握的东西，或者说会受到一种依赖性的束缚；他之所以牺牲些许财产——财产的必然性就是他的命运——作为祭品，仅仅是因为他的命运是必然性，不可能被扬弃……只有通过毁灭活动的这种无目的性，通过这种为了毁灭而毁灭的活动，他才会使他的合目的的毁灭活动的通常特殊的关系变好，同时他通过一种不是关联自身的毁灭，即毁灭的完全无关系性、死亡，完成了诸客体的客体性，如果客体的一种进行关联的毁灭始终存在，那么这种为了毁灭的无目的的毁灭就仍会偶尔出现，这种毁灭证明自身是达到绝对客体的唯一宗教东西。①

我们看到，这段文字乍看起来玄奥而含混。祭品在这里被揭示为摆脱财产世界和市民社会的必然的"命中注定的"实定性的宗教出路。我们在此感兴趣的是作为"无目的的毁灭"、作为"为了毁灭而毁灭"的祭品与在这个文本中完全不可理解的"合目的的毁灭"之间的对置。我们这

---

① 诺尔版：第349—350页。着重号由我所加。

里援引的片段来自黑格尔手稿的最后一页纸张，即结论部分。黑格尔在此不再提示性地解释他所理解的在这里如此重要的"合目的的毁灭"概念是什么，他之所以这样做，显然是因为这个范畴在先前存在而如今遗失的手稿中已有详尽探讨。然而，从这里援引的论述也可以得知，"合目的的毁灭"是人与客观世界正常的日常关系。祭品恰恰应当超越这个领域。

祭品对黑格尔而言的含义，我们现在暂不讨论。我们后面的分析，尤其是关于黑格尔耶拿时期社会理论的分析将表明，这决不是涉及纯粹宗教—神秘主义的事件，这个 *233* 问题与黑格尔的那些在那个时期他在解决市民社会的矛盾方面所抱有的占主导地位的幻想存在最紧密的关联。在这里对我们而言重要的是客体的"合目的的毁灭"，这个与祭品相对应的概念。两年以后写成的耶拿《伦理体系》，为我们辨识这个初看起来同样含混的规定提供了足够清楚的解释。这涉及的是劳动问题。在《伦理体系》中，黑格尔用来规定劳动的是某些其他词汇，一套他耶拿早期特有的让人想到谢林的术语，例如"客体的毁灭"，而且是客体的合目的的毁灭。黑格尔在此由以出发的最早的辩证三一式就是：需要——劳动——享受。劳动这时被规定如下：

> 但客体或直观的毁灭作为环节是这样的，即这种毁灭被另一个直观或客体取代；或者说纯粹的统一性、毁灭的能动性被固定下来……客体不是作为一般的客

体被毁灭，而是这样地被毁灭，即另一个客体取代了它……而这种毁灭就是劳动。"①

"合目的的"这个词仅就定义本身而言在这里当然是缺失的，但如果我们在这部著作中追随黑格尔的论述，看到他如何从劳动上升到工具，再从工具上升到机器，就会明白这里缺失的只是这个词语，而非思想；之所以省略这个词，只是因为它在这种关联中已经是不言自明的。合目的性与劳动的结合总体上从这时起就始终成了黑格尔辩证法的一个基本思想。甚至在《逻辑学》中在探讨神学问题时，劳动也起到了非常重要的作用，列宁在对黑格尔的这些论述的各种评论中都曾指明这一点。

因此，我们认为可以假设，在耶拿的《伦理体系》中作为黑格尔社会思想的重要范畴的劳动观，早已在法兰克福《体系残稿》的遗失部分里存在。这一事实使以下情况变得极有可能，即他对斯密经济学的研究也属于《体系残稿》的准234 备工作（在此只能附带说明，不论是斯图亚特的著作还是斯密的著作，在德国当时都以各种不同的译本得到传播）。

在这样的情况下，就很难证实个别英国经济学家对黑格尔特定思想的影响。至少存在这样一系列的特征，表明斯图亚特的著作无疑对黑格尔产生过持久的影响。尤其要指明的是，正如马克思所言，斯图亚特是古典学者当中真

① 拉松版：第420页。

正的经济史学家，他更多地思考的是资本主义的社会形成史，而不是资本主义的内在规律性，他比其他古典学者更少地看清了这些规律性。① 正是在黑格尔的这段他试图从哲学上证明市民社会的历史必然性的时期，斯图亚特著作中的大量事实和他对古代经济与现代经济差别的不断提及都给黑格尔留下了深刻印象。

但除此之外，我们还必须强调，正是斯图亚特的某些局限性，即远远落后于斯密的观点，与斯密的更清晰和更果断的观点相比，更容易被年轻的黑格尔理解和接受。虽然黑格尔处处反对僵死的实定性，因而肯定倾向于借助斯密来超越旧经济学及其一系列范畴的神圣化的某些残余方面，但这些观点在经济落后国家的经济中具有非常深厚的根源。尤其是，对经济与国家之间关系的一种融贯的资本主义理解，只有在英国本土，在斯密和李嘉图那里才能形成。如果提到拿破仑时期的法国经济学家，就会看到，正如马克思已经反复指出的，正是在经济学与国家的关系问题上存在旧理论观点的很多残余。这种情形对德国而言更加严重，我们从德国极其漫长的经济学发展史了解到，关于国家在经济学上所起的作用的幻想始终保有生命力，远远超出黑格尔所处的时代之外，甚至直接延伸到后来的辩护学说（只要想想拉萨尔或洛贝尔图斯）。如果这时有人提

---

① 马克思：《剩余价值理论》，第 I 卷，斯图加特 1921 年，第 32 页。（中文参见《马克思恩格斯全集》第 33 卷，人民出版社 2004 年，第 13—14 页。——译注）

235 到，黑格尔在耶拿时期在解决市民社会的矛盾方面对拿破仑充满着幻想——对此我们将在下文谈到——那么可以理解的是，黑格尔在这个问题上更多地依赖的始终是斯图亚特，而不是斯密。

但还有一个问题，而且是经济学上的关键问题，在这个问题上黑格尔终其一生都停留于斯图亚特的观点，而从未达到斯密和李嘉图洞察资本主义的规律性曾达到的高度。我们指的是剩余劳动和剩余价值问题。马克思在他批判斯图亚特的经济学时非常尖锐地指出，斯图亚特拘囿于让渡获得利润即"profit upon alienation"的旧理论。当然，斯图亚特区分了实定利润和相对利润。后者是出让获得的利润。关于前者，马克思说：

> 实定利润是由"劳动、勤勉和技能的增进"产生的。究竟它怎样由这种增进产生，斯图亚特并没有想说清楚。他接着所说的关于这个利润能引起"社会财富"的增加和扩大的这句话，看来，可以使人得出这样的结论：斯图亚特所指的，仅仅是由劳动生产力的发展造成的更大的使用价值量，他完全离开资本家——他总是以交换价值的增加为前提——的利润来考察这个实定利润。①

---

① 马克思：《剩余价值理论》，第 I 卷，斯图加特 1921 年，第 30 页。（中文见《马克思恩格斯全集》第 33 卷，人民出版社 2004 年，第 11—12 页。在此处的中文翻译中，positive Profit 被译为"绝对利润"，但在本书中，为保持术语的一致，我们暂且将其改译为"实定利润"。——译注）

如果我们进一步追溯黑格尔耶拿时期的经济学观点，就会看到他陷于这种混乱的和对英国而言落后的观点有多深。他在研究斯密、研究英国本土经济生活的事实的过程中获得的比较进步的见解，促使他相对清晰地把握并公开地表明资本主义的某些经济矛盾、资本与劳动之间的某些对立；但是，他从未探究现实的资本主义剥削的奥秘，他接近这一奥秘的程度甚至还不如资产阶级的古典学者。在这里，他的一种局限持续了他的整个一生，这种局限显然源自：他清晰地把握的资本与劳动的对立对他而言仍仅仅来源于对国际经济关系的认识，而不是源自现实的体验和在生活本身中对资本主义的现实了解，也就是说，黑格尔的这种局限也是德国落后的资本主义状况在思想上的反映。

当然，黑格尔在这个领域的唯心主义倾向，尤其是由于他一方面对法与国家关系，另一方面对法与经济的关系的颠倒理解，增强了这一局限的不可逾越性。但正如我们业已表明的，这些倾向都具有相同的社会根源。德国的这种经济落后状况并不是仅在某一点或以直线方式影响到黑格尔的观点，并不总是直接地扭曲了他对市民社会的正确把握的天才开端，毋宁说，这种落后状况的影响是多方面的、极复杂的，并从各个不同的方面渗入他的思想的。

我们将详细探讨黑格尔的经济学观点及其在耶拿的体系化尝试。在此对我们来说，重要的只是揭示黑格尔探讨经济学的直接结果和他着手研究市民社会问题的方式。关键环节已经包含在我们从《体系残稿》里所作的大段引述

236

之中：黑格尔从那时起就把经济，即人们的经济生活，他们的由他们彼此之间和他们与物之间的经济关系决定的特定存在，看作是一种不可超越的"命运"（关于黑格尔的这种命运观，我们将在下一节详细谈论）。我们早在黑格尔法兰克福时期最早的笔记中，在他着手于如何将财产关系与爱统一起来的复杂考察时（第167—168页）就可以看到这一观点的开端。

而在那里仅仅是插曲的东西，在这里则成了一个核心问题；在那里仅仅是一个关于主观的爱等问题的东西，在这里则作为命运对立于至高信仰的代表耶稣。属于黑格尔法兰克福时期命运观的本质的乃是反对一种敌对势力和回避这种敌对势力，从命运的观点看具有同样的结果；根据黑格尔的观点，命运的无法摆脱性正是在这里表现出来。[1]黑格尔关于这一点的论述大多听起来有多么玄奥，在这一点上就隐藏着多少他对社会和历史的比较现实主义的理解，我们同样可以在这一时期的其他重要哲学家那里找到这样的理解，即对那种非常频繁的，甚至直到今天仍广泛传播的理智幻想的反对，即好像某个人能够超越他的时代，超越他的社会，好像从"外在于"这个社会的观点出发的一种看待社会的理论或实践立场也是可能的。

在这种无法摆脱状态的意义上，财产这时在《基督教的精神及其命运》中作为命运得到探讨。由于黑格尔在那

---

[1]　诺尔版：第284页。

里将他的宗教哲学探讨集中于耶稣教义在社会上的可实现化，所以可以理解，他会一再回溯到《新约》关于富有年轻人的著名段落，耶稣建议他放弃他的全部财产，以便获取宗教的幸福。我们还记得，黑格尔在伯尔尼就已经涉及这段经文（第103页）。但在伯尔尼，黑格尔仅仅谈到，在这段经文中表现出基督教的那种本质特征，即基督教唯独面向个人，面向"私人"。经济学内容对他来说还没有构成论战的对象。

只有到了这时，情况才是如此，而且是在日益尖锐的程度上。在《基督教的精神及其命运》的初稿中，这一关系只是在耶稣出逃的观点下被考察的。财产和占有不能变成"好的状况"，因此他看淡了财产和占有。黑格尔思想的进一步发展这时在于，他现在默默地排除了那些他曾经用以进行试验的建立在主观基础之上的妥协。他说：

> 上帝的王国是这样的状态，即神祇实行统治，因而一切规定和一切权利都要被取消；所以神对年轻人说：卖掉你的东西，一个富人进入天国是很难的。因此，基督徒要舍弃一切财物和一切荣誉，这些与父亲、家庭和财产的关系不可能变成好的状况，所以这些关系以前根本就不应当存在，至少情况不要反过来……①

---

① 诺尔版：第397页。

具体的结论并没有在初稿本身中得出来。

在篇幅巨大的手稿本身的文本中，对应部分的语气完全不同。我们将看到，黑格尔在这部著作中与他在伯尔尼相比，对耶稣个人具有一种更亲近、更肯定的关系。尽管如此，他在伯尔尼从未像在这里一样带着这样一种尖刻与冷酷评判耶稣的一个教义（在伯尔尼，黑格尔对基督教的反对比对教会的反对更严酷，更带有讽刺意味）。这里他开始谈到富有年轻人的问题，并说道：

关于摆脱生活的烦恼和蔑视财富的下列要求，关于《马太福音》第6章第12节，一个富人进天堂有多难，我们的确没有什么可讲的；这是一种只有在布道或诗句中才会信口开河的套话，因为这样一种要求对我们没有任何真理性。财产的命运对我们已经变得威力巨大，哪有什么靠反思财产就是可生活的，哪有什么财产与我们的脱离是可设想的。但是很多东西仍要看清，即财产的占有以及与此相关的一切权利和一切烦恼都给人们带来一些规定性，这些规定性的局限给德性划定了界限，给德性规定了条件和从属地位，在这些条件和从属地位的范围内可能有义务和德性的空间，但这些义务和德性决不允许任何整体、任何完整的生活，因为整体和生活一旦与客体结合，就受到它自身之外的条件的制约，因为生活仍被赋予某种属于它自己的东西，但这种东西毕竟决不可能是它的财产。

财产立刻就表明它与爱及整体性的对立，因为财产是权利，而且是包括在各种各样的权利中的，由此一方面直接关联着财产的德性、正直，另一方面其他的在财产范围内可能的德性，都必然与排他性结合起来，并且任何有德的行为本身都是一种对立的东西。信仰混合、一仆两主是不可思议的，因为不确定的东西和确定的东西不能各自保留它们的形式而结合起来。①

我们在这里看到，黑格尔在他承认市民社会的必然性时已经向前迈出一大步，尽管他是带着其命运思想的神秘主义术语表达他的见解的。我们也看到，如果我们想到前一节的论述的话，黑格尔对康德伦理学的驳斥，他对义务冲突的不可避免的必然性的鲜明强调，与这种长期以来形成的社会观具有多么密切的关联。我们将在下面分析法兰克福时期篇幅最大的手稿时看到，基于这种理解，无法解决的各种矛盾的悲剧性冲突突显在这样的宗教信仰构想中，并纳入耶稣的人格中，正是借助这种构想，黑格尔才试图在法兰克福解决和扬弃这些矛盾。同时，这里将表明，这关系到黑格尔整个唯心主义辩证法的一种内在矛盾，他后来力求在更高层次，但同样徒劳地以哲学的方式调和这种矛盾。

239

---

① 诺尔版：第 273—274 页。着重号由我所加。

第六节 《基督教的精神
及其命运》

我们已经从黑格尔法兰克福时期的这部内容丰富的著作①中了解到一些关于道德学、经济学的重要片段。现在重要的是，评价这些片段所包含的哲学基本思想对黑格尔思想发展的重要意义。这部著作主要探讨基督教。至于黑格尔如何因他对市民社会的立场的转变而被驱使着从事基督教探讨，我们已经详细作过解释。在这方面我们已经表明，他在其后来思想发展的过程中再也不能回避对基督教的或多或少肯定的态度。但在法兰克福时期，他对这一系列问题的探讨在质上仍没有与耶拿时期的探讨区别开来。正如我们已经看到并且现在更加清楚地看到的，黑格尔从生活在市民社会中的个体的角度提出了市民社会问题。在耶拿时期，普遍社会的观点已经凌驾于个体之上；从那时起，个体对黑格尔来说更多地就是一个社会的成员；他的个体

---

① 关于这部著作的写作日期，我们不能确定确凿无疑的日期。最早完整出版这部著作的诺尔，基于黑格尔的亲笔手稿只能确定它写成于1798/99年冬或1799年夏。我们认为，黑格尔对个体同市民社会和财产实定性的关系问题的立场转变更有可能表明，这部著作是在黑格尔研究斯图亚特以后，因而是在1799年夏天写成的。诺尔之所以认为日期后延不可信，是因为1799年底施莱尔马赫的《宗教讲演录》已经出版，而黑格尔在自己的著作中并未涉及此书，毕竟他后来总是尖锐地攻击这本书。关于所有这些问题，参见诺尔版：第404—405页。

问题始终在普遍—社会的问题视域中得到探讨（在这方面，经济学和由经济范畴深化的关于普遍与特殊的辩证法的认 *240* 识起到了什么作用，我们只有到那里才能加以阐释）。由于黑格尔这时还是从个体在市民社会中的命运出发的，所以可以理解，这时基督教对他而言必定比后来具有一种更直接、更强烈的情感意义。对如何能够有意义地安置个体生活并一以贯之的问题来说，探讨基督教的道德是黑格尔思想发展的一个回避不了的阶段。

因此，可以说黑格尔从未像在这一时期一样凭感情地如此接近基督教。但假如认为这种接近包含着黑格尔思想世界与基督教思想世界的完完全全的同一化，就像反动的新黑格尔主义者一再主张的那样，那就大错特错了。尤其是拉松和黑林努力要去证明，在黑格尔与基督教新教的完全一致中包含着理解他的全部哲学的钥匙。

黑格尔这部著作的核心问题及其——当然是摇摆不定和充满矛盾的——回答，表明这些反动的历史传闻与现实有多不符合。黑格尔从这样的问题出发：由耶稣及其教会设想的解决生活矛盾的方案是正确的吗？这一解决方案对今天的生活还具有现实意义吗？

这个天国理念完成并囊括宗教的全部，它是如何供养耶稣的，并且还要考察，它是否完全使天性感到满足，或者说是什么需要驱使着他的门徒走得更远。[1]

———————————

[1] 诺尔版：第321页。

　　黑格尔在这部著作中给出的回答听起来几乎是否定的。他在这里从基督教最神秘的教条出发，想要表明基督宗教只有通过耶稣的复活才会获得它的宗教客观性和对爱的单纯主观性的克服。但由此就形成了这样一种状态，这种状态"是现实与精神之间的一种游离不定的飘荡……"在这里必定始终存在这样一种对立：

　　　　这种对立通过进一步的发展，变成了鲜活的东西与僵死的东西、神圣的东西与现实的东西的配对，就像现实的耶稣与被神化的耶稣、变成上帝的耶稣的结合，展现了最深层的宗教冲动，但并没有满足它，而是把它变成了一种无限的、无法消除的、无法满足的渴望一样。

　　所以，根据黑格尔的观点，发展起来的基督教虽然产生了一种"统一"（我们知道，这个术语在法兰克福时期对黑格尔而言的含义），但这种统一"永远停留在人的意识中，从未使宗教变成完整的生活。在基督宗教的业已发展为不断延续的时代命运的一切形式中，这种对立的基本性质始终保留在神圣的东西中，这种神圣的东西唯独应当存在于意识中，而决不存在于生活中"。黑格尔进一步描绘了基督教的各个不同教派，并表明由这些教派作出的与生活的任何现实统一都不能达到实定性的现实扬弃。他以这句话结束他的整个手稿："基督教教会的命运就是，教会与国家、礼拜与生活、虔诚与德性、宗教活动与世俗活动决不可能融合统一。"①

　　我们看到：黑格尔最终的回答听起来决不是对基督教有利的。他的这部著作充满矛盾的特点正是在于，他被驱使着在宗教中寻求对生活中的实定性进行唯一的、现实的扬弃，他把基督教看作是宗教信仰的原型，却根据一切与基督宗教相去甚远的神秘主义体系得出了一种否定的结论：基督教根据其本质没有能力扬弃生活中的实定性、僵死之物，基督教说到底像爱一样是对待僵死客观世界的单纯主观态度，它像爱一样使这个客观世界未被扬弃地持存着。

　　我们将看到，黑格尔从未从这些论断中得出全部的要求。他的立场始终都是矛盾重重和摇摆不定的。但正是在这个时期，最没有理由说，他已经完全地、百分之百地认同基督教。我们将在耶拿时期遇到一个宗教哲学残稿，这个残稿详细地谈到对基督教的超越，谈到第三种新的宗教的形成。当然，黑格尔在那里也是以宗教的方式，通过拘囿于宗教之中来超越基督教。他从未能够超越那些与他的唯心主义的最深切本质相关联的宗教表象的狭隘性，这导致在他的市民社会思想中基督教不仅扮演着实际社会力量的角色，而且作为宗教恰好获得了哲学的美化。 *242*

　　然而，黑格尔对待基督教的这种立场是非常矛盾的。

---

① 诺尔版：第341—342 页。

这对理解他后来的观点也是富有启迪的，如果我们在某种程度上进一步 in statu nascendi［在萌芽状态］考量这些矛盾的话。黑格尔批判基督教的教团未能通过实现爱来真正扬弃实定性。他说：

> 但在教团的爱的无生命性中，教团的爱的精神始终都是如此缺乏，感到自己如此空乏，以致这种精神不能够在自身完全地鲜活地认识与自己攀谈的精神，并且始终与精神保持疏离。一种与异己之物的结合、与被人感到疏离的精神的结合就是对精神的依赖。

对立始终存在，并且"它是一种实定的东西、客观的东西，这种东西在自身拥有的异己之物和统治，与在教团的精神中存在的依赖性是一样多的"。① 当然，黑格尔在此谈论的是耶稣的教团，而不是耶稣本人。我们将看到，这种差别对他当时的发展时期而言是本质性的。

根据黑格尔的观点，确立这样一种未被扬弃的实定性，对基督教的整个下一步命运具有决定性的意义。人类状况越多样化，也就是说，市民社会发展得越多，基督教的这种基本矛盾就必定越发显著。

> 这就是教团——它在脱离与世界的一切牵绊而纯

---

① 诺尔版：第336页。

洁无瑕地自我维持的爱中，似乎逃脱了一切命运——
会被命运抓住的点，它会被这样一种命运抓住，这种
命运的中心点就是把逃避一切联系的爱都扩展为一个
教团，这种命运一方面在教团自身的扩展中日益发展
自己，另一方面通过这种扩展，日益与世界命运会合
在一起，这既是因为这种命运无意识地在自身接受了
世界命运的诸多方面，也是因为它反对世界命运，日
益玷污自己。①

但黑格尔并不缺乏非常坚决的表述，在这些表述中，
他甚至在基督教的创立者那里发现实定性的这种持存，并
加以谴责。这一批判一再涉及耶稣与国家及市民社会状况 *243*
的关系（我们已经在上一节的结尾探讨过他是如何思考耶
稣与私有财产的关系问题的）。关于耶稣同国家和社会的关
系，他这样说道：

　　天国并不存在于俗世；俗世是对立于天国而现存着
的还是并不实存，而只是可能的，只有这个问题对天国
来说是一种巨大的差异。由于发生的是前一种情况，并
且耶稣带着这样的意识而遭到国家反对，所以凭借这种
与国家的关系就存在鲜活统一的一个重大方面，即一个
重要的纽带对天国的成员来说被切断了，一部分自

---

①　诺尔版：第336—337页。

由……众多能动的关系、鲜活的联系就丧失了；天国的市民变成与一个敌对国家对立的、将自己排斥在它之外的私人……虽然从天国的理念中一切建立在一个国家基础上的关系都受到排斥，这些关系比神圣联盟的鲜活联系低微得多，并且只能受到后者的蔑视；但如果说国家已然存在，而耶稣或教团不能废除它，那么耶稣的命运和他的在这方面始终忠于他的教团的命运就依然是自由的丧失，生活受到限制，在异己权力的统治中的被动性，这种异己的权力为人所蔑视，但耶稣从它那里需要的一点东西，即在他的民众中实存，是完全交给了他的。[①]

黑格尔观点的内在矛盾，在他试图从直观和概念上说明清楚在天国中对任何一种僵死客观性的彻底扬弃的地方，特别明显地表露出来。他举了很多事例，尤其是从有机生命中举例，以便表明部分与整体（个体与社会）的关系决不是必定无条件地和逻辑必然地像它在市民社会中那样，是空洞的主体性机械地束缚于僵死的和毫无生气的客观世界。但如果他要竭力从社会和历史的角度阐明这种关系，他就只能在非常原始的民族的社会关系中寻找一种亲缘性。

甚至在例如"古莱什部落的一个儿子"这样的表述中，阿拉伯人指的也是氏族中的单个的人、一个个

---

① 诺尔版：第327—328页。

体，这意味着，这个单个的人不仅仅是整体的一部分，因而整体不是某个外在于他的东西，毋宁说他本身就　*244*是整体，这个整体即是整个氏族。这种情况从这样一种自然的未分化的民族以其特有的方式进行战争的结果看也是清楚的，即每个单个的人都会被惨无人道地屠杀；相反，在现在的欧洲，任何单个的人都不在自身肩负着国家整体，而联合只是一种思想之物，即所有人都享有的平等权利；因此，在这里他们不是为了反对单个的人、而是为了反对存在于他们之外的整体而进行战争的；在阿拉伯人那里，就像在任何真正自由的民族那里一样，每个人都是一部分，但同时也是整体。只有关于客体和僵死之物才可以说，整体是不同于各部分的一个他物；相反，在有生命的东西中整体的部分既是部分又是整体，两者是同一个东西。[①]

黑格尔只有在原始民族那里才能够社会—历史地解释他的"天国"——借助这个"天国"他试图从宗教上扬弃市民社会中的实定性的矛盾——这一事实，就非常鲜明地揭示了他的思想在这一时期所处的矛盾境地。市民社会的很多批评者，尤其是中世纪的浪漫主义者，面对市民社会产生的各种矛盾，在较不发达的、"有机的"社会中寻求逃

---

① 诺尔版：第308页。黑格尔在其阐述的过程中反复谈到与原始民族的这种相似性，例如第323页，在那里他使用了福斯特出版的英国游记的材料。

避。黑格尔从宗教上扬弃当时社会生活的矛盾的尝试，必然把他的思想推向这个方向。然而，他在诸多方面关于物的一贯实事求是且清醒的理解具有这样的独特性，即他在这里追溯到仍生活在氏族社会的民族，而没有追溯到中世纪和封建社会。他对人与社会的关系的把握极其不同于在市民社会中存在的人与社会的关系的形式，对这样形成的对比的强调后来对他理解历史、法、艺术等都是获益良多的。另一方面，黑格尔在法兰克福时期已经把人类社会从这些原始状态向成熟的市民社会的发展不仅看作是事实的必然性，而且是历史性的进步，尽管正如我们已经反复看到的，他仍表明基督教的教团在历史过程中不可避免地要探讨向更高阶段发展的社会的各种要求。

245

对黑格尔来说，这样就形成了不可解决的矛盾，即那种据说扬弃了现代社会的矛盾的"天国"是人类早已度过和超越的历史状态。黑格尔面临如下选择，要么放弃他的宗教理想，要么放弃历史进步的思想。黑格尔法兰克福时期的典型特点是，在这里像后来一样，不存在任何果断的回答。当然，不是在这样的意义上，即好像他这时会以某种方式预示着向这种原始状态的历史运动，好像他会以某种方式扬弃历史进步的思想。这两者，尤其是超越原始状态的历史必然性，在他的笔记中反复出现。但是，一方面他这时还没有给出历史总体发展的任何全景，因而在这些状态根据他的观点在历史普遍进程中所归属的地方，没有明确地编排这些状态；另一方面，他的宗教哲学探讨通常具有一种"超历史的"倾向，即要达到宗教东西的"永恒性"。这种情况当然是一再被扬弃和批判的。然而，黑格尔法兰克福时期的典型特点是，批判与被批判的东西通常在同一个手稿中和平共存。虽然黑格尔揭示了信仰的悲剧性的、不可解决的矛盾，把基督教的创立者理解为一个悲剧性的人物，但是在整个法兰克福时期，宗教的解决方案始终是他的哲学所预想的顶峰，我们尤其将在《体系残稿》中看到这一点。

　　但是，所有这些矛盾对黑格尔来说仍具有一个不同的方面。当读到这些由黑格尔本人发现的矛盾，谈到由他本人作出的关于基督教的否定判断，可能显得不可理解的是：为什么这整个问题域对黑格尔如此重要。我们先前（第142页及以下）已经指出那些引起黑格尔探讨基督教，导致他无法摆脱基督教的社会状况。但我们必须在此再次提出这样的问题：黑格尔在耶稣身上看到了一种解决生活、市民社会的矛盾的严肃尝试，这一情形对黑格尔而言是如何产生的？这一提问的不可避免主要源自黑格尔的唯心主义。黑格尔的整个思想发展，尤其是他的法兰克福时期，是对 *246* 列宁的论断"唯心主义就是僧侣主义"[①] 的极好说明，也就是说，哲学唯心主义，如果始终坚定不移的话，不可能避免宗教要求。

---

　　① 列宁：《哲学遗著》，柏林1949 年，第289 页。（中文见《列宁全集》第55 卷，人民出版社2017 年，第311 页。——译注）

我们到现在为止在黑格尔那里已经察觉到他对市民社会的不断加深的认识。随着这种认识一同增长的还有他对这个社会的一系列必然的、否定的表现方式的见识，即对人与世界、邻人、对象以及业已异化的国家和社会形态本身之间的异化的见识。资本主义的这种普遍必然的表现方式必定仍在落后的德国特别鲜明地突显出来。几十年后，马克思这样评价德国的资本主义：

> 其他一切方面，我们也同西欧大陆所有其他国家一样。不仅苦于资本主义生产的发展，而且苦于资本主义生产的不发展。除了现代的灾难外，压迫着我们的还有许多遗留下来的灾难，这些灾难的产生，是由于古老的、陈旧的生产方式，以及伴随着它们的过时的社会关系和政治关系还在苟延残喘。不仅活人使我们受苦，而且死人也使我们受苦。①

马克思的这一论断自然更适用于黑格尔的时代。这里描绘的社会状态不仅决定了黑格尔必定并能够从社会中看到的东西，而且同时决定了他如何着手于研究这些问题的方式，即他的哲学唯心主义的方式。由此对黑格尔而言市民社会的显而易见的各种矛盾必定对他更强烈地表现出来，

---

① 马克思：《资本论》，第I卷，第一版序言，柏林1949年，第6—7页。（中文见《马克思恩格斯文集》第5卷，人民出版社2009年，第9页。——译注）

因为他基于最好的资产阶级人文主义的观点并借助它的工具着手于从思想上对这些矛盾进行克服和批判，这种人文主义虽然在那个时代正想着去摆脱前革命时期和革命时期的英雄主义幻想，但还远没有做到毫无顾忌地与资本主义社会在社会和文化方面的丑恶达成一种辩护性的和解。这种人文主义的后革命性质逐渐产生了解决现实地存在的市民社会中的这些矛盾的尝试。社会可能发生激进变革的幻想消失了，部分地是由于法国的事件即法国大革命的发展，部分地是由于德国自身的状况，在德国，没有任何实际的社会力量严肃地开始进行革命性变革，哪怕只是社会状况的激进变革。我们已经反复指出，黑格尔在他的这些倾向上走上了一条类似于当时德国的重要人文主义者例如歌德和席勒走过的道路。

247

从这一系列问题出发，克服资本主义中的社会关系和制度等的实定性的努力就包含着我们在黑格尔法兰克福时期发现的那种特殊形态。我们已经观察到并且在黑格尔后来思想发展的过程中还将更加清楚地看到，一种日益鲜活的历史辩证法是如何在这个问题突显出来的过程中得到发展的，也就是看到在社会中异化地、实定地表现出来的各种"僵死的"生命形式的社会形成史；这些生命形式直接保持着它们的实定的、僵死的表现形式，但它们同时表明自身是人的社会活动本身的必然产物。

但黑格尔的这种社会—历史的问法，由于他的哲学唯心主义而在他那里密不可分地与另一个普遍哲学的问题，即一般对象性的问题，结合起来。由于黑格尔必定将这两套本身彼此毫无关系，但对任何哲学唯心主义尤其是客观唯心主义而言必然发生交集的一系列问题彼此结合起来，所以他对实定性的矛盾的各种扬弃就产生了无法克服的宗教色彩。因为实定性的扬弃在他那里不仅追求这样的证明，即社会地实定地表现出来的一切东西事实上都是人的活动的一种产物，而且被唯心主义地吹嘘成要求扬弃一般的对象性。

显然，这后一种扬弃只能以宗教的形式发生。在这方面，黑格尔在法兰克福时期比后来更加天真和坦率。他那时实际上把宗教看作是哲学的顶峰；他把一般对象性的扬弃表述为人与神的宗教统一。即使他日益增长的社会和历史知识，他清醒的深思熟虑，他在个别方面作为思想家的真诚，具体地使各种显著的矛盾暴露出来而达到了这种思想，但这种思想的基本性质仍丝毫没有改变。在这里存在绝对唯心主义的一种无法根除的根本弊端。如果说黑格尔在比较清醒的、从事哲学的耶拿时期，放弃了他的哲学体系的宗教顶峰，并将绝对知识和科学的即辩证的哲学看作是人类认识的顶点和目标，那么，他只不过给予了这个问题一种表面上更清醒、更科学的措辞。因为绝对唯心主义的主客同一体，即绝对精神从在自然中的完全外化向自身的返回，从在历史中的部分外化向它的完全自我认识的返回，归根到底无非被看作是一切对象性向这样一种神秘化的主体——这种主体据说创造了对象性——的复归，即一般对象性的扬弃。

但是，尽管全是这种无法消除的唯心主义玄奥，黑格尔的社会和历史由人自身创造的思想仍然是辩证理解社会和历史的方法论基础。当然，只有当社会和历史的这种"自我创造"成功地从旧的启蒙思想——好像个人行为的有意识的动机会成为社会—历史事件的现实原因并且可以解释这些原因的结果——解放出来，只有当这种考察下降到历史事件的不是直接明确的，但却是现实的和客观的原因上来时，才是这种情况。我们知道，黑格尔从未真正成功地迈出这一步，在他的历史观中，被唯心主义地神秘化的精神概念扮演着关键角色。然而，同样很清楚，正如马克思和恩格斯已经反复明确指出，在全部这种神秘化中，黑格尔的历史观在其辩证理解的方向上，也就是在以下意义上是决定性的一步，即黑格尔不仅认识到历史是人"自身创造的东西"，而且他强调这样的事实：人的有意识的行动在历史中产生出某种比他们先前意图的更加不同的、更加宏大的东西。

这种历史观当然是黑格尔后来思想发展阶段的结论。为了达到这个阶段，他恰好必须克服法兰克福时期的这种以个体为出发点的问题意识。但也决不可僵化地和机械地理解黑格尔法兰克福时期的这种从个体命运出发的问题意识，虽然他的研究的主导思想的这种问题意识始终存在，并且是在宗教中通向法兰克福体系顶峰的思想动机之一，*249* 但整个法兰克福时期都充满着一种持续不断的拼搏，即要超越这一问题意识的局限，超越与这一问题意识必然结合在一起的主观性；并且如果说法兰克福的解决方案也只是宗教生活的一种神秘的假客观性，那么这种拼搏仍为后来客观化的、辩证的社会和历史观铺平了道路。

我们知道，拼搏在这里直接关系到爱的辩证法，也就是关系到社会关系和制度的僵死客观性同个体的现实生命之间辩证关系的建立。我们同样已经看到，爱对黑格尔来说意味着错误的客观性的扬弃，即实定性的扬弃。

这一问题意识是以黑格尔在法兰克福时期对耶稣的理解为条件的。他以各种不同的说法改写了耶稣的历史使命，但这些说法的意义在方法论上总是同样的。在《基督教的精神及其命运》的初稿中，黑格尔说："耶稣使信念，即要这样行动的倾向，与律令对峙起来；偏好以自身为根据，它在自身而不是在一种异己之物即理性的伦理法则中有唯心主义的客体。"① 黑格尔在手稿本身中非常类似地规定了这一使命，只是略微坚决一些："耶稣使人与犹太人的实定性对立起来，使德性与法则及其义务对立起来，并在法则的义务中扬弃了实定的人的不朽。"② 耶稣历史使命的这些规定总体上符合我们业已熟知的爱的思想。对黑格尔来说，耶稣确实是这一原则的伟大历史代表。但是，这决没有阐明耶稣及其教义对黑格尔具有的意义。相反，黑格尔日益

---

① 诺尔版：第388页。
② 诺尔版：第266页。

强烈地认识到爱在他追求的实定性的扬弃方面所具有的弱点和局限，耶稣的历史使命在黑格尔法兰克福时期的哲学中正是在于，扬弃爱的这些局限，实现爱的矛盾在更高阶段的和解。我们将看到，黑格尔的这些努力如何必定落空，必定导致爱的矛盾在更高阶段的再现。

爱的主要缺陷是它的孤立存在。爱仅仅意味着生命洪流中的一个瞬间即逝的环节。"爱将各个环节中的点联结起来，而有爱的世界、人、爱的统领仍持存着。"① 当然，根据黑格尔的观点，在爱中存在一种要超越这种点状东西的追求。但他一再强调，这种追求必定失败。

250

> 这就是那些不幸的美好灵魂之所以乐善好施的原因，要么因为它们意识到它们的命运，要么因为它们在其全部的爱中都没有得到满足；它们拥有享受的美好时刻，但也只是时刻而已。②

因此，在黑格尔看来，爱所缺少的正是客观性。爱是神圣的原则在人身上的一种表现方式，但它没有能力现实地在主体与客体之间建立鲜活的关系。

> 这种爱是一种神圣的精神，但还不是宗教。要成

---

① 诺尔版：第390页。
② 诺尔版：第389页。

为宗教，它同时还必须以一种客观的形式展现出来。爱作为一种感受、一种主观的东西，必须与被表象的东西、普遍的东西融合在一起，由此获得一个可以祈祷并值得祈祷的存在者的形式。这种需要，即要把主观东西与客观东西，把感受与感受对对象的要求，把知性通过想象在一种美的东西、一位神之中统一起来，这种需要，即人类精神的最高东西，就是宗教冲动。[①]

黑格尔法兰克福时期的核心倾向在这里清楚地得到说明：宗教是真实的、与主观性相一致的，在其中鲜活的客观性得到实现的领域。

就这样，在初稿中形成了人的行为方式的一种辩证的层级。"思想意识扬弃律令的实定性、客观性；爱扬弃思想意识的局限，宗教扬弃爱的局限。"[②] 同样的思想这时在手稿本身中得到更加详细的论述：

道德在那种已经达到意识的东西的范围里扬弃了统治；爱扬弃了道德范围的局限；但是，爱本身还是不完善的本性；在幸运的爱的各个环节中没有客观性的任何空间；但任何反思都扬弃了爱，又恢复了客观性，并带着客观性又开始了各种限制的领域。因此，

---

① 诺尔版：第332页。
② 诺尔版：第389页。

宗教就是爱的 πλήρωμα ［完成］，宗教被认为是与爱统一的，两者是相结合的。[1]

这种思想从方法论上看在两个方面引人关注：首先，　251《精神现象学》的一个在方法论上重要的基本思想，即相互辩证地发展出对待世界的各种主观行为方式——黑格尔后来称之为"意识的诸形态"——的方法，在他这里以一种已经相对比较成熟的形式出现；而且是这样的情况，即一种解决方案始终作为较低阶段的诸辩证矛盾的解决方案出现，并且在这种解决方案中得到发展的诸矛盾又通向更高阶段。这种倾向当然不仅只在黑格尔这里存在，而且是当时整个时代的一个普遍标志。我们在康德那里已经发现这种倾向的最初踪迹，谢林的《先验唯心论体系》表明这种方法已经是普遍的和成熟的。我们将在探讨黑格尔的耶拿时期时来谈论他与谢林之间的方法的类似和差别。

这里要强调的第二种方法论的观点是，反思在黑格尔对宗教的辩证推演中具有重大意义。我们在至此为止的考察中已经反复指出，开始正确评价反思作为辩证总体的一个环节的意义，是黑格尔法兰克福时期最重要的标志，这显著地把黑格尔同那些"生命哲学家"和浪漫主义者区别开来，他的帝国主义解释者们偏爱把他与这些人归为一类。反思的这种意义在这里尤其鲜明地突显出来。如果说爱的

---

[1]　诺尔版：第302 页。

弱点即单纯的主观性在黑格尔看来仍在于，爱独立于反思，因而任何时候都可能会被那种它仅仅绕开而没有在自身接受的反思所摧毁，那么与此相反，宗教的客观性恰好依据的是，宗教将反思与爱彼此统一起来，使它们的对立达成和解。[①]

但这个倾向的正确之处，即对反思作为辩证法的一个环节的必然性的洞见——这指向了黑格尔后来特殊的辩证法——在他的思想发展的这个阶段，仅仅加剧了他法兰克福立场的内在的、不可解决的矛盾。因为从黑格尔此前的阐释就已经清楚，反思是在思想上对现实进行加工的一种形式，这种形式最紧密地与生活中的"对立物"的现存存在结合在一起，甚至其实就是这种"对立物"的思想关联物。如果这时在生活的宗教统一性中应当达到对任何一种异于主体的客观性的彻底的、不留任何痕迹的扬弃，那么反思的扬弃就决不是指黑格尔意义上的（即保留并上升到更高阶段意义上的）辩证扬弃，而是一种谢林式的彻底毁灭。反之，如果这种辩证意义上的反思被扬弃，那么黑格尔所追求的宗教生活的无客体的"客体性"如何能够被实现呢？

很清楚，从这样的充满矛盾的方法论前提只能产生充满矛盾的结论。黑格尔在其辩证法的后期阶段想在"绝对知识"中统一这些矛盾；我们将看到，他的哲学唯心主义

---

① 我们提醒读者，在这里对黑格尔来说不存在任何全新的问题。他在法兰克福初期就已经尝试将爱和反思统一起来（见本书第165—166页）；现在这个问题只是挪到了宗教领域。

甚至在那里也不允许一种现实的解决方案。在法兰克福，在他不是在认识中而是在宗教生活中寻求矛盾的统一的地方，形成了两种彼此极端对立的、相互悖谬的解决方案。黑格尔思想发展的这个阶段具有的典型特征是，相互悖谬的解决方案在他的手稿中直接彼此并列。两者的不可统一与其说被黑格尔现实地和在思想上看透，还不如说被他显著地感受和体验到。因此，他在这里使用了非常混乱的和充满矛盾的范畴（例如，我们立刻就要详细谈论的"命运"），他在分析耶稣的人格和命运时得出了一种悲剧性的解决方案。当然，黑格尔对这样形成的、体验到的矛盾的进一步深思已经在《体系残稿》中关于矛盾学说产生他所特有的新的表述，但这一学说只有在黑格尔——就像在耶拿发生的情形一样——超越了法兰克福时期的凭体验的方法论基础，即首先超越个体命运的出发点，然后必然地紧接着这个出发点超越那种在宗教与认识的对置中抬高宗教的做法，才能达到以前对一般的唯心主义辩证法来说只是可能的那种高度。

让我们更进一步地考察黑格尔在此必然得出的那两种相互悖谬的解决方案：要么黑格尔认真实行他的无客体的客体性，然后一切都在神秘的迷雾中消散；要么他忠于这样的前提，即反思在宗教生活中不是彻底消失，而是仅仅辩证地被扬弃，然后情况表明，他的宗教概念绝对不适宜于辩证地扬弃那些它要促使其解决的矛盾；于是，他的宗教概念就不过成了爱的主观性的另一种表述，并保留了它

253

333

的缺陷：主观主义没有能力扬弃实定性。

我们来看看这两种尝试性的解决方案的第一个相互悖谬的方面。黑格尔在初稿中反驳费希特哲学时说：

> 只要客体完全不能加以克服，只要感性与理性，或者自由与自然、主体与客体是如此绝对地对立的，以至于它们都是绝对者，"实然—应然"显然必定就是一种无限的努力。通过综合，即客体—主体或自我—非我，它们的特性作为绝对者没有不被扬弃的。法则就是客体之间的一种思维关系，在天国不可能存在任何思维关系，因为在那里不存在任何相互的客体。一种思维关系是确定的和持续的，没有精神，是一种桎梏、一种组装、一种统治与奴役，是活动与遭受、规定与被规定。①

黑格尔这时在手稿中更加详细地探讨了从宗教上超越诸矛盾的这种存在者。我们援引几句典型的论述：

> 山和看到山的眼睛是客体和主体，但在人与神之间、精神与精神之间，并不存在这种客观性的鸿沟；一方只有在认识另一方时，才对另一方而言是一方，而且是与另一方不同的一方。②

---

① 诺尔版：第 395 页。
② 诺尔版：第 312 页。

主客同一体在这里已经以他明确的神秘主义表达出来：对世界的现实认识只能是一种自我认识，绝对唯心主义必须设想出一个主体，这个主体既是世界进程的创造者，同时又是它的认识者。黑格尔在法兰克福以寥寥数语说出，这里涉及的是上帝。但是，生命的这种统一现实地应当是一种鲜活的统一，是建立在这样一个基础上、处于这样一种神圣和谐中的人们彼此之间的一种关系。这种和谐在黑格尔看来就是天国。这是一种和谐，

> 不仅在其中，人们诸多方面的意识并入唯一的精神，很多生命形态并入唯一的生命，而且通过它，对其他与神类似的存在者的隔阂也被扬弃，同样的鲜活的精神赋予不同的存在者以灵魂，因此这些存在者不再只是等同的，而是统一的，不是构成一种聚集，而是一个教团，因为他们不是例如作为信仰者处于一种普遍东西、一个概念中，而是通过生命、通过爱被统一起来；耶稣把人类的和谐，在上帝之中的人类共同体称为这种鲜活的和谐。①

254

只有当黑格尔在这里把这种最高的思想观点、这种对立于普通认识的最高形式的认识称为信仰时，这才是前后一致的。他对此说道："信仰是通过精神而对精神的一种认

---

① 诺尔版：第321页。

识，只有相同的精神才能相互认识和理解，不同的精神只知道：它们不是他物所是的东西。"① 并且黑格尔坚决强调，这里涉及的不是知性的相同高度，而是宗教的充满精神、充满信仰的存在的相同方式。他将人们的这种相互认识与那种"备受赞誉的人情世故"对置起来，

> 这种人情世故对那些其本性在自身包含五花八门的多样性和片面性而没有统一性的分裂的存在者来说，当然是一门范围广泛和用处较大的学问，但他们寻求的东西即精神却总是失之交臂……②

这种对立之所以引人关切，是因为我们在此又可以考察黑格尔的掩盖在神秘主义之下的一种后来重要的认知方式的准备阶段。黑格尔后来对历史进程的认识——这种认识在发现"表面原因"（恩格斯语）③ 的方向上行进——充满着对那种看待历史和历史人物的单纯实用而狭隘的心理分析做法的类似蔑视；黑格尔在这里反复谈到宫廷侍从的人情练达。当然，这种蔑视在此还有另一种强调作用，因为它还是对人们在天国中的宗教统一性的渲染的一个补充。

---

① 诺尔版：第 289 页。

② 诺尔版：第 290 页。

③ 参见恩格斯：《路德维希·费尔巴哈和德国古典哲学的终结》，载《马克思恩格斯文集》第 4 卷，人民出版社 2009 年，第 303 页。卢卡奇的引用略有出入，原文应为"表面动机"（die ostentiblen Beweggründe）。——译注

但很清楚，在黑格尔社会和历史观的充满矛盾的形成过程中，关于如何看待人们对人类重大历史事件抱有的心理主义的狭隘鄙俗的立场，也已经有了的萌芽。

正如我们所见，以任何一种客观唯心主义的认识论为基础的主客同一体，在黑格尔这里都具有信仰的公开宗教形式。黑格尔想通过信仰实现上帝和人之中共有的神圣东西的这样一种统一，在这种统一中"客观性的鸿沟"应当被弥合。

255

> 这种本身不会是一种精神的存在者如何能够认识一种精神呢？精神与精神的联系是和谐感，是它们的统一；异质的东西如何能够统一起来呢？对神圣东西的信仰，只有通过下列情况才是可能的，即在信仰者自身中就有神圣的东西，而信仰者在他所信仰的东西中重新发现他自己，重新发现他自己的本性，即使他并没有意识到这种被他发现的东西就是他自己的本性。[①]

在这里，在黑格尔坚定不移地在其宗教—神秘主义路线上继续行进的地方，他就否定了他在法兰克福时期如此辛劳地获得的一切已有的辩证法成就。一切都在无客体的客体性和对任何一种对象性的扬弃的神秘迷雾中消散了。在黑格尔给出的关于这个阶段表述中，他的学说表现为纯

---

① 诺尔版：第313页。

粹的神秘主义。同时，他恰好放弃了在他那里宗教应当用以辩证地克服爱的主观局限的那个环节，亦即放弃了宗教是爱与反思的辩证统一的思想。

在黑格尔认真对待他关于宗教的无客体的客体性思想的任何地方，他都毫无顾忌地把反思抛到一边，因而破坏了他先前辛苦而高明地创建的东西。我们只选取一段非常典型的话：

> 神子也是人子；神圣的东西以一种特殊的形态表现为一个人；无限与有限的关联当然是一种神圣的神秘，因为这种关联就是生命本身；分离生命的反思，将生命区分为无限和有限，并且只有自为地得到考察的界限、有限，才给出与神圣东西对立的人的概念；在反思之外，在真理中，没有界限。①

因此，黑格尔在这里与他的出发点完全相反，将反思与真理对置起来，使它们相互排斥。这样一来，反思不再是通向真理的辩证提升过程中的一个必然环节，不再像这个环节曾包含在黑格尔本人当时的方法论意图中，并且从耶拿开始将始终存在于他的辩证法中那样，这个环节仅仅由于错误的绝对化而变成了错误的东西。这时，反思作为

256

---

① 诺尔版：第309—310页。关于无限与有限的关系的表述"神圣的神秘"，通常要追溯到这部手稿。参见第304页。

真理的绝对对立物，就从认识的最高领域，从精神的自我认识中消失了。因此，黑格尔在这里，与他后来的思想发展显著不同，将世界主体的这种自我认识称为信仰而不是知识，这并非偶然。但或许正是由于这个缘故，他后来的辩证法的一个主要问题——通过对这个问题的科学解释，他就克服了形而上学思维的诸多先入之见——就变成了有限与无限、与宗教神秘、与"神圣的神秘"之间的关系。

要考察这个相互悖谬之处的另一个方面就简单得多了。他并不总是把客观性变成这种神秘的迷雾；尤其是在涉及社会或历史关联的分析时，他就变得异常清醒和现实，以至于不去认真对待无客体的客体性的宗教要求。但在这种情况下，必须加以扬弃的社会世界的僵死客观性、它的实定性仍毫无改变地始终存在，宗教将自身揭示为某种单纯主观的东西，并不比爱高出一筹，也有它的局限和欠缺。然后，纯粹宗教性的主体性再一次与僵死的客观世界对置，并归为客观世界。因此，辛苦地获得的新的上帝概念后来同样变成了某种实定的东西。我们选取这样一段话，在这段话中黑格尔特别明确地对其过分的神秘主义宗教观做了这种——无意识的——自我批判。

> 尽管上帝的理念得到如此升华，但犹太原则仍始终留存着，这就是思想与现实的对立、理性东西与感性东西的对立、生命的分裂、上帝与世界的一种僵死关联，这是一种只能被看作鲜活的关联的结合，但在

这种关联中，关联者的关系却只能神秘地加以谈论。①

黑格尔在涉及施洗者约翰内斯而非耶稣本人时谈到这一点，在他看来，耶稣代表一种更高级、更完善的信仰。在耶稣那里，正如我们已从一些引文看到的，圣子、天国这些神秘的范畴据说都建立起那种无客体的客体性。但是，我们将在下文探讨耶稣的悲剧时看到，黑格尔自己的思想实施得越具体，越符合历史，他就越没有能力保持他的神秘主义倾向，因为他越来越走向这里所探讨的相互悖谬的第二部分，走向返回客观世界的方向。

我们看到，这里涉及的不是现实本身的一种或许只是黑格尔不完善地把握的鲜活的辩证矛盾，而是一种粗暴的相互排斥的对立，即同一个问题的两个现实地相互排斥相互悖谬的解决方案，在这两个解决方案的对立性中清楚地反映出问题的客观的不可解决性，反映出当时黑格尔的问题意识和方法论的错误性。黑格尔当时并没有意识到这种对立性，否则他就不会在同一个手稿里并列地提出如此相互排斥的尝试性解决方案。但他似乎已经明显感觉到在这个问题上存在不妥之处，他采用了各种不同的辅助性的思想构思，以便达到他的多样化思路的和谐与平衡。这些辅助性的思想构思中最重要的就是他法兰克福时期的主要范畴之一：命运。

① 诺尔版：第308页。

我们在至此为止的考察中已经反复遇到这个范畴；我们先前看到，黑格尔把国家，甚至财产称为命运，这一称呼当时对他来说不是单纯一种诗情画意—纯文学的说法，毋宁说他想要由此辩证地表达一种特殊形式的历史必然性，表达人与外部世界的实定性的一种特殊关系。初看起来好像是，黑格尔想用一种同样神秘主义的社会和历史哲学的含混来澄清他的宗教哲学的含混。正如我们将看到的，黑格尔当时的命运概念确实是足够含混和矛盾的。尽管全是矛盾，但正是在这里显露出真正的、辩证的萌芽，以至于值得我们花力气进一步研究，黑格尔在这一时期是如何理解"命运"一词的。

在这方面，黑格尔的出发点是市民社会的纯粹机械的、非人道的各种关联，尤其是在市民社会的最受崇拜的表现形式即法律惩罚制度及其在康德伦理学中的理想化和内在化中的各种关联，与整体社会——在其中，人同时不可分离地既是主体又是客体，既是行动者又是遭受者——的运动具有的鲜活且辩证的关联之间的对置。黑格尔说，违法者对法律而言只是"一项实存着的罪行、一种有着人格的违法行为"①。他这时寻求的是那些普遍的、社会的、更广泛、更鲜活和更人道的关联，在这些关联中，虽然违法仍是一种违法，但在其中，违法者的人的存在没有以一种如此机械的和非人的方式得到扬弃（我们提醒读者，我们已

258

----

① 诺尔版：第 288 页。

经指出过黑格尔的类似思路，第 214—215 页）。黑格尔说过：

> 惩罚的原因直接在于受到侵犯的法律；违法者必须丧失与由于他的违法行为而使他人的遭到侵犯的权利相同的权利，也就是说，他应当受到惩罚；做出惩罚的必然性在于某种外在的东西，并且是与违法行为相对应的。[①]

黑格尔这时进一步得出结论，正是法律的这种僵化的必然性，康德如此敬仰和赞叹的法律的"威严"必定在生活中导致法律的偶然性。

> 违法应受惩罚的必然性是固定不变的，而正义的执行决不是必然的东西，因为正义作为一种鲜活之物的样态甚至可以消失，进入另一种样态；所以，正义成了某种偶然的东西；在作为普遍东西、思想之物的正义与作为现实东西即在一个鲜活的存在者身上的正义之间存在矛盾。[②]

很清楚，甚至黑格尔的这一理解也与我们详细探讨的

---

① 诺尔版：第 277 页。
② 诺尔版：第 278 页。

他对康德和费希特的伦理学的反驳具有极其密切的关联。在后来的思想发展过程中，黑格尔从这一对立得出重要的立场，即他极其明确地否定从法的概念中对各种具体的法律规定所做的推演，就像伦理在康德那里，尤其是在费希特那里的情况一样，并着力强调实定法的各个环节的社会—历史的、或多或少偶然的特点。

　　但在这里对我们来说，重要的是黑格尔法兰克福时期普遍的命运概念。这些关于法和违法的论断只构成一个出发点，只构成命运概念的一个补充性的对立物。对黑格尔而言，关键是要揭示在社会生活中存在一种比法律的法学形式表达出来的必然性更开阔、更广泛、更鲜活、因而更真实的必然性。康德和费希特对国家—法学意义上的法律 *259* 的这种高估，也是启蒙运动的普遍遗产，是资产阶级意识形态前革命时期的普遍幻想。因此，我们在黑格尔这里看到的论战，是他摆脱启蒙运动的诸多传统的普遍进程的一部分，他在伯尔尼时期仍天真地囿于这些启蒙传统，在法兰克福才开始在发展其辩证方法的过程中逐渐加以克服；我们已经看到并且还将频繁地看到，这种克服是在神秘化的唯心主义道路上进行的。

　　命运范畴这时对黑格尔来说就是这种更广泛的、更辩证的和更鲜活的必然性的表达。

　　　　但命运有一个比惩罚更加宽广的领域；即使是无罪的过失也会激荡命运，所以命运远比惩罚严苛；当命运越来越可怕地反对最崇高的过失，反对无罪之罪时，命运的严苛常常显示出向最显眼的非正义转变。这就是说，因为法律只是诸对立物的经过思考的统一，所以法律概念远不能穷尽生活的诸多方面……但是，超出没有瓦解的生活关系，超出生活的鲜活地统一起来的各个方面，超出德性的界限，惩罚就不能施展任何威力。相反，命运像生活一样，是坚定不移的和没有边际的……不管生活如何正当，如何带有自我满足，在它受到侵害的地方，命运就在那里出现，因此可以说，无罪决不会受苦，任何苦难都是罪过。但一个纯洁的灵魂越是有意识地为了保持至高的东西而侵害了生命，它就越是获得尊敬，而一个肮脏的灵魂越是有意识地侵害了生命，违法行为就越是阴险。[①]

在这里，对研究黑格尔晚期历史哲学或美学的专家来说，黑格尔对历史必然性的看法以及他的悲剧理论的轮廓已经清晰可见。

惩罚的报复性暴力与命运之间的这种对置对我们而言最根本的方面，是命运的更鲜活和更全面的特性。正是在这里，黑格尔法兰克福时期的——通常只是无意识地起作用的——基本倾向非常清晰地表现出来，即"生命"是整体性的、社会性的运动过程，对立于这一运动的被孤立地

260

---

① 诺尔版：第283—284页。

看待的各个环节的僵化假象。对黑格尔而言尤其重要的是，法学意义上的法律"比生活来得更晚，并且比生活地位更低"。在我们刚才援引的这种关联中，黑格尔非常接近于他后来的辩证观，他这时还谈到法律：

> 法律只是生活的缺陷，是作为权力的有缺陷的生活；生活可以重新治愈它的创伤，使被分离的、敌对的生活重新返回自身……有缺陷的东西被认识到是生活的一部分，是本应在它之中，却实际不在它之中的东西；这种缺陷不是一种非存在，毋宁说生活被认识和被感觉为非存在着的。[1]

由于这时对黑格尔来说命运是生活总体、社会整体的这种辩证运动，是这种生活本身的自我毁灭和自我恢复，是社会的持续不断的辩证的自我生成，所以他把命运视为某种本质上属人的东西也就不足为奇了，尽管正如我们已经看到的，命运的严苛甚于惩罚的严苛。"但在命运中，人认识到他自己的生活，他向命运的恳求不是向一个主人的恳求，而是返回到自身和接近他自己。"[2] 命运在具体情况下可能被一个异己的行为开启。但这丝毫不改变这样的状况，即命运仍是人自己的命运。因为正如我们已经看到的

---

① 诺尔版：第281页。
② 诺尔版：第282页。

（第 161 页及以下），黑格尔反复强调，从人与命运的诸关系的观点看，人是积极地还是消极地对待这样一个动机，结果都是一样的，也就是说，在当时黑格尔的思想中，斗争还是逃避，对人与命运的关系来说，都会带来同样的结果。

在康德那里，社会始终仅仅僵化地代表普遍，而个体同样仅仅僵化地代表特殊，而且特殊只有通过无条件地屈从于普遍原则（定言命令）才能达到普遍；通过在这里激进地摒弃康德使个体机械地从属于社会的观点并把特殊与普遍的辩证法引入个体与社会的关系之中，黑格尔就仍强调了命运的这种本质特征。个体与社会在人与命运的这种关系中被理解为相互斗争的力量；力量反对力量，整体的鲜活统一性总是从斗争中得到革新的。

261

> 惩罚是与我们设想的命运完全不同的类型；在命运中，惩罚是一种敌对的力量、一种个别的东西……在这种敌对的力量中，如果考虑到这样的情况，即作为普遍的法律是与作为特殊的人或人的偏好相对立的，那么普遍甚至不是与特殊相分离的。命运仅仅是敌人，人就好比是进行斗争的力量与命运对峙着；与此相反，法律作为普遍统治着特殊，使这些人服从于它。[1]

---

[1] 诺尔版：第 280 页。

在康德那里，对法则的任何偏离都只能表现为某种可鄙的东西，因此社会本身的历史变迁不可能被理解为社会自身运动、社会自身充满矛盾的自我生成的结果；作为相互斗争的力量，个体与社会的这种对置不仅比康德的理解更加接近现实的社会生活，而且另一方面，即一切个体性的生命形式在社会中的团结相依，也都表现出来，感受、体验（暂且只有感受和体验）是所有在个体身上发生的东西，不论它如何表现为最个体性的、最私人性的东西，社会生活的这种统一性都是客观地起作用的。这在黑格尔那里正是在违法者的问题中，在对违法者及其惩罚的关乎命运的理解中得到表达。

违法的辩证法成为那些聚焦地通过哲学和文学表达市民社会矛盾的焦点之一，这是市民社会的矛盾已经公开显露出来的时期的一个普遍特征，但这个时期的经济和阶级原因还没有得到阐明，也不可能得到阐明。我们可以在黑格尔时代的德国非常清楚地关注到这一点；从席勒直至克莱斯特的《米夏艾尔·科尔哈斯》，这个问题都在一系列重要杰作中得到探讨。但这决不是一个仅仅涉及德国的问题；我们只要指出从拜伦到巴尔扎克的欧洲文学创作就足够了。

因此，这些矛盾的揭示在探讨违法者和违法行为时最 *262* 清楚地显现出来，决非偶然，或黑格尔的一个怪念头。黑格尔这时强调社会总体对违法者的鲜活影响，他揭穿了这样的自欺，好像这里只会涉及某种纯粹个体性的东西。

违法行为的幻想，即以为毁灭他人的生命就可以扩展自己，被下列事实打破了：被害的生命分离出来的灵魂，就像班戈一样会显现，来反对违法者的生命；班戈作为朋友来到麦克白面前，他并没有因为遭遇杀害而被消灭，而是在瞬间又回到他的座位上来，但不是作为用餐的伙伴，而是作为邪恶的鬼魂。违法者以为在戕害他人的生命，但他不过是毁灭了他自己的生命；因为生命与生命并没有不同，生命具有统一的神性；虽然他在盛怒之下毁灭了生命，但只是毁灭了生命的友好，他把生命颠倒为一个敌人。[1]

如果我们从其思想发展的意义上去考察黑格尔的命运观，我们就必定会在其中区分出两个环节：其一是那种更加全面的辩证的关联，这种关联在这种命运观中开始显露出来，尽管仍显得模糊、混乱和不连贯；其二是这种命运观在法兰克福时期的特殊表现形式，由于这种形式，在此出现的辩证结论就从正确的道路上岔开了和走了样。

第一个环节从上述引文看是清晰可见的。对黑格尔而言，这涉及社会生活的一种全面的和鲜活的关联，在这种关联中，社会生活僵死的实定的各个部分作为这种鲜活关联的各个环节失去了它们僵死的实定的特性，它们变成了

---

① 诺尔版：第280页。（麦克白和班戈系莎士比亚创作的著名悲剧《麦克白》中的主要人物。——译注）

整体的鲜活运动的各个环节。黑格尔在此踏上了那条通向《法哲学原理》中他对整体社会总的来说所能达到的最大可能的理解的道路，他后来在其成熟时期这样阐述这种理解：

> 必然性在于整体被离散为概念的各个差别，在于这种被离散的东西会产生一种确定的和持久的规定性，这种规定性不是僵死的，而是在消解中不断产生。[①]

显然，我们从法兰克福手稿援引的这些引文在任何方面都没有这种清晰性。我们再次重复：黑格尔在那个时期更多地拥有的是对这种关联及其具体规定的感受和体验，而不是对它们的清晰认识。但强调当时黑格尔思想倾向的这种凭体验的模糊和含糊，不应遮蔽我们对这些思想朝向的方向的理解。我们在这里简直再也不能更多地看到普遍与特殊的辩证法的具体化的牛刀小试，尤其是看到这样一种强烈的倾向，即既要超越康德—费希特对反思规定的绝对化，又要在其重要的辩证的整体关联中把握这些反思规定。正是在这里，在黑格尔在个别的论述中努力将社会现象里的实定东西当作整体关联的必要环节加以把握并在辩证的意义上当作环节加以扬弃的地方，有必要指出，这一倾向与我们刚才引述的他的宗教哲学努力，与他对宗教生

---

① 黑格尔：《法哲学原理》（拉松编），莱比锡1911 年，§.270，附释，第354 页。

活的无客体的客体性中的一切反思的清除是多么矛盾。正是在这里，在我们看到黑格尔后来的主要思想的形成还仍处于模糊和混乱之中的地方，我们可以清楚地认识到，恩格斯关于黑格尔的体系与方法的矛盾所做的论断是多么适用于他的整个思想发展。在法兰克福的这种命运观中卓有成效的东西正是在于塑造辩证方法的这些萌芽。尽管所有这些萌芽都是黑格尔本人有意识地为了支持他的宗教观而形成的，但它们走向了完全相反的方向，从倾向上看与他的这个计划处于剧烈的矛盾之中。

然而，这只是黑格尔法兰克福时期命运观的一个方面，富有成果并指向未来的方面，而它所特有的另一个方面在于，黑格尔又倒退回去，直接使他的命运概念的鲜活特性——这一特性正是来源于命运概念的那种奠基于客观的、社会的整体关联的属性——与个体联系起来。黑格尔在法兰克福的核心问题正是个体在市民社会中的命运。对市民社会问题的探讨常常促使黑格尔超出这个狭窄的观点，正是在这样的情况下他成功地把握到现实的辩证关联，尽管还是以比较模糊、更多地是猜测的形式。但是，他却有意识地将所有这些成就用于解决他的主要问题。由于这种倒退的联系，这时就产生了他自己思想的一系列扭曲，产生了他业已达到的思想高度的一种下降。

在命运问题上也是这种情况。当黑格尔把与法制、惩罚对立的命运称为合乎人性的时候，这种思想虽然是模糊的，但就实质而言他已经示意社会生活就是合乎人性的。

264

但是，如果社会生活被他倒退地直接与个体联系起来，那么从这种模糊性中就又产生了一种神秘主义。这种情况正是在探讨命运时非常频繁地发生的，这甚至是黑格尔的命运观有意制造的效果。因为黑格尔这时从命运的合乎人性得出，命运可以得到"和解"。

抽象地看，和解思想还不是与命运观的社会特性相抵牾的。因为命运观的这种社会特性正是在以下观点中才非常清楚地表现出来，即黑格尔在他针对惩罚的实定性和康德对这种实定性的赞叹的论战中反对的不是实定性的社会内容，而是它的形式。黑格尔，以及资产阶级法律和康德哲学，都是站在同样的资产阶级基础之上的。他所追求的并不是一种完全不同的社会秩序，而至多是同一种社会秩序的某种样态，尤其是——从哲学上——对这个社会的各种现象及其关联的一种不同理解。神秘主义就在于，黑格尔是如何设想这种和解的。这个问题此时集中在命运，作为生命的自我侵犯，可以通过爱得到和解。

　　因为甚至敌对的力量也被感觉到是生命，所以在其中存在与命运的和解的可能性……这种在其中重新发现自己的生命的感觉，就是爱，并且在爱中命运进行和解……所以命运不像惩罚那样是异己的东西，它不像良心中的恶行那样是一种确定的现实东西；命运是对它自己的意识，只是意识到它自己是一种敌对的东西；整体能够在自身中重新恢复友谊，它能通过爱

重新返回它的纯粹生命；整体的意识就这样重新变成
对它自己的信仰，对它自己的直观变成了另一种直观，
并且命运得到和解。①

我们看到，黑格尔在其命运观的这种有意制造的效果
中再次抵消了他的论述的重要成就：命运的社会必然性被
变成了一种"命运感"，即个体对发生在他身上的命运的必
然性的体验。这时从这种纯粹主观的体验出发就通过爱实
现了与命运的和解。这种主观化已经自在自为地成了对现
实关联的一种彻底歪曲，因为个体命运的这样一种必然性
不可能从社会发展的客观规定中产生。正是个人命运的对
个体而言偶然的特征——黑格尔后来在其社会—历史哲学
中非常清楚地看到这些特征的偶然性——在这里通过这种
主观主义被绝对化并且被吹嘘为必然性。但除此之外，对
这种发生的事情的所谓必然性的单纯主观洞见，还应当获
得更高的客观性的尊严：命运通过爱达成的和解，在法兰
克福时期对黑格尔来说成了一条通往他的宗教生活的神秘
客观性的道路。

因此，不足为奇，正是命运的这一规定，而且不仅是
这一规定的这个主观方面，而且是这一规定中的那些在其
中隐藏着后来社会—历史观的萌芽的环节，立刻从黑格尔
的哲学词汇中消失了。各种富有成果的倾向进入他的社会

①　诺尔版：第282—283页。

辩证法，但不再用"命运"这一术语来表示。一旦黑格尔——正如已在耶拿发生的——从社会—历史的观点而不再从个体的观点逻辑一致地看待社会现象时，命运通过爱达成的和解就彻底消失了。①

命运概念的使用为黑格尔法兰克福时期的宗教哲学奠定了社会—历史基础，但却使方法与体系之间的普遍矛盾显露出来。因为，虽然黑格尔将他的命运观转向这样的方面，即命运通过爱达成的和解所具有的虚假客观性，表现为命运观的顶点，但他在将这个概念运用于历史时再也不能从世界中创造出他在这条道路上曾塑造的那种客观辩证法。在这种客观的、社会的辩证法的光照中，黑格尔所寻求的最高的宗教解决方案，这时表现为对那种在社会中、在历史情境中体现出来的命运的斗争的一种自愿放弃。但黑格尔本人在塑造他的命运概念时已经清楚地表明，放弃斗争、逃避命运，就像进行斗争本身一样，向命运发起了挑战，因此，逃避决不可能代表一种更高的立场。此外，他在这些关联中同样已经清楚地表明，对斗争的任何一种放弃、主体向自身的任何一种退回，都必然使虚假的客观

266

---

① "命运"一词当然在黑格尔后来的哲学中也存在，但不再具有这里所使用的特殊含义。在1805/06 年耶拿讲稿中，命运就已经意味着一种必然性，关于这种必然性"我们不知道命运的法则、命运的内容是什么，不知道命运想要什么"。黑格尔：《实在哲学》，第 II 卷，莱比锡1931 年，第 186 页。在同一个讲稿中，命运概念从历史的角度看被宣布归古希腊罗马时期所有，同上书，第 267 页。这一观点此时进一步保留着黑格尔的理解。参见黑格尔：《美学》（格罗克纳版），第 II 卷，第 101—102 页。在逻辑学中，命运在一种机械必然性的意义上得到探讨。《黑格尔全集》，柏林1841 年，第 V 卷，第 187—188 页。

性，即社会环境的实定性，未经扬弃地保留下来。

如果黑格尔这时在这些如此矛盾的方法论前提基础上描述宗教生活的对他具有决定性的历史体现，即耶稣的形象和命运，那么，在这里，不论是多么有意识的和有意图的，结果都不是宗教生活的得到实现的典范，不是通过宗教的无客体的客体性而使实定性得到克服的典范，而是一个悲剧性的形象，是这些矛盾的不可解决性的体现，更确切地说——甚至更多地与黑格尔宗教哲学的意图相反——是一个历史性—悲剧性的形象。

初稿导言非常清楚地阐述了这一悲剧的历史条件。黑格尔在此直截了当地从犹太教在耶稣出场的时代所处的紧张革命局势出发。我们将黑格尔的相关论述原文奉上，部分地是因为这种历史观是他的各种倾向的相互斗争所特有的，部分地是因为我们在其中发现我们早在符腾堡两个政论性小册残稿中就已遇到的那种对实定性的新的、历史的理解的一种独特变化。下列思想在这里非常清楚地得到表明，即实定性的增强是引发革命的一种社会因素，或者更确切地说，革命条件的不断成熟才使社会状况表现为极其实定的。

267

在耶稣在犹太民族中出现的时代，犹太民族正处于这样的状态，这种状态是一场或早或晚会发生的革命的条件，并且始终具有平等的普遍的性质。当精神已经从一种宪政、从法律中消退，并且由于精神自身的改变而不再契合法律时，精神就形成了对某种他物的寻求和努力，这个他物几乎可以被任何东西在某个他物中发现，由此就产生了多种多样的教化、生活方式、要求和需要，当这些东西逐渐地相互分离，以致它们决不可能彼此并列地持存时，它们就最终导致一种爆发，并赋予人们的一种新的普遍形式、一种新的纽带以它们的定在；这种纽带越松散，越多地不被统一起来，在其中就包含越多的孕育新的不平等和未来的爆发的种子。①

从这个背景出发，黑格尔这时描述了耶稣的悲剧：

　　由于耶稣与他的民族的整个守护神进行斗争，并且与他的世界彻底决裂，所以他的命运的完成无非就是受到民族的敌对守护神压迫；人子在这次毁灭中得到的赞颂并不是消极的东西，不是已经放弃与世界的一切联系，而是积极的东西，是他的本性舍弃了自然的世界，他宁愿在斗争和毁灭中拯救自己，也决不愿意或者有意识地屈服于腐朽势力，或者无意识地让腐朽势力偷偷地钻进来腐蚀他的本性。耶稣意识到他个人的毁灭的必然性，并且也力求使他的门徒相信这种必然性。②

---

① 诺尔版：第 385 页。

② 诺尔版：第 317 页。"positiv" 这个词在这里是被黑格尔在它通常的含义"积极的"层面使用，而不是在它在这篇论文中所特有的含义"实定的"层面使用的。

在这里，耶稣的悲剧显得还有某种神学的色彩：这就是以个体的牺牲获得堕落世界的拯救和"救赎"。但在黑格尔进一步将他关于耶稣的看法具体化时，他就一再逃避了他的社会—历史环境的各种具体形式。因此，黑格尔对耶稣的评价必定与他对爱的单纯主观性的评价——尽管他对后者通常不会用如此尖锐的话——具有相同的内容："就这样他只能在虚空中寻找自由。"黑格尔这时在这里以一种完全不同的、更具悲剧性的形式阐述了耶稣的悲剧。

耶稣的命运在于必须忍受他的民族的命运，要么他把民族的命运当作他自己的命运，承担民族的必然性，并分享它的欢愉，把他的精神与民族精神统一起来——但是这样就得牺牲他的美好、他与神的关联；要么他把民族的命运从他自身推开，但是这样他就得在自身没有发展和没有欢愉地维持他的生活。在两种情况下都不能实现他的本性：在前一种情况下，只能感觉到他的本性的片段，而即使这些片段也是被玷污的；在后一种情况下，他的本性得到充分的意识，但只能把它的形象认作一个壮丽的阴影，这个阴影的本质就是最高的真理，但要在行为和现实中放弃对这个阴影的感觉，放弃这个真理的生机。耶稣选择了后一种命运……但是他越深刻地感觉到这种分离，他就越是难以平静地承受这种分离，而他的活动就是他的本

268

性对世界的英勇反抗；他的斗争是纯洁的和崇高的，因为他认识命运的整个范围并自己反对自己……纯洁反对不纯洁的斗争是一种崇高的景象，但是，当神圣的东西本身遭到非神圣东西的践踏，并且两者的混合物冒充纯洁凶狠地反对命运——因为神圣的东西本身这时还被束缚在命运中——的时候，这种崇高的景象立刻就转变成一种恐怖的景象……凡是部分地从命运摆脱出来，而又部分地与它相结合的东西，无论这种混杂被意识到还是没有被意识到，都必定会越来越可怕地将它自己与它的本性撕裂开来。而且在本性与非本性的混杂中，对后者的供给也必定会牵涉到前者；麦子连同杂草一起遭到践踏，而本性自身的最神圣东西也受到侵害，因为它与非神圣的东西交织在一起。①

宗教生活——它的伟大历史代表在黑格尔眼里应当就是耶稣——思想与耶稣人格的这个悲剧版本结合起来。这种宗教生活表明，对爱的单纯主观性的宗教超越，即创造一种无客体的客体性的尝试，只不过在一个更高的阶段再次产生了爱的矛盾，也就是社会规定的实定性的继续存在，并在这种实定性与爱的主观主义的相互作用中，再次出现了通过逃避对命运发出的挑战，在这里，爱的矛盾显得处于悲剧性的、无法解决的境地。因此，耶稣形象的这种思

_____

① 诺尔版：第328—329 页。着重号由我所加。

想刻画没有为黑格尔宗教生活的可实现性创造任何历史证据，毋宁说，耶稣形象是黑格尔青年时代的朋友荷尔德林塑造的各种悲剧人物（尤其是他笔下的恩培多克勒）在哲学上的一个对应人物。当然，荷尔德林与黑格尔之间非常根本的差别在于，荷尔德林直到他的悲剧性的生命终结都忠于法国大革命的理想，因此，他有意愿并且有意识地把悲剧置于他的文学抱负的中心点，而黑格尔在法兰克福恰好想要通过宗教生活思想来实现市民社会的各种矛盾的和解，并且由于他所追求的体系与他实际上运用的方法之间的客观冲突，由于他继续对这种方法的真诚遵循而不管这种方法与他所追求的结论的对立，他就违背他的有意识的意图，导致了这一悲剧。因此，悲剧性的结论在黑格尔那里远不像在荷尔德林那里那样是有意识的。

的确，我们甚至在探讨法兰克福《体系残稿》时也将看到，尽管存在黑格尔这里遇到的无法解决的矛盾，但他也仍进一步以宗教的方式寻求现时代生活的各种矛盾的解决方案。因此，法兰克福时期的真正成果反复呈现在那些有意识地构成他当时努力核心的倾向的一种内在斗争中，一种持续不断的——无意识的——批判中。所以正如我们已经看到的，各种最不能解决的、完全相互悖谬的矛盾都在他的笔记中始终存在，但正是由于黑格尔对这些二律背反毫不介怀，而热切地追求两个方面，为了它们的具体化而孜孜不倦地获取经验材料，并在思想上进行加工处理，他的辩证法才"在矛盾的肥料中"发展出来。

　　属于这些对立的包括，由于黑格尔追求宗教生活的客观性，他必然要强调宗教生活的社会性。在他看来，爱的主观性正是在爱构成诸个体之间的一种"点状的"、必然短暂的关系的地方表现出来的。黑格尔只有一次提示过爱的社会最大化，即他把爱看作是家庭的基础（第169—170页）。而宗教生活应该是人们的一种新型社会关系（天国、教团、教会等）的一个基础。我们正好在耶稣的个人生活和历史命运中已经看到的悲剧性矛盾，因人们一再承认不可能在这个基础上进一步建立一个教派，而重复出现。黑格尔在伯尔尼就已察觉基督教的这种教派特性。他当时当然是从他古典化的、共和主义的观点出发尖锐批判并摒弃这一特性的。现在他对待这一特性的立场本质上有更多肯定，不用说他会在这方面忽略这样一个教派的形成具有的各种社会局限。

　　这种对小型教团的示范性社会作用的比较积极的评价，是那个时代的普遍特征。我们再次想起歌德的《威廉·迈斯特的学习时代》，在那里，具备高度文化和道德修养的个体组成的这样一种共同体，不仅在人文主义的意义上，即在属于这个共同体的全面发展的人们的相互教育中从事劳动，而且为自身确立了社会目标：自愿地和顺利地肃清封建残余，并使老旧的农业生产转向资本主义轨道（在比这部作品晚得多写成，但当时已经作出规划的续篇《威廉·迈斯特的漫游时代》中，这个社会已经提出一些偶尔甚至涉及空想社会主义思路的目标）。在理论上，德国人文主义

270

在那个时代的这些幻想已经在席勒那里找到非常清晰的表达。他在其书信《美育书简》中用人文主义的、审美的国家反对封建—绝对主义的"自然国家"。他用下面的话结束他的考察：

> 但是，这样一种具有美好外观的国家也实际存在吗？哪里可以找到它呢？从需要来看，它存在于每个精致的灵魂之中；从事实来看，人们可能只会……在少数几个精英圈子里找到它。①

如果我们进一步考察黑格尔关于耶稣道德改革事业，关于扬弃康德理性与感性、义务与偏好的二元论的社会结果的评论，我们就必定会一再注意到这些评论与歌德和席勒的这些人文主义幻想的亲缘性。我们已经在黑格尔克服康德伦理学方面指出各种倾向的亲缘性（第 208 页），现在我们考察黑格尔关于这种扬弃的社会结果说过的一句格言。黑格尔在谈论耶稣时说道：

> 由于在和解中，法则失去了它的形式，概念被生命排挤了，所以和解在普遍性——这种普遍性自身在概念上包含一切特殊——方面有所缺失，但这种缺失只是一种表面的损失，却是一种真正的无限的收益，

---

① 席勒：《美育书简》，第 27 封。

> 这种收益是通过借助可能是少数个体——普遍性与这些个体产生关系——建立起来的各种鲜活联系的丰富性实现的。[1]

涉及歌德和席勒的人文主义幻想的地方如此明显，无需多言。 *271*

更重要的是，要简明地强调一下各种倾向在这种亲缘性的范围内的差别，因为这样才能澄清黑格尔思想发展的独特性。那个时代人文主义幻想的人性的和社会的内容在席勒，尤其是在歌德那里，比在黑格尔那里清醒得多，现实主义得多；他们，尤其是歌德，比在法兰克福时的黑格尔更多地摆脱了宗教的狭隘性。与此相应，他们比黑格尔更加批判地和否定地处于基督教的对立面。

但这只是事情的一个方面。我们不要忽视，正是在黑格尔通往宗教生活的道路上，他的思维表现出一种倾向，即在真实的社会性中，在现实的努力中应对市民社会的问题，当然还是以非常混乱和神秘主义的形式，这一倾向超越了歌德和席勒。也就是说，在黑格尔那里，强调人文主义理想能够鲜活地对其产生影响的那种小型团体，决不是他的最终目标；他始终追求一种道德，一种能够遍及整个市民社会的关于人的行为的观念。这一倾向促使他在法兰克福得出那些宗教—神秘主义的结论，对此我们已经深入

---

[1] 诺尔版：第269页。着重号由我所加。

地谈论过。在这一倾向中，在他的思维中体系与方法之间始终鲜活的矛盾同时也起着作用。黑格尔在思想上的伟大正是表现在，他在通往他所追求的那些理想的道路上，毫不介怀地考虑到所有阻碍他的矛盾，清楚地说明这些矛盾的矛盾性，然后越发努力地在这种矛盾性中探究这些矛盾的本质、运动和规律性。

正是由于这一倾向，黑格尔才不仅在市民社会的理解上，而且在辩证方法的塑造上超过了歌德和席勒。辩证方法在德国的发展的复杂性和不均匀性，正是在歌德与黑格尔的发展方向的比较中才特别清楚地表现出来。歌德对唯物主义的接近要比黑格尔多得多，他对一切宗教意识形态毫无偏袒的批判同样如此。然而，黑格尔达到了辩证方法的这样一个发展阶段，这个发展阶段不仅是歌德从未达到的，尽管他有天然的和通过研究而深化的辩证气质，而且即便是辩证方法以完成的形态（在黑格尔的《逻辑学》中）出现在他面前以后，他也不能充分理解。

因此，在考察黑格尔法兰克福时期所有这些玄奥的、混乱的和矛盾的倾向时，决不要忘记，他的基本倾向是在市民社会的整体中和在它的运动中把握它的问题。这一倾向的目的在于实现与市民社会的和解，而这种和解是没有欺骗、没有辩护的和解，是建立在突出市民社会的辩证矛盾的基础上的。在对矛盾的这种把握和说明中，黑格尔的人文主义基本倾向及他对资本主义社会的人文主义批判一再表现出来。他在法兰克福的主要范畴，例如爱，以极其混乱和唯心主义的方式被拔高了，但我们不要忽视在这些范畴中有这样一个方面，即以人文主义的方式反对资本主义社会的冷漠、丑恶和非人道。如果黑格尔这时力求在这方面达成和解，那么这种和解首先就意味着认识并承认具有资本主义社会进步性的实际存在和最终目的。

但黑格尔的资产阶级解释者们也把黑格尔的这层关系庸俗化了。他们从这样的事实，即黑格尔很早就反对康德伦理学，并且后来日益坚决地把道德问题仅仅当作整个社会的一个部分和一个环节来对待，得出结论说，黑格尔丝毫没有看到并承认占支配地位的伦理和市民社会诸观点同道德学之间的矛盾。对黑格尔观点的庸俗化在于，黑格尔之所以部分地反对康德道德学，也是因为它的形式主义规定了道德学与社会制度之间的一种不仅虚假的而且同时机械僵化地毫无矛盾的关联。当黑格尔把个体性的道德当作整体的即伦理生活的环节来对待，并以这种方式使道德从属于伦理生活时，活跃的和矛盾的关联就正因如此而表现出来。因此，黑格尔反对康德道德学中的形式主义和个体主义—浪漫主义空洞推理有多么热切，他在道德领域放弃对市民社会的人文主义批判也就有多么不可能。

在黑格尔以个体与市民社会的关系为出发点的法兰克福时期，他的这个方向是显而易见的。我们在探讨违法行为的问题时可能就已经观察到在这个方向上的一些倾向。但黑格尔远远超越了这个领域。在他的范畴"爱"和"宗教生活"背后有这个方向上的一种倾向，即不仅相对于个

273

体而保全社会的客观之法，而且同时相对于社会而保全人文主义—个体性的要求的正当性。耶稣的悲剧正是从这些对立的相互交锋中形成的。但黑格尔不仅仅在这里表明这种对立性，在这个手稿的另一处，他还探讨了《新约》中的著名罪人抹大拉的玛利亚，嘲笑她的市侩评判者，并用这样的话总结他这位评判者的特征：

> 难道有人会说，如果玛利亚屈从于犹太人生活的命运，作为时代的自动机器正直地、平庸地、没有罪也没有爱地度过她的生活，这样还更好些吗？没有罪，因为她的民族所处的时代是这样的时代中的一个，在这样的时代，美好心灵没有罪就不能生活，但在这个时代，就像在任何别的时代一样，可以通过爱返回到最美好的意识。①

人们会很容易认为，黑格尔的这种立场源自法兰克福时期特有的以个体为出发点的原则，并且随着转向客观主义的、普遍社会性的立场而完全得到了克服。但是，这样的理解会过于简单化黑格尔后来的道德学说。我们在此不可能 in extenso［完整地］探讨这个问题，我们就从黑格尔的美学中援引一段话来说明他的立场，这种立场当然是由于业已改变的方法论而相应地得到改变，但在原则上仍保

---

① 诺尔版：第 293 页。

留下来的。黑格尔在那里谈论歌德和席勒的青年时期的著作；这段话之所以引人关注，也是因为它进一步证明了，黑格尔的这些观点与德国古典学者的多么一致，而——与新黑格尔派一再主张的相反——与浪漫派的多么不一致。黑格尔说：

> 但这样一种现实的个体性总体和鲜活独立性的兴趣和需要从未、也不可能被我们抛弃，我们想要承认在发达的市民生活和政治生活中的各种状态的重要性和发展程度还是非常有益的和理性的。在这样的意义上，我们要钦佩席勒和歌德在这样的尝试中的朝气蓬勃的诗歌精神，即在晚近遇到的这些状况的范围内使各个人物重新获得业已丧失的独立性。①

274

更确切地说，黑格尔观点的转变，即他的社会和历史观点的更强的客观性，表现在这一观点的一种更为广泛的延伸之中，表现在由于个人的激情而产生的复杂化的道德问题与宏大的必然的历史进程的结合之中。在他那里形成了一种宏伟的、摆脱任何道德化的，但仍正确评价人的积极性以及人类的伟大和悲剧的历史观。这种观念从耶拿初期开始就已经以成熟的方式呈现出来，我们可以从中看出，这种观念是如何从法兰克福时期的内心斗争连同个人与社

---

①　黑格尔：《美学》（格洛克纳版），第 I 卷，第 266 页。

会的关系的辩证法中有机地发展出来的。在黑格尔一本最早的耶拿时期著作中，在完成关于德国宪政的小册子的尝试中，他已经描绘了黎塞留和马基雅维利的特征，在这些特征中这种真正历史性的精神完全清晰可见。这里探讨的决不单纯是对历史进程的某些具体环节进行一种人文主义方面的美好理解，毋宁说，这是黑格尔正确的、辩证的历史观由以形成的源泉之一。当恩格斯针对费尔巴哈而称赞黑格尔说，黑格尔比费尔巴哈更深刻、更正确地评价了恶在历史发展过程中的作用时，他当然指出了比我们在本书业已概述的黑格尔相关发展过程更加广泛的一系列问题，但不容置疑，这个问题是汇入那种历史观的整体之中的重要支流之一。

第七节　法兰克福的体系残稿

黑格尔对我们在前一节分析的那些矛盾的洞察、对在他的体系中存在某种自身矛盾的东西的感觉，在多大程度上阻碍了他去完成和出版《基督教的精神及其命运》，我们不得而知。总的来说，我们完全缺乏黑格尔法兰克福后期能够证明他的思想发展到了哪个阶段的任何有关日期和事实的材料。我们只有一个体系残稿（或体系草稿），根据黑格尔自己标注的日期，我们现有的这个残稿完成于 1800 年

275

9月14日。① 我们不知道，在这篇残稿之前，有哪些准备性作品。因此，我们不能追踪从《基督教的精神及其命运》向这篇作品的具体过渡。我们只能注意到，黑格尔在完成《基督教的精神及其命运》大概一年到一年半以后的哲学立场。这一考察较为容易，这部分地是由于这篇作品的哲学基本思想，即哲学在宗教生活中达到顶峰，也在体系残稿中保留下来，并且在那里才获得其普遍哲学的表达。但这一考察又变得更难，这是由于黑格尔的辩证方法，正如我们同样将看到的，在这里比在他此前的法兰克福时期著作中在一个高得多的阶段上表现出来。这样一来，我们就不能具体地揭示通向黑格尔所特有的辩证法的这种最早的明确表达的那些道路，我们迫不得已只能就这些道路做一些联想和假设。

鉴于现存的两个残篇极为零散，对下列问题提出哪怕

---

① 黑格尔的这个手稿只有两页手写的纸张（在诺尔编的黑格尔著作中，每页纸张是三个印刷页）留存下来。根据黑格尔自己编写的页码来看，手稿包含47页这样的手写纸张。留下来的只有第8页和第47页（诺尔版：第345页）至于黑格尔本人是否把这篇作品视为业已完成的，这是存疑的。无论如何，他后来在1800年11月2日写给谢林的信中谈到他的系统性作品仍处于现在时。当然，这一措辞涉及的是我们现有的这个残稿，还是新作品的开始，我们也不能能肯定（罗森克兰茨：《黑格尔生平》，第143页）。这个体系的准备性作品和同时期的黑格尔其他作品都已不为人知。关于《基督教的实定性》的稍晚的新导论，我们将在下一节谈论。霍夫迈斯特基于对黑格尔手稿的重新考虑，主张黑格尔论述席勒《华伦斯坦》的小文章也属于那个时期（霍夫迈斯特版：第456—457页），这篇小文章至今被编辑在黑格尔后来的柏林著作之中（格洛克纳版，第XX卷，第456页及以下）。由于这篇小文章仅仅对我们熟知的黑格尔命运观做了一些改动，所以我们写明这一事实就够了。

只是猜测显然都是不可能的：黑格尔当时哲学的系统结构可能是怎样的，他的哲学将哪些问题置于中心点，他的哲学是如何辩证地将各个阶段相互结合起来的，等等。我们仅仅就哲学与宗教的关系从最早的残篇中获得了清楚的回答。因此，我们能做的不过是，在与他的至此为止并自此以后的哲学发展的关系中察看黑格尔在这两个残篇中提出的一些具体问题。

在现有的残篇部分，我们再次发现法兰克福时期的主要问题：生命与僵死客观性的对立，以及这种矛盾在宗教生活中的解决。虽然《基督教的精神及其命运》的哲学原则以这种方式被保留下来，虽然整个体系在宗教中达到顶点的思想更加显著地得到表达，但同样的问题在这两个残篇中比在《基督教的精神及其命运》中以更加辩证的方式出现。

正如我们已经看到的，在黑格尔这里向辩证法的方法论过渡就是各个概念的僵化单义性的相对化，是它们的彼此界限的层次化，是一个概念向其他概念的过渡的开始，是它们的呆板僵化的形而上学绝对性的消除。黑格尔在法兰克福的这种普遍的哲学倾向似乎在体系残稿中变成了有意识的方法。我们还记得，在伯尔尼的黑格尔那里鲜活与僵死、主观与客观等是如何生硬地彼此对置的。正是在这方面，在各个对立的形而上学僵化性的消除中，《基督教的精神及其命运》——尽管充满神秘色彩——意味着往前迈出的重要一步。我们先前在个别的地方，尤其是在他对康德伦理学的哲学论战中看到，黑格尔的这种倾向已经逐渐变成一种哲学上有意识的倾向。这时在体系残稿中，黑格尔在发展他的概念的辩证活跃性方面，在认识这些概念的流动性及其相互过渡方面继续迈出了有意识的和重要的一步。

留传下来的第一个残篇的开头和结尾都只有半句话。这个残篇探讨生命问题，即鲜活的个体与他的周遭世界之间的关系。黑格尔这时将这一关系理解为整体与整体的关系。人的外部世界的关联着的、有机地具有自身固有规律的特性，在这里相比以前以一种完全不同的明确性和清晰性表现出来。虽然黑格尔重建生活的理想，包含对外部世界的这样一种理解的可能性和必然性，但在此前更早的笔记中已有的这个问题现在显露出来。尤其是，在具体的分析中，只有社会环境才直接被理解为人的环境。自然虽然一再出现在考察的视野中，但仅仅处于与人的社会生活的最狭隘关系中，仅仅表现为这样的问题，即人类社会的特定历史形式与自然是协调一致的还是相抵牾或相疏离的。

黑格尔在此之前还没有谈到提出自然哲学问题，同样地，我们在他那里到现在为止还没有遇到他独立于具体的社会—历史哲学问题而探讨认识论问题的情况。但我们可以确定，社会和历史中矛盾的发展促使黑格尔进行了非常深入的方法论分析，并且有力地往前推进了他对辩证法的理解，而我们却在我们可以利用的材料中找不到任何表明他曾深入研究自然哲学问题的依据。当然，黑格尔在法兰克福时期肯定比在伯尔尼时期更加深入地研究了谢林的著

277

作；这从谢林对他的语言风格的一系列术语影响来看就已一目了然。然而，这些著作不可能帮助他获得自然科学问题的具体知识。我们在耶拿时期看到，他不仅很快就非常热切地投身于自然哲学问题，而且深入到具体的自然科学问题中去。他在耶拿与各类自然研究者密切交往。他在1804年成为耶拿矿物学协会成员，在同一年成为威斯特法伦自然研究协会成员，等等。① 虽然我们留有他在法兰克福时期从事几何学研究的一些残页，但这些残页被黑格尔标注为1800年9月23日，因而来自于体系草稿的笔记之后的某个时间。②

体系草稿以一种完全不同于黑格尔到目前为止考察问题的方式探讨自然哲学问题。从现存的残篇很难确定，这种方法论的新转向达到了怎样的程度。无论如何，这样一种提问的单纯事实不是无关紧要的，特别是当这一提问在这寥寥数页纸中一再显露出来的时候。在第二个残稿的开头，我们发现一处关于空间和时间的非常模糊和玄奥的片段，可惜这处片段已经几乎不能真正让人看懂，因为它显然只提供了业已遗失的较长的研究考察的最终结论。但我们认为，鉴于这些事实，鉴于黑格尔在耶拿极为迅速地深入到自然哲学问题之中，设想自然科学问题的研究也属于体系草稿的准备性作品，这决不算一个过于冒险的假设。

---

① 关于黑格尔在耶拿的这些关系和研究，参见罗森克兰茨：《黑格尔生平》，柏林1844年，第220页。

② 霍夫迈斯特版：第288页及以下和第470页及以下。

生命在黑格尔的第一个残稿中表现为一个总体与另一个总体的关系（我们在此不由自主地想到黑格尔后来把任何一个现实总体的辩证关联都理解为一个圆圈，这个圆圈又是全然由各个圆圈组成的）。个体和世界两者在这里都是"无限的多"；在这方面，个体部分"单纯从联系上考察，只是作为统一物拥有它的存在，另一部分（也就是一种无限的复多性）仅仅从对立上考察，只是通过与前一部分的分离而拥有它的存在……前一部分称为一个组织、一个个体"。① 直接地看，这里涉及的是个体与客观现实之间对立的一种主观化。不言而喻，在唯心主义者黑格尔这里存在达到这样一种主观化的强烈倾向，因为这种主观化的"设定"规定了把什么视为统一，把什么视为分离。但不要忽视，这种主观化同时保存了个体与客观现实之间迄今为止的僵化对立的一种相对化，保存了两者之间的一种更加鲜活的、活跃的和流动的相互作用。黑格尔描述这种相互作用如下：

> 个体性概念在自身既包含与无限多样性的对立，又包含与自身的结合；一个人就他是一个不同于其他一切要素不同于在他之外的无限的个体生命而言，是一个个体生命；他仅仅就他是与其他一切要素，与在他之外的所有无限的生命相统一的而言，才是一个个

---

① 诺尔版：第346页。

体生命——仅仅就生命的全体被划分开，他是一个部分，其余所有人是另一部分而言，他才存在；仅仅就他不是任何部分，没有任何东西与他分隔开而言，他才存在。①

279　因此，个体与世界的对立由于"设定"而达到的相对化，不仅导致任何生物都可以被看作既是整体的统一的这样一个——相对的——中心，同时又是整体的单纯部分，因而被看作是另一个个体的外部世界，而且导致任何个体都表现为这样一个统一体，这个统一体的基础是与围绕着个体的世界的统一和分离的同时持存。

根据黑格尔的观点，这种关联此时可以以两种不同的方式加以考察。我们可以以"未被分割的生命"（《基督教的精神及其命运》中的宗教生活）为出发点。然后，任何个体都只是"生命的一种表现"，所有这些表现通过反思都"被固定为各个静止的、持存的和确定的点，被固定为诸个体"。② 因此，一方面，被归于反思的是一种重要的和决定性的作用，即诸个别性通过反思被固定为诸个体性；而另一方面，反思表现为某种单纯主观的东西，因为反思通过它的进行固定的设定活动，把个别化的这个环节带进自在自为地未被分割的生命。在青年黑格尔这里，反思具有的

---

① 诺尔版：第346页。
② 诺尔版：第346页。

分裂的、但此时仍无法加以解决的地位，在最高阶段表现出来。对他而言可能的解决方案，即反思的客观性的方案，是他后来的更高发展阶段的结果。

这种没有解决的两面性，在黑格尔谈论设定的低级阶段的地方更加清楚地表现出来。这里"假定一种有生命的东西，而且假定我们是观察者"。由此对黑格尔来说就形成了自我与自然的对立，"一方是复多性，即无限多的组织和个体，对方是统一性，即一个唯一组织起来的既分离又统一的整体"。这种美好的和正确的规定"仅仅"带有唯心主义的基本缺陷，即它不过是一种设定，而且是从观察者个体的角度出发的一种设定。它不是生命本身，而只是"生命的一种设定，因为反思将它的各个概念，包括联系与分离，个别的东西、自为持存的东西与普遍的东西、结合起来的东西，因而任何一种有限制的东西与这一种无限制的东西，带进了生命之中，并通过设定而把生命变成了自然"。[①] 因此，自然表现为进行设定的自我，而且尤其是作为设定反思的自我的一个产物。

这种二分在这个阶段对黑格尔来说就规定了哲学与宗教的关系。简言之，如果我们考察这里提到的生命的两种表现形式，那么，第一种形式就对应于宗教，第二种形式则对应于哲学。这种对立表现出精神与法则的对立。法则

280

---

① 诺尔版：第346—347 页。

在黑格尔那里是一种"单纯的统一性……一种单纯的思想之物、无生命的东西……精神是在与杂多——这种杂多后来就是一种被赋予生命的东西——的统一中的一种能赋予生命的法则"。出于这个原因，人必须超越自我—自然的设定，以便达到现实的生活，进入一种鲜活的联系。因为"自然本身不是生命的本性，而是一种被反思固定起来、尽管是以最高贵的态度加以对待的生命，所以考察着和思维着自然的生命……仍然感觉到了这个矛盾……并且这种思维着的生命使有生命的东西从有死的、短暂的东西，从无限地自我对立、自我斗争的东西中超脱出来，摆脱了易逝的东西，这是没有死亡和自相残杀的杂多性的关系，不是一种统一性、一种经过思维的关系，而是充满生机的、充满力量的、无限的生命，这种生命就叫作上帝，它决不是思维着或考察着的，因为它的客体在自身决不承载丝毫经过反思的东西、僵死的东西"。①

我们看到，黑格尔借助他法兰克福时期的主要倾向——要达到扬弃一切僵死的、实定的、客观的和经过反思的东西的鲜活生命——的这种哲学表达，已经达到了一种地地道道的神秘主义。因此，他关于宗教与哲学的关系的规定，贯彻到底就是哲学向宗教的一种扬弃。哲学作为反思的观点只能通向一种康德式的无限进展（通向黑格尔后来的"坏的无限性"）。这种无限进展根据黑格尔当时的

———————

① 诺尔版：第347页。

观点在哲学的范围内是不能完结的。一种完结，即超越无限进展，超越僵死实定的东西必定一再被重新设定为僵死实定的东西的"坏的无限性"，只有通过达到反思之外的一种存在才是可能的。黑格尔在此将这一进展描述如下：

> 任何表达都是反思的产物，因此每个表达都可以被揭示为一种设定起来的东西，即某物被设定的同时就有一个他物没有被设定，被排除在外；但是，这种没有止境的不停被设定的过程必须永远加以制止，因为不要忘记，例如，凡是被称作正题与反题的结合的东西［关于这一点的阐述在现存的手稿中是缺失的。——卢卡奇注］，都不是一个设定物、理智物、反思物，毋宁说它对反思而言的唯一特性是：它是反思之外的一种存在……哲学之所以必定止于宗教，正是因为哲学是一种思维，因而部分地拥有非思维这种对立物，部分地拥有能思维者与被思维者的对立；哲学必须在一切有限物中揭示有限性，并要求通过理性达到有限物的完善化，尤其是要认识到通过哲学自身的无限物达到的诸幻相，并且就这样在幻相的范围之外设定真正的无限物。①

281

因此，哲学的任务就是它的批判性自我扬弃而转向宗教。

---

① 诺尔版：第348页。着重号由我所加。

这时，这种"反思之外的存在"就是宗教的领域。因此，根据黑格尔的理解，这种存在决不是人与世界的任何臆想的、合乎知性的关系，而是一种人活于世的关系。黑格尔在对同时代哲学的论战中强调，人在宗教中进行的提升不是"从有限到无限"的提升——"因为有限和无限只是单纯反思的产物，并且它们的分离本身是绝对的——而是从有限生命向无限生命的提升。"[1] 在这种无限的生命中，不再有各个部分也就是众人的分离出来的部分性存在："有局限的生命将自身提升到无限的生命；只有有限者本身就是生命，生命才由此在自身具有将自己提升到无限生命的可能性。"[2] 黑格尔这时关于有限生命向无限生命的这种确定提升应当如何进行，给出了一种描述。

> 如果人……把无限的生命设定为整体的精神，同时把它设定为在自身之外、在有局限者之外——因为人本身就是一种有局限者——并将自己提升为有生命的东西并与它最密切地统一起来，那么他就在敬拜上帝。[3]

我们在探讨黑格尔先前的手稿时已经非常详细地研究了这个问题，即哪些社会倾向促使黑格尔朝向达到这种宗

---

① 诺尔版：第 347 页。
② 诺尔版：第 348 页。
③ 诺尔版：第 347 页。

教生活的方向。现在，在我们打算考察他法兰克福末期作品的极端神秘主义的哲学表述时，我们必须简要地研究这样一些哲学问题，这些问题规定了我们在黑格尔这里遇到的这些表述的特殊形态。我们在黑格尔的这些残稿中，同时也在几乎同时出版的谢林《先验唯心论体系》中处于这样一个节点，在这里，德国古典哲学开始走上客观唯心主义和绝对唯心主义的道路。

282

从主观唯心主义向客观唯心主义的过渡是一个对待现实、对待独立于意识而存在的哲学立场的问题，因此又是一个对待哲学唯物主义的问题（不论这后一种立场是公开表明的还是秘而不宣的）。正如列宁准确地指出的那样，康德的主观唯心主义仍是唯物主义与唯心主义之间的一种摇摆，是它们之间的一种妥协。列宁说：

> 当康德承认在我们之外有某种东西、某种自在之物同我们表象相符合的时候，他是唯物主义者；当康德宣称这个自在之物是不可认识的、超验的、彼岸的时候，他是唯心主义者。[①]

众所周知，费希特在其"知识学"中在极端而连贯的主观唯心主义的意义上扬弃了这一妥协。黑格尔和谢林这时又

---

① 列宁：《唯物主义与经验批判主义》，柏林 1952 年，第 187—188 页。（中文见《列宁选集》第 2 卷，人民出版社 2012 年，第 161 页。——译注）

超越康德和费希特，致力于哲学问题的一种客观唯心主义的解决方案。由于哲学史中一种普遍流传的观点认为，黑格尔在这方面某种程度上是具有谢林倾向的一名学徒和继承者，所以我们必须既进行普遍问题的探讨，同时又要简洁明了地研究他们的彼此关系（当然，等到在以下各章，在我们深入探讨他们在耶拿的合作和黑格尔对谢林式辩证法的批判性超越时，我们才会对谢林的和黑格尔的倾向进行详细对比）。

简言之，黑格尔关于客观唯心主义的最初阐述，并非体现了谢林影响的结果，而是从黑格尔社会—历史问题的基底中，从在这里对他呈现出来的矛盾中有机地产生出来的。当然，关于黑格尔对谢林的影响，我们只能谈得更少。谢林的客观唯心主义是从他通过自然哲学来补充费希特辩证法的努力中形成的。这一努力持续了一段相对较长的时间，直到他意识到他自己的辩证法与费希特辩证法之间的对立为止（在这里，他与黑格尔的私人接触很可能起到了一种加速的作用）。因此，德国古典哲学中客观唯心主义的两位重要代表的思想发展彼此并列地、初看起来似乎平行地进行着。

但是，这种平行只是一种假象。两位哲学家并不能因他们在耶拿的倾向的持续数年的紧密团结这种自我欺骗，而掩盖客观的事实。事实上，两位哲学家在发展他们的客观唯心主义的过程中已经走上了相反的道路；耶拿的合作是这两条岔路的交叉点，在那里，共同反对主观唯心主义的必要性暂时掩盖了他们当时只是没有发展出来的对立。

概言之，对客观唯心主义来说，在思想上解决客观现实问题存在两种可能性（显然，这两种可能性都只是虚假的解决方案；在这些考察中重要的只是简明地提示两种类型的解决方案的可能性）。第一种可能性是我们在这里的黑格尔法兰克福时期就看到的。经验现实——在康德和费希特那里同样如此——被哲学主体理解为"设定"的产物。但除此之外，还存在另一种"未被设定的"现实，这种现实是真正的、独立于人的意识的现实，即一种宗教现实，这种现实的极端唯心主义的特点最清楚地表现在，现实据说是主观原则与客观原则的有机统一，即人与世界的对立在人与上帝的统一中的消解。于是就形成了一个神秘的假现实的领域，这种假现实要么是完全无内容的，就像黑格尔后来在《精神现象学》中嘲讽的那样，在黑夜里，所有的牛都是黑的，要么是一个非理性主义的容器，这个容器可以任意装满随便什么反动内容。这类唯心主义在哲学史上看最重要的表现就是谢林后来的所谓"肯定哲学"（他这样称呼这种哲学，作为他青年时代"否定哲学"的补充），这种哲学变成了后来从克尔凯郭尔到海德格尔一系列反动—非理性主义哲学的先声。[①]

我们在黑格尔哲学的成熟形式中看到另一种类型的客观

---

① 关于谢林晚期的这种哲学，参见拙著《理性的毁灭》，第 2 章，柏林 1950 年；《著作集》，第 9 卷，1962 年。

284   唯心主义。黑格尔在《精神现象学》中说出这样一种哲学的规划如下：哲学的任务是将实体转变为主体，也就是说，整个世界在这种哲学中应当被描述为精神的自我产生和自我认识，在那里，任何客观现实都只是精神的不同阶段的"外化"形式。我们将在探讨马克思对《精神现象学》的批判时详细地看到，主观性与客观性之间的一切关系由此被颠倒了，在个别情况下甚至被歪曲了。我们在这里仅仅指出，尽管存在这些关系的唯心主义颠倒，但只有这种形式的客观唯心主义才有能力在一种进步的意义上塑造出人类发展、自然与历史的规律性的一种辩证法，只有这种形式的客观唯心主义才在自身包含着可能在后来能够使这些关系以唯物主义的方式头脚正立的要素和倾向。另一种类型的客观唯心主义必然是反动的。

概言之，正如我们在本书中必须先行说出后面的考察结论一样，我们在这里可以说：黑格尔的思想发展从对客观唯心主义的反动理解达到了对它的进步表述，而谢林走上了相反的道路。我们将看到，谢林一开始非常天真地把自然哲学嵌进费希特的认识论中，并且在他最初的自然哲学尝试中甚至有广泛的唯物主义的心血来潮，而黑格尔从不知晓；但由于谢林没有能力达到唯心主义辩证法的现实高度（也是由于他关于社会和历史问题的比较肤浅的了解和研究），所以他不得不离客观唯心主义解决问题的那个方向越来越远，而那个方向是我们在黑格尔法兰克福危机时期就已观察到的。

在仅存的黑格尔体系草稿中，也可以发现他法兰克福时期思想的带有危机的矛盾性。首先，引人关注的是看到，即使在黑格尔由于他的思维的这种带有危机的倾向而达到了最夸张、最非理性主义、最神秘主义的结论以后，他也毕竟从未完成丧失哲学的清醒，宁愿允许最显著的矛盾成为他的神秘主义公设并加以说明，也不沉溺于一种彻底的神秘主义和非理性主义。我们已经看到，哲学向宗教的扬弃是黑格尔这个残稿的最后效果。我们同时也已经看到，285 这种扬弃同时包含着摒弃思维领域和反思领域。但我们非常有趣地看到，黑格尔正是在他设法规定从思维那边对上帝的敬拜是何含义的地方①，又无意识地将哲学范畴带进了对上帝的敬拜中去，从而破坏了他的整个宗教非理性主义。他在这处引文中说道，人不仅将无限的生命而且将自己"设定"为以某种方式处于这种宗教生活中的，即处于"自身之外"，也就是说，宗教生活在某种程度上同样是主体的哲学活动的一种产物，先行用《精神现象学》的术语讲，仅仅是一种"意识的形态"。

体系与方法之间的第二个矛盾更加重要、影响更大。我们已经看到，黑格尔仅仅赋予哲学以达到宗教生活这样一种否定的准备性角色，使哲学在某种程度上为它自己的批判性自我扬弃铺垫道路。在探讨这种必要性时，他十分强调，在单纯哲学思维的道路上只能达到——正如下文他

---

① 参见诺尔版：第347 页引文，另见本书第281 页。

会说到的——"坏的无限性",只能达到康德—费希特的无限进展。因此,黑格尔这里将哲学与他在耶拿就已经称之为"反思哲学",并且后来同样这样称呼的东西完全等同起来,这一点始终是一致的(非常典型的是,这种等同在晚期谢林的"肯定哲学"中——在反对黑格尔时——重新出现)。

但是,黑格尔在这里已经远远超越了这种观点,尽管他并没有注意到这一点,至少没有从中得出一些哲学结论。他在个别的表述中已经略微提及对他后来的更成熟的辩证法版本,尽管通常还是模糊的和混乱的。然而,在他关于哲学没有能力现实地扬弃对立,因而不得不扬弃自身进入宗教提供的分析中,他对他后来的辩证法达到了相对清楚的表述:

> 如果杂多在这里确实不再被设定为这样的杂多,而是同时完全在与有生命的精神的联系中作为被赋予生命的东西,作为器官存在,那么就仍会有某种东西被排除在外,因此还会有一种不完满的东西和一种对立物,即僵死的东西,始终存在;换言之,如果杂多仅仅在联系中被设定为器官,对立本身就被排除了,但是生命恰恰不能只被看作是统一、联系,而是必须同时被看作对立;如果我说生命是对立与联系的结合,那么这种结合本身就又可以被孤立,并被反驳说,这种结合是与非结合相对立的;所以我必须这样表达,

生命是结合与非结合的结合。①

很清楚，我们在这里已经有了黑格尔辩证法的成熟形式，即黑格尔由以超越他的所有前辈的那种矛盾观，因为在这里矛盾表现为万物及其运动的最深刻原则，而关于辩证矛盾的那些满足于对立规定的简单扬弃的表述，必然致力于这样一个——始终具有宗教色彩的——领域，在这个领域，矛盾最终并且彻底得到解决（在谢林那里也是如此）。通过对矛盾性的这种表述，矛盾性表现为鲜活的和运动着的原则，它根本就不可能得到最终的扬弃，而是一再地在一个更高阶段产生出来（我们在探讨黑格尔耶拿思想发展的时候将看到，对待反思的观点也因此得到了彻底改变，反思由此变成了辩证的总体运动的一个必要环节。但我们到现在为止已经可以确定，这样一些当然决不会被连贯地思考到底，并在方法论上得到实施的倾向，从一开始在法兰克福就在黑格尔那里起了作用）。同样清楚的是，单纯地将这种辩证矛盾观思考到底，就会摧毁作为哲学的顶峰的整个宗教生活领域。将这种辩证矛盾观思考到底，就径直地通向黑格尔后来的"思辨"形式。

这种矛盾学说只有在唯物主义辩证法的范围内，也就是说，只有在这种表述被表达为客观现实的活跃矛盾在思想上的反映时，才能以一种适当的和真正一贯的方式表现

---

① 诺尔版：第347—348 页。着重号由我所加。

出来。然而，看清黑格尔哲学唯心主义的这种无法克服的局限，并不会减损他通过在现实和思维中对矛盾性的现实特性的这种认识而实现的伟大成就。列宁曾着重强调黑格尔在其《逻辑学》中与此相关的——当然更加清楚和合乎逻辑的——表述，并且指出，道路从这里开始通向了黑格尔辩证法的唯物主义"颠倒"。此外，他从《逻辑学》中引用了黑格尔谈论同一与矛盾的关系的一段话："如果谈到排序，并且非要坚持两个规定是分离开的规定，那就必须把矛盾看作是更深刻和更本质的规定。"列宁标出这句话表示赞同，并且在整个摘录的最后补充说道：

> 运动和"自我运动"（这一点要注意！独立的、天然的、内在必然的运动），"变化"，"运动和生命力"，"一切自己运动的原则"，"运动"和"活动"的"冲动"——"僵死存在"的对立面，——谁会相信这就是"黑格尔主义"的实质，抽象和混乱（费解、荒谬？）的实质？必须揭示、理解、"拯救"、解脱、澄清这种实质，马克思和恩格斯就做到了这一点。[1]

关于辩证矛盾的这种表述，是黑格尔法兰克福时期的最高成就。可以说，凭借这一成就的获得，黑格尔哲学的

---

[1] 列宁：《哲学笔记》，柏林 1949 年，第 54 页、第 57 页。（中文见《列宁全集》第 55 卷，人民出版社 2017 年，第 117—118 页。——译注）

"狂飙突进"，他的世界观危机也就告一段落了。但我们同时可以发现，正是这种具有最显著矛盾的表述可被视为法兰克福时期最终的哲学成就，可被视为体系残稿本身的结构。我们只能发现这种矛盾，而不能详细探讨这一矛盾的确切来路和去路。我们对此既缺少法兰克福体系残稿的准备性文章和这个残稿其他部分的论述，也缺乏黑格尔在耶拿体系草稿出现之前撰写的准备性文章。多么重要的东西已在体系残稿本身中遗失，我们可以从例如一个评论中看出来，在那里，黑格尔根据我们刚才引用的关于辩证矛盾的特性的表述指出，他早先已经谈论过"合题与反题的综合"。既然费希特和谢林的辩证法已经懂得综合只是正题与反题的结合，我们在这里就肯定遗失了黑格尔关于他的辩证法新形式的一种重要的认识论探讨。

我们已经尝试在对法兰克福时期的普遍倾向的分析中，*288* 揭示黑格尔驱向于这个辩证法方向的各种路径，那些路径不断加剧他的方法与他的体系之间的对立性。结合我们以前的这些讨论，我们认为可以提出这样的假设，即在这里，在人类活动中，尤其是在劳动中，表现出来的鲜活矛盾，也同样对塑造矛盾性的正确思想共同起着决定作用。在本书的前面某处（第 232 页及以下）我们曾试图解释清楚，黑格尔在撰写这个体系残稿的笔记时已经了解斯密的经济学，并且从中掌握了劳动概念。如果我们现在进一步考察黑格尔几年后关于与劳动紧密相关的经济问题的论述时，我们就会在这些论述中恰好把下列情况看作是本质性的，即那些在形而上学思维中相互排斥的范畴，例如普遍与特殊，不仅彼此过渡，而且具有这种能动性的诸范畴总是同时不分离地在矛盾中得到统一，这对黑格尔而言构成这些范畴的本质。例如，让我们考察一下黑格尔在《伦理体系》（耶拿，1802 年）中关于工具以及工具与人、与人的劳动之间的关系所说的话：

> 一方面工具是主观的，处于劳动着的主体的支配之下，并且完全特定地由主体进行准备和加工；另一方面，工具又是客观的，指向劳动对象。通过这个中介，主体扬弃了毁灭活动的直接性，因为劳动作为直观的一种毁灭，同时也是主体的一种毁灭，是一种否定，即在主体中设定单纯的定量的东西。手和精神由于工具而变得迟钝，也就是说，工具本身具有否定东西和无定型物的本性，另一方面（因为否定东西、差别是双重的），劳动是一种完全个别的主观东西。在工具中，主体变成工具自身与客体之间的一个中介，这个中介是劳动的实在合理化……在工具中，主体使自身脱离开他的迟钝化和客观性……同时主体的劳动不再是某个个别的东西，劳动的主体性在工具中被提升为一种普遍的东西；任何人都可以仿制工具，并同样地进行劳动，就此而言，工具是劳动的持久的规则。①

---

① 拉松版：第 428 页。

这里重要的不是对黑格尔经济学观点的批判，而只是 289

他的阐述的方法论类型。读者可以在这里看到，黑格尔正
是在谈论作为能动性的劳动的地方，特别强烈地塑造了他
的辩证法的这种新方式。这里不仅谈论普遍向特殊、特殊
向普遍的过渡等，而且谈论劳动的能动性，即人对客观世
界的积极关系如何以工具为中介既被黑格尔同时理解为普
遍和特殊，又被他理解为普遍和特殊的统一。当然，这些
仅仅是几年以后的表述，也不能提供任何有说服力的证据
表明，在这些关联的掌握中可以找到黑格尔特殊形式的辩
证法形成的主要来源之一。但是，由于这一发展的主线朝
着《精神现象学》的方向进行，而在那里，人通过他的能
动性而实现的这种自我创造构成基本思想，并且由于我们
很早就已经观察到黑格尔在比较原初的阶段对各种关联的
这样一种理解的萌芽，所以，我们认为，我们有理由引用
这段话至少作为假设性的说明尝试来解释黑格尔思想发展
的这样一个阶段，为了真正弄清楚这个阶段，我们没有任
何经过证实的事实可供利用。

构成体系残稿的结尾的第二个残篇以财产、劳动和祭
品的讨论为核心，对此我们已经结合黑格尔经济学观点的
发展详细谈论过。这些论述构成那个其基本思想我们已从
《基督教的精神及其命运》的探讨中有所了解的思想系列的
一部分，亦即宗教——根据黑格尔的观点，宗教具有扬弃
错误的、僵化的、实定的客观性的任务——在多大程度上
能够胜任这一任务的问题的一部分。我们现在找到的答案

听起来要比人们从先前探讨的残篇的过分神秘主义的哲学论述中所期待的东西更加令人怀疑：黑格尔在这里提醒注意以前的——对我们来说已不再存在的——论述，根据这些论述，宗教生活被规定为保持生机的活动或赋予客体以生命的活动，这样的观点从黑格尔以前的阐述中已为我们熟知。甚至在下列观点中也没有任何原则性的新东西，即黑格尔提到宗教生活的命运，"宗教生活的命运也有能力使客观东西作为客观东西持存，或者甚至使本身鲜活的东西变成客体"。最后的表述甚至比《基督教的精神及其命运》中提出的问题更多了些尖锐，因为在那里，虽然他至多承认了宗教不能扬弃客观性，但他主张，只有犹太教才使得与客观性的鲜活关系僵化了。这种客观化在黑格尔看来可能是某种暂时的东西、某种可以补偿的东西。"但下列情况是必然的，即这种客观化也渗入与客体的持久关系中去，为客体保留客观性直到完全毁灭。"在这里又出现了黑格尔关于劳动作为一种持续性的、由于宗教而不可扬弃的关系的规定。因此，黑格尔在现时代的宗教的实现过程中看到一种状态，在其中，宗教生活必须容忍那些变成客观的，并一再重新产生客观性的生活条件。这种情况甚至走得如此之远，以至于他承认在现代的众多牧师那里，社会分工也是必要的。①

我们看到，在理解宗教生活的拯救力量时，过分的夸

① 诺尔版：第349—350页。

张在黑格尔适当地通过不断接近具体历史和现时代的社会
生活而减少了。结束语与此相应地包含着某种听天由命的
论调。黑格尔认为：

> 有限生命向无限生命的这样一种提升，以致有限
> 者、有局限者……尽可能少地留存下来……这并不是
> 绝对必要的；宗教是有限向无限的某种提升……并且
> 这样一种提升是必要的……但某个人种的特定本性停
> 留在对立和统一的哪个阶段则是偶然的……最充分的
> 完满在那些其生活尽可能少地分离和分裂的民族那里
> 是可能的，也就是说，在快乐的民族那里是可能的；
> 相对不快乐的民族不可能达到那种阶段，它们必须在
> 分离的状态为了保持作为各民族的一个成员，为了独
> 立地位而殚精竭虑。①

我们看到，在黑格尔宗教神秘主义的醉人美酒里掺有很多
令人清醒的水。

　　在这些评论以及紧接其后的评论中，黑格尔尝试从更
高的哲学立场出发对他当时所处时代的各种被视为必然的
世界观持批判态度，这从哲学上看是至关重要的。在这方
面，他在评判有限东西中的和分裂状态中的局限性时，将
纯粹的客观性和纯粹的主观性相提并论。这不过是用一种

---

① 诺尔版：第 350 页。

291 普遍的哲学表达说出了我们业已知晓的思想，根据这些思想，积极性和消极性，针对命运的斗争或逃避结果都是一样的。

但论述这些——带着对康德—费希特哲学的一种明显讽刺——评论超出了我们的研究范围。黑格尔的思想，即康德—费希特的主观性与不可认识的自在之物密切相关，第一次表达出来。黑格尔说：

> 可以从主观性方面将其［即现时代的哲学观点——卢卡奇注］看作是独立性，或者从另一方面把它看作是异己的、遥远的、不可企及的客体；两者显得是彼此和谐共存的，所以分离越强烈，自我就越纯粹，同时客体也就越超于人，越远离人，内心世界越强大和越孤立，外部世界就越强大和越孤立，这是必然的……至于人的意识考虑哪个方面，这是偶然的……如果分离是无限的，那么固执于主观东西还是客观东西都是无关紧要的；但是，绝对的有限与绝对的无限的对立始终存在。①

我们看到，黑格尔开始不再单纯从康德—费希特哲学的道德方面批判他们，而是在这种批判中，一方面他针对他们的整个体系，并将认识论的基本立场即自在之物的不可知解释为他们体系的主观性的一种哲学关联；另一方面，

---

① 诺尔版：第351页。

他把康德—费希特哲学看作是他所处时代的最主要的世界观的表达，而且是那个时代的不可解决的矛盾性的表达，他在这里像后来在耶拿一样，用"分裂"这个词来表示这种矛盾性。因此，康德和费希特这时对黑格尔而言表现为一种危机的意识形态代表，他在他所处时代的社会状况的矛盾性中看到这种危机，并把这种危机在思想上的克服确立为他的哲学目标。

我们已经知道，黑格尔是如何在法兰克福设想这种克服的；我们同样已经看到，他的尝试性解决方案带来了哪些内在矛盾。当然，他对康德和费希特在历史和认识论方面的评价，变成了他自己哲学中的持存要素；但法兰克福时期对宗教神秘主义的克服将这一批判嵌进了一种更广泛、更科学的关联之中。因此，黑格尔哲学史方法的开端在这里已经存在，根据这种哲学史方法，他不是批判一些哲学家的个别部分或观点，而是批判他们的世界观总体，同时 *292* 指出这种总体既是他们时代的必然产物，又是普遍思想发展的必然环节；黑格尔称这种世界观"极其庄严崇高，但不是很人道"，由此指明了他力求克服这种世界观的基本方向：人文主义方向。

第八节　实定性问题的新表述

黑格尔在法兰克福开始撰写的最后作品是其篇幅庞大

的伯尔尼手稿《基督教的实定性》的一篇新导论。黑格尔
本人标注了开始写作的日期：1800 年 9 月 24 日，这是紧随
体系残稿收尾之后的日期。[1] 既然它只是一篇短小的作品，
确定开始写作的日期就完全足够了。这篇作品在方法论上
的基本方向是与最早伯尔尼手稿的完全相反的；至于黑格
尔在多大程度上曾真正严肃地对待要根据他的新观点对原
初版本进行彻底修订的想法，并且在什么时候放弃了这一
工作，我们不得而知。

　　分析这篇作品，在我们已经了解黑格尔此前的法兰克
福时期著作以后，就不存在任何特殊困难了，因为我们在
这里从本质上看到了此前经常遇到的那些思想倾向的总结。
因此，我们主要选取在其中黑格尔的特定倾向已经获得一
种比此前在法兰克福时期更加深刻、更加接近后来观点的
理解的那些因素，选取在其中他的旧观点的改变和对他伯
尔尼旧立场的批判都特别清楚明白的那些因素。

　　在方法论上，"理想"概念的规定特别引人关注，因为
在这里我们看到了黑格尔后来用"具体概念"这一术语表
示的那种思想的最初的、尚不明确的表述。"理想"这个词
在伯尔尼和法兰克福的手稿里反复出现，但总是要么在通
常词语用法的意义上，要么在康德哲学的意义上得到使用。
这个术语在这里无疑具有或多或少偶然的特性，黑格尔也
很快放弃了用它来指代这个范畴。但事情本身更加重要。

---

[1]　诺尔版：第 139 页。

根据黑格尔在体系残稿中对辩证矛盾的新表述，说这里已经出现一种朝"具体概念"方向发展的思想，也决不令人吃惊。但是，当黑格尔在体系残稿中给哲学分派的任务只是对宗教加以否定和批判的准备，只是自我扬弃进入宗教，并将一切具体的东西都归于宗教生活，这时，他就在哲学范畴的范围内寻求发现具体的总体，这为我们的以下论断提供了新的证据，即在法兰克福时期他的方法与体系是彼此冲突的，他的辩证法的进展是在他的方法的发展反对他的体系意图的路线上进行的。

黑格尔在此使作为具体的且历史的东西的理想，与作为抽象的且反历史的东西的普遍概念对置起来。他说：

但人的本性的一种理想是某种完全不同于关于人的规定、关于人与上帝关系的普遍概念的东西。理想确实允许特殊性、规定性，甚至要求独特的宗教的行动、感觉、风俗，要求一种剩余，即大量在普遍概念的灯火前不过表现为冰和石头的多余东西。①

我们看到，黑格尔的这种表达距离一种方法论的清晰性和明确性还很遥远。但黑格尔在这里第一次产生了这样的思想，即概念的普遍化决不是必然地——像形式逻辑假设的那样——导致内容性的日益贫瘠，毋宁说相反，现实的、

———————

① 诺尔版：第 142 页。

哲学的普遍化站在越高的普遍性阶段，由于在这种普遍性中包含各个被扬弃的规定的丰富性，就越充实和越具体。

法兰克福时期的凭体验的特性在黑格尔的概念形成中表现在，他还没有从引发普遍化的实际历史动机出发为对他来说必然的普遍化打开通道，毋宁说，他的概念形成自在地就带有这种动机的所有直接痕迹，只是尚未在逻辑上得到领会或是一知半解的。朝着具体概念的方向发展的普遍构想，在这里并没有在"理想"中脱离理想的应用地基，即宗教实定性的地基。当然，我们也发现在后来的黑格尔那里始终有大量的具体材料，他用这些材料赋予最抽象的逻辑关联以生机并解释这些关联，但我们必须在他后来方法论的这种成熟和丰富，同他在法兰克福过渡时期引发性的动机与问题表述的一种直接的、半混乱的统一之间作出显著的区分。

但是，黑格尔的这条通往具体概念的道路，像他的所有其他发展道路一样具有两面性：一方面，正如我们已经看到的，这条道路通往新的逻辑学，即要把诸物的特殊性、历史现象等纳入辩证逻辑之中的道路，从而建构起这样一种方法论，这种方法论在思想上反应客观现实中的实在规定的丰富性和活跃性，当然他在这方面是无意识的，并且在论述中始终带有唯心主义的混乱；同时另一方面，黑格尔的这种达到逻辑结构的具体化的倾向包含着为宗教辩护而反对知性和理性的倾向。

我们现在探讨的这部著作的导论，与此相应地包含着对启蒙时期的哲学，尤其是启蒙时期的宗教和历史思想的一种广泛而细致的论战。在这个导论中，黑格尔同样强烈反对启蒙哲学在实定宗教与自然宗教之间设立的尖锐对立。他摒弃了这样的预设，即"只存在一种自然宗教，因为人的本性只有一种；但是，实定宗教可以很多"。[1]

黑格尔反对从这些关于人的本性的普遍概念推演出宗教及其历史作用。

> 人的本性的普遍概念将不再充分；意志自由变成一个片面的标准，因为人的伦理和特性以及与此关联的宗教并不取决于一种概念规定……人性的普遍概念过于空洞，以致无法为信仰的特殊的和必然多样的需求提供一个标准。[2]

因此，黑格尔在这里不是想从哲学和道德学的角度评判人 *295* 类的过去，而是想在具体的活跃性和复杂性中把握人类的过去——这是他此时的努力的进步方面。在他引述启蒙时期一系列反对宗教的论据后，他说：

> 唯独这种解释方式预设了对人的一种深深的蔑视，预设了对人的知性的明显迷信……人们并不是结合民

---

① 诺尔版：第139 页。
② 诺尔版：第141 页。

族和时代的伦理与特性来追问宗教的真理的；他们的答案是，宗教是纯粹的迷信、欺骗和愚蠢。[1]

黑格尔强烈抗议这样的想法：

> 在这些世纪……生活和死去的千百万人曾视之为义务和神圣真理的全部东西……至少从民意看，都是纯粹的胡说八道甚至伤风败俗。[2]

从这些引文可以清楚地看到，黑格尔历史意识的增强同时产生了他对宗教的一种历史和哲学的辩护，并且不仅是在他会承认过去的宗教是实际的历史力量并历史地研究它的兴亡的社会状况的意义上，而且是在对宗教的永恒性和现实性的哲学辩护的意义上产生这种辩护的。在了解黑格尔法兰克福时期的普遍倾向以后，这对我们来说已经不足为奇。黑格尔说，人们必须"至少预设，人对一个超感性的世界和敬奉神圣东西的天职有一种自然的情感或意识……人的一切高尚、一切高贵和良善都是某种神圣的东西，都来自于上帝，是来源于上帝的圣灵"。[3]

这基本上就是法兰克福体系残稿的宗教哲学的一种历史运用。但假如在这里只看到当时黑格尔的唯一倾向，那

---

① 诺尔版：第144页。
② 诺尔版：第143页。
③ 诺尔版：第146页。

就又是片面的。在这里，他的唯心主义的美化宗教的方面得到表达，正如我们所知，这个方面甚至在他后来的思想发展过程中，在他克服法兰克福时期神秘主义的过分夸张之后也从未消失。然而，假如忽视与此同时还存在一种严肃的倾向，那也是片面的，这种倾向就是要历史地将基督教理解为那种已经在本质上规定欧洲文化的好与坏、进步与落后达两千年之久的精神力量。在这个手稿的导论中，黑格尔关于基督教的这种政治的、社会的和文化的影响描绘了一幅广阔的图景，在这种影响中，颇有特点的是，伯尔尼时期很多针对基督教的指责几乎逐字逐句地在这幅总体的图景中被接受下来。由于这涉及的是黑格尔第一次进行这样的历史概述，我们认为有必要逐字逐句地将这一段落告知读者，尽管它相当长。

296

　　基督宗教由于能够适应各种最不相同的风俗、性格和宪政，时而受到人们的谴责，时而又受到人们的称赞。罗马帝国的腐化是基督宗教诞生的摇篮。正当这个帝国没落的时候，基督宗教取得了统治地位，我们看不出，帝国的倒塌由于基督宗教而受到阻止；与此相反，由于帝国的倒塌，基督宗教扩大了它的领域。基督宗教在同一时期表现为既是那些过分讲究的、沉浸在最卑鄙的罪恶中的、奴颜媚骨的希腊人和罗马人的宗教，又是那些最无知、最粗野却又最自由的野蛮人的宗教。基督宗教是意大利诸邦在中世纪放荡自由的最美好时代的宗教，是严肃自由的瑞士共和国的宗教，是近代欧洲多种多样的君主制国家的宗教，同时也是遭受最残酷压迫的农奴和他们的领主的宗教；两者去同一个教堂做礼拜。西班牙打着十字架的旗号在美洲屠杀了几代土著居民，惨烈践踏印度的英国人高唱基督徒的感恩歌。从基督宗教的土壤中绽放出造型艺术最美的花朵，耸立起各门科学的大厦；但为了崇敬基督宗教，所有的艺术甚至都遭到禁止，而科学的发展被斥为亵渎神明。十字架之树在各种不同的气候里都曾繁荣滋生，生根结果。各个民族将一切生活的快乐都与基督宗教结合起来，而最不幸的苦难也在基督宗教中得到滋养，找到辩护。[①]

当然，这一广泛的描述与其说是一种回答，还不如说是一种提问。黑格尔在这一时期还远远不能回答如此复杂的历史发展问题。但是，这一广泛的提问方式已经表明，他的观点相对于伯尔尼的开端在多大程度上增加了历史的具体性。同时我们看到，反对启蒙时期的历史方法论、以人"的"普遍概念为出发点是多么密切地与他对历史之路错综交织的这种更加丰富的见解相结合的。具体概念的形成的倾向正是来源于这样的一些历史见解。紧接着上述引文，黑格尔补充他关于"理想"的规定说道：

---

① 诺尔版：第 140 页。

但鲜活的自然是某种永远不同于自然概念的东西，因此对概念来说曾是单纯的样态、纯粹的偶然性或一种多余的那种东西，现在成了必要的东西、鲜活的东西，或许还成了唯一自然的和美好的东西。[①]

很清楚，从这样一些出发点必定得出实定性的一种强烈的历史化。黑格尔不再问什么是实定性，这时使他感兴趣的是这个问题：一种宗教如何成了实定的？尽管存在这种历史主义——这种历史主义的萌芽是我们自黑格尔在法兰克福的政论性小册子以来就已经观察到的——但假如像资产阶级的黑格尔研究者通常所做的那样，过于生硬地将"历史的"黑格尔与处于启蒙运动影响下的"非历史的"黑格尔对置起来，那就是错误的。青年黑格尔在伯尔尼的大多数概念的形成，也可能是形而上学的和非历史的，他的志向仍旨在获得历史过程的一种整体思想。尽管对适合在思想上解决历史的错综交织的一个概念体系的发展来说，他与启蒙学者们共同的哲学观点甚至极大地构成了一个阻碍，但正是在启蒙时期历史学的实际影响下才形成了他最早的历史观的博大宏伟。反动的辩护士们恰恰否认这样的事实，即在他们的历史主义的一切局限中，从吉本到孔多塞的启蒙时期对历史学而言曾是拥有伟大的历史思想和永恒成就的时代。

---

① 诺尔版：第 141 页。

298   另一方面，我们同样也不能忽视黑格尔当时历史观的唯心主义局限。反动的历史学家对某些从黑格尔历史观中片面地选取出来并在这种孤立状态中予以过分强调和过高评价的方面抱有好感，这种好感是以历史意识的发展的观念为依据的，而这种历史意识是从反对法国大革命的反动文学（柏克）中形成的，并且经过黑格尔而通向兰克，通向辩护性质的历史编纂学。如果想要正确把握黑格尔的正在形成的历史观的优点和弱点，就必须正确看透这个结构的空洞性。只有看到从围绕法国大革命的意识形态斗争中如何形成了这样一种历史主义，这种历史主义的主要倾向像在启蒙哲学中一样是维护人类进步的必然性，但这种历史主义试图借助对事实、历史的发展趋势和规律的深入认识来证明人类进步的必然性，我们才会看到历史感的发展的现实路线，同时看到黑格尔在这种发展中持有的立场。

当然，接下来就会看到，在宗教的这种情况下那种对事实的承认，恰恰是黑格尔历史观的一个关键的意识形态弱点，这个弱点源自他的哲学唯心主义。关于宗教是"永恒的"，宗教符合"人类理想"的预设，丝毫不比黑格尔这里尖锐批判的普遍人性的概念更少形而上学的色彩。因此，当一种处于发展中的真正历史主义这时在黑格尔那里被把握到时，由于在他的思想中存在与反动辩护士们极力赞扬的倾向完全相反的倾向，就发生了这样的情况。尽管存在这些倾向，而不是由于它们对重要的历史哲学产生的影响，这种历史主义还是传开了。

我们现在来考察一下，黑格尔在实定性方面是如何表述他的新问题的！我们已经在探讨符腾堡小册子（第182—183 页）和《德国宪政》的小册子（第 192 页及以下）时，以及在探讨《基督教的精神及其命运》的某些地方（第266—267 页）时，看到把黑格尔引到这里来的各种倾向。现在他为同样的事实提供了更鲜明、更果断的表述。

> 在一种未知的东西面前颤栗，在它的行为方式中放弃自己的意志，让自己像机器一样彻底服从外在地给予的规则，毫无任何理智地通过行为和放弃以及言语和沉默，在感觉的短期或终生的迟钝中麻痹自己——所有这些都可以是自然的，一种具有这种精神的宗教之所以决不会是实定的，是因为它符合它的时代的本性。这样一种宗教所要求的自然当然会是一种不幸的自然；但是，宗教实现了它的终极目的，它会给予这种自然以一种唯独能适合它的更高东西，并在其中得到满足。

黑格尔完全是在我们以前的分析考察的意义上回答新问题的："宗教现在当然已经变成实定的，但它也只是变成了它原初所不是的东西。"那么，这种向实定性的转变是什么时候发生的呢？我们看到，符合一种"不幸的自然"的宗教就决不是实定的宗教。"只有当另一种勇气被唤醒，当人的本性获得一种自我感觉，因而要求自身的自由时……迄今为止的

299

宗教才能对它而言显得是一种实定的宗教。"①

因此，一种宗教看起来是实定的，这是即将到来的革命的标志。黑格尔强烈地将实定性的概念历史化了，但在这里，实定性的概念也与这样一种浪漫主义形成了鲜明对比，这种浪漫主义把一种制度的单纯持存，即它的实定性，看成了它得到辩护和推崇的一个原因（如后来的历史法学派）。相反，黑格尔将实定性视为下列情况的一个征兆，即历史发展已经超越宗教，宗教理当被历史摧毁，也必须被摧毁。

这种与浪漫派的对立也澄清了黑格尔在方法论上的另一个重要的新观点。黑格尔在这里拒绝讨论基督教的一些个别教义或制度到底是实定的还是不实定的。他要求对实定性的研究要始终关涉到整体："唯独这种观点的内容将始终关涉到整体。"② 关于这个问题，虽然黑格尔只写了寥寥几句一般的评论，但我们仍必须在这些评论这里稍作停留。首先，因为后来在《精神现象学》的格言"真理是整体"中发展成为一种哲学的和历史的方法论的那种整体的考察方式，最早在这里已有了明确的预示。其次，因为我们时代的反动哲学挪用了从整体本身出发的整体考察方式。反动哲学这样做是因为它从整体中造出这样一种形而上学概念，这种概念排斥现实的、历史的考察方式，排斥任何在历史过程

300

---

① 诺尔版：第 141 页。
② 诺尔版：第 144 页。

中产生彼此交替的诸总体的发展，同时在这方面，整体性考察唯独被粗暴地与因果性对置起来（想想奥特马·施潘）。

由于并不缺少这样的企图，即要使黑格尔也与这样的反动倾向具有亲近关系，把他变成这样的反动努力的一个鼻祖，所以我们认为援引黑格尔数年以后的一段历史论述是合适的，在这段论述中他在一个具体事例中为了解释实定性问题，运用了这种总体性考察方式。在《论自然法的科学探讨方式》（耶拿，1803年）中，黑格尔谈到德国的封建主义及其残余，并研究可以在多大程度上把它看作是实定的。他说：

> 这样一来，例如采邑制也可以表现为某种完全实定的东西……但相对于生活而言，这种采邑制是否是实定的，要取决于这种制度中的人民真正作为个体性将自己组织起来，完全充实那个系统的形态并鲜活地融入其中……因此，如果一个民族的某位守护神一般而言地位较低，并且是一位较弱的神灵——伦理的软弱在野蛮状态和礼仪文化中都是最要命的——如果一个民族可以被另一个民族战胜，它的独立性必定丧失，自主性的丧失带来的不幸和屈辱更甚于战争和死亡……那么，采邑制和奴役就有了绝对的真理性，这种关系是唯一可能的伦理形式，因而是必然的、正当的和伦理的形式。①

---

① 拉松版：第405—406页。

我们看到，对德国社会和民族的悲惨状况的愤怒，在此导致黑格尔把他所处现时代的封建残余看作是一种与"不幸的自然"相适应的，因而并非实定的宪政。假如在德国形成了反对这种不幸的一种现实的反向运动，那么根据黑格尔当时的理解，这些状况就必然会被评价为实定的状况。

但历史具体性的倾向还在黑格尔这时的实定性学说中产生了一种并非无关紧要的新的规定。我们还记得，在伯 *301* 尔尼某些观点、宗教和制度在一定程度上一开始就带有实定性的瑕疵，而另一些同样绝对的和形而上学的观点、宗教和制度却没有这种瑕疵。黑格尔现在非常激进地与这种方法论决裂了。

> 没有一个教义不是在一定情况下才是真理，没有一个律令不是在一定情况下才是义务，因为即使普遍可被视为最纯粹真理的东西，为了它的普遍性，在运用于各种特殊情况时，也要求有限制，也就是说，不是在任何情况下它都有无条件的真理性。①

黑格尔由此已经非常接近在《精神现象学》和他后来的体系中存在的那种关于真理与谬误的历史辩证法的思想。

当然，这种情况就像在黑格尔那里通往辩证法的任何向前的步伐一样，也有它的两面性。这里存在的通往关于

---

① 诺尔版：第143页。

真理与谬误的历史辩证法的萌芽所具有的并非进步的唯心主义方面，又是在于对基督宗教的一种无条件承认，在于从历史层面对它的反对的一种弱化。黑格尔用以引出上述引文的评论，最初听起来可能觉得没有什么过错。他说：

> 一种宗教是否是实定的，这个问题涉及的与其说是这种宗教的教义和律令的内容，还不如说是它们的形式，在这种形式下，这种宗教证明它的教义的真理并要求它的律令的行使。[①]

就此而言，在这句话中包含着比黑格尔所强调的差别更重要、更具历史性的一个内核，这个内核就是：一种教义是人们的思想和感受自愿且自动地选择的，还是必需暴力、镇压等加以维护。但当我们把这句话与前面的引文（第 295 页）放在一起加以对照，认为对上帝的宗教关系是某种永恒的东西，人身上的一切良善和高贵都来自于上帝时，我们就在这句话中也看到唯心主义—反动的努力，即虽然要使宗教的个别历史表现形式受到历史的评判，承认宗教的实定化，但同时又要使"宗教的本质"逃避历史的变易与消逝。

　　黑格尔对待基督宗教的这种两面性、这种捉摸不透一再以各种不同的形式表现出来。正是我们前面刚刚引用的 *302*

---

① 诺尔版：第 143 页。

那些话，给人以假象，好像黑格尔的著作要归入对基督教的一种颂扬之列。然而，紧接着这些话之后就出现了对基督教的基本教义、对基督的救赎、对基督的在人类与上帝之间进行调解的角色进行的激烈攻击。黑格尔说：

> 但是，当人的本性与神圣东西绝对地分离开以后，当它们两者的任何中介都不被允许，只有唯一的一个个体除外，人关于善和神圣东西的一切意识反而仅仅被贬低为对一种完全异己、超级强大的东西的信仰的麻木和毁灭以后，这种见解就会变成鲜明的实定东西。[1]

正如有时发生的那样，将黑格尔的这些观点与某些基督教教派结合起来，也无法摆脱这种模棱两可的处境。因为正如我们经常看到的，黑格尔批判的正是基督教的教派性质，相对于反对教会本身，他更加反对教派。

这涉及黑格尔唯心主义的一种不可克服的模棱两可。他的历史发展和市民社会的思想经常迫使他超出基督教的思想。非常典型的就是，他几乎紧接着上述引文谈到，这里探讨的基督教的实定性即人与上帝的中介的问题只有通过正确地解决有限与无限的关系才能得到解决。在我们这里探讨的黑格尔这部旧手稿的简短导论中，他当然没有进一步在哲学上探讨这个问题；我们只能粗略地和不确切地

---

[1] 诺尔版：第 146 页。

了解他在先前的体系残稿中对这个问题的理解。但我们知道，他在耶拿就已经开始寻找对这个问题的一种正确的、辩证的表达，并且正是通过这种由他发现的无限与有限的辩证法，才开始使无限摆脱了任何超验、任何彼岸。这种对无限的辩证理解——与歌德的努力类似——非常适合于从哲学上抽走宗教的上帝信仰的任何基础。但同时我们看到，这些辩证关系的唯心主义基础一再使貌似已被克服的宗教观念以新的形式引入到哲学之中。黑格尔哲学的这种无法克服的两面性和多样性，正如我们所言，是它的唯心主义的必然结果。然而，这种唯心主义本身又源自德国市民社会的发展的特殊条件。我们在歌德这位比黑格尔更加接近唯物主义，对待基督教持更加敌视的立场的人物那里看到，即便是他也不能完全摆脱这样的宗教观念。

　　当然，这些观念在黑格尔思想发展的过程中发生了非常强烈的变化。我们在法兰克福就遇到了宗教在哲学中享有的一种带有危机的顶峰地位。但对待基督教的模棱两可的态度这种独特特点在黑格尔那里具有特定的根源，这种根源往后延续到了耶拿时期，并在那里获得了甚至比这时更加清晰的表达。要在市民社会自身的范围内超越市民社会的矛盾，这样的幻想不仅增强了黑格尔哲学普遍的唯心主义的基本倾向，而且恰好在宗教领域获得了特殊的表达。黑格尔之所以能够比较轻易地容忍基督教的矛盾，将他在有些地方的尖锐否定与他对普遍宗教取向的观念的维护统一起来，是因为他设想以一种克服基督教的新宗教的形式

303

超越市民社会的矛盾（关于这种观点，我们将更加详细地在探讨耶拿时期时谈到）。

　　只有在拿破仑的统治垮台和黑格尔对拿破仑的幻想破灭以后，黑格尔不得不最终接受资本主义社会乃是"乏味"的世界，基督教对他而言才变成宗教的最终历史形态，这种模棱两可由此在他那里表现得登峰造极。但同时，在他最晚期的著作中形成了相对最完整和最辩证的市民社会观，而这种市民社会观对他而言在以前就已是可能的。这里仅先行指出一个非常根本的要点，即具有典型特点的是，等级（市民社会的阶级结构）的哲学根据在黑格尔思想发展的过程中越来越少地变成意识形态，而越来越靠近市民社会的物质基础。

　　这样一来，我们在此就可以说，黑格尔越强烈地偏离其青年时代的革命理想，越多越坚决地与市民社会的主导地位达成"和解"，他的思维越少地超出市民社会，他身上的辩证法家气质就越是强烈地和有意识地表现出来。关于人类社会的辩证理解——这种理解最早的、全面的、在哲学史上意义深远的形成是他在《精神现象学》中给出的——只有在建立于这些矛盾基础上的具体历史条件下才是可能的。我们已经在法兰克福时期了解到这些观点的矛盾性的发展过程和萌芽形式。我们又将在耶拿时期遇到这些观点的更清楚、更成熟的形式，那里才是详细探讨这些观点的地方。

　　但毫无疑问，在黑格尔生活和思想的法兰克福危机中就已经形成了奠定这些观点的基础。从文献上看，黑格尔的法兰克福遗稿像伯尔尼遗稿一样，是一堆零碎的残稿和

304

提纲。但伯尔尼的提纲，如果加以重构的话，就呈现出一幅宏伟且统一的图景，而法兰克福时期的成果却是各种尖锐地发生矛盾的倾向形成的一片混乱。然而，正是从各种没有解决的矛盾的这种混乱中形成了黑格尔的辩证法，要揭示这一点乃是本章的任务。他要在思想上掌握现实的这个工具的形成，是法兰克福时期的成果。

黑格尔本人后来既不太重视法兰克福时期的著作，也不太重视伯尔尼时期的著作。无论如何，他在耶拿都有非常丰富的创造，但这种创造在任何地方都不是直接与法兰克福的文献成就联系起来的，而唯一例外的尝试则是，要把德国宪政的论文写作到底。三十岁的黑格尔作为一个无名之辈前往耶拿，没有一部他会或者能够严肃地考虑出版的手稿。尽管如此，他前往耶拿仍带着高傲的和理由充分的意识，认为自己内在地与这个时代最主要的和引领性的哲学家——他青年时代的朋友谢林不分伯仲。

1800 年黑格尔的父亲去世，他的微薄遗产给了黑格尔 *305* 这样的可能性，即辞去自己的家庭教师职位，专门研究几年科学，没有物资上的担忧，毫无羁绊。他决定把耶拿变成他发挥影响的舞台，并在——看来似乎——他与谢林的通信中断了一段时间以后，把这个决定告诉了谢林。这封信的关键部分清楚地表明，籍籍无名的黑格尔面对闻名于世的他青年时代的朋友表现得如何坚强和自信。他在 1800 年 11 月 2 日写信给谢林说：

　　我满怀钦佩和喜悦地注视着你的日益精进。你既用不着我对此阿谀奉承，也用不着我向你表现自己。两端取其中，我希望我们将作为朋友重逢——在我的始于人的低级需要的科学教养中，我被驱使着了解了科学。我青年时代的理想要转变为反思形式，同时转化为一个体系。我现在问自己，当我致力于这项工作时，必须找到哪些返回来影响人类生活的方面？——在我所见的周围所有人当中，我发现只有你才是我想要交往的朋友，在表述并影响世界方面也是如此，因为我看到，你已经纯粹地，即全身心地淡泊名利地把握住了人。因此，我也看到——就我而言，你是完全值得信赖的——你能对我的这份虽然水平不高但全无私心的努力予以肯定，并且能在其中发现一点价值。还要多久才能与你见面，我只能听从命运对我们将来的会面所惠予的安排。①

这是我们在我们进行的考察中作为法兰克福时期的结束的标志已经引用的那句箴言的观点：

　　……你就会
　　纵然无法好于时代，但能使时代达到最好。

---

① 　罗森克兰茨：《黑格尔生平》，柏林1844年，第143—144页。

为了给想要研究黑格尔青年时代思想发展的读者阅读 *306* 他青年时代著作提供一个方便的指引，我们在此以列表的形式汇编了这些著作的年代表。

诺尔版残稿的年代顺序表

诺尔版的页码	书名	考证的日期
图宾根：		
3—30	《民众宗教与基督教》	1793 前
355—359	草稿	
伯尔尼：		
30—35	《民众宗教与基督教》	
359—360	草稿	
36—47	《民众宗教与基督教》	
48—60	《民众宗教与基督教》	
70—71	《民众宗教与基督教》	
60—69	《民众宗教与基督教》	
75—136	《耶稣传》	1795. 5. 9—1795. 7. 24
361—362	草稿	
362—366	草稿	1795. 11. 2—1796. 4. 29
152—213	《基督宗教的实定性》	
213—239	《基督宗教的实定性》	
366—367	草稿	
法兰克福：		
368—374	《犹太教的精神》草稿	
374—377	《道德、爱与宗教》	
377—378	《爱与宗教》	
378—382	《爱》	
382—385	《信仰与存在》	
385—395	《基督教的精神及其命运》初稿	
243—342	《基督教的精神及其命运》	
398—402	《基督教的精神及其命运》附释	1800. 9. 14 止
345—351	体系残稿	1800. 9. 24 始
139—151	《基督教的实定性》新导论	

第三章 客观唯心主义的创立与维护
（耶拿 1801—1803 年）

黑格尔在写给谢林并告知他自己想去耶拿的信中，谈到自己对耶拿的"文学狂欢生活"的恐惧。这份对作为浪漫派运动的中心的耶拿的忧虑，在他写这封信的时候，其实再也没有必要了。谢林与之保持密切联系的耶拿浪漫派圈子的统一性，已经逐渐瓦解。浪漫派的刊物，即施莱格尔兄弟主编的《雅典娜神殿》已经停止发行，浪漫派的主要理论家弗利德里希·施莱格尔与谢林的关系已经变得越来越紧张，奥古斯特·威廉·施莱格尔与卡洛琳之间的婚姻的解除，卡洛琳与谢林新组建的婚姻，更加由于私人恩怨而导致浪漫派与谢林的紧张关系加剧。在黑格尔到来时，耶拿已经不再是浪漫派运动的中心了。

而在此期间，耶拿也由于另一位重要哲学人物的离去而变得更加贫瘠，此人就是费希特。在 1798—1799 年，所谓的"无神论之争"牵连到费希特，这次事件的结果是费希特辞去耶拿教授的教职，迁居柏林。这次斗争最后一次使浪漫派同费希特和谢林联合起来反对他们的共同敌人。费希特离开耶拿，使得通过友好交谈来解决出现的分歧不再可能，这无疑加速了即将到来的哲学斗争，尽管哲学斗争的原因显然如此根深蒂固，以致斗争的爆发通过私人关系只能得到延迟，但也不会太久。

第一节　黑格尔在谢林与 费希特的决裂中的作用

尽管如此，黑格尔在一个对德国古典哲学家的发展而言 308 扣人心弦的时刻来到耶拿，这个时刻正值谢林与费希特哲学分离，客观唯心主义开始创建之际。在这个时机第一次公开露面的黑格尔（因为卡特小册子的匿名翻译和评注不可能算作公开露面），是一个非常重要的，甚至可以说关键性的推动力。青年恩格斯清楚地认识到黑格尔的这种作用并谈到："只有一点是肯定的：正是黑格尔使谢林意识到他已经不知不觉地超出费希特多远。"① 黑格尔本人在其第一本著作《费希特与谢林哲学体系的差异》的"前言"中明确说道：

不论是呈现在公众面前的两个体系的直接观点，还

---

① 恩格斯：《谢林与启示》，MEGA，第一部分，第 II 卷，第 186 页。（中文见《马克思恩格斯全集》第 2 卷，人民出版社 2005 年，第 341 页。——译注）

是此外谢林对埃申迈尔反对自然哲学的唯心主义草稿的答复，都表达了这种差异性。[①]

在这一时期，德国唯心主义的分化进行得很快。仅仅两年以前（1799 年 8 月 7 日），康德发表了他针对费希特"知识学"的著名声明。在此之前，费希特持这样的观点，并且这也是确定的：他所做的无非是对康德哲学作了连贯的解释，并且正如他通常所说的那样，他所做的无非是反对康德的"字词"，反对其他康德主义者的庸俗化观点而捍卫康德的"精神"。康德的声明结束了这种不明朗的局面。

详细阐述这种差别不在本书的研究范围之列，我们只须简短提到两个因素。其一，老年的康德激烈反对"精神"与"字词"的分离。虽然他的声明一般而言令人费解，但他毕竟正确地认识到，这是一种全新的哲学，而不是对他的哲学的一种解释。这个动机之所以不是毫无意义的，是因为它在费希特与谢林的决裂中——mutatis mutandis［经过必要的改动］——重复上演。相反，黑格尔在德国古典哲学中的特殊立场颇有特点，即在他与谢林进行哲学探讨时，新的哲学是简单明了地与过时的哲学对置起来的，那种把新立场阐述为旧立场的转述的问题在黑格尔那里根本就没有出现。

其二，为了有助于更好地理解德国唯心主义后来的分

---

① 黑格尔：《早期论著集》，莱比锡 1928 年，第 3 页。我们在本书中引用黑格尔这本著作时简称之为《差异》。

化，就必须强调，康德在他的声明中反对将内容方面的问题纳入费希特"先验哲学"的形式中，纳入"知识学"中。与自己的普遍观点完全一致，当然是在对自己"先验哲学"的辩证倾向的一种自己始终浑然不觉的矛盾中，康德持这样的观点，即纯粹逻辑学必须彻底脱离于任何内容。我们将看到，正是将内容方面的问题纳入逻辑学中成了黑格尔辩证逻辑的一个非常根本的要素。正因为如此，他能够有意识地超越迄今为止的形式逻辑。而他是有意识地并纲领性地贯彻这一点的第一人。在康德、费希特和谢林那里，正如我们同样将看到的，旧的形式逻辑依然未被触及和未被批判地与新形成的辩证方法并列。由此就形成了各式各样的矛盾，更确切地说，越来越多地形成与无意识地纳入进来的内容因素的日益增加的重要性，与辩证法的日益发展及其在日新月异的领域的运用之间的矛盾。

相对于康德的声明，谢林和费希特是完全团结一致的。他们把他们两人公开地脱离康德看作是某种不可避免的事情和对哲学的进一步发展有利的事情。在这方面，强调下列主张并非是无关紧要的，即费希特和谢林决没有把新哲学视为某种完全终结的东西，毋宁说，他们两人都知道，一切都还在进行之中，哲学变革还远远没有终结。关于这个基调，在康德声明之后，费希特于 1799 年写给谢林的一封信非常具有代表性。费希特在信中谈到，康德没有能力在总体上理解哲学的新发展。他给这些思考补充了一条有趣的评论，可以说这条评论"预言性地"指向了青年

310

415

黑格尔：

> 谁知道现在在哪里已经有一颗年轻火热的头脑要超越知识学的原则，并尝试证明这些原则的不正确和不完善。愿上天赐予我们祂的恩典，使我们不要停留于这样的保证，即这是些徒劳无益的吹毛求疵，我们肯定不会参与这样的吹毛求疵［暗指康德声明中的个别措辞——卢卡奇注］，而是使我们当中的一个人……站出来，他要么证明这些新发现毫无意义，要么——如果他不能做到这一点——就感激地接受我们的这些发现！"①

接下来的几年表明，费希特决没有能力实现他的这份纲领。

在这一时期，费希特与谢林的分歧已经开始轻微地显现出来，这些分歧首先表现在，围绕各种共同的刊物规划在个人和技术层面的争端，以及浪漫派的内部重组。但是，只有等到谢林第一部系统的概括性著作《先验唯心论体系》（1800年）出版，他与费希特的哲学对立才公开暴露出来。虽然这部著作被谢林看作是费希特知识学的扩充和补充，而决没有被他看作是对它的批判和超越。但事实上，这部著作已经不取决于谢林的自觉意图，而成了客观唯心主义的体系化的一次尝试。因此，完全可以理解，虽然费希特

---

① 《费希特通信集》，第 II 卷，柏林 1925 年，第 165 页。

仍完全相信谢林的意图，甚至长期以来都持这样的观点，即谢林和他在哲学的基本原则上是完全一致的，但他可以宣布不同意这部著作的主张。于是，在两人之间开始了长期的和详细的哲学通信，以便消除"误解"并重新恢复旧的和谐。

费希特剔除了康德哲学的"唯物主义摇摆"。他创立了纯粹的主观唯心主义。但是，费希特的哲学主观主义具有非常特殊的性质。显然，这种主观主义由于其彻底性客观上会导致完全的不可知论。但费希特的哲学意图并不在此。相反，他恰恰想要克服康德的不可知论，即自在之物的不可知。当然，他是以极端主观主义的方式来这样做的。因为他所驳斥的不是自在之物的可知，而是自在之物的实存。　311
他把整个世界看作是由"自我"（这种自我在他那里与单个人的经验意识不是一回事）"设定"的，因而看作是对这个想象出的、神秘化的哲学主体来说完全可知的。在费希特看来，自我创造了整个世界，因而也能认识整个世界，因为在这个由自我设定的世界之外根本没有任何东西实存，也不可能有任何东西实存。

费希特的"自我"取代了康德的"一般意识"，再也没有与这种自我对置的那种任何康德式的异于自我的、独立的和不可知的自在之物的世界；借助这种捉摸不透、矛盾重重的自我观念，费希特为向客观唯心主义的转变做了准备，尽管他的哲学本身无非是主观唯心主义的可以设想的极致代表。捉摸不透的自我观念必须得到清楚解释和具体说明，当然是在更加极端的唯心主义和神秘化的方向上进行的，费希特认识论意义上的世界的"创造"（设定）必须被转变成一种现实的创造，客观唯心主义就在这里。这种情况发生在谢林的《先验唯心论体系》中和后来的黑格尔那里。

但费希特哲学也在另一个方面，即范畴的系统推演方面，为谢林和黑格尔提供了重要的准备。范畴在康德那里，与在费希特那里一样都具有主观唯心主义的性质，但在康德那里，范畴与其说是推演出来的，不如说更多地是经验地编排而成的。康德接受了发展至今的学院派逻辑学的范畴表，虽然他为诸范畴之间的关联添加进了一系列新的解释，但他根本没有提出诸范畴彼此之间如何推演的问题。"先天综合判断何以可能"，康德批判的这个典型问法表明，他把诸范畴及其关联完全理解成某种偶遇的东西（在这里，康德在唯物主义与唯心主义之间的摇摆也是清晰可见的）。在费希特那里则相反，范畴是从自我的设定活动，从自我与非我的设定和对设中产生出来的；这样一来，在他那里就已经形成了正题、反题和合题的辩证三一式。

与此相应地，在费希特那里，马克思在其《关于费尔巴哈的提纲》第一条中谈到的德国古典哲学的"能动方面"得到加强，当然是建立在向纯粹唯心主义的转变基础之上的。在康德那里，人的道德能动性是唯一的领域，在这个领域里人突破现象界，成为现实实存世界、本质世界的参与者。现在，康德伦理学的结构对费希特的认识论有了

312

方法论的结果：自我对世界的设定在费希特这里是"本原行动"。

康德与费希特之间冲突的必然性，从这些粗略勾勒的几个特征就可以清楚地看出来。虽然费希特一开始认为他只不过是比康德本人更加连贯地将康德哲学贯彻到底（"精神"反对"字词"），但是一种完全不同的哲学形成了，而康德不可能承认这种哲学属于他自己的哲学。

费希特与谢林的关系在这方面此时有了某种亲缘性，但这种亲缘性是全然相对的。谢林的出发点从一开始就与费希特的完全不同。费希特哲学是被转变成了德国唯心主义的时代的革命的积极精神。费希特最初的著作是为法国大革命辩护、为革命的权利辩护而写的，这决非偶然。费希特在相当长的时期里都忠于他的这些观点。在下文黑格尔对费希特道德学和法哲学的论战中，我们将进一步探讨费希特的一些观点。例如，费希特在 1800 年出版了《锁闭的商业国》，贡斯当曾把这看作是罗伯斯庇尔经济政策的一种迟来的回响，因此费希特的主观主义以一种德国式的、唯心主义夸张的形式表达了对人的变革一切和推翻一切的力量的革命信念。对费希特来说，在人之外根本不存在任何现实性，当然这种人在他那里与道德的人即康德的"本体界的人"这个幽灵是一回事。世界，尤其是自然界，不过是人的一个纯粹消极的活动领域。

相反，谢林哲学是从当时自然知识普遍的发展危机中成长起来的。谢林属于青年马克思在一封写给卢格的

信中在暗指费尔巴哈时提到的"自然的狂热爱好者"的
一分子。[①]

　　谢林一开始并没有有意识地与费希特闹翻，就像费希
特对康德一样；他甚至认为要维护"知识学"的正确"精
神"，他肯定没有意识到当初与费希特的差别。与此相应
地，他们两人长期都没有脱离康德的基础；我们将在下文
看到，谢林在很多关键点上从未超越康德问题的某些局限。
但这个源于康德哲学的共同出发点，与两位思想家各自的
内在思想发展的方向相适应，而大相径庭。对费希特来说，
《实践理性批判》为他的整个哲学体系提供了方法论的典
范，而谢林重视对《判断力批判》的客观唯心主义的重新
解释。当然，费希特和谢林"剔除"康德哲学的不连贯之
处的方向是非常类似的，但他们进一步延伸的东西的内容
却恰好相反。他们的亲缘性在于，康德的哲学构思和问题
被最大范围地保留下来。但在这方面，康德的不可知论主
观主义，被谢林进一步发展成客观唯心主义。康德在目的
论方面提出的新问题——对此我们将在下文详细探讨——
以及这些问题在有机生命、自然整体和艺术上新的和独特
的运用，构成特有的谢林哲学的方法论起点。

　　谢林改造康德哲学的方向，必然地使得在他那里辩证
范畴的强调和推演比在费希特那里更加清晰和明确。矛盾

---

　　①　马克思 1843 年 3 月 13 日致卢格的信，MEGA，第一部分，第 I 卷，第
2 分册，第 308 页。

在康德那里仅仅被发展成为必然的二律背反的表述，矛盾单纯地意味着现象界的辩证的自我消解；除此之外，在康德那里不存在任何矛盾的统一，不存在在世界的矛盾性基础上的任何认识。根据康德的理解，人与现实本质发生接触的唯一的点，即伦理世界，对他而言处于任何矛盾性之外。相反，我们已经看到，在费希特那里矛盾已经变成方法论的推动力，借助这种推动力，范畴体系就被建构起来。谢林这时则把费希特的辩证三一式变成了建构世界的一种客观因素。

由此就出现了下列问题：这种认识如何并通过什么官能才能进行呢？对康德和费希特而言，纯粹道德（良心等）的体验构成这样一个基础。通过诉诸这一原则，费希特达 *314* 到了他的"本原行动"，达到了他的认识论的基本原则。与这整个思想的道德基础相适应，费希特否认任何一个独立于人、独立于意识的客体；因此，认识一个由自我创造（由自我设定）的世界的可能性，对费希特而言就是不言而喻的事情：这是进行设定的自我的自我认识。

相反，谢林提出了认识客观的外部世界，尤其是认识自然的问题，而且是以这样一种方式提出来的，即把康德在《纯粹理性批判》中为了认识他称之为现象界的东西而提出的所有那些不可知论的论据，都完全变成他自己的论据。对谢林来说关键在于，在导致现象界的认识的二律背反这种认识论的基础上，要达到能为充分地认识客观现实和客观世界的本质提供保障和根据的更高认识方式。康德在《判断力批判》著名的 §76 中达到了这样一种认识——当然在他那里还只是假设性的——的要求。他在那里说道，对那种将特殊始终单纯归摄于普遍之下的通常的人类认识而言，特殊始终都是某种偶然的东西。然而，借助这种认识，不论是作为整体的自然还是有机生命都不是充分可把握的。因此，他提出关于另一种理智 intellectus archetypus［原型的理智］的假设性公设，对这种理智来说，普遍与特殊之间的这种对立是不存在的。

这种对置在整个德国哲学中产生了革命性的影响，它除了对谢林，尤其还对歌德产生了非常关键的影响，当然是完全不同的影响。谢林对康德哲学的进一步发展在这里还是非常简单的、虚张声势的。在康德那里是一种假设性要求的东西，在谢林这里变成了一种实存的现实，变成了理智直观，作为充分把握客观现实的人类认识官能，作为下列情况的揭示，即客观现实（自然）和人类认识只是同一条河流的两个支流，它们在理智直观中被意识到它们的同一性。在《先验唯心论体系》中，谢林规定理智直观如下：

> 这种认识活动必须 a）是一种绝对自由的认识活动，之所以如此，正是因为其他一切认识活动都不自由。因此，这种认识活动是证明、推理和概念的一般中介作用所达不到的一种认识活动，所以在根本上是一种直观活动；b）是这样一种认识活动，这种认识活

动的对象不是独立于这种认识活动而存在的，因此，这种认识活动是一种同时创造自己的对象的认识活动，是一种总的来说是自由地进行创造的直观，在这种直观中，创造者和被创造者是同一个东西。这样一种直观和感性直观——它并不表现为它的对象的创造，因此在那里，直观本身不同于被直观的东西——相反，叫做理智直观。[①]

因此，在这里主客同一体作为客观唯心主义的基础，已经完全阐发出来。

关于谢林这个立场的内在矛盾，我们将在探讨黑格尔与他之间的对立时详细地加以谈论。在此只需强调说明，对谢林来说自然的客观性就以这种方式表现为被推演出来的和得到保障的；人类认识范围内的辩证矛盾、人类认识能力与外部现实之间的矛盾（例如在康德那里），就使客观现实本身的矛盾分离出来。这时从中进一步得出，像费希特一样，谢林强调或者承认人类认识范围内的矛盾的一种扬弃，由此陷入与康德哲学的尖锐矛盾之中。然而，由于这些矛盾在谢林那里具有客观性质，所以他也同时在这些矛盾的扬弃中超越了费希特的思想。由于这个缘故，矛盾及其辩证扬弃被置于整个哲学的中心。

---

① 《谢林全集》，第一部分，第 III 卷，斯图加特和奥格斯堡 1858 年，第 369 页。

为了补充说明当时的哲学状况，这里还要顺便提到，谢林的审美直观充当着理智直观的实在性和可能性的"证明"。在《判断力批判》中，这里提到的哲学的新转向，即目的论问题的新论述，已经与美学密切结合起来。这种情况在席勒那里就已经形成，由此在美学领域推动了一次向客观唯心主义的转向。谢林这时把这一运动向前推进了一步，并短暂地赋予美学在哲学体系中的中心地位（关于这些问题，我在关于席勒美学的论文中有详细的论述）。

谢林在辩证法上的努力在于，将当时自然科学领域的伟大变革在哲学上加以利用，加以体系化，以达到一种完善的自然哲学体系。详细地探讨这个问题完全不在本书的研究范围之列。① 恩格斯曾多次描绘这个伟大变革时期的特征，指出拉瓦锡的发现带来的化学变革的意义、关于电的新知识（伏特、伽伐尼等）、科学的生物学和进化论等的萌芽。这一变革已经反应在《判断力批判》提出的问题中。歌德的科学事业在这一变革中占据着非常重要的地位，并从他那方面影响到谢林的哲学。在自然科学的这整个变革过程中，形而上学思维，甚至旧唯物主义的局限和缺陷都非常尖锐地突显出来。这一时期的德国自然哲学做了这样的尝试，即要在这样突显出来的矛盾中把现实自身的客观矛盾当作自然哲学的基础加以认识和强调。我们已经将马

---

① 关于谢林的详细论述，参见拙著《理性的毁灭》，第 2 章，载《著作集》，第 7 卷，柏林 1954 年，第 114—172 页。

克思在上文把费尔巴哈称为"自然的狂热爱好者"的说法进而运用于青年谢林。马克思写给费尔巴哈的信给了我们这样做的理由，在这封信中他请求费尔巴哈为《德法年鉴》写一篇批判谢林的文章。马克思在这封信中把费尔巴哈称作"颠倒过来的谢林"，并继续这样谈论谢林的特征：

> 谢林的真诚的青春思想——我们也应该相信我们对手好的一面，不过他要实现这一思想，已经除了想象以外没有任何能力，除了虚荣以外没有任何力量，除了鸦片以外没有任何刺激剂，除了容易激动的女性感受力以外没有任何感觉器官了。谢林的这种真诚的青春思想，在他那里只是一场异想天开的青春梦，而在您那里则成了真理、现实、男子汉的郑重。因此谢林是您的预期的模拟像……①

在我们现在探讨的那个时代，谢林的这种"真诚的青春思想"是很重要的。当然，一些发展成他后来的反动观点的萌芽这时也已经存在，但它们在很大程度上被谢林创建一门新的自然哲学和统一辩证地理解一切自然现象的热情遮蔽起来，尽管为时短暂。在这种气氛中，谢林偶尔具 *317*

---

① 马克思 1843 年 10 月 20 日写给费尔巴哈的信，MEGA，第一部分，第 I 卷，第 2 分册，第 316 页。（中文见《马克思恩格斯全集》第 47 卷，人民出版社 2004 年，第 69 页。这封信应是写于 1843 年 10 月 3 日，详见第 67—70 页。——译注）

有一些近乎唯物主义的观点，他经常激烈地反对平时与他
要好的浪漫派的夸张的唯灵论。在这里详细探讨这个问题
是不可能的，我们只能援引一个事例。1799 年，谢林在反
对诺瓦利斯的唯灵论时，写下了《维德波斯特的伊壁鸠鲁
派信仰》，正如弗利德里希·施莱格尔所表达的，"他重新燃
起了对非宗教的旧热情"。我们在此仅引用这首诗的十分典
型的几行：

> 自从我弄明白，
> 物质就是唯一真实的东西，
> 是我们的全部守卫和顾问，
> 是一切物的真正父亲，
> 是一切知识的起始和终末。
> 不要相信不可见的东西，
> 只相信显现出来的东西，
> 这是我能闻到、尝到和触摸到的东西，
> 能用所有的感官在里面感知，
> ……
> ……
> 我相信，世界自古以来就存在，
> 也决不会自身朽坏。①

---

① 普利特版：第 283—284 页和第 286 页。

唯物主义者的表白在这里是坚定的和热烈的，但决不是清晰的和贯彻到底的。因为谢林诗中的维德波斯特在作出无神论表白的同时还说到，虽然他没有宗教，但如果非要他选择一个宗教，他会选择天主教。在这首诗中，波墨自然哲学的一系列神秘主义主旨也同样显露出来。

在这些略微提及的评论中，读者必定已经明白，费希特哲学与谢林哲学之间从一开始就存在着非常深刻的差异。然而，这些差别对他们两人来说被遮蔽起来，特别是由于他们反对康德主义者的共同斗争而被遮蔽起来，这些康德主义者想把哲学确立在哲学止于康德这样的观点之上。黑 318 格尔在其《差异》中嘲讽这种类型的康德主义者。他以一个非常独特的比喻谈论赖因霍尔德：

> 就像 La révolution est finie［革命结束了］在法国非常频繁地被宣布一样，赖因霍尔德也经常宣称哲学革命的多次终结。现在，他认识到了这些终结的最后终结……①

如果我们把黑格尔的这句话与前文引用的费希特在康德的声明之后写给谢林的信放在一起加以对照，我们就会产生关于这样一种哲学斗争气氛的图景，在这种斗争气氛中，面对共同的敌人，现存的差异很容易被遗忘。谢林内心对

---

① 黑格尔：《早期论著集》，莱比锡 1928 年，第 98—99 页。

他自己的倾向的不甚清楚，他在唯物主义的一时念头与神秘主义的过分思想之间的摇摆——这两者又与费希特的认识关联在一起——理所当然地在很大程度上导致他们之间的差别在相当长的时期内都被遮蔽起来。谢林的这种不甚清楚也表现在他的阐述方式上，黑格尔后来生动而正确地描绘了谢林的这种阐述方式的特征。他在其《哲学史讲演录》中说道：

> 谢林将他的哲学发展过程公之于众。他的哲学著作系列同时就是他的哲学发展的历史，阐述了他对他以之为开端的费希特原则和康德内容的逐步超越；这种超越所包含的不是他提出的学说在哲学史意义上的一个结果，而是他自己的各个发展阶段的一个结果。①

谢林从未彻底地钻研和改动整个哲学，而总是以常新的发现——并不涉及宏大且重要的领域——为出发点。费希特的自我在他那里不知不觉地就转变成了客观唯心主义的主客同一体。他首先将他的自然哲学视为"知识学"的单纯补充，既然费希特本人正好在这一时期致力于将知识学运用于道德、法、国家等，在他们两人那里就形成了在不同领域的分工合作中基本原则完全一致的假象。

———————————

① 黑格尔：《哲学史讲演录》（格洛克纳编），第 III 卷，第 647 页。论述谢林的部分在很多方面正好要追溯到黑格尔 1806 年的耶拿讲稿。因此，关于谢林的特征描述同时就说明了黑格尔在与谢林决裂的时期的观点。

这一假象在谢林的第一部系统性著作出版以后开始发生变化。紧随着谢林《先验唯心论体系》的问世的是一次漫长的通信讨论，而这次讨论以彻底的决裂告终。谢林仍在他接下来的著作《对我的哲学体系的阐述》（1801 年）中谈到自然哲学和先验哲学是同一个体系的两个不同方面，但他在 1800 年 11 月 19 日的一封信中把知识学看作是某种完备的东西，自然哲学仅仅处于知识学之旁，是知识学的补充。他说：

> 首先，对于知识学，我同样将它分离开来；它是完全自为存在的，它丝毫不应得到改变，不应变成某物；它是完备的，必定总是符合它的本性。但知识学……还不是哲学本身……它是完全逻辑性的，丝毫不涉及实在。①

因此，谢林还远未想到会发生决裂。他把"知识学"看作甚至是他自己哲学的不可动摇的基础。

费希特一开始也非常谨慎地进行讨论，他也没有想到要与他最重要的和最有才华的同盟者决裂。但他从一开始就反对自然在谢林体系中具有的那种独立性。在 1800 年 11 月 15 日的一封信——我们刚刚引用了谢林对这封信的答复——中，费希特把谢林的"自然的自我建构"（自然范畴

---

① 《费希特通信集》，第 II 卷，柏林 1925 年，第 295 页。

的客观性的客观唯心主义理解）称为一种自我欺骗。他写道：

> 自然的实在性是某种不同的东西。自然在先验哲学中表现为完全被发现的，而且是完成的和完备的；这（即被发现的东西）虽然不符合自身的法则，却是符合理智的内在东西……通过一种精巧的抽象而唯独把自然变成客体的科学，（正是因为自然摆脱了理智）当然必定将自然设定为绝对者，必定围绕这个绝对者，通过一种杜撰，将自身建构起来……①

后来，当决裂已经不可避免时，费希特更加有力且直白地表达了同样的思想。他在 1801 年 5 月 31 日的信中谈到，一切可认识的东西都仅仅包含在意识中，"只有在这里，在意识的这块狭小领域，才有一个感性世界：一个自然。"②

320 　　主观唯心主义与客观唯心主义之间的明确区分在这里已经得到说明。费希特轻蔑地否认谢林的自然哲学拥有哪怕只是作为"知识学"的补充部分，哪怕只是相对独立地出现的任何权利。他坚持认为，任何外部的现实都只是自我的独立自主的设定活动的一个环节，因而"知识学"涵

---

① 《费希特通信集》，第 II 卷，柏林 1925 年，第 292—293 页。
② 《费希特通信集》，第 II 卷，柏林 1925 年，第 326 页。

盖着知识的全部领域。

我们已经看到，谢林所作的探讨鲜有费希特那样坚决。假如我们在此可以详细分析全部通信的话，谢林的这些摇摆就会非常清楚地显露出来。但对我们来说重要的只是这样一点：黑格尔的作用。我们提请读者注意，黑格尔在 1800 年 11 月 2 日的信中告知谢林他要前往耶拿，但他计划先在班贝格待上较长一段时间。11 月 15 日，费希特写下了我们业已引用的他对《先验唯心论体系》的尖锐批判。虽然谢林给黑格尔的回信已经遗失，但由于黑格尔比他原先计划的行程早得多地在 1801 年 1 月就抵达了耶拿，所以海姆的猜测极有可能是对的，即这封信促使黑格尔提前前往耶拿。① 这一提速只能与实际的讨论关联起来。下列事件充分证实了这些猜测。黑格尔到那时为止只写了一篇又一篇的残稿，现在他开始进行一场焕发活力的论战。1801 年 7 月，《差异》已经写成。在同年 8 月，他也完成了他的教授资格论文，并在秋季作为私人讲师在耶拿大学任教。在同一年，维护客观唯心主义的斗争性刊物《哲学批判杂志》由黑格尔和谢林创建起来。现在在这份刊物中，黑格尔同样公开且有力地宣告哲学中的道路分野，以及哲学发展的一个崭新阶段的形成。虽然客观唯心主义在席勒的美学著作，尤其是在谢林系统性著作中明确表现出来，但它只有

---

① 海姆：《黑格尔和他的时代》（1887 年），莱比锡 1927 年，第 2 版，第 123 页。

到了这时才被公开地宣告为新的哲学，而且是由黑格尔来宣告的。《差异》以及他在这份刊物发表的长篇论文（《信仰与知识》和《论自然法权》），都包含着对整个主观唯心主义的一种全面系统的清算，亦即不仅包括对费希特本人，而且包括对康德和康德主义者，对主观主义"生命哲学"当时的主要代表，对雅可比的清算。黑格尔还在这份刊物以及《埃尔朗根文学报》的大大小小的书评中清算了当时哲学的众多次要代表人物，例如舒尔策、克鲁格、布特韦克等。

黑格尔在这里到处作为新的更高阶段的哲学的原则性辩护者出现。但在此之前，这种哲学仅仅是作为谢林哲学而被公众知晓的。因此，完全可以理解，黑格尔在这些论战性作品中尤其重视客观唯心主义（谢林）与主观唯心主义（康德、雅可比、费希特）之间的差别，他将这两条路线的引领能力彼此强烈地加以对照，以便生动地阐述主观唯心主义的弊病及其自身不可解决的矛盾，同时表明客观唯心主义适合于科学地、令人满意地解决这里提出的所有哲学问题。谢林哲学在这方面没有受到黑格尔的任何批判，这样一种批判甚至都没有被黑格尔提及。今天已经清楚谢林与黑格尔之间差别的读者，至多可以在有些地方看到，黑格尔赋予了谢林哲学以一种意识、一种倾向，这种意识和倾向与其说符合谢林哲学，不如说更符合黑格尔自己的哲学路线的延续。

所有这些情况从论战的各种必要性来看都是充分清楚

的。但是，如果我们撒开那些基于论战的考虑而必然会作出的过分强调不谈，黑格尔在他刚到耶拿的最初几年是如何看待谢林哲学的呢？从我们现有的资料看，对此给出真凭实据的回答是不可能的。在 1803 年（谢林离开耶拿前往维尔茨堡）以前，我们尚未听说黑格尔对谢林有任何否定性的言辞，甚至连批判性的言辞也没有。只有在 1803—1806 年期间，黑格尔才开始主要针对谢林的学生和追随者，甚至也针对谢林本人进行尖锐的批判；后来这种批判在《精神现象学》中得到了原则性的和系统性的表述；黑格尔对谢林哲学最早公开的清算同时就是决定性的和终结性的清算。

那么，黑格尔在耶拿的最初几年是一个百分之百的谢林追随者，还是说他在这一时期与谢林的合作仅仅是"权谋"和"策略"？第一种看法在流行的哲学史中广泛传播；斯特林①则代表第二种看法，他在处于这一时期的黑格尔那里寻找黑格尔接近谢林的某种"狡诈"和"算计"。读者从我们关于黑格尔法兰克福时期的论述就知道，第一种看法是不对的。我们在那里看到，黑格尔在他到达耶拿以前就已经达到客观辩证法，这种辩证法在核心问题（矛盾学说）上处于比谢林的辩证法更高的阶段。我们也看到，黑格尔 322

---

① 斯特林：《黑格尔的秘密》，爱丁堡 1908 年，第 662 页。关于斯特林——顺便说一句，他是那些最早的力求将黑格尔完全回溯到康德的人之一——参见马克思和恩格斯的判断：《通信集》，柏林 1950 年，第 IV 卷，第 70 页和第 304 页，马克思 1868 年 5 月 23 日和 1870 年 4 月 4 日写给恩格斯的信。

片断性的哲学笔记还在辩证法整个系列的主要问题上揭示了一个超越谢林辩证法的方向。黑格尔哲学的最重要倾向，即创建新的辩证逻辑，始终都完全处于谢林的视野之外。因此，当黑格尔在《哲学批判杂志》上反对人们把他称作谢林的追随者时，他是完全正确的。①

但这决不意味着，斯特林关于黑格尔在耶拿初期对待谢林的态度的观点以及诸如此类的看法就是正确的。斯特林在这里对待黑格尔的态度就像施密特在解释青年莱辛与伏尔泰的关系时的态度一样，当时梅林曾这样讽刺地批判说：这些"学者"假定过去的伟大诗人和思想家怀有如今积极进取的大学讲师对威风八面的教授职位的那种屈从心理，而他们自己正是凭借这种屈从心理才获得了他们的大学教职。然而，一个莱辛或一个黑格尔，不仅在精神上，而且在人品上都是与一个施密特教授或斯特林教授大异其趣的。

黑格尔法兰克福时期的体系残稿表明，他在与谢林会面以前在辩证法的一些基本问题上，但也仅仅是在一些基本问题上，已经将自己的特殊方法钻研清楚。这决不意味着，黑格尔辩证法的特殊形式在他到达耶拿时就已经充分系统地思考成熟，更不用说系统而具体地得到实行。我们根本没有谈论诸如哲学与宗教的关系这样重要而系统的问题。我们已经看到（第 279 页及以下），黑格尔在法兰克福

---

① 罗森克兰茨：《黑格尔生平》，柏林 1844 年，第 162—163 页。

时期就使哲学融进了宗教，也就是说，他当时在人的宗教态度中看到了哲学的顶点。我们将同样看到，他在其耶拿最早的著作中已经对这个问题持有不同的立场，这种立场后来系统地进一步发展成为现象学。但是，即使我们具体考察他记录自己逻辑学观点最早的笔记，即《耶拿逻辑学》（1801/02 年），我们也必定会察觉到，除了清晰解释对他后来的逻辑学的结构具有决定性意义的一些问题（例如质量互变），他在撰写现象学时已经默默地摈弃的很多东西，在其中也已存在。但特别是在对黑格尔具有决定性意义的问题，即从范畴的内在矛盾的运动中辩证地推演出的问题上，他在《耶拿逻辑学》中的观点基本仍是相当模糊的，即便与耶拿后期的相比也是这样。形式逻辑与辩证逻辑的精确分离，它们彼此正确关系的确立在这里虽然已经有了萌芽，并且在哲学清晰性上处于比谢林所能达到的高得多的阶段，但在这里——用黑格尔的标准衡量——仍只是包含在萌芽之中。

因此，下列情况决非偶然，即黑格尔在耶拿早期——他的教授资格论文《论行星的轨道》是个例外，这篇论文对他的毕生事业而言仅仅具有次要的意义——只出版了论战性的著作，在这些著作中，他反对主观唯心主义的矛盾和不可实现，并从主观唯心主义的矛盾出发非常清晰地阐发了他自己的观点，尤其是在社会哲学的领域作了阐发，但他没有对客观唯心主义的内容和方法进行具体详细的解释，或者说只是在非常普遍的层面作了这些解释。

与撰写这些论战性著作同时进行的是，黑格尔在讲稿和手稿中以巨大的精力和毅力从事他自己独立体系的构思。然而，所有这些草稿始终都只是草稿。黑格尔不论是在当时还是到后来都没有想过要出版这些草稿。他在后来出版的作品中利用了一些草稿作为材料，但恰好是原来的系统结构被他后来持续不断地批判、修订和重新塑造。正是哲学结构的这种持续不断的改造表明，他当时关于哲学关键问题的观点在很大程度上仍处于演变之中。我们在前文引用过他公开谈论谢林思想发展的话。谢林的哲思方式可能暂时给工作缓慢进行，艰难从事其观点的系统构思的青年黑格尔留下了深刻印象。但是，谢林的这些观点非常确定地违反了黑格尔最深切的哲学信念。

因此，耶拿初期对黑格尔来说是一个试验期，当然处于比在法兰克福高得多的水平。只要我们把耶拿草稿与法兰克福草稿加以比较，就会发现这种更高的水平是显而易见的。在法兰克福草稿中存在关于对青年黑格尔具有决定性意义的各种不同重要问题的随笔式探讨，虽然这些探讨包含着各个观点的一种强烈的、内在的和系统的关联，但这个体系仍没有有意识地和在方法论上受到重视。相反，耶拿草稿从一开始就是旨在建构一个体系的草稿；因此，尽管我们看到，体系化所需的方法论基础还处于演变之中，但巨大的进步也仍是可以察觉到的。

在黑格尔耶拿后半期的私人笔记中，他给我们提供了他当时的思想作坊的引人关注的图景。这些笔记是由罗森克兰茨以《黑格尔的笔记》之名出版的。晚近黑格尔研究的典型特征是，它完全忽视了罗森克兰茨的出版物以及他所做的正确的日期确认（1803—1806 年）。狄尔泰分析这些笔记是黑格尔整个耶拿时期的普遍观点，丝毫没有提到这些笔记已由罗森克兰茨出版。黑林走得更远，他把"出版"这些残稿视为狄尔泰的一项"伟大功绩"，并将这些残稿的写作日期全部延至耶拿初期。①

只要稍微留心这些残稿，即使不甚理解黑格尔现实的思想发展，也会看到，这些关于工作方法的坦言具有一种事后回顾的特点：在方法论上已经清楚明白的黑格尔，在这里对他此前工作和哲思的方式作一种自我批判式的回顾。*325* 因此，如果我们坚持罗森克兰茨正确的日期确认，我们就从这种回顾中获得了黑格尔在耶拿早期的精神状况和工作方式的一种非常引人关注的特征。我们引用几处典型的段落：

> 最有害的就是，想要防犯错误。害怕积极行动会造成错误，这就是寻求舒适并导致消极的错误。石头，除了石灰石，没有任何积极的错误，除非硝酸浇在它上面。石头完全变了样，它面目全非，翻滚咆哮，进入另一个世界。石头对这个世界一无所知，它被毁灭

---

① 罗森克兰茨：《黑格尔生平》，柏林 1844 年，第 198 页及以下和第 537 页及以下；狄尔泰：第 IV 卷，第 195—196 页；黑林：第 603 页。

了。人却不是这样。人是实体，自我维持。正是这种石头属性或铁石之坚……这种耐熔性，是人们要加以摈弃的。可塑性……才是真理。只有当人们经过学习而理解了事情，才能掌控事情。

这段话很好地被它前面的一段话解释清楚。黑格尔在那里说道：

研究一门科学，避免被原则带偏是必要的。原则是普遍的，并没有太多含义。仿佛谁掌握了原则的含义，谁就掌握了特殊。原则通常甚至是坏的。原则是关于事情的意识，而事情通常比意识更好。人们继续学习。最初意识是模糊的。有人并不是想一步一步地理解和证明，而是抛开书本，在半睡半醒之间继续听课，屈从于自己的意识，也就是屈从于自己的个别性，这是令人尴尬的事情。①

留心阅读这段评论，就会清楚地看到，黑格尔在这里描绘的是他自己处于过渡时期的工作方式。他对核心问题有了一种还没有完全解释清楚，但大致清楚的想法，并且他不畏惧错误，继续前行，以便检验这些观点在现实的特殊性的整个体系中的正确性。他顽强地坚持这样的原则，

---

① 罗森克兰茨：《黑格尔生平》，柏林 1844 年，第 545 页。

即仅仅把那些在与我们对各种特殊性的认识的这种相互作用中得到检验的普遍原则接受为确定的和正确的。"事情通常比意识更好"，这是青年黑格尔的整个哲思方式的关键。他真正严肃地接受了谢林关于世界是一个囊括自然和历史的统一过程的思想，他比谢林更加严肃，因为谢林每年都以一个新的体系、以另一种抽象的形式表述这种思想。黑格尔想把握这个囊括所有特殊性的过程的本质，只要他还没有获得一种对他而言确保这种囊括所有特殊性的认识的方法，他就只会有所保留地接受任何普遍的原则，也就是说，他用事实和特殊性检验任何原则，一旦他认清某一原则是抽象的，不能解释特殊性，他就予以摈弃。黑格尔的这种常常给他的资产阶级解释者造成窘境的"经验主义"，是他的特殊形式的辩证法的一个基本特征。辩证法的这些界限对黑格尔而言在哪里，我们将在下文详细加以探讨。在此先行指出他的哲思的这一基本特征是必要的，这不仅是为了同样充分显著地揭示他与谢林的差别，而且是为了同时阐明，为什么在客观唯心主义的一些基本问题上很快就产生的分歧中，黑格尔没有在这里立刻针对这些分歧提出否定的、反对的立场，而是在某种程度上试验性地检验这些分歧，以便在实践上确信它们的正确性或无效性。

　　这些笔记的另一处更加清楚地标明了黑格尔与谢林的关系，尽管谢林的名字在那里并没有被提及，黑格尔说道：

　　　　我们还清晰地记得，我在各门科学中徜徉了多久，我真诚地认为，显而易见的东西并非事情的全部。从人们谈论事情的空话中我总结认为，本质深居背后，所有的人知道的要远远多于他们被告知的，即某种东西要这样加以提升的精神和原因。在我长期徒劳地尝试要去何处寻求这样的精神和原因，人们总是谈论和从事的事情除了源于一般熟知的东西和并由日常的东西推动以外，源自何处，因而找不到正当性和正当性的理由以后，我得出结论，实际上凡事都没有超出我用概念进行把握的范围，除此之外只有信赖的口吻、任性和狂妄。①

这段评论全部写在耶拿笔记本的最后。在那里他的笔记带有这样一种语气，这种语气清楚地表明，他已经完全看清谢林哲学的抽象性、形式主义和薄弱之处。他在这里以一种内在的自我批判形式给出了一幅清晰的图景，描绘他如何受到了谢林的建构性的艺术实践、他的令人确信无疑和印象深刻的出场的影响。在我们下文分析谢林与黑格尔之间差异的时候，读者将借助那里出现的具体问题，比我们现在更好地理解和把握黑格尔的这种立场，因为我们现在仅仅对两位哲学家普遍的"理智面相"作了一下对比。

但是，假如夸大这种对立，那就会得出错误的结论。如果想要正确地理解 1801—1803 年这段时期，就不要以我

___

① 罗森克兰茨：《黑格尔生平》，柏林 1844 年，第 554 页。

们今天关于谢林后来思想发展所知道的东西为出发点。虽然谢林后来思想的反动倾向在当时已经有了苗头，但毕竟只是处于萌芽状态。没有人能在1801年就预见到，德国哲学革命的发起者会作为神学反动派的哲学家收场。谢林形式主义结构的空洞性，在当时看起来与我们现在从他后来走上的道路的角度看起来相比也是不同的，当时，人们是站在一场哲学变革的开端处看待问题的——我们可以回忆一下，黑格尔如何辛辣地嘲讽那些想要终止哲学革命的人——并且谢林的哲学结构的抽象性必定表现为那种必然地在一个新的世界纪元与一种新哲学的开端结合在一起的抽象性（我们将在探讨《精神现象学》时看到，这种观点即使在当时对黑格尔来说也占据了多么重要的地位）。

马克思作为辩证的历史学家，在对谢林个性的一切尖锐批判中仍强调他的“真诚的青春思想”，并把他与费尔巴哈这样一位哲学家同等看待。显然，对思索客观辩证法的原则的青年黑格尔而言，谢林的这种“真诚的青春思想”必定居于关注的中心地位。尽管黑格尔后来对谢林的批判充满尖锐性和正确性，但他从未能够像唯物主义辩证法家马克思所看待的那样，看透谢林哲学。因为唯物主义辩证法的客观唯心主义方法对黑格尔和谢林来说始终都是共同的基础。因此，谢林哲学存在特定的局限，这些局限也始终都是黑格尔的辩证思维的局限，而马克思能够对它们进行毁灭性的严厉批判。

我们已经说过，谢林“真诚的青春思想”在于，他试

441

图把自然和历史理解为一个统一的、辩证的过程。在这里，

328 他与青年黑格尔内心深处的志向汇合起来。如果说青年黑格尔的思想尤其是在社会哲学领域，在辩证法的逻辑学问题上比谢林的更加深刻，那么黑格尔到此时为止还没有达到给出全部知识的一个统一全面的体系的程度。而谢林在这一时期以一种在文献上光辉夺目的方式做到了这一点。从我们前文引用的黑格尔的评论可以明确地得出，在他对这些思想进行批判以前首先通过自己的工作检验它们的正确性，这对他来说是必要的。我们从黑格尔的表白看到，他在某种程度上试验性地做了这件事。只有当我们这样考察黑格尔在耶拿最初几年与谢林的关系的时候，才会对黑格尔的特别是像在《伦理体系》这样一些著作中的谢林术语采取正确的态度。因此，这就意味着，要承认谢林对黑格尔的影响，无需要么把黑格尔看作是谢林的一个简单追随者，要么就把他看作是一个出于"策略的原因"而隐瞒他早已心知肚明的分歧的伪善者和钻营者。

还有这样的情况，即尽管谢林的任何单本的出版物都具有文献上光辉的形式，但他的体系在当时像黑格尔的一样仍处在构造之中。关于黑格尔与谢林之间的亲密交往，我们当然无从知晓。他们住在一个地方，在同一所大学授课，共同编辑一份哲学刊物。因此，不言而喻，他们必定就哲学原则有过非常深入的交流。事实上，不仅黑格尔的耶拿早期著作表明谢林的术语对他有非常强烈的影响，而且我们在谢林当时的某些阐述中也能非常明确地获悉黑格

尔的声音。哲学刊物的开篇文章《自然哲学与一般哲学的关系》，甚至长期以来都是有争议的。人们不知道，这篇文章到底是谢林还是黑格尔起草的。只有从黑格尔 1804 年的一篇自传中才无可置疑地得出结论，谢林是这篇论文的作者。[1] 在这些情况下，就很容易理解，黑格尔在辩证法的某些有争议的问题上，在他公开反对谢林之前，肯定已经长时间尝试在私下的交流讨论中说服谢林，使他认识到自己的错误并把他带到正确的道路上来。

在这方面也不要忘记，虽然黑格尔在很多问题上持比谢林更深刻和更进步的观点，但在自然哲学上——至少在最初——他主要是一个学习者。当然，正如我们所知，他在法兰克福晚期曾深入地研究自然科学的问题，但在这个领域，谢林和他的学生们，尤其是独立于他们的歌德——黑格尔在这一时期也与他相识——已经取得巨大的成绩，在黑格尔完全独立地提出他自己的体系以前，他必定首先熟悉了他们的这些成绩并批判性地作了探讨。

329

因此，对黑格尔与谢林关系的这种审视表明了我们前文（第 282 页及以下）论述的观点的正确性：黑格尔与谢林在耶拿的合作共事涉及的是两位重要思想家的道路的十字路口。黑格尔在耶拿越来越明确地钻研他的特殊形式的辩证法。我们可以从现存的文献看到，只有他 1805/06 年的讲座手稿才彻底摆脱了谢林的术语。不言而喻，这决不是

---

[1] 诺尔版：第 VIII—IX 页。

单纯涉及术语的事情。如果我们重新审视黑格尔社会哲学的各种不同草稿，就会看到他的社会和历史哲学观点的明确具体的形成与他摆脱谢林术语的影响存在多么密切的关联。

　　谢林于 1803 年离开耶拿迁往维尔茨堡。他与黑格尔之间密切的私人联系由此终止；他们共同主办的刊物在他们分离以后也未能继续存在。这份刊物完成了它的历史使命：主观唯心主义与客观唯心主义的分道扬镳带着巨大的坚决性和明确性得到了实行。但是，假如要把这一过程简单地看作是黑格尔观点的一种明朗化，那就是完全错误的。我们重申，谢林哲学在当时也处于变化之中。谢林哲学的反动因素的日益突显，与黑格尔观点的逐渐明朗化，与黑格尔对谢林的那些他已经"试验"一段时间的范畴的日益强烈的摆脱，处于持续不断的交互作用之中。在维尔茨堡，谢林凭借他的著作《哲学与宗教》（1804 年）以一种相当明显的反动方式出现。他对"真诚的青春思想"的背离已使他开始接受这样一种哲学形态：世界在这里已经被理解为绝对者（上帝）的"降临"。谢林后来的公开反动的所谓"肯定哲学"的基本倾向在这本书中首次相对明确地登台亮相（后来谢林将他自己的自然哲学和辩证法看作是补充性的、准备性的"否定哲学"）。

　　假如低估谢林的这种转变对黑格尔对待他的立场发生的变化造成的影响，那就是可笑的。黑格尔后来的观点在《历史哲学讲演录》中得到清晰的表达；他专门将耶拿早期看作是谢林在世界哲学史上获得一席之地的发展阶段；他认为谢林后来的著作甚至不值得论战（黑格尔对待费希特哲学的立场也是类似的）。但另一方面，不要忘记，黑格尔出于对谢林性格和工作方式的了如指掌，甚至也没有把他思想发展的这个新阶段看作是最终的阶段。黑格尔长期以来都希望，通过批判谢林的观点把他带回辩证哲学的正确道路上来。他们两人的通信，包括在《精神现象学》写作期间的通信，表明黑格尔当时甚至仍指望他们在哲学上达成谅解的可能性。只有在《精神现象学》（1807 年）出版以后，彻底的决裂才从谢林那一方实行。

第二节　对主观唯心主义的批判

黑格尔耶拿初期的出版著作是明确的论战檄文。他论战的激情源于这样的确信，即他业已成为其先锋的哲学变革，仅仅是一场伟大且普遍的变革的思想表达，所以用客观唯心主义超越主观唯心主义决不是狭隘的专业的哲学事件，而是一场宏大的社会—历史变革在思想上达到的顶峰。因此，在黑格尔的这些论战檄文中一再出现这样一些比较，即探讨哲学的改造与一个新世界的形成之间的这种关联。我们已经引用过黑格尔诸如此类的格言。对他的处于耶拿早期论战岁月的心境而言，下列一段话更有代表性：

331

在国家爆发骚乱时，雅典的立法者规定对政治事务的 Apragmosyne［弃权——卢卡奇注］应处死刑；哲学上的弃权，即不是维护自己的观点，而是决定事先就屈从于那个命运会使其获得胜利和普遍性的人，本身就带有思辨理性之死的气息。①

但是，这种论战的武器已经是黑格尔所特有的武器了。他对主观唯心主义的反驳并非简单地证明它的局限和不可实现。他的方式更加间接，但同时更加激进。他把主观唯心主义不是简单地看成一种错误的哲学路线，而是看成一种必然形成的、尽管如此仍同样必然错误的路线。他对主观唯心主义的错误性的证明既是对它的必然性的一种演绎，同时又是对从这种必然性中形成的局限性的一种演绎。黑格尔以这样两种方式实行这种演绎，这两种方式此时在他那里就像后来一样，已经分离不开地彼此交织起来：历史的方式和系统的方式。黑格尔历史地证明，主观唯心主义是必然地从现时代的最深刻问题中形成的，它的历史意义和持久的伟大正是在于此。但他同时还表明，主观唯心主义除了将时代提出的问题作为问题提出来并把时代问题的疑难转换成思辨哲学的语言之外，不可能走得更远。而主观唯心主义无法对这些问题给出答案，它的无法实现就在于此。

---

① 黑格尔：《早期论著集》，莱比锡 1928 年，第 163 页。

因此，通过维护客观唯心主义而反对主观唯心主义，黑格尔就同时规定了两者在哲学发展过程中，甚至在人类发展过程中的历史地位。由此他把这个问题提高到了一个费希特和谢林在他们的通信中从未料想到的高度。黑格尔提问的这种历史高度——后来的黑格尔在这一高度上已经清晰地展现出来——是在他自身的思想发展过程中向前迈出的一大步。当然，如果我们仔细钻研过他在伯尔尼和法兰克福时期的残稿，就会看到这个问题在他那里早就已经开始酝酿了。哲学对黑格尔而言始终都是最密切地与现时代普遍的、政治—社会的、文化的问题关联在一起的，哲学应当是对一切从古至今都要求作出回答的问题的终极的思想解答。

332

黑格尔哲学的这种历史性此时"突然"以一种已经如此完善的形式表现出来，这是不难解释的。黑格尔在伯尔尼和法兰克福就直接思考过社会的重大问题，尽管他当时在这方面已经达到对辩证法的一些核心问题的把握，但毕竟他在任何地方都没能系统地概括他的整体观点。虽然他持续不断地了解他那个时代的重要哲学流派（尤其是在法兰克福），但他只有在一些个别问题的实质内容对他来说绝对必要时，才对这些流派表达自己的看法。只有到了耶拿，他才发现不得不对现时代的哲学而不仅仅是对一些个别的、尽管仍非常重要的问题提出自己的看法。黑格尔对所有现时代问题的全面深刻的定位，围绕一个问题即主观唯心主义到客观唯心主义的哲学转折点而对这些问题的整理排序，就在他那里"突然"产生了这种历史眼光。

这些论战檄文中的历史考察不可分离地与系统考察结合在一起。我们反复申明：黑格尔不是想"从外部"反驳，而是想通过展开费希特没有意识到的主观唯心主义的内部矛盾来克服主观唯心主义。这些矛盾的内部辩证法，即这些矛盾本身的运动所带来的解答应当可以证明客观唯心主义的必然性。既然这些矛盾在黑格尔那里被理解为是由社会生活产生的，在这些早期的论战檄文中就形成了哲学与历史的内在有机统一，这种统一对黑格尔的后来时期是非常典型的。

因此，黑格尔对主观唯心主义的分析是以这种历史的同时系统的观点为出发点的。黑格尔提出了现时代的哲学需要问题。在我们了解到法兰克福体系残稿及其对现时代的评判之后，听闻黑格尔将分裂、分化看作这种哲学需要的基础，就不可能使我们感到惊讶了。他从这里推导出非辩证思维的弱点具有的在他看来本质的特征，即知性范畴与鲜活灵动的世界总体、与绝对者处于分离之中的这种分裂状态表现出来。他说：

333　　　如果我们具体考察一种哲学具有的特殊形式，我们就会看到，它一方面源自精神的鲜活本源性，精神通过自身在这种形式中恢复业已分裂的和谐并主动地塑造这种和谐，另一方面源自分裂具有的特殊形式，系统就是从这种分裂中产生出来的。分化是哲学需要得以产生的根源，并且作为时代的教化，是形态的不自由的、给定的方面。在这种教化中，绝对者的显现与绝对者隔离开来并固定为一种独立的东西。①

作为教化时期的现时代的特征，再次表明黑格尔哲学与歌德—席勒时期的德国古典文学的密切关联。这种特征初听起来仿佛就是在席勒的美学著作，尤其是歌德的《威廉·迈斯特的学习时代》中表现出来的那些努力在哲学上的系统化。但是，"教化"这个术语在黑格尔那里毕竟也有另一个强调重点：黑格尔强调在人类发展的这个时期强有力地显露出来的各种不和谐和矛盾。我们将在下文探讨《精神现象学》时看到，教化时期对黑格尔来说直接变成辩证法达到其最终完成形式的诞生之时，这种分裂和分化的痉挛与斗争意味着黑格尔绝对精神最后的终极和谐的分娩之痛。

差别是重要的，但毕竟只是强调重点的差别：歌德的强调重点是评价先前的过渡时期，而黑格尔的强调重点是对待启蒙运动的立场。歌德和黑格尔始终保持一致的地方在于，他们都自觉地把自己看作是启蒙精神的继承者和启蒙遗产的完成者；他们对启蒙运动的批判，从未像在浪漫派那里一样，变成对启蒙遗产的摈弃（对歌德和黑格尔作

---

① 黑格尔：《早期论著集》，莱比锡 1928 年，第 12 页。

出诠释的现代骗术，通过从他们的彼此关联中选取一些零散孤立的引文，来把遮蔽他们的这种关联当作头号事务）。歌德和黑格尔在这个方向上的合作的典型事例在于，歌德在 19 世纪初期发现了狄德罗的手稿《拉谟的侄儿》，立刻将其翻译过来并配以评注出版发行，黑格尔也很快利用了狄德罗的这部著作，用于突显启蒙运动中辩证法在最高的表现力上的特殊形式；由狄德罗刻画的人物在《精神现象学》的最主要章节占据着决定性的地位。

334

黑格尔这时把他的时代看作是教化的这种分裂的顶峰，看作是向和谐的可能转变点。"教化越是兴盛，生活的各种表现的发展——分化裹挟进这种发展之中——越是变得多样性，分化的力量就变得越大……"但根据黑格尔的看法，正是从这种分化中形成了新和谐的可能性，并且哲学正是和谐思想的负有使命的承担者："当联合的力量已经从人的生活中消失，对立丧失了它们鲜活的联系和相互作用，并且获得了独立性时，哲学的需要就产生了。"①

黑格尔的这些表述已经表明他的法兰克福倾向的更加清楚和更有意识的延续，这种倾向就是这样的努力：要把哲学中出现的一切矛盾和对立都追溯到生命本身中的矛盾和对立，要证明一切矛盾和对立的源头在人们的社会生活中。黑格尔的这种倾向不仅是他的历史主义的根源，而且同时也是他关于矛盾及其扬弃的特殊理解的根源。黑格尔

---

① 黑格尔：《早期论著集》，莱比锡 1928 年，第 14 页。

的这种思想倾向在他反对主观唯心主义的最早著作的纲领性导言中非常清晰地表达出来：

> 扬弃这样固定下来的对立，是理性的唯一兴趣。理性的这种兴趣并不具有这样的意义，好像理性反对一般的对立和局限，因为必然的分化是永远对立地塑造出来的生活的一个因素，总体只有通过从极度的分离中恢复过来才可能具有极度的活力；毋宁说，理性反对通过知性达到的分化的绝对固定，并且如果绝对对立的东西本身是从理性产生出来的，理性就会更加反对这种固定。[①]

因此，在黑格尔看来，分化是生命本身的一个因素，教化的哲学在它把对立从哲学上表达出来时，并没有犯下理论错误，相反，这正是它的功绩；错误在于，教化的哲学没有能力发现那种客观地为整个分化奠定基础的统一原则，因此不能把分化带回到和谐中来。

通过这些考察，费希特与谢林的对立、主观唯心主义与客观唯心主义的对立就被提升到一种决定性的、历史性的对立的高度。费希特哲学表现为这种分化的最高的思想表达，表现为这种分化在哲学上的系统化。然而，费希特哲学并没有意识到它的这个源头，仅仅对疑难问题给出了

335

---

① 黑格尔：《早期论著集》，莱比锡 1928 年，第 13—14 页。

虚假的系统化，这种虚假的系统化狂妄地以为包含着对问题的回答。因此，批判系统性地存在于揭示问题本身的历史的和哲学的合法性与必然性，存在于同时的证明，即费希特给出的回答仅仅从其外在的形式看是回答，但从事情本身看只是在对立中对未被解决的、在这个水平也不可解决的问题的僵化表述。客观唯心主义是对这些问题的回答，它是这样的哲学，这种哲学源自这一时期生活的矛盾，并且——从哲学上看——源自这一时期思维的矛盾：用黑格尔哲学后来的话讲，客观唯心主义是"主观唯心主义的真理"。

黑格尔在这些著作中通过他的这种理解，已经成了哲学史的科学方法的奠基者。他是第一个使哲学史摈弃了迄今为止对事实或抽象批判做单纯彼此排列的水平的人。黑格尔在《差异》中就已经带着充分的意识来实行这一转变。他一方面驳斥这样一种哲学和哲学史的思想，"根据这种思想，哲学史就是一种手工艺品，可以通过不断创新的技巧而得到改善"；另一方面，他也坚决反对那种研究哲学的"独特意图"的哲学史观。根据他的看法，从那种哲学史观中只会形成坏的主观性："谁囿于独特性，谁就只会看到独特性。"[1] 相反，他持这样的观点，即哲学拥有一种宏大统一的发展史，这种发展史展现统一理性的辩证展开过程。

当然，在黑格尔之前也有过建立科学的哲学史的尝试。

---

[1] 黑格尔：《早期论著集》，莱比锡 1928 年，第 9—10 页。

这一要求在康德那里并且在他之后古典哲学的所有重要代表人物那里都出现过，但这一要求在黑格尔的这些前辈那里始终都只是停留在单纯纲领性的说明的水平。黑格尔是 *336* 第一个真正严肃地探讨哲学史问题的人，他一方面努力追求一种全面的哲学史，另一方面将思想的内在辩证法和人类进步的自动展开看作是哲学史的方法论基础。黑格尔的这一规划在多大程度上在耶拿时期就已经得到实现，我们只有在他 1806 年哲学史讲演稿的文本出版以后才能评判。黑格尔的编者们曾经拥有这些手稿，但在印刷出版的讲演稿中只有零星几处涉及黑格尔 1806 年的论述。因此，今天对这个问题作出盖棺定论是不可能的。

但我们仍然能够重构黑格尔耶拿时期的哲学史观的大致轮廓，因为，虽然黑格尔针对主观唯心主义的论战性著作集中于主观唯心主义的历史必然性问题以及超越它的历史必然性，但他并没有狭隘地和片面地将这些思想置于中心位置。相反，为了尽可能多方面地阐明他的问题，为了通过尽可能全面的论证使他的问题令人信服，他钻研了哲学史的各个不同的问题。由于这个主题不在我们的考察范围之内，所以我们只得满足于列举，但决不是充分地列举黑格尔在其最早的论战性著作中所作的最重要的哲学史说明。例如，他在对舒尔策的论战中在古代怀疑论与现代怀疑论之间作了详细的比较；他在关于自然法权的论文中对比了柏拉图和亚里士多德与现代人的社会—哲学观，对比了重要的启蒙思想家如霍布斯和孟德斯鸠关于国家、法权和社会的观点与康德和费希特的这些观点，他在反驳雅可比时将斯宾诺莎的真正辩证法与雅可比的庸俗化作了对比，在探讨目的论时将伏尔泰的观点与康德和费希特的观点作了对比，等等。

但是，我们必须更详细地探讨一个历史问题，即黑格尔对待启蒙哲学的立场，因为这一立场关联到他的特殊形式的辩证法的最重要问题，并且构成那些后来迫使他与谢林决裂的分歧的一个根本组成部分。德国古典哲学的基本 *337* 路线是一场反对哲学唯物主义的斗争。这场斗争必然随着哲学唯物主义的发展而尖锐化。谢林偶尔的半唯物主义念头始终是一段插曲，这段插曲像康德为人熟知的摇摆一样，没有在基本路线上得出严肃的结论。尤其是关于黑格尔，我们知道，他在这方面从未有过摇摆，他有意识地始终是唯心主义者，始终是唯物主义的公开宣称的反对者。

但是，黑格尔对唯物主义的这种在哲学上的反对态度，丝毫没有改变科学的启蒙哲学对他的思想发展产生的不可磨灭的影响；他在耶拿时期完全将自己看作是这一发展的继承者。他以启蒙哲学为他的出发点，他青年时期的哲学受到启蒙哲学的影响，这是不足为奇的，几乎所有他同时代的人的思想发展都有这样的经历。但重要的是，在他的体系的发展过程中，这些线索并没有像他的同时代大多数人那样中断——歌德又是几乎唯一的例外。谢林和浪漫派在他们的思想发展过程中日益尖锐地、坚决地和否定地对待启蒙运动。在这方面他们的独特性在于，他们把18—19

世纪之交德国启蒙运动产生的一些可悲的和善于模仿而毫无创新的人物看作他们的对手。像尼柯莱这样的启蒙运动的讽刺形象，向当时的很多德国人掩盖了真正的启蒙思想家的伟大和重要性。黑格尔对这个问题采取的态度完全不同。我们先前在他评判法国大革命和英国经济学时注意到的他的广阔的国际视野，在这里也保留下来。我们在他耶拿的笔记本中发现他关于这个问题的非常独特的评论：

> 在德国，始终要防范健全的人类理智所谓的哲学僭越。这是徒劳的努力，因为即使哲学允许做出这样的僭越，也是无济于事的，这是因为哲学没有任何健全的人类理智。真正健全的人类理智不是乡下人的粗野，而是在有教养的领域中自由而暴力地对待教化的规定性，追求真理，理智要么直接是卢梭式的悖论，它在基本原理中表达了它既反对各个规定性又同样反对教化本身的矛盾；它要么像在伏尔泰或爱尔维修那里一样是经验、推理和机智。①

黑格尔当然把客观唯心主义看成是哲学最高的、终极的形式。他在反对康德和费希特的主观唯心主义时阐发了客观唯心主义哲学的正当性。但是，他不仅把主观唯心主义，而且把启蒙哲学视为他自己哲学的直接先驱。在批判

338

---

① 罗森克兰茨：《黑格尔生平》，柏林 1844 年，第 540 页。

地清算这份遗产时，经常出现这样的情形，即在黑格尔看来，启蒙运动或个别启蒙思想家的观点，像康德和费希特的观点一样，在同样的高度存在正确的东西和有问题的东西，甚至启蒙思想家相对于康德和费希特的一些优点经常得到强调。我们将在探讨一些具体地涉及这些对比的个别问题时，重新回到这些对比上来。我们也将看到，黑格尔对启蒙运动的这种评价极其密切地与他当时的历史性的总体建构关联在一起，并且决定性地规定着《精神现象学》的整个结构。

我们在此只能指明，黑格尔对哲学唯物主义的普遍拒绝，并不妨碍他为哲学唯物主义的最伟大代表霍尔巴赫和爱尔维修在哲学史上保留着非常重要的位置。黑格尔在其《差异》中反对康德主义者赖因霍尔德纯粹否定和蔑视的肤浅观点，赖因霍尔德把唯物主义仅仅看作是"精神错乱"，"这种精神错乱不会是德国本土的"；他丝毫没有认识到唯物主义是真正的哲学需要：以精神和物质的形式扬弃分化。

如果业已产生这个系统的西方教化之地阻止这个系统离开一个国家，我们就会有这样的问题：是否这种离开不是源自教化的一种对立的片面性。即使这个系统的科学价值很小，我们同时仍不得不承认，例如在《自然的体系》中表现出一种在其时代已然是错误的，并在科学中再现出来的精神；我们不得不承认，

精神所处时代的普遍欺骗，自然遭到的无尽破坏，自
称为真理和正义的无穷谎言带来的悲伤，这种无处不
在的悲伤如何充分地保存力量，以便在一门科学中借
助真正的哲学需要和真正的思辨构思那种从生活的现
象中流逝的绝对者；这门科学的形式就在客观东西的
地域性原则中表现出来，相反，德国的教化通常毫无
思辨地扎根到主观东西——爱和信仰亦属此列——
中去。①

339

　　黑格尔的这些思路的错误是很明显的：他把客观唯心
主义看成是能够克服主观唯心主义的片面性和哲学唯物主
义的片面性这两种片面性的原则。但黑格尔的这些考察引
人关注的恰恰是它们的另一方面，即这样的事实：他把康
德和费希特的主观唯心主义同霍尔巴赫的唯物主义在社会
和哲学史的层面同等看待。当然，黑格尔在这里夸大了18
世纪重要唯物主义者的社会批判和普遍哲学中藏有危机的
"令人绝望的"因素；他忽视了他们乐观主义的、满怀胜利
信心的心境，凭借这种心境，他们期盼临近的社会变革和
即将到来的资产阶级统治。黑格尔的这种错误评价源自他
对历史的总体思想。他把法国大革命看作是一场危机的爆
发和顶点，随之而来的将是精神的一个新的世界纪元。因
此，他在多大程度上正确地评价法国大革命，他也就能够

---

① 　黑格尔：《早期论著集》，莱比锡1928 年，第96—97 页。

在多大程度上正确地评价唯物主义者的社会哲学，同时他评判法国大革命本身时具有的局限在多大程度上暴露出来，这些局限在评判霍尔巴赫和爱尔维修时也就在多大程度上得到显现。然而，非常重要的是，黑格尔也把康德和费希特看作是这同一场危机的意识形态代表。因此，他承认霍尔巴赫在哲学和思辨上同康德和费希特具有同样的高度，并且把霍尔巴赫看得比那些使哲学陷于单纯感觉和单纯空谈的主观唯心主义者更高一筹。我们刚才引用的黑格尔的评论的最后一句话不仅是对赖因霍尔德这样的康德主义者，而且是对情感哲学或浪漫派的所有代表人物的有力一击。

主观唯心主义与唯物主义的这种类比在黑格尔的论战性著作中决不是任何孤立的念头。他一再在这种类比的基础上，一再从揭示它们两者彼此相当的，必须用客观唯心主义加以克服的片面性的角度进行谈论。例如，他在与所谓"普通人类理智"的浅薄思想论战时说道：

340

> 在唯物主义者的物质或唯心主义者的自我中，前者不再是把生活变成对立和塑形的僵死物质，后者不再是必定把自己设定为外在于无限者的有局限者的经验意识。①

---

① 黑格尔：《早期论著集》，莱比锡 1928 年，第 24 页，也可参见第 82 页和第 84 页。

黑格尔对主观唯心主义的批判在这里与后来相比仍有所不同。黑格尔对自在之物的著名的——受到恩格斯和列宁称赞的——批判，在他这里反驳康德哲学的一些论证中还没有出现。对此，自身完备的、业已完成的、体系化的绝对唯心主义是必要的。当然，当我们在下文追寻黑格尔关于《精神现象学》中的"外化"概念的论述时，任何留心的读者都会清楚地看到，在"外化"思想中已经含蓄地包含黑格尔对主观唯心主义的这种批判。黑格尔后来对主观唯心主义的批判是回顾性的和总结性的，这种批判是将主观唯心主义当作一个已经彻底被超越的阶段的一种俯瞰。而此时，我们才见证绝对唯心主义的诞生时刻。在这里，两种哲学的关联有时比对立还更加清晰可见，因为新的哲学这时是从主观唯心主义的难以解决的矛盾中发展出来的，作为这些矛盾的必然结果和解决方案。与这种不同的情境相适应，费希特成为青年黑格尔论战的中心人物。这不仅是因为在文献上争论起始于费希特与谢林之间的对立，而且是因为黑格尔毁灭性地批判费希特为康德哲学的必然完成者。黑格尔终其一生都坚持他对费希特的这种历史性态度。但在《逻辑学》和《哲学全书》的重大的、实质的探讨中，强调的重点发生变化：康德作为德国新主观唯心主义的创立者和最伟大的代表，在这些著作中成为黑格尔论战的主要对象。在其中，一种比青年黑格尔在这些激烈的斗争中所能具有的更成熟和更丰富的哲学史观的精神表现出来。

因此，黑格尔的论战这时关注的中心在于证明，虽然费希特的"自我"非分地要求成为主客同一体，因而消解康德关于意识和自在之物的二元论，但它没有能力实现它自身的这个要求。我们在此看到，黑格尔—谢林对费希特的批判与对康德的批判正好相反。黑格尔—谢林的批判阐释了费希特对康德的超越不够彻底。费希特的这种不彻底性在于，他的"自我"想要通过这样一种思想来克服康德的二元论，这种思想同时含糊地把康德哲学的主观主义—不可知论的倾向推到了极致，因为它把整个世界极端地转变成意识，但这种思想同时又过高地要求这种"自我"承担这样的角色，即成为客观性的承载者而不带有康德的意识的局限。康德的批判强调这样的不合理因素，即从意识的观点出发超越意识和外部世界的二元性。黑格尔的批判是从完全相反的观点出发的。他承认费希特的这种努力，即通过主客同一体从唯心主义的角度解决世界的客观性问题，但他发现，费希特仅仅达到了这种解决方案的要求，即客观性的要求，仅仅达到了绝对者即主客同一体的"应当"，用黑格尔自己的话说："自我就这样没有在体系中把自己变成主—客体。主观的东西的确是主—客体，但客观的东西不是；因此，主体并不等于客体。"①

这个问题这样被提出来的历史必然性是很容易看清的。借助康德，主观唯心主义的不可知性获得了它最高的思想

---

① 黑格尔：《早期论著集》，莱比锡1928年，第48页。

表达。同时，下列情况表现出来，即 17 世纪和 18 世纪的唯物主义没有能力哪怕只是令人满意地阐述自然科学的发展和社会的发展已经提出的那些辩证法的问题，更不用提解决这些辩证法的问题。形而上学思维向辩证思维的继续发展在当时社会发展和与此相应的科学发展的条件下，只能以唯心主义的方式进行。然而，关于客观现实的辩证法，从唯心主义的角度看，只有在主客同一体的基础上才是可能的。只有当某种超越个体性的人类意识，但仍始终属于主体、属于意识的东西被接受下来，只有当唯心主义把客体的辩证运动看成在这个主体中达到他自己意识的发展道路，因而当客体世界的运动与认识达到客观东西与主观东西、实在东西与符合意识的东西的统一时，客观的唯心主义辩证法才是可能的。因此，主客同一体是客观唯心主义在方法论上的核心思想，就像独立于意识的客观现实在人的意识中的反映构成哲学唯物主义认识论的核心一样。 *342*

　　世纪之交的重大经济和社会变革、自然科学的蓬勃发展已经揭示旧唯物主义的这样一些局限，列宁将这些局限表述如下："形而上学的唯物主义的根本缺陷就是不能把辩证法应用于反映论，应用于认识的过程和发展。"① 当时，社会发展如此强有力地将辩证法的问题置于中心地位，以至于康德的不可知论（与贝克莱和休谟的不可知论截然不

---

① 列宁：《哲学笔记》，柏林 1949 年，第 288 页。（中文见《列宁选集》第 2 卷，人民出版社 2012 年，第 559—560 页。——译注）

同）都以辩证的形式得到表现，但以这种形式，辩证唯物主义不论是在社会方面还是在科学方面都成了不可能的；在这种情形下，哲学的发展只有两种可能性：要么停留于康德的不可知论，要么发展到主客同一体的虚构，绕开哲学的神秘化而达到客观现实的辩证法。因此，列宁紧接着上述引文说道：

> 从粗陋的、简单的、形而上学的唯物主义的观点看来，哲学唯心主义不过是胡说。相反地，从辩证唯物主义的观点看来，哲学唯心主义是把认识的某一特征、某一方面、某一侧面，片面地、夸大地、überschwengliches（狄慈根）发展（膨胀、扩大）为脱离了物质、脱离了自然的、神化了的绝对。唯心主义就是僧侣主义。①

列宁在这里用他惯常的准确性描述了问题的两个方面。他极其尖锐地表明，这种唯心主义的提问必然包含一种宗教—僧侣的因素。一方面，我们将在下文看到，出于哪些深刻的社会原因，黑格尔不可能摆脱宗教；另一方面，在这种基础上形成的主客同一体当然更加强化和深化了这些宗教倾向。因此，就德国古典唯心主义的历史而言，关键

---

① 列宁：《哲学笔记》，柏林 1949 年，第 289 页。（中文见《列宁选集》第 2 卷，人民出版社 2012 年，第 560 页。——译注）

在于研究列宁强调的这两个方面辩证的相互作用。

在费希特的哲学中，我们从这种观点出发就会发现彻 　343
底性和不彻底性的一种奇特混合。他比他的继承者更加彻
底，因为他强调他的"自我"的纯粹主观的、纯粹属于意
识的性质。当他由此出发批判谢林的幻想和不彻底性时，
他在某种方式上是对的（当然，从同样的方法论观点看，
康德相对于谢林来说也是对的）。费希特在其思想的真正彻
底的实行时必定落到贝克莱那里去。当他赋予他的"自我"
以主客同一体的特性时，他——即使从内在的、唯心主义
的观点看——也是不彻底的。然而，这种不彻底性对德国
唯心主义辩证法的发展来说已经是影响重大和成果丰硕了。

黑格尔的批判这时专门针对的是费希特哲学的这第二
种不彻底性。谢林和黑格尔对客观唯心主义辩证法的坚持，
迫使他们真正将主客同一体的神秘化形态付诸实践。从这
种观点出发，黑格尔这时对费希特哲学进行了严厉的批判。
正如我们所见，他的出发点是，费希特的"自我"应当是
一种主客同一体，但由于费希特思想的不彻底性而没有能
力实现它的这一角色。

> 虽然绝对的同一性是思辨的原则,但这一原则就像它
> 的表达式自我＝自我一样,始终只是这样一种规则,这
> 种规则的无限实现是拟设的,而在体系中不能建构起来。[1]

---

[1]　黑格尔:《早期论著集》,莱比锡 1928 年,第 46 页。

与此相关，黑格尔揭示了他的已为我们知晓的观点的系统方面，这个方面将形而上学唯物主义与主观唯心主义置于同一水平。他作了如下这种比较：

> 纯粹意识与独断论者［即唯物主义者——卢卡奇注］的自在之物相比在经验事物中不能更多也不能更少地得到证明；纯粹主观的东西与纯粹客观的东西一样都是抽象物；独断的唯心论把主观东西设定为客观东西的实在根据，独断的实在论把客观东西设定为主观东西的实在根据……但就像唯心主义提出意识的一元性一样，实在论也可以提出意识的二元性。意识的一元性是以一种二元性即一种对立关系为前提的；与自我 = 自我绝对地对立的是另一个命题：主体不等于客体；这两个命题具有同样的等级。①

344

这样一来，费希特的"自我"就决不是产生和保证客观现实的辩证法的主客同一体："自我在它所要求的定在的无限过程中从自身中无穷地产生各个部分，而不是在把自己直观为主—客体的活动的永恒性中产生自己。"在黑格尔看来，费希特思想的这种局限在自我与自然的关系中最引人注目地表现出来。黑格尔在这里也强调，费希特与形而上学唯物主义处于同一水平："独断地设定一种绝对客体在这种唯心主义中……转变为一种——与自由的能动性绝对

① 黑格尔：《早期论著集》，莱比锡1928年，第47页。

地对立的——自我限制。"[1] 由于自我与自然的这种否定关系，自然在费希特的体系中表现为某种僵化的东西、某种不可能具有自身辩证运动的东西。黑格尔这时指出费希特哲学在各个不同的点上的这种局限；他表明，主体与客体、自我与自然的统一要么没有思辨地得到解释，要么被分裂为一种僵化的二元性。

费希特想要克服的康德的那种二元论的最明显形式——但正如黑格尔指出的，费希特又在更高的阶段再现了这一形式——就是人与社会的关系。我们立刻就将详细地探讨主观唯心主义的道德和社会学说，所以在此只要强调黑格尔与费希特之间对立的要点就足够了。黑格尔指责费希特说，在他的哲学中社会对人而言，就像自然在他那里也仅仅表现为某种能限制和被限制的东西一样，只是人的自由的一种限制。我们从黑格尔法兰克福时期对康德哲学的批判（第 206 页）就已了解这一指责的基本思想。现在，黑格尔也完全在他先前批判的意义上阐发了这种指责："假如理性存在者的共同体在本质上是真正的自由的一种限制，那么这种自由自在自为地就是最高的专制。"[2]

黑格尔以这种方式表明，费希特远远没有克服康德哲学的二元论。黑格尔在此对费希特提出同样的指责，他在其一生中都凭借这样的指责而反对主观唯心主义，这种指 345

---

① 黑格尔：《早期论著集》，莱比锡 1928 年，第 56 页。
② 黑格尔：《早期论著集》，莱比锡 1928 年，第 65 页。

责就是，主观唯心主义无法超越抽象的"应当"。

> 这种不可能性，即自我从主体性与 X——这个 X
> 对自我而言是在无意识的创造活动中形成的——的对
> 立中重构自身，并与它的显现统一起来，这样表现出
> 来：体系揭示出来的最高综合是一种"应当"。自我等
> 于自我，转变成自我应当等于自我；体系的结论并未
> 返回它的开端。[1]

由此，根据黑格尔的看法，我们就又被带回到康德的
（本质上不可知论的）无限过程，这无非就是在哲学术语中
重复问题的未被解决的状态。黑格尔在《耶拿逻辑学》中
说道：

> 坏的无限性是没有能力以一种绝对的方式统一和
> 扬弃对立以继续达到的最终阶段，因为它只是提出这
> 种扬弃的要求，并满足于阐述这一要求，而不是实现
> 这一要求……[2]

黑格尔在《差异》中对客观唯心主义的理解仍大致遵
循的是谢林的论述。谢林原初形式的客观唯心主义，即先

---

① 黑格尔：《早期论著集》，莱比锡 1928 年，第 52—53 页。
② 黑格尔：《耶拿逻辑学》，莱比锡 1923 年，第 29 页。

验哲学与自然哲学的并列地位和同等级别，在这里仍表现为对主观唯心主义的克服。像谢林一样，黑格尔在此也是从斯宾诺莎的以下命题出发的，即"观念的秩序和关联同物的秩序和关联是一样的。"[①] 当然，这个命题在谢林和黑格尔那里获得了一种对斯宾诺莎的原意有所改动的含义。在斯宾诺莎那里，这个命题是他的唯物主义倾向的一种表达，谢林和黑格尔则想把这个命题变成客观唯心主义的一个组成部分。因此，从唯物主义的立场看，这个命题的长处，即它是对唯物主义反映论的一种提示和猜想，在唯心主义那里却变成了一个短处。谢林始终只是停留在外部东西与内部东西、客观东西与主观东西的一种单纯并列，只有黑格尔——当然是在数年以后——试图彻底地克服这种二元论的残余。但他在《差异》中仍接受了谢林关于两个并列的彼此互补的东西最终构成一个统一体的科学观点。这个统一体应当表现在：两者彼此过渡；但这只是宣称的，决没有在方法论上得到揭示。根据后来黑格尔的看法——这种看法的胚胎和萌芽也影响着他此时的思想倾向——实质的彼此过渡就会确保两者中没有任何一个是至高无上的，这种至高无上在他看来要么以唯物主义要么以主观唯心主义的方式扬弃统一体，两者是相互补充的，由此就能够变成统一体。谢林的这种客观唯心主义的思想也体现在，黑

346

----

① 斯宾诺莎：《伦理学》，第 II 卷，系理 7，转引自黑格尔《早期论著集》，莱比锡 1928 年，第 85 页。

格尔在他对正确的哲学进行阐述的过程中接受了谢林最重要的方法论术语，例如"无意识的产生"、"理智直观"，这近乎表明黑格尔的接受是毫无批判的保留。

因此，黑格尔似乎只是在解释谢林的观点，尽管正如我们已经看到的，他在维护谢林哲学的过程中通常超越了谢林。但即使在耶拿早期，黑格尔辩证法的独立因素，即那些后来导致谢林与黑格尔的哲学道路产生分歧的倾向，也已经在发挥强烈的影响。所以我们把耶拿时期的黑格尔看作是谢林的先验哲学与自然哲学相互协调的维护者。但在1803年的《论自然法权》——这篇文章还在他与谢林共同主办的刊物上发表——中，黑格尔已经宣告了他后来独特的哲学路线，即精神高于自然；当然，即便是在这里，他也没有对谢林提出论战。

> 如果说绝对者是这种情况，即它直观自身，更确切地说是直观自身为它自己，而且那种绝对的直观和它的自我认识，那种无限的扩张和它向自身的这种无限返回完全是一个东西，那么，如果两者作为属性都是实在的，精神就比自然更高。[①]

因此，黑格尔在这里的一个重要哲学问题中已经完全超越了谢林的观点。黑格尔与谢林在耶拿的共同合作的特

---

① 《黑格尔政治学与法哲学著作集》（拉松版），第387—388页。

点表现在，他们在诸不同点上的此类分歧出现了，但没有被这两位思想家中的任何一位当作分歧来探讨和谈论。表面上看是一种完全的和谐，但这种和谐在一些个别的分歧那里凝结成了一个有意识的方向和一个体系以后，就"突然"瓦解了。

在这些个别的重要差别当中，我们仅仅强调一个差别。 347
对耶拿时期的谢林来说，哲学体系在艺术中达到了顶峰。谢林以《判断力批判》为典范，仅仅在艺术中看到主体与客体、无意识的创造与有意识的创造的统一。因此，对这位哲学家来说艺术就是下列情形的保障，即现实地存在一种理智直观，无意识的创造与有意识的创造在现实、自然和历史中也是互相转变的。只有在维尔茨堡时期，宗教对谢林来说才开始占据艺术在他耶拿时的体系中曾占据的那种地位。[①]

黑格尔的思想发展走上了一个完全相反的方向。在法兰克福体系残稿（第 281 页及以后）中，哲学在宗教中达到顶峰，宗教是哲学的最高阶段。他的这种观点在耶拿非常迅速地发生变化。我们在这里只能较少地论述这种变化的各个阶段，等到我们探讨《精神现象学》时将在黑格尔哲学的宗教问题上详细地加以论述。我们只需强调，在《差异》中不仅可以发现法兰克福时期观点的残余——当然

---

① 对此参见拙著：《理性的毁灭》，第 2 章，载《著作集》第 9 卷，柏林 1954 年，第 84—269 页。

更多的是凭感觉残留的——而且可以发现全新的立场。他在《差异》中曾将艺术、宗教和哲学称为"敬奉上帝",另一方面他关于宗教的重要开创性的时代特征谈到,宗教置身于文化的重大发展之外:"发展着的文化与宗教发生变化,它使宗教在其旁或使它在宗教之旁……"[1] 在这里,《精神现象学》关于宗教的理解基本上已经清晰可见,尽管这里的理解仍充满矛盾,但至少已经具备这种观点的最重要成分。

但我们仍必须探讨黑格尔与谢林的哲学这时已经明确存在的一个分歧点。在术语上黑格尔接受谢林关于矛盾及其扬弃的称呼有数年之久,他反复说到"无差别的点""理智直观"等。但除此之外,我们还发现矛盾观的继续和发展是非常突然地从法兰克福的体系残稿开始的(第285—286页)。而且不是在个别的评论中,而是非常频繁地并且在非常重要的地方,可以看到,黑格尔在对谢林哲学的各个环节的试验中从未真正放弃他自己在这个具有决定意义的重要问题上的观点。黑格尔在《耶拿逻辑学》中这样详细地谈到,绝对者中的对立没有彻底被消除或者毁灭,而对立的扬弃恰好构成谢林思想的本质。

对立总的来说是质的东西,并且由于任何东西都

---

[1] 黑格尔:《早期论著集》,莱比锡1928年,第91页。

不在绝对者之外，所以对立本身也是绝对的，仅仅由于对立是绝对的，所以它在自身扬弃自己；绝对者在对立的被扬弃状态的平静中同样绝对地是存在的运动，或扬弃绝对对立的运动。对立的绝对存在，或者如果愿意可以说，对立在绝对存在者本身中的存在……①

对黑格尔来说恰好构成绝对者的本质。他在另一处强调了这一看法："无限性从其概念看就是对立的简单扬弃，而不是被扬弃状态；被扬弃状态就是空洞之物，与对立本身相对置。"② 这种看法在《差异》中特别确切地表达出来。黑格尔在这里将他的思想论述如下：

同一在多大程度上被提出来，分离就在多大程度上被提出来。就同一和分离是彼此对立的而言，它们两者是绝对的；当同一应当通过消灭分化而得到保留时，它们彼此始终是对立的。哲学必须使主体与客体的分离拥有它的正当性；但由于哲学绝对地将这种分离跟与分离对立的同一同等看待，所以哲学就仅仅有条件地设定了这种分离，就像这样一种由对立的消灭决定的同一也仅仅是相对的一样。但正因为如此，绝

① 黑格尔：《耶拿逻辑学》，莱比锡 1923 年，第 13 页。着重号由我所加。
② 黑格尔：《耶拿逻辑学》，莱比锡 1923 年，第 33 页。

对者本身是同一与非同一的同一；对立和同一同时在绝对者之中。[1]

这是法兰克福体系残稿的看法的明确延续。所以在这里强调黑格尔再也没有抛弃矛盾观的这条路线，就是很重要的。我只想指引大家参阅《逻辑学》的著名段落，在那里黑格尔肯定了同一与矛盾的同等权利，并且补充说，如果必须给予两个因素中的某一个以优先权，矛盾就会成为更深刻和更本质的东西。这个地方在列宁的黑格尔研究中得到特别强调。[2]

对我们来说特别重要的是要看清，对黑格尔而言思维的什么方向是与这种矛盾及其扬弃的思想结合起来的。我们刚才从《耶拿逻辑学》知悉，黑格尔将扬弃甚至与被扬弃状态对置起来，因而想要将分离、分化、差异性、非同一性在最终的、哲学的统一中的保存理解为运动，这种运动不断自我更新，因为各个环节不断被设定和被扬弃。这种扬弃观在《精神现象学》中非常清楚地得到阐述。黑格尔在这里又谈到了同一与非同一的问题。他说，无论站到哪一边，也无论用什么概念来称呼某种真实的和确定的东西，都必然地既是对的又是错的。"不是一方或者对方，而

349

---

① 黑格尔：《早期论著集》，莱比锡 1928 年，第 76 页—77 页。着重号由我所加。

② 列宁：《哲学笔记》，柏林 1949 年，第 54 页。

是它们的运动，才拥有真理。"①

在这种关于辩证的矛盾及其扬弃的阐述中，黑格尔辩证法的特殊性质最清晰地表现出来。同时在这种阐述中也可以理解，为什么具有决定性意义的唯物主义辩证法不可能与现存形式的一般辩证法，而是只能与黑格尔阐明的这种辩证法相符合。对立统一早已为古代哲学所熟知，从库萨的尼古拉到谢林，coincidentia oppositorum［对立统一］持续不断地在欧洲哲学中出现。但是，扬弃与被扬弃之间的那种对立始终都没有从理论上得到解决；也就是说，在唯心主义辩证法家那里，始终只有静止的被扬弃状态相对于扬弃的运动的一种胜利。几乎在每个唯心主义辩证法家那里都存在的宗教倾向或者至少潜在的宗教意识，更加强了思维的这个方向：如果上帝应当是诸矛盾的统一点，那么任何一种宗教观都会力求将被扬弃状态绝对化。我们将看到，这样一种倾向甚至在黑格尔那里也存在，由此他就经常从他的矛盾及其扬弃的特殊观念的高度下降到他的前辈们的水平。 *350*

尽管存在这样一些与唯心主义辩证法的普遍局限相关的持续不断的和不可避免的倒退，这种新的辩证法观点仍意味着巨大的进步。因为只有这样，那些扬弃自身并重新设定自身的矛盾在现实本身中的持续不断的运动，才能在

---

① 我们此处强调的《精神现象学》出自《黑格尔全集》，第1版，第II卷，柏林1832年，第586页，我们在下文引用《精神现象学》时也将仅指明卷次和页码。着重号由我所加。

思想上得到再现和适宜反映。为了达到这种适宜性和连贯性，黑格尔的这种天才思想自然也必须以唯物主义的方式"颠倒过来"。也就是说，必须清楚地认识到，这整个辩证的运动是对象本身的一种客观的、独立于意识的运动规律。只有通过这样一种理解，这种不断的自我更新的运动才能现实地被理解为运动，而不是在某个"上帝"或"精神"中达到静止状态的虚假运动。我们仅仅引用马克思关于辩证扬弃的一个规定，但却是非常重要的规定；由此，一方面读者现在就清楚地看到，唯物主义辩证法是与黑格尔的矛盾及其扬弃的概念相结合的；同时另一方面，直观地呈现出来的是，以唯物主义的方式对这个问题所做的成熟表述与黑格尔的尽管非常天才的唯心主义猜想显得多么不同。马克思在《资本论》中谈到了商品交换过程中的矛盾。他进一步说道：

> 商品的发展并没有扬弃这些矛盾，而是创造这些矛盾能在其中运动的形式。一般说来，这就是实际矛盾赖以得到解决的方法。例如，一个物体不断落向另一个物体而又不断离开这一物体，这是一个矛盾。椭圆便是这个矛盾借以实现和解决的运动形式之一。①

---

① 马克思：《资本论》，第 I 卷，柏林 1949 年，第 109 页。(中文见《马克思恩格斯文集》第 5 卷，人民出版社 2009 年，第 124—125 页。——译注)

因此，在唯心主义形成的一切局限中，黑格尔辩证法中的各个部分环节在它们的扬弃中同时保存它们的独立性的倾向，始终都是鲜活的。因此，一些个别对象和关联向绝对者的提升，在黑格尔那里不仅意味着它们的具体特性的消灭，而且意味着这些特性的保存，直到向下达到各个对象及其关联的经验独特性的保存。黑格尔紧接着我们前述的他在第一部反对费希特的论战性著作中关于矛盾的扬弃的段落，表达了这一情形：

351

> 当哲学进行分离时……哲学不在绝对者中设定两个分离物，就不能设定这两个分离物，这种与绝对者的关系不再是两者的一种扬弃……毋宁说它们应当始终是分离物，并且不会失去这一属性，因为它们是在绝对者之中或者说绝对者是在它们之中得到设定的。①

这一理解为黑格尔哲学产生了两个非常重要的、彼此紧密结合的结论。首先，由此在客观辩证法的范围内为经验研究，为外部世界、自然和社会中现实存在物的不偏不倚的研究形成了一个宽广的舞台。由于谢林关于矛盾被扬弃到"理智直观"的直接性中去的观点导致经验对象性的消除，所以在他那里必然形成他的各种构思的那种变得越

---

① 黑格尔：《早期论著集》，莱比锡 1928 年，第 77 页。

来越任意的形式主义。哲学的研究方法变得与经验研究处于显著的且特有的对立之中。当这位哲学家从"理智直观"的权威高度出发进行构思时，他觉得自己越来越没有义务去尊重经验现实的事实和联系。当然，某些相反的倾向尤其是在谢林本人那里存在，在他的大多数学生那里则少得多。这些相反的倾向与谢林的唯物主义转向，与他现实地如其所是地认识自然的尝试（包括与歌德的关系）是相关联的，但他的哲学方法没有给他的这些有益倾向提供任何支撑。相反，这些构思——它们主要按照那种变得越来越肤浅和形式主义的类比的方法得到阐发——的权威性日益诱使他避开现实的研究，避开经验。甚至当他后来似乎在做"试验"时，他的哲学方法也无法保障他不陷入一种神秘主义—反动的骗局。谢林在他收到《精神现象学》赠书之前的1806—1807年写给黑格尔的信非常典型；他在信中非常详细地描述了他用探测叉做的"试验"，并且提到了他由此在"魔法"领域获得的非常重要的——据说是经验性的——结果。

352　　相反，黑格尔的辩证法是思想家自我教育以获取事实的认识材料并对这种材料进行现实研究的一种方法。我们将在下文看到，黑格尔在这方面甚至走得很远，以至于他偶尔粘在了经验事物上。这种情况自然是同他的辩证法的弱点相关联的，他的辩证法，正如马克思表明的，揭示了"非批判的实证主义"和"同样非批判的唯心主义"的双重缺陷。[①]

但马克思的这一双重批判已经表明，黑格尔相比于谢林在方法论上有了一个从事现实的客观研究的完全不同的舞台。马克思和恩格斯也一再指出黑格尔百科全书式的知识不同于青年黑格尔派的形式主义和高傲自夸的无知。而这种知识不是黑格尔偶然的个人优势，而是正如我们所见，最最密切地与他的辩证方法的特殊观念相关联的。

我们这里要谈论的第二个重要主题是各个范畴现实的辩证关联，即对所谓"低级的"、更加切近经验的范畴的独立性和现实特性的尊重。在谢林那里，绝对认识的水平与相对的预备阶段越是神秘地分离开来，这些预备阶段就越是被他漠不关心地、任意地、更少辩证地加以探讨。我们在他的思想发展过程中看到这样一条从直觉的辩证法到形式主义的、建立在类比之上的思想完善性的道路，并且一步一步地在这条道路充满矛盾的展开过程中可以给这一下降活动——如果这会成为我们的研究主题的话——配以很多文献材料。相反，在黑格尔那里日益清晰地形成相反的倾向。费希特以绝对者（自我）为出发点并从那里逐渐以演绎的方式下降到经验上来，谢林总是沉迷于一种类似的建构方法，而黑格尔耶拿时期的发展倾向是这样的：从经验范畴逐步通过其内部辩证法的展开上升到更高的复杂范

[①] 马克思：《1844 年经济学哲学手稿》，MEGA，第一部分，第 III 卷，第 155 页。（中文见《马克思恩格斯文集》第 1 卷，人民出版社 2009 年，第 204 页。——译注）

畴。《精神现象学》构成这种方法说明的中心，在探讨这种方法说明时我们将同时揭示黑格尔这种方法的局限。

但是，撇开哲学体系的结构不谈，这种差异还有另一个非常重要的结果。黑格尔必须将非绝对者与绝对者、有限与无限、知性与理性等之间的辩证过渡越来越强烈地相对化，必须使这种辩证的过渡在各种辩证的过渡中变得更加丰富并经过更多中介。而在谢林那里，他在"理智直观"的道路上走得越远，他越多地要求达到哲学最初需要审美天才，后来则需要宗教天才，他使得"普通理智"与他的哲学立场之间的鸿沟表现得越不可逾越，他就越是没有能力在知性范畴与理性范畴、有限的与无限的、绝对的与相对的之间找到一种现实的辩证关联。

我们在此看到黑格尔与谢林在理解哲学史时存在的差别的哲学——体系的、方法论的方面。对"普通"知性范畴——这些范畴据说与绝对者总体上没有任何关联——的原则性蔑视，是谢林蔑视启蒙哲学家的方法论基础。相反，寻求这些过渡和中介促使黑格尔把启蒙运动看作是他自己辩证法的一种历史——系统的先行者。因此，谢林哲学结构的形式主义日益将他推向非历史主义、甚至反历史主义；相反，黑格尔则在扩展他的哲学在方法论上的转变的同时，阐发了他对历史问题的日益深刻的理解。

对我们来说，黑格尔与知性范畴即所谓反思规定的关系，在这里是最重要的问题。黑格尔与谢林一道共同地反对康德和费希特停留于反思规定及其僵化的二律背反的倾向，这些二律背反在康德那里直截了当地显露出来，在费希特那里则导致一种虚假的辩证扬弃。这一斗争在谢林那里很快就导致向相反极端的陷落，即导致那些在其中矛盾得到消除的理性范畴的完全解体，正如我们所见，"理性直观"对此构成方法论的基础。但是，黑格尔想在康德—费希特哲学自己的领地反对它。这就意味着，黑格尔承认反思规定的相对合法性，甚至相对的必要性和不可或缺。他反对康德和费希特的地方仅仅在于，他们人为地孤立了这些反思规定，并且由于这种孤立而陷入了形而上学思维的僵化；而留心关注反思规定的带有辩证必然性的内在辩证法会超越这种僵化而达到对绝对者的认识。因此，谢林被他思想发展的基本路线越来越强劲地驱使着对反思规定全部加以摒弃（当然，其中会有反向的趋势、倒退等，但在这里，对我们来说重要的只是他思想发展的基本路线），而黑格尔在《差异》中已经宣告了哲学反思的必要性。由于这个问题对黑格尔整个体系的重要性，我们必须更详细地解释一下他的观点。黑格尔说：

354

> 绝对者应当为了意识而被构思出来，这是哲学的任务；但由于创造以及反思的创造物仅仅是限制，所以这是一个矛盾。绝对者应当得到反思和设定；但它不是由此而被设定，而是被扬弃，因为在它被设定时，它就会被限制。

黑格尔指责康德和费希特停留于这种思想水平："孤立的反思，作为诸对立物的设定，会是绝对者的扬弃；孤立的反思是存在和限制的能力。"但是，康德和费希特以及全部形而上学的思维都没有注意到，在这里客观地存在一种与绝对者的关联，也就是说这种关联是建立在客观现实和思想中的一切事物的普遍全面的相互辩证关联基础之上的。

> 但反思作为理性拥有与绝对者的联系，并且它仅仅由于这种联系才是理性；就此而言反思毁灭自身以及一切存在和有局限者，因为它关联着绝对者。但同时有局限者正由于它与绝对者的联系，才是一种持存。

因此，哲学的任务就是，使这些客观存在着的、处于矛盾性中的反思以之为基础的关联变成有意识的。通过关于诸反思规定的辩证过程，关于它们的直接表现形式即单纯知性范畴的这些仅仅看似不可攀越的局限的这种哲学意识，在黑格尔那里就形成了"哲学反思"，这种反思是辩证结构的对黑格尔体系而言最重要的推动力，是他的特殊形式的辩证法的方法论根基，也是他关于历史是辩证法本身的发展的一个环节的特殊思想的方法论根基。

> 就反思使它自身变成自身的对象而言，反思的最高法则——这一法则是由理性给予反思的，并且由于

这个原因，反思变成理性——就是它自身的毁灭。反思像所有事物一样，仅仅在绝对者中持存，但它作为反思是与绝对者对立的；因此，为了持存，反思必须 *355* 给自身颁布自我毁灭的法则。反思的固有法则——反思通过这一法则根据自身的力量把自身建立成绝对的——会是矛盾的法则；也就是说，是并且始终都是反思的被设定状态。① 反思先前由此把自身的产物固定成了绝对地与绝对者对立的东西，把下列原则变成了永恒的法则，即始终是知性而不变成理性，并且坚守反思的事业，而这份事业其实在与绝对者的对立中什么也不是，它作为有局限者是与绝对者对立的。②

这些论述在诸多方面是与我们业已熟知的黑格尔法兰克福时期关于绝对与相对、有限与无限等的说明相结合的，但这些论述以一种比在法兰克福时期更清楚和更系统的方式奠定了黑格尔后来的逻辑学的基础。

但愿我们前面的解释已经阐明，黑格尔在这一时期用谢林的范畴（例如级次）做了试验。从现在这些论述中也可以清楚地看到，尽管黑格尔在某些个别的系统性问题上确实受到了谢林诸多方面的根本影响，但在思想发展的基

---

① 在德文中，"设定"（setzen）的被动形式"被设定状态"（Gesetzt-sein），与法则（Gesetze）在词形上存在相似性，因而被黑格尔在哲学含义上关联起来。——译注

② 黑格尔：《早期论著集》，莱比锡 1928 年，第 17 页及以下。

本路线方面，我们现在再不能像以前谈论黑格尔思维中的谢林神学—神秘主义时期那样，谈论他思维中的谢林时期了。我们已经可以从这些考察中明确推断，黑格尔在辩证法的根本性的、决定性的问题上具有思维的独立性。

黑格尔的这种独立性也表现在，他与主观唯心主义的整个讨论，同费希特与谢林之间以通信方式进行的哲学探讨相比，具有一种完全不同的广度和深度。除了我们到目前为止探讨的全新问题——虽然这些问题客观上是同主观唯心主义与客观唯心主义之间的对立最最密切地发生关联的，但不论是费希特还是谢林都不曾预想到这些关联的意义——我们还必须研究关于这些矛盾的另一个重大的哲学领域，即"实践理性"的领域：道德学、国家哲学和法哲学。

在这些问题上，谢林越来越丧失了独立性。他早期的不成熟论文《自然法权的新演绎》在他的思想发展过程中始终只是一段没有结论的、无足轻重的插曲。当然，当他在耶拿以一个接一个的庞大体系构思闻名于世之时，对他来说也不可避免地要更进一步地研究这些问题。然而，他对这些问题的探讨总是构成了他的哲学最薄弱的、不论在方法上还是在事实材料上都最不牢靠最不独立的部分。与此密切相关，正是在这里，谢林哲学的反动方面比在他探讨辩证法或自然哲学的普遍问题时更早和更明确地显露出来。我们已经指出过以下特有的事实，即黑格尔——他认为在反对主观唯心主义的斗争中批判康德、雅可比和费希特的"实践哲学"是关键性的——越是到后来就越是更多地在这一领域反对主观唯心主义，但他从未对谢林的相关观点作批判性的评论。他对谢林的相关观点漫不经心地一瞥而过。因此，我们在探讨谢林与黑格尔之间的决裂时也将仅仅在我们可查证的范围内研究这些问题，以便在他们的决裂的必然性中揭示出某些社会背景。

在我们现在开始谈论黑格尔对主观唯心主义的"实践哲学"的批判之前，我们先来看看他的这种批判所探讨的大量问题。费希特反对谢林自然哲学，反对客观唯心主义范畴在自然知识中的合法性，这在这场讨论中完全是无足轻重的插曲。

但是，这个事实情况就像德国唯心主义辩证法的这段非常矛盾的发展史的一切事实一样，也有它的两面性，对此我们不能漫不经心地一带而过。到目前为止，我们已经重点强调黑格尔对客观唯心主义与主观唯心主义之间的对立进行扩展和深化的积极方面。我们接下来对道德问题的分析仍将强调这个积极方面。但是，消极方面也不能置之不顾。

当费希特极力指责谢林的自然范畴的"自我建构"是一种幻想、一种自欺，当费希特把自然描述为"意识的这块狭小领域"时，他就不仅从他的主观唯心主义角度，而且以完全正当的方式从任何一种唯心主义的角度对谢林提出了自己的认识论问题。自然事实上对任何唯心主义来说都是意识的一个领域，在那里自然是宏大的还是渺小的从认识论上看是完全无所谓的。如果自然不应当这样加以看待，那么哲学家就必须说明自然在意识之外的实存。如果不能作出这种证明——显然，谢林和黑格尔离哪怕只是设想一下这样一种思想都仍遥不可及——那么费希特的批判在某种程度上就始终是正当的。黑格尔不可能驳倒主观唯心主义的这种异议，但他只能对此异议匆匆掠过。因为连黑格尔辩证法的最成熟形式，即《精神现象学》或《哲学全书》的辩证法形式，也受到这样一种批判。谢林和黑格尔只能宣称精神的客观性，却在此不可能作出真正的认识论证明，因为"精神"对意识的独立性事实上就是客观唯心主义的根本性的自欺。

费尔巴哈比费希特更彻底和更正确地从对立的方面即唯物主义出发，进行了这种攻击，更确切地说，反对的是黑格尔那里对客观性的辩证推演的最成熟形式，即《精神现象学》。正如我们将看到的，黑格尔想在那里辩证地揭示从简单的感性知觉通往精神的道路，并通过揭示这条必然的道路来为他的立场的客观必然性奠定根据。费尔巴哈现在证明，黑格尔即使在这里也始终是处于思想、意识的范围内的，他对外部世界诉诸感性知觉是一种自欺。

> 例如，"这里"是树。我转过身去，这个真相就消失了。当然，在现象学中，在转身只是一个说辞的时候，的确是这样；但在现实中，在我必须转动我笨拙的身体的时候，这里也仍向我表明在我的背

后有一个非常实在的实存。树限定了我的后背，它阻碍我占据它已经占据的位置。黑格尔反驳的不是作为感性意识的对象和对我们来说不同于纯粹思维的对象的"这里"，而是逻辑的"这里"……黑格尔哲学由以开始的不是思想的他在，而是关于思想的他在的思想……①

由此唯心主义的自欺在黑格尔对客观性的推演中就被明确揭示为自欺。

　　我们还必须提到黑格尔对费希特的反对的这个消极方面，因为它最客观地关联着他的辩证法的最终局限。历史地看，谢林和黑格尔对费希特所提的这些相对正当的异议的回避是必然的，并且对辩证方法的发展来说是卓有成效的，就像从费希特这方面来看——当然是在一种较小的程度上——他对康德提出的相对正当的异议的回避也是不可避免的和卓有成效的一样。没有这种哲学的自欺，黑格尔的辩证法就不会形成；这种自欺与整个系列的社会自欺处于最紧密的关联之中，不论是英雄主义的自欺还是狭隘浅薄的自欺。我们已经看到，费尔巴哈如何正确地批判了黑格尔的这种唯心主义自欺。但我们也知道，这一批判在任何方面都没有帮助费尔巴哈在此基础上以唯物主义的方式

358

────────────

①　费尔巴哈：《黑格尔哲学批判》，载《费尔巴哈全集》，第 II 卷，莱比锡 1846 年，第 214—215 页。

继续发展黑格尔的辩证法。只有马克思，才有能力在全面批判黑格尔和费尔巴哈的基础上从哲学上做到这一点。对客观唯心主义和形而上学唯物主义的哲学超越之所以只有马克思才是可能的，是因为他能够并且已经从无产阶级世界观的角度出发批判资产阶级哲学，这已无需任何详细的探讨。这些事实表明费希特对谢林的批判以及对黑格尔的批判必然软弱无力。因为即使19世纪初德国的经济情况和阶级状况允许费尔巴哈哲学这个层次的唯物主义哲学的发展，这样的哲学对黑格尔唯心主义的批判也是毫无裨益的，对思想发展也是软弱无力的，尽管这种批判本身从哲学上看是正确的和正当的。只有当黑格尔辩证法在这样的德国——它的阶级状况从这时起现实地推动了一场资产阶级—民主革命——取得发展和胜利以后，费尔巴哈的批判才是有成效的，对哲学的发展才是决定性的。费尔巴哈的批判之所以需要这些完全改变的条件，也只是因为黑格尔辩证法推动了辩证唯物主义的形成。费尔巴哈的资产阶级后继者们在哲学上远远低于黑格尔辩证法的水平。

第三节　反对伦理学中的抽象个体主义

我们现在研究黑格尔对主观唯心主义的"实践哲学"的批判时，对此拥有他先前时期的大量比较性材料可供使

用。我们已经同样非常深入地探讨黑格尔法兰克福时期对
康德伦理学的批判，现在只是探讨得更加具体和详细，尤 　*359*
其是更加系统（第 197 页及以下）。我们将看到，他的批判
的基本路线始终都是相同的，只是现在变得更详细、更具
体，尤其是更系统。黑格尔不再仅仅研究康德伦理学中一
些与他自己的问题有交集的个别问题，而是将主观唯心主
义的整个"实践哲学"置于全面的批判考察之下。尤其是
现在这一批判与他对康德、费希特和雅可比的普遍观点的
批判处于紧密的关联之中。黑格尔把他们的道德哲学的不可
实现看作是他们世界观的错误性和片面性的直接结果。他在
一定程度上把道德问题的探讨看成对以下实例的检验，即面
对社会生活中各种最重要的事实，主观唯心主义必定失灵。

　　在《差异》中黑格尔仅仅谈到主观唯心主义伦理学的
一些个别环节。《信仰与知识》在一切领域对主观唯心主义
进行了系统的批判，并且在每个领域都在道德观点的批判
中达到顶峰。黑格尔在他与谢林共同主办的刊物上发表的
最后一篇长篇论战性文章《论自然法权》，同样完全是探讨
这些问题的。在《信仰与知识》中，黑格尔看到单纯反思
哲学的不可实现在于，普遍东西与经验东西始终是彼此被
生硬地和无过渡地分离开的：

　　　　统一性与多样性的东西在这里作为抽象物彼此对
　　置，由此对立方就拥有彼此相对的肯定性和否定性两
　　个方面，以至于经验对概念而言既是一个绝对的某物，

同时又是绝对的无。通过前一方面，它们成了以前的经验主义，通过后一方面它们就同时成了唯心主义和怀疑论。[①]

黑格尔这时针对费希特补充了主观唯心主义的这种普遍特征如下：

> 因此，这种形式性的唯心主义的直接产物……就以下列形态表现出来，即一个零散的经验和纯粹偶然的多样性的领域同一种空洞的思维相对立。[②]

这种对现实的理解此时在伦理学中特别明显地得到表达。主观唯心主义的伦理学没有能力达到对道德律令的普遍性和伦理学的社会内容的一种现实理解：

360

> 因为纯粹意志和普遍东西具有的空洞性是其真正先天的东西，所以特殊东西是一种完全经验的东西。究竟什么是权利和义务本身，要对此给出一个规定会是矛盾的，因为内容立刻扬弃为了义务而义务的纯粹意志，并把义务变成某种质料性的东西。纯粹义务感的空洞性和内容彼此不断地遇见对方。[③]

---

① 黑格尔：《早期论著集》，莱比锡 1928 年，第 230 页。
② 黑格尔：《早期论著集》，莱比锡 1928 年，第 323 页。
③ 黑格尔：《早期论著集》，莱比锡 1928 年，第 340 页。

紧接着这种普遍的批判，黑格尔对康德和费希特提出了我们从他法兰克福时期的批判中就已熟知的同样指责，即这种道德学意味着专制而不是自由，遵循这种道德学必然导致伪善，等等。

黑格尔在他对康德和费希特的普遍批判中已经表明，他们的方法只能达到空洞抽象的"应当"，达到空洞抽象的无限进展。这些概念这时在伦理学中获得了更加具体的形态，黑格尔在这里比在纯粹理论考察中更加尖锐地看待并揭示了主观唯心主义的无意义。康德和费希特认为，通过"应当"，就会超越个体的经验意识并达到现实的伦理普遍性。黑格尔指出了这里存在的自欺，并表明"应当"恰恰相对于世界和社会而返回到了个体的普通的、经验的观点。

> ……因为"应当"本身根本就不允许任何总体性，毋宁说实在性的多样性表现为一种无法用概念把握的原初的规定性和经验的必然性。特殊性和差别本身就是一种绝对者。观点对这种实在性来说是任何单个人的经验性观点；对任何单个人来说，他的实在性就是他被囊括进去的普通现实的无法用概念把握的领域。①

所以在主观唯心主义的这种道德学中，主观唯心主义的理论立场的贫瘠，即它无法在思想中把握具体现实，就是显然的。

---

① 黑格尔：《早期论著集》，莱比锡 1928 年，第 315 页。

让我们回想一下，黑格尔在批判无限进展时已经指出，无限进展决没有能力现实地解释任何一个问题，它只是以哲学的术语重复和再现主观唯心主义的未被解决的问题罢 361 了。在"实践哲学"中应当与无限进展的这种关联更加清晰可见。黑格尔现在指出，正是通过无限进展，主观唯心主义的不可实现性得到揭示；无限进展是对下列情况的承认，即主观唯心主义在它得到实现的情况下会扬弃自身，扬弃它自己的前提，因此这些前提是与现实相矛盾的。与此相应，他表明，激烈反对康德和费希特的雅可比是站在主观唯心主义的同样立场上的，而且分有了它的全部缺陷，然后说道：

> 处于信仰［信仰是雅可比"生命哲学"的核心概念——卢卡奇注］之中的道德的世界秩序是完全外在于自我的；自我进入道德的世界秩序，或者道德的世界秩序进入自我，仅仅为自我获得实在性，这是处于无限进展之中的。对自我而言，物决不可能成为它们应当是的东西，因为正是由于这个原因非我才会停止存在并且变成自我，自我 = 自我才会是真正绝对的同一性，别无第二条原理，自我才会扬弃它自己业已设定的某物并且自身停止成为自我。因此，在知识的这种体系中设想摆脱二元论是不可能的，就像雅可比也只能渴望一样。①

---

① 黑格尔：《早期论著集》，莱比锡1928年，第328页。

（雅可比总是反对任何一种一元论哲学，不仅反对斯宾诺莎真正的一元论，而且反对康德和费希特宣称的一元论。因此，黑格尔在这里做了一种双重的论战：他一方面揭露康德和费希特宣称的一元论是二元论，另一方面表明，想象着已经凭助自己的直接信仰超越康德和费希特的雅可比，其实像他们一样，也是持主观唯心主义立场的。）

黑格尔这时非常形象而直接地描述康德和费希特哲学的特征。他谈道"崇高的贫乏性和唯一连贯的空洞性"，并在另一处说到抽象物的"纯粹的和高贵的高尚"①。主观唯心主义诉诸人的最高贵和最崇高的情感，诉诸人与超感性世界通过纯粹的伦理学建立的关联，总体上没有给黑格尔留下任何印象。相反，他对此仅仅说道："超感性世界不过是对感性世界的逃避。"② 康德和费希特主观唯心主义的自由向往，在黑格尔看来不过是没有能力现实地和辩证地把握社会在其现实运动中的具体总体。他把这种自由向往看作是"非凡的高傲"；他认为费希特哲学就在于：

对于他是与宇宙统一的并且永恒的自然也在他身上运行而感到悲伤；他的意图，就是憎恶使自己服从于自然的永恒法则及其神圣的和严格的必然性，并对此感到惊恐，感到悲伤，陷于绝望，如果他不是自由

① 黑格尔：《早期论著集》，莱比锡 1928 年，第 332 页和第 Ⅱ 页。
② 黑格尔：《早期论著集》，莱比锡 1928 年，第 333 页。

的，无法摆脱自然的永恒法则及其严格必然性的话……这些自然法则是否会是某种完全不同于理性法则的东西，自我为这些自然法则感到羞愧，像自我为顺从于和屈从于这些法则会感到难以形容的痛苦，使自我为服从于这些法则而陷于绝望？①

不容置疑的是，黑格尔在这里对费希特持更正确和更进步的哲学立场，建构一门囊括社会化的人的所有问题的伦理学，必须以黑格尔的方式而不是以康德和费希特的方式加以实现。尽管如此，这一对立仍反映出费希特和黑格尔发挥影响的时期具有的普遍且严重的矛盾，在这一时期，他们两人都未能完全正确地理解人与社会的辩证关系。恩格斯关于有机发展的辩证法有这样的格言，"每一进步同时又是退步，因为它巩固一个方面的发展……"② 这在某种程度上也适用于费希特与黑格尔之间的这种对立。

费希特立场的弱点，从黑格尔的批判看是一目了然的。但是，在对费希特的自由概念进行哲学评判的时候也不要忽视，他的自由概念是作为法国大革命的意识形态表达形成的，虽然他以一种抽象的唯心主义的方式夸大了自由与现实之间的对立，但在这种夸大背后也隐藏着对社会状况的现实主义理解。这种情况不仅仅涉及德国，在那里，法

---

① 黑格尔：《早期论著集》，莱比锡 1928 年，第 333—334 页。

② 恩格斯：《自然辩证法》，柏林 1952 年，第 327 页。（中文见《马克思恩格斯文集》第 9 卷，人民出版社 2009 年，547 页——译注）

国大革命直到那时为止还丝毫没有改变封建主义的残余，直到拿破仑的占领，德国的某些地方才肃清了封建主义的某些残余，然后迫使普鲁士发起了一场改革运动。因此，法国大革命的自由要求事实上与德国的现实处于极其罕见的对立之中，这种情况在费希特的哲学中被唯心主义地、过分地宣称为适用于理解任何时代任何社会的现实。但是，不仅法国大革命及其主观唯心主义意识形态家例如费希特的自由要求在德国没有得到实现，而且，我们已经指出，费希特属于法国大革命的激进民主主义支持者，这些支持者想要看到自由和平等的概念也能被运用到私有财产问题上；费希特在这个方向上的尝试性解决方案太天真，这是当时的整个历史状况的一个必然结果；不言而喻，他的这些尝试必定比法国巴贝夫的更加天真和粗陋，并以失败告终。

　　因此，费希特与黑格尔之间的对立反映的是这个时代的一种重大的、世界历史性的对立。一方面，资产阶级社会事实上是从法国大革命和英国工业革命的风暴中产生的。黑格尔哲学这时想要赋予资产阶级社会的这种具体实存以哲学的表达；另一方面，不论是英国工业革命还是法国大革命都无法实现这样一些民主形式的资产阶级社会，它们在任何地方都没有以革命运动的现实的、民主的代表们所追求和期盼的一种彻底的激进立场扫除封建残余。因此，从这个角度看，资产阶级民主革命对西欧来说仍没有结束。费希特的主观唯心主义给予世界历史状况的这个方面以一种——主观主义地加以夸大的——哲学表达。由于哲学斗争在德国发生，而在德国，我们知道资产阶级革命的实现还无从谈起，资产阶级—民主革命只能是一种遥远的未来远景，所以这种对立更加得到增强。

因此，费希特和黑格尔双方都带着某种片面性，各自代表这种世界历史性对立的一方。如果我们追寻西欧民主革命后来的发展就会明白，双方中的任何一方都没能达到对革命本身和由革命形成的资产阶级社会的真正正确的理解。因为在 19 世纪中叶的革命中无产阶级的作用——尽管革命本身存在资产阶级—民主内容——已经成为一种非常重要的作用，并且这种作用越是往前发展，资产阶级—民主革命仅仅从无产阶级世界观的角度看也才能越发现实地、确切地得到理解。因此，马克思的评论在这里同样适用："低等动物身上表露的高等动物的征兆，只有在高等动物本身已被认识之后才能理解。"① 关于资产阶级革命和资产阶级社会的一种现实的、辩证的理论，只有在历史唯物主义中才是可能的。

这种状况就产生了费希特的抽象乌托邦主义。他是在没有发生任何革命运动的国家中的革命民主主义者。当他后来在反对拿破仑的解放斗争时期与民族运动建立起联系时，这一运动的反动特征就后果严重地影响到了他的哲学。

---

① 马克思：《政治经济学批判》，导言，第 262 页。（中文见《马克思恩格斯全集》第 30 卷，人民出版社 1995 年，第 47 页——译注）

黑格尔哲学的客观主义已经成为可能的，因为他毫无保留地把从法国大革命中产生的市民社会接受为实在性，他在他的思维中意欲如其所是地理解市民社会，关联性地把握它的现实规律性，并从哲学上加以解释。黑格尔这位先前的法国大革命支持者能够在逻辑连贯的思想发展过程中达到这样一个结论是有他的原因的，即正如我们所知，他从未同情过雅各宾派的激进—民主派。这样一来，他就从法国大革命的支持者发展成了拿破仑的支持者。

　　由此我们就得出这样的悖谬结论：黑格尔相对于费希特的哲学优势，即他的社会观相对于费希特社会观的优势，是与他的政治和社会世界观的不甚民主的基础相关联的。这样的悖谬在历史上偶有发生。由于在纯粹意识形态领域发生冲突，由于在德国赞同民主制和民主革命还是反对民主制度和民主革命的立场都不可能有任何政治现实性，情况就尤其是这样。一旦费希特和黑格尔同具体的政治思潮建立起联系，德国落后状态的各种不发达特征就在他们的哲学中强烈地受到重视。这种情况在费希特那里形成于如上所述的解放战争时期，在黑格尔那里则主要形成于他的柏林时期。在意识形态家们的民主努力在现实的民族运动中仍拥有——尽管还非常薄弱的——基础的地方，这样一类矛盾是不可能存在的。我们可以想想俄国革命民主主义者相对于他们的所有意识形态对手的意识形态优势。

　　费希特与黑格尔的这种对立在黑格尔批判费希特关于

暴动权、"革命权"的观点时十分清晰地表现出来。在《自然法权基础》（1796 年）中，费希特持激进的革命民主主义者的立场。他说：

> 但是，应当注意的是，人民从来都不是反叛者，把"反叛"一词用于人民，纯属业已说过的那种无稽之谈，因为按照法权说，人民实际上是最高的权力，在它之上没有任何权力，它就是一切其他权力的源泉，它只对上帝负责。在人民集合起来的时候，按照法权说，行政权力实际上就失去了权力。只有反对更高的权力，才能说是反叛。但在地球上还有什么东西比人民更高的呢？说人民能反叛自己，这完全是无稽之谈。只有上帝位于人民之上；因此，如果可以说人民反叛了他们的君主，那就必须预先假定君主是上帝，但这大概是很难证明的。①

费希特这样设想人民的这种充分主权的实现：行政权在常规时期掌握一切权力，但在行政权之外还有一个特殊的机构，即所谓的民选监察院。民选监察院不掌握丝毫实在的权力，但它在行政机构逾越宪法的范围时，能够发布禁令中止行政机构的权力并召集人民，然后人民将对争论

---

① 梅迪库斯编：《谢林全集》，莱比锡 1908 年，第 II 卷，第 186 页。

作出最终的决定。[1]

黑格尔这时在他关于自然法权的文章中最为激烈地攻 366
击了费希特的这个理论。他的思路接近于孔多塞的，就像
费希特的接近于罗伯斯庇尔的一样。这就是说：在两者那
里，法国的现实都被虚化成了德国哲学的抽象。黑格尔论
述的关键点是他对暴动权的强烈反对，"因为这种纯粹的权
力完全是由私人意志组成的，而私人意志不能作为共同意
志建立起来"。因此，黑格尔持非民主的观点，即直接表现
出来的人民意志不可能建立一种现实的、有序的法权状态。
在这里，他的立场的弱点是完全显而易见的。

黑格尔对现实状况的清楚且清醒的理解，反而是在他
对费希特的构想的反驳中表现出来的。在他研究行政机构
与民选监察院的关系时，他不像满足于"理想"构想的计
划的费希特那样停留于单纯的形式性的法权问题，而是研
究行政机构与民选监察院之间的权力状况。他在此做了清
醒的、正确的强调，即当双方具有同等权力的时候，国家

---

① 梅迪库斯编：《谢林全集》，莱比锡 1908 年，第 II 卷，第 174 页及以
下。这种人为的建构决不是费希特的一个简单发明。民选监察院早就是革命性
的自然法权的一个古老组成部分；我们可以在加尔文和后来的整个所谓反保皇
派文学那里找到它的踪影。对此可参见：沃尔岑多夫：《人民反抗权学说中的
国家法权和自然法权》，柏林 1916 年，第 123 页及以下。关于人民发布禁令的
权利的争论也决不是在学者中的争论。对这个问题的阐述在围绕革命时期法兰
西宪法的斗争中起着非常重要的作用。罗伯斯庇尔和雅各宾派直到最后都赞同
人民的革命权，而孔多塞作为吉伦特派的理论家则相反，他建立各种制度以
此通过完全合法的途径使宪法争端得到解决。罗伯斯庇尔与孔多塞的争论在德
国引起了强烈的理论反响。黑格尔也在他关于德国宪政的论文中提及此事，见
拉松版：第 79 页。

就会变成一架"永动机"，这架永动机"不是自我运行的，而是立刻在彻底的平衡中……会变成一架彻底的永静机"。这就是说，黑格尔看清了，在一个正常运转——任何一部宪法都是人们设想能用于长期正常运转的——的国家中双重的权力是不可能的事情。而如果掌握实质优势的要么是行政机构，要么是民选监察院，因而如果一种统一的意志在国家中实行统治，费希特的整个构想就被抽掉了任何基础。

在这里我们再次看到争论双方的——曾经不同但仍共有的——历史局限性。因为很清楚，争论的实际情况其实就是革命的双重权力问题。这种双重权力事实上已经表现在法国大革命中，表现在巴黎公社、雅各宾俱乐部等相对于国民公会的权力中。但即使是那些参与了这些事件的人，甚至是组织或利用并且领导了革命的双重权力的人，例如罗伯斯庇尔，也没有理解并且不可能理解这种双重权力的社会本质。因此，罗伯斯庇尔想把革命的暴力权写进 1793 年的宪法。费希特哲学这时就是关于革命本质的这种不理解和这些法学偏见的简单反映，当然以唯心主义的方式进行了夸大（这些偏见在拉萨尔《获得的权利的体系》中的作用表明，这些偏见有多长命）。黑格尔走得很远，以至于他看清了关于宪法的单纯法学规定的形式主义和软弱无力，并且把围绕宪法的冲突看作是现实权力问题。但是，他的这一认识由于他没有看清人民的革命运动的创造能力，而失去了光彩。

非常有趣并且对黑格尔来说非常独特的是，他把反对费希特与暗示拿破仑·波拿巴雾月十八日的政变结合起来。他由此不仅想证明费希特民选监察院的无能为力（因为这个时期的所有法兰西政权都有类似的监督机构，尽管这些监督机构显然并不是那么抽象地凭空设想出来的），而且想表明，宪政的变革事实上是以符合他的想法的方式发生的。黑格尔在这里没有提及拿破仑的名字。但由于拿破仑政变发生在 1799 年，黑格尔的论文写于 1802/03 年冬天，所以毋庸置疑，他指的是雾月十八日。

> 众所周知，最近在一个与政府抗衡并使它瘫痪的立法权力对这个政府实施的解散中，一个亲身牵涉其中的人物超越了这样的想法，即设立一种与费希特的民选监察院类似的监督委员会就会阻止这样一种暴行，他正确地作出判断，这样一项要求进行监督、想要重复设立政府的提议，同样会粗暴地得到探讨。[①]

我们将在下文看到，黑格尔把拿破仑称为"巴黎伟大的国家法导师"。颇有特点的是，黑格尔很早就把拿破仑当作国家法问题中的决定性权威来反对他的哲学对手费希特。

黑格尔与费希特之间的这种对立也可追溯到：用黑格尔的话说，费希特把一切社会的和法律的制度都仅仅看作

368

---

① 拉松版：第 360 页及以下。

是人的自由的一种限制，而黑格尔持这样的立场，即"最高的共同体，不论从权力还是从权利的行使看，都是最高的自由"。① 显然，这种分歧是建立在我们理解从法国大革命中形成的资产阶级社会时，刚才分析的对立基础之上的，这一对立在黑格尔评判费希特伦理学和国家学说时对他产生这样的结果，即他到处把费希特的这些学说仅仅看成是对自然和人的奴役与压迫。

关于这里表现出来的纯粹道德问题，我们在探讨黑格尔法兰克福时期的康德批判时已经谈到，并且我们当时已经指出，这一批判根据黑格尔的意图在全部内容上也都涉及费希特。我们业已谈到的黑格尔对费希特的反对现在在道德问题上完全是一样的，以至于我们为了避免重复，在此将不作进一步探讨。在法权和国家理论中，黑格尔持续不断地嘲讽费希特要监管一切并从哲学的本质出发先天地演绎出一切规章制度的尝试。例如，费希特想要推演出，如何能够通过规章制度避免汇票和货币的伪造，人们必须具备何种护照，这种护照必须如何签发，等等。② 他在另一处把根据费希特的哲学性的规章制度形成的法典称为一种"价格表"③。

这里涉及的还远远未及黑格尔对费希特哲学的唯心主义构想的嘲笑。在黑格尔的讽刺性评价的背后存在两个根

① 黑格尔：《早期论著集》，莱比锡 1928 年，第 65 页。
② 黑格尔：《早期论著集》，莱比锡 1928 年，第 67 页。
③ 拉松版：第 367 页。

本性的理论看法：首先，他持这样的观点，即社会的现实推动力是它的持续不断的有机的自我再生产，因而社会在发展过程中自行产生对它必需的各个规定，这些规定决不能够和允许由任何当局，甚至由一门先天地进行演绎的哲学强加给社会（我们将在下文看到，黑格尔在什么地方并且出于什么原因而无法始终如一地将他的这种正确观点付诸实施）；其次，黑格尔原则上持这样的观点，即虽然法律的普遍内容从社会和历史的角度看是必然的，但正因如此，一些个别的法律规定，尤其是它们在个别情况中的运用，必定包含着不可扬弃的偶然因素。某个违法行为被判入狱 3 年还是 4 年，在黑格尔看来始终都是偶然的，原则上并不是通过哲学可演绎的。在这里，黑格尔客观唯心主义的具体性与费希特主观唯心主义的同样必然的抽象性之间重大的、原则性的对立就明确地表现出来。

　　根据黑格尔的观点，主观唯心主义的这种抽象性源于它的形式主义特点。主观唯心主义在原则上避开了任何内容性。道德律令、法律律令的内容在主观唯心主义中始终只是诬骗，决不是真正在哲学上从自身的前提推演出来的。黑格尔在法兰克福也已经表达过这种观点。现在他只是更加坚决地和原则性地阐述这种观点。他反对费希特说道：

　　　　但意志是没有一切内容的纯粹同一性，并且只有就它是一种完全形式的、无内容的东西而言才是纯粹的。意志的目的概念从它自身中获得一个内容，这本

369

501

身就是不可能的……①

借助于对康德《实践理性批判》中的一个关键地方的批判，黑格尔表明了上述差别的具体影响。通过认为可以在人们的一些个别行动的无矛盾性或矛盾性中找到道德正确或错误的一个标准，康德想要把他的定言命令这个道德学的最高原则具体化。因为他相信，如果人能够将一个道德律令提高到普遍法则而不会遇到任何矛盾，那么这个律令的正确性就在哲学上得到了证实。康德为此举了一个例子，即我们在任何情况下都不允许私吞寄存物。他说："我立刻就会发觉，私吞寄存物的原则作为法则会自我毁灭，因为它会使任何寄存物都不会有了。"② 因此，康德认为，通过这条无矛盾性原则就可以在所有个别的情况下从定言命令的形式中演绎出它的社会内容。

370　　黑格尔对此作了非常清晰而尖锐的回应：

但如果根本不存在寄存物，这里面会有什么矛盾呢？假设没有任何寄存物，这将与其他的必然规定性相矛盾；同样，假设寄存物是可能的，这关联着其他的必然规定性，因此本身将是必然的。然而，不应当是其他的目的和质料性的原因被运用进来，而应当是

---

① 黑格尔：《早期论著集》，莱比锡 1928 年，第 331—332 页。
② 康德：《实践理性批判》，§4，注释，莱比锡 1906 年，第 35 页。

概念的直接形式决定第一个假设或第二个假设的正确性。而对形式来说，两个对立的规定性中的一个同另一个一样都是无所谓的。①

黑格尔的这一批判首先驳斥的是，某个社会内容可以从形式性的道德律令中推演出来。各种不同的社会制度等构成一个关联性的和变化着的具体总体。它们的必然性只有从它们在这个具体总体中的地位中才能推演出来并说明理由。由于康德根本没有探讨这个问题，由于他想从一种形式性的道德法则中直接推演出一些孤立的社会内容，所以他的推演并不会比内容的诓骗更好。其次，黑格尔在这里像在其他所有地方一样，反对康德—费希特的道德学中的内部东西与外部东西的生硬对置，反对合法性与道德性的对置。道德性在黑格尔看来是人的社会积极性的一个重要部分，但毕竟只是一部分，因此从哲学上看也不能与社会及其外部的法律、制度等的具体总体分离开。黑格尔认为，根据康德—费希特的理解，一个僵死的和僵化的制度体系处于一边，而道德人的空洞的抽象的内在性处于另一边。与此相对照，黑格尔坚决维护关于辩证运动中的所有这些环节的不可分离的交互作用的辩证观，根据这种辩证观，人们自己创造他们的社会及其所有制度，并且主动地在这个由他们创造的社会中发挥作用。

---

① 拉松版，第 352 页。

在黑格尔看来，这种对社会化的人的内部东西和外部东西的抽象的和非辩证的二分，是雅可比——他在其所有著作中都反对康德和费希特，有时甚至会有确切的论据，并正确地揭示他们的弱点——之所以在哲学上本质地与他的这两位对手持同样的观点，因而也具有他们的全部主观唯心主义局限性的现实原因。

371　　外在地看，雅可比确实揭示了他同康德和费希特的正相反对的对立。康德和费希特维护了抽象而普遍的道德法则的庄严，并且仅仅在单个的人、现实生活的人努力符合道德法则的范围内承认他。相反，雅可比倡导现实的人的独特性。他从历史、诗歌和传说中列举了大量的事例，他在这些事例中证明，那些根据形式伦理学、根据通常的道德观看来是违法的行为，事实上是人的空洞道德性的表现。他直截了当地要求"违法"的权利，因为"法则是为了人而被创造的，而不是人为了法则而被创造的"。①

黑格尔并不反对雅可比这里针对康德和费希特所作的批判具有合理的一面。他自己之所以在法兰克福也反对康德伦理学，同样是因为康德伦理学肢解、压制和折磨现实的鲜活的人。但黑格尔指出，雅可比像康德和费希特一样，使孤立的个体僵化地与一个业已完成的、完全陌生地面对他的社会相对立，尽管他是从一个完全不同的方面出发的。鲜活的人在黑格尔看来是处于具体社会中的人，他所具有

① 转引自黑格尔《早期论著集》，莱比锡1928年，第305页。

的人的总体性和鲜活性只有在与这个社会的关联中才能表现出来。与社会孤立起来，他就像康德—费希特的遵守抽象道德律令的人一样，是抽象的和程式化的。

为了证明自己的看法，雅可比援引了两个斯巴达人的例子，这两个斯巴达人这样回答波斯国王要求他们留在他那里的提议："我们怎么能够在这里生活，怎么能够抛弃我们的国家、我们的法律和这些我们甘愿走过如此遥远的征程并为他们而死的人呢？"雅可比想通过下列解释证明他的观点的正确性：

> 他们也不尝试向波斯国王提供他们的真理……他们不是依据他们的理智，不是依据他们的机智判断，而是仅仅依据事物，依据他们对这些事物的偏好。他们也不以任何德性为傲，也没有任何哲学；他们只承认他们心灵的感知、他们的情绪……他们的经验……"

黑格尔这时在这里把雅可比的学说看作是同康德和费希特的类似的主观主义。他针对这种解释说道：

> 但雅可比把祖国、人民和法律这些最鲜活的东西 　372
> 称作他们所习惯的事物，就像我们习惯于事物一样。他把这些东西不是理解为神圣的事物，而是理解为通常的事物……他把一个民族的法律理解为一种偶然性和归属性，在其中存在伦理自由的最高必然性和最高

活力，此外还把按斯巴达人的方式生活理解为某种通常就是最合乎理性的东西的经验。①

因此，黑格尔在康德—费希特和雅可比身上看到了互为补充的、旗鼓相当的片面性，这些片面性的共同点在于，它们忽视了人的道德的现实的、具体的活动范围和社会中的人的生活，它们对这种活动视而不见，把它当作某种偶然的、外在的和次要的东西对待。黑格尔对雅可比的这一批判，是我们上文探讨的他对康德定言命令的批判的对应补充。因此，黑格尔总结说道："不论是作为个体性的不服从于僵死概念的鲜活性，还是概念和法则的形式即普遍性和客观性，这两方面中的任何一方面都缺乏伦理之美。"②

黑格尔对雅可比的这次讨伐在起草的当时就已经非常具有现实意义。当时适逢浪漫派的鼎盛时期。虽然雅可比本人就其个人而言在严格意义上决不是浪漫派的任何成员和追随者，但他是一个为浪漫派的某些反动方面做了准备

---

① 黑格尔：《早期论著集》，莱比锡1928年，第306—307页。

② 黑格尔：《早期论著集》，莱比锡1928年，第306页。在这种关联中，下列情况并非是无关紧要的，即颇有影响的现代"生命哲学家"席美尔同样对康德寄存物的例子作了批判，但他是从雅可比而不是从黑格尔的观点出发进行批判的。他认为，康德忽视了任何一个道德行动的独特性，在任何行动中状况——不论是内部状况还是外部状况——都有质的不同，因此，虽然存在道德法则，但可以说也存在"个体性的法则"，也就是说，对任何个体性的情况而言都存在一种自身的法则。由于最近人们经常将黑格尔同非理性主义和"生命哲学"关联起来（例如克洛纳），所以对黑格尔、席美尔和雅可比做这种"类比"是富有教益的。参见席美尔：《康德》，第6版，慕尼黑、莱比锡1927年，第145页及以下）。

的意识形态思潮的代表。简言之，这涉及的是，德国最进步的知识界对德国封建绝对主义的那种启蒙—民主的反叛——这种反叛的最确切表现就是青年歌德的《少年维特之烦恼》和青年席勒的《强盗》《阴谋与爱情》——很快发生变质，这部分地是受到了德国资产阶级知识界的各重要阶层对法国大革命的回避所造成的影响。

373

　　青年歌德和青年席勒的强烈个体主义具有极其明显的社会批判、反封建、自由的内容。他们的后继者们单纯接受了要求个体性的独特性的观点，而没有发起反对德国个体性的发展存在的具体社会障碍的斗争；他们有的失去了社会批判的任何兴趣，有的批判和反对作为一般个体性的发展的障碍的一般社会。因此，他们现在无论是在创作中还是在思想中都将个体从一切社会条件中剥离出来，并将个体与社会抽象而排他地对置起来。

　　普遍的世界观倾向也符合这个发展方向。青年歌德和青年席勒的文学创作和思想活动是革命之前的启蒙运动的最后高峰。在青年歌德的诗歌（《普罗米修斯》残稿等）中斯宾诺莎主义得到了宣告。从个体的社会批判性的反叛到对个体性的抽象信奉的蜕变，也导致对启蒙精神的普遍路线的抛弃，正如我们所知，启蒙精神的普遍路线在德国从未达到坚定的唯物主义立场，它在晚期莱辛、歌德和赫尔德的斯宾诺莎主义中达到了顶峰。在德国，反对斯宾诺莎无神论的斗争始于雅可比。

　　浪漫派在其关于个体性的后来变得反动的看法中可能

直接与雅可比之流结合了起来。它可能从这里开始也接受了反对启蒙运动的意识形态。当然，浪漫派关于个体性的看法后来有了补充，即中世纪比"原子式的"现时代在更高程度上保障了个体性的自由展现。耶拿的浪漫派还处于刚刚向这样的看法过渡的时期。但是，毫无限制的和空洞的个体主义的意识形态在它那里已经起到了决定性的作用。浪漫派的主要意识形态家弗利德里希·施莱格尔在其共和主义的青年时期由此曾嘲讽雅可比说，在他那里没有人性的任何概念，而只有"弗利德里希·海因里希·雅可比"[①]的概念。但几年以后（1799 年），他推出了他的声名狼藉的小说《路清德》，在这本小说中，这些抽象—个体主义和非理性主义的倾向就已表现得登峰造极。浪漫派的另一位重要意识形态家施莱尔马赫很快就发表了一篇为这本小说辩护的文章，在这篇文章中，就像在耶拿浪漫派的其他理论表述中一样，这种个体主义和非理性主义找到了一种理论表达。独立于浪漫派，甚至部分地与浪漫派相反，让·保罗的小说在这一时期左右得到广泛传播和普及。保罗始终承认自己是雅可比的学生和追随者。

这种对当时文献状况的简要概述已经表明，黑格尔对雅可比道德理论的尖锐反对多么具有现实意义。他的这一路线在今天必须特别加以强调，因为新黑格尔主义一再致

---

① 弗利德里希·施莱格尔：《青年时期散文集》，第 II 卷，维也纳 1906 年，第 83 页。

力于把黑格尔变成"生命哲学家"和非理性主义者。在这一背景中，非常重要的是，黑格尔将康德和费希特的抽象空洞的个体主义与雅可比的非理性主义"生命哲学"同等看待。因为我们看到，帝国主义时期的新康德主义（席美尔）已经在康德主义与"生命哲学"之间建立一种"综合"，所以黑格尔对这种亲缘性的批判斗争就翻转成了一种积极的和肯定的评判。正如我们所知，新黑格尔主义也力求模糊康德与黑格尔之间的对立，甚至不惜一切代价想使黑格尔往浪漫主义生命哲学靠拢。更不用说对黑格尔的公然法西斯主义的诠释（胡果·费舍尔），我们在克洛纳的现代新黑格尔主义的"权威著作"中看黑格尔的以下特征："黑格尔无疑是哲学史上已知的最伟大的非理性主义者。"①针对在德国哲学法西斯主义化的过程中进行的这种明显的伪造历史的现象，我们必须非常具体地分析当时的各种文化思潮以及黑格尔对待这些思潮的态度的现实事实，并在它们的现实关联中加以阐述。②

　　这种现实的关联在于，黑格尔站在歌德一边——当然，现代非理性主义的德国历史伪造者们同样毫不讲理地指责歌德本身——反对浪漫派个体主义和非理性主义"生命哲学"的一切细微之处。黑格尔将他对雅可比的批判概括如下：他在个体性上的局限性，"这种永远返回到主体的考

375

---

① 克洛纳：《从康德到黑格尔》，第Ⅱ卷，图宾根 1921 年，第 271 页。
② 对此也可参见拙著关于新黑格尔主义者的章节，《理性的毁灭》，柏林 1954 年，载《著作集》，第 9 卷，第 474—505 页。

察，用极度的难堪、急切的利己主义和伦理的病恹取代了伦理的自由"，只能导致"内心的偶像崇拜"。黑格尔这时非常独特地把具有这样一种个体主义魔力的人的生活称作地狱，并在这方面——再次极其独特地——援引了歌德的《伊菲格尼》，在其中，虽然歌德把这一地狱塑造为俄瑞斯忒斯的命运，但他对于俄瑞斯忒斯的转变中的有问题的性格，具有充分的意识，并且对于进步的人文主义必须从现代生活这种事实中寻求出路，具有充分的思想意识和创新意识。通过对自己人文主义的这种意识，歌德成了他的时代最伟大的作家。黑格尔这时将雅可比的诗歌创作与歌德的人文主义从世界观和艺术上作了对比：

> 这样一来，我们就在主人公阿尔维和沃尔德马那里甚至不是把一项功绩，而恰恰是把空洞存在的更大程度的无聊和无力，看作是他们永远自我审视的这种烦恼，这种自我猥亵体现为他们的并非虚构的事件导致的灾难的原因，但同时这种原则在瓦解中并没有被扬弃，并非导致灾难的德性也在本质上给人物的整个环境浸染了一种或多或少的那种地狱色彩。[1]

要评判黑格尔对待狭义浪漫派的态度，非常典型的是，

---

[1] 黑格尔：《早期论著集》，莱比锡 1928 年，第 307—308 页。阿尔维和沃尔德马是雅可比小说中的主人公。

他在《信仰与知识》中论述雅可比的一节是以批判耶拿时期浪漫派的主要著作之一施莱尔马赫的《宗教讲演录》结尾的。黑格尔也指责施莱尔马赫具有像雅可比一样的空洞主观性：

> 这样一来，这种对宇宙的直观本身就又变成了主观性，因为这种直观……是高超技艺，甚至不是一种渴望，而仅仅是对渴望的寻求……应当存在的就会是一种完全内在东西的表现，是个别特殊的热情的直接爆发或接续，而不是真正的表现，不是一件艺术品。

因此，黑格尔像他批判雅可比一样，指责施莱尔马赫：施莱尔马赫想使"艺术无需艺术品而永生"[1]，想使"生命哲学"在"生命艺术"中作为它的"实践的"完成达到顶峰；由此他也就始终停留在雅可比个体主义直接性的水平上。 *376*

但为了再次简明地揭示这种观点与康德主义的深刻亲缘性，我们想在这一关联中引用黑格尔耶拿笔记本中的一小段评论：

> 人们钦佩地引用康德的话说，他教的是哲思，而不是哲学，这就像有人教木工，而从不做一张桌子、一把椅子、一扇门或一个橱柜等一样。[2]

---

[1] 黑格尔：《早期论著集》，莱比锡 1928 年，第 312—313 页。

[2] 罗森克兰茨：《黑格尔生平》，柏林 1844 年，第 552 页。这种对康德的热情形式，尤其是把康德主义与"生命哲学"结合起来的席美尔的形式，在帝国主义时期又成了现代的。

因此，黑格尔把康德、雅可比和费希特理解为同一个哲学发展序列的代表人物，在这个序列中现代个体主义的空洞和疑难带着历史必然性在越来越高的阶段上再现出来。客观唯心主义的道德学——黑格尔这时在他的这些论战性著作中将这种道德学与主观唯心主义对置起来——在这样的命题中达到顶峰，即"绝对的伦理总体无非是一个民族"。[1] 他紧接着用这样的话总结他自己的观点，据第欧根尼·拉尔修记载，这句话是一位毕达戈拉斯学派的信徒对于接受最好教育的问题的回答："你使他成为一个良序民族的公民"。[2]

恩格斯清楚地认识到黑格尔道德学的这一倾向，并肯定地描述了这一倾向与费尔巴哈的那种复又变得抽象的道德学截然不同的特征。

> 黑格尔的伦理学或关于伦理的学说就是法哲学，其中包括：（1）抽象的法，（2）道德，（3）伦理，其中又包括家庭、市民社会、国家。在这里，形式是唯心主义的，内容是实在论的。法、经济、政治的全部领域连同道德都包括进去了。[3]

---

[1] 拉松版：第 368 页。

[2] 拉松版：第 392 页。

[3] 恩格斯：《路德维希·费尔巴哈和德国古典哲学的终结》，柏林 1952 年，第 34 页。（中文见《马克思恩格斯全集》第 28 卷，人民出版社 2018 年，第 344 页。——译注）

　　黑格尔耶拿时期的伦理学在内容上和在结构上都不同于他后来的理解。但是，恩格斯描绘的特征，作为黑格尔在道德学领域的倾向的普遍特征，完全适合于我们现在所探讨的黑格尔思想的发展阶段。因此，在我们有些抽象地从黑格尔对主观唯心主义的反对中阐发他的肯定观点以后，留给我们的任务就是，阐述黑格尔道德学所探讨的问题在其现实关联中的具体情境。为此，首要的前提就是要了解，现代市民社会——黑格尔的道德学想要囊括这种社会的内容和表现形式——在他看来是如何形成的。

377

第四节　黑格尔耶拿早期的历史观

　　黑格尔思维的基本路线总是一种历史路线。我们在伯尔尼时期已经看到，黑格尔的这种历史观在那时要比他关于历史问题的哲学意识更早。只有在他放弃雅各宾派复兴古代的幻想以后，而现代资产阶级社会的辩证法问题困扰着他的时候，这种哲学意识才出现。从那时起，历史发展与哲学体系的辩证关联就构成了黑格尔思维的一个核心问题。我们仅仅提醒读者注意，不仅法哲学，而且《哲学全书》中客观精神的体现，都汇入了作为理性的决定性的最高领域的世界历史之中。正如我们所知，黑格尔对费希特提出的主要指责之一也在于，费希特构想出独立于自然和历史的客观规律的自由。

因此，对历史实在性的尊重和敬畏构成黑格尔哲学的基础。在我们业已熟知的法兰克福时期著作《德国宪政》的耶拿延续作品的导论中，黑格尔给自己提出的任务是："理解存在的东西"。在这一导论的另一处，他在这样一个方向评论这句话，即要使努力向前的辩证东西和唯心主义因素在他那里清晰地显露出来。"不再能用概念理解的东西，就不再存在。"①

因此，黑格尔的历史主义决不意味着赞美过去，或者甚至由于现时代的某些方面的经历过一个漫长的且令人崇敬的过去而维护它们。这是浪漫派的和那些受浪漫派影响的历史学家的观点。但是，黑格尔对这样的看法始终持否定的立场。我们前文在涉及"实定性"问题（第299—300页）时引用了黑格尔论"自然法权"的一段话，在这段话中他谈到最初符合民众的历史生活条件的封建主义制度如何发展成了僵死的"实定性"。黑格尔要求对这个问题进行正确的历史认识。但是，"这种历史认识将超越它的规定和真理，如果通过它那种以前仅仅在过去的生活中拥有真理的规律，对现时代也表明是正确的话。相反，这种对法则的历史认识——它只知道在遗失的风俗和过去的生活中揭示这种生活的原因——恰恰表明，法则现在在鲜活的现时代缺乏理智和意义……"他在这一关联中论战性地将"过去生活的

378

————————

① 拉松版：第5和第3页。

历史"与"当下死亡的特定表象"① 对置起来。因此，说黑
格尔接近于浪漫派的假历史主义，这显得是明显的杜撰。

　　黑格尔同样没有接受浪漫派在这一时期的德国表现出
来的历史方法论。在反革命宣传的影响下，一种看法开始
在德国传播，即历史产物和历史发展的"有机体"排斥人
们的改变自己社会命运的自觉意志，并且历史发展的"连
续性"与曾经走上的发展路线的中断处于显著的对立之中。
这两种看法都包含着很多这样的内容，即任何一次革命基
本上都是人们的一次"非历史性的误入歧途""一件非历史
性的拙劣作品"，这件作品只会扰乱历史的"现实进程"。
谢林的不断发展的反革命浪漫主义倾向的典型特征就在于，
他在与黑格尔合作期间在其《学术研究方法讲演录》（1803
年）中就已经开始令人忧虑地对这些理论做了妥协。

　　我们业已熟悉的黑格尔辩证法的特殊形式在实践上的
方法论意义，这时也表现在历史学的方法论中。黑格尔在
这一时期关于历史问题的一切考虑都表明，他在这里也忠
实于他的辩证法的基本原则，因而历史的连续性对他来说
就是连续性与非连续性的统一。我们将在下文看到，法国
大革命在黑格尔耶拿时期的历史观中占据了多么核心的地
位。不言而喻，这种历史观也在他的方法论中反映出来。
我们已经提到过，在《耶拿逻辑学》中包含着量转变为质
的理论。为了概念性地把握质的飞跃，即作为一种发展路

379

————————

① 拉松版：第408—409页。

线的必然且有机的组成部分的连续性的强行中断，"尺度比例的节点线"是方法论的基础之一，这当然只有在后来才以最终的形式得到阐述。

在论自然法权的文章的结语中，黑格尔——在对上文描述的两种看法的清晰的，尽管不是特别显著的论战中——正好谈到历史中的这种质的飞跃。由于突出强调黑格尔与浪漫派之间的这种对立具有重要意义，我们必须详细地引用这段话，尽管它很长。在这里要注意的是，在黑格尔谈到个体性时，他指的总是民族的个体性。

> 自然虽然在一种特定形态的范围内以整齐划一的运动，却不是机械划一的而是均匀加速的运动前进，但是也享受它所获取的一种新的形态；当自然飞跃到这一形态时，它就在这一形态停留，就像炸弹飞到顶点然后在顶点停留一会儿，或者像加热的金属而不像蜡一样融化，突然飞跃到液态并停留在液态一样；因为显现就是向绝对对立物的过渡，因而是无限的，对立物从无限性或者它的无中的这种突显就是一种飞跃，具有新生力量的形态的定在，在这一形态意识到它与一种异已形态的关系之前，最初是自为地存在的；这样一来，不断发展的个体性也就既有那种飞跃的愉悦，又有一种享受其新形式的持续性，直到它逐渐向否定的东西开放，甚至突然毁灭。①

---

① 拉松版：第410页。

在这里可以清晰地看到那些把黑格尔变成兰克的一位先驱的现代理论（迈内克、罗森茨魏格、黑勒等）的价值了。

当我们转而分析黑格尔的历史进程的具体观点时，我 *380* 们就必须知道，我们从这一时期得不到他对历史进程的任何概括性的历史论述。我们在他各个不同时期的著作中，尤其是在他 1801—1802 年再次修订，最终作为残稿保留下来的关于德国宪政的文章以及各种不同的论战性著作、体系残稿等中找到了零散的论述。虽然我们的阐述现在主要集中于耶拿早期，但我们不论是在阐述具体的历史关联时，还是在下文分析黑格尔耶拿时期的经济学时，也都会考虑到最近出版的他 1803/04 年和 1805/06 年的讲座手稿，因为在这些手稿中他关于那些在耶拿早期已经作为问题向他显现出来的问题的表述更加清晰。当然，《精神现象学》提供了人类历史发展的系统概览。但我们下面将看到，黑格尔的方法论目标在这里已经变成了特殊的目标，以至于《精神现象学》也决不是在像后来的《历史哲学讲演录》那种意义上的世界史的整体阐述。

关于德国宪政的著作——我们已经知道它在法兰克福早期的最初诸草稿——只有到了耶拿时期，才有它的更广泛地得到阐明的、拥有历史基础的部分。通过这些论述，黑格尔问题的一个方面，即德国民族和国家的分裂的形成史，比在法兰克福更加清晰地呈现出来；但另一方面，黑格尔关于时事政治的观点，即到哪里寻找这种状况的出路，这时还像几年前一样，对他而言始终是模糊的。更加具体的历史考察迫使黑格尔赋予他模糊的观点以具体的形态。

在分析意大利的在诸多方面与德国类似的民族分裂，并且分析意大利实现民族统一的尝试时，黑格尔谈到马基雅维利的著作。马基雅维利也清晰而犀利地分析了他的祖国四分五裂的原因，他同样也没有能力找到意大利民族统一的一条具体出路。因此，在他的著作中出现了忒修斯的古代类比，根据传说，忒修斯终结了雅典民族的分裂和无政府状态，并为雅典的民族和国家的统一奠定了基础。马基雅维利为意大利要求并寻求这样一位忒修斯，在观点上同样模糊不清的青年黑格尔同意他的这些考察。①

这位传说中的忒修斯不仅在关于德国宪政的著作的各处出现，而且也在青年黑格尔的其他著作中出现；并且关于黑格尔提到的忒修斯究竟是指谁，在黑格尔的研究文献中有各种不同的联想（在马基雅维利那里，忒修斯曾短暂地是指凯撒·博尔吉亚）。狄尔泰认为，可以把拿破仑看作是黑格尔的忒修斯。罗森茨魏格有一个非常奇特的猜想，他把这位忒修斯等同于奥地利的大公爵卡尔。②

既然后一种看法构成那个构想出来以便把黑格尔变成

---

① 拉松版：第 111 页及以下。
② 狄尔泰：第 IV 卷，第 136 页。罗森茨魏格：第 I 卷，第 125—126 页。

兰克和俾斯麦的先驱的体系的一块重要基石，我们就必须稍微详细地探讨一下这种看法。这一探讨同时给我们提供了实事求是的结论，即我们将看到，青年黑格尔是如何看待他那个时代的两个德意志强国普鲁士和奥地利的。他对待普鲁士的态度是一种激进且有力的反对态度。他直截了当地把普鲁士看作是一种异己的、从外部危及德意志统一的力量：

> 就像古罗马帝国曾被北方的野蛮人破坏一样，现在罗马—德意志帝国的破坏原则也从北方来了。丹麦、瑞典、英格兰，尤其是普鲁士，都是异己的力量，它们的帝国等级同时给予它们一个从德意志帝国分离出来的核心地位，同时给予它们在同样的事件中的一种符合宪法的影响。[1]

青年黑格尔在任何地方都没有被普鲁士的弗利德里希二世的传奇故事所蒙蔽。他把普鲁士发动的战争丝毫不是看作民族利益，而是仅仅看作"发动战争的力量的私人利益"；他把这些战争称为旧的社会和政治秩序发起的违背人民意愿的战争。黑格尔甚至丝毫不把普鲁士在 18 世纪的扩张视为德国的受益；如果这一力量仍得到扩张，"它的庞大规模就会极大地不利于德意志的国家统一"。他在另一处带着强

---

[1]　拉松版：第 87—88 页。

382 烈的轻蔑谈到普鲁士的没有灵魂的官僚阶级。[①] 他在关于德国宪政的著作中对奥地利的探讨比对普鲁士的探讨略微友善一些，尤其是对约瑟夫二世的改革尝试，他给予了一定的同情。但在德国的整体关联方面，黑格尔将普鲁士和奥地利同等看待。[②] 由此就可以看出罗森茨魏格的"巧妙"猜想有何种历史价值。

至于忒修斯与拿破仑的同一化，这种看法有着非常重要的原因可以谈论。几年后，黑格尔在撰写《精神现象学》时，毫无疑问是拿破仑的拥护者。我们将在探讨这个问题时，从他的信中清楚地看到，他曾是莱茵联盟政治的坚决拥护者并且一直坚持到拿破仑垮台。我们也已经看到，1803年他在反对费希特民选监察院的论战中，在赞同的意义上引证了拿破仑的政变。因此很容易就会想到，到黑格尔1801年的考察中去寻找这一思路的最早萌芽。但是，我们不能绝对确信地这样宣称。因为在罗森克兰茨已经出版并且写作时间大概与《德国宪政》差不多同时的耶拿早期宗教哲学和历史哲学残稿中，黑格尔谈到新宗教的形成并规定了它的形成时间如下：

---

① 拉松版：第93页、第91页和第31页。黑格尔对待普鲁士的这种态度直到拿破仑垮台都始终是占主导地位的态度。我们已在班贝格和纽伦堡时期的信件中，也在他的纽伦堡时期的著作中发现这种态度的表达。与黑格尔做出的那种勉强接受拿破仑的垮台和复辟时代的转变相关联，他也有了一种转变，这种转变并非没有危机，而且导致黑格尔后来全部时期的一种听天由命的情绪；黑格尔对待普鲁士的立场也发生了变化。但研究这一思想发展并不在本书的研究范围之列。

② 拉松版：第127页。

也就是当存在一个自由的民族，并且理性已经再生出它的实在性作为这样一种伦理精神——这种伦理精神能够有足够的勇敢，在自己的基底上并从自己庄严中拥有它的纯粹形态——的时候。[1]

这些论述看来已然指明，黑格尔当时还曾指望德国彻底的民族解放，他把他的希望建立在这种民族解放基础之上，当然他在这里始终也是不甚清楚的。但这个问题的模糊不清对黑格尔的思想发展并不具有决定性的意义。因为从他背离革命到转而拥护拿破仑的道路，非常清晰地呈现在我们面前。关于这种拥护始于何时，它的形成经过了哪些重大的徘徊，相比于阐明基本路线来说具有次要意义。

《德国宪政》对黑格尔的重要性在于，他在这里第一次确立了各种社会形态的和各个国家的历史发展进程，后来这种形式得到更详尽的论述，而在关键点上未再加以修订。黑格尔把民族大迁徙和由它形成的封建主义体制看作是现代欧洲各民族的社会和国家的起点。

这种代议制是所有晚近欧洲国家的体制。它不曾在日耳曼的森林中存在过，但源自日耳曼的森林；它开辟了世界历史的新纪元。世界的文化教养的关联，在东方专制制度和共和制主宰世界以后，又把人类从

---

[1]　罗森克兰茨：《黑格尔生平》，柏林1844年，第141页。

共和制的变质引向专制与共和之间的这个中心，德国人是世界精神的这第三种普遍形态从中诞生的民族。这种体制不曾在日耳曼的森林中存在，因为任何民族在进入世界的普遍联系之前都必须独立地经历它自身的各个文化阶段；任何民族将其提升为主宰的普遍性的原则，只有在它的独特原则运用于其余的无立场的世界民族后才会形成。这样一来，日耳曼各个民族的自由，在它们以征服的方式涌进其余世界的时候，就必然变成一种采邑制。①

从这种普遍的历史哲学思想出发，黑格尔这时勾勒出封建主义及其在最主要的欧洲国家的瓦解的发展方向。他把这些国家分为两大类：第一类包括英格兰、法国和西班牙，它们是成功地使封建主义从属于君主制中央权力的一类国家；而第二类的代表国家是意大利和德国，在其中，封建主义的瓦解导致民族生活的毁坏，并阻碍了民族统一。

在第一类中，黑格尔仅仅分析了法国的发展。他表明，法国和德国是如何从同样的社会形态，从封建主义达到完全相反的民族形式的。

384

作为国家的法国和作为国家的德国两者都拥有导

---

① 拉松版：第93页。前文中的"日耳曼的森林"是对孟德斯鸠《论法的精神》第九篇第四章的一种论战性的校正。黑格尔在这里将孟德斯鸠的观念历史化，但并没有反对他的整体观念。

致自身瓦解的两个同样的原则：在一个国家，黎塞留完全摧毁了这两个原则并由此上升为最强大的国家之一，在另一个国家，他赋予这两个原则以所有的权力，并由此取消了它作为国家的存在。①

这时黑格尔描绘了在法国业已独立的封建贵族和曾经短暂地形成国中之国的胡格诺派教徒是如何服从绝对君主制的；这两者的毁灭又如何是必然的，由此形成了法国君主制的统一性。他在这方面着重强调了黎塞留的特殊作用，我们在黑格尔分析革命时已经将他后来"世界历史性的个体"的思想清晰地呈现出来。

新黑格尔主义者在此也试图将黑格尔的这种理论与他们的源于特赖奇克和尼采的现代"英雄崇拜"结合起来。但在黑格尔那里，这涉及的决不是个人，而是世界历史的原则。这个原则在给定的情境中把一个人变成合适的工具。他在这里已经非常明确地谈到他后来的这个倾向。他就法国的封建领主说道：

但他们并不是败给了黎塞留个人，而是败给了他的天才，这种天才使他个人与国家统一的必然原则连接起来……政治天才就在于此，即个体与一种原则达

———————

① 拉松版：第 107 页。

到同一；在这种结合中个体必然获得胜利。[①]

关于英格兰、西班牙和其他国家，黑格尔在这里谈得简短且粗略。从他的考察来看，重要的只是，他对国家形式（君主制或共和制）表现出明确的漠不关心。对他来说重要的是"凝聚所有力量的中心点——真正君主制的或现代共和制的形式"，[②] 至于是两者中的哪一个实施这一职能，他是漠不关心的（在对政治形式的这种漠不关心中，就像在很多其他方面一样，他是以霍布斯为榜样的）。

在分析意大利时，对马基雅维利理论的一种客观的且不偏不倚的研究占据了核心位置。在此注意到下列情况又是很重要的，即对黑格尔来说，马基雅维利决不像迈内克学派乐于阐述的那样，是探讨一种普遍的且毫无思想的一般"权力政治"的理论家。黑格尔把马基雅维利看作是致力于意大利业已丧失的并要重新加以恢复的民族统一的绝望的意识形态家，看作是这样一位民族革命家，这位革命家甚至要求不择手段始终奋力实现这一伟大目标。在这一关联中，黑格尔补充了普鲁士弗利德里希二世的著作对马基雅维利的简单打发，黑格尔把这一简单打发称作一份"学校布置的家庭作业"，弗利德里希二世的行为正好揭露了这份家庭作业的空洞乃是伪善。黑格尔在这里也没有忘

385

---

① 拉松版：第 108 页。
② 拉松版：第 109 页。

记强调具体的历史反差：马基雅维利是为了意大利的统一而战的，而他的批判者王储弗利德里希则是"未来的君主，他的全部一生和所作所为最明确地表现为把德意志国家分解为各个独立的国家"。①

我们已经从黑格尔法兰克福时期这一著作的草稿中了解到他关于德国封建主义的瓦解形式，关于邦国分裂局面的形成的观点（第 190 页及以下）。黑格尔在这里把代表三十年战争结束的威斯特伐利亚和约规定为关键性的转折点，在这个转折点，

> 德国的这种无国家状态组织起来……在威斯特伐利亚和约中，德国放弃了把自己作为一支可靠的国家力量加以巩固的想法，听任它的成员的善良意志的摆布。②

黑格尔在这种历史基础上谈到现代国家的必要性。按照他的理解，现代国家是在克服法国大革命的过程中形成的。为了正确地理解黑格尔的思想，在此有必要在辩证法的双重意义上把法国大革命理解为被克服的，即既被消除，又有保存。在黑格尔《德国宪政》关于这个问题的考察中，他对法国大革命的极端—民主愿望的反感清晰地表现出来：

---

① 拉松版：第 115 页。
② 拉松版：第 105 页。

他就像谈论一种无政府状态一样谈论这些愿望。但是，在我们详细地援引他的结论时，我们就看到，他的观点与任何类型的复辟都相距甚远，他把克服"无政府状态"以后的法国大革命看作是世界史上一个新纪元的开端：

386

> 无政府状态已经与自由区别开来；已经深入人心的是，一个稳定的政府对自由是必要的；而同样深入人心的是，民众必须参与一个国家的立法和最重要的事务。人民在一个代表自己的团体——这个团体准许君主征缴一部分国家税收，而尤其是超常的税收——的组织中获得了政府依法行事的保障和普遍意志在最重要的、关乎普遍东西的事务上的共同参与；正如过去最重要的事情即个人的效劳取决于自由的同意一样，现在在自身包含一切其他影响的货币也是如此。没有这样一种代表性的团体，任何自由都不再可以设想……①

我们看到，一方面，黑格尔持立宪君主制的观点（带着当然并非总是极其明显的霍布斯式的保留态度：是君主制还是共和制是无所谓的），在这方面，我们将在更加具体的考察中看到，他的这种国家观越来越强烈地以拿破仑的国家为依据；另一方面，我们在这里可以清楚地看到黑格尔后

---

① 拉松版：第 128 页。

来的思想，即现代国家是从封建主义及其瓦解中有机地形成的。

　　但在这个发展过程中，正如我们现在已经看到的，法国大革命构成关键性的分水岭。这个问题之所以必须得到强调，是因为黑格尔的晚近解释者们一再想要模糊和歪曲这些特征，即他的反封建主义和蔑视复辟的立场，以便维护由他们构想出来的黑格尔—兰克—俾斯麦发展路线。这种对黑格尔的歪曲有时运用了非常粗暴的普遍歪曲历史的手段。例如，非常了解黑格尔著作的罗森茨魏格，为了不看到黑格尔思想与拿破仑国家观的亲缘性，而简单地歪曲了整个拿破仑时期的本质：他把拿破仑时代看成是路易十四风格的旧的社会和政治制度的一种恢复。[①] 于是，在这个基础上，首先把黑格尔变成旧的社会和政治制度的拥护者，然后再把他变成俾斯麦的先驱就不是难事了。事实上，我们勾勒的黑格尔的立宪君主制构想是在思想上——以孟德斯鸠为榜样——部分地对英国，部分地对拿破仑的国家的一种模仿，因而无论如何都具有业已经历一场资产阶级革命的国家形式。我们可以在黑格尔的全部国家法的论述中看到他的这种理解。关于他的各个等级的特点，我们将在下文的其他关联中谈论。我们在此只需指出，甚至他建议的税收制度也主要是以英国的典范（斯密）为导向的，并且强烈反对国家收入中一切形式的封建残余（例如王

387

---

① 罗森茨魏格：第Ⅱ卷，第3—4页。

室领地）。[1]

然而，当我们回顾黑格尔所描绘的拯救者忒修斯这一神秘形象时，我们就能最清楚地看到他关于现代国家的历史思想。忒修斯不仅在与马基雅维利思想的关联中出现，而且也独立地出现，当然是在一处相当隐晦的地方出现的，但我们希望通过从黑格尔后来的讲演录（1805/06 年）中补充一些解释性的评论，来阐明这一处的历史和社会意义。黑格尔说：

> 这位忒修斯必定具备高尚的情怀，使得他从分散的民众中组建而成的民族享有参与涉及他们全体的事务的权利，因为忒修斯给予他的民族的这样一种民主宪政，在我们的时代和各个大国中是一种内在矛盾，在这里参与的权利会成为一个组织；这位忒修斯还必定具备足够的品格，愿意像忒修斯本人一样被人们忘恩负义地不予赞颂；他也能确信，由于他执掌国家权力机构而愿意承担仇恨，就像黎塞留和其他伟大人物招致的那种仇恨一样，人们的各种特殊性和独特性毁灭了这些伟人。[2]

黑格尔对民主制的拒斥对我们来说已不再是新鲜事。

---

① 拉松版：第 493—494 页；黑格尔：《实在哲学》，第 II 卷，莱比锡 1931 年，第 233—234 页。

② 拉松版：第 135—136 页。

甚至那种认为民主制只是适合于古代城邦的政府形式而并不适合于现代庞大国家的思想，也决不是新鲜的思想，不论对黑格尔而言，还是就其本身而言都是如此。这一思想是启蒙运动的共同财富。黑格尔在这个问题上的坚定性，对我们而言在这样的范围内是重要的，即这种坚定性揭示了他在法兰克福就已开始酝酿，然后在耶拿完成的历史哲学，根据这种历史哲学，古代是人类发展的一个完全过去的时期，对我们来说不再是国家组织和社会组织的一种典范。关于这个问题，我们在下文还会详细谈论。

　　至于忒修斯本人，我们不要被黑格尔非常笼统的和有时含混的语言所误导。当然，对黑格尔而言"世界历史性的个体"始终只是世界精神的执行器官。但正如我们同样将看到的，它在黑格尔那里始终涉及的是历史必然原则的统治地位，而忒修斯始终只是世界历史实行当时具体的和必然的转变的一个器官、一个工具。黑格尔这里在忒修斯与群众之间设定的对立是"世界历史性的个体"与懒散落后的德国民众之间的对立，这种个体已经把握法国大革命以后一切事务发生转变的必然性，而这些民众在他们的半封建的和小资产阶级的不幸中沉睡，并且为这种作为"人们的各种特殊性和独特性"的不幸辩护，防范被人唤醒。当黑格尔谈论像黎塞留这样的伟大人物得到的"忘恩负义"时，它的表述是模糊的和不确切的，但我们必须明确地推断出它的含义：黎塞留因打破了法国封建贵族的独立权力而被他们恨之入骨。黑格尔承认这个事实，并将之运用于

388

德国。这种看法是正确的，只不过表述有误导性，因为法国贵族没有任何理由对黎塞留感恩戴德，所以他们对他的憎恨没有忘恩负义的性质。

在1805/06年的讲稿中，黑格尔再次谈到忒修斯是国家的创立者。他说，一切国家都是通过暴力创建的，这样一些伟大人物都曾是暴力的承担者。

> 知道并谈论绝对意志，是伟人的过人之处。所有人都聚集在他的旗帜周围，他就是他们的神。所以说，忒修斯创建了雅典的国家，而在法国大革命中一种可怕的暴力在总体上维系着国家和整体。这种权力不是专制，而是暴政，是纯粹的可怕的统治；但是，这种暴力就其组建和维系国家为这种现实的个体而言，是必要的和正当的。这种国家是单纯的绝对的精神，这种精神确信它自己，并且视它自己为特定的东西，舍此无他，它不是任何好和坏、可耻和卑鄙、奸诈和欺骗的概念；它超越所有这一切，因为恶在它之中与自身达成了和解。①

在几乎紧接着这一处的考察中，黑格尔谈到，这种暴政是必要的，以便教育民众达到对制度的"服从"。在这里，人们也不要死抠"服从"这个字眼。毫无疑问，在这

389

---

① 黑格尔：《实在哲学》，第 II 卷，莱比锡 1931 年，第 246 页。

些考察中包含着黑格尔的反民主倾向，但这些反民主倾向的基本路线毕竟是以对历史的正确认识为出发点的，即不仅陈旧的制度（封建主义）必须通过暴力加以毁灭，而且甚至一种专政也是必要的，以便最终破坏恢复这些陈旧制度的企图。黑格尔此时把专制看作是两种社会和国家制度之间必要的过渡时期。

　　暴政被民众推翻，因为它恶心卑鄙，等等；但事实上之所以如此，仅仅因为它是多余的。纪念暴君令人厌恶，暴君恰好在这种纪念中也是这样一种自我确信的精神，这种精神作为神仅仅在自身并为自身行动，并且仅仅遭到人民的忘恩负义的理解。但假如他是明智的，他就会抛弃他的暴政，就像它是多余的一样；但这样一来，他的神性就仅仅是动物的神性，即理当作为恶而令人厌恶的盲目必然性。罗伯斯庇尔就是这样考虑的。他的力量抛弃了他，因为必然性抛弃了他，这样一来他就被暴力推翻了。必然的东西发生着，但必然性的每个部分都通常仅仅分配给单个人。一方是控诉者和辩护者，另一方是法官，第三方则是刽子手；但一切都是必然的。[1]

即使在这里也很容易批判黑格尔的有时含混的历史神

---

[1]　黑格尔：《实在哲学》，第 II 卷，莱比锡 1931 年，第 247—248 页。

话学。显然，黑格尔并不怎么理解法国具体的阶级斗争，这种阶级斗争导致雅各宾派专政的建立和垮台。但他的宏大的历史视野仍促使他把这种他在内心深处所反感的专政理解为在世界历史上必然的和不可避免的历史转折点，理解为现代国家的建立。在这方面，决不要以为，既然黑格尔没有真正理解法国大革命的具体阶级斗争，他对这些阶级斗争的社会内容就会视而不见。相反，在同一部讲稿的一个边注中，他关于法国大革命说道："法国大革命一旦实现形式上特权等级的废除，就实现了等级不平等的废除——无稽之谈。"① 在这里非常清楚的是，黑格尔毫无保留地赞同法国大革命实现的资产阶级内容，建立现代资产阶级社会和清除封建特权，他也历史地将罗伯斯庇尔的雅各宾派专政评价为实行这种世界历史转变的一个必要工具（罗伯斯庇尔相当于忒修斯）；但同样清楚的是，一旦这个时期的极端民主派逾越了这种资产阶级社会的界限，他的反对也是非常尖锐的（"无稽之谈"）。我们认为，正是这些考察，最初模糊神秘的忒修斯形象的社会和历史的现实意义就变得清晰明朗了。

关于现代国家的内部结构，即黑格尔是如何设想这种结构的，我们将在下文详细谈论。在此我们只是简要地指明，他所设想的君主同样不是旧的社会和政治制度意义上的统治者。"君主是整体的固定的、直接的节点。精神纽带

---

① 黑格尔：《实在哲学》，第 II 卷，莱比锡 1931 年，第 260 页。

则是公共舆论……" 黑格尔设想的是这样一个社会，这个社会的自由的、自动的运动使整体运动起来。

　　但整体是手段，是自由的精神，这种自由精神使自己摆脱了这些完全固定的端项［即社会生活的各个单独领域——卢卡奇注］，使整体不依赖于单个人的知识和执政者的品性；执政者是空洞的节点。①

　　不能像例如罗森茨魏格所做的那样，把这种世袭君主等同于旧的社会和政治制度中的统治者，把黑格尔耶拿时期社会哲学中的所谓第一等级或普遍等级看成是古老的世袭贵族。黑格尔在这一时期也保留了其伯尔尼时期就已怀有的对贵族政体的反感。当他在《伦理体系》中谈论民主制、贵族制和君主制时，他就贵族制说道："它通过世袭，更多地则通过财产与绝对宪政区别开来，因为它具有绝对宪政的形式而没有它的本质，所以是最坏的政体。"② 正如我们所见，黑格尔仅仅在君主制中承认世袭原则，他反对世袭原则用于贵族。他在另一处比较全部民众与君主的时候说道："其他个体仅仅被看作是外化出来的、有教养的人，被看作是他们自己已经变成的人。"③

　　因此，黑格尔坚持这样的观点，即虽然社会划分成各 *391*

① 黑格尔：《实在哲学》，第 II 卷，莱比锡 1931 年，第 259—260 页。
② 拉松版：第 498 页
③ 黑格尔：《实在哲学》，第 II 卷，莱比锡 1931 年，第 252 页。

个等级，但个体根据个人的能力和成就，而不是根据身世，各自从属于一个等级。所以，黑格尔这一时期的"普遍等级"，相比于半封建国家的世袭贵族而更接近于拿破仑的军人贵族和官员贵族。

这样一来，我们就在黑格尔那里看到整个中世纪和近代历史的全面概览。他把民族大迁徙直到现时代的欧洲历史理解为一个宏大的、统一的历史过程，在这个历史过程中法国大革命可没有像反动的浪漫派所认为的，破坏"有机的"发展，而是恰恰相反，它在一场重大的自我涤净的世界危机中使新事物富有生命力的因素，即各个民族健康深入发展的延续的倾向，处于自由的运动之中。当然，根据黑格尔的观点，由此带来的"无政府状态"必须得到克服。但我们同样看到，甚至这种无政府状态对黑格尔而言也构成辩证的历史进程的一个必要组成部分。对他来说，罗伯斯庇尔在法国历史上、因而在世界历史上扮演着像例如黎塞留一样关键性的角色；两人的职责就是，为新的精神形态创造自由的活动空间。

凭借对历史的这种卓有远见的自由考察，黑格尔在他的时代，而不仅仅在德国，是相当孤独的。他对各种重大关联的那种摆脱道德化、摆脱同情和反感的考察方式，使人想起巴尔扎克的考察方式，巴尔扎克同样把从封建制度的瓦解直到二月革命的法国历史理解为一种统一的、当然充满危机的过程。在巴尔扎克的小说中，有一场为了制造文学效果而构思出来的巧妙机智的对话，其中卡特琳娜·

德·梅第奇的精神与青年律师罗伯斯庇尔面对面交锋，两人争取同样的东西，即法兰西民族的统一，她在哪里失败，他就在哪里会成功。黑格尔的学生，诗人海涅——当然是在社会发展的一个更发达阶段——阐述了历史过程的这种统一性的思想，他把黎塞留、罗伯斯庇尔和罗斯柴尔德列为"三位欧洲最可怕的平等主义者，贵族等级的最大破坏者"。①

黑格尔对晚近历史的这种理解意味着对他青年时代的 *392* 通过革命重返古代的梦想的自觉的和最终的清算。黑格尔的新历史观并不仅仅以认识近代的特殊特征为核心问题，这些特征自法兰克福时期以来就已不再单纯被理解为蜕变的特征。相反，黑格尔现在的构想依据的是对整个历史的统一理解，因此古代城邦的瓦解本身不仅历史地看是必然的——这种构想在伯尔尼时期就有了——而且从这种瓦解中发展出一种更高的社会原则。

因此，古代在黑格尔历史哲学中最终丧失了旧有的特殊地位。在罗森克兰茨出版的黑格尔耶拿时期残稿中，黑格尔已经把古代的美好世界称为"只是一种怀念"②。在后来的耶拿著作中，黑格尔才详细论述近代史的这种更高原则在于何处。黑格尔在其 1805/06 年讲稿中最详细地作了古希腊的共同体与现代资产阶级社会之间的这种比较。他在

① 海涅：《路德维希·伯尔纳》，载《海涅著作集》（埃尔斯特版），第 VII 卷，第 35 页。
② 罗森克兰茨：《黑格尔生平》，柏林 1844 年，第 136 页。

那里说道：

> 这是晚近的更高原则，这种原则是古人包括柏拉
> 图都不可能了解的。在近代，美的公共生活不是所有
> 人的风俗，美作为普遍与个别的直接统一性是这样一
> 种艺术品，在其中任何部分都不是与整体相分离的，
> 而是认识自己的自我及其体现的这种天才般的统一。
> 但是，个别性的绝对自我认识，这种绝对的己内存在
> 是不存在的。柏拉图的理想国就像拉科尼亚地区的君主
> 制国家一样，意味着进行自我认识的个体性的这种消失。

黑格尔在一个边注中解释性地补充说道：

> 柏拉图不曾提出一种理想，而是在他的内心把握
> 了他所处时代的国家。但这个国家已经过去——柏拉
> 图的理想国是无法实现的——因为这个国家缺乏绝对
> 个别性的原则。①

因此，分离古代与现代的新原则是个体性的原则，更
准确地说，即人格在其个别性中拥有绝对价值的原则。这
种思想我们也从法兰克福时期就已经知晓，这种思想的根
源，即在个别的人方面强调古代社会与现代社会之间的差

---

① 黑格尔：《实在哲学》，第 II 卷，莱比锡 1931 年，第 251 页。

别，甚至要追溯到伯尔尼时期。黑格尔在伯尔尼就已看到，人类生活的那种伴随着古代城邦民主制的衰落而出现的"私人化"，已经导致个体性的发展，导致现代意义上的个体主义。但是，当时他是纯粹否定地看待这种"私人化"的过程的，这种私人化对他来说单纯就是社会的消亡的、僵死的"实定性"的主观方面。法兰克福危机正是在于，黑格尔开始放弃对"实定性"的这种生硬反对。我们已经反复指出，"实定性"的思想在黑格尔那里是如何明显地历史化的，一种兼具进步和反动特征的日益复杂的辩证法又是如何进入他当时仍僵化地反对的"实定性"概念的。这种辩证法之所以得到发展，是因为黑格尔开始越来越清楚地看清，现代社会的"实定"领域同样是人的活动的产物，这些领域在与人的积极性持续不断的相互作用中形成和消亡、发展或僵化；对黑格尔而言，它们不再表现为人的一种业已完成的、给定的、客观无情的"命运"。

正如我们已经看到的，黑格尔的这种僵化在法兰克福时期就已开始通过辩证法而得到消除，但目前还仅仅处于"实定性"本身的客观辩证法阶段，主体与客体之间，单个人的社会行动的主观性与同他对置的"业已完成的"社会产物之间的相互作用越来越明显地纳入到这种客观辩证法中，这种做法虽然影响着，甚至广泛地规定着这种辩证法，但还没有构成这种辩证法的有意识的中心。黑格尔的这种思想发展在耶拿时期进行，并在《精神现象学》中达到它的有意识的顶峰。正如我们将看到的，新的概念"外化"

393

537

或"异化"在那里取代了旧的概念"实定性"。

这种差别决不像在一些现实的思想家那里一样仅仅是术语的差别。"实定性"和"外化"在术语上的差别掩盖了这样一种思想在哲学上非常深刻的延续:"实定性"是社会产物、对象和事物的一种属性;而"外化"是一种特殊类型的人类活动,通过这种活动,特殊的社会产物,即人的活动的对象,在社会中形成并获得它们的独特对象性。黑格尔术语、黑格尔哲学的这种转变是在耶拿逐步进行的。"外化"一词反复出现,而"实定性"一词日渐消失,但多年以来这两个术语都是并列的和同时被使用的。只有在1805/06年讲稿中,新概念才明确形成。

这个术语变迁的过程就是把握现实本性,即把握现代市民社会的进步性的具体特点的过程。我们已经指明,黑格尔早在法兰克福时期就已开始把古代看作是过去的东西。在耶拿,这种确信在他心中日益巩固和加强。但是目前,这种确信还充满着对这个真正鲜活和真正人性的世界的过往的一种深切的悲伤。我们曾引用过罗森克兰茨出版的黑格尔耶拿早期讲稿中的一句话,在这句话中黑格尔把古代解释为单纯的"怀念"。下面的话对他当时的心情来说是非常典型的,他借此延续了这一思想:

> 精神与它的实在性的统一必须发生分离。理念的原则必须以普遍性的形式构成,而实在的原则必须确立为个别性,自然作为一具被亵渎的尸体,则必须停

留在两者之间。①

这种悲伤构成了黑格尔青年时代的朋友荷尔德林的诗歌的基调，也赋予了席勒的伟大哲学诗以永恒之美。但席勒没有停留于这种悲伤，而是在美学领域——当然是在一种广阔的文化哲学的基础上——深入钻研而达到对现代世界及其诗歌的独有特征的理解。黑格尔比席勒更加坚定更有原则地走上了这条道路。但在此同样必须注意的是，席勒和黑格尔的历史观的伟大是非常根本地以下列事实为基础的，即他们从未彻底克服这种悲伤。只要无产阶级的人道主义还没能形成，对资本主义社会的人道主义批判就只能在自由城邦的古希腊生活曾经直接实现的真正人性中，为资本主义社会寻找具体的标准，而人类在资本主义所意指的那条毋庸置疑的发展的道路上，已经丧失并且必定丧失这一标准。对资本主义的进步性的认识，在德国古典时期的重要人文主义者那里从未变成以边沁的方式对现代市民社会的浅薄颂扬。讲究发展的矛盾性的唯心主义辩证法非常重要地同这种与古代的联系结合起来。

对黑格尔来说，古代社会与现代社会的这种对置越来越明确地发展成为人的直接社会化与间接社会化之间的区别。后者的必然性和进步性被黑格尔理解得越清楚，各个中介物组成的非常关键的日益复杂的系统，作为人自身的

———————

① 罗森克兰茨：《黑格尔生平》，柏林 1844 年，第 136 页。

主动的作品，作为人的社会活动的一再被他们自己再生产出来的产物，就对黑格尔表现得越清楚。这种辩证法的展开使黑格尔认识到，人的个性在这些社会中介物中日益加剧的错综交织，以及人们彼此的直接联系的日益加剧的终止，并不是人的个体性的一种毁灭。相反，人的真正个体性只有在这种发展的过程中，只有在创造这样一种变得越来越客观，越来越"实实在在的"间接系统的过程中，在人的人格日益强烈的"外化"的过程中展现出来。我们在先前（第390页）已经引用过黑格尔的话，即个体在现代市民社会仅仅作为外化出来的东西实存着，"被看作是他们自己已经变成的人"。因此，黑格尔越来越清楚地看到，人类必须克服原初直接性的单纯自然东西，以便达到自身能力的丰富展现，以便在行为中实现潜藏在人类中的所有能力。由古代生活的自然直接性产生的那种美的丧失与此同时带给人的悲伤，在这方面表现了黑格尔这样的辩证信念，即人类为这一进步付出了非常重大的代价。

由于现代市民社会对黑格尔而言是人类的最高发展阶段，由于他没有看到，也不可能看到超越市民社会的更高发展阶段，所以这种辩证的认识必须包含着对某种不可挽回的遗失之物的一种悲伤的强调。黑格尔思想的伟大之处在于，他在这里抓住了事情的两个方面，而不太在意他在其中偶尔陷入的矛盾（这些矛盾部分地是与拿破仑时期他的某些复古的幻想相关联的）。因此，当最早一批针对黑格尔的自由主义批评家，例如海姆，指责他的现代市民社会的一种"仿古"、一种错误认识时，他们显然不过是在抱怨黑格尔没有成为德国的边沁。

黑格尔的思维在这里表现出来的不可解决的矛盾——对此我们将在下文用专门一节详细探讨——是历史发展本身的一种矛盾。因为只有当阶级斗争的发展使无产阶级预见到一种具体的历史观，即通过人类的社会主义解放重新恢复人与人、人与社会的直接联系，人类发展的这些矛盾才能现实具体地、唯物主义地、辩证地得到理解。历史唯物主义对人类发展的这种正确认识，纠正了黑格尔的错误，但这种纠正是在一种完全不同于肤浅的、直线型的、狭隘自由主义的发展思想的庸俗化的代表们对黑格尔提出的那些指责的方向上进行的。马克思把古代理解为人类的正常童年时期，把原始共产主义、氏族社会及其瓦解看作是古代文化的基础，这已经远远超越了黑格尔的理解，但马克思的理解并不与黑格尔历史观的基本倾向以及他对人类历史发展路线的天才猜想处于特别的矛盾之中。

黑格尔在其1805/06年讲稿中将古代社会与现代社会之间的矛盾表述如下：

这就是希腊人过去和现在都被人羡慕的美好的而幸福的自由。人民同时变成了市民，同时变成了一个个体、政府。人民仅仅与自己发生相互作用，同一个意志既是单个的人，又是普遍的东西。意志的个别性的外化是同一个意志的直接维系。但一种更高的抽象、

一种更大的对立和更多的教化、一种更加深刻的精神
是必要的。这是伦理生活的王国：每个人都是伦理，
直接与普遍的东西相统一。在这里不会发生任何抗议，
每个人都知道自己直接就是普遍的东西，也就是说他
放弃他的特殊性，无需知道他的特殊性本身是这个自
我，是存在者。因此，更高的分化就是，每个人都完
全返回自身，知道他的自我本身是存在者，并达到这
样的固执，即在与特定存在着的普遍东西分离以后，
仍要成为绝对的，仍要在他的知识中直接拥有他的绝
对者。每个人都作为单个人摆脱普遍的东西；他在自
身拥有完满的独立性，他放弃他的现实性，在他的知
识中仅仅涉及自己。①

我们还得详细地探讨由这种对置产生的各个问题。我
们将在这方面遇到各种不同的社会和政治局限性的哲学根
源，例如遇到这样的事实，即黑格尔认为在作为现代个体
性的基础的"外化"中可以为他对现代社会的民主制的反
对立场找到哲学理据，等等。在这里关键的问题是，清楚
地看到黑格尔的整个历史观所依据的那种根本反差：一方
面，黑格尔认识到，正是由于并且通过"外化"的过程，
才有人的个性的形成；另一方面，他又认识到，这种由人
自身这种"外化出来的"中介物形成的系统赋予社会一种

---

① 黑格尔：《实在哲学》，第 II 卷，莱比锡 1931 年，第 249—250 页。

客观的自我运动，科学地研究这种运动的规律构成历史哲学的一项主要任务。黑格尔在谈论君主的"自然"个人和所有市民的"外化"人格以后，补充说道：

> 整个共同体不受一物或他物的约束；共同体是自我承载的、不可破坏的躯体。王侯可以成为他想成为的样子，市民们也可以；共同体是自相连贯和自我维系的。①

一方面人的个体性的一种变得日益强烈的主观性和专横，同另一方面由人创造的社会中介物构成的系统具有的日益有力地表现出来的客观的固有规律性之间的辩证紧张关系，在这里显露出来：这对黑格尔来说是现代市民社会的基本问题，也是他的历史哲学的基本问题。

从我们到目前为止引用的黑格尔的表述——尽管他的用词还不尽人意——中可以清晰地看出，这种认识的科学基础是政治经济学。因此，我们现在必须研究黑格尔的经济学观点，并且尝试探究这些经济学观点对黑格尔辩证法的意义。在这方面我们将遇到两类问题：其一，黑格尔所认识的资本主义的矛盾在多大程度上富有成果地进一步发展了他的辩证法；其二，黑格尔如何因尚未充分把握资本主义的矛盾而陷入了一种有欠缺的矛盾性，并且黑格尔对经济学的认识的局限与他的唯心主义辩证法是如何相互影响的。

398

---

① 黑格尔：《实在哲学》，第 II 卷，莱比锡 1931 年，第 252 页。

第五节　耶拿时期的经济学

马克思在他给予《精神现象学》以决定性批判的《1844 年经济学哲学手稿》中，确切地描绘了黑格尔经济学立场的伟大和局限。他说：

> 黑格尔是站在现代国民经济学家的立场上的。他把劳动看作是人的本质，看作人的自我确证的本质；他只看到劳动的积极的方面，没有看到它的消极的方面。劳动是人在外化范围之内的或者作为外化的人的自为的生成。①

下面对黑格尔经济学观点的分析将表明，马克思对黑格尔经济学观点的积极方面和消极方面都作了多么正确的判断。黑格尔没有写过任何特殊的经济学作为他的哲学体系的独立部分，他的经济学观点始终只是构成他的社会哲学的一部分。我们将看到，正是在其中存在他的哲学探讨方式的优势。因为在黑格尔那里重要的不在于他在真正的经济学领域所做的原创性研究（这在当时的德国根本是不可能

---

① 马克思：《1844 年经济学哲学手稿》，MEGA，第一部分，第 III 卷，第 157 页。（中文见《马克思恩格斯文集》第 1 卷，人民出版社 2009 年，第 205 页。——译注）

的），而在于他利用了最成熟的经济学的成就用于认识社会问题，并且开始发现和阐释那些——在其中包含着黑格尔所特有的问题——隐藏在这些社会状况中的具有哲学普遍性的辩证范畴。

不言而喻，经济学、社会学、历史学和哲学的这种结合并不是始于黑格尔。经济学与社会科学的其他领域之间的孤立，是市民等级诞生时期的发展具有的一种特性。17到 18 世纪的重要思想家在他们的著作中涵盖了社会科学的所有领域，甚至像威廉·配第、詹姆斯·斯图亚特、亚当·斯密等重要经济学家的著作也远远超出狭义经济学的界限而一再论述各个领域的关联。因此，只有对近代（甚至柏拉图和亚里士多德）经济学与哲学之间这种相互作用的历史进行一定程度的研究以后，我们才能真正准确地规定黑格尔将经济学成果运用于哲学的真正原创性的程度。可惜马克思主义哲学史几乎根本没有研究过这个问题，以致在这个领域缺乏一切准备工作；马克思列宁主义经典作家的相关评论也没有得到利用。

无论如何，黑格尔原创性的方向可以相对准确地加以确定。对文艺复兴和启蒙时期的哲学来说，数学、几何学以及新兴的自然科学（尤其是物理学）在方法论上具有决定性作用。这个时代的重要思想家在他们的方法上都有意识地以自然科学为导向，甚至在他们的研究领域已经成为社会科学的研究领域以后也是如此（而正因为如此，了解经济学研究是否并在多大程度上在其方法论上产生了某种

399

影响是至关重要和卓有成效的）。只有在德国古典唯心主义中，我们才能看到方法论中的另一导向。不言而喻，这一导向也有其先驱；然而，这一前史也没有得到研究；我只能提到伟大的典范维柯，但不能详细加以探究。

强调哲学中的"能动方面"必然产生方法论的这个新导向，这个新导向在费希特那里比在康德本人那里更加清晰可见。但主观唯心主义必然有一种过于狭隘和抽象的人的实践概念。在主观唯心主义中，全部兴趣都集中于人的实践的这样一个方面，这个方面可以概括为狭义的道德性。出于这个原因，康德和费希特的经济学知识对他们的方法论就不是很有成效。正如我们已经看到的，由于费希特甚至将社会和自然界仅仅看作道德的人即"本体的人"的抽象活动领域——这个活动领域对道德坚持抽象的否定性，因此僵化地和排斥性地与道德的人的积极性相对置——所以他自然地根本不会想到进一步研究这个领域的特殊的固有规律性。例如，费希特的《锁闭的商业国》表明，他似乎研究过重农学派。但这本著作的基本思路在任何地方都没有受到重农学派的影响，它是费希特道德原则在社会生活一切领域的僵化运用，是关于人们的整个社会生活的——具有雅各宾派色彩的——道德专政。

甚至在有的方面更加广泛和灵活地进行思考的康德，也没有超越普遍的抽象的原则在社会和历史领域的运用。虽然康德读过斯密的著作并且通过这些著作获得了现代市民社会的某种思想，但是当他把他的这种认识运用于历史哲学时，他就只能作出一些完全抽象的对置。在一篇有趣的小文章《世界公民观点下的普遍历史观念》中就是这种情况，在那里康德在哲学上研究了社会发展中的进步原则。他得出结论认为，大自然赋予人以"非社会的社会性"这种对抗性，这种对抗性是这样发挥作用的，即人类通过各种不同的激情而被驱使着做出一种进步。"人想要和睦，但大自然更懂得什么有利于人类，大自然想要不和。"① 我们在这里清楚地看到英国思想家对康德的影响，只不过康德的提问变得更加抽象，没有获得哲学内容。因为整个结论无非是无限进展的坏的无限性。

我们在探讨黑格尔对主观唯心主义伦理学的批判时已经看到，黑格尔最激烈地反对的正是这种道德主义的狭隘以及人的社会—历史活动的主观方面与客观方面的这种僵化对置。因此，黑格尔所指的经济学与康德和费希特所指的经济学是某种原则上不同的东西：经济学是人的社会活动最直接、最原初、最具体的表现方式，因此，人的社会活动的基本范畴可以最轻易、最明了地从经济学中发展出来。我们已经在探讨黑格尔法兰克福时期在完全不同的关联中指出，劳动是亚当·斯密政治经济学的核心范畴，这种劳动思想对黑格尔产生了决定性的影响。马克思在我们刚刚引用的《1844 年经济学哲学手稿》中描述了黑格尔历史哲学诸原则的全部意义，这些原则源于亚当·斯密的劳

401

---

① 康德：《伦理学和宗教哲学论文集》，莱比锡 1870 年，第 7—8 页。

动思想，并在《精神现象学》中得到系统阐述：

> 因此，黑格尔的《现象学》……的伟大之处在于，黑格尔把人的自我产生看作一个过程，把对象化看作非对象化，看作外化和这种外化的扬弃；可见，他抓住了劳动的本质，把对象性的人、现实的因而是真正的人理解为他自己的劳动的结果。人同作为类存在物的自身发生现实的、能动的关系，或者说，人作为现实的类存在物即作为人的存在物实际，只有通过下列途径才有可能：人确实显示出自己的全部类力量——这又是只有通过人的全部活动，只有作为历史的结果才有可能——并且把这些力量当作对象来对待，而这首先又只有通过异化的形式才有可能。①

我们从黑格尔的历史观看出，他在探讨社会时，现时代的市民社会就浮现在他眼前，但这个市民社会不是他所处时代的德国不幸状况的思想再现（但他对当时德国不幸状况的这种思想再现，经常违背他的意愿而影响到他的论述），而是作为法国大革命和英国工业革命产物的最发达形式的市民社会。从这种社会观点出发，并从对人在这种社会中的活动所起的作用的认识出发，黑格尔这时想要克服

---

① 马克思：《1844 年经济学哲学手稿》，MEGA，第一部分，第 III 卷，第 156 页。（中文见《马克思恩格斯文集》第 1 卷，人民出版社 2009 年，第 205 页。——译注）

康德—费希特主观性与客观性、内部与外部、道德性与合法性的二元论，想要在人的社会活动的具体总体中把握现实的、整全的、完整的、社会化的人。

这一努力指向哲学体系化的关键的和最终的原则。一方面，康德围绕哲学的"能动方面"向前迈出了一大步；但另一方面，正是由于这个原因而割裂了哲学，他把哲学分离为理论哲学与实践哲学，两者只是非常松散地彼此发生关联。尤其是康德对道德学的唯心主义升华，使得从哲学上探究人的认识与人的实践之间具体的相互作用变得绝无可能。费希特的极端立场不过使这种分裂变得更加深重罢了。谢林的客观性倾向则向试图重新建立人的认识与实践的辩证关联。但是，谢林既没有对社会科学的足够兴趣和对这个领域的足够知识，也没有对康德—费希特哲学的前提的足够自觉的批判态度，从而在这里做出决定性的转变。

这一转变是黑格尔在这一时期所做的工作，而实现这一转变的关键点正是对斯密所采纳的劳动思想在经济、社会和哲学上的运用。我们将在下文详细表明，黑格尔没有成功实现这一转变，而且从他的哲学前提出发，也不可能合乎逻辑地一以贯之地成功实现这一转变。在这里，关键在于，他是带着关于这个问题对整个体系具有决定性意义的充分哲学意识来探讨这个问题的。

为了辩证地阐明人的实践与认识之间的相互作用，目前重要的是要如其在现实中所是的那样广泛地表述实践概

402

念，因而要超越康德和费希特的主观主义—道德主义的狭隘性。我们已经详细考察过关于这种超越的论战情况。在我们现在探讨黑格尔耶拿时期的经济学观点时，立刻引起我们关注的是，他把人的劳动领域、经济活动领域看作是实践哲学的基础和开端。黑格尔在《伦理体系》中这样导入经济范畴的分析："在这整个……级次中开始的只有通常的同一性和实践理智的真正级次。"① 在 1805/06 年讲稿中，这个思想获得了更加成熟的形式。黑格尔在那里关于工具说道："人之所以制造工具，是因为人是理性的，而工具是人的意志的首要表现；这种意志仍是抽象的意志，即人对他们的工具感到的骄傲。"② 众所周知，"纯粹的意志"是康德—费希特伦理学的核心范畴。因此，当黑格尔把工具看作是人的意志的首要表现的时候，他就同康德和费希特对立起来，持一种根本不同的意志及其与现实的关系的构想：

403 人在现实社会中的活动的具体总体的构想。当他在这里把这种意志的表现当作抽象的看待时，这就意味着他想要从这里出发上升到更复杂和更全面的社会问题，上升到社会分工等，意味着他把人的这些活动的整体性看作是它们的具体性。

我们知道，黑格尔在经济学上是亚当·斯密的追随者。当然，这并不意味着他在探讨经济学的所有重要问题上都

---

① 拉松版：第 436 页。
② 黑格尔：《实在哲学》，第 II 卷，莱比锡 1931 年，第 197 页。

达到了斯密的水平；尤其是，他没有洞见到马克思在其《剩余价值理论》中所揭示的斯密经济学的"深奥"问题的那种复杂辩证法。他仍不知道在这里表露出来的资本主义经济学基本范畴的各种矛盾。然而，在这方面，他将斯密经济学的某些范畴中客观地包含的矛盾推向了远远超出斯密视野的一种辩证意识的高度。

黑格尔最早在《伦理体系》中阐述了他的经济观点。这部作品意味着用谢林的概念体系来做试验的顶峰。因此，他在这部作品中的论述不仅具有一种过于复杂、运思累赘、过于修饰的特点，而且静态的论述方式往往构成一个障碍，阻碍了寓于思想自身中的辩证法的展开。论自然法权的文章和 1803/04 年讲稿、尤其是 1805/06 年讲稿的相关论述，则在成熟程度和特性上都站到了一个高得多的阶段上。后者代表《精神现象学》之前的黑格尔耶拿时期经济学的最成熟形式，也代表从最简单的劳动范畴辩证—系统地上升到宗教和哲学问题的尝试。因此，只要可能，我们将在这种最成熟的形式中阐述和批判黑格尔的观点。当然，《精神现象学》在成熟和清晰方面处在一个更高的阶段上。而这部著作的特殊提问对各个问题的方法、分组等具有非常深远的影响，对此我们将在下文详细谈论，而我们现在的论述很难考虑到这部著作的这些段落。

既然研究黑格尔的文献几乎完全忽视了他的社会哲学的经济学方面，既然那些甚至面对黑格尔深入研究经济学的事实也选择视而不见的资产阶级著作家们，完全无视黑

404

格尔经济学的意义，我们认为率先开始阐述黑格尔的经济学观点就是绝对必要的。在我们引用的马克思的话中，他清楚正确地揭示了黑格尔经济学的意义和局限。但是，马克思的论述是以他对黑格尔经济学观点的了解为前提的；因此，要理解马克思对黑格尔经济学的批判的正确性就要求我们首先论述黑格尔的经济学，然后再来着手予以批判。

在黑格尔最早、最粗陋地尝试对经济范畴进行系统化时，我们就已注意到，他对经济范畴的分组不仅具有辩证三一式的形式，而且三个统一成一组的经济范畴之间的关联也呈现出黑格尔的推论的形式。他在《伦理体系》中用这样的三一式开始他的论述：需要、劳动、享受，以便从这个三一式发展到同一种关联的另一个更高方面，发展到另一个三一式：占有、劳动活动本身、产品的占有。[①] 我们已经在另一种关联中谈论过黑格尔的劳动规定，即就像人们最初发现的一样，劳动是对客体的一种合乎目的的毁灭，我们还详细地引用过黑格尔与此相关的规定（第231—232页）。在1805/06年讲稿中这个问题不论是在内容方面（人们在劳动中与对象的关联）还是在形式方面（推论形式的辩证法，作为现实本身的辩证法）都更加清楚地得到表达。黑格尔在此说道：

对象的规定。因此，对象是内容、差别，而且是

---

① 拉松版：第418—419页、第421页。

推论的差别，是个别性、普遍性和它们两者的一个中项的差别。但是，α）对象是存在着的、直接的；对象的中项是物性、僵死的普遍性、他在，β）对象的各个端项是特殊性、规定性和个体性。就存在他物而言，他物的活动就是自我的活动；他物没有任何自身的活动；这个端项处于他物之外。他物作为物性是消极性，是自我的活动的分有，它作为流变之物，但又作为自我之中的异己之物拥有这种活动。对象的另一个端项是对象的这种存在与活动之间的对立（特殊性）。这个端项是消极的；它是为他物存在的，涉及他物，是一般必须消耗的东西（例如酸）。这是他物的存在，但同时又是反对他物的能动形态，是他物的分有。相反的关系是：一方面活动只是一种分有物，他物是分有，即纯粹接受性的东西；另一方面他物又能动地反对他物（得到满足的冲动是自我的被扬弃的劳动；这就是这种代替自我劳动的对象）。劳动就是自我这边使自己变成物。产生冲动的自我的分化正是这种使自己变成对象的活动（欲求必定总是重新开始，它不会达到使劳动与自身分离）。但是，冲动是作为一种已经变成物的东西的自我的统一。单纯的活动是纯粹的中介、运动；欲求的单纯满足是对象的纯粹毁灭。①

405

---

① 黑格尔：《实在哲学》，第 II 卷，莱比锡 1931 年，第 197 页。

黑格尔这里试图揭示的辩证运动是一种双重的运动：一方面，真正在劳动中并且只有通过劳动才变成现实对象的劳动对象，包含着它自在地具有的特点。这在黑格尔的劳动观中是对辩证法而言最重要的一个环节，即正是在这里主动的本原（在德国唯心主义中，即思想、概念）必须学会尊重如其所是的现实。在劳动对象中不容改变的自然规律性起着作用，劳动只有在了解和承认这些规律性的基础上才能进行并产生成果；另一方面，对象通过劳动而变成为另一个对象，按黑格尔的术语说，对象的对象性的形式被毁灭，对象通过劳动获取新的形式。这种形式的转变是劳动在异于形式的、具有自身固有规律的质料中的结果。但同时，这种转变只有在它符合对象的固有规律性时才能发生。

与客体中的这种辩证法相适应的是主体中的一种辩证法。在劳动中人与自身相异化，正如黑格尔所言，人"把自己变成物"。在其中就表现出劳动的客观的固有规律性，这种固有规律性独立于、疏离于并且客观地对置于个体的愿望和偏好。通过劳动，就在人自身中形成了某种普遍的东西。同时，劳动意味着直接性的摒弃，意味着与人的单纯自然的、凭借冲动的生活的决裂。需要的直接满足，一方面意味着对象的一种简单毁灭而不是对象形式的转变，另一方面由于自身的直接性而始终停留于这种简单的毁灭：在这种直接性中不存在任何发展。按照黑格尔的看法，只有通过人在他的欲求与欲求的满足之间展开劳动，只有通过人与自然直接性的决裂，人才会变成人。

人变成人的这个过程在 1805/06 年讲稿的导论中得到广泛而详细的探讨。黑格尔的唯心主义偏见表现在，他独立于劳动阐述人的纯粹精神能力的发展，阐述从梦幻状态即自然东西的"黑夜"向最初的概念形成即命名和语言本身的过渡，并将关于劳动的真正考察置于人的能力已经得到发展的一个更高阶段上。但黑格尔的一些评论表明，他至少猜想到这里存在的相互作用。他谈到，自我和对象是随着语言的形成而同时形成的。但他在一个边注中补充道：

> 语言是如何变成自我和对象的必要性或它们的巩固手段的，以至于自我变成语言的存在，或者说自我作为语言的存在者会成为语言的存在？因为存在是固定的、对象性的东西；自我是纯粹不安分的形式，是运动或者消失的黑夜。或者说：自我在名称上是存在着的、（普遍的）直接的，现在它必须通过中介自行生成。自我的不安分必须变成自我巩固，变成扬弃作为不安分、作为纯粹运动的自身的那种运动。这就是劳动。自我的不安分变成作为固定下来的复多性、作为秩序的对象。不安分正是通过变成对象而变成秩序的。①

---

① 黑格尔：《实在哲学》，第 Ⅱ 卷，莱比锡 1931 年，第 185 页。

劳动在人类发展中的决定性意义，在黑格尔写作他的《鲁宾逊漂流记》即人类向真正文明社会的过渡的地方，最为生动地显露出来。黑格尔对待所谓人类自然状态的态度完全摆脱了那些在启蒙时期的文献中时常用以探讨这种自然状态的——肯定或否定的——道德判断。他的思想与霍布斯的最为接近。黑格尔在其教授资格论文的提纲中简洁而悖谬地表达了他的思想：“自然状态并非是不正义的，由于这个原因，我们应当从中离开。”①

从这一思想的论述看，黑格尔早在《伦理体系》中就已经形成了“主人和奴隶”的《鲁宾逊漂流记》。这一观点后来被纳入了《精神现象学》的关键地方，并且从那时开始就始终构成了黑格尔体系的一个固定组成部分。②

407

我们来考察一下最成熟形式的，即《精神现象学》中的从自然状态向社会的这种过渡。构成起点的是霍布斯的 bellum omnium contra omnes［一切人对一切人的战争］，即人们在自然状态中的互相毁灭，正如黑格尔所言：一种没有保存的扬弃。通过征服使一方受另一方的统治就形成了主人和奴隶的状态。这还没有包含丝毫新奇或引人关注的东西。重要的是，黑格尔如何看待主人和奴隶彼此的联系以及他们与物的联系。在此他给出了下列非常有趣的分析：

---

① 黑格尔：《早期论著集》，莱比锡1928年，第405页。
② 拉松版：第442页及以下；《黑格尔全集》，第Ⅱ卷，第140页及以下；黑格尔：《哲学全书》，§433及以下。

但主人是掌控这种存在的权力，因为他在斗争中表明，他仅仅被看作是一种消极的东西；由于主人是掌控这种存在的权力，而这种存在又是掌控主人的对方的权力，所以通过这种推论主人就将对方置于自己的统治之下。主人同样间接地通过奴隶而与物关联起来；奴隶作为一般的自我意识也否定地与物发生关联，并且扬弃物；但物同时又是独立于奴隶的，因此努力不可能通过他的否定活动毁灭物，或者说他仅仅加工物。反之，通过这种中介，对主人而言直接的联系就变成物的纯粹否定，或者享受；欲求没有完成的事情，主人完成了，即享受物并且主人在享受中得到满足。欲求没有做到这一点是由于物的独立性；而把奴隶置于物与自己之间的主人，由此就仅仅与物的非独立性结合起来并且纯粹地享受物；而主人把物的独立性方面让给了加工物的奴隶。[1]

正是这种不受限制的统治、这种完全单方面的和不平等的联系产生了主奴关系的有趣颠倒，使主人在精神的发展过程中变成了一段没有结果的插曲，而人类发展的富有成效的环节是与奴隶的意识结合起来的。

因此，独立意识的真理是奴隶意识……通过劳动，

---

[1] 《黑格尔全集》，第II卷，柏林1845年，第146页。

奴隶意识……返回自身。在符合主人意识里的欲求的环节中，侍奉的意识与物的无关紧要的联系方面看起来似乎是偶然的，在侍奉的意识中物保留着它的独立性。欲求为自身保留了对象的纯粹否定，因而保留了纯正的自我感。但正因为如此，这种满足本身只是一种消逝，因为它缺乏对象性的方面或持存。相反，劳动是受到遏制的欲求，是受到阻拦的消逝，或者说劳动进行塑造。与对象的否定联系成为对象的形式，成为一种持久性的东西，因为正是对劳动者而言对象具有独立性。这个否定的中介或赋予形式的活动同时就是个别性或者意识的纯粹自为存在，这种意识现在在劳动中外化自己而有了持久存在的要素；因此，劳动着的意识由此达到把独立存在直观为它自己的程度。①

我们从黑格尔的历史哲学中知道，个别性是近代相比于古代的更高原则。黑格尔在其青年时期完全忽视了古代的奴隶制，他只研究政治的人，研究城邦中不劳动的自由人；现在在这里，他通过劳动的辩证法认识到，人类发展的康庄大道，即人成为人以及自然状态的社会化，只有通过劳动，只有通过人与物的关系才成为，在这种关系中，物的独立性和固有规律性得到表现，并且通过这种关系，

---

① 《黑格尔全集》，第 II 卷，柏林 1845 年，第 147 页及以下。

物以人的灭亡作为惩罚来迫使人认识它们，亦即迫使人发展人的认识的官能；只有通过劳动，人才成为人。主人的纯粹享受将奴隶的劳动置于自己与物之间，这种享受注定使主人自己一无所获，使奴隶意识在世界历史的辩证法中超越主人意识。黑格尔在《精神现象学》中已经清楚地看到，人的劳动是一种奴隶劳动，带有奴隶制对意识的发展而言具有的种种弊端。然而，尽管如此，意识发展的伟大道路在《精神现象学》中仍是由奴隶意识而不是由主人意识走完的。按照黑格尔的理解，在劳动的这种辩证法中形成了真正的自我意识，形成了这种解释古代瓦解的现象学形式。在其中体现这种瓦解的"意识的诸形态"，即斯多亚学派、怀疑论和苦恼意识（正在形成的基督教），在黑格尔的论述中无一例外地源于奴隶意识的现象学辩证法。

　　黑格尔关于劳动的论述已经表明，劳动的事实本身意味着对自然东西的直接性的一种超越而进入普遍东西。在黑格尔研究劳动的规定时，在他那里形成了一种辩证的发展，在这种发展中，劳动的技术完善与社会完善呈现出一种彼此相互促进的交互作用：一方面，黑格尔从劳动的辩证法中发展出工具的形成，他从自然规律性在人借助工具的劳动中的运用方面强调这样一些过渡，这些过渡在一个辩证的节点上转变为机器的概念；而另一方面，与这种发展密不可分的是，黑格尔表明，劳动的普遍规定，即社会规定，如何导致日益复杂的社会分工，导致个别劳动的日益增加的专门化，导致个别劳动与单个人的直接的满足需

409

要之间的日益增大的差距。正如我们业已强调的，这两个思路是彼此紧密结合的。作为亚当·斯密的学生，黑格尔完全知道，劳动的技术完善是以高度发达的社会分工为前提的，同时他也很清楚，工具的完善、机器的形成促进社会分工的进一步发展。

我们在黑格尔探讨经济问题的所有著作中都发现了关于这种过渡的论述。我们在此引用这一发展过程的一部分，也是这一发展过程在 1805/06 年讲稿中获得的最成熟形式：

自然需要的定在、规模，在一般存在的要素中就是大量的需要；有助于需要获得满足的物得到加工，物普遍的、内在的可能性作为外在的可能性，作为形式设定起来。但这种加工活动本身是一种多方面的东西，它是意识使自己变成物的活动。但它在普遍性的要素中是这样的，即它变成一种抽象的劳动。需要是复多的需要；吸收这种复多性到自我中来，并进行劳动，就是普遍形象的抽象，但却是一种自我运动着的塑造。自为存在着的自我是抽象物；虽然他在劳动，但他的劳动同样是一种抽象物。一般的需要被分解成它的众多方面；抽象的东西在它的运动中是自为存在、活动、劳动。因为人们仅仅为了作为抽象的自为存在的需要才劳动，所以人们也只能抽象地劳动。这是在此实存着的欲求的概念、真理。需要的概念是怎样的满足，需要的劳动就是怎样的。单个人的所有需要的

410

满足并不像他使自己变成他所产生的定在中的对象一样。这样一来，普遍的劳动就是劳动分工，就是节省；十个人分工制作的别针总数相当于一百个人分别制作的别针总数。因为每个人都是单个的人，所以他为一种需要而劳动。他的劳动的内容超出他的需要；他为了很多人的需要而劳动，每个人都是这样做的。因此，每个人都满足很多人的需要，每个人的很多特殊需要的满足都是很多其他人的劳动。①

黑格尔从劳动的普遍化这种辩证法中也推演出技术的进步。在这方面，他关于工具和机器的论述，直到细节上当然都是由亚当·斯密规定的。当时的德国现实，尤其是黑格尔从自身的角度出发所能了解到的德国的那些方面，丝毫不能为他提供这样的经济学知识的任何基础。在这些问题上他几乎完全依赖于他关于英国和英国经济学的文献知识。他自己的独创之处在于，他把他在经济学对象中认识到的辩证法提升到了一种有意识的、哲学的水平。

根据黑格尔的观点，在人和劳动对象、劳动工具中实行的双重运动，一方面是劳动分工的日益加强和劳动的日益抽象化，另一方面则是对自然规律的日益深入的认识，是使自然为人类劳动。黑格尔始终极其有力地强调劳动分

① 黑格尔：《实在哲学》，第 II 卷，莱比锡 1931 年，第 214 页—215 页。也可参见拉松版：第 433 页—434 页和黑格尔：《实在哲学》，第 I 卷，莱比锡 1931 年，第 236 页及以下。

工同在劳动分工中发生改变的人类劳动和技术进步之间的关联。例如，他揭示机器的必要性如下：

> 人的劳动本身完全变成机械性的，或者说属于一种简单的规定性；但是人的劳动变得越抽象，他就越发仅仅是抽象的活动，因此人有能力从劳动中摆脱出来，用外部自然的活动替代他的活动。人需要单纯的运动，并且人在外部自然中找到这种运动，或者说纯粹的运动正是抽象形式的空间与时间的关系，这种抽象的外部活动就是机器。①

但是，黑格尔不仅作为经济学家，而且作为批判的人文主义者，是亚当·斯密及其老师弗格森的学生。这意味着，一方面，他客观地阐述这一发展，力图尽可能充分地探究这一发展的主观和客观的辩证法，把这一运动不仅看作是一种抽象的必然性，而且看作是人类进步的必然运动；另一方面，他也没有无视资本主义的劳动分工、机器的发展在人类劳动和人类生活中必然导致的破坏性作用。但他没有像经济浪漫主义者那样把资本主义劳动分工的这些特征描述为资本主义"坏的方面"，这些坏的方面必须加以修补或者消除，以便达到一种"没有缺陷的"资本主义；相反，他非常清楚地看到资本主义劳动分工的这些坏的方面

----

① 黑格尔：《实在哲学》，第 II 卷，莱比锡1931 年，第215 页。

与它们具有的经济和社会的进步性之间必然的辩证关联。

在 1803/04 年讲稿中黑格尔同样谈到通过劳动分工，通过工具和机器而发生的达到普遍性的运动。他第一次揭示了这样的辩证过程：单人的发明才能如何在社会中提升普遍的水平，促进劳动普遍性的更高发展。

> 相对于普遍的熟巧，个人把自己设定为一个特殊东西，他使自己与普遍的熟巧分离开来，变得比其他人更加熟巧，发明了更加合适的工具；但是，在他的特殊熟巧中作为一种真正普遍东西的东西，是一种普遍东西的发明；其他人也学会了这种普遍东西，扬弃他的特殊性，他的这种特殊性直接变成普遍的财富。

在工具中人的活动也这样变成某种普遍的和形式的东西，但"这种普遍的和形式的东西始终是人的活动"。只有借助机械才出现质的变化。黑格尔此时这样描绘机器对人类劳动的反作用：

> 在机器中人自身扬弃了他的这种形式性的活动并使它完全为人劳动。但是人对自然所做的并由以停留在他的个别性范围以内的那种欺骗，反过来报复人自身；人从自然那里攫取的东西越多，他奴役自然越多，他自身就变得越卑劣。当人要求通过各式各样的机器加工自然的时候，他并没有扬弃他的劳动的必要性，

而只是延迟了他的劳动，他使他的劳动疏远自然，他不是鲜活地朝向作为一种鲜活东西的自然，毋宁说他的劳动使这种否定的鲜活性逃离了，给人剩下的劳动本身变得更加机械性；人仅仅为整体减少了劳动，但不是为单个的人减少了劳动，毋宁说为单个的人增加了劳动，因为劳动变得越来越机械性，就越少拥有价值，人也就必定以这种方式越多地劳动。[①]

黑格尔的这些考察体现出他对资本主义运动的洞察达到了对那个时代而言——尤其是对一个德国人而言——非凡的高度。我们不能指责黑格尔说，他把资本主义看成唯一可能的社会形式，因而把资本主义劳动分工范围内的机器的功能与一般机器的功能同一化。相反，必须强调的是，黑格尔在这里表现出我们在古典经济学家斯密和李嘉图那里可以看到的那种同样宏大和广博的眼光：他看到资本主义和资本主义劳动分工在生产力发展的总体运动中带来的进步性，同时他也看到，必然与资本主义劳动分工结合在一起的工人生活的非人化。一方面，他把这种局面看作是不可避免的，并且作为思想家站得太高，无法对此抒发浪漫主义的哀叹；另一方面，他作为思想家又太严肃和真诚，无法隐瞒甚至在论述中无法弱化这一关联的任何方面。

这一点，在黑格尔从资本主义的社会分工以及从由此

---

① 黑格尔：《实在哲学》，第 I 卷，莱比锡 1931 年，第 237 页。

实现的生产力的更高发展中推演出人民大众的必然贫困化的地方，表现得尤为清楚。黑格尔在我们刚刚引用的他的论述的结尾处已经略微提及这一过程中的经济基础。他在 1805/06 年讲稿中更加明确地揭示了这一过程：

> 　　但人同样由于劳动的抽象而变得更加机械、更加迟钝、更加愚鲁。精神性的东西，这种得到实现的、有自我意识的生命变成一种空洞的活动。自我的力量在于丰富地包纳万物。这种力量消逝了。人可以从一些劳动中摆脱出来而将其交给机器，他自己的活动变得越来越形式化。人的迟钝劳动局限于一个点，劳动越片面，就越完善……竭力争取劳动的简单化、其他机器的发明等活动，同样永不停息。个人的熟巧程度就是他的生存得以维系的可能性。这种可能性屈从于整体的错纵交织的偶然性。因此，大量的人变成完全迟钝的、不健康的和无保障的人，熟巧程度有限的制造厂、手工工场、矿井等注定惨败，养活一大批人的产业各部门突然因不合潮流，或者由于其他国家的发明等因素造成的廉价商品，而纷纷倒闭，所有这些人都要承受他们不得不承受的贫困。巨富与赤贫的对立出现，对这种赤贫而言，要为自己产生某种东西是不可能的。①

413

————————

① 黑格尔：《实在哲学》，第 II 卷，莱比锡 1931 年，第 232 页。也可参加拉松版：第 491—492 页。

黑格尔在另一处言简意赅地、几乎箴言式地概括他的这种认识："制造厂、手工工厂将它们的持存正建立在一个阶级的贫困基础之上。"①

在这里，黑格尔带着伟大的古典政治经济学家身上所具备那种同样的毫无顾忌的正义感和无所畏惧，谈到各种社会关联。这些几乎不可能在德国出现的高屋建瓴的洞见没有因下列情况而受到影响，即在黑格尔那里偶尔出现这样的幻想，好像政府、国家能够干预这种必然性似的。因为黑格尔的这种唯心主义幻想与他对国家干预的各种可能性的局限的一种非常清醒的见识总是一同出现。此外，正如我们所知，他强烈反对国家对经济和社会生活过度监管的任何理论。当然，他也幻想国家和政府的活动在某些地方能够缓解财富与贫穷的对立，但他尤其是幻想，尽管存在这些对立，政府仍有能力维系整个市民社会的"健康"。我们引用他在《伦理体系》中的考察，就可以对黑格尔的这些幻想产生清晰的印象，他说：

> 政府必须竭尽全力阻止这种不平等和它带来的普遍破坏。政府可以外在地通过使高收益变得更加困难而直接做到这一点，当政府牺牲这个高收益等级的一部分给机械劳动和工厂劳动而使国家摆脱野蛮状态时，政府就必定会使整体完全保持对国家而言可能的生机。

① 黑格尔：《实在哲学》，第 II 卷，莱比锡 1931 年，第 257 页。

但这种情况必然地、或者更确切地说直接地通过国家
自身的等级结构才会发生。[1]

　　对资本主义发展的矛盾性比较深刻和正确的见解同在
国家和社会的可能反作用方面比较天真的幻想的这种混杂，
从这时开始就构成黑格尔整个思想发展的特征。黑格尔在 *414*
《法哲学》中按事情的本质以同样的方式，只不过在一种更
高的抽象阶段上阐述了我们在这里提到的思路。他的幻想
保留着同样的特点，只不过他现在把移民和殖民看作是资
本主义社会保持健康的一条可能道路。他在那里说道："在
此显露出来的是，市民社会在财富过剩时不会足够富裕，
也就是说，市民社会所特有的能力不足以遏止贫困的过剩
和贱民的产生。"[2]

　　这样一来，在黑格尔眼里资本主义社会就变成了一个
按自身固有的规律自我运行的客观整体。在《伦理体系》
中，黑格尔关于社会的经济关联（用他的话说，即"需要
的体系"）论述如下：

　　　　因此，在这个体系中占统治地位的东西表现为需
　　要和满足需要的各种方式构成的无意识的、盲目的整
　　体……这个整体不是处于认识的可能性之外，而是处

---

① 拉松版：第 492 页。

② 黑格尔：《法哲学原理》（拉松版），§245，莱比锡 1911 年，第 189 页。

于重大的、需要着重看待的关系之中……这个整体通过自然自我运行着，它有时在微弱的波动下获得正确的平衡，有时在遭到外部环境干扰时通过较大的波动重新恢复平衡。①

因此，黑格尔像斯密一样，把资本主义经济看作是一个出于自身的动力而自我运行的体系，这个体系自身会扬弃它的紊乱。不言而喻，黑格尔（1801 年）还把这些紊乱看成是由"外部环境"导致的，而不是由资本主义发展的辩证法产生的危机。

在由人的活动和对象——这些对象推动人的活动并且人的活动又被这些对象推动——构成一个体系的这种自我运行中，我们业已强调的黑格尔的新概念"外化"获得了具体的形态。在 1803/04 年手稿中，黑格尔描述了这个由人和物构成的体系的自我运行的特征如下：

围绕作为物的需要的这些多样性的劳动，同样必须实现它们的概念、它们的抽象；它们的普遍概念同样必须像它们一样是一种物，但这种物全部表现为普遍的东西。货币就是这个物质性的、实存着的概念，是需要的所有的物的统一性或可能性的形式。需要和劳动一旦被提升到这种普遍性，就在一个伟大民族自

415

---

① 拉松版：第 489 页。

身中形成了一个由共同性和相互依赖构成的庞大体系，形成了一个由没有生命的东西构成的自我运行的生命体，这个生命体在它的运行中盲目和剧烈地来回运动，像一只野兽一样需要持续的严格的牵制和驯养。①

这个"由没有生命的东西构成的自我运行的生命体"就是黑格尔的"实定性"的新形式："外化"。劳动在黑格尔那里不仅使人成为人，不仅使社会形成了它的无法估量的多样性和统一的系统，而且同时使人的世界变成了一个"外化"于人的、"异化"于人的世界。在这里，在我们能够在各种经济关联中审视黑格尔"外化"思想的原初形态的地方，可以特别清晰地看到"外化"的双重特性。旧的"实定性"思想已经片面僵化地强调这些关联的僵死的和异己的方面，而在外化中则表现出黑格尔的信念：这个统治着人，个人无力地听任其摆布的经济世界，同时在本质上不可分离地就是人自身的产物。在这种两面性中，包含着"外化"的深刻且有益的思想。通过这种两面性，"外化"思想就成了在市民思维的发展过程中最高形式的辩证法的基础和核心。

但在这种两面性中，同时也存在黑格尔哲学的唯心主义危险和局限。黑格尔强烈的现实主义的清醒头脑促使他在阐述市民社会及其发展时把握住这种两面性，将市民社

---

① 黑格尔：《实在哲学》，第Ⅰ卷，莱比锡1931年，第239—240页。

会的矛盾提升为一种有意识的辩证法。尽管存在个别的幻想，但他仍过于现实主义地考察这一发展，以致他甚至不能设想在资本主义范围内可以消除"外化"。但正因为如此，在他那里，就像我们将在探讨《精神现象学》时详细看到的，"外化"概念被进一步地普遍化，以便能够在这种普遍化以后再次被扬弃，能够被退回到主体之中。黑格尔并没有超出资本主义的视野看待社会。与此相应地，他的社会学说不了解任何乌托邦。但是，唯心主义辩证法将整

416 个人类发展过程转变成了一个巨大的哲学乌托邦，转变成了关于外化退回到主体之中、实体变成主体的哲学梦想。

黑格尔在 1805/06 年讲稿中简单生动地描述了外化的这个过程：

> α）我在劳动中直接把自己变成物，变成作为存在的形式；β）我的这个定在同样外化我自己，把我自己变成一个异于我的东西并在这个东西中维系自身。①

黑格尔在后者的这些考察中关系到交换。甚至在前面的引文中，货币就早已经起到了关键作用。因此，我们在研究黑格尔关于资本主义社会及其运行规律的过程中已经达到政治经济学的更高范畴，即交换、商品、价值、价格和货币。

---

① 黑格尔：《实在哲学》，第 Ⅱ 卷，莱比锡 1931 年，第 217 页。

即使在这里，黑格尔也是大致持斯密经济学的观点。但我们从马克思对斯密的批判中知道，这位伟大经济学家的内在矛盾正是在这里比在他关于劳动和劳动分工的论述中更加公开地显露出来。不言而喻，在这样的情况下，黑格尔对斯密经济学方面的依赖性比在探讨劳动和劳动分工时更为不利地表现出来。在当时的德国，不存在这样一种资本主义的经济现实，对这种经济现实的独立观察和独立研究会给予黑格尔在评判这些范畴时批判地看待斯密的可能性。黑格尔的伟大之处恰恰在于，他在经济学上并未拘泥于落后德国的现实，他对经济范畴的哲学探讨所遵循的基本路线并不反映德国的经济状况，而是这样一种尝试，即试图在哲学上探讨他通过阅读而在思想上所了解的英国状况。在遇到比较高级、比较复杂并在资产阶级经济学中必然充满矛盾的范畴时，这种情况就会导致：一方面黑格尔毫无主见地接受这些矛盾而没有具体地在内容上认识和看清它们的矛盾性，由此将这种矛盾性提升为辩证法；另一方面，他不得不求助于德国的直观素材，然后甚至仅仅在落后的德国经济发展水平的基础上阐发与这种直观素材相适应的思想。

这种情况在黑格尔的各种不同的经济学考察中都清楚地呈现出来，最清楚的莫过于，正如我们已经看到的，非常正确和辩证地理解英国工业革命的普遍哲学意义的他，在实际描述经济状况时居然把商业和商人看成是资本主义发展的核心角色。甚至在黑格尔十分正确地谈论资本积聚

417

的地方，在他把握资本积聚在资本主义体系中的绝对必然性的地方，这种资本积聚对他而言也表现为商业资本的积聚：

> 财富像任何质量一样使自己变成力量。财富的聚集部分地是由于偶然性，部分地是由于普遍性、由于分配而发生的。财富是一类有吸引力的点，这类点看见了普遍的进步的东西；财富自身聚集起来，就像一种巨大的质量吸引较小的质量一样。谁拥有，谁就会被给予。行业变成一个财源广进的多方面的体系，而一桩较小的生意是不可能利用这样的财源的。①

这段话被认为相当具有普遍性。但是，从黑格尔的很多其他表述中，尤其是从我们下文将要详细研究的社会的等级结构中，可以清楚地得出结论，在黑格尔思考资本积聚和庞大资本时，他所指的始终都是商业资本。所以，他在《伦理体系》中把商业称为经济生活中的"普遍性的顶点"②。如果考虑到在当时德国最大的工业即亚麻织布业大多是在分发加工包销制的基础上组织起来的，黑格尔的这些观点就不会令任何人吃惊了。

我们看到黑格尔出于这些原因而在关键的经济范畴的

---

① 黑格尔：《实在哲学》，第 II 卷，莱比锡 1931 年，第 232—233 页。
② 拉松版：第 474 页。

规定中，尤其是在价值的规定中，表现出的诸多摇摆不定和模糊不清。古典价值学说中的关键环节，即工人在工业生产中受到的剥削，是黑格尔从未理解的。与此相关联的尤其是我们已经提到的马克思的批判，即黑格尔仅仅继承了古典经济学中劳动的积极方面，而不是消极方面。我们已经看到，黑格尔清楚地看到并且经常谈论贫穷与财富之间对立的社会事实；而这种对立早在他之前就已被英国和法国的一些进步评论家谈论过，他们也同样没有猜想到劳动价值理论。

　　黑格尔的这种模糊不清也在价值概念的规定中再次反映出来。他在他的主观性与客观性之间来回摇摆，而没能　418做出最终的决定。所以，我们在他后来的讲稿中也找到诸如"价值是我对事情的看法"这样的主观主义表述。① 尽管不论是在同一本著作中还是在较早的著作中，他都曾给出这样一些规定，从这些规定可以明确地得出结论：他力求把价值理解为一种客观的经济规定，但此后，他仍主张价值的主观主义。他早在《伦理体系》中就已论述，价值的本质在于一物与他物的等同性：

　　　　一物与他物的这种等同性的抽象物、具体的统一性和法，就是价值；或者勿宁说，价值本身是作为抽象物的等同性，是理想的尺度；而现实地发现的、经

---

① 黑格尔:《实在哲学》，第 II 卷，莱比锡 1931 年，第 217 页。

验性的尺度就是价格。①

这种模糊不清和摇摆不定，包括我们在上述引文中可以看到并且稍后将详细探讨的他对经济范畴和法学范畴的混淆，并没有阻止他在所有经济范畴中严肃地探究客观与主观、普遍与特殊的辩证法。由此他就将一种辩证的活跃性带进了经济范畴，这种辩证的活跃性在古典经济学家自身那里只是客观存在的，只是——用黑格尔的术语说——自在的，而不是为我们存在的。直到四十年后，在青年恩格斯发表在《德法年鉴》上的天才文章中，才重新出现经济范畴的辩证结构和辩证关联，当然那是建立在一种完全不同的理解水平之上的，而且不论是在经济学上还是在哲学上都是如此。

例如，黑格尔分析交换，并且这样说道：

概念是自我运动的，在它的对立面中毁灭自己，接受其他对立的东西，取代以前拥有的东西，而且是这样被规定的，即以前的东西是理念性的东西，现在出现的东西是一种实在性的东西……前者理想性的东西在这里根据本性是最初的东西，后者理想性的东西先于享受的实践东西。交换在其外部是一种双重的东西，或者更确切地说是交换自身的一种重复；因为普

---

① 拉松版：第 437 页。

遍的客体、过剩，然后需要的特殊东西，从质料上看是一种客体，但这种客体的两个形式必然是同一个东西的重复。而概念、本质是交换本身……交换的绝对东西是对立物的同一性……①

经济范畴的这种辩证法在探讨货币时更加清晰地表现出来，在那里读者还可以再次确切地看到，资本主义社会的经济结构在黑格尔那里是在商业中达到顶峰的。黑格尔关于货币的作用说道：*419*

> 一切需要都被概括为这种唯一的需要。需要的物已经变成一种单纯被想象的、不可享受的东西。因此，对象在这里是这样一种东西，这种东西纯粹只是根据它的意义才有效，而不再本身是有效的，也就是说不再可以满足需要。这是一种完全内在的东西。因此，商人等级的思想意识是关于本质与物的统一的这种知性：一个人多有钱，就多实在。想像消失了，意义拥有直接的定在，事情的本质就是事情本身，价值就是钱币。存在理性的形式性原则（但这种拥有一切需要的意义的货币本身，只是一种直接的物）——货币是一切特殊性、特性以及个人熟巧程度的抽象。商人的思想意识是这样的严厉精神，即特殊的东西一旦完全

———————————

① 拉松版：第437—438页。

出让①就不再有效，仅仅具有严格的权利。汇票必须能够兑现，甚至不惜毁灭我们所希求的东西，包括家庭、富裕、生命等，这是非常残酷无情的事实……因此，精神在它的抽象中成了作为没有自我的内在东西的对象。但这种内在东西就是自我本身，这个自我是它的定在本身。内在东西的形态不是僵死的物即货币，而同样是自我。②

尽管黑格尔的这些论述有时极其含混，但从中可以明确得出两个非常进步的和深刻的思想：其一，黑格尔对货币本质的洞察远远高于很多 18 世纪的英国经济学家（例如休谟），这些经济学家，正如黑格尔所言，错误地把货币的客观性、货币的实在性看成是"物"，并且仅仅把货币看作是一种关系；其二，在这里，像在很多其他地方一样，清楚明了的是，黑格尔至少已经预见到马克思后来称之为"拜物教"的问题。他非常明确地强调货币的客观性和实在性，但他同时清楚地看到，货币的最终本质毕竟是人与人的一种社会关系。这种社会关系是以一种唯心主义神秘化的形式表现出来的（自我），但这丝毫不能改变黑格尔对这种正确关联的猜想的天才性，这也向我们清晰地揭示出黑格尔的伟大与局限是彼此不可分离地结合在一起的。

---

① 德文 entäußern 在日常生活中主要是"出让、转让、赠送"的意思，在哲学上则是指"外化"。黑格尔在这里的使用兼有这两层含义。——译注

② 黑格尔：《实在哲学》，第 II 卷，莱比锡 1931 年，第 256—257 页。

第六节 劳动与目的论问题

在我们可以着手进一步批判地分析黑格尔的经济学观　*420*
点以前，我们必须探讨一个特殊的问题，这个问题不仅在
整个德国古典哲学的历史中起着决定性的作用，而且正如
列宁所揭示的，属于使黑格尔成为历史唯物主义的一个先
驱的诸关键点之一。在探讨这个问题时，对哲学史具有特
殊重要性的是，黑格尔卓有成效的新的提问是以一种决非
偶然的方式从他对现代经济学问题的深入研究中产生出
来的。

我们所指的问题就是目的论问题，即目的范畴的正确
规定，而且这个目的范畴是一个实践范畴，即人的活动范
畴。即使在这方面，马克思也已经给出了最终的解答。他
规定人的劳动的本质如下：

> 我们要考察的是专属于人的那种形式的劳动。蜘
> 蛛的活动与织工的活动相似，蜜蜂建筑蜂房的本领使
> 人间的许多建筑师感到惭愧。但是，最蹩脚的建筑师
> 从一开始就比最灵巧的蜜蜂高明的地方，是他在用蜂
> 蜡建筑蜂房以前，已经在自己的头脑中把它建成了。
> 劳动过程结束时得到的结果，在这个过程开始时就已
> 经在劳动者的表象中存在着，即已经观念地存在着。

他不仅使自然物发生形式变化，同时他还在自然物中实现自己的目的，这个目的是他所知道的，是作为规律决定着他的活动的方式和方法的，他必须使他的意志服从这个目的。①

但在马克思那里，这个思想并不始终局限于单纯的劳动过程，局限于人与自然之间的新陈代谢，而是被他运用于人的实践的所有领域，尤其是运用于人的整个经济活动。我们再举另一个典型的例子，马克思关于消费与生产的关系说道：

消费创造出生产的动力；它也创造出在生产中作为决定目的的东西而发生作用的对象。如果说，生产在外部提供消费的对象是显而易见的，那么，同样显而易见的是，消费在观念上提出生产的对象，把它作为内心的图像、作为需要、作为动力和目的提出来。②

在近代哲学中，目的问题完全没有得到澄清。哲学唯心主义——完全没有意识到目的设定中的属人特性——把

---

① 马克思：《资本论》，第 I 卷，柏林 1949 年，第 186 页。（中文见《马克思恩格斯文集》第 5 卷，人民出版社 2009 年，第 208 页。——译注）

② 马克思：《政治经济学批判》，导言，柏林 1951 年，第 246 页。（中文见《马克思恩格斯全集》第 30 卷，人民出版社 1995 年，第 32—33 页。——译注）

目的投射到了自然中去，寻求并找到设定目的的一位"承担者"，即上帝。上帝据说合乎目的地创造了世界，并直接地和间接地关心祂所预定的目的在自然和社会中实现出来。恩格斯正当地嘲讽了所有这样的提法：

> 这时的自然科学［直到18世纪——卢卡奇注］所达到的最高的普遍的思想，是关于自然界的安排的合目的性的思想，是浅薄的沃尔弗式的目的论，根据这种理论，猫被创造出来是为了吃老鼠，老鼠被创造出来是为了给猫吃，而整个自然界被创造出来是为了证明造物主的智慧。当时的哲学博得的最高荣誉就是：它没有被同时代的自然知识的狭隘状况引入迷途，它——从斯宾诺莎一直到伟大的法国唯物主义者——坚持从世界本身来说明世界，并把细节的证明留给未来的自然科学。①

实际上近代的重要思想家们已经对这种目的论思想提出激烈而正确的反对。然而，他们的论战合乎逻辑地导致对任何一种目的概念的粗暴而彻底的摒弃。他们正确地看到目的的设定必定是某种主观的东西、某种属人的东西，但他们由此得出一种坏的、卑鄙的意义上的主观性。对形而

---

① 恩格斯：《自然辩证法》，柏林1952年，第13页。（中文见《马克思恩格斯文集》第9卷，人民出版社2009年，第413页。——译注）

上学思维来说，甚至对最初的、尚未得到发展的辩证法尝试来说，因果性与目的论的完全不可协调，必定导致在正确反对假客观主义目的论的神学要求的同时，摒弃任何一种目的论。例如，霍布斯就是这样说的：

> 目的性原因只在那些拥有感觉和意志的物的考虑范围之内，但即使在这些物这里，目的性原因也正如下文将要揭示的，无非就是一种起作用的原因。①

422 霍布斯非常正确地将一切事件，甚至一切属人的事件都归结为因果关系。他只是忽视了，目的设定在因果关系的范围内占据特殊的地位。

斯宾诺莎对这个问题的表态非常类似：

> 而为了表明，自然并不预设任何目的，所有的目的因无非是人的想象物，我们只需要几句话就可以阐明……但我还想补充说，这种目的学说完全使自然头脚倒置。因为它将实际上作为原因的东西看成是结果，反之亦然。然后，它把按本性在先的东西变成在后的东西。②

---

① 霍布斯：《物体论》，第 X 卷，第 7 章，莱比锡 1915 年，第 128 页。
② 斯宾诺莎：《伦理学》，第一部分，附录，莱比锡 1907 年，第 37—38 页。

斯宾诺莎显然非常清楚地看到，目的设定在人的活动中起着重要作用。但他像霍布斯一样，把目的设定看作是单纯主观的假象，并且因果关系的统治地位的正确建立，在他那里甚至唤起了那种后来被马克思发现并充分加以论述的人的活动中的特殊辩证法。斯宾诺莎关于人说道：

> 就像人们的实存一样，人们的行动也没有任何原则或目的。但我们称之为目的因的东西，无非是人的欲望本身，只要这种欲望被视为某个事物的原则或特别原因。例如，当我们说，居住是这栋或那栋房屋的目的因时，我们所指的显然无非就是一个人由于他想象到居家生活的舒适，而有了建造房屋的欲望。因此，居住只要被视为目的因，就无非是这种特殊的欲望，这种欲望实际上就是一种发挥着作用的原因，这种原因被看作是最初的原因，因为人们一般并不明白他们的欲望的原因。①

我们看到，这些高论的弱点在于，斯宾诺莎关于人的活动的因果必然性的强调忘记了在劳动中目的设定——通过劳动在冲动的同样具有因果必然性的实现中——的特殊辩证法。

这时在德国古典哲学中，目的论问题像哲学的一系列

---

① 斯宾诺莎：《伦理学》，第四部分，莱比锡1907 年，第173 页。

其他主要问题一样被重新提出来，并且一场朝着辩证法方向的运动在相对较高的阶段上开始了。这场运动在康德那

423 里就已经开始。康德以不同的形式和新的方式提出了目的论问题。然而，正如我们同样将看到的，康德的这些提问与黑格尔在目的论问题中实行的转向根本没有任何直接的联系。尽管如此，我们仍将探讨康德的这些提问，尽管只是粗略地探讨。之所以要这样做，一则是因为借助一个重要的具体事例就能够由此令人信服地反驳晚近对哲学史的一些建构，这些建构想把黑格尔的学说看作无非是康德业已开始的工作的一脉相承而已，二则是因为这个问题的重新提出以及目的论的所有问题的重新研究，无疑间接地影响到黑格尔实行的转向，或者说至少使这种转向变得更容易。尽管我们认为，将整个德国古典哲学视为不加区分的统一体的做法是不科学的，并且它掩盖了辩证法的重要问题，因而必须加以摒弃，但我们显然仍不能陷入对立的极端，陷入这样的想法：好像黑格尔的哲学工作在某种程度上是在真空中进行的，他纯粹凭一己之力提出了所有的问题，并且尽他的可能解决了这些问题。

康德在目的论问题方面提出了三个不同的新问题。在我们简述康德的这些提问之前，我们必须事先说明，康德像他时代的所有重要哲学家一样否定地看待旧的目的论。尽管客观现实对康德来说变成了一个单纯现象的世界，但这个现象世界在他看来也是完全由因果律支配的，在其中没有目的论的任何空间。

第三章 客观唯心主义的创立与维护（耶拿1801—1803年）

　　康德重新将目的概念引入哲学之中的第一个领域是人的活动领域，即道德领域。这种运用带有主观主义和抽象性的一切缺陷，我们已从黑格尔那里知悉对这些缺陷的批判。康德在这里达到的关于目的的核心思想在于，人是无条件的目的本身，人在任何条件下都决不能被视为实现其他某个目的的手段。这种随后被费希特更深入、更激进地加以发展的学说，公开地成了对封建绝对主义对待人的方式的一种意识形态反抗，成了以德国唯心主义的方式反映法国大革命时期的情绪的一种道德学。

　　然而，这个理论客观地又在人与自然之间、合目的论与因果性之间划出一道不可逾越的鸿沟。当康德和费希特 *424* 不得不在某个地方以某种方式将他们的纯粹道德世界与客观现实关联起来时，正如黑格尔在《信仰与知识》中指出的，结果就形成了像在旧目的论中一样的图景，尽管他们与旧目的论具有完全不同的哲学意图。

　　　那种旧的目的论使个别东西中的本性与处于这个个别东西之外的目的关联起来，以至于任何东西都是为了一个他物而被设定起来的……费希特的目的论同样把那种表现为本性的东西称作为了一个他物而存在的东西，也就是说，以便为自由的存在者塑造一个领域和活动空间，以便能够成为自由存在者超越自身并由此达到自身规定的废墟。这种通常的目的论原则主张自然本身什么也不是，而只是处于与一个与他物的联系中，只是一种绝对非神圣的和僵死的东西，这种目的论原则是费希特哲学与所有目的论所共有的。①

在此补充说明下列情况可能并非是无关紧要的，即黑格尔强调伏尔泰在讽刺性地反对旧目的论中的功绩，承认这种批判的经验特点的合理性，这种批判作为一种"ad homin-erm"［从个人偏好出发］的批判，通过讽刺性地将另一种类似的形态与这样一种形态进行对比而使旧目的论对理念与现象所做的非哲学的混杂变得令人可笑。

对哲学发展更为有益的是康德的第二个尝试，即寻求目的概念以人的实践为出发点的正确运用。康德的美学根据，即艺术作品的作为"无目的的合目的性"的规定，对这整个时期的所有美学考察来说都是奠基性的。席勒在客观唯心主义的方向上进一步发展了这一思想；这一思想又变成了谢林美学的方法论核心，甚至对黑格尔美学也产生了一种他本人始终承认的强烈影响。但进一步分析这一发展并不在本书研究的范围之列（我在拙著《歌德和他的时代》和《美学史论文集》中探讨了席勒美学的这个方面，尽管只是略微提及）。

康德最终在他阐述美学的同一部著作《判断力批判》中从哲学上广泛地接受了目的论问题。在这里，他的努力的重点在于从哲学上规定有机生命。摆在康德面前的是以

---

① 黑格尔：《早期论著集》，莱比锡1928年，第334—335页。

下二律背反：一方面，他毫不动摇地坚持自然［在他那里即现象界——卢卡奇注］受因果性支配。既然因果性和目的论相互排斥，目的论就必定从自然的解释中被排除出去；另一方面，研究有机生命的新兴科学提出了一些用旧的机械论概念体系来解释就注定失败的问题。不言而喻，康德没有从有机生命科学的这种危机中看到现实的出路。他甚至把他自己当时没有能力找到一条出路绝对化为人的一般认识能力的界限。他说：

> 哪怕只是……希望有朝一日也许还会有一个牛顿出现，他会使人理解，按照并非有意安排的自然规律如何产生哪怕只是一根草茎，这对人类来说也是荒谬的。[1]

康德没有预料到，半个世纪以后在达尔文身上这个"使人理解草茎的牛顿"就会诞生。与在认识论上放弃从哲学上解释有机体问题的尝试相适应，康德在他关于有机物的内在合目的性的所有尝试性解决方案和所有新的概念构造中所达到的最高程度，莫过于判断力的"调节性的"运用的形式。而机械因果性范畴，对他将其理解为客观现实性的东西而言始终都是"构成性的"［按照康德的观点，即规定着对象的——卢卡奇注］。

---

[1]　康德：《判断力批判》，§75，莱比锡1902年，第277页。

尽管存在这种不可知论的解决方案，尽管存在这种把当时对自然的认识的界限绝对化为人的一般认识能力的局限的做法，但在《判断力批判》中仍可以清晰地看到，向辩证法的过渡是如何处于酝酿之中的，辩证法的核心问题又是如何——当然通常都是以一种并非适当的方式——提出来的。当康德谈到这些问题是人的知性所不能企及的时候，他就以一种强调知性的局限的方式关于形而上学思维的局限，有时则是关于唯心主义辩证法的局限，提供了一幅简明扼要的图景。康德这样为合目的性范畴的单纯"调节性的"运用说明理由：

假如我们的知性不具有这样的性质，即它必须从普遍达到特殊，因而判断力在涉及特殊时若不具有它可以把特殊归摄其下的普遍法则就不可能认识合目的性，因而不可能做出任何规定性的判断，那么，我们也就不会在自然机械作用与自然的技艺即自然中的目的关系之间发现任何区别了。但既然特殊作为特殊，就普遍的东西而言包含有某种偶然的东西，而理性却仍然要求在自然的这些特殊法则的结合中也有统一性，因而有合规律性（这种偶然东西的合规律性就叫做合目的性），就那种偶然东西自身所包含的内容而言把这种特殊法则先天地通过对客体概念的规定而从普遍法则中推导出来又是不可能的：所以，在自然产物中的自然合目的性的概念就将是一个对于人在自然方面的

426

判断力来说是必要的概念，但并不是关系到对客体本身进行规定的概念，因而它是理性对于判断力的一条主观原则，它作为一个调节性的（而非构成性的）原则对于我们人类的判断力同样是必然有效的，就好像它是一条客观原则那样。①

康德这时将另一种可能知性的理念与人的这种知性能力，即这种推理知性，对置起来，对这种推理知性而言，归摄于普遍之下的特殊始终保留着一种不可扬弃的偶然性。而这种可能的知性具有"直观的充分自发性"，它是一种

直觉的知性……这种知性不是（通过概念）从普遍达到特殊并这样达到个别，对这种知性来说，自然在其产物中按照特殊的规律而与知性协调一致的那种偶然性是不会遇到的。

因此，康德提出"原型的理智"这种特殊形式的理智的理念，这种提法具有明显的局限性，即这只是一种"理念"，这类认识是人的知性所不可企及的。②

显然，一种超越形而上学思维的局限的计划，在这里就被提了出来。德国的重要思想家，尤其是歌德和谢林，

---

① 康德：《判断力批判》，§76，莱比锡 1902 年，第 282—283 页。
② 康德：《判断力批判》，§77，莱比锡 1902 年，第 284 页及以下。

欢欣鼓舞地接受了这个计划，但很少想到康德关于这种认知方式，关于人的认识的局限所补充的内容。至于这种新的方法是如何在德国的自然哲学中，在歌德和谢林那里发挥影响的，同样也不在我们研究的范围之列。毫无疑问，这个问题与从歌德和谢林出发，受《判断力批判》强烈影响的哲学运动具有非常密切的联系。黑格尔在这个领域的哲学原创性的研究将会要求特别的探究。但可以确信的是，在恩格斯关于内在目的的问题中，他通常鲜明地强调康德与黑格尔之间的根本对立，把这两位思想家放在一起对比。恩格斯在反对把机械论和目的论彼此僵化地对置起来的海克尔时说：

> 早在康德和黑格尔那里，就有了内在的目的，而且反对二元论。应用到生命上的机械论是一个无济于事的范畴，如果我们不想放弃命名的全部智慧，那么我们最多只能说化学论……根据黑格尔（第 5 卷第 244 页），机体中的内在目的是通过本能来实现的。这是不太令人信服的。按照这种说法，是本能或多或少地将单个的有生命的东西同它的概念协调起来。由此可以看出，整个内在目的本身是一个不折不扣的意识形态的规定。而这恰恰是拉马克的立足点。①

---

① 恩格斯：《自然辩证法》，柏林 1952 年，第 221 页、第 222 页。（中文见《马克思恩格斯文集》第 9 卷，人民出版社 2009 年，第 472—473 页。——译注）

读者从这种粗略的论述中可以明白，在因果性和目的论问题上的古老固定的对立，在黑格尔之前的德国古典唯心主义发展阶段就已经开始流动起来了。在我们现在探讨作为黑格尔特殊的精神财富的那个问题时，我们必须考虑到辩证思想的发展过程中的这种普遍氛围。黑格尔关于目的论的重新阐述是在与劳动问题的关联中出现的，确切地说，是在他谈论人使用工具的地方出现的。我们引用他的最成熟形式的论述即 1805/06 年讲稿如下：

> 工具就其是被希求的东西而言是内容，也是欲求的手段，即欲求的特定可能性。在工具中，或在经过耕种的、已经肥沃多产的耕地中我拥有可能性，拥有作为一种普遍东西的内容。因此，工具、手段比作为个别目的的欲求目的更好；它包含所有那些个别性。

> 但是，工具在自身仍不拥有活动。工具是有惰性的物，不会返回到它自身。我仍必须用它劳动。我在我自己与外在的物性之间用了狡计，以便爱护我自己，以便借助工具掩护我的规定性，并使工具磨损。我始终是这种推理的灵魂，在与工具的联系中则是活动。但是我仅仅在量上节省活动，但仍长了老茧。把自己变成物仍是必要的环节；冲动自身的活动仍不在物之中。甚至必须使工具产生自身的活动，必须使工具变成一种主动的东西。这种情况是这样发生的，即 α）工具使人和物像线团一样交织起来，工具的两面性得到

428

利用，以便在这种对立中使工具返回到自身。消极性转变成了能动性，转变成了粘性的联合，β）一般而言，自然自身的活动、钟表发条的活力、水、风得到运用，以便在它们的感性定在中做某种完全不同于它们原来想做的事情，它们的盲目之举被变成一种合乎目的的东西，被变成它们自身的对立面：自然的理性举止即法则，有了它们的外在他在。对自然本身而言，什么事情也没有发生；自然性存在的一些个别目的变成一种普遍的东西。在这里冲动完全从劳动中撤退了。冲动使自然擦净自己，它安逸地观望着，并略微辛劳地统治着整体：狡计。权力的广博方面受到狡计的首脑的攻击。狡计相对于力量具有的敬畏在于，它在这样一个方面对付盲目的力量，即狡计针对的是它自身，在于攻击这种力量，把这种力量表述为规定性，相对于这种力量而成为能动的或者说使它作为运动正好返回到自身，扬弃自身……［黑格尔在边注中补充说道——卢卡奇注］风、强劲的风暴、强劲的大洋被征服，被利用。不要用这样的事物来恭维——求助于个别东西的不幸感伤。①

黑格尔这些论述的特别的哲学意义是很容易看出来的。

---

① 黑格尔：《实在哲学》，第 II 卷，莱比锡 1931 年，第 198—199 页。也可参见拉松版：第 422 页；黑格尔：《实在哲学》，第 I 卷，莱比锡 1931 年，第 220—221 页。

黑格尔对人类劳动的具体分析扬弃了因果性与目的论的悖谬对立，也就是说，它表明人的有意识的目的设定在整个因果关系的范围内占有何种具体的位置，而不用挣脱这种因果关系，超越这种因果关系，不用诉诸某个超验的原则，不用——像我们已经看到的，在以前的重要思想家那里出现的——在劳动中丧失目的设定的特殊规定。

黑格尔的这一发现，像哲学中的几乎任何重大转折一样，在本质上是特别简单的：任何劳动着的人都本能地知道，他借助劳动工具和劳动对象等所能做的无非是这些对象的客观规律性或客观规律性的组合允许的事情，因而劳动过程决不可能超越物的因果关系。人们的任何发明创造 *429* 都只能是，发现隐蔽的客观因果关系，然后在劳动过程中使这些因果关系共同发挥作用。正如黑格尔和马克思正确地看到的，目的设定的特殊性仅仅在于，目的想法早于劳动过程的启动，带有目的的劳动过程就是，借助日益深刻地认识到的客观现实的因果关系去实现这一目的。

主张目的设定本身受因果关系制约——斯宾诺莎极其重视这一点——这是正确的和显然的，但这并不像斯宾诺莎所认为的那样，由此就扬弃了劳动中的目的论关系的特殊性。相反，这种认识使劳动的因果性与目的原则的辩证统一更加清晰地呈现出来；黑格尔并非没有察觉到这一点，因为他正好使劳动过程源自直接的需要，并将劳动过程的一切完善都一再归因于它们的社会原因，将最终目的归因于人满足自身必要需要的冲动。因为从这种关系出发，就很清楚，人类关于自然的因果关系的认识的广度和深度是受人类劳动中的目的设定制约的。人越来越好地认识自然的因果关系，以便使自然越来越多地为人劳动。通过这种目的设定，人就赋予对象一种不同的形式和一种不同的功能，赋予自然力各种不同的方向和作用方式，对象和自然力的这些方面不同于它们的如果没有人的居间调停而处于自然的自发因果关系中会有的那些方面。然而，对象和自然力的这种新功能，对黑格尔的理解而言既是新的同时又不是新的。人只能将"自然自身的活动"用于他的目的，而丝毫不能给自然的本质和规律性添加任何东西。但是，人的——同样合乎规律的、受因果关系制约的——目的设定的居间调停，诱使这些规律性道出了迄今为止未知的或者仅仅偶然地出现的新作用的可能性。因此，黑格尔对人的劳动过程的具体分析表明，因果性与目的论的二律背反其实是这样一种辩证的矛盾，在这种矛盾中，客观现实的一种实在关系本身的规律性在劳动过程的运动以及它的不断再生产中显现出来。

430   显而易见，黑格尔由此就在哲学上远远超过了他的前辈。黑格尔取得的第一个进步是从哲学上理解人与自然之间正确的联系和正确的相互作用。在康德和费希特那里，一种抽象的二元论在这方面占据支配地位：自然仅仅被片面地理解为消极的活动领域或者人的活动的局限，由此这种活动本身，正如黑格尔评价费希特时所言，被升华到抽象道德的一种"纯粹的和令人厌恶的高度"。能够从中产生出来的除了无限进展的"坏的无限性"之外，没有任何更好的东西。

虽然谢林试图把《判断力批判》的主观原则变成客观原则，但他也只是以单纯直接的、抽象的和宣称的方式这样做的，由此他就部分地误入了神秘主义，部分地则始终停留在康德局限的范围内。他想通过这样一种思想来理解自然与人的统一，这种思想本身并非没有哲学深度：它把整个宇宙看作是一个统一的活动过程，在这个过程中，人与自然之间只存在这样的差别，即自然的活动是无意识的活动，而人的活动是有意识的活动。但是，这种思想的现实深度（和实际局限）只有在这两种活动的现实具体化中才能显现出来。认识自然"无意识的生产"的科学可能性，当时对谢林而言还不存在。他所不知道的东西，被他用或多或少富有才智的体系弥补了。在人的有意识的活动方面，谢林从未做出真正严肃的具体化尝试。他真正深入地和心领神会地研究过的唯一的人的活动是艺术家的活动。甚至这一研究对他而言在哲学上终究也只是为了给理智直观的神秘主义提供一个明确的、实际的类比。因此，他也没有超出康德—费希特的无限进展。"有意识的活动与无意识的活动之间的对立必然是一种无限的对立，因为一旦这种对立被扬弃，以这种对立为唯一依据的自由的显现也会被扬弃。"[1] 黑

---

① 谢林：《先验唯心论体系》，载《谢林全集》，第 III 卷，斯图加特、奥格斯堡1958 年，第602 页。

格尔本来也可以从容不迫地把他对康德和费希特的否定性批判同样运用于谢林目的论的这段结尾语。

相反，在黑格尔那里通过对劳动过程的准确分析，形成了人的实践本身的现实具体化，以及人与自然的关系的现实具体化。浪漫主义者带着丰富的情感投入颂咏人与自然的统一，而黑格尔则在严厉拒斥任何一种"痛苦的感伤"中研究现实的关联。在《德意志意识形态》中马克思对此说道："在工业中向来就有那个很著名的'人与自然的统一'，而且这种统一在每一个时代都随着工业或慢或快的发展而不断改变。"① 毫无疑问，我们目前阐明的黑格尔的观点，在对人与自然的关系的这种正确认识的方向上体现了一种重要进步。

在黑格尔的劳动目的论中表现出来的人的活动的辩证具体化，同时揭示出那些将人的实践与社会进步的思想结合起来的中介。在任何旧的目的论思想中都必然地形成目的与手段之间的虚假等级。提问的形而上学特点，导致两者的僵化对置，并且既然目的必然具有"观念的"特点，必然是某种意识的想法，目的就被任何唯心主义哲学都无条件地抬得比手段更高。这种情况在旧的目的论中出于公开的神学动机也会发生，因为在这个体系中，目的思想的承担者始终是上帝。但是，康德和费希特的主观

---

① 马克思、恩格斯：《德意志意识形态》，柏林 1953 年，第 41 页。（中文见《马克思恩格斯文集》第 1 卷，人民出版社 2009 年，第 529 页。——译注）

唯心主义也没有摆脱这个障碍：尽管他们的目的思想还拥有关于人的尊严的非常正直的且革命的激情，但目的与手段之间的关系始终是一种形而上学的和唯心主义的关系。

在直接的意识方面，黑格尔也没有争辩这样的假象，即对同一个东西而言目的比手段的地位更高。人的确直接地想要满足他的需要，并且任何劳动、任何工具等对他的直接意识来说都仅仅表现为达到这个目的的一个手段。但是，黑格尔恰恰揭示了劳动过程的具体客观的辩证法，这种辩证法必然超越这种直接意识的观点。正是这种超越，意味着进步。我们在前文的其他背景中曾引用过黑格尔的表述："欲求必定总是重新开始"，我们在他的历史哲学中也可以看到，人类发展的康庄大道（在黑格尔那里，即精神的形成史）经由"奴隶"的劳动得以行进，而"主人"停留于直接的享受和需要的直接满足，对人类的进一步发展是无益的。

黑格尔的辩证法也表明，为什么情况必然是：在劳动中，在工具中表现出一种更普遍、更高级、更具社会性的原则。在这里，一个对自然的更广泛和更深刻的认识的新领域，就被征服了，而且这种征服不是唯独为了个别的人，而是为了整个人类。由于这个过程持续不断地进行复制，所以就不会形成任何无聊的无限进展，而是会形成人类社会在一个——虽然无规律的——逐渐提升的阶梯上持续的自我再生产。因此，黑格尔可以有理由说，工具，即手

432

段，高于它所用于的目的，高于欲求，高于满足需要的冲动。

黑格尔仅在其《逻辑学》问世后几年，就从这种目的论的新看法中得出了一切哲学结论（我们无法详细地知道，在逻辑学的这些部分，耶拿笔记在多大程度上得到了利用，但我们将在逻辑学的关键地方看到，逻辑学的基本思想要追溯到我们业已论及的耶拿时期的思路）。我们将在下文谈论黑格尔关于《逻辑学》中的目的论问题所作的最重要的系统论述，我们之所以这样做，部分地因为对我们显得重要的是，劳动过程的这种辩证分析构成了后来在《逻辑学》中因果性与目的论、理论与实践的关系的系统阐述的基础，部分地因为列宁在他对黑格尔《逻辑学》的摘要中恰好将一些特别重要的评论——这些评论给黑格尔辩证法与历史唯物主义之间的关系提供了一种全新的阐释——与这些段落结合了起来。当然，在那里看到下列情况并非是没有历史趣味的：黑格尔的那些——根据列宁的判断——已经使他非常接近历史唯物主义的观点，是从他对经济关系的正确全面的分析中形成的，因此，黑格尔向历史唯物主义的接近决非偶然，决非某种令人不解的天才直觉的表现，而是思索后来历史唯物主义的创建者们成功解决的同样的实质问题的结果。

433　　　　列宁从黑格尔的逻辑学中引用了下列一段话：

目的既然是有限的，它就还具有一个有限的内容；

这样一来它就不是一个绝对的东西或一个完全自在自为的合理的东西。可是手段是推理的外在的中项，而推理是目的的实现；因此合理性在手段中显现出自身之为合理性，它在这个外在的他物中，并且正是通过这个外在性而保存自己。因此，手段是比外在合目的性的有限目的更高的东西；——犁比由犁所造成的、作为目的的、直接的享受更尊贵些。工具保存下来，而直接的享受却是暂时的，并且会被遗忘的。人因自己的工具而具有支配外部自然界的力量，然而就自己的目的来说，他却服从自然界。①

列宁对黑格尔的这些论述作了下列边注："黑格尔的历史唯物主义的胚芽""历史唯物主义，是在黑格尔那里处于萌芽状态的天才思想——种子——的一种应用和发展。"②

对于那些一直跟随我们的论述读下来的读者来说，没有必要作出任何解释来表明，黑格尔《逻辑学》中的论述只不过把我们详细引述的耶拿思想系统化了而已，而事实上并未超越耶拿思想。正如我们所见，甚至关于人借助工具从事的劳动按其本质是一种推论的思想，也包含在黑格尔耶拿时期的诸经济学作品的各个不同段落。因此，列宁的判断在全部内容上都涉及黑格尔耶拿时期的经济学考察。

---

① 《黑格尔全集》，第 V 卷，柏林 1845 年，第 226 页。
② 列宁：《哲学笔记》，柏林 1949 年，第 109 页。（中文见《列宁全集》第 55 卷，人民出版社 2017 年，第 159—160 页。——译注）

在《逻辑学》中黑格尔继续阐发了这样的思想，即目的论、人的劳动、人的实践意味着机械过程和化学过程的真理。这一阐述在体系的清晰性上超越了耶拿时期的考察，但即便是在这里，这一阐述的实质性基础也已经包含在耶拿时期的考察之中。在这里特别要强调的是，黑格尔考察目的论同机械过程和化学过程在这一点上的这种关系，即机械技艺和化学技艺是如何与自然的客观现实发生关联的，因而在经济生产过程中看到这样的环节，通过这个环节的效应，目的论变成机械过程和化学过程的真理。列宁对黑格尔的这些评论给予了连续的评注，这些评注将黑格尔的评论颠倒过来转化为唯物主义辩证法。为了给予读者关于这些关系的一种完全清晰的概念，我们完整引用黑格尔的关键评论以及列宁对其所作的唯物主义批判：

434

黑格尔	唯物辩证法
……由此就显现出客观过程的上述两个形式的从属性质；在这两个形式中表现为无限进展的他物，起初是被设定为外在于它们的概念，这概念就是目的；不仅概念是它们的实体，而且外在性对于它们也是本质的、构成它们的规定性的环节。因此，机械的或化学的技术，按其性质，是外在地被规定的，所以把自身奉献于目的关系，而现在就应当更详细地考察这种关系。	客观过程的两个形式：自然界（机械的和化学的）和人的有目的的活动。这两个形式的相互关系。人的目的对于自然界最初似乎是不相干的（"另外的"）。人的意识、科学（"概念"）反映自然界的本质、实体，但同时这个意识对于自然界是外在的（不是一下子，不是简单地和自然界符合）。机械的和化学的技术之所以服务于人的目的，是因为它的性质（实质）就在于：它为外部的条件（自然规律）所规定。

列宁给黑格尔《逻辑学》的这整个一段补充了以下结论：

> 事实上，人的目的是客观世界所产生的，是以它为前提的——认定它是现存的、实有的。但是人以为他的目的是在世界之外得来的，是不以世界为转移的（"自由"）。注意：这一切都在"主观目的"这一节中。[①]

由此，关于人的实践在哲学体系中的地位，在黑格尔那里就形成了一种全新的提问；无需再详细探讨，新的实践思想的依据在于，对黑格尔而言，劳动、人的经济活动在一定程度上构成人的实践的原初形式。正如马克思在《关于费尔巴哈的提纲》中所说，德国古典唯心主义的重要功绩就是在哲学中强调被旧唯物主义所忽视的"能动方面"。这一发展始于康德和费希特。但在他们那里，实践思想在道德上被过分地夸大地理解，从而在他们的体系中形成了理论与实践的那种僵化对置，形成了"实践理性"的那种抽象孤立，我们已经通过黑格尔了解到他对这种对置和孤立的批判。但是，我们不仅了解到黑格尔对主观唯心

435

[①] 《黑格尔全集》，第 V 卷，柏林 1845 年，第 217 页；列宁：《哲学笔记》，柏林 1949 年，第 107—108 页。（中文见《列宁全集》第 55 卷，人民出版社 2017 年，第 159 页。——译注）

主义的实践哲学的批判，而且也了解到他自己关于下列问题的具体且肯定的想法，即如何能够在哲学上使一种理论给人的实践奠定根据。我们提请读者注意黑格尔对劳动、工具等的考察，注意他在《精神现象学》中的"主奴"分析。黑格尔的这些倾向再次在《逻辑学》中获得了一种概括性的、系统性的形式，对此列宁在其黑格尔评注中同样作了根本性的批判。

黑格尔在这里比较了实践东西的"理念"与单纯的理论认识，并得出以下结论：

> 但在实践的理念中精神作为现实东西而与现实东西对置……这种理念比进行考察的认识的理念更高级，因为它不仅有普遍东西的尊严，而且有完全现实的东西的尊严。①

黑格尔在他后来的论述中关于实践理念相对于单纯的理论理念的这种具体优越性给出了详细的理由，这种优越性，正如读者现在就会完全明白的，同康德—费希特的"实践理性的优先性"没有任何关系，反而构成了这种优先性的正相反对的对立面。黑格尔说：

> 这种缺陷也可以这样看待，即实践的理念仍缺乏

_____

① 《黑格尔全集》，第 V 卷，柏林 1845 年，第 310—311 页。

理论的理念的环节。在后者中，普遍性的规定仅仅处在主观的、由概念在自身直观到的概念方面；认识知道自己只是领会，只是概念和自己的没有规定的自身同一；充实，即自在自为的规定的客观性，是现存的东西，而真实存在着的东西是不以主观设定为转移的现存的现实。相反的，实践观念认为，这个同时作为不可克服的界限而与它对立的现实，却是自在自为的虚无，它应当通过善的目的去获得自己的真实规定和唯一的价值。因此，意志本身之所以会阻碍达到自己的目的，就是由于意志把自己和认识分隔开来，由于外部现实对意志来说，没有获得真实存在着的东西的形式；所以，善的观念只能在真理的观念中得到补充。①

列宁全文摘录了这段话，并对它补充了以下批判性的评注：

认识……发现在自己面前真实存在着的东西就是不以主观意见（设定）为转移的现存的现实。（这是纯粹的唯物主义！）人的意志、人的实践，本身之所以会妨碍达到自己的目的……就是由于把自己和认识分隔开来，由于不承认外部现实是真实存在着的东西（是

---

① 《黑格尔全集》，第 V 卷，柏林 1845 年，第 313—314 页。

客观真理)。必须把认识和实践结合起来。①

在这里构成我们研究的中心点的方面是，黑格尔正是通过尝试掌握经济学的对象和方法，并获悉寓于其中的辩证法，才成了历史唯物主义的先驱；就此而言，列宁的几处评论极其重要，这些评论直接或几乎直接是与逻辑学的某些段落相关的，而这些段落显然又是从黑格尔耶拿时期的经济学作品中有机地发展出来的。紧接着上文引用的段落，列宁详细地、表示赞同地，当然还带着唯物主义—批判性的修正，谈论黑格尔的学说，即黑格尔的实践原则在其与客观现实的关系中本质上就是推论。他说：

> "行动的推理"……对黑格尔来说，行动、实践是逻辑"推理"，逻辑的式。这是对的！当然，这并不是说逻辑的式把人的实践作为它自己的异在（＝绝对唯心主义），而是相反，人的实践经过亿万次的重复，在人的意识中以逻辑的式固定下来。这些算式正是（而且只是）由于亿万次的重复才有着先人之见的巩固性和公理的性质。②

437

---

① 列宁：《哲学笔记》，柏林 1949 年，第 138 页。（中文见《列宁全集》第 55 卷，人民出版社 2017 年，第 185 页。——译注）

② 列宁：《哲学笔记》，柏林 1949 年，第 139 页。（中文见《列宁全集》第 55 卷，人民出版社 2017 年，第 186 页。——译注）

在前面几页，但同样是在对黑格尔关于实践和认识的考察的批判性评注中，列宁给予我们这里探讨的黑格尔与马克思之间的关系一种总结性的特征。他说：

> 所有这些都在"认识的观念"这一章（第 2 章）中——在向"绝对观念"（第 3 章）的过渡中——就是说，无疑地，在黑格尔那里，在分析认识过程中，实践是一个环节，并且也就是向客观的（在黑格尔看来是"绝对的"）真理的过渡。因此，马克思把实践的标准引进认识论时，是直接和黑格尔相关联的：见关于费尔巴哈的提纲。①

我们看到，黑格尔在目的论方面新提出的问题，对黑格尔整个哲学体系具有决定性的意义，这个目的论方面就特殊而言，是目的设定与人的经济活动的关联，进而就普遍而言，则是目的设定与人的实践的关联方面。由此康德和费希特的主观唯心主义造成的理论与实践的机械分离得到扬弃，并且人的实践与客观现实之间的客观关联被建立起来。不言而喻，这种向客观性的返回，意味着向以前的重要思想家例如斯宾诺莎或霍布斯的接近。但黑格尔的客观性比他的伟大先辈们的客观性在哲学上站得更高，因为

---

① 列宁：《哲学笔记》，柏林 1949 年，第 133 页。着重号由我所加。（中文见《列宁全集》第 55 卷，人民出版社 2017 年，第 181 页。——译注）

黑格尔把人的"能动方面"的辩证法纳入到了他关于客观现实的思想之中，正是这个"能动方面"对黑格尔辩证法的认识论，对认识客观现实起着决定性的作用。理论与实践之间的关系由此就得到了解释，这种解释比在迄今为止整个哲学史上所达到的高度都更高。马克思直接与这一高度对接起来，他从这里开始将理论与实践之间的关系带到了哲学解释的最终高度。

438　　黑格尔对理论与实践之间关系的这种更高认识，对哲学体系的基本范畴的辩证法产生了影响至深的结果。我们在这里必须稍微具体地探讨一下这个问题中的几个范畴（自由与必然、偶然与必然）。在这方面，我们将看到，黑格尔关于这些范畴的正确且辩证的认识，与我们目前分析的新哲学知识具有相同的来源。同时我们将观察到，正确的辩证法的界限，即关于现实的深刻辩证法转变为一种唯心主义神秘物的临界点，正是存在于黑格尔的经济学知识出于各种不同的原因而出现问题的地方，存在于他在对社会本身的认识中迷失于各种神秘化的地方。

　　黑格尔以一种令人惊讶的自觉在经济学问题与哲学问题的关系中探讨经济学问题。我们已经能够观察到，他是如何有意识地将实践问题与劳动及经济活动结合起来的。但黑格尔的这种方法论的明晰性决不局限于个别问题的探讨。他意识到，正是在一般的经济学领域，行动的诸范畴才最清晰地得到表达。在《论自然法权》的导论中，黑格尔谈到这个方法论问题；他在这篇论文中谈论的是自然法权而并未详细谈论经济学这一事实，丝毫没有改变事情的本质，因为我们知道，经济范畴在黑格尔的整个社会的建构和社会的科学探讨中都起着决定性的作用。他在这篇论文中关于世界如何在科学这面镜子中反映出来的问题说道：

> 自然法权状态离科学最近，因为它直接关联着伦理东西这个一切属人之物的推动者，并且就自然法权科学具有一种定在，属于必然性而言，必定是与同样处于必然性中的伦理东西的经验形态相统一的，必定作为科学以普遍性的形式表达必然性。[1]

自由与必然的问题，通过黑格尔，尤其是通过他始终在一种特定的社会—历史关联中探讨这个问题，而获得了自身的具体化。正如我们所见，黑格尔对伦理学领域的主观唯心主义的反对，主要凭借的就是主观唯心主义的自由概念抽象地孤立于社会—历史现实。由于黑格尔为了考察现代社会而尝试借助古典经济学的范畴来把握个体的个别性，所以整个社会的这种自我运动的总体就必定表现为诸个体单个的、因而偶然的活动的产物。我们已经援引过黑格尔此前的各种不同论述，从这些论述中他的这种与亚当·斯密的完全一致的看法清楚明白地呈现出来。但为了对他的相关看法获得完全清晰的印象，我们必须提到他后

439

---

① 拉松版：第330页。

来对作为一门科学的经济学的特征描述。在那里，他把偶然与必然的问题概括为这门科学的基础。这种看法是与耶拿时期的论述完全一致的，只是耶拿时期认识的目标，即全面阐述他的作为一门科学的经济学的观点，对后来的黑格尔而言已经成了不必要的。《法哲学原理》的论述如下：

> ……这些大量的任意从自身产生出普遍的规定，这些看起来分散的和毫无思想的任意被认为具有一种自行出现的必然性。在这里找到这种必然的东西就是国家经济学这门科学的对象，这门科学为思想带来荣光，因为它为大量的偶然性寻找规律。这是一个引人关注的舞台，一切关联在此发生反作用，各个特殊领域在此聚集，一些领域对其他领域产生影响，并从它们那里获得自身的促进或阻碍。这种人们起初并不相信的相互交融——因为一切似乎都听任单个人的任意——尤其值得关注，并且与行星系具有一种相似性，行星系在我们的眼里仅仅呈现为无规律的运动，但它的规律毕竟可以得到认识。[1]

在这个基础上，黑格尔在人的社会—历史生活的具体且活跃的总体的框架内提出了自由与必然的关系问题，并

---

[1] 黑格尔：《法哲学原理》，§189，载《黑格尔全集》，第 VIII 卷，柏林 1845 年，第 255 页，附释；拉松版：第 336 页。

且第一次具体且正确地解答了这个问题。针对黑格尔的这种解决方案，恩格斯说道：

> 黑格尔第一个正确地叙述了自由和必然之间的关系。在他看来，自由是对必然的认识。"必然只有在它没有被理解时才是盲目的。"自由不在于幻想中摆脱自然规律而独立，而在于认识这些规律，从而能够有计划地使自然规律为一定的目的服务。[1]

这种关于自由与必然的看法产生的关联，正如我们所见，构成了黑格尔关于目的论的考察的中心点，并且与此相关地构成了他关于人的一般活动的分析的中心点。我们已经知晓这个问题的纯粹经济学方面，并且与此密切相关的，同样知晓关于作为人类活动的基础的自然规律性的人类知识的逐步发展的辩证法。我们同样记得，黑格尔曾多么热烈地表态反对康德—费希特的抽象自由概念的所谓崇高。现在，重要的是简要考察，黑格尔的这种看问题的方式在探讨社会及其历史的具体总体中是如何发挥作用的。因为从黑格尔的看法自然而然地就可以得出：正是历史生活表现为自由的现实活动领域，表现为自由与必然的辩证法的战场。

440

---

[1] 恩格斯：《反杜林论》，柏林 1948 年，第 138 页。（中文见《马克思恩格斯文集》第 9 卷，人民出版社 2009 年，第 120 页。——译注）

众所周知，黑格尔后来的历史哲学的核心概念是"理性的狡计"。换成平淡的语言说，"理性的狡计"这一表达就是指，虽然人们创造他们自己的历史，历史事件的现实动机存在于人的激情，存在于他们个体性的、利己主义的企图之中，但从这些单个的激情的总体中产生出某种与行动中人们的愿望和追求不同的总方向，而这个不同的总方向决不意味着某种偶然的东西，毋宁说正是在其中，历史的规律性，按黑格尔的表达即"历史中的理性""精神"，显现出来。

"狡计"这个术语在黑格尔那里有一段可追溯至耶拿时期的漫长来历。我们记得，黑格尔在从方法论上对工具进行非常重要的分析时（第427—428页）就已使用过这个表达，以便把劳动着的人与自然的关系以哲学的方式带到概念上来。与此密切相关，黑格尔这时把同样的"狡计"概念运用于国家和政府同个人之间的关系，尤其是同人们的经济关系整体之间的关系。我们将在下一章详细揭示，黑格尔经济学的界限和他在国家方面的唯心主义幻想——这些幻想，正如我们同样将看到的，是与他对拿破仑的普遍幻想紧密结合的——是如何从这一点开始的。

441　　但是，黑格尔的这些观点并不是只有这个来源。他的这些观点当然是通过时代对他的影响才得到特别强调的。更确切地说，他的这些观点的历史来源是霍布斯和曼德维尔的社会观，根据这种社会观，人的利己主义的，甚至罪恶放荡的激情在其相互作用中形成了资本主义社会的平衡，并且通过这些激情的相互作用，历史的进步就得到了保障。这种观点被法国启蒙运动的重要代表人物从思想上通过功利主义哲学①进一步发展和普遍化（当然，正如马克思表明的那样，也是在同样唯心主义的和充满幻想的方向上）；斯密的经济学给所有这些理论提供了一个基础，并且在对实际事实及其实际关联的清醒揭示中表明，这些观点在现实中可以达到多远。

黑格尔的社会观继承了这整个发展过程的遗产。例如，他 1805/06 年讲稿中的下列段落表明，他离这些看法有多近。

> 现实的东西外在地看起来当然不像观念的东西，因为观察者遵循直接的东西——遵循必然的东西。单个人的放纵、沉沦、邋遢和放荡必定能够得到容忍；国家就是狡计。②

黑格尔在另一处关于同样的事实情况总结性地说道：

① 该词的德文原文为 Philosophie der Nützlichkeit，直译就是"有用性的哲学"。但根据语境，卢卡奇在本书中显然特指的是英国的"功利主义哲学"。然而，就"功利主义"的英文 utilitarianism 本身而言，其实此词的中文译为"效用主义"更为恰当。这样，卢卡奇在文中所用的 Nützlichkeit 就可以很好地翻译为"效用性"，das Nützliche 则可以翻译为"效用"或"有效用的东西"。但由于汉语界早已普遍接受"功利主义"的译法，我们在本书的翻译中只好沿袭惯例，将 Nützlichkeit 译为"功利性"，并将 das Nützliche 译为"功利的东西"。——译注

② 黑格尔：《实在哲学》，第 II 卷，莱比锡 1931 年，第 251 页。

政府的狡计就是任凭他人的自利——商人的法权、理智知道什么在世界中重要：利益——政府必须利用他们的利益并且这样安排，即自利返回到他们之中。①

在这段引文中除了黑格尔关于市民社会与国家关系的一般理论，值得注意的还有，他把这种活动与商人在社会本身中的活动进行了比较，并试图使政府的"狡计"概念适用于他的一般经济学的"狡计"概念。在同一讲稿的另一边注中，黑格尔的这一倾向更加清楚地表达出来。

不是立法机构等权力机关的人为性——自身是最高的东西——放弃必然性的权力——听任单个人的狡计，每个人都关心自己——这种自利汇入普遍之中——精神更高的己内映现——反对任意的保障；各个等级的结构——不是邦国议会中享有特权的等级的代表，而是普遍的理性——所有单个人的流动性。民众的理性像机构一样聪明。②

从所有这些话中可以清楚地看到，在黑格尔这里两种思想倾向互相反对，对这两种思想倾向而言，狡计理论，即黑格尔自由与必然的辩证法，应该是起决定性作用的法则。

---

① 黑格尔：《实在哲学》，第 II 卷，莱比锡 1931 年，第 262 页。
② 黑格尔：《实在哲学》，第 II 卷，莱比锡 1931 年，第 252 页。

一方面，政府的狡计与现代市民社会中经济的自我运动相对置，另一方面，在这种自我运动自身中表现出来的理性的狡计，按自身的固有规律支配着资本主义社会的生产、再生产和运行。

我们已经反复知悉黑格尔的观点，即这种关于自由与必然的辩证法如何在世界历史的长河中发挥作用。因此，我们提请读者参阅黑格尔关于暴君在历史中的作用、暴君出现的必然性和他再度消逝的必然性的论述（第 388 页及以下）。

我们同样已经看到，黑格尔在伟大人物这些"世界历史性的个体"的角色中看到类似的辩证法（参见本书关于黎塞留的论述，第 384 页）。我们只想从黑格尔耶拿时期的讲稿中作一些补充性的考察，在这些考察中尤其生动地表达出，黑格尔关于历史的辩证法中自由与必然的关系是如何同偶然与必然的关系紧密结合起来的。在这样一个讲稿中，黑格尔谈到了艺术天才。在对天才的浪漫主义神化和神秘化的公开反对中，黑格尔关于天才的个体性活动与社会的整体运动、民族生活的相互影响进行了非常清醒的分析。

那些被称为天才的人已经具备某种特殊的熟巧，他们用这种熟巧把民族的普遍形态像其他的他物一样变成他们的作品。他们做出的东西不是他们的发明，而是整个民族的发明，或者说是发现，即民族发现了他们的本质。属于这一个艺术家的是他在这种表现方式中的形式性活动和特殊的熟巧，并且为了达到这种特殊的熟巧，他要在普遍的熟巧中受到教育。他仿佛就是建造一座石拱桥的工匠之一，而这座石拱桥的轮廓作为观念是不可见的。每个工匠都在添建石头，艺术家同样如此。他只是偶然地成为最后一个添建石头的人；通过他添建石头，石拱桥建成了。由于他添建这块石头，他看到整体是一座石拱桥，他表现整体，被看作是发明者。①

443

这一关联在同一时期的一部讲稿中更加清晰地表达出来，在这部讲稿中，黑格尔详细地谈到杰出人物在历史中的作用，尤其是在过渡时期的作用。

这些深思熟虑的人物除了说话什么也不做，而且民众会拥护他们。有能力这样做的伟大人物，为了能够这样做，必须涤净先前形态的一切独特性。如果他们想要完成事业的总体，他们也必须已经在他们的整个总体中把握事业。他们或许只是把握了事业的一端，并推动它往前发展。但由于本性想要整体，所以本性推动他们从业已处于的顶峰继续往前发展，而放过了其他的人；如果这些人也是片面的，仍有一连串的人

① 罗森克兰茨：《黑格尔生平》，柏林1844年，第180页。

前赴后继，直到整个事业完成。但如果这是一个人的事业，他就必须认识整体并涤净自身的一切局限性。[①]

在黑格尔的这些论述中，当然也表现出他思维的局限，我们立刻就要对此进行更加详细的讨论。这种局限在于，他将作为整体的历史进程神秘化，并强加给了它一个有意识的承载者，即"精神"。但在这个局限范围内，可以清楚地看到，黑格尔多么清醒和辩证地看待"世界历史性的个体"与历史进程之间的关联，他多么有力地使历史中杰出人物的角色从属于客观使命的实行，这种客观使命是由历史自身的发展过程的客观状况向社会提出来的；而另一方面，可以看出，黑格尔清楚地看到在选择那些能够解决一种具有世界历史意义的政治、艺术等使命的人物时，偶然性所起的作用。

明白了这一点，黑格尔也就在这个领域成了历史唯物主义的一位先驱。当然，马克思和恩格斯以唯物主义的方式将这种关于偶然与必然的辩证法具体化，并远远超过了黑格尔，他们用历史唯物主义的真正科学的语言克服了对历史的整体过程所作的神秘化的理解。只有在他们的"第二国际"的庸俗化的后继者那里，才出现必然性在历史中的那种机械的夸大，那种夸大使单个个体的个性、积极性从历史中完全消失了，把必然性变成了一架无需人的活动

444

---

① 罗森克兰茨：《黑格尔生平》，柏林 1844 年，第 189 页。

而正常运转的自动装置（为了运用机会主义）。列宁和斯大林清除了历史唯物主义中的这种机械论的庸俗化，也在这方面重新恢复和进一步发展了马克思和恩格斯的学说。

而老年恩格斯早已发起了一场意识形态的斗争，反对历史的这种机械化和庸俗化的形式。我们在此援引他写给海因茨·施塔肯伯格的信中的一段话，这封信不仅纠正了这些错误的理论，而且同时清楚地表明，黑格尔在多大程度上已经正确地认识到这些关联，他在多大程度上在这一点上为历史唯物主义做了方法论的准备。恩格斯在他的考察中以必然与偶然的辩证法为出发点，并说道：

　　这里我们就来谈谈所谓伟大人物问题。恰巧某个伟大人物在一定时间出现于某一国家，这当然纯粹是一种偶然现象。但是，如果我们把这个人去掉，那时就会需要有另外一个人来代替他，并且这个代替者是会出现的，不论好一些或差一些，但是最终总是会出现的。恰巧拿破仑这个科西嘉人做了被本身的战争弄得精疲力竭的法兰西共和国所需要的军事独裁者，这是个偶然现象。但是，假如没有拿破仑这个人，他的角色就会由另一个人来扮演。这一点可以由下面的事实来证明：每当需要有这样一个人的时候，他就会出现，如凯撒、奥古斯都、克伦威尔等等。如果说马克思发现了唯物史观，那么梯叶里、米涅、基佐以及1850年以前英国所有的历史编纂学家则表明，人们已经在这方面作过努力，而摩尔根对于同一观点的发现表明，发现这一观点的时机已经成熟了，这一观点必定被发现。[①]

在黑格尔对历史的认识中，关键性的局限阻碍了他将关于必然与自由、必然与偶然的关系的普遍而言在哲学上正确的思想具体地和如实地运用于历史进程；这种局限在于，他没有认识到阶级斗争是社会和历史的推动者。黑格尔具备足够广博的知识、充分清醒的和不偏不倚的眼光，去发现在具体情况下社会的各种阶级对立（我们仅提请参阅他关于工厂的兴起与贫困的产生之间关联的考察，第 413 页）。然而，他对社会和历史的普遍理解仍具有这样的性质，即他并没有看到阶级对立在社会范围内的推动作用，更不用提他能从阶级对立的运动规律中得出普遍方法论的结论。

因此，一些个别的国家在黑格尔的历史哲学中是作为统一的和封闭的个体性出现的。虽然黑格尔看到，在这样的个体性背后潜藏着社会发展，例如，人们可以想到他是如何把法国的统一和德国的分裂归因于封建制度瓦解的不同进程的，但是，这些正确的见识并没有运用到方法论上

445

[①] 恩格斯 1894 年 1 月 25 日写给施塔肯贝格的信，载《马克思恩格斯选集》第 II 卷，柏林 1952 年，第 475 页。（卢卡奇原文此处有误，应是恩格斯写给瓦尔特·博尔吉乌斯的信，见中文版《马克思恩格斯文集》第 10 卷，人民出版社 2009 年，第 669 页。——译注）

而得出任何结论。世界历史基本上仍表现为各个自身"统一的"民族和国家彼此的一种权力斗争。

黑格尔这时清醒地看待权力斗争，就像他清醒地看待市民社会中的诸个体之间的经济斗争一样。权力斗争在《精神现象学》中表现为"精神性的动物王国"。他分析权力斗争是一种历史重现，即霍布斯的"一切人对一切人的战争"这种自然状态的原本形态。我们将看到，在黑格尔的社会哲学中对经济关系——这些关系在黑格尔看来同样本身就体现着"bellum omnium contra omnes"[一切人对一切人的战争]——的法律管控起着一种非常重要的，甚至被他过分高估的作用，尽管他关于法律管控的可能性和必要性的看法当然是与康德—费希特的极为不同的。但根据黑格尔的看法，随着一个民族、一个社会组成为国家，诸个体性国家之间任何一种这样的管控的可能性就终止了。他在1805/06年的讲稿中说道：

> 整体是彼此相对的个体、民族。诸个体彼此组成的漠不关心的等级的重新恢复，即自然状态，在这里才成为实在的。这种关系部分地是独立的个体彼此的平静持存，即主权，部分地则是通过契约达成的联合。但是，这些契约没有现实契约的现实性，也没有这种现实性的一种特定存在着的权力，毋宁说个体性民族才是作为特定存在着的权力的普遍东西。因此，这些契约不能按市民契约的方式看待，如果一方要废除这

446

些契约，这些契约是没有任何约束性的。缔结契约，承担义务然后又取消义务是永恒的欺骗。①

我们将在下文看到，正是战争，在黑格尔耶拿时期的历史哲学中扮演着多么重大的和受到重视的角色。尽管他对战争的意义有一种拿破仑式的高估，但他同样也是清醒地和历史地看待战争的。一方面，正如我们从上述引文的结论可以看到的，他反对康德永久和平的乌托邦；另一方面，他远远没有轻信个别发动战争者的声明。他完全清楚实效意义上的进攻战与防御战的相对性。每一方都宣称自卫并受到对方攻击。问题在这个水平上甚至没法加以裁定。黑格尔在《德国宪政》中说道：

　　每一方都自认为有理，并控告对方侵犯它的权利……公众各自占据一方，每一方都站在自己一边宣称有理，双方都有理；正是法理本身陷入了彼此矛盾之中。②

黑格尔合乎逻辑地得出结论，各国之间的这些战争直接是权力斗争，在这里上帝，即世界精神，总是统领着更胜一筹的军队。这种理解历史的清醒的现实主义，被帝国

---

① 黑格尔：《实在哲学》，第 II 卷，莱比锡 1931 年，第 260—261 页。
② 拉松版：第 99—100 页。

主义时期的意识形态家利用，用于把黑格尔变成特赖奇克类型的毫无思想的"权力政治学"的一个先驱（迈内克、黑勒等）。这些先生在这方面忽视了两件"小事"：其一，尽管不了解阶级斗争，但在他这里，一个国家的权力决不是从天而降的或者甚至是某种"天才"的产物。只要我们还记得在前文所作的法国和德国的对比就够了，以便清楚地看到，对黑格尔而言直接表现出来的权力政治的优势只是某种直接的东西，他总是力求揭示那些中介，那些隐藏在这些直接性背后的客观社会状况。当他后来面对耶拿—奥尔施泰德战役（1806 年）中普鲁士的溃败而带着他的一切好感站在拿破仑一边反对普鲁士时，这决不是对法兰西皇帝的"优势权力"的一种钦佩，而是对法国大革命的社会遗产的一种好感和对腐朽普鲁士的封建因素的一种蔑视。

447

这个例子已经指向了第二个观点，我们必须提出这个观点以反对迈内克、黑勒和其他人对历史的歪曲。这些先生完全忽视了黑格尔是革命时期即革命性地组建多个庞大现代国家时期的意识形态家。黑格尔把这个进程正当地看作是一个进步的进程。在这个进程——它在现实中诸多方面都是以重大战争的形式进行的——的历史辩证法中，黑格尔看到了这样一种自然状态，在这种自然状态中，精神从权力状况的直接辩证法发展达到精神的最高阶段。黑格尔把一个伟大民族正在建成政治国家的现代市民社会看成这个最高阶段。因此，总的来说，他正确地把握了时代的根本问题，并凭借犀利的洞察力看到了这种辩证法是如何在世界历史的看似偶然、看似任意的个别事件中必然地发挥效用的。

他的历史观的界限自然地就表现在：一方面，凭借这种前景，他的历史哲学的视野就被封闭起来；另一方面，正如我们下文将详细看到的，他甚至没能从思想上摆脱德意志民族统一的实现在当时遇到的实际矛盾，他的思想体系仅仅反映了在德国民主革命（列宁）这个核心问题中当时没有解决的诸矛盾的一个端项。

所有这些问题，不论是在历史上还是在哲学上都与俾斯麦，特别是与德意志帝国主义的"权力政治"没有关系。迈内克、黑勒等人，像他们在世界大战期间社会帝国主义的各式各样的机会主义者一样，进行了类似的历史歪曲，因为他们把马克思和恩格斯关于民族解放斗争的现实进步性的表述反历史地运用于帝国主义的世界大战，以便把世界大战当成所谓"正义的"战争、"民族的"战争加以维护和支持。当然，黑格尔的某些含混、模糊和矛盾——在他们灵活诡辩的寻章摘句的"艺术"中——给这种篡改历史的做法提供了托辞，而这种托辞在马克思和恩格斯那里连作为托辞也子虚乌有。但这些机会主义者的观点的威胁表明，对帝国主义篡改历史的做法来说重要的根本不是托辞，而是他们为帝国主义辩解的意图。

因此，黑格尔历史观的基本路线应当导向人的实践得以实现的具体领域，这个具体领域是黑格尔历史观达到对那种必然通向现代市民社会的形成的现实历史发展过程进行哲学理解的顶峰。正如我们所见，这种必然性是从人们的行动、愿望和激情中产生出来的，从这些行动、愿望和激情中，必然与自由的辩证法会得出与人们在他们的行动中先前为自己设定的目标相比不同的结果，而且是更普遍和更高的结果。因此，黑格尔的必然与自由的具体辩证法正是在于，人们的这些个体性的激情、这些自私自利的企图必然地促使历史发展进程的实现，这些因素的结果与包含在这些直接推动力中并被人意图的东西相比，同样必然地体现得不同，而且更多。因此，不论是主观唯心主义的道德学还是它的历史观都被远远超越了。历史运动在黑格尔这里决不是无限进展，而是一种具体的历史进程；社会和历史不是那种还比较抽象的"纯粹意志"的抽象愿望。

在克服不论是实践方面还是历史方面的主观唯心主义观点的努力中，谢林在一定程度上走在黑格尔前面。《判断力批判》中的目的论原则的转变，促使谢林关于自然和历史的发展达到了一种具体统一的理解。在这些尝试中，谢林在一点上达到了辩证理解的某种高度，因为他猜想到，在历史中实现的东西与行动着的人们在历史中所意图的东西相比是不同的而且更多。谢林说道：

　　　　自由与一种隐藏的必然之间的预设关系……借助这种关系，人们不得不通过自己的自由行动本身，甚至违背自己的意志，而成为自己根本不想得到的某种结果的原因，或者反过来说，借助这种关系，人们通过自由，竭尽全力，想要做成的某种事业，必定会遭到失败而归于毁灭。①

但这些正确的猜想在谢林那里并没有发展到任何真正的认识。他在这里谈论的必然性被他当作"无意识的东西"完全僵化地与作为某种有意识的东西的自由对置起来。这种僵化在他那里走得如此之远，以致他从"无意识的东西"是历史客观性的本原这个前提出发得出结论："但现在，某种客观的东西会有意识地被产生出来，这是完全不可能的……"② 由于自由与必然、意识与无意识之间的这种抽象僵化的对立，关于实践的具体辩证法的任何可能性就被取消了；在有意识的东西与无意识的东西的抽象原则之间只能有一种神秘主义的假辩证法。

谢林一方面在历史领域达到了一种神秘的非理性主义，另一方面没有超越康德的目的论思想的局限，尽管他试图重新通过一种神秘主义的假客观性来克服康德目的论思想的主观性。他感觉到，历史不能在旧形而上学的意义上合乎规律地得到把握。他关于历史的概念说道："一系列绝对没有规律的事件与一系列绝对合乎规律的事件一样，都不配称为历史。"但是，在这些论述中所包含的相对正确的猜

449

---

① 谢林：《先验唯心论体系》，载《谢林全集》，第Ⅲ卷，斯图加特、奥格斯堡1858年，第594页。

② 谢林：《先验唯心论体系》，载《谢林全集》，第Ⅲ卷，斯图加特、奥格斯堡1858年，第613页。

想立刻又被他破坏掉了："理论与历史是完全对立的东西。人之所以有历史，仅仅是因为他要做的事情无法按照任何理论预先估算出来。"①

我们看到，谢林在这些论述中缺乏的，正是构成黑格尔在目的论方面、在合乎目的的行动的辩证法在历史中的运用方面实现的转向所获得的哲学上的伟大和指向未来的重要意义的东西。因此，主张黑格尔的社会和历史哲学是从谢林的推演出来的，并且谢林和黑格尔对自由和必然的理解是相同的，历史地看，这是不正确的。谢林把历史进程理解为绝对者的无意识的实践这一看法曾经给予黑格尔历史哲学一种推动作用，这是可能的，甚至极有可能，但也仅仅是一种推动作用而已。黑格尔历史哲学的本质环节恰好是理论与实践的辩证统一的环节，而正是这些环节，在谢林的观点中无迹可寻，在这方面谢林从未能超越康德—费希特的二元论。

相反，黑格尔和谢林的历史哲学之间的真正关联，恰恰在于黑格尔思维存在局限的地方。谢林在艺术中发现自由与必然、有意识的创造与无意识的创造的一种统一，类似地他——借助理智直观——构想出自然与历史在发展过程中的统一。他在这方面的构想的严重劣势，不仅在于这种抽象和玄奥达到的极致，而且尤其在于，历史进程的各

① 谢林：《先验唯心论体系》，载《谢林全集》，第 Ⅲ 卷，斯图加特、奥格斯堡 1858 年，第 589 页。

个具体因素在任何地方都没有在思想上通过这种辩证统一的思想得到阐明和具体化。而正是在这里，黑格尔的历史哲学有着巨大优势。黑格尔的这一优势达到极致，也必定迷失在一种玄奥的若明若暗中，黑格尔哲学的一个非常重要的因素就在这里，这是他始终与谢林拥有的一个共同特征，这个特征也是他作为唯心主义者永远无法摆脱的。

这涉及的乃是将历史进程理解为一个整体的观点。既然对客观唯心主义者黑格尔——同样对谢林——来说，自然与历史的发展进程的整体是"精神"的作品，那种在一切社会和历史细节上已被黑格尔克服的旧目的论思想，必定在这里重现。因为，如果历史进程拥有一个统一的主体作为承载者，如果历史进程是这位承载者的活动的结果，那么对客观唯心主义者黑格尔而言合乎逻辑的就是，把历史进程本身看作是这个"精神"从历史之初就当作目标确定起来的那个目的的实现。因此，历史进程的整体在黑格尔那里——像在谢林那里一样——这时就变成了一种虚假的运动：它是向开端的回复，是某种从一开始就先验地存在的东西的实现。

对此，黑格尔在《精神现象学》中这样说道：

> 前面所说的内容也可以这样来表达：理性是一种合乎目的的行动。人们把遭到误解的自然界置于错误认识的思维之上，尤其是拒斥任何外在的合目的性，这就使一切目的的形式都遭到了质疑。但是，正如亚里

451　士多德把自然界规定为合乎目的的行动一样，目的是直接的、静止的、自己推动自己的不动者，而这就是主体。主体的推动力，抽象地说就是自为存在或纯粹的否定性。结果和开端之所以是同一个东西，只是因为开端就是目的——换言之，现实事物和它的概念之所以是同一个东西，只是因为直接的事物作为目的，在其自身内就有自我或纯粹现实。[1]

黑格尔没有注意到，他在抽象—坚定地贯彻他的目的论原则时，重新陷入了旧神学的目的论。他伟大的哲学功绩正是在于，他把目的论原则从天国——目的原则先前被神学投射到了天国里去——拉回到了人的现实行动的世俗现实中来。因此，他的目的论观点只要停留在世俗的层面，就始终是伟大的、创新的和有益的。由于黑格尔作为坚定的客观唯心主义者把这条路走到了底，他也就摧毁了他先前作为辩证法家建构的东西。在目的论原则的这种神学转向中，黑格尔和谢林在他们的历史观中存在着一种延续到了他们的决裂之后的巨大亲和性。

但决不要忘记，这种亲和性是他们的唯心主义局限的亲和性。他们之间的差别在于，黑格尔在他的思维迷失在神秘化的造物主的"活动"的唯心主义迷雾中之前，走一段非同寻常的弯路，并在这条弯路上揭示了许多新的辩

---

[1] 《黑格尔全集》，第Ⅱ卷，柏林1845年，第17—18页。

证关系。黑格尔一路前进，直到遇到任何唯心主义都不可超越的局限为止。而在谢林那里，体系与方法之间的这种对立只在微弱的程度上存在，并且程度还在日益减弱。因此，哲学史必须重视黑格尔与谢林的历史发展观彼此的差别何在。

第七节 黑格尔经济学的局限

黑格尔的哲学—历史倾向，在于从人对待现代市民社会的立场出发得出经济的和社会的所有范畴，在于表明：从这些关联是如何形成人、自然与社会之间交换关系的客观运动规律的，在这个基础上又是如何产生各种矛盾性的，这些矛盾性的扬弃和在更高阶段的重现最终使社会和历史的整个结构成为可理解的。

黑格尔在人的实践的哲学领域新提出的问题，具有一种强烈的反崇拜倾向。将整个世界辩证地理解为一个由各种相互过渡的矛盾组成的活跃系统，这种观点在认识社会时就表现在，黑格尔力求把所有经济和社会类型的客观范畴都理解为人们相互之间活跃的和充满矛盾的关系。由此范畴就失去了它们的形而上学的、受到崇拜的僵化性，但又不会因此损失它们的客观性。因为黑格尔对实践东西的理解总是预设了它与客观现实的相互作用。通过人的不断提升的活动，通过人的活动的越来越高的水平，各种新的

452

规定在客体那里被不断发现，并被不断带进与人的活动的相互作用中。人的活动的系统在社会中变得越错综复杂，反对形而上学僵化和范畴——在这些范畴中，这些关系表现为人的活动的各种自我创造的、社会性的对象形式——崇拜的辩证斗争越有必要，人的活动由以发生相互作用的各种客观规定所构成的世界就越大，因此客观性的哲学倾向必定就越强。

我们已经了解黑格尔认识社会的方法论的这些原则的特征。我们现在探讨的问题是：黑格尔在贯彻这些方法时的局限在哪里？更进一步，这些局限与黑格尔的哲学唯心主义，与他的客观唯心主义的特性具有怎样的关联？另一方面，这种唯心主义本身在何种程度上是由黑格尔对现代市民社会及其形成和价值的理解方式决定的？也是在这里，我们遇到了一系列错综交织的问题，在这些问题之间存在决非简单的相互作用。一方面，我们必须研究，哲学唯心主义在多大程度上对黑格尔经济学思想的局限产生了特定的影响；同时另一方面，我们必须研究，这种唯心主义在多大程度上植根于黑格尔当时的社会状况以及由此必然产生的社会观。

453　　留心的读者到现在为止已经注意到的第一个要点就是，黑格尔把市民社会理解为某种统一的东西。毫无疑问，这是当时德国经济和社会落后状况的结果。当时在英国和法国发生的大规模的阶级斗争，一方面使得在价值理论中科学地发现了阶级对立的客观经济基础，尽管古典经济学家还没有能力从这种对阶级社会的对立结构的发现中得出结论；另一方面，这些大规模的阶级斗争的直接结果使英国和法国的一系列思想家、政论家和政治家对于阶级斗争的客观真实性有了或多或少清晰的了解。的确，在黑格尔哲学形成的时代就已经出现这样一些观点，在这些观点中，至少表现出了对这样的必然性的猜想，即市民社会的阶级对立必然超越市民社会本身。

在黑格尔那里，不论在哪个方向上都不存在这样的认识。但我们已经看到，黑格尔不仅确认了贫富对立在现代市民社会是赤裸裸的事实，而且承认这是这种社会的发展得出的必然结果（工厂以及贫困的发展）。但饶有趣味并且至关重要的是要申明，黑格尔对他认为必然的事实的正确强调，对他的经济和社会观点并没有产生决定性的结果。他对这一事实的确认既没有使他把它带进一种与亚当·斯密价值理论的理论结合之中，也没有使他把这种对立看作是市民社会本身的一个推动因素。贫富对立一方面始终是社会和社会科学研究不得不甘心容忍的一个事实，另一方面则是这个社会正常运转的一个干扰因素，补救这个干扰因素过度的、败坏社会的后果乃是国家和政府的任务。因此，黑格尔对这个领域的事实的出色确认，甚至对这些事实的必然关联的确认并没有为他的社会结构思想带来任何理论结果，更不用提他对这些事实的认识会对哲学的普遍化产生进一步的影响。

因此，马克思对庸俗经济学的批判也适用于黑格尔社会

454　哲学的整个方法论："把社会当做一个单一的主体来考察，是对它作了不正确的考察；思辨式的考察。"① 事实上，在黑格尔那里，民族和国家构成一个统一的主体，甚至在经济上奠定民族和国家基础的"需要的体系"也属于这个主体。我们已经看到，在黑格尔那里，决定世界历史进程的巨大对立是各个民族之间的对立，而不是各个民族内部的对立。我们已经可以观察到，黑格尔在个别之处带着深刻的历史洞察力观察和描述个别民族的社会结构变化，并富有洞察力地将这些结论用于解决各个民族之间的世界历史性的对立，但是他从未认识到这些内在的变化及其固有的辩证法就是世界历史的辩证运动的推动力量。

　　因此，在德国不发达的阶级对立的经济基础上就形成了一种唯心主义。当然，要从黑格尔的这种社会存在中直接推导出他的唯心主义在经济学中的一切表现形式，那真是一种不可接受的简单化。我们的确已经看到，他的社会和历史视野远远超出了德国，但他的社会哲学在其本质特征上对当时的德国状况在思想中的把握，要比对业已经过法国大革命和英国工业革命而形成的具有普遍欧洲标准的经济和社会问题的把握少得多。然而，经济学中的唯心主义，即把社会理解为一个统一主体的观点，也从黑格尔的这些世界历史观中得到了强化。我们在这方面指的是黑格

---

① 马克思：《政治经济学批判》，导言，柏林 1951 年，第 249 页。（中文见《马克思恩格斯文集》第 8 卷，人民出版社 2009 年，第 18 页。——译注）

尔对法国在革命之后的发展的——在意识形态上强烈夸大
的——赞同，尤其是他的与拿破仑统治结合在一起的政治
和社会幻想。源自德国的唯心主义，由此在经济学中得到
加强和巩固。因为这种唯心主义由此获得充分乐观主义的
激情，即关于世界革新、世界精神的新形态的激情，这种
激情在《精神现象学》中得到其完善的表达。要是没有这
些夸大的幻想，没有这些乌托邦式的希望，德国不发达的
经济状况在黑格尔的哲学中肯定会产生完全不同的效果。

当然，同样不能忽视，在德国的发展趋势中还有一个 455
社会因素起了作用，这个因素必定在这个方向上影响到了
黑格尔哲学。列宁曾反复指出，德国资产阶级革命的核心
问题是民族统一的实现。我们已经看到，这个问题在黑格
尔的政治和思想发展过程中起到了非常重要的作用。正如
我们将看到的，即使黑格尔后来日益在一种拿破仑式的方
向上寻求民族统一的实现，而民族统一在他那里又是同封
建—绝对主义残余和各个邦国分裂状况的消除不可分离地
结合在一起的，这也决不意味着，民族统一问题不再在他
的思维中占据重要的位置，并且与此相应地不再强化那些
把社会理解为统一主体的倾向。

在这个基础上才能形成黑格尔关于国家是"理性"的
一种实现的思想，从这里开始国家才表现为某种处于市民
社会的一切对立的彼岸的东西（我们立刻就会看到，这种
看法是如何对市民社会与国家的关系起到反作用的）。国家
在黑格尔那里之所以能起到这种作用，只是因为在国家中

被理解为统一体的民族变成了精神的各种具体形态、具体历史发展过程的体现。在这种发展史中，当然已经有了黑格尔的辩证对立，甚至世界历史的整个辩证法都以在这里发挥作用的战争的形式反映出来。黑格尔的世界历史观就是一系列持续不断的重大战争，在这些重大战争中，进步的实现、世界精神的各个发展阶段的体现从一个民族向另一个民族过渡。我们看到的是世界精神的一种"灵魂之旅"，在这场旅程中，各个民族各自取得世界精神在特定阶段表现出来的那种统一形态。

在这里有两个观点不容忽视：其一，强调一个民族及其发展的统一面貌，这只是相对合理的。只有马克思主义的各种粗陋的庸俗化才会忽视这个因素，想在一种关于各个"形态"交替出现的学说中完全消解民族的独特性。由于马克思主义强调发展的差异性——比如说法国与英国之间的差异性——产生的社会原因，由于它认识到在这种不同的基础上阶级和阶级斗争必定具有一种不同的表现形式，所以它比那些忽视民族发展的这些现实推动力量并或多或少形而上学地理解民族统一的资产阶级思想家和历史学家（也包括黑格尔）更加强调民族的独特性。形而上学观点向辩证观点的彻底转变，在这里也实现了问题的具体化。

其二，不容忽视，我们这里概述的黑格尔历史哲学的方法论的结论虽然是一种必然的结论，但毕竟只是一种结论，在这种结论中，各个起作用的对立倾向的全部丰富性都再也看不见了。我们已经在黑格尔那里多次观察到这些对立倾向。当我们在《精神现象学》中看到精神从希腊形态发展到了罗马形态时，黑格尔在那里揭示的辩证矛盾的进程在本质上是一种内在的进程。特别是在《精神现象学》中，与它的一般方法论相适应，世界历史的外在事件起着很小的作用；在该书中，希腊城邦的国家生活，由于外在的战争，由于遭到征服（马其顿、罗马）而毁灭的事实，根本没有被提及。在那里，希腊精神的瓦解是一种本质上内在的过程。罗马的伟大与衰落、法兰西旧的政治和社会制度的瓦解在《精神现象学》中受到同样的看待。黑格尔后来的历史哲学占有了更加丰富的社会和文化生活的事实材料，以至于其中的这种对立倾向比在《精神现象学》中更加强烈。

尽管如此，这仍仅仅涉及黑格尔思维中的一种对立倾向，这种对立倾向在观点上的一切强硬和一切丰富性毕竟从未能够在他的方法论上达到真正的主导地位。因为对黑格尔的客观唯心主义来说，民族精神的形而上学统一性在方法论上是绝对必要的。将民族的统一性化为各种彼此斗争的对立力量的活跃矛盾性，而这种矛盾性虽然会获得一个方向和明显的民族面貌，但不会有任何统一的"承载者"，这就必定要超出客观唯心主义的局限。这种对立倾向在黑格尔那里是有的，有时还特别强烈。但这些对立倾向仅仅在客观唯心主义的框架范围内发挥作用。黑格尔的思想发展非常典型的是，这些对立倾向和与这些倾向的加强相关的历史探讨的极其具体性，在不涉及国家问题的主题

457

范围的地方是最强烈的，例如在《精神现象学》的第二部分，尤其是在《美学讲演录》中就是这样。

这些对立倾向在黑格尔哲学中取得胜利的不可能性，是与他的观点的另一个同样非常矛盾的方面相关联的，即他对彻底贯彻的民主制的否定态度和对平民等级的生产力的错误认识。我们了解黑格尔的这种看法出于他对法国大革命的评判，并且知道这种立场并非是他背离自己青年时代共和主义理想的结果，而是从一开始就构成他的"理智面貌"的一个重要特征。但是，这种看法对他的整个世界历史观，对他关于古代和中世纪历史发展的阐述也有追溯既往的影响。当然，与他伯尔尼时期的历史哲学相反，黑格尔现在认识到了古代奴隶制的存在，他甚至不再低估奴隶劳动对希腊城邦、对"自由人"的政治生活具有的重要性；我们甚至已经看到，他把人类文化发展过程中的一种多么重要的角色归于"奴隶"和奴隶劳动。但这还远不是意味着，奴隶主与奴隶之间、封建主与农奴之间的对立在黑格尔世界历史的辩证发展中曾起过真正重要的作用。由于黑格尔至多在纯经济学领域承认"贱民"对文化的创造力，所以对他而言，精神在民族和国家中起统一作用的神秘化在根本上就变得更加容易了；我们上文已经略微提及的他的对立倾向，并非最终是出于这个原因而注定归于失败的。

从黑格尔后来的观点出发来揭示和批判他思维的这种局限，是很容易的。比较难的是看清，在德国当时的经济、社会和政治状况下，像黑格尔哲学这样广博宏大的哲学不可能在一种极端民主的基础上产生出来。在黑格尔思想发展的矛盾性中，他为进步辩护的非民主路线，已经包含着相对于德国现实的某些乌托邦因素，包含着对德国现实的一种思想上的超越。但这种超越没有进入到真空中去，而是以法国和英国的经济—社会发展的良好可靠的世界历史事实为基础的。因此，黑格尔的社会发展哲学，尽管具有一切唯心主义的和乌托邦的因素，毕竟仍用双脚站在历史现实本身的地基之上，能够正确地在思想上把握现实发展的本质因素。

458

　　在巴贝夫的起义失败以后，在德国社会风平浪静的情况下，激进的民主主义是无处立足的；这种民主主义不可避免地会转变成主观主义的乌托邦主义。荷尔德林或费希特的例子就确切地表明，这样一条道路在当时的德国必然通往何方。因此，黑格尔的政治—社会观点在这种非民主的方向上得到发展，这决非偶然，决非他的单纯个人弱点。在这个时期的德国所有重要人物，尤其是歌德那里，我们已经看到了类似的倾向。唯心主义辩证法的思维的充满矛盾的进一步发展，一方面消除了旧唯心主义的形而上学僵化，另一方面在自身吸收了客观世界的现实唯物主义思想的浓厚因素，尽管是无意识的、非有意的、违反唯心主义纲领的；这种发展只有在这样一个基础上才能发生，即德国的最小化的乌托邦主义与一种对人类发展进步做出的具体的、大胆的、而非颂扬的辩护协调起来。在那个时代的德国现状下，激进民主主义决不是这种现实主义的和辩证的现实观的任何富有成效的建构因素，而它在七月革命后的德国或在 19 世纪五六十年代的俄国却变成了一种全面且真实的社会历史观的必要前提。

如果我们现在进一步考察黑格尔耶拿时期的社会哲学，我们就能够预先注意到，在他的社会哲学中存在两处重大的断裂，这两处断裂是与黑格尔的这种经济唯心主义最密切相关的：其一，在黑格尔那里，社会的内在结构、社会的等级分化并不是从经济本身发展出来的；其二，国家和政府从它们那边看，并不是各个等级之间的对立在经济和社会层面的一种内在辩证法产生的结果。由此在这种社会哲学中，就有这样两处断裂摆在我们面前，这两处断裂在方法论上只能这样消除并补进整个体系之中，即一方面黑格尔要背弃他现在发现的特别有益的方法：从低级范畴的内在矛盾性之中有机地发展出高级范畴（劳动—劳动分工；工具—机器等）；另一方面，他要用一种上层的唯心主义结构取代现实的辩证发展。

在这两种情况下，我们都不可能无视黑格尔强烈的内心斗争，不可能无视在他的思维中各种不同的对立倾向的斗争。他一再猜想到事物的正确关联，一再具有达到对事物之间关联的有机且正确的表象的需要。我们甚至可以察觉到，对各个等级的哲学推演在黑格尔那里变得越来越"具有经济属性"。正如我们立刻就要看到的，他在耶拿建立体系的最早尝试，构成纯粹唯心主义构造的顶峰。这种朝着社会结构具有越来越具体的经济基础的方向的发展，丝毫没有随着耶拿时期的到来而终止。我们反而可以发觉，这种倾向在黑格尔那里日益增强。我们已经看到，关于贫富对立的必然性的阐述在《法哲学原理》中获得了其完善的、同时最尖锐的形式。这不是偶然的，因为在《法哲学原理》中除了斯密，还有李嘉图作为黑格尔经济学观点的主要向导出现。这一发展在《法哲学原理》以后走得更远。黑格尔思维的真诚无畏和不懈发展的非常典型的特点就是，他在七月革命后撰写的关于英国改革法案的最后一篇论文（1831年）中甚至表达了这样的观点，即社会三分为贵族、市民和农民的等级再也不能完全符合大多数国家现在的状况。[①] 虽然黑格尔同样典型地没有从对经济事实的这种论断中为他的普遍构想得出任何结论，而是相反，他认为尽管如此，这种结构在正确的政府措施中仍要始终得到维持，但是，他留心关注如此背离他的基本思想的社会发展，并且在这一社会发展与他自己的观点完全矛盾的情况下仍阐述这一社会发展的结果，这个明显的事实表明，这些对立倾向在他那里是多么强烈和多么不懈地得到发展。当然，这个例子也表明，这些对立倾向在黑格尔那里决不可能成为占支配地位的倾向。

460

　　我们可以非常准确地观察到在黑格尔耶拿时期的著作中市民社会的等级结构的这种日益现实主义的、日益具有经济性质的生成。《伦理体系》这部最早论述他的社会观点的笔记，描述了唯心主义构造的顶点，这种实质性的理解

---

① 拉松版：第305页。

与他用谢林的术语做试验的高峰状态是同时发生的，这决非偶然。黑格尔在将社会问题具体把握为发展过程时，现实主义倾向的不断增强，是与他对谢林的概念构成形式的摒弃并列进行的。黑格尔一如既往地从作为统一体的民族出发，这种民族分化为各个等级，然后又从这种差别达到统一。在社会学说的这种方法论出发点中，可以清晰地看出它的唯心主义。甚至必须看到，黑格尔在此背弃了他业已达到的更高的辩证洞见。因为在实践中，黑格尔的出发点一般是一种被推动的和推动着的矛盾，这种矛盾的扬弃达到统一就得出黑格尔的统一与矛盾的特殊统一，因而成为矛盾的这样一种扬弃，这种扬弃由于事情本身的辩证法而通向矛盾的越来越高级形式的设定和扬弃。反之，运动在这里以相反的方式进行：运动从统一开始，超越差别而返回到统一。不可避免的是，这种统一具有某种谢林的特点，即在统一中各个矛盾表现为完全被消除的。这种方法论决不可能简单地归结为谢林的影响，毋宁说，它是从黑格尔社会观的矛盾中自动产生出来的一种方法论上的必然。我们已经看到，并且在下面的考察中将更详细地观察到，各种对立倾向在黑格尔本人那里发挥着相反的作用。但我们已经看到，这些对立倾向不可能达到支配地位，对《精神现象学》中"外化"的体系意义的分析将为我们揭示，

461　这里涉及的是黑格尔整个哲学观点的一个根本矛盾，不摆脱客观唯心主义的整体框架，他是不可能超越这种矛盾的。而出于我们业已知晓的原因，这是不可能的；黑格尔的伟大之处也在于，他在这个框架的范围内创造了巨大的活动

空间，在这些活动空间中，他的辩证法的各种现实对立倾向能够无拘无束地尽情发展。

黑格尔在耶拿的思想发展大致在于，在"伦理"的整体思想内部，客观因素，即经济的和历史的因素，与单纯道德的作用相反，越来越重地得到强调。在《伦理体系》中，这个比例仍是最不利的比例。从民族的统一中推导出各个等级的分化，作为各种社会德性的各个阶段的差异性。黑格尔实行这种演绎如下：

> 民族作为有机总体是实践因素和伦理因素的一切规定性的绝对无差别。这种无差别的各个环节本身是同一性、无差别的形式，然后是差别的形式，最后则是绝对的、鲜活的无差别的形式；这些环节中的任何一个都不是一种抽象物，而是一种实在性。伦理概念被置于它的客观性中，即扬弃个别性……等级就是在整个总体的范围内在伦理中、在这种实在性中展现出来的级次，而且每个等级的原则都是特定形式的伦理……因此，存在一个绝对的自由的伦理等级、一个正直的等级和一个不自由的或自然的伦理等级。①

---

① 拉松版：第 464 页和第 471 页。在黑格尔的文献中，一般公认《伦理体系》写于 1801/02 年，因而体现了黑格尔社会哲学最早作品的系统化。只有拉松想把《伦理体系》延至《论自然法权》之后，因而大概迟至 1802/03 年。他对这种看法没有提出任何令人信服的论据。与拉松相反，我们必须说，谢林的概念构成和术语的影响在《论自然法权》中比在《伦理体系》中本质上更弱。参见拉松版：第 XXXIV 页。

在这里，从统一开始到超越差别而返回统一的辩证发展的普遍进程是清晰可见的。下列事实同样如此，即各个等级的分化是民族的统一伦理的一种分化，是德性的一种差等。各个等级的经济和社会的差异性，在这种情况下就是指这些德性适用的活动领域。

决不能把下列情况看作是单纯的外在性、单纯的形式问题，即等级的演绎在这部著作中是自上而下进行的，也就是说，黑格尔从普遍等级下降到单纯自然的伦理上来，而在耶拿1805/06年讲稿中关于社会结构的最成熟描述却走上了相反的道路，即从农民的"具体劳动"出发，超越市民等级的越来越高的抽象阶段，直到最高等级的最高普遍性的上升道路。因为在这条自下而上的道路中正好体现的是黑格尔现实主义的对立倾向，是诸个别等级的本质和特性的更加强烈的"经济化"。同样并非偶然的是，这种关于等级结构的现实主义的辩证理解，再也不是借助谢林的术语就能胜任的，而谢林的术语，正如我们在《伦理体系》中发现的，曾经恰好为一个体系提供了恰当的概念系统。在等级结构中自下而上的道路，是现象学方法的思想上的前形式和社会哲学上的准备：黑格尔对精神的本质的典型阐述，在他把精神展现为一种自我创造并在创造物中发现自身的辩证过程的时候，达到顶峰。精神作为辩证过程的结果，只有通过这样一条自下而上的道路才可以得到发展，而自上而下的演绎结构与谢林在理智直观的静态统一体中对矛盾的扬弃具有高度的亲和性。

462

在我们谈论《伦理体系》的等级结构大致体现了各种德性的差等时，但愿没有人再会想到黑格尔与康德—费希特伦理学的接近。因为这些德性决不是由黑格尔抽象—形式地构思出来的，决不是道德主观性的单纯"应当"，完全相反，这些德性是在整个社会的具体总体范围内的各种社会规定的各个具体总体。

如果说黑格尔在这种德性观中有历史先驱的话，我们也不要想到康德和费希特，而是要想到孟德斯鸠这类启蒙时期的社会哲学家。孟德斯鸠的国家学说已经对德性和恶习作了一种历史—社会的区分，它描绘了君主制中与例如共和制中完全不同的德性能够而且必定履行一种积极的社会职能。黑格尔清楚地认识到孟德斯鸠与自己类似的具体总体的倾向。对此，他在稍晚的《论自然法权》中说道：

> 必须认识到，宪法和立法的一切部分，伦理关系 463
> 的一切规定都完全是由整体决定的，并且它们构成一
> 栋大厦，在这栋大厦中任何结合和任何装饰本身都不
> 是先天地存在的，毋宁说任何东西都是由整体变成的
> 并且复又隶属于整体。在这个意义上，孟德斯鸠将他
> 的不朽著作建立在个体性的观点和各个民族的性格之
> 上……①

---

① 拉松版：第406页。

很清楚，这里仅仅涉及的是方法论上的亲缘性；当然，这种亲缘性影响相当深远，在这里像在黑格尔的很多其他地方一样，也表明他在克服主观唯心主义的抽象性的斗争中追溯到了启蒙时代伟大的经验主义者和现实主义者的方法论遗产。

当然，在这方面对黑格尔来说，在他的实践观中就形成了一个新的问题、一种新的矛盾性。对孟德斯鸠而言，道德学的社会性区分就是他所简单地描述和分析的一种社会—历史事实。相反，对黑格尔而言则形成了下列哲学困境：一方面社会—历史规定的具体总体，对他来说——在道德学的客观活动领域像在道德学的主观规定性中一样——正是克服康德—费希特道德学的比较抽象的主观性的道路。黑格尔正好将道德学的主观和客观原则的这种社会—历史具体性、这种社会—历史统一性，同康德和费希特的抽象"应当"和空洞定言命令所宣称的崇高对置起来；但另一方面，对他而言，停留于这样把道德单纯区分为等级道德的阶段也是不可能的。在这里，他的道路把他引入了不可通行的矛盾灌木丛之中。因为社会哲学在思想中所达到的顶峰就是，最高的德性和可以达到的最高的意识阶段，对每个人来说都只能是他的等级的德性和意识阶段，而这首先涉及的就是要认识到作为社会基础的阶级对立——这种思想，出于我们已知的原因是黑格尔不可能达到的。

然而，如果完全严格地加以执行，即使从这种观点出发而停留于单纯的区分，也只会是一种肤浅。因为社会总是客观地构成一个统一体，这个统一体尽管是不安分的和有矛盾的，但它毕竟是一个统一体，并且马克思、恩格斯、列宁和斯大林总是极其坚定地强调这个统一体给意识的发展造成的结果。只有对庸俗社会学来说，单个的阶级才构成"没有窗户的单子"。因此，由于种种原因，虽然黑格尔先前必定将那种把德性具体区分为各个等级的德性的做法看作是实在性的一种根本原则，但这种原则现在又必须被扬弃而使之进入统一性。我们将在下文反复指出这种两难对黑格尔产生的具体矛盾。

464

在黑格尔那里，诸单个等级的特性在其基本特征上始终是稳定的，尽管一再有新的具体情况，尤其是经济方面的情况，被添加进来。因此，我们将在探讨黑格尔对单个等级最成熟形式的论述（1805/06年讲稿）时，描述这些等级的特性。相反，黑格尔关于社会结构的论述方式的历史为他的思想发展提供了一些饶有趣味的东西。黑格尔从未再次退回到我们已经简要探讨的那种从上往下的演绎。显然，用谢林的术语所做的这种试验并没有使他感到满意。

紧随《伦理体系》之后的《论自然法权》，具有一种截然不同的阐发方法：历史的方法。黑格尔在这里是从论述古代世界及其瓦解出发的，他想要在分析这个发展过程的基础上推演出现代社会的那三个他在《伦理体系》中已经谈到的等级的必要性。这些历史考察在有些方面是紧接着他青年时期的历史哲学进行的，但正是在这里必须清楚地看到，他的观点在此期间转变得多么明确。

这一推演的历史辩证法大致探讨的是前两个等级。虽然黑格尔这时在谈论古代时也谈到奴隶制，此外农民等级在论文中也附带地一再被提到，但是农民等级在这里更多地是辩证法的附加对象，而不是本质对象。对黑格尔来说，重要的是自由人与非自由人的对立，即在古代的城邦公民与那些其任务就是供养从事政治和战争的自由人的人的对立。因此，古代的情景在大多数本质特征上符合黑格尔在其青年时代早期所描绘的情景，差别只是，这时自由，即城邦公民的自由政治活动，以之为根据的物质的、经济的基础也同样得到了描绘。

关于古代瓦解的论述也表明某些与黑格尔青年早期的论述有共同之处的特征。例如，引人关注的是，这一瓦解时期的历史根源在黑格尔那里始终是相同的，他的这种看法来自吉本。黑格尔在这里像在其青年早期一样，以在诸多方面类似的方式把这个瓦解过程的结果概括为整个生活的一种私人化的过程。但黑格尔在其最早的论文中仅仅把古代的瓦解看成是某种消极的东西，即单纯的瓦解，而他这时则以一种不同的方式阐述了这种变化。

在绝对伦理的丧失中，并且随着贵族等级的降格，前两个特殊等级已经变得等同了……由于形式的统一和平等原则必定变得有效，所以这个原则总的来说扬弃了各个等级内在的真正差别……普遍性和平等的原则现在开始如此侵袭整体，以致两个等级的混杂取代了它们的分离。在形式统一的法则下，在这种混杂中，第一等级其实被扬弃了，而第二等级被变成了一般民众。[①]

这里已经为《精神现象学》的历史哲学做好了准备，在这里，古代民主制在罗马帝国的瓦解给"法权状态"、抽象的法权"人格"的诞生奠定了基础，然后受在此基础上形成的基督教的影响，就从这种法权状态中形成了现代市民社会，即个别性作为原则的社会，即资产阶级的社会。黑格尔把这一发展看作是绝对不可避免的。按照他的观点，只是说这一发展不应达到一种专制，但它在其充分的发展中必须得到承认。

这个财产和法权体系——它为了个别性的那种确立而放弃绝对的东西和永恒的东西，完全维护有限的东西和形式的东西——必定实在地与贵族等级分离和隔绝开来，构成一个自己的等级，然后在这里能够充分地自我施展……如果这个体系在它与那些关系融合起来，原初地与它们及其结果不相分离的地方，既必须得到发展同时又必须毁坏自由伦理，那么必然的情况就是，这个体系要有意识地得到接受，它的权利得到认识，它要与贵族等级分离开来并被赋予一个自己 *466*

---

① 拉松版：第 377 页。

的等级作为它的王国，在这个王国中，它可以确立自身，并在它的迷惘及其扬弃中发展它的其他充分能力。[①]

这种在宣称资产阶级在经济上占统治地位，同时"在政治上无足轻重"时达到高潮的历史哲学建构，是黑格尔耶拿时期历史哲学至此为止最清晰和最坦诚的表达。在这篇论文中，紧接着这些考察的一节是"伦理东西中的悲剧与喜剧"，黑格尔在这一节探讨了从现时代的这种社会思想中产生的深刻矛盾。我们将在下一章详细谈论黑格尔在这一节探讨的问题。现在我们仅限于描绘黑格尔的这种社会思想的本质特征。简要地概括，这种社会思想就是拿破仑时期的社会理论，是黑格尔使之与这一时期结合起来的那些幻想在社会—哲学上的系统化。这种思想的社会意义大致在于：在经济生活中，一切都属于资产阶级；而在国家的政治生活中，尤其是在主要在战争中发挥影响的民族的世界历史作用中，一切都不属于资产阶级。

耶拿时期非常独特的地方在于，战争在整个黑格尔社会哲学中都起着决定性的作用。我们看到这一强调在《德国宪政》中就已有所准备：他对德国内部衰落的分析具有这样的根本目的，即揭示为什么德国没有能力在军事上进行自卫，而另一种克服封建主义的方式，却将法国塑造成

---

① 拉松版：第 378—379 页。

了一个主导性的军事强国（我们还记得青年黑格尔的笔记中关于法国旧政权期间与法国大革命期间军队的差别的论述，第83页）。在耶拿时期全部社会哲学的考察中，这种与战争的关系都得到了普遍重视。

只有从这里开始才可以总体把握，黑格尔如何理解"贵族等级"，如何理解"普遍等级"。这种等级指的是新兴的军界政要，这些政要在法国大革命以后飞黄腾达，并在拿破仑统治下形成了新的贵族。罗森茨魏格和其他的黑格尔解释者完全歪曲了事实，他们想把黑格尔所说的贵族等级重新认作是传统贵族。现代社会中个别性的统治地位和在这个社会中个体通过"外化"实现的自我创造，使任何世袭贵族都失去了存在的基础。虽然黑格尔在1805/06年讲稿中谈到世袭君主，把君主的人格和家庭视为某种"自然的东西"，他也只是为君主开了一个例外而已。"其他的个体仅仅被视为外化出来的东西、有教养的东西，被视为它使自己成为的东西。"[1] 在黑格尔所有的耶拿时期作品中，符合这种看法的目前就是这样的主张，即为了民族而牺牲自己生命的勇敢与坚决不仅是所有德性中的最高德性，而且是在实践中，而不仅仅在理论上扬弃特殊性并在单个个体自身中实现民族生命的具体普遍性的唯一特征。

这种关于第一等级的理解，在黑格尔的耶拿时期还得到了他的历史哲学的支持，根据这种历史哲学，一种持续

_____

① 黑格尔：《实在哲学》，第Ⅱ卷，莱比锡1931年，第252页。

恒久的和平必定导致市民社会的蜕变，导致肤浅和堕落。在《精神现象学》中黑格尔为这种思想提供了最极端的表述：

> 为了不让这些系统继续孤立下去，以至于整体分崩离析、精神涣散，政府必须时不时地通过战争在这些系统的内部制造动荡，并以这种方式来破坏和扰乱它们的已经合法化的秩序和独立法权。至于那些严重脱离整体，努力追求自己的神圣不可侵犯的自为存在和个人保障的个体，政府必须把战争的任务交给他们，让他们在战争中去领教他们的主人，即死亡。通过持存形式的这种瓦解，精神避免自己从一种伦理东西堕落为一种自然东西，它保住了它的意识自身，更将其提升为自由，提升为精神的力量。①

如果想要清楚地认识黑格尔这种历史哲学的真实历史根源，只要记起马克思所描述的拿破仑政权的特征就够了，这种特征清晰地表明，黑格尔所做的（当然是以一种与他作为德国唯心主义者的状况相适应的虚幻形式）无非是在思想中把握这个时代（连同它的一切英雄主义的自欺）的基本特征。马克思说：

468

---

① 《黑格尔全集》，第Ⅱ卷，柏林 1845 年，第 399 页，也可参见拉松版：第 466 页及以下和黑格尔：《实在哲学》，第Ⅱ卷，莱比锡 1931 年，第 261—262 页。

拿破仑进行的是革命的恐怖主义对同样也是由这场革命宣告诞生的资产阶级社会及其政治的最后一次战斗。拿破仑当然已经有了对现代国家的本质的认识；他已经懂得，现代国家是以资产阶级社会的顺利发展，私人利益的自由运动等等作为基础的。他决定承认并保护这一基础。他不是一个狂热的恐怖主义者。但与此同时，拿破仑还是把国家看作目的本身，而把市民生活仅仅看作司库和他的不许有自己意志的下属。他用不断的战争来代替不断的革命，从而实施了恐怖主义。他满足法兰西民族的利己主义要求，直到它完全餍足为止；但是他也要求，只要他的征服行动的政治目的需要，就立即牺牲资产阶级的生意、享乐、财富等等。[1]

在这样的基础上就形成了黑格尔 1805/06 年讲稿中关于市民社会的结构的最终和最成熟的表述。正如我们已经强调的，思想发展在这里是自下而上地、从特殊到普遍地进行的。黑格尔在此试图在精神的运动、精神的结构中把精神描绘为它的这种自我运动的结果；等级结构在某种程度上就是精神由以达到其自身的现象学道路。这是在黑格尔耶拿时期方法论的范围内社会等级分层的最具体、最具经

---

① 马克思、恩格斯：《神圣家族》，柏林 1953 年，第 251 页。（中文见《马克思恩格斯文集》第 1 卷，人民出版社 2009 年，第 325 页。——译注）

济性质的发展形式。因此，他的思想的跳跃和断裂也在这里暴露得最为明显。同时，我们将在这里清楚地看到，为什么黑格尔的伦理思想以及伦理在等级分层中的具体化不可能意味着精神已经最终返回自身，毋宁说，精神辩证的自我运动必须努力超越国家和社会。在黑格尔的这一讲稿中，艺术、宗教和哲学第一次表现为精神的一个总括性的最高领域，表现为黑格尔后来称之为"绝对精神"的东西，这决非偶然；事情的本质和问题已经存在，尽管准确的术语暂未出现。

469　　　等级分层的理论发展和精神对这个阶段的超越，这时被黑格尔描述如下：

　　　　现在有三个组成部分要加以阐发：首先是整体的各部分即外部的固定组织及其内脏和这些环节拥有的权力；然后是每个等级的思想意识，即它的自我意识和它的存在作为在自身纯粹进行认识的东西：直接挣脱定在，精神认识它的部分本身并超越它的部分，前者是伦理，后者是道德；其三是宗教。第一个组成部分是听任自由的精神性自然；第二个组成部分是精神性自然关于自身的知识，作为关于知识的知识；第三个组成部分是认识自己是绝对精神的精神，即宗教——正是等级和一个等级的精神这种特定的精神真正以粗陋的信任和劳动发展到绝对精神关于自身的知识。精神最初是一个民族的一般生活。它从这种生活挣脱出

来……认识一切现实和本质都是自己的精神，直观自
己，它自己就是对象；或者说，它自己是特定存在着
的有机体。它形成它的意识。它仅仅是自在的真正精
神。在每个等级中，它都有特定的劳动，即关于每个
等级的定在和行为的知识，并且它是一种特殊的概念，
即关于本质的知识。两者部分地彼此分离，部分地相
互统一。[1]

　　我们在这里在一种更加清楚的形态中看到我们在前文
已经谈到的那个问题：对黑格尔来说，有必要在思想上超
越社会，建构一个绝对精神的领域，在这个领域中，精神
以完成的形态真正发现自己。黑格尔非常清楚这一运动的
复杂辩证法。由于他把那种同样超越了社会因素的个体道
德信念领域，即"道德"领域，嵌入社会的体系之中，并
赋予道德以一种部分地超越社会性，部分地由于它的抽象
性而处于社会性之下的角色，他就已经表明，他清楚地看
到了现代市民社会中个体关系的多方面辩证法（这种辩证
法只有在《法哲学原理》中才获得一种系统地完成的形式。
只有在那里，这种辩证法才表现为否定和差别的领域，这
个领域将单纯法权的抽象体系与民族生活的伦理的具体总
体辩证地结合起来）。
　　但是，即使这种辩证法的最充分发展，对黑格尔来说也

---

① 黑格尔：《实在哲学》，第Ⅱ卷，莱比锡 1931 年，第 253 页。

470 决不意味着这个问题得到了解决。甚至在后来的体系中，绝对者的领域，即艺术、宗教和哲学的领域，也超越了社会阶段，即客观精神阶段。在我们探讨的讲稿中，黑格尔清楚地谈到对精神的这种进一步推动的需要，至少这种需要是有必要做出这种推动的主要动机之一。正如我们刚才从黑格尔那里获悉的，精神在业已完成的社会中还只是自在的精神。也就是说，精神已经分解成它的各个不同环节（等级）。这些环节自在地构成一个有机总体、一个统一体，但这个统一体还没有成为自为存在，它还没有在单个个体的意识中有意识地体现出来。道德与伦理的辩证法，对黑格尔而言以命令的方式规定：那种必然抽象的个体道德意识，只有在具体的伦理中（在个体通过自身的选择和成就所归属的等级的思想意识中）才能得到实现。因此，进一步超越等级的思想意识、有保存地扬弃等级的思想意识，对黑格尔来说只有以宗教的形式才是可能的。他在同一讲稿中对此说道：

> 在宗教中每个人都提升到这种认为他自己就是普遍者的观点。他的本性、他的等级像一个梦境，像一座遥远的、在地平线的边界如雾霭一般显现的岛屿一样消褪。他相当于王侯。他的知识就是精神的知识；在上帝面前，他同任何其他人都是一样的。这是他的全部领域，他的整个特定存在着的世界的外化，不是那种仅仅作为形式、教化并且其内容又是感性定在的

外化，而是整个现实的普遍外化；这种外化表现着作为完满东西的现实自身。①

我们在这里非常清楚地看到在黑格尔的体系中必然采取的宗教即基督教立场的根本动机之一。我们同时看到，这一动机决不是一种宗教动机。精神的自为存在的实现，精神对社会分成各个等级，分成各个等级的泾渭分明的伦理思想意识的超越，只有在一个关于充分平等的概念——在对这个概念的认识中精神真正回到自身——被找到以后，才能在黑格尔的意义上有保存地得到扬弃。对黑格尔来说，资本主义社会的财富不平等是一个不可扬弃的事实，甚至是个体的个别性的发展——黑格尔把这种发展看作是现代相对于古代的更高原则——的经济基础；黑格尔对人们的现实平等的状况没有任何想法；鉴于自己反民主的思想意识，他并未接受法国大革命时期激进民主派的那种应该引入完善的资产阶级民主制的平等的各种幻想；虽然他最终承认资产阶级是现代经济发展的代表，但他始终拒绝把资产阶级本身这个阶级以及它的存在和意识看成是整个人类发展的完满的中心点；由于所有这些原因，他的体系所要求的平等对他而言只能是人们在上帝面前的宗教平等。

我们将在探讨《精神现象学》时详细研究黑格尔对待

471

---

① 黑格尔：《实在哲学》，第 II 卷，莱比锡 1931 年，第 267 页。

宗教的矛盾含糊的态度。在此，只需指出驱使黑格尔走向基督教的这种根本的社会动机。在这一关联中，提及拿破仑关于基督教的一些表述，或许并非是无关紧要的，在这些表述中，情况的相似性表达得非常清楚。当然，这只是在一种抽象意义上讲的，因为拿破仑本身在时代的大戏中是积极的主角：黑格尔试图在思想中把握的东西，拿破仑则在行动中、在政治伟业中实行。因此，他对待基督教的这种态度可以公开地和嘲讽地表达出来；对他而言，打开教会的大门，与教皇签订一份协定，使教皇为他加冕等等，就够了。但除此之外，他还极其玩世不恭地对宗教发表了自己的私人意见。相反，当黑格尔在思想中把握这一历史运动以及必然对其产生的幻想时，他必然要积极地看待宗教。在他那里，甚至也有这样一种对待宗教的玩世不恭，这不仅在我们将在相应的地方引用的黑格尔的私下表述中，而且——并非故意地——在关于宗教本身的整个辩证论述中都表达了出来。

带着所有这些保留，拿破仑的表述就能够很好地说明并更加具体地阐明黑格尔对待宗教的立场。拿破仑说：

> 就我而言，我把宗教不是看作道成肉身的神秘物，而是看作社会秩序的神秘物；宗教把一种平等思想与天国结合起来并阻止富人被穷人杀戮……社会没有财富的不平等就不能持存，而财富的不平等没有宗教就

472

不能持存。[1]

黑格尔 1805/06 年讲稿以一种"现象学的"形式进行等级建构。等级在某种程度上代表客观精神的一种劳动分工并体现客观精神由以回到自身的各个阶段。因此，黑格尔的阐述这一次始于农民等级，作为最接近自然状态的社会等级。黑格尔寻求在农民等级与市民等级之间他们的劳动的不同特点中的本质差别，这再次表明黑格尔经济学观点的高水准。他将农民的具体劳动同商业和工业中的抽象劳动作了对比，并看到这种差别的根源在于，农民是为了他自己的需要而不是为了市场而劳动的（在这里我们再次清楚地看到，黑格尔如何将英国经济学家的观点转化成了德语。黑格尔仅仅是从书本而不是从现实了解到为市场而劳动并支付地租的农场主，与此相应地，农场主在黑格尔的体系中甚至没有被提及和考虑）。

> 因此，农民等级是这种无个体性的信任，这种信任在无意识的个体中，在土地中拥有它的个体性。农民等级作为劳动者不是抽象形式的劳动者，而只是操心它的多数或全部的需要；同样地，它的作品仅仅内在地与它的行为结合起来。它的目的与其实现之间的

---

[1]　转引自奥拉尔：《法国大革命的政治史》，第 II 卷，慕尼黑、莱比锡 1924 年，第 614 页。

关联是无意识的东西，即自然；它耕作、播种，但却是上帝使万物生长、四季更替，并使人信任它播撒的东西会自动生长出来。能动性是地下的东西。[1]

因此，对黑格尔来说，农民等级是市民社会的粗陋的和无意识的自然基础。就像他在这个问题上没有关注到英国的发展一样，法国大革命中农民问题的解决方案也没有使他产生任何明显的印象。他看到的只是落后的德国农民。

这一情况，与农民等级按照他的社会构想必定构成军队的大量粗鲁士兵相比，更加引人注目，并且我们已经看到，黑格尔关于军队的精神有了很多思考，而且他一再试图探索革命的拿破仑军队的优越性的社会根源。但是，他对任何下层的群众运动的不信任，导致他在这方面是盲目的。而不论他如何鲜明地反对德国封建残余的存在理由，不论他多么坚决地认可革命法国的优越性，民族在他的想法中都保留着一种德国市侩的、前革命的德性。军队——它对黑格尔的社会和历史哲学的重要性我们是知道的——恰好不是任何"武装的民族"；市民仅仅为战争做出物质牺牲，而农民是纯粹的炮灰，与他们在旧封建绝对主义的战争中的地位完全一样。"德国的不幸"在黑格尔思维中的反映，在这里把他的拿破仑幻想下拉为德国的一种市侩习气。

与这种看法相适应，黑格尔把农民可能爆发的起义和

---

[1] 黑格尔：《实在哲学》，第 II 卷，莱比锡 1931 年，第 254 页。

运动仅仅看成是"一种盲目的、狂热的因素……就像一场洪水，它仅仅进行破坏，至多带来肥沃的淤泥，一旦洪水退去，却一事无成"。[1]

超越这个等级的是抽象劳动等级，即行业等级和法律等级，亦即市民等级。我们从黑格尔的论述已经了解这个等级的经济领域：这是偶然性的领域，这个领域通过自身的固有规律性提升到必然性。黑格尔社会哲学的德国特性清晰地表现在这个等级的核心思想意识中，即表现在正直中。很清楚，在这里浮现在黑格尔眼前的基本上是德国的小市民，而不是英国的资本家。我们已经从黑格尔的经济学论述得知，他的这种结构在商人那里达到了顶峰。

这里存在的自下而上地、从特殊到普遍地发展的现象学倾向引人关注的典型之处就在于，黑格尔在这里使市民等级在商人那里达到了顶峰，以便从对商人的分析开始，阐述最高的普遍的等级，然后经过学者等级继续发展达到他的体系的真正顶点，即军人等级。黑格尔在这里走上的现象学道路是从特殊到普遍的道路。他明确谈到"下层等级，或那些在特殊东西中有其对象和意识的等级"[2]，并且想以此描绘农民和市民的特征。他这时进行了这样的过渡：　474

　　公共等级为国家劳动，精神在商人中提升为普遍

---

[1]　黑格尔：《实在哲学》，第 II 卷，莱比锡 1931 年，第 255 页。
[2]　黑格尔：《实在哲学》，第 II 卷，莱比锡 1931 年，第 253 页。

对象。但商人的劳动本身是非常不一致的、抽象的，是机器性劳动。商人的劳动的确直接是为了普遍的东西，但却是从一个有局限的，同时商人什么也不能改变的固定方面进行的……商人把特定的普遍东西提升为关于普遍东西的知识……精神超越了商人的特性；它做一种普遍的事情，真正的商人部分地同时也是学者。①

虽然这种过渡在有的地方是人为地做出的，但它相对于《伦理体系》中的建构而言，具有的进步显而易见。如果我们接受黑格尔的思想前提，那么在这里就现实地存在从特殊到普遍的类似发展——在这方面，黑格尔关于抽象劳动和资本主义中的任何一种个体性劳动，任何一种个体性的经济活动都无意识地转变为社会因素和普遍东西的思想，起着关键性作用——因而在这里就存在关于现代市民社会结构的现实认识。

但是，这一推演至多达到商人为止。从商人到学者的过渡，确实是一种纯粹建构的、牵强的过渡。黑格尔本人不喜欢把学者等级看成是思想的现实普遍性的社会体现，看成是客观精神的自我认识。他带着某种粗俗的幽默说道："学者自身的虚荣对他而言是最重要的东西。"② 甚至从商人

① 黑格尔：《实在哲学》，第 II 卷，莱比锡 1931 年，第 259—260 页。
② 黑格尔：《实在哲学》，第 II 卷，莱比锡 1931 年，第 254 页。

到学者根本就不存在现实的过渡；出于我们业已知晓的整个一连串的原因，军人等级构成黑格尔等级划分的顶点，而这些原因与从特殊到普遍的经济学—现象学进路不再有任何关系。

因此，我们看到，即使在这里，在黑格尔作出最大努力从经济学上推演等级结构的地方，这种推演的一个非常重要的部分也是纯粹的假象。黑格尔不可能完成这样一种辩证发展的原因，不仅在于他的社会思想的那些我们业已了解的因素，而且在于他的经济学本身的另一种我们现在必须简要了解的重要因素。

这涉及的是在黑格尔经济学本身的结构中，法权原则，即"获得承认"的原则，扮演着决定性的作用。特定的范畴在他那里只有通过这种"获得承认"，通过这种法权因素才具备经济范畴的真正尊严，并在各种不同的情况下形成一些区分，这些区分对经济学而言在事情的本质上根本不重要，但黑格尔十分重视，因为在其中"获得承认"特别生动地得到表达。例如，他在占有与财产之间作了重要区分：

> 在占有中存在矛盾，即一个作为物的物是一种普遍东西，但它又只应是一种个别性的占有。这种矛盾通过意识扬弃自身，因为意识本身被设定为它自身的反面；意识作为得到承认的东西，既是个别性的占有，同时又是普遍东西，因为在这种个别性的占有中所有

人都占有……我的占有已经获得意识的形式，它被规定为我的占有；但是，作为财产，它就不会唯独涉及我，而是普遍的。[1]

这里采取了一种吹毛求疵的、近乎学究的思路，以便不仅把经济生活在法学上的双重化，把经济范畴从法学上作出的阐述展现为某种在概念的差等序列中比单纯经济学的东西更高的东西，而且还从法学形式中提取出新的内容。完全类似地，黑格尔想把契约看作是交换的一种更高形式。他的思路如下：

这种知识在契约中得到说明。契约与交换是一回事，但却是观念性的交换：α）除了我说的话即语言，我没有付出任何东西，没有外化任何东西，没有提供任何东西，我想外化自己；β）他人同样如此。我的这种外化同样是他人的意愿；他由于我把我的这种外化转让给他而得到满足；γ）我的外化也是他的外化，这是共同意志；我的外化通过他的外化而得到中介。我之所以外化自己，仅仅因为他也想外化自己，而且因为他的否定就是我的肯定。这是声明的一种交换，而不再是事情的交换，但这种交换像事情本身的交换一

---

① 黑格尔：《实在哲学》，第Ⅰ卷，莱比锡1931年，第240页；也可参见拉松版：第434页。

样有效。他人的意愿本身适用于双方。意愿返回到它的概念。①

对法权原则在经济生活中的这种高估，在黑格尔那里 476 决不意味着向康德—费希特式的那种高估的丝毫靠近，尽管在他们所有人那里，这种倾向都是极其紧密地与哲学唯心主义联系在一起的。然而，尤其是在费希特那里，这种高估是与他的一些幻想相关联的，即只要纯粹的道德王国还没有到来，人们的社会生活就可以在道德的方向上通过法律和权利规定得到监管。我们知道，黑格尔曾带着怎样的嘲讽反驳费希特的这种倾向。黑格尔把经济和社会的事实始终看作是生命本身的力量，而没有考虑通过某个概念来压制生命的力量。因为按照他的理解，概念的力量与尊严，就像它产生了生命本身一样，正是在生命的这些事实中才最清晰地得到表现。

正是哲学唯心主义的两个动机，驱使着黑格尔朝这个方向前进。首先，整个时代的一种普遍倾向在这里发挥作用。在撰写《关于费尔巴哈的提纲》时期，马克思在对市民社会的评论中，把现代国家与法国大革命关联起来谈论现代国家的形成史，他写道："政治制度的自我颂扬……一切因素

---

① 黑格尔：《实在哲学》，第 II 卷；莱比锡 1931 年，也可参见拉松版：第 438 页及以下。

都具有双重形式，有市民的因素，也有国家的因素。"① 这种双重化——它在人自身双重化为资产阶级和公民的过程中获得其最简洁的形态——在黑格尔那里清晰地表现为经济范畴双重化为真正的经济范畴和法学范畴。但对黑格尔而言，这种双重化起着一种如此重大的作用，以至"获得承认"在有些地方变成他的社会学说的一个核心范畴，这一事实是与他整个哲学的特性相关联的。

我们已经在涉及经济学问题时谈到黑格尔的"外化"范畴。只有在分析《精神现象学》时，才有可能对这个范畴进行详细的批判性探讨。在此，我们只能在这种"获得承认"与作为它的更高形式的纯粹经济学的"外化"的联系中，简短地研究这种"获得承认"的普遍特性。黑格尔在耶拿时期已经反复明确地谈论过这个问题。他在1805/06年讲稿中考察从哲学上研究从自然状态到法权状态的过渡时这样说道：

477

> 法权是个人在他的行为中与他人的关系，是他的自由存在的一般因素，或者他的空洞自由的规定和约束。这种关系或约束不是我为自己想出来和弄过来的，毋宁说对象本身就是一般法权的这种产生，亦即进行承认的关系的这种产生——在承认中自我不再是这种

---

① 马克思、恩格斯：《德意志意识形态》，柏林1953年，第592页。（中文见《马克思恩格斯全集》第42卷，人民出版社1979年，第238页。——译注）

单个的自我，自我是合乎法权的和处于承认之中的，也就是说，不再具有他的直接定在。得到承认的东西通过它的存在而被承认为直接有效的，但这种存在恰好是从概念中产生出来的；它是获得承认的存在。人必然得到承认，也必然进行承认。这种必然性是人自身的必然性，而不是与内容相反的我们的思维的必然性。人自身作为承认就是运动，并且这种运动正好扬弃了他的自然状态：他就是承认；自然的东西仅仅存在，它不是精神的东西。①

鉴于黑格尔思维中各种相反倾向的争论，他的这些评论在每个方面都是值得注意的。从形式上看，这些评论表现出极高程度的客观主义，因为它们是从对象本身的运动中而不是从思维中推演出一切法权规定的。在此对黑格尔而言，思维仅仅是客观对象中具有现实规定的运动在思想中的再现。但从内容上看，在同样的这些考察中表现出一种其结果完全指向相反方向的趋势。首先，黑格尔对"外化"的分析具有重要的意义和影响，因为在这种分析中，他在哲学史上第一次尝试从思想上把握马克思后来称之为"商品拜物教"的东西，由此试图通过将社会中受到崇拜的对象形式转化为社会中人际关系的运动，来达到对社会的正确认识；其次，黑格尔对"外化"的分析之所以具有重

---

① 黑格尔：《实在哲学》，第 II 卷，莱比锡 1931 年，第 206 页。

要的意义和影响，也是因为他猜想到对社会对象性的这些各种不同的崇拜形式，不是处于同一水平，而是彼此表现出崇拜的程度大小不同和阶段高低有别的一种差等序列。

当黑格尔在劳动、劳动产品、交换、商业和货币中指出"外化"的各种越来越高级的形式这样一种差等序列时，我们已经能够观察到这种倾向。在那里，唯心主义倾向，即对现实关系的唯心主义的头脚倒置，已经开始发挥效用。黑格尔非常正确地看到，商业，尤其是货币，是比例如简单生产更高级的"外化"形式。就此而言，他与马克思正确的唯物主义观点是一致的。但马克思把拜物教的最简单形式（商品拜物教）看作是解决更加复杂、更被崇拜的形式的钥匙，而黑格尔走上了相反的道路（我们将在解释马克思对《精神现象学》的批判时详细表明，黑格尔的这些错误方法的经济学根源在于他对劳动、对人自身的经济活动的片面理解）。对黑格尔来说，精神的"外化"和这种"外化"的返回是精神创造现实的必然道路，因而也是这个过程通过认识在思想上的再现。因此，崇拜的更高形式对黑格尔而言并不是在下列意义上更高的，即这些形式越来越多地远离现实对象，因而表明崇拜的越来越空洞和虚化的形式（马克思就是这样论述货币的）；相反，正是由于这个原因，这些形式对黑格尔来说是"外化"的真正更高形式，即纯粹的、精神性的形式，返回精神的运动的形式，精神的"外化"返回自身的这些形式，与"外化"的更原始、更原初、更接近物质性经济过程的那些形式相比，更接近于实体向主体的转化。

这种思想使人可以理解：把法抬得比经济更高，对黑格尔来说是一种方法论的必然。历史唯物主义认识到对法的形式的"更高"崇拜具有推演出来的、从属的特性，而经济范畴变成法学范畴对黑格尔而言则成为"外化"的一种更具精神性、更接近精神的更高形式。法的得到承认的存在，在黑格尔看来真正是从概念产生出来的，而单纯经济学的对象仅仅在无意识的自在存在阶段，在接近自然的阶段显现概念。这种看法与我们前文分析的黑格尔关于国家中的民族统一性的观点始终处于一种相互作用中。两种倾向彼此相辅相成，它们的共同作用又是黑格尔的相反倾向，即达到对资本主义中社会对象性的崇拜的正确认识，不能获得成功的一个原因，尽管他在某些地方非常接近于对各种具体关联的正确认识（可以想想他的预见，即货币既是一种现实的物，同时又是自我，因而也是人与人之间的关系——见第 419 页）。

黑格尔的各种对立倾向的这种比较复杂的斗争——这种斗争总是以现实的客观唯心主义神秘化的胜利而告终——对黑格尔的社会知识产生了两方面的结果。马克思非常鲜明地强调这种两面性：

> ……因此，在《现象学》中，尽管已有一个完全否定的和批判的外表，尽管实际上已包含着往往早在后来发展之前就先进行的批判，黑格尔晚期著作的那

479

种非批判的实证主义和同样非批判的唯心主义 ［此两
处着重号由我所加——卢卡奇注］ ——现有经验在哲
学上的分解和恢复——已经以一种潜在的方式，作为
萌芽、潜能和秘密存在着了。①

由此可知，黑格尔的各种现实主义的相反倾向在方法论上
不可能取得胜利就产生了两个结果：一是非批判的唯心主
义，对此我们已经反复看到，最近地可以在上文分析的经
济与法的颠倒关系中看到；二是黑格尔在他的体系中把某
种粗陋的经验东西——他无法发现这种经验东西如其所是
地具有的现实的社会规定，它的现实的、社会的和哲学的
普遍性——接受下来，并通过一种抽象—思想的虚假运动
将其"推演"为某种必然的东西。

在黑格尔那里，这些范畴大多具有"自然东西"的性
质，这决非偶然。因为黑格尔本人觉得，他并不是从现实
的社会运动推演出这些范畴的，并且由于他经常正确且深
刻地猜想到社会与其自然基础之间的关系，所以在这样的
绝望之境，逃向这种自然基础，并将他认为在社会层面无
法推演的东西当成自然的东西加以神秘化，对他而言就是
很容易理解的。马克思在他批判黑格尔法哲学时，反复谈
到这种"从经验向思辨和从思辨向经验的必然转变"。我们

---

① 马克思、恩格斯：《神圣家族》，柏林1953年，第79页。(见《1844
年经济学哲学手稿》，中文见《马克思恩格斯文集》第1卷，人民出版社2009
年，第204页。——译注)

要提到黑格尔法哲学论述君主的地方，因为正如我们所知，这种从"自然"推演出世袭君主制的做法在 1805/06 年讲 *480* 稿中就已经起着重要作用。马克思对此说道：

> 这样也就造成了一种印象：神秘和深奥。说人一定是肉体出生的，这个通过肉体的出生而有的存在会成为社会的人等等，直到成为国家公民；说人是通过他自己的出生而成为他现在这个样子，这种看法是非常粗浅的。但是，说国家观念是直接生出来的，这种观念通过君王的出生而生出自己并且成为经验的存在，这种说法就颇为深奥，令人惊异了。通过这种方法是得不到任何新的内容的，只不过改变了旧内容的形式而已。现在，这种内容获得了哲学的形式、哲学的证书。①

　　如果我们根据这种批判来读黑格尔 1805/06 年讲稿中的世袭君主，我们就会看到，马克思在这里多么正确地揭露了在黑格尔"非批判的实证主义"中的深度错误。黑格尔关于君主说道：

> 自由普遍的东西是个体性的点；这种个体性一旦摆脱关于所有人的知识，就是一种不是由所有人组建

---

① 马克思：《黑格尔法哲学批判》，载 MEGA，第一部分，第 I 卷，第 1 分册，第 446 页。（中文见《马克思恩格斯全集》第 3 卷，人民出版社 2002 年，第 51 页。——译注）

起来的个体性，因而作为政府的另一极，就是一种直接的个体性、自然个体性；这就是世袭君主。他是整体的固定的、直接的节点……那些人［即社会中的其他人——卢卡奇注］则是复多性、运动和流动性，世袭君主是直接的、自然的东西。只有他是自然的东西，也就是说，自然逃遁到了这里……①

这样的推演在黑格尔体系的各个不同地方都有出现，并且我们还有机会分析他的这种"自然东西"的正确方面和错误方面。这一次我们就止于这个例子，因为这个例子除了对黑格尔的社会方法论具有业已揭示的一般意义之外，还有一种特别令我们感兴趣的意义。我们到现在为止仅仅指出了黑格尔社会结构中的第一层断裂，即等级结构不是辩证地从社会的经济结构中发展出来的。现在我们面对第二层断裂，即社会的等级结构与政府之间的断裂。

各个等级在哲学上的发展过程在黑格尔那里是从特殊到普遍的进路。由于最高等级已经达到普遍性，所以黑格尔就面临从概念上区分政府与最高等级的困难。显然，这决不是一个认识论或纯粹哲学的问题。毋宁说，这涉及的是社会的阶级性质的问题。黑格尔思维中各种不同倾向的内部斗争非常清晰地反映了他在这个问题上的摇摆立场。不言而喻，他不可能达到关于国家的阶级性质的一种现实

---

① 黑格尔：《实在哲学》，第 II 卷，莱比锡 1931 年，第 250 页和第 252 页。

观点。我们业已详细谈论的他关于社会的最终统一性的理解，已经使得这一点对他来说是不可能的。

但是，即使在这个框架范围内，黑格尔也有一种双重倾向，在其中反映出拿破仑解决现代社会问题的方案的客观矛盾，反映出这些问题是如何通过法国大革命被提出来的，当然是以一种经过改动的方式提出来的，以这种方式，黑格尔作为德国人和作为这个解决问题的方案的哲学美化者的特殊立场就表现出来了。一方面，存在一种将最高等级（拿破仑的军事贵族）跟国家和政府同一起来的倾向，这种倾向客观地表现出拿破仑军事独裁的性质和黑格尔对以这种方式形成的法国的英雄主义和伟大的欢欣鼓舞与赞同；但另一方面，拿破仑的独裁也不完全是一种抽象的军事独裁，而是在法国大革命后的特殊条件下形成的一种军事独裁，这种军事独裁要保存和保护法国大革命的资产阶级性质的社会内容这份遗产，也就是说，要挽救法国大革命的资产阶级遗产，既反对封建绝对主义复辟的企图，又反对革命进一步的民主发展。

在《伦理体系》中这种内在的矛盾被黑格尔极其坦诚地表达出来。他在那里关于政府说道：

> 政府显得直接是第一等级，因为这个等级是其余等级的绝对级次，是绝对伦理的实在性和其他等级的实在地直观到的精神，而其他等级处于特殊等级之中。只有这个等级自身是反对等级的等级，而且必定存在

某种比它自身更高的东西，存在它与其他等级的差别……第一等级相对于其他等级的运动被吸收进概念中来，因为两者都有实在性，两者都有界限，并且任何等级的经验自由都被消除——所有等级的这种绝对维持必定就是最高的政府，政府根据其概念其实不能被归于任何等级，因为它是所有等级的无差别。因此，政府必须是由这样一些人组成的，这些人仿佛放弃了他们在一个等级中的实在存在，并且完全生活在理念中，他们就是长老和教士，两者其实是统一的。①

即使在这里，自然也必须 deus ex machina［鬼使神差地］出来帮忙。这部作品中的长老和教士（执政内阁中元老院的一种神秘化的模仿），单纯因其年龄就应当从特殊东西的世界的对立性中超脱出来，应当达到那个作为相对于其他等级的等级的第一等级也无法达到的那种普遍性的程度。显而易见，黑格尔在此面临他在自己后来的草稿中借助赞同世袭君主制来解决问题的同样困难。甚至连方法都是相同的，因为黑格尔在这里也是以一种在思想上完全不允许的方式，带着高度深奥的庄严来囊括一个简单的自然事实。

我们已经反复指出，黑格尔在《伦理体系》中对谢林

①　拉松版：第478—479页。

术语的使用达到了顶峰。在这里，每个人都很清楚，这样一种影响的可能性究竟有多大。因为黑格尔的"矛盾的扬弃"概念、他关于"统一与差异的统一"的阐述，都远远超越了谢林的"无差别"概念，并且"无差别"概念恰好在这里对黑格尔来说是不可使用的。黑格尔自己的方法，如果贯彻到底的话，会通往一种真正辩证的阶级观以及国家与阶级斗争的辩证关系的方向。出于我们业已阐明的原因，黑格尔当时没能达到这样一种见解。谢林的"无差别"概念比黑格尔的矛盾及其扬弃的思想更好地适合于他这时从社会—内容上一方面在国家与政府之间，另一方面在等级之间必须规定的那种关系。即使黑格尔后来废除了谢林的术语，关于这种关系的实质性论述仍始终包含着某种谢林的特点。因此，可以非常确切地说，谢林思维的某些要素已经成为黑格尔体系的持久组成部分。但是，我们必须具体说明这种关系，必须借助恩格斯来认识黑格尔在体系与方法之间的矛盾，然后我们将会看到，谢林的诸要素在体系胜过方法的地方是有效的，因而在黑格尔就社会—内容而言甚至必定落后于从他自己的方法得出的结论的地方，是有效的。

当然，这一论述无法覆盖黑格尔关于国家与等级的关系的思想的全部内容。我们在前文已经指出，例如，世袭君主经常在黑格尔的国家体系中扮演一种纯粹装饰性的角色，黑格尔充分承认市民社会的自我运动，并且想要看到国家对这一运动的干预降到最低限度。但是，这些修正并

483

不能扬弃黑格尔这种看法的矛盾性。这些修正仅仅表明，黑格尔在思想上重现了当时法国历史发展的时而这个方面，时而那个方面。承认市民社会经济发展的必然性，也恰好属于拿破仑体制的图景，这种体制为资产阶级掌管了法国大革命的遗产，并且被黑格尔看作是社会发展的顶峰和世界精神的现时代体现。

在讨论黑格尔的社会哲学建构时，不可避免地要一再从他当时的时代溯源到现实的法国典范，他的一些构想就是这些法国典范的——通常神秘化的——思想镜像。不仅长老和教士，而且黑格尔社会哲学的整个等级结构，尤其是作为拿破仑时代新式军事贵族的普遍等级，都可以溯源到这样的典范。黑格尔在他最后一篇关于英国改革法案的文章——正是在那里，正如我们业已看到的，他结合资本主义社会的进一步发展论述了这种等级结构的问题——中也谈到拿破仑给意大利王国带去的宪法，并把这一宪法看作是现时代的某种典范，我们从中可以看出这些宪政给黑格尔产生了怎样深刻的印象。[1]

因此，我们可以总结得出，在黑格尔的经济和社会学说中有两种正相反对、彼此排斥的倾向同时发挥着影响。一方面，发挥影响的是普遍从特殊自身的辩证法中发展出来的倾向。我们特别是在他对劳动、劳动分工、工具等的

---

① 拉松版：第305页。拿破仑在那里把等级规定为 Possidenti, Dotti, Mercanti［所有者、医生、商人］。

论述中能够观察到这种倾向。在黑格尔的社会哲学观可以　484
相对地独立于国家问题发展出来的地方，或者在他从他的
这些知识中得出普遍—哲学的结论而无需再直接牵涉到国
家的地方，这种倾向就一再表现出来。例如，在《耶拿逻
辑学》中就存在一种非常有趣而机智的发展，即从个体性
的辩证法得出类，同样地，这种发展也是在市民社会的经
济学中产生并发挥作用的。①

　　这样的倾向在黑格尔那里决不是插曲性的。因为现代
资本主义的问题、资产阶级的经济角色、在这种经济发展
的基础上形成的现代个体主义，一句话，黑格尔所理解的
资本主义的经济发展原则，正好构成现代区别于古代的决
定性因素。正是这些原则对黑格尔来说构成真正超越古代、
真正把古代变成纯粹的过去和回忆的那种更高发展阶段。
因此，这些原则直截了当地表现了黑格尔耶拿时期历史哲
学的高潮，这种历史哲学思想对他晚期的历史哲学始终都
是奠基性的。

　　这种历史哲学思想是与他的普遍哲学的基本问题紧密
相连的，这种情况在一位伟大且思想连贯的思想家那里是
毫无例外的。我们已经知道，《精神现象学》的哲学基本问
题，即黑格尔借以最终超越谢林的辩证法并公开提出他自
己的具有独特形态的辩证法的原则，正是"外化"的原则。
但是，从此前的论述中已经足够清晰地呈现，近代以及现

---

　　①　黑格尔：《耶拿逻辑学》，莱比锡 1923 年，第 151 页及以下。

代资产阶级社会之所以在黑格尔眼里必定体现更高的历史阶段，正是因为"外化"，在近现代社会比在古代民主制的直接社会性中，在一个更高的阶段表现出来。因此，这个最高的"外化"时期对黑格尔来说能够而且必须是精神"外化"出来再返回自身，实体转变成主体的那个时期。

但是，正如我们同样看到的，黑格尔的这同一个历史哲学也有另一个方面：国家及其世界历史作用相对于这种经济基础的独立性。当然，在这里也存在一种关联，甚至存在一种经济关联，但与他对现实经济关联的现实认识（尽管通常是不充分的认识）不同，在这里包含着他对拿破仑政权时期国家与市民社会关系的本身虚幻的理解的一种神秘化。根据黑格尔的看法，国家应当将市民社会用于国家自身的、完全独立于市民社会的目的。市民社会的目的是为国家（精神）服务，为国家做出牺牲，然后在此基础上，国家要保障和保护市民社会正常顺利地运转。根据这种看法，市民社会和经济生活的特殊性归属于国家的普遍性。由于精神历经经验并达到自身，由于精神外化出来复又返回自身，这些特殊性就部分地构成晦暗的生活基础，并由此出发提升到精神的光明形态，部分地构成精神辩证地分解而成的彼此分裂的各个环节。因此，我们在黑格尔哲学的这两种倾向中就看到了产生"外化"思想的两个思想动机：现实的动机和神秘化的动机。我们将在探讨《精神现象学》时详细描述这两种倾向围绕黑格尔的方法展开的最终斗争。

485

正如我们知道的，这两种倾向在黑格尔思想中彼此斗争，这决不是偶然。我们也已经揭示这两种倾向的矛盾的实际根源在于现实本身，即拿破仑的国家现实。但黑格尔对这种现实的理解和解释具有的各种唯心主义倾向，仍通过德国的特殊社会存在得到了加强。马克思在对康德哲学的批判中——在其中，他在康德哲学中同样看到法国大革命时期的一种思想反映——谈到这位德国哲学家在歪曲地反映法国实际的事实情况时体现出的特殊的德国特征。马克思把康德的实践理性看作是自由资产阶级的实际物质利益的一种反映。马克思解释说，康德"把这种理论的表达与它所表达的利益割裂开来，并把法国资产阶级意志的有物质动机的规定变为"自由意志"、自在和自为的意志、人类意志的纯粹自我规定……"在对康德哲学的这种社会解释和批判中，马克思也谈到那些必定从德国的国家状况中形成的特殊幻想。

> 由于国家的这种情况，也就产生了在其他国家从来没有过的循规蹈矩的官僚意识以及在德国很流行的关于国家的一切幻想；由于这种情况，也就产生了德国理论家不依赖市民的那种虚假的独立性，即这些理论家用以表达市民的利益的形式和这些利益本身之间的假象的矛盾。①

486

---

① 马克思、恩格斯：《德意志意识形态》，柏林1953年，第198页。（中文见《马克思恩格斯全集》第3卷，人民出版社1960年，第213页。——译注）

当然，马克思决没有不加考虑地把康德与黑格尔混同起来。因此，只有在德国同样的普遍社会状况在黑格尔身上可察觉到的范围内，这种批判才可以运用于黑格尔。马克思在他对黑格尔法哲学的详细批判中反复强调这样的特征。他尤其强调德国特殊的落后特点，这一特点在黑格尔关于官僚制在社会和国家中的作用的看法中也得到了表达。马克思谈到在哲学上特别重要的问题，这就是在官僚制中，在黑格尔对官僚制的理解中表现出来的"虚幻的普遍性"，他这样阐述黑格尔的整体描述，即国家和政府不是市民社会的代表，而是反对市民社会的代表。①

马克思在他对黑格尔法哲学的这些批判性边注中反复强调，在黑格尔思维中出现的矛盾是实际社会状况的反映。当他极其尖锐地批判黑格尔的神秘化时，他决不是指黑格尔的社会和国家思想是某种纯粹由他挖空心思想出来的东西。他之所以反对黑格尔，恰恰是因为黑格尔在对现代实际状况诸多方面正确的描述中没有强调真正指向未来的、实际的和进步的倾向，因而不得不对持存的东西加以神秘化。例如，马克思说道：

> 黑格尔应该受到责难的地方，不在于他按现代国家本质现存的样子描述了它，而在于他用现存的东西

---

① 马克思：《黑格尔法哲学批判》，载 MEGA，第一部分，第 I 卷，第 1 分册，第 455 页和第 459 页。（中文见《马克思恩格斯全集》第 3 卷，人民出版社 2002 年，第 63—64 页。——译注）

冒充国家的本质。合乎理性的东西是现实的，这一点正好通过不合乎理性的现实性的矛盾得到证明，这种不合乎理性的现实性处处都同它关于自己的说明相反，而它关于自己的说明又同它的实际情况相反。①

因此，对黑格尔的这种批判是对他的"非批判的实证主义"的批判的一种具体化。由于黑格尔不能把握现代社会的某些决定性的发展趋势，所以他不得不把假象看作是现实，并在哲学上用错误的哲学沉思和假的辩证法为这种虚假现实提供根据（黑格尔非批判的实证主义在《法哲学原理》中比在耶拿时期表达得更加确切）。但我们从马克思的批判了解到，这种实证主义在耶拿时期就已经发挥了作用。因此，马克思关于黑格尔后来发展时期的这种批判在——他本人所做的——一定保留下也适用于黑格尔耶拿时期的社会和国家思想。

马克思在他批判性阐述黑格尔的这种政治—意识形态的弱点——它构成他的整个体系在哲学上的一个核心弱点——的中心点时，谈到民主制的问题。青年马克思对黑格尔的批判的哲学深度非常典型地在于，它是同黑格尔的普遍与特殊的问题极其紧密地相关联的：

487

---

① 马克思：《黑格尔法哲学批判》，载 MEGA，第一部分，第 I 卷，第 1 分册，第 476 页。（中文见《马克思恩格斯全集》第 3 卷，人民出版社 2002 年，第 80 页。——译注）

民主制是君主制的真理，君主制却不是民主制的真理。君主制必然是本身不彻底的民主制，而君主环节却不是作为民主制的不彻底性而存在着。从君主制本身不能了解君主制，但是从民主制本身可以了解民主制。在民主制中任何一个环节都不具有本身意义以外的意义。每一个环节都是全体民众的现实的环节。在君主制中则是部分决定整体的性质。在这里，整个国家制度都不得不去迎合固定不动的那一点。民主制是作为类概念的国家制度。君主制则只是国家制度的一种，并且是不好的一种。民主制是'内容和形式'，君主制似乎只是形式，而实际上它在伪造内容。在君主制中，整体，即人民，从属于他们存在的一种方式，即他们的政治制度。在民主制中，国家制度本身就是一个规定，即人民的自我规定。在君主制中是国家制度的人民；在民主制中则是人民的国家制度。民主制是国家制度一切形式的猜破了的哑谜。在这里，国家制度不仅就其本质说来是自在的，而且就其存在、就其现实性说来也日益趋向于自己的现实的基础、现实的人、现实的人民，并确定为人民自己的事情。国家制度在这里表现出它的本来面目，即人的自由产物。

488 也许有人会说，在一定意义上，这对于君主立宪制也是正确的。然而民主制独有的特点，就是国家制度无论如何只是人民存在的一个环节，政治制度本身在这里不能组成国家。黑格尔从国家出发，把人变成主体化的国家。民主制从人出发，把国家变成客体化的人。①

当马克思在这里把民主制描述为类，把君主制描述为坏的种时，他并非自己在进行一种抽象，而是仅仅在从思想上再现历史本身的抽象过程，历史在多次革命中产生了民主制作为资产阶级社会的最完善形式。当马克思仅在几年以后把同样的民主制称为夺取社会主义胜利的最适宜的战场时，当他谈到资产阶级民主革命向无产阶级革命的转变时，他所描绘的还只是由历史本身进行的普遍化的各种更高形式，但社会研究的方向始终是同样的方向。因此，这种对黑格尔的批判确实击中了他的社会哲学的所有弱点的要害。

既然黑格尔没有能力把握在法国大革命中以出色的形式表现出来的民主制的运动，他就必定不仅在历史上，而且尤其是在社会—哲学上放弃从社会—历史运动本身的进程中，从这一运动的诸特殊因素的辩证关系中获得现实的、符合现实的历史运动的各种普遍化。他被迫一方面用假普遍性的虚假光环来包装一些特殊环节，另一方面又赋予这

---

① 马克思：《黑格尔法哲学批判》，载 MEGA，第一部分，第 I 卷，第 1 分册，第 434 页。马克思在这里仍是从一种彻底的、革命的民主制的观点，而不是从社会主义的观点来批判黑格尔的，这一情况使得他的这些评论正好对我们的问题特别有价值。（中文见《马克思恩格斯全集》第 3 卷，人民出版社 2002 年，第 39—40 页。——译注）

样获得的普遍性以独立的定在，使这些普遍性脱离社会和历史的现实辩证法，使它们在这种独立化中僵化起来，然后使这种独立化的普遍东西统摄社会和历史的一切特殊现象，统摄一切特殊东西。

489　　我们在黑格尔的社会哲学中追索的这两种倾向之间的斗争，这时也从哲学方面表现出来。一种倾向，即对各种实在的、辩证的关联所作的现实且正确的认识，变成新的辩证逻辑的基础，这种辩证逻辑从特殊东西的矛盾的自我运动中，从这些矛盾在越来越高的阶段的扬弃和重新设定中获得普遍东西；另一种倾向则导致虚假地获得的各种普遍性以唯心主义的方式独立化，它不得不按照旧形而上学的逻辑学的方式使普遍统摄特殊。因此，我们在黑格尔社会哲学中追索的这两种倾向之间的斗争，在逻辑学中再现为现实的辩证发展与思辨的建构之间的斗争。

　　我们由此就回到了德国古典哲学的一个最重要的历史起点，即《判断力批判》的那个提出"原型的理智"要求的著名段落。让我们回忆一下，康德在这些考察中，把普遍必须统摄特殊看作是人类知性的永恒界限。"原型的理智"在他那里表现为一种能够从特殊上升到普遍的知性所提出的一开始就无法实现，仅仅充当"调节性理念"的要求。正如我们所知，康德这一规划的意义在于，形而上学思维的局限性在这里原则上得到了清晰的说明，尽管是以人类一般理性的界限的形式。"原型的理智"是超越形而上学思维的局限的一种规划，是辩证法的一种规划。

主观唯心主义和客观唯心主义正是在围绕这一要求是否可以实现展开争论的地方，分道扬镳了。对任何主观唯心主义来说，这种局限都是不可逾越的。在主观唯心主义中，特殊相对于普遍必定始终表现为偶然的。无论这种情况是以费希特的主体——在这种主体的抽象的、道德的普遍性面前，经验生活的一切特殊东西都沦为一种坏的偶然性——的理性主义夸大的形式发生的，还是在非理性主义的感觉基础上有着雅可比对个别性的吹捧，结论始终都是一样的，康德的局限并没有被逾越。

在这里只有谢林的"理智直观"才往前迈出了一步。但是，谢林对康德局限的逾越，宣称的成分多于实际的成分。谢林宣称"原型的理智"是人把握世界的一种实际能力，当然是只有艺术天才和哲学天才能使用的一种能力。*490* 但是，谢林极少从哲学上推行这一宣言，他的辩证法的思想体系（美学除外）几乎没有为下列问题提供实际的证明：特殊东西的偶然性如何能够现实地得到扬弃，普遍东西如何能够现实地从特殊东西中加以获得。尽管谢林似乎已经克服了"原型的理智"的单纯作为要求的特性，但真正的辩证法，即对形而上学思维的局限的真正超越，在他那里也始终只是一种"应当"。

黑格尔即使在他最多地用谢林的术语做试验的时期，也不仅只是零星地使用"理智直观"的表达，而且总是这样来安排他的论述，即他实际上可以放弃对这个新的哲学"工具"的使用。我们已经看到，黑格尔要拆除特殊与普遍之间樊篱的努力是多么巨大和认真，他在从哲学上亦即现实地把握生活，并从生活中得出现实的普遍化时，在这个方向上的努力又是多么真诚。黑格尔清楚地看出，特殊相对于普遍具有的偶然性环节，不可能以颁布命令的方式产生出来，不可能像谢林常常所做的那样，通过类比基础上的一种建构而从世界中产生出来。

确切地说，黑格尔扬弃特殊东西具有的偶然性是建立在承认这种偶然性的不可扬弃基础上的。我们可以想想他对资本主义经济学的看法。这种经济学是各个特殊环节的一种运动，在这些环节中全部的主观环节和客观环节，例如个人的行为和能力、他们的所有物等，原则上都具有偶然性。但普遍东西，即经济学的规律性，必然地从这些不可扬弃的偶然因素中形成。

例如，在劳动与劳动工具以及劳动对象的目的论关系中，曾同样地给出过一系列原则上偶然的环节，并且是彼此偶然地发生关联的环节。但是，劳动过程产生了某种将这些偶然环节在它们的实际关联中提升到普遍性阶段的东西，产生了某种具有辩证地提升到越来越高的普遍性阶段的能力的东西，等等。

在黑格尔的这些论述以及类似的论述中，对"原型的理智"的要求实际地得到了实现。康德的局限展现了形而上学思维的单纯局限。通过将形而上学思维的内在矛盾推至极致，消解了这些矛盾的僵化性，发现了隐藏在它们背后的关于现实的运动着的和活跃的矛盾，黑格尔不仅揭示

491

了通往辩证思维的道路，而且同时揭示了辩证思维并非享有特权的天才所独有，而是内在于每个人的思维之中的能力，只不过由于这种能力由于形而上学的思维方式而被僵化成了静止不动的。

这条路一贯到底，就只能是唯物主义辩证法。只有在作为现实本身的辩证运动在思想上的反映的唯物主义辩证法中，康德的局限才能完全得到消除。但唯物主义辩证法和历史唯物主义构成一个必然的、自身完整的统一体。我们已经看到，黑格尔哲学思考的社会条件，一方面从一开始就赋予他的思维以唯心主义的特质；另一方面，这些社会条件为他洞察社会和历史规律设置了不可攀越的樊篱，这些樊篱在他的思维中必定反映为唯心主义倾向的不断增强。

黑格尔通往辩证法的步骤只能以唯心主义的方式得到实现。由于黑格尔辩证法的独特性的形成具有这种复杂的必然性，这种辩证法的客观主义也就具有同样独特的两面性：一方面，这种客观主义为一种现实的辩证法在前所未有的水平上的充分发展和自觉创造了活动空间；另一方面，这种客观主义也在对辩证法本身的唯心主义歪曲和神秘化的方向上加剧地发挥了影响。

客观唯心主义需要体现这种客观性的一个"载体"。正如我们已经看到的，黑格尔的"精神"作为他的辩证法的这种客观主义形态，增强了唯心主义倾向，这些倾向意味着普遍相对于特殊的一种独立化，因而使辩证法一再重新陷入形而上学思维。黑格尔辩证法的这种两面性决不是客观唯心主义的方法的一种简单的、"固有的"结果。我们在前面的考察中已经努力表明，这种互相冲突的双重倾向在黑格尔思维中是如何客观地从社会—历史现实中产生出来并通过黑格尔所处的社会—历史状况得到增强的。当然，

492 在这个基础上客观唯心主义是作为辩证法的方法形成的，所以它在方法论上的必然性又必定反作用于那些直接源自存在的思想倾向。但在这里，像在其他地方一样，首要的东西仍是社会存在。在这里本来应该表明，这种社会存在以及对它进行的同样社会性—必然性的把握，是如何在最复杂的、似乎最抽象的、似乎最远离社会生活的哲学范畴中清晰可辨地反映出来的。

恩格斯把这种矛盾称为黑格尔的方法与体系的矛盾。当他在自己最后几年想要引导较为年轻的马克思主义者研究黑格尔时，他总是告诫他们不要以批判的态度太久停留于黑格尔构想的任意性，而是要注意到黑格尔在哪里并且怎样正确地阐发现实的、辩证的运动。前者是任何喜好吹毛求疵的人都可以从事的一项容易的工作，而后者对任何马克思主义者来说都是一种重要的认识。马克思即使在他对黑格尔哲学展开最激烈的和政治上最现实的斗争之时，也始终把这一区分牢记在心。他在《神圣家族》中对黑格尔左派进行的大量批判和清算时，无情地揭露了"思辨结构的秘密"，即黑格尔从普遍到特殊的根本错误的方式和他使普遍相对于特殊的完全独立化的错误。马克思在那里以

无情的逻辑连贯性揭示了这种唯心主义的一切局限和它对现实的歪曲。但同时，马克思在这里把黑格尔与那些从黑格尔的辩证法中仅仅学会了它的缺陷的黑格尔主义者鲜明地区分开来。他揭示了黑格尔的辩证法与他的追随者的辩证法之间的根本区别：

> 其次，黑格尔常常在思辨的叙述中作出把握住事情本身的、现实的叙述。这种在思辨的阐述之中所作的现实的阐述会诱使读者把思辨的阐述看成是现实的，而把现实的阐述看成是思辨的。①

不仅黑格尔的亲传弟子对他进行了这种再次的唯心主义曲解，而且后来的新黑格尔主义者还变本加厉地再现了这种曲解。为了从这片废墟中挖掘出真正的黑格尔辩证法，为了使它对现时代富有教益，绝对有必要在最清晰地呈现它的来源和社会特性的领域揭示它的基本倾向的内在矛盾性，这个领域就是经济学领域。 *493*

第八节　"伦理东西中的悲剧"

不论从什么具体问题出发，我们的考察都总是导向唯

---

① 马克思、恩格斯：《神圣家族》，柏林1953年，第168页。（中文见《马克思恩格斯文集》第1卷，人民出版社2009年，第280页。——译注）

心主义辩证法与唯物主义辩证法的对立。而正是由于这个原因，这一对立只有在它的最终结果中，在唯心主义与唯物主义的认识论对立的纯粹形式中才表现出来。这个结果是一个伟大历史进程的最高峰，这个历史进程就是革命的无产阶级在欧洲的普遍革命危机期间组织成为一个"自为"阶级（马克思语），但在其中，在一些非常重要的国家（德国、意大利等），资产阶级—民主革命的实现仍然是革命的中心任务和直接目标。青年马克思同黑格尔以及正在瓦解的黑格尔派的斗争，表明了唯物主义辩证法的形成与新的革命阶级的意识形态即无产阶级人道主义的明确关联。

这一斗争在双重意义上是对矛盾的资产阶级意识形态的一种扬弃：一方面，资产阶级意识形态在其所有局限性方面都经受着批判，并且在这种批判中表明，辩证唯物主义有能力解决全部的关键问题，而对于这些问题，迄今为止甚至最好的意识形态家连能够明确地提出来也做不到；另一方面，被吸收进新的无产阶级人道主义中来的，是人类发展迄今为止的思维的所有这样的环节，在这些环节中，关于客观现实及其所有实际矛盾的现实认识都正确地或者至少在倾向上正确地得到了反映。在任何真正的辩证扬弃中，批判性的消灭和保存这两个环节都属于一个整体，辩证扬弃的第三个环节，即向一个更高水平的提升，只有在这两个环节的紧密统一的基础上才能得到实现。

494 我们在前面引用过列宁的话，他说马克思与黑格尔有直接关联。从辩证唯物主义形成史的角度来看，这句话是指无产阶级人道主义是从资产阶级思维的最终的重大的意识形态危机中发展出来的，就像无产阶级的阶级斗争本身是逐渐从被压迫者和被剥削者的解放斗争中发展出来的，就像，用列宁的话说，在资产阶级民主革命与无产阶级革命之间不存在任何万里长城，就像无产阶级革命从进行一切阶级斗争的被压迫等级的解放斗争中缓慢地、逐渐地和矛盾地发展出来一样。因此，资产阶级社会意识形态发展的最终的重大的危机时期（1789—1848 年）里的各种矛盾具有的特殊性质，在任何方面都是革命无产阶级新形成的世界观的意识形态出发点和直接关联点。

黑格尔的客观唯心主义是这一时期资产阶级思维的最高哲学表达，它在这样的双重意义上是这一时期资产阶级思维的顶峰：在他的哲学中，人类发展历程数千年的思想和方法论成果，以迄今所能达到的哲学思维的最高水平总结性地展现出来；同时，与之不可分离的是，在他的哲学中，人类发展历程的矛盾性以及他的哲学没有解决也无法解决的一切矛盾，也以迄今为止最高的水平展现出来。黑格尔在这一时期的独特地位就是基于，他的哲学在人类历史上第一次意识到定在本身的这种矛盾性乃是哲学的核心问题。

社会生活中变得越来越无法解决的客观矛盾，在这一时期的所有伟大意识形态家那里都涌现出来。一系列具体矛盾在其他思想家那里甚至比在黑格尔本人那里得到了更实际、更真实的思想反映。但是，在这些思想家那里，矛盾性只是客观地、自在地现存的；他们像马克思所说的，"在矛盾的'肥料'中"① 寻求全部的真理，带着毫无畏惧的真诚说出他们发现的矛盾，但矛盾性本身并没有作为客观定在的基础被他们意识到（傅立叶是这一时期除黑格尔之外唯一以一种或多或少有意识的形式把这种矛盾性表现出来的重要思想家）。在这方面，圣西门、傅立叶和欧文认识到社会发展无法解决的矛盾性，而这种矛盾性在资本主义社会的各种矛盾中达到了顶峰；这一认识促使他们超越了资本主义批判，促使他们要求一个将在社会现实中解决这些矛盾的新社会，促使他们走向社会主义。

李嘉图，这位最终且最彻底地将资本主义经济学系统化的学者，以一种坚决的态度把物质生产力的发展当作人类进步的基础，在他之前从来没有人揭示这一点。然而，虽然李嘉图的体系表面上具有极其严格的完整性，虽然他本人为物质生产力的资本主义发展方式造成的最可怕且最不人道的后果进行辩护，他反对浪漫主义的多愁善感而把这种资本主义发展方式视为进步的必要途径，但是，即使在他那里也呈现出资产阶级文化的内在矛盾，这种内在矛盾的出现不仅清楚地指明资产阶级的社会领导作用走向终结的时刻，而且也表明资产阶级在它自身所推动的社会发展中扮演着日益分裂的和成问题的角色，而资产阶级的物

---

① 马克思：《剩余价值理论》，第Ⅲ卷，斯图加特1921年，第94页。（中文见《马克思恩格斯全集》，第26卷，人民出版社1974年，87页。——译注）

质繁荣和社会领导作用就是从这种社会发展中产生出来的。

我们无意在此谈论李嘉图价值学说的矛盾，在他的学派解体时期，无产阶级的最早意识形态家就已经直接从这些矛盾中得出并且也能够得出社会主义的结论；我们只想指出，马克思以深刻而简洁的方式描绘的李嘉图对待资产阶级在物质生产力的进步性中所起的作用的态度的矛盾性：

> 他希望为生产而生产，这是正确的。如果像李嘉图的感伤主义的反对者们那样，断言生产本身不是目的本身，那就是忘记了，为生产而生产无非就是发展人类的生产力，也就是发展人类天性的财富这种目的本身……这种议论，就是不理解：人类的才能的这种发展，虽然在开始时要靠牺牲多数的个人，甚至靠牺牲整个阶级，但最终会克服这种对抗，而同每个个人的发展相一致；因此，个性的比较高度的发展，只有以牺牲个人的历史过程为代价……由此可见，李嘉图的毫无顾忌不仅是科学上的诚实，而且从他的立场来说也是科学上的必要。因此对李嘉图来说，生产力的进一步发展究竟是毁灭土地所有权还是毁灭工人，这是无关紧要的……如果说李嘉图的观点整个说来符合工业资产阶级的利益，这只是因为工业资产阶级的利益符合生产的利益，或者说，符合人类劳动生产率发展的利益，并且以此为限。凡是资产阶级同这种发展

496

687

发生矛盾的场合，李嘉图就毫无顾忌地反对资产阶级，就像他在别的场合反对无产阶级和贵族一样。①

这一时期的伟大现实主义作家巴尔扎克，在他的《人间喜剧》中概述了在市民社会的基础上形成并在人际关系中生动地表现出来的一切悲剧性的、悲喜剧性的和喜剧性的矛盾。巴尔扎克描绘的非凡广博的社会图景构成一幅恢宏壁画，在其中，资本主义的"精神性的动物王国"在它的全部丑恶中，带着它的一切矛盾，带着它的一切牺牲品，带着对它的非人道的一切英雄主义的徒劳反抗，得到总结和体现。李嘉图和巴尔扎克都不是社会主义者，他们主观上甚至是社会主义的反对者；但李嘉图对资本主义的经济学分析，巴尔扎克对资本主义世界的文学塑造，客观上生动地展现出产生一个新世界的必然性，就像傅立叶对资本主义的讽刺性批判一样。

歌德和黑格尔处于资产阶级社会意识形态发展的这个最后的、矛盾的和悲剧性的发展高峰的开端。《威廉·迈斯特的学习时代》和《浮士德》，《精神现象学》和《哲学全书》构成了各种不朽造型的一部分，在这些造型中，资产阶级社会意识形态发展的最后力量联合起来，以文学的形式或在思想上表达了这一发展的悲剧性矛盾。资产阶级发

---

① 马克思：《剩余价值理论》，第 II 卷，第 1 分册，第 309—310 页。（中文见《马克思恩格斯全集》，第 34 卷，人民出版社 2008 年，127 页。——译注）

展的英雄主义时代的余辉在歌德和黑格尔那里比在巴尔扎克那里更加显而易见，在巴尔扎克那里，这一时代只不过表现为实行统治的资本主义达到最终的和可怕的乏味之前的辉煌史前史。青年黑格尔——直到英雄主义时代结束，直到拿破仑倒台——尤其受到了英雄主义和对英雄主义往昔的英雄主义幻想的直接影响。"但是，不管资产阶级社会怎样缺少英雄气概，它的诞生却是需要英雄行为，需要自我牺牲、恐怖、内战和民族间战斗的。"[①] 青年黑格尔特别不愿意在承认资产阶级社会的发展和完善的同时，忽视资产阶级社会的形成中的英雄精神。更确切地说，他不想承认这样的事实，即整个英雄主义都只是为了把资本家变成世界的统治者。

　　青年黑格尔的深度唯心主义矛盾正是在于，他——人的活动中现实的新目的论的发现者——没有把握，也不想把握他的时代的悲剧性目的论。他颠倒了手段与目的的关系。法兰西民族的一切英雄主义努力，从马拉到拿破仑的所有伟大人物的功绩，事实上都仅仅直接地导致在封建社会的废墟上建立资本主义统治，而正如我们业已看到的，青年黑格尔则强行提出这样一种历史哲学，在这种哲学中，资本主义对生产力的激发和发达资产阶级社会的形成，将为创造人类新的英雄主义时代、新的文化繁荣奠定基础。

---

　　① 马克思：《路易·波拿巴的雾月十八日》，《马克思恩格斯选集》第Ⅰ卷，柏林1953年，第227页。(中文见《马克思恩格斯文集》，第2卷，人民出版社2009年，472页。——译注)

然而，在黑格尔的这种唯心主义谬误中，在社会—历史关联的这种颠倒中包含着一种深刻的人道主义真理，包含一种对资本主义深刻的、尽管矛盾的批判。当黑格尔不能容忍整个人类发展借助它的一切战争和牺牲都只是为了最终建立像纽沁根、泰勒福尔和凯勒这些人的资本主义利益对人类的统治时，当他把这种统治看成对整个人类的深度贬抑，并且虚构出一种英雄主义的乌托邦以便为人类发展的这种可耻结局指明一条出路时，在其中就包含着一种对资本主义的深度抗议，客观地讲，这种抗议黑格尔本人并不知道，也违背他的意愿，但它就像李嘉图的经济学分析和正统的保皇派巴尔扎克的文学塑造一样，已经超越了资本主义的视野。

498　　假如黑格尔彻底地进行他对资本主义文化，对资产阶级社会中资产阶级在政治和文化上的领导作用的这种抗议，他就会成为一个平庸的思想家、一个感伤的浪漫派乌托邦主义者。他的思想的伟大、他的哲学的教益和指向未来的东西正是建立在他的不彻底性，建立在他的立场的矛盾性，建立在他也像李嘉图一样"在矛盾的肥料中"寻求真理并有时找到真理这一事实的基础之上的。因为当我们考察黑格尔对资本主义文化的这种批判时，我们决不要忘记，资本主义发展的不可避免性和进步性构成了他的历史哲学的起点和方法论核心。

而且，这决不是在一种狭义的"经济学"意义上说的。毋宁论，黑格尔的文化哲学依据的就是，只有新时代，即现代市民社会，才发展了人的个体性，在这种个体性中，现时代所达到的发展阶段相对于古代的优越性是以人类文化的每个领域为依据的，尽管古代享有卓越的政治和文化生活。这种现代个体性在黑格尔的思想中决不是自然产物，不是某种像浪漫派所认为的"有机物"，他们把个体性的"有机体"同资本主义发展对人的毁灭性和肢解性的影响僵化地对立起来。完全相反，个体性对黑格尔而言是这种社会发展的必然结果，用哲学的方式表达，就是人的正在进步的并在现代资产阶级社会中达到自身顶峰的"自我外化"的必然结果。因此，黑格尔文化哲学的矛盾与一种浪漫主义的反资本主义毫不相干。这种矛盾更加深刻，它是由这样两方面构成的，即黑格尔既赞同通向资本主义的经济发展的必然性和进步性，当然他也决没有对这种经济发展的可怕后果视而不见（我们想想他关于资本主义的贫困和财富的论述），同时他又激烈地反对这种经济发展同样必然导致的人的屈辱、退化和变质。

　　因此，在黑格尔这里显现出来的矛盾，是对资本主义劳动分工及其文化后果的批判的一种辩证延续，这种批判在启蒙时期伟大的英国经济学家，尤其是弗格森和亚当·斯密那里也可以找到。从文艺复兴直到拿破仑时期都崇尚古代，古代被提升为理想的现象，是基于资本主义发展的这种矛盾在客观上无法解决而产生的。要在政治、文化或艺术上实现并且复兴古代的一切乌托邦，都是基于这样的希望，即克服现代生活的这种矛盾，克服人类生产力的发

499

展导致的人的毁灭。

李嘉图作为经济学家的伟大就是基于他以钢铁般的坚定无视这一矛盾，也就是说，虽然他察觉到了所有表现这一矛盾的事实，但他坚持这样的思想：物质生产力发展的进步性必须经历所有这些矛盾。这种进步性事实上的确有效，对此李嘉图是对的；但是，这种进步性只有在社会主义中而不是在资本主义中才会真正有效，李嘉图的历史性谬误就在于此。但显而易见，没有对这一谬误的这样一种顽强的坚持，他就决不会获得他思想的这种指向未来——一种对他来说必然未知的未来——的力量。

黑格尔探讨了各个对立东西的、各个文化哲学方面的这种矛盾。但这丝毫没有改变这样的事实，即在他的思维中像在李嘉图那里一样，存在着以不同的方式对真理与谬误的这种辩证混杂。古代相对于现代的优越性正是这种矛盾的表现。弗格森曾以一种简明扼要的方式这样阐述：

> 如果对平等的权利和平等的自由的要求应当以这些要求把任何阶级都同样地沦为奴隶和卖命的士兵而告终，我们就始终是一个奴隶民族，而再也没有自由公民了。[①]

青年黑格尔的历史哲学也是这种观点。他的思想的重要意

---

① 弗格森：《市民社会史论》，耶拿 1904 年，第 261 页。

义正是在于，正如我们已经看到的，尽管他高度评价古代，尽管他认识到了资本主义社会实际之所是，但自法兰克福危机以来他就毫不动摇地坚持以为，古代已经一去不复返，古代不再是人类发展的一个典范，人类发展通过资本主义生产力的发展已经达到它的顶峰。这个顶峰这时对黑格尔 *500* 而言以悲剧性—辩证的矛盾性在这一发展的核心角色资产阶级的失效中表现出来。

黑格尔在《论自然法权》中将被人认为非常含混的很短一节称为"伦理东西中的悲剧"，这一节直接紧跟着我们在此探讨的他关于资本主义社会形成的必然性和它相对于古代的历史进步性的论述。在这一节的少许评论中，黑格尔想要总结资本主义中文化的矛盾——这种矛盾的梗概我们曾经勾勒出来——而且他是以这样一种形式概括的，这种形式把问题描述为人类发展过程中的一种永恒对立，因为他在某种程度上将矛盾去历史化，尽管他明确区分了他的古代解决方案和现代解决方案。

这些解释是青年黑格尔著作中最含混的部分。唯心主义的夸大在这里的各个不同方面都是直接的和显著的。正如业已强调的，尤其是特殊的现代冲突被变成了一种永恒的冲突。人"双重化"为资产阶级和公民，这表现为精神与自身的一种在悲剧中得到设定和扬弃的永恒冲突。为了能够实现冲突的这种永恒化，生命作为资产阶级在黑格尔那里被神秘化为"自然"和"隐蔽之物"。相反，人的公民一面则表现为战胜这种"隐蔽之物"，但同时又与它不可分离地结合起来的"光"。精神的这种"双重性"，这一矛盾的这种永恒的设定和扬弃，就构成了"伦理东西中的悲剧"。

> 这无非就是伦理东西当中的悲剧的阐释，绝对者永恒地同自己这样上演着这一悲剧，即它永恒地生成并进入客观性，由此以它的这种形态承受苦难和死亡，并从它的灰烬中提升为荣光。神性的东西在它的形态和客观性中直接具有一种双重的自然，它的生命就是这些自然的绝对统一。①

尽管存在悲剧，但对黑格尔而言，正是通过悲剧，解决方案才会并且必定被找到。不仅斗争是永恒的，斗争的扬弃也是永恒的。客观唯心主义必然在主客同一体中达到顶点，一方面这是（在实在层面甚至不可扬弃的）各个矛盾的扬弃具有的神秘化的思想形式；另一方面，这种不在主客同一体中达到顶点自身就不可能存在的哲学结构，同样推动了这样一种解决方案：在精神中，一切矛盾必须达到扬弃；尽管我们知道，扬弃在黑格尔那里与其说是达到扬弃的状态，毋宁说是达到扬弃的过程。

我们已经了解矛盾的扬弃的这种社会内容：这就是国家对经济在历史上不同的"驯服"，经济从属于全面发展

---

① 拉松版：第380页。

的、真正社会性的人的利益。"伦理东西中的悲剧"在黑格尔看来在历史上以各种不同的形式进行着。古代的美好解决方案必定终结。黑格尔当时希望，"巴黎……伟大的国家法导师"[①] 会找到新的解决方案：资本主义表现为物质基础，表现为新的英雄主义时代的仆人。他的拿破仑幻想在这里与唯心主义辩证法融合为一种独特的有机统一体。矛盾的这种解决形式结束了黑格尔青年时期的思想发展。我们已经看到，复兴古代的希望的破灭如何引发了黑格尔的法兰克福危机。然后，这些在《精神现象学》中曾有郑重其事的表达的新希望，在由于拿破仑的失败而导致破灭以后，随着最终涌入的资本主义的乏味，而被深切的听天由命、现实主义的逆来顺受所取代。但是，这种未被解决的、仅仅看似被扬弃的矛盾始终是黑格尔对资本主义中的文化的哲学理解的核心问题。

悲剧在黑格尔的《论自然法权》中通过同一个问题的喜剧性解决方案的简短阐述得到补充。在这里，古代和现代的解决方案也以不同的方式彼此并列，古代也闪耀着美的奇妙色彩，但古代毕竟灭亡了，而现代冲突在喜剧中的乏味设立和解决方案则是现时代的现实任务。这种"伦理东西中的喜剧"表现在面对世界精神的现实功绩的宏大背景时市民日常生活的狭隘与可笑之中，这种狭隘与可笑同

---

① 黑格尔1807年8月29日写给尼特哈默的信，载《黑格尔通信集》，莱比锡1887年，第130页。

生活本身中的主观认真，与这些冲突的主观重视形成了反差。

502　　　　但另一方面，存在着不同于悲剧的喜剧，这种喜剧的实现无需命运，无需真正的斗争，因为伦理自然拘囿于喜剧的实现本身。在这里引向高潮的不是在表演着的各种对立中，而是在那些对这种伦理冲动来说严肃性的，但对观众来说喜剧性的对立中；针对这些对立的拯救，在对角色和绝对性不断感到失望和受挫的情感中寻求。①

　　我们很容易发现并批判这些思路的唯心主义夸大和神秘化。但是，在这种夸张背后究竟隐藏着什么呢？主要是对德国资产阶级的统治无能的批判，这一批判当然扩展为对一般资产阶级的批判。我们已经知道，黑格尔的这种观点是如何来源于他的拿破仑幻想和他对德国状况的非常现实主义的观察；我们同样知道，黑格尔对民主制的各种问题，对下层群众运动具有的政治和文化成效的不理解，在哪里限制了他的观点。

　　尽管存在所有这些幻想和局限，黑格尔仍触及了资产阶级社会发展的一个直到 19 世纪晚期才现实生动地显现出来的方面，那就是资产阶级，尤其是德国资产阶级，没有

----

　　①　拉松版：第 383 页。

能力运用他们的经济权力和他们在经济中的主导作用得到
他们应当在经济上享有的政治权力。恩格斯在 1870 年关于
资产阶级的这种特点写道：

> 　　与先前所有的统治阶级相比，资产阶级的特点恰
> 恰在于：在它的发展进程中有一个转折点，经过这个
> 转折点之后，它的统治手段每进一步的增加，首先是
> 它的资本每进一步的增加，都只会使它越来越没有能
> 力进行政治统治。[1]

恩格斯的这些直接涉及德国资产阶级的评论已经包含着对
一般资产阶级的一种普遍化。他在一篇关于历史唯物主义
的文章中更加坚定地进行了这种普遍化："这似乎是历史发
展的规律：资产阶级在欧洲任何一个国家都不能像中世纪
的封建贵族那样独掌政权，至少不能长期独掌政权。"[2]

　　不言而喻，黑格尔无法真正看清这种事实情况，毕竟
恩格斯的任何论断都是与日益壮大的无产阶级状况联系起
来的，而黑格尔尚不知晓资产阶级与无产阶级之间的阶级
斗争及其对国家权力和文化造成的结果。尽管如此，黑格

503

---

　　[1]　恩格斯：《德国农民战争》，第 2 版序言，柏林 1951 年，第 13—14
页。（中文见《马克思恩格斯文集》，第 2 卷，人民出版社 2009 年，208
页。——译注）

　　[2]　恩格斯：《社会主义从空想到科学的发展》，英文版序言，载《马克思
恩格斯选集》第 2 卷，柏林 1952 年，第 101 页。（中文见《马克思恩格斯文
集》，第 3 卷，人民出版社 2009 年，517 页。——译注）

尔关于资产阶级"在政治上失效"的论断，加上他关于资产阶级不断增强的经济权力和这种权力基础的普遍进步性的论断，仍包含这样一个猜想，这个猜想极有先见之明，正确地预见到资产阶级在资产阶级社会的发展过程中所扮演的角色具有的特殊矛盾。

我们在前文已经强调，黑格尔把这种特殊的现代冲突提升为绝对者中的一种永恒对立，这乃是他描述的"伦理东西中的悲剧"突出的唯心主义特征。但即使在这种夸大中，也包含着这样的猜想，即在人的能力的现实发展与一切阶级社会中的经济活动之间现实存在着一种矛盾。谈到作为整体的人类，劳动无疑是人类发展的基础；但是，黑格尔在人类发展的普遍性中甚至没有看到任何矛盾。只有当个体的人类能力的发展在各个不同的阶级社会得到考虑时，矛盾才开始出现。然后，下列情况才表现出来，即人类及其文化的伟大历史发展，从其中的个体承载者的角度看，与人从属于经济活动、从属于由经济活动支配的劳动分工的事实处于对立之中。

古代鼎盛时期存在的由非自由民的劳动提供的——用黑格尔的话说——"隐蔽的"经济基础与仅仅榨取这一经济基础的自由民的高级文化之间的严格区分，属于那些以诱人的光环呈现古代文化的因素之一。当然，诚实的思想家只要还对这种严格区分的实际社会和经济特性抱有幻想，就会这样做。我们刚刚引用了启蒙思想家弗格森的话，他把现代发展不是看作通过废除自由人与奴隶之间的显著分

504

离而实现的人类的普遍解放，而是看作所有人向奴隶的转变，亦即看作由于经济活动对所有社会成员的普遍化而造成的人的能力和人的个性发展的普遍贬抑。正如我们已经反复表明的，远离任何浪漫主义的感伤，从未低估资本主义发展的重要性和进步性的黑格尔，对不论是古典经济学还是古典经济学的支持者和批判者关于人的经济活动的文化评价都持一种尖锐的反对立场。

马克思在他关于亚当·斯密的历史探讨中，对那场在整个欧洲的经济学文献中围绕斯密的生产性劳动和非生产性劳动的概念进行的重要讨论作了广泛的分析，在这场讨论中，拥护执政内阁和执政官的经济意识形态家（加尔涅）以及拥护帝制的经济意识形态家（费里埃和加尼耳）扮演了主导的角色。斯密本人，正如处于革命时期的一般资产阶级一样，把社会中的一切非经济的活动视为生产的 faux frais［意外开支］，这种意外开支出于生产力发展的原因必须被减少到绝对必需的最小限度（这些观点与前文述及的李嘉图的观点的亲缘性是显而易见的）。

与此相应地，所有大经济学家都探讨各种不同形式的非生产性劳动，并带着一种愤世嫉俗—革命的立场将它们同等看待。例如，马克思强调亚当·斯密的下列论述：

> 他们是社会的公仆，靠别人劳动的一部分年产品生活……应当列入这一类的，还有……教士、律师、医生、各类文人；演员、丑角、音乐家、歌唱家、舞

蹈家等等。

马克思关于斯密的这些论述评论如下：

> 这是还具有革命性的资产阶级说的话，那时它还没有把整个社会、国家等等置于自己支配之下。所有这些卓越的历来受人尊敬的职业——君主、法官、军官、教士……在经济学上被放在与他们自己的、由资产阶级以及有闲财富（土地贵族和有闲资本家）豢养的大批仆从和丑角同样的地位。他们不过是社会的仆人，就像别人是他们的仆人一样。他们靠别人勤劳的产品生活。因此，他们的人数必须减到必不可少的最低限度。①

这种明确的革命立场——其内容是后来由李嘉图提出的不惜任何代价发展生产力的要求——当资产阶级大多在各种不同的妥协基础上获得了国家权力，或者至少在国家权力上获得了决定性影响以后，在资产阶级意识形态家那里发生了改变。然后就形成了这样一种"有教养的"立场，这种立场想要通过把"生产性"这个概念也扩展到资产阶级，把资产阶级的劳动也理解为经济学意义上生产性的，

---

① 马克思：《剩余价值理论》，第 I 卷，斯图加特 1921 年，第 405 页。（中文见《马克思恩格斯全集》，第 33 卷，人民出版社 2004 年，363—364 页。——译注）

而在意识形态上表明资本主义社会中一切对资产阶级有用或受它欢迎的活动就是正确的。马克思辛辣地讽刺了这种将古典经济学的清晰严格的原则模糊化并开始变成资产阶级的辩护辞的观点。他引用纳索·西尼耳的下列表述："照斯密看来，犹太人的立法者是非生产劳动者"，并补充说道：

> 这是指埃及的摩西，还是指莫泽斯·门德尔松？莫泽斯将会因自己成为斯密的"生产劳动者"，而十分感谢西尼耳先生吧。这些人如此拘守于自己的资产阶级固定观念，以致认为，如果把亚里士多德或尤利乌斯·凯撒称为"非生产劳动者"，那就是侮辱他们。其实，单是"劳动者"这个名称，就会使亚里士多德和凯撒感到侮辱了。[1]

黑格尔的立场似乎既针对斯密，又针对斯密的批判者。但是，在黑格尔与资产阶级的这些"有教养的"辩护士之间存在一种现实的对立。黑格尔片刻也没有这样的思想，即通过在某种扩展和转变的意义上把一个普遍等级的参与者称为经济上的生产性劳动者来为这个普遍等级奠定根据。相反，在他的所有研究等级的著作中他都非常鲜明地强调，

---

① 马克思：《剩余价值理论》，第 I 卷，斯图加特 1921 年，第 387 页。（中文见《马克思恩格斯全集》，第 33 卷，人民出版社 2004 年，349 页。——译注）

"普遍等级"在经济上不是积极的，要靠第二等级和第三等级的劳动成果生活。这个等级在黑格尔那里之所以成为普遍的，正是因为它在斯密意义上是非生产性的。

这时，当黑格尔在对文化和人性的评价中看到经济上非生产性活动方面的所有益处的同时，看到资产阶级方面的弊端时，他就提出了斯密和李嘉图根本不曾提出的一个问题，因为对他们而言，尤其是对李嘉图而言，物质生产力的发展和由此产生的人类发展才是要受到重点关注的（当然，这并不意味着，斯密和李嘉图无视例如资本主义劳动分工导致的人性和文化的后果。相反，他们非常清楚地看到这种分工产生的问题，特别是斯密，这位弗格森的学生，极其深入地探讨了这些问题。但是，所有这些情况对他们来说都无条件地从属于物质生产力发展的核心问题）。

"伦理东西中的悲剧"的真正核心这时对黑格尔来说正是在于，他完全赞同斯密关于物质生产力的发展是一种必要的且向前的发展的观点，甚至在文化的意义上也是如此，因为正如我们已经反复强调的，他在斯密和李嘉图的意义上使现代的更高级、更成熟和更有才智的个体性形式与物质生产力的这种发展极为紧密地关联起来。像斯密和李嘉图一样，黑格尔断然拒绝关于这种发展的所有浪漫主义的悲叹，而视之为仅仅注重个别而不注重整体的可怜感伤主义。但他同时看到——由此他就接近了巴尔扎克和傅立叶的关注领域和提出的问题——在资本主义中并通过资本主义所实现的生产力的这种发展而产生的人的类型，是对人

506

类发展迄今为止业已形成的一切伟大、高尚和卓著在实践上的否定。两个必然互相结合的对立的这种矛盾，进步与人性的贬抑的这种不可分离地产生矛盾的结合，这种用人性的贬抑换取进步的做法，就是"伦理东西中的悲剧"的真正核心。

由此黑格尔又谈到资本主义社会（在一定限制条件下的一切阶级社会）的一种重大且实际的矛盾。他所谈论的这种矛盾的含混且神秘化的形式，他在耶拿时期找到的充满幻想的解决方案，并不能阻止我们看到，他在这里谈到资产阶级发展的一种深度的且实际的矛盾，这种矛盾是马克思主义的伟大奠基者和代表们始终都承认的，只是一再被孟什维克主义的机会主义和随之而来的出于对资产积极 *507* 始终奴颜媚骨的崇拜的庸俗社会学抹去了。

伟大作家马克西姆·高尔基曾在莫斯科作家会议（1934 年）的讲话中对这个问题发表看法：

我们有充分理由希望，一旦马克思主义者要撰写文化史，就会明确呈现这样的观点，即资产阶级在文化创作过程中的作用被大大高估了……资产阶级决没有也从未有过创作文化中的创造性东西的偏好，如果我们把这种创造性东西理解得比外在的物质舒适和奢侈的不断增加更加宽泛的话。资本主义的文化，它除了是资产阶级为了对世界、人、矿藏和自然力的统治进行有形的和道德的扩张与增强而采取的措施形成的一种制度以外，还是什么呢？①

高尔基在这里不过是谈到了马克思反复强调的资产阶级在现代文化发展中的作用。值得注意的是，马克思在这些强调中经常追溯到资本主义文化与古代文化的对立，以便揭示资产阶级意识形态家褊狭的非人道和卑劣的伪善。他谈到古代的那些希望技术发明的发展和劳动的机械化会带来人类解放的诗人和哲学家的幻想，并且补充说道：

> "异教徒！噢，这些异教徒！"正像机智的巴师夏和在他以前的更聪明的麦克库洛赫已经发现的那样，这些古代人对政治经济学和基督教一窍不通。例如，他们不了解及其所延长工作日的最可靠的手段。他们也许会辩护说，一个人受奴役是使另一个人获得充分发展的手段。但是，要鼓吹群众受奴役，以便使少数粗野的或者没有多少教养的暴发户成为"卓越的纺纱业主""了不起的香肠制造业主"和"有势力的鞋油商人"，那他们还缺少专门的基督教器官。②

在坚持社会主义的人道主义的伟大思想家对资本主义的非人道和无文化进行这种毁灭性的批判之前，在我们业

---

① 高尔基：《论文学》（苏维埃作家版），莫斯科1937年，第448页。
② 《资本论》，第Ⅰ卷，柏林1949年，第428—429页。（中文见《马克思恩格斯文集》，第5卷，人民出版社2009年，470页。——译注）

已描述的资产阶级思想发展最后的重大危机时期就已经有 *508* 了这样的重要意识形态家。在傅立叶那里从对资本主义文化的批判向社会主义的转变，显然是达到这种批判的明晰性和坚定性的一个重要环节。在资本主义的经济和文化矛盾通过社会主义社会得到实际解决的前景已经显而易见的时刻，矛盾本身的运动就按照这一前景以一种无与伦比的明晰性显现出来。尽管如此，任何把浪漫派巴尔扎克的社会批判与傅立叶的批判全面地加以比较的人通常都会吃惊地发现，保守的文学家与乌托邦社会主义者关于资本主义文化中的事实、社会类型和矛盾达到了多么相似的论断。

相比于巴尔扎克和傅立叶，歌德和黑格尔不仅处于资本主义矛盾的一个较早的、较不发达的发展阶段，而且生活在这些矛盾更少在现实中尖锐和显著地显露出来的德国。尽管如此，歌德的伟大文学作品仍一再反映这些矛盾，直接地和通过与对立的积极的（偶尔略带乌托邦主义的）人的类型对比，批判资本主义文化的这些发展趋势。

黑格尔作为抽象的思想家，比歌德甚至巴尔扎克处于更为艰难和不利的境地。对他来说，体验和阐述资本主义文化的矛盾本质，即在资本主义文化的经济进步性中表现出来的在具体的人的类型方面的无文化和反文化，仍是不够的。相反，他还不得不在思想普遍化的高度体验这些矛盾本身，并在哲学上说明这些矛盾是存在的矛盾。由于我们经常描绘的黑格尔所处的社会状况，他在这方面只能说出矛盾性本身。他确实甚至不得不通过他的方法去为无法解释的矛盾性寻找一种虚假的、神秘化的扬弃。尽管存在所有这些对他来说不可逾越的障碍和阻挠，但资本主义文化的这种矛盾性，在他那里像在那些他与之一道终结资本主义文化时代最后的重大的意识形态鼎盛时期的伟大文学家和思想家那里一样，清晰地得到了表达。

但是，我们还远远没有由此穷尽"伦理东西中的悲剧"的哲学形态。我们到目前为止主要诉诸的是黑格尔说出的矛盾性的内容方面和他的表述方式，而暂时忽略了他对问题的各种特殊形式的神秘化。当我们转向黑格尔这方面的问题时，我们就必须清楚：一方面，黑格尔表述方式的这些形式性方面决不纯粹是形式性的，而是在好的意义上和在坏的意义上同他的社会观和他的一般哲学的重要的实质性问题结合起来的；另一方面，我们通常已经可以确信，黑格尔提出问题和解决问题时的神秘化决不总是简单地意味着某种谬误。不言而喻，这些神秘化通常是黑格尔在面对社会或哲学方面不可解决的问题时的一种唯心主义出路。但在很多情况下，这些虚假的解决办法或错误的问题，在这些神秘化中以一种偶尔不是轻易可以破解的方式与一些深刻的问题紧密结合起来，虽然黑格尔不能对这些问题作出真正的解答，但他以一种富有思想和启迪的方式猜想到这些问题的解答。因此，我们在所有这些情况下都必须具体明确地把错误的深刻与真正的深刻区分开来，因为在黑格尔那里我们时常发现两者强烈地彼此混杂。

在"伦理东西中的悲剧"中特殊形式的神秘化，这时把这种悲剧理解为人和社会的存在的光明方面与"隐蔽的"黑暗力量的斗争。为了解释他所指的东西，他提到埃斯库罗斯的《俄瑞斯忒亚》，在那里阿波罗对欧墨尼得斯的斗争就是光明对"隐蔽的"力量的斗争，古代悲剧的悬而未定的结局以及复仇的欧墨尼得斯的和解都说明这样的事实情况，即在社会发展过程中两个原则中的任何一个都不可能最终被打败和毁灭，毋宁说，它们之间的永恒斗争正是"伦理东西中的悲剧"。黑格尔说道，这种悲剧在于：

> 伦理自然为了不与它的无机自然交织起来，就作为一种命运自相分离，自相对立，并通过在斗争中承认分化出来的相同东西，而与作为两者的统一体的神性东西达到和解。①

这种"隐蔽的东西"在黑格尔那里有着截然不同的表现形式。属于这种"隐蔽的东西"的首先是家庭，在他看来，家庭是"自然能够达到的最高总体"。② 因此，他显然决不否认爱、婚姻、家庭等的社会特性。但他有充分的理由反对例如康德野蛮的婚姻理论，在这种婚姻理论中，人们以婚姻的方式共同生活的一切自然规定和由此产生的这种共同生活的文化和灵魂上的价值都被彻底扼杀，爱的有

510

---

① 拉松版：第 381 页（第 I 卷，第 387 页）。
② 拉松版：第 445 页。

形方面与此相应地被降低到关于任意对象的使用的一种任意契约的水平。相反，在黑格尔这里形成了自然因素与社会因素的一种复杂辩证法，这种辩证法正是在这里表明了客观唯心主义相对于主观唯心主义的优越性。而对黑格尔的历史哲学来说，家庭问题还存在另一方面，即他关于现实的历史关联的深刻猜想不可分离地同他的历史和哲学视域的必然局限性混合起来。

黑格尔，像他同时代的任何学者一样，也不了解氏族社会，他只是猜想到了而已。但他认为，并且正当地认为，在国家之前必定存在一个前国家的人类状态。黑格尔这时把具有自然的、"隐蔽的"本质的家庭看作是处于这种前国家的社会状态的精神的形态。黑格尔在《精神现象学》中对社会发展的这两个时期的冲突作了最全面和最美妙的描述，在那里，他分析了索福克勒斯的《安提戈涅》中的悲剧性冲突。这一分析在某种意义上是巴霍芬—恩格斯对埃斯库罗斯的《俄瑞斯忒亚》的分析的先声。

当然，关键的差别在于，晚得多的巴霍芬以他的方式在他的历史观的局限下遇到了母权问题，而黑格尔的分析当中的神秘化的东西，被恩格斯借助摩尔根的发现以唯物主义的方式破解了。我们重申一下：黑格尔决没有猜想到氏族社会和母权制度。因此，他的前国家状态在这方面是非历史的，因为他把晚得多的家庭形式视为这种前国家的社会的基础和原始形式。这一错误是黑格尔与他的所有同时代人所共有的。

然而，他的描述获得了一种遥指未来的宏大的历史远景，因为他非常公正地权衡了这种冲突中的历史性的正当与不正当，并出色地对这两种社会进行了辩证的平衡。他 *511* 既看到由克瑞翁代表的国家法制立场必定获得绝对胜利的历史必然性，也同样承认安提戈涅以及她的立场所代表的社会状态在伦理上的优越性。这种公正，这种在两个相互抵牾的部分所作的关于正当与不正当的辩证权衡，不仅表明是对这部不朽戏剧的出色分析，而且表达了进步带来的矛盾性，恩格斯在讨论氏族社会的瓦解时反复谈到了这种矛盾性：一方面，氏族社会在道德和人性的诸多方面高于取代它的阶级社会，而且氏族社会的瓦解是由于在人心中激起了极坏的和卑劣的冲动造成的；但另一方面，与此同时并且密不可分的是，这种瓦解是绝对必然的，并且意味着一种现实的、历史的进步，正是对这两种必然性的认识的统一，正是关于这种深度矛盾的历史必然性的看法，作为猜想，构成黑格尔对《安提戈涅》的分析。恩格斯的确在超越巴霍芬和摩尔根的道路上，在清晰性、历史具体性和科学性方面取得了重大改善，但我们对此不要忽视，在社会的国家形式的形成过程中，对进步的这种必然性和必然矛盾性的认识，早已构成了黑格尔所说的光明的诸神与"隐蔽的"力量之间斗争的一个基础，当然，在那里，黑格尔的认识还是抽象的，并且在关键内容上是不正确的。

我们已经知晓黑格尔的"隐蔽之物"的另一种具有社会内容的表现形式，这就是构成一个统一且固有的体系的那种经济生活的"捉摸不透的力量"。我们知道，黑格尔一再拥有这样的幻想，即通过国家活动来驯服经济力量。而他对资本主义经济中某些对立倾向的正确认识，促使他在经济的这种固有本性中，在经济的各个对立力量的这种自由无碍的恣意发展中，清晰地看到了不断瓦解社会统一性的危险。

> 后来一方面在理念的普遍性中，另一方面在实在的、机械的普遍性中产生了巨额财富，巨额财富与极度贫困如影随形，因为劳动在分离中在两个方面都变成普遍的、客观的，劳动的这种纯粹量的、直到概念都个别化的和无机的东西，直接就是最大的野蛮。获利等级的首要特点，即它能够对一种虽然是外在于它地设定起来的神圣东西所作的有机的、绝对的直观和尊敬，消失了，而对一切高尚的东西加以蔑视的兽性出现了。毫无智慧的东西、纯粹普遍的东西、大量的财富就是自在的东西；民族的绝对纽带即伦理东西消失了，民族瓦解了。①

在这里，显而易见，为何黑格尔把整个内在地连贯的经济体系视为一种"隐蔽的"力量，并使代表国家文明的光明之神必须与之进行持续不断的斗争。

---

① 拉松版：第492页。

在自然东西——即社会中的"隐蔽之物"——的这些不同的表现形式中，黑格尔的"非批判的实证主义"时常清晰地表现出来，我们已经反复在相关的地方论述他的批判。但在"隐蔽之物"的这种观点中，还有另一些比较重要的方面要谈。我们记得黑格尔关于劳动和工具的考察，他在那里表明，虽然精神、有意识的人类活动比单纯的自然更高，但自然的进一步实存并不会由于人类活动的这种超越而终止，而是持续不断地深入到社会中去，与社会处于持续不断的相互作用。黑格尔超越主观唯心主义的一个非常根本的因素就在于，自然不应当被抽象地压制，而应当通过这种具体的相互作用被纳入到文化中来。

黑格尔哲学由此就产生了各种各样的冲突。这些"隐蔽的"力量的固有生命、固有规律性必须得到承认。黑格尔是第一个承认经济生活的固有规律性的德国思想家，尽管他怀有这样的幻想，即国家的活动能够缓和和调节由经济所产生的各种社会对立，但他从未像费希特在乌托邦要求中最为生动地表达出来的那样，设想国家的这种职能具有抽象地监管和压制经济生活、废除资本主义的经济规律的形式。但是，正是因为黑格尔——尽管是以一种在诸多方面幻想的形式——在这里要求一种具体的相互作用，才形成了"伦理东西中的悲剧"的实际社会基础。而且之所以如此，正是因为如我们所见，黑格尔相当清楚地看到了资本主义经济的基本特征的盲目性。

这样一来，在"伦理东西的悲剧"中，就在"外化"

513

（文明、国家——光明）与自然（直接的、基础的东西——"隐蔽之物"）之间形成了一种持续不断的悲剧性斗争，对黑格尔来说，这里的典型特征是这种对立性中的各个环节持续不断的彼此过渡。因为一方面，社会进步的本质对他而言就是，虽然文明对自然的胜利决不是唯一的一次胜利，决不是均匀的、直线的"无限进程"，而是从持久的、不断重现的、日益激烈的斗争中产生的胜利；另一方面，根据他的观点，文明对自然决不会取得真正完满的、百分之百的胜利。黑格尔的人道主义要求的是未被撕裂的整全的人。"外化"所达到的顶点，在黑格尔那里正是外化返回主体并得到扬弃的转折点。因此，在黑格尔看来，没有与"隐蔽之物"的力量的这场不断重现的斗争，人就会丧失与自然、与定在的基础力量的任何一种关联，就会变成一套抽象的程式、一架机器。

但各个环节的这种彼此过渡也必须从另一方面加以考察，这个方面就是文明方面，亦即国家和光明诸神方面。我们已经看到，对黑格尔而言，正是国家的国家方面，即国家对市民社会的独立性和对市民社会的统治，在作为普遍等级的必然顶峰的军人等级中体现出来。在这里，从一种程式化的、直线型的系统建构来看，上述过渡会有这样的外观，好像一切"隐蔽之物"、基础要素现在终于要被光明克服了；但也正是在这里，由于光明力量尚不存在，它们仍高昂着头。

我们已经详细探讨过黑格尔社会和历史哲学的这个方

面，即国家与国家之间的关系意味着自然状态的一种现实再现。我们已经看到，黑格尔把这种状态的任何法权规定都看成是权宜之计，只要这一权宜之计不与各国的实际利益、实际的权力状况和权力变动相冲突，就始终有效。在这里，与他怀有的关于一国范围内的法权效用的幻想相反，他非常现实主义地看待法权规定与社会现实之间的关系（当然，我们业已熟知的他关于封建制度的瓦解和法国大革命等的看法表明，他的这些幻想也不是没有限制的）。

514

因此，国家在黑格尔的这种思想中仅仅往下，仅仅在与市民社会的关系中才是一位现实的光明之神。当国家现实地实现它的实存时，它就作为整体迈进了"隐蔽之物"的领域，并沉迷在了发挥必然性的基础影响的权力之中。当然，在黑格尔这里，正是从国家与国家之间这种基础性的冲突中，从自然状态的这种不可扬弃的重现中发展出了历史的现实意义。席勒的名言"世界历史就是世界法庭"，成了黑格尔这里的全部斗争的座右铭。就此而言，历史领域仍又意味着光明之神的胜利。但我们已经看到，"在下层"体现的"伦理东西中的悲剧"，必定"在上层"的世界历史的总体进程中得到重复。

在黑格尔关于军人构成其最高形态的"普遍等级"的推演中，基本矛盾在更高阶段的这种再现，有一段非常有趣的前史；这个推演对我们的整个问题具有如此重要的结果，以至于我们必须简要地加以探讨。我们从黑格尔的等级学说中已经了解这一推演的一种形式。在这里，军人等级表现为国家地位和人的光明方面的顶点。

但在黑格尔这里，还有另一种完全相反的推演，这种推演在《伦理体系》中获得了它的最确切形式。这部手稿有一大章标题为"否定物，自由或违法"，在这一章，黑格尔阐发了一系列他后来通常概括为恶的社会—历史作用的原则。他以"自然的毁灭"的历史代表成吉思汗和帖木儿为开端，讲述这种否定的一系列具体形态。

> 毁灭的狂热，由于它是绝对的要素，并采用自然的形式，外在地看是不可克服的；因为差别和确定的东西从属于无差别和不确定性；但毁灭的狂热，像一般的否定一样，在自身拥有自己的否定。

假如黑格尔从这里发展出它的现代军人等级，这一定是引人关注和饶有趣味的。然而，他的思想发展进程更为离奇。他在进一步的探讨中涉及在已经成型的社会中发生的个别违法现象。他谈到抢劫和偷窃，谈到违背荣誉的违法，对此，他特别清楚地说明，通过这些活动，自然状态被重新建立起来。他的考察从这里过渡到谋杀、复仇和决斗，然后在作为业已恢复的自然状态的战争中达到顶峰。①

这种关于军人等级的推演，在后来的讲稿中与在这一讲稿中具有完全一致的、确切的理据。

---

① 拉松版：第458—459页。

军人等级和战争是……自我的真正牺牲，是单个人的死亡的危险，是对他的抽象直接的否定性的这种直观，就像战争同样是他的直接的、肯定的自我一样——违法必然包含在法权和掌握暴力的法律的概念中——以致每个人作为这种单个的人都把自己变成绝对的力量，把自己看成是绝对自由的，相对于作为普遍否定性的一个他物是自为的和实在的。在战争中每个人都得到保障；这是为了普遍东西的违法，目的是维护整体，反对破坏整体的敌人。

在这里，我们有了前面的推演的简要总结：战争是为了普遍东西而进行的违法。黑格尔这时认为，着重强调战争所从属的这种普遍东西是有必要的。这种道德哲学的必要性是与他的现实主义历史观携手并进的。在同样的推演中，他指出战争的现代特性，也就是说，他表明社会化、外化是如何渗入战争的；这再次清楚地表明，黑格尔的军人等级与贵族崇拜，与骑士等级的浪漫主义美化毫不相干。与此相应地，黑格尔接着我们上述的引文继续说道：

这种外化必定正好具有这种抽象的形式，必定是无个体性的，死亡不是通过个人决心对付对手并在直接的仇恨中杀死他那种静态的战役，而是被冷酷地接受和给予的，毋宁说死亡是非个人地、从硝烟中被空洞地给予和接受的。①

这显得好像黑格尔在这里想要通过"外化"的介入，在外化的现代形式中从思想上扬弃战争中的自然东西、"隐蔽之物"、基本要素，以便由此——尽管有前面的所有这些推演——在这些权力领域强调军人，并现实地把军人描绘为国家地位和人的公民方面的顶峰形象，描绘为光明之神的战斗者。问题的这个方面无疑是存在的，但黑格尔的思想更复杂、更矛盾。因为黑格尔远远没有排他性地把否定物和违法的那种发展路线看作是某种直接的和基础的东西、某种单纯自然的东西，这种自然的东西会僵化地和专门地与社会因素对置起来，而没有相互作用；情况相反。正如我们所见，帖木儿通往现代军人的道路，是一条社会化和"外化"的道路。但这也涉及个体性违法的各个居间阶段。这些阶段也在自身包含"外化"的阶段。的确，黑格尔正是把恶看作"外化"的一个顶点，当然是以恶向它自身的反面转化的形式。黑格尔不无道理地将我们刚才探讨的《伦理体系》中的章节也称为关于自由的章节。他就这个问题总结说道：

> 这是恶，那种进入自身并正因为如此完全外化出来的个别性——以自身的定在为代价，知道一个不同

①　黑格尔：《实在哲学》，第Ⅱ卷，莱比锡1931年，第261—262页。

于自己世界的另一个世界的自我。一般而言，在现实中只有这种外化本身才显露出来。①

因此，我们看到，黑格尔在"伦理东西中的悲剧"里探讨的那些含混的矛盾，构成他的整个历史哲学的一个核心问题即恶在社会和历史中的作用问题的思想基础。恩格斯在他对费尔巴哈道德学的批判性考察中，正好强调了黑格尔哲学的这个方面相对于费尔巴哈思想的优越性。

在黑格尔那里，恶是历史发展的动力的表现形式。这里有双重意思，一方面，每一种新的进步都必然表现为对某一神圣事物的亵渎，表现为对陈旧的、日渐衰亡的、但为习惯所崇奉的秩序的叛逆；另一方面，自从阶级对立产生以来，正是人的恶劣的情欲——贪欲和权势欲成了历史发展的杠杆，关于这方面，例如封建制度的和资产阶级的历史就是一个独一无二的持续不断的证明。②

---

① 黑格尔：《实在哲学》，第 II 卷，莱比锡 1931 年，第 250 页。

② 恩格斯：《路德维希·费尔巴哈和德国古典哲学的终结》，柏林 1952 年，第 35 页。（中文见《马克思恩格斯文集》，第 4 卷，人民出版社 2009 年，291 页。——译注）我们在此仅仅直接探讨了恩格斯论述的第二个方面。因此，我们提醒读者，黑格尔关于安提戈涅与国家地位的形成的分析、关于革命与"暴政"的考察等同样都属于恩格斯确切地描绘的在黑格尔那里恶在历史中的这一系列作用。

517 　　黑格尔的资产阶级解释者总是在两个错误的极端之间摇摆。在把黑格尔称赞为哲学史上"最伟大的非理性主义者"成了时尚以前，人们把他的哲学谴责为"泛逻辑主义的"和过于和谐的。尤其是在叔本华和哈特曼肤浅地为资产阶级辩护的悲观主义时代，谴责黑格尔忽视了人类生活的黑暗方面就流行起来。对真正的黑格尔哲学的认识表明，他作为真正的伟大思想家既与资产阶级社会的一套直接辩护学说的肤浅乐观主义毫不相干，也与资产阶级社会的一套间接辩护学说的同样肤浅的悲观主义毫不相干。

　　更确切地说，黑格尔的哲学是这样一些伟大思想家的延续，这些思想家自市民社会形成以来已经一再指出，人类社会的进步是如何与人的本性的最坏冲动，与"贪欲和权势欲"最内在地、密不可分地结合起来的。黑格尔的社会哲学在这方面是霍布斯和马基雅维利的直接延续，当然他也有重大的进步，即在他们那里原始的辩证法，即对人类进步的矛盾性的描绘，在黑格尔这里变成了一种有意识的辩证法。马克思总是在这种历史关联中看待黑格尔哲学。他在读达尔文的著作时，写信给恩格斯说：

　　　　值得注意的是，达尔文在动植物界中重新认识了他的英国社会及其分工、竞争、开辟新市场、"发明"以及马尔萨斯的"生存斗争"。这是霍布斯所说的一切人反对一切人的战争，这使人想起黑格尔的《精神现象学》，那里面把市民社会描写为"精神性的动物王国"，而达尔文则把动物世界描写为市民社会。①

也是在这里，我们已经反复探讨的黑格尔矛盾学说的两面性显露出来。一方面，他毫无顾忌和毫无畏惧地阐述这些矛盾的不可调和性——并且这是黑格尔的伟大之处。正如我们已经看到的，"伦理东西中的悲剧"只不过是在阶 *518* 级斗争的历史中人类进步的矛盾性的巨大悲剧—— 一场现实的和巨大的悲剧，因为两个发生冲突的环节各自都在自身包含着正当性和不正当性。

因此，对黑格尔而言，虽然他也阐述和分析了"伦理东西中的喜剧"，但悲剧才是符合这种社会—历史事实的适当形式。

> 喜剧将伦理东西的两个领域这样彼此分离开来，即它确保每个领域都是纯粹自为的，在一个领域中对立和有限的东西是一种无本质的阴影，而在另一个领域中绝对的东西是一种欺骗。但真正的和绝对的关系是，一方真正地映现到对方中去，每一方都与对方处于确确实实的联系之中，并且它们彼此互为严肃的命运。因此，绝对的关系在悲剧中建立起来。②

---

①　马克思在 1862 年 6 月 18 日致恩格斯的信，载 MEGA，第二部分，第 III 卷，第 77—78 页。（中文见《马克思恩格斯全集》，第 30 卷，人民出版社 1975 年，215—216 页。——译注）

②　拉松版：第 384 页。

既然黑格尔没能超出市民社会和一般阶级社会的视域，在这段对悲剧的表白中，他作为思想家的深切真诚就表达出来：他承认阶级社会的发展过程中进步的各个矛盾是不可扬弃的。

但是，黑格尔哲学的整个范围也并未由此就停留在这个问题上。从黑格尔在他思想的法兰克福危机时期意识到这些矛盾的那一刻开始，在他的思想中就连续不断地形成了对这些矛盾进行"和解"的倾向。从法兰克福时期直到后来的柏林时期，这种倾向不仅存在，而且日愈增强。倘若把黑格尔的这种倾向看作是某种纯粹否定的东西，看作是对他所处时代的市民社会的一种简单妥协，那就太简单了。无疑，在黑格尔的"和解"思想中的确包含这些否定的因素；我们也已经反复指出，在黑格尔社会哲学中"和解"对矛盾的不可解决性的胜利起到了歪曲的作用。

黑格尔本人也经常强烈地感觉到，认识矛盾的不可解决性要比认识矛盾的"和解"更为高明。当我们进一步考察"伦理东西中的悲剧"的上述引文接下来讲的内容时，就会发现，黑格尔提出来作为喜剧这种表现形式的任务的，正是他本人通常视为解决市民社会的矛盾性的出路的东西，即资产阶级与公民的确切分离以及国家领域对市民社会的统治。当他此时此刻得出结论说，绝对的关系恰恰在悲剧中得到体现，在那里没有发生这样的分离，双方作为势均力敌的对手相互斗争直至互相毁灭时，他就由此对自己的整个"和解"构想作了一种自我批判。

519

720

尽管如此，要说假如黑格尔根本没有想到"和解"的构想，他就会是一位更加伟大的思想家，那就是肤浅的。因为人类发展的矛盾性的现实的辩证体现，只有从这样一种观点出发才是可能的，这种观点充满着对进步本身、对最终胜利的深切信念，尽管存在一切矛盾性。只有无阶级社会的前景才能体现悲剧的矛盾性最终得到克服，而无需因此陷入一种悲观浪漫主义的危险。出于这个原因，傅立叶的社会批判要比黑格尔的站得更高。

如果这种前景对一位非常深刻地理解进步的这种矛盾性的思想家来说行不通，而且我们已经清楚地看到，这种前景对黑格尔来说是不可能存在的，那么就有两种可能性：要么这位思想家毫不动摇地坚持矛盾的不可调和，然后必定陷入悲观的浪漫主义；要么，尽管如此，他仍相信悲剧性的、充满矛盾的人类进步是不可抗拒的，那么他的这种信念就必然会在虚假意识的某种神秘化中体现出来。

此外，黑格尔发挥影响的哲学时期的伟大之处以及这一时期独领风骚的思想水平也表现在，我们几乎想不到有一个对这一时期来说可能的问题及其解答未曾在某个或多或少重要的思想家那里找到它的哲学表达。连我们在这里抽象地描述的坚持矛盾的不可调和性的那种最早的可能性，也出现过，它的代表人物就是德国哲学浪漫派的最重要代表索尔格，黑格尔本人曾高度赞誉他是真诚的和合乎逻辑的思想家。

我们这里探讨的对立，在索尔格那里比在黑格尔本人那里以一种更加神秘化的形式得到表达。索尔格把这种矛

520

盾阐述为绝对者与它在经验生活中的体现之间的矛盾。但是，如果我们回想黑格尔为"伦理东西中的悲剧"所写的导言：绝对者"永恒地生成客观性"，我们就必然看到，这里涉及的是同一个问题，尽管这个问题在索尔格那里甚至比在黑格尔那里以一种更加抽象的形式得到探讨，尽管这个问题在索尔格那里是直接作为"艺术哲学"的一个问题被提出来的。索尔格在接下来关于绝对者与它在有限世界的体现的关系的艺术哲学的主要著作中说道：

> ……当我们看到最辉煌的东西由于它必然的世俗定在而灰飞烟灭的时候，我们必定感到无尽的悲伤。而我们毕竟能将这份罪责推卸给那位向尘世的认知进行启示的完满者本身；因为单纯世俗的东西，在我们单纯感知它的时候，通过互相干预和从不最终产生和灭亡而结合起来。理念本身必然遭到毁灭的这个过渡时刻……就是艺术的真正所在。①

至于索格尔对矛盾性的这种理解导致他这位真诚且才华出众的思想家走上了哪些具体的哲学歧路，这已超出本书的考察范围。我们只要说明下列情况就够了：他从这种

---

① 索尔格：《埃尔温》，第 II 卷，柏林 1815 年，第 277 页。黑格尔反复称赞索尔格哲学的意义。可见《美学》（格洛克纳版），第 I 卷，第 105 页，也可见他关于索尔格遗著的一篇独立的长文，《黑格尔全集》（格洛克纳版），第 XX 卷，第 132 页及以下。

观点出发赋予了那个走样的和错误的"反讽"概念以哲学上最深刻、最辩证的理据；而且，尽管他更有哲学深度，但他仍走上了浪漫主义的道路，即施莱格尔和谢林的道路。这决非偶然，就像以下情况也决非偶然一样，即人类进步的悲剧性的矛盾性，在黑格尔的调和形式中表现为社会—历史生活的各种现实矛盾的一种丰富具体的体现，而在索尔格那里，悲剧性的不可调和的矛盾性采取了一种非常抽象的、神秘化的形式。

　　在这后一种对立中，黑格尔的"和解"内在地充满矛盾的特性表现出来：一方面，这种和解是各种不可调和的矛盾的唯心主义神秘化，同时另一方面，正是在这种神秘化中，才表现出黑格尔的现实主义意识，表现出他与他所处时代的具体社会现实的紧密联系，表现出他对人类社会现实生活的深刻认识，表现出他要在人们经济生活中的现实战场所在的地方认识人类进步的各种矛盾的努力。只有通过对现实的这种爱，通过与现实的这种紧密联系，黑格尔辩证法的具体性才能够形成。黑格尔的体系在"和解"中达到的顶点表明，只要阶级社会的视域对思想家还是一个关闭的视域，人类的进步在特殊的意识领域即哲学领域也就只能多么矛盾地、多么严重地在"虚假意识"（恩格斯语）的弯路上得到实现。

521

第四章 黑格尔与谢林的决裂
以及《精神现象学》
(耶拿 1803—1807 年)

第一节 谢林与黑格尔
分歧彰显直至决裂

我们至此为止的论述已经表明，黑格尔与谢林虽然共同地反对主观唯心主义，但决不是在所有哲学问题上都是一致的。他们之间的分歧，在他们个人合作时期，直至谢林搬到维尔茨堡的 1803 年，都并未显现出来，我们可以从他们俩著作的对比中明确获悉。正如我们已经看到的，这决不是一项容易的任务，因为正是在私人合作时期，黑格尔用谢林的概念体系进行了试验。只有 1805/06 年讲稿才表明黑格尔彻底摆脱了谢林的术语。

第四章　黑格尔与谢林的决裂以及《精神现象学》（耶拿1803—1807年）

在黑格尔特殊的哲学研究思路最终形成的同时，在语言—术语方面，一场日益激烈的论战也开始了，尤其是针对谢林的学生和追随者，但也针对谢林本人。一方面，我们从黑格尔耶拿笔记本——我们已经谈过这个笔记本的日期问题（第324—325页）——中占有了这个过渡时期的材料；另一方面，罗森克兰茨以《教学法上的体系修订》为书名出版的黑格尔耶拿晚期的讲稿残篇具有非常重要的价值。[①]

如果我们想正确理解和评价谢林与黑格尔之间的决裂，就不要被我们这样一种必然的论述方式的虚假性所诱导，即我们一步一步地遵循着黑格尔的思想发展，而我们对谢林哲学的兴趣仅仅在于它是一种对照，或是黑格尔批判的对象。由此可能形成这样的假象，好像谢林的思想发展在这一时期是停滞的，好像黑格尔的最终批判，即他在1807年对谢林哲学的尖锐否定，针对的是同一个谢林，是他在1801年与之结盟共同反对主观唯心主义的同一个谢林。

虽然我们在这里不可能论述谢林本人的内在思想发展，[②]但仍必须扼要地指出在我们在此探讨的1803—1807

_523_

---

① 罗森克兰茨：《黑格尔生平》，柏林1844年，第178页及以下。出版的这些残篇并没有准确标明年份。但由于这些残稿中的一些残篇几乎逐字逐句地与霍夫迈斯特出版的黑格尔1803/04和1805/06年的讲稿重合，所以我们完全有理由推测全部这些系列讲稿都属于这几年的。各篇讲稿的非常准确的日期标注对于我们了解黑格尔对谢林的逐步摆脱当然会是有用的，但对我们的阐释仅具有次要的意义。

② 在此我又要提到拙著《理性的毁灭》第2章，柏林1954年，载《著作集》，第I卷，第84—269页。

年期间他的思想的最重要发展阶段。我们知道，黑格尔与谢林之间的哲学合作的起点是谢林的《先验唯心论体系》（1800 年）。谢林接下来的著作《对我的哲学体系的阐述》（1801 年），描述了他与黑格尔思维最为接近的阶段，描述了他最认真地试图掌握黑格尔辩证法原则的尝试。但是，他很快就出现了完全相反的倾向，这些倾向部分地在于在自然哲学中不断提升的纯粹建构的因素，部分地在于对美学观点的日益增强的夸大——由于"理智直观"的建立在美学事实基础上的理据，这种理智直观在他最早的体系中就已经作为倾向存在，但随着时间的推移，它越来越接近浪漫派的天才崇拜——部分地则在于对直接的神秘主义思潮日甚一日的接受，同样地在于与浪漫派、与浪漫派对自然哲学和波墨的称赞的进一步相互影响。这种向浪漫派的接近在耶拿时期的对话录《布鲁诺》（1802 年）中仅仅以一种柏拉图化的神秘主义形式表现出来。然而，谢林一到维尔茨堡就出版了一本新著《哲学与宗教》（1804 年），在这本著作中他的宗教化的神秘主义就完全公开地呈现出来；这本著作对谢林来说，就其已经相当明确地呈现出他后来的纯粹反动的哲学的萌芽而言，具有非常重大的意义。因此，在黑格尔对谢林哲学作出攻击以前，谢林已经不再与他有共同的倾向，不再把客观唯心主义辩证法当作一种进步的哲学加以扩建。客观上，随着谢林后一本著作的问世，两位思想家终于分道扬镳了。其他关于谢林耶拿时期结论的总结性著作，例如《学术研究方法讲稿》（1802 年）和

524

《艺术哲学》（1802/03 年），描述的是他在此期间走上这条宗教神秘主义道路的各项研究，当然在这里值得注意的是，尤其是《艺术哲学》在具体掌握广泛的现实材料方面属于他的思想发展的顶峰。在我们现在追溯黑格尔对谢林的日益尖锐的批判时，我们决不要忘记，这种批判不仅是由黑格尔的思想发展，而且是由于谢林的思想发展的对立方向造成的。

在探讨黑格尔与谢林之间的哲学分歧时，我们也不要忽视：在一系列明显存在巨大对立的关键点上，我们根本就没有掌握任何文献资料和黑格尔的言论记载。这里涉及的不是我们掌握的材料的偶然疏漏，而是在黑格尔驳斥康德、雅可比和费希特的主观唯心主义的方式与他接下来批判谢林哲学的方式之间存在原则性的方法论差别。正如我们所见，反对主观唯心主义的斗争是一种普遍的斗争，它从哲学结构的最一般问题开始，并延伸到道德学、社会哲学和法哲学的全部具体个别的问题。相反，黑格尔在谢林批判中，甚至在他的私密笔记中，仅仅涉及哲学方法论的核心问题。如果我们现在考察黑格尔和谢林在耶拿时期发表的作品——我们还将举一些尽可能典型的例子——很明显，在很多问题上，他们的作品早在耶拿时期就已经有了很大分歧。但正是关于这些客观的意见分歧，我们根本没有掌握任何文献资料。至于这些意见分歧是否并且在多大程度上在谢林与黑格尔之间以口头探讨的方式表达出来，我们无从得知，因为黑格尔连在他的私人笔记中对这些分歧也只字未提。

在论战的这种不同的方法论中，在批判仅限于哲学方法论的核心问题这种限制中，黑格尔此时与在讨论费希特的时期相比表现出更多的哲学自信和成熟。当时，他刚开始系统地发展他的方法论，开始将其系统地运用于一切知识领域（社会、历史和自然）。方法的这种发展，方法的这种在各个不同领域的运用，有时就是在反对主观唯心主义的斗争中并通过这种斗争进行的。然而，这个关于哲学的方法论问题自身取得一致的过程，此时对黑格尔来说已经结束。他再也没有兴趣以这样的方式来阐明他的方法的优越性，即在具体个别问题的具体解决中一再证明对手的必然弊端和自己观点的正确性。此外，道德学和国家哲学不论是在主观唯心主义的重要代表人物的哲学中还是在黑格尔的哲学中都构成一个不可缺少的部分，而它们在谢林体系中却更多地扮演着一种次要的角色。现在涉及的是客观唯心主义、客观辩证法的重大方法论问题中的抉择。显然，黑格尔的看法是，如果这些问题决定好了，对哲学来说一切都决定好了。

尽管如此，我们仍必须提及谢林关于社会和历史的研究对象的一些论述，这些论述在黑格尔对谢林哲学的批判中其实并未直接起到任何作用，但我们提出问题的特殊方式必然地规定我们要这样做。我们已经详细地表明，在黑格尔的历史、经济和社会的观点同他的哲学问题之间存在一种多么深刻的关联，后者是如何从前者形成，并通过前者获得他的特殊形式的。显然，在谢林那里——就像在其他任何哲学家那里一样——客观地必定存在类似的关联，当然，具体地看，这些关联是以改头换面的形式存在着的。详细阐述谢林观点的发展过程中的具体关联显然不是我们的任务，而是谢林研究的任务。我们只需通过谢林的一些特别典型的论述来表明，黑格尔与谢林之间的对立不是仅仅局限于哲学方法的那些黑格尔本人将哲学探讨归结其上的核心问题，而是同样地客观存在于社会和历史哲学的一切问题之中。强调这一点之所以重要，也是因为：晚近的资产阶级的黑格尔研究文献，通过彻底忽视谢林和黑格尔的社会哲学观点的差别而导致普遍地抹掉他们辩证法的方法论之间的差异变得轻而易举（这种情况在黑勒那里表现得最为确切，但这是晚近黑格尔研究文献的一种普遍特征）。

526

　　现在，让我们来看看谢林耶拿时期的社会哲学。他在《学术研究方法讲稿》中显然也必须谈到社会和历史的问题。他在这里通过把必然与自由的和谐转变成实在东西与观念东西的"级次"而做了一种纯粹形式主义的建构。在内容上得出这样的结论，即这种统一一方面实在性地在完善的国家中，另一方面观念性地在教会中得到实现。这种对立现在在形式上同古代和现代关联起来，并且谢林没有能力在这种模式的基础上把握现代市民社会的特殊性质的情况在下列表述中呈现出来：

　　所谓的市民自由，只不过拥有奴役与自由的最模糊的混合，但任何绝对的东西以及由此重新形成的某种特定自由的自由持存，都没有产生出来。①

　　这里就表明，谢林暂时还完全不理解市民社会及其经济学的所有这样一些问题，这些问题对黑格尔特殊辩证法的结构具有重要意义，对此我们已经深入探讨。但谢林关于启蒙和革命、关于哲学相对于两者的任务的考察表明，在这种不理解的背后存在一些反动的倾向。谢林辱骂启蒙精神"思想空洞"，并称启蒙精神为普通知性的思维。他这时把普通知性规定为"由错误而肤浅的文化塑造的达到高级而空洞的推理的知性"。这种知性的胜利在谢林看来意味着：

　　普通理性提升为裁定理性事务的法官，这极其必然地导致科学领域的暴民政治，并且伴随这种暴民政治迟早导致暴民的普遍起义。

　　另一种同样浅薄的哲学观，在谢林看来就是它以功利的东西为导向。哲学不得不针对所有这些倾向发起一场坚决的斗争：

───────────

　　① 《谢林全集》，第一部分，第 V 卷，斯图加特和奥格斯堡 1858 年，第 314 页。

自从连暴民都开始写字，每个平民都把自己提高 527
到了法官的级别以来，如果某种东西能够抵制正在袭
来的这股越来越明确地混淆高贵与卑贱的潮流，那么
它就是哲学，哲学的自然而然的座右铭就是这句话：odi
profanum vulgus et arceo［我厌恶庸众并远离他们］。①

这样的引文还可以增加很多。但我们认为，情况已经非常
明了：一方面，我们知道，黑格尔从未明确地反对谢林的
这些观点；另一方面，每个同我们一道追寻黑格尔耶拿时
期思想发展的人都清楚，他们在社会哲学的所有问题中在
这里都存在正相反对的对立性。

当然，黑格尔在《精神现象学》的准备时期就有对谢
林学派的反动—浪漫主义的倾向，甚至对谢林本人的反动
特征的一种广泛的讽刺性批判；尤其受到他攻击的是用神
秘主义的和宗教的概念进行的具体说明，对哲学中的知性
的蔑视，玩弄形式，在哲学中对感觉和知性的野蛮混合。
我们援引黑格尔的几处与此相关的最重要评论：

正如曾有过一个文学的天才时期一样，当前似乎
是哲学的天才时期。某种东西被杂糅着碳、氧、氮和
氢，被塞进他人用"极性"等术语描述的纸张里，凭

———————

① 《谢林全集》，第一部分，第 V 卷，斯图加特和奥格斯堡 1858 年，第
258 页及以下。

借一根虚荣的木制尾巴就要飞上天，他们打算描绘苍穹。格雷斯、瓦格纳就是这样。带有关于元素和极的形式主义的最粗陋经验，点缀着无理性的类比和烂醉的思想闪电。①

黑格尔在他同一时期的讲稿中反对神秘主义，并且他发现比这些情况更加严重。"在感觉和科学之间存在一种模糊的中间事物，即一种思辨的感觉或这样的观念，这种观念不能从想象力和感觉中解放出来，但也不再仅仅是想象力和感觉。"② 黑格尔在对虚假的深刻所作的讽刺性蔑视中走得如此之远，以至他在他的笔记本中写下了一句箴言："凡是有深刻含义的东西，恰恰因此毫无用处。"③

尽管如此，黑格尔尤其是在他的讲稿中仍在谢林的追随者与谢林本人之间做了明确的划分。我们知道，黑格尔始终承认谢林迈出客观唯心主义的第一步的历史功绩。在这一时期，他显然仍始终相信，谢林能够走到正确的哲学道路上来，并且可以说服他采用哲学研究的正确方式。他在写给谢林的信——他随信寄给了谢林一本《精神现象学》——中也仅仅谈到对谢林的追随者的批评，而没有谈到对谢林本人的批评，尽管，正如读者还记得的，谢林当时已经用探矿叉做了"磁力"试验，而可以理解，黑格尔

528

---

① 罗森克兰茨：《黑格尔生平》，柏林 1844 年，第 539 页。
② 罗森克兰茨：《黑格尔生平》，柏林 1844 年，第 182 页。
③ 罗森克兰茨：《黑格尔生平》，柏林 1844 年，第 544 页。

也在他写给谢林的非常客气拘谨的信中表现出了极大的怀疑。他在他的讲座中越来越激烈地嘲讽批判谢林学派。他告诫他的听众提防这些人的术语的出色和华丽，因为他说：

> 秘密暴露出来，即这种表达外强中干……我可以向您介绍……这种哲学的深刻性，因为它没有任何深刻性，我说这些，您就不会赞叹了，好像在这些混乱沉重的语词背后必然存在某种深意……但实际上，这种形式主义可以在半小时内编出来。例如，您不说某物是长的，而说某物有长度，而且这种长度是磁；不说某物是宽的，而说某物有宽度，而且这种宽度是电；不说某物是厚的、有形的，而说某物有第三维；不说某物是尖的，而说某物是收缩的极；不说鱼是长的，而说鱼具有磁的模式，等等。①

但所有这些只是牛刀小试。黑格尔在关键的哲学问题上基本也是了解谢林的，虽然他承认谢林的功绩和才华，也认为谢林并非错得无可挽回，但他同样是不留情面的。黑格尔将他的攻击指向谢林哲学方法的核心环节。

这尤其涉及的是认识绝对者的可能性和方式。认识绝对者的可能性是谢林和黑格尔的客观唯心主义的共同点，出于他们的共识，他们以前共同地反对主观唯心主义。因

---

① 罗森克兰茨：《黑格尔生平》，柏林 1844 年，第 184—185 页。

此，认识绝对者的可能性在此毋庸赘言。毋宁说，争论点是方法，即如何达到这种认识。我们知道，对谢林而言"理智直观"就是对绝对者的认识方式。在他那里最初是美学倾向后来则是宗教倾向产生得越多，他就越直接地展现这种认识方式。他在《哲学与宗教》中关于理智直观这样说道，它"之所以称为直观，仅仅是因为它与绝对者同一并且就是绝对者本身，它与绝对者除了直接关系之外不可能有任何别的关系"。①

"理智直观"的这种直接性这时在方法论上具有两个非常重要的结论。首先，理智直观与"通常的"概念性认识方式具有一种显著的、专门的对立。不论是艺术还是宗教，它们在谢林那里作为认识绝对者的专门"器官"，都强调这样的倾向，即通过一条不可逾越的鸿沟区分出对绝对者的认识与正常思维。哲学不再追求思维，不再追求知性和理性的这种做法，这时持续不断地招致黑格尔的嘲讽，在这方面总是可以轻易地看出，这种对知性和理性的蔑视、这种神秘主义—非理性主义的自命高雅在黑格尔那里激起了一种怎样深切的哲学愤慨。黑格尔在他的笔记本中这样写道：

如果绝对者摔倒，从它漫步的地面跌入水中，它

---

① 《谢林全集》第一部分，第 VI 卷，斯图加特、奥格斯堡 1858 年，第 23 页。

就会变成一条鱼、一个有机的生物。如果它同样摔倒而跌入纯粹的思维——因为纯粹的思维也不应当是它落脚的地面——它就会摇身一变成为某种坏的、有限的东西，人们必定会耻于谈论这种东西，如果不是由于工作原因的话，因为不可否认，一种逻辑就在那里存在。水是一种如此冷酷的坏的因素，但对生命来说仍是很好的。思维难道是一种更坏的因素吗？难道绝对者果真如此坏地处于其中，也如此坏地行于其中吗？①

黑格尔嘲笑在这种对知性的傲慢蔑视中表现出来的对知性的惧怕乃是野蛮。他把狂妄的非理性主义同普通的无知无识同等看待。

野蛮人在听到直角三角形中斜边的平方等于另外两条边的平方和的时候，感到惊异。他认为事实也可能是不同的，他主要惧怕知性，宁可待在直观之中。理性没有知性什么也不是，但知性没有理性仍是某种东西。知性不可能被葬送。②

530

黑格尔不厌其烦地重复，真理，即对世界真正之所是的认

---

① 罗森克兰茨：《黑格尔生平》，柏林 1844 年，第 540 页。

② 罗森克兰茨：《黑格尔生平》，柏林 1844 年，第 546 页。着重号由我所加。

识，对绝对者的认识，只有在这条从直接的直观向知性和理性的提升的道路上才能够发生。概念相对于直观的直接生动性而具有的表面的抽象性和表面的干瘪与贫乏，不会使真正谋求这种认识的人感到惊恐，不会阻碍他通往正确的认识道路，因为只有在这里他才会把握到，正确把握的概念也是来源于生活并返回到生活的。

> 单个人会认识他的个体性的真理——这种真理精准地规定了他的定在的轨迹——但他会从哲学中期待普遍生活的意识。在这里，当表现出来的是概念而不是生活的充实，是最贫乏的抽象物而不是直接世界的财富时，希望似乎落了空。但是，概念本身就是自我与生活之间的中介者，因为它教给我们在自我中发现生活，在生活中发现自我。当然，只有科学本身才能使人确信。①

在这些段落，黑格尔对谢林的整个构想的反对是一目了然的。但黑格尔在《精神现象学》的准备时期就有了这样一系列表述，在这些表述中，即使不是直接地，即使没有明说，他也仍反对谢林认识绝对者的方式，他如此阐述他的思想，以致他对谢林的前提的一种摧毁明确地表现出来。这种情况尤其表现在那样的地方，在那里，黑格尔越

---

① 罗森克兰茨：《黑格尔生平》，柏林 1844 年，第 182 页。

来越坚定地——他越晚就越坚决——使作为把握绝对者的方式的艺术和宗教从属于哲学，越来越坚定地不把艺术和宗教看作是把握绝对者的恰当方式。正如我们所知，既然对谢林来说艺术正是构成主体与客体的完满同一性最明确和最适当地表现出来的关键点，这些段落就包含着对谢林"理智直观"理论的间接反对。这种反对甚至延伸到了思想风格之中。对黑格尔来说，从这时起艺术就始终是把握绝对者的最直接因而最低级的方式。但黑格尔在他后来的著作中，并且在《精神现象学》中就已强调，尽管存在这种不恰当性，但艺术的内容仍是绝对的真理。他在 1805/06 年的讲座中对谢林的反对进一步加深，以至他几乎专门强调艺术把握绝对者的不恰当性。他把艺术称作"印度的酒神，这位酒神并不是清醒自知的精神……因此，这个因素并不适合精神。所以，艺术只能赋予它的各个形态以一种有限的精神……这种有限性的媒介即直观不能把握无限者。它仅仅是臆想的无限性……它是臆想的、而非真实的表象。在其中没有必然性，没有思维的形态。美与其说是真理的体现，不如说是遮蔽真理的雾霭。"[1]

　　我们重复一遍，黑格尔在《精神现象学》中已经纠正了这些论述的偏颇，并使这些论述达到了正确的辩证比例。我们也提过这些解释，以便向读者表明，对谢林"理智直观"的反对态度如何深入地贯穿着这个过渡时期的整个黑

531

---

① 黑格尔：《实在哲学》，第 II 卷，莱比锡 1931 年，第 265 页。

格尔哲学。

可以解释黑格尔论战中的这股激情的是下列原因，即"理智直观"不仅应当是对绝对者的一种特殊认识方式，而且对整个哲学体系，对理解人与真理、与绝对者的关系都会带来极其为深远的影响。由此我们就获得了谢林对绝对者的认识方式产生的第二个重要结果："理智直观"涉及认识论中的一种贵族制。谢林反复指出，只有少数精英、只有天才可以达到真正的哲学真理，达到对绝对者的认识；一部分哲学，而且恰恰是最重要的部分，是不可能被教授的：

> 但正是绝对者与单纯有限的形式之间的二律背反这个原则，就像在哲学中艺术与命运不可能像在诗歌中形式与质料被分离开一样，证明辩证法也有它不能被习得的一面，并且它并不比人们在哲学中曾称之为诗歌——按照这个词的原初含义——的东西更少地建立在创造能力基础之上。①

这种认识论与我们前文引用的那些关于社会、启蒙和革命等等观点之间的关联是显而易见的。认识论中的贵族制想要在这个领域建立一条在"精英"与平民之间不可逾

532

---

① 《谢林全集》第一部分，第Ⅴ卷，斯图加特、奥格斯堡1858年，第267页。

越的鸿沟，就像复辟时期的政治学曾经想要在政治领域重新确立这条鸿沟一样。因此，黑格尔在"理智直观"问题上的热情，一方面是基于他决心要使哲学的科学性彻底摆脱一切非理性主义的迷雾，摆脱含糊不清的自命高雅，而另一方面也有政治根源。现代社会，正如黑格尔所理解的，也正如它是从法国大革命中产生出来的一样，不仅是客观的，而且是主观的，不仅自在地，而且自为地是世界精神的体现。这就意味着：在黑格尔看来，精神在现代国家和现代社会的这种返回到自身的状态，不仅必须是客观真实的，而且必须作为认识是任何个人都可以获得的。黑格尔在他的讲座中非常清楚地贯彻了这一思想：

> 必须简要指出，哲学作为理性的科学，由于它的存在的普遍方式，并且根据它的本性，对所有人都是存在的。并非所有人都能掌握哲学，但这并不是问题，就像并非所有人都能成为王侯一样。令人愤慨的是，有些人高于其他人，仅仅是因为，他们宣称，他们天赋异禀，异于常人。①

黑格尔的认识论问题与他的普遍政治观之间的关联是显而易见的。把黑格尔的普遍等级看作是一种封建世袭贵族是多么错误，这也是显而易见的。同时还表明，谢林与黑格

---

① 罗森克兰茨：《黑格尔生平》，柏林 1844 年，第 186 页。

尔之间看似纯粹的哲学对立要追溯到他们极深的社会—历史的政治分歧。

黑格尔拒斥谢林的那种能够认识绝对者的精英天才，这当然无非意味着，这种认识的可能性对每个个人都是开放的，任何个人都可以获得这种认识。而根据黑格尔的观点，要真正获得这种认识，也是一项艰巨的思想劳作。但同时，哲学最重要的任务之一就是，通过哲学的方法论来减轻人们的这项劳作。黑格尔这时在他的私人笔记中提出这种规划：“哲学术语与普遍意识之间的樊篱仍须打破。”①

533　　他在这里提出的规划这时在《精神现象学》中得到实现。在该书的序言中，他带着强烈的纲领性的明确立场说道：

> 科学从它自己这方面出发，要求自我意识去超越这种以太，以便能够与科学一起生活，能够生活在科学里，并且真正地生活。反过来，个体又有权要求科学至少给他提供达到这个立足点所用的梯子，并且给他指明这个立足点就在他自身。个体的这种权利是以他的绝对独立为根据的，他知道在他的知识的任何形态中都具有这种独立性，因为不论他的知识形态是否为科学所承认，不论其内容是什么，在任何知识形态中个体都是绝对的形式，即是说，他是他自己的直接

---

① 罗森克兰茨：《黑格尔生平》，柏林1844年，第552页。

确定性，如果喜欢还可以说，他是无条件的存在。①

　　整个《精神现象学》都致力于这一要求的实现。而在这里谈到的规划中，已经包含了对谢林对待哲学的直接性态度的毫不留情的摒弃。紧接着我们这里援引的纲领性论述，黑格尔对谢林的"理智直观"给予了总结性的和毁灭性的著名批判："它反正不是像手枪发射那样直接始于绝对知识的兴奋之情，并且对其他的观点宣布一律不加理睬就算完事了。"②

　　在这一批判中，谢林辩证法与黑格尔辩证法之间的我们早已熟知的旧的差别，即他们在理解作为矛盾和扬弃的东西时的那种差别，尖锐化为明确显著的对立性。我们已经反复谈过这些差别。我们已经看到，在谢林这里涉及的是矛盾的简单统一，在这种统一中一切矛盾性都被消除了，而黑格尔的对立同一是同一与非同一的同一。与此相应地，统一中的矛盾、绝对者中的各个环节和部分并没有被消除，而是在黑格尔辩证法的著名三层含义中被扬弃，即被消灭、保存和提高到一个更高的阶段。

　　黑格尔在《精神现象学》的序言中指责谢林恰恰消除了绝对者中的一切环节这种做法。他之所以批判谢林，是因为在谢林那里一切东西都在绝对者的空洞深渊中消失了。

534

---

① 《黑格尔全集》，第 II 卷，柏林 1845 年，第 20—21 页。
② 《黑格尔全集》，第 II 卷，柏林 1845 年，第 22 页。

这样一种知识——即在绝对者中一切都是相同的——与那种作出区分并得到充实，或者说追求和要求得到充实的认识相对立。它宣称它的绝对者是一个黑夜，在其中，就像人们惯常说的那样，所有的牛都是黑的。这样一种知识是缺乏认识的幼稚表现。[①]

黑格尔将这一论战与他对直接性的一种更加广泛的批判结合起来。他从他自己想法的深刻的基本思想出发，反对直接性的哲学。存在向活动的这种过渡也扬弃了谢林关于肯定东西与否定东西的僵化对立，"只有这个重建自身的等同性，或者这个在他在中的自我映现——而不是一种原初的或直接的等同性本身——才是真实的东西。真实的东西是它自身的生成，是圆圈，这个圆圈预先把它的终点设定为目的，以之作为开端，而且只有通过这种实行过程并到达终点，它才是现实的东西"。[②]

从目前的争论的立场和高度出发回顾费希特与谢林之间发生在几年前的讨论，并非是无关紧要的。当时，费希特指责谢林说，他把差别，而且是量的差别，搬到了绝对者之中。他写信给谢林说：

我可以向您扼要陈述我们之间的分歧点。您说，

---

① 《黑格尔全集》，第 II 卷，柏林 1845 年，第 14 页。
② 《黑格尔全集》，第 II 卷，柏林 1845 年，第 15 页。

> 我在我的阐述中主张绝对者……是以量的差别的形式
> 实存的。当然，这是您宣称的；正因为如此，我觉得
> 您的体系是错误的……斯宾诺莎和一般所有的存在独
> 断论都是这样做的……绝对者如果以某种形式实存，
> 就不会是绝对者。①

在这一评论中，康德与费希特之间的关联显而易见。虽然
费希特的"自我"应当是对康德自在之物的克服，但它恰
好呈现出像自在之物一样的无特性。虽然费希特宣称通过
他那种类型的"理智直观"可以达到自我的一种自我认识，
但由于他在原则上从这种绝对者中排除了一切特性、一切
规定和一切变更，这种自我认识就始终具有一种自欺的认
识特点。当然，他从形式上说明了相对于康德自在之物的
原则上的不可认识性的一种可认识性，但这种认识的内容
仍然是无规定的空洞物，与康德放弃对绝对者的认识的情
形是一样的。

　　相对于费希特的立场，谢林的客观唯心主义是一个巨
大的进步，因为它主张绝对者应当具有具体的、可认识的
规定和特性。这时已经有了这样的倾向，即对绝对者的认
识应当是对实在的客观现实的认识（我们想想黑格尔后来
对康德自在之物的批判。正是物与特性的关系构成这一批

535

---

① 费希特1801年10月15日写给谢林的信，载梅迪库斯编：《谢林全集》，第Ⅱ卷，莱比锡1908年，第341页。

判的一个关键的认识论方面的成效性和正确性。）谢林和黑格尔在耶拿最初几年的共同斗争的哲学史意义在于，它不是在费希特的毫无内容和自我扬弃的抽象性中，而是具体地、带着一切丰富的规定来贯彻绝对者的这种可认识性。因此，这个最初阶段围绕下列问题展开，即可认识的绝对者是否具有可达到的具体规定。在对这个问题的肯定回答中，谢林和黑格尔是完全一致的。他们之间在当时业已存在的差别，一方面涉及这种认识的方法和路径，另一方面涉及这种认识的内容。可以理解，在这一斗争的最初阶段，他们在方法和论述上的差别必须让位于针对共同对手的论战。

因此，黑格尔对谢林的批判预设的前提是，这场斗争已经打赢了；新的批判要转向比几年前的批判在本质上更高的水平。引人关注的是，黑格尔这时吸收了上述引用的费希特关于绝对者中的量的规定的论证。但他是从完全相反的方面这样做的：对费希特来说超出了认识的权限的东西，在黑格尔这里表现为一种抽象性，表现为在认识绝对者时的一种不充分的具体性。① 罗森克兰茨概括了黑格尔1805/06 年哲学史讲座的一段话：

536

---

① 我们在此不可能详尽驳斥关于这段发展过程的资产阶级哲学史所编造的一切荒唐构想。我们仅仅指出近几年非常流行的这样一种构想，即好像黑格尔对谢林客观唯心主义的克服是向费希特甚至康德的立场的一种倒退。每位读者都必定很清楚，在这里，在黑格尔明确回溯到费希特与谢林之间旧争论的最重要论证的地方，他固然是在谈论费希特的同样问题，但他批判谢林的恰恰是相反的东西。

他公开地谈论谢林，带着温情承认他的伟大功绩，但指责绝对者在自身的对立仅仅是量的区分，这种对立是单纯的漠不相关，在其中一切都只是这个或那个因素占据优势，没有任何真正的差别。①

绝对者中各个差别的这种局限是导致谢林哲学的形式主义的原因之一。他不可能将全部的丰富生活和客观实现以这种方式纳入他的绝对者概念中。他不得不做出空洞的构想，例如自然是实在环节对理念环节的优势等，通过这些形式主义的区分，事情的本质、客观实在的现实运动决不可能在概念上得到把握。在上文引用的讲稿中，黑格尔在对谢林进行这种批评之后，接着又指责他缺乏辩证法。

如果我们现在综观黑格尔至此为止对谢林的批判，我们就会清楚地看到，他的一切方法论异议都指向这样的情况，即谢林对绝对者的新的、与他具有共同根据的认识方式拒绝了现实世界的丰富性和活跃性。黑格尔对谢林哲学的程式化和形式主义特点的批判，在《精神现象学》中具体化为哲学方法的下列要求：

程式化仅仅提供内容的迹象，但它不会提供内容本身——如果说规定性（甚至例如像磁这样的规定性）是一种自在地具体的或现实的规定性，那么它就毕竟

① 罗森克兰茨：《黑格尔生平》，柏林 1844 年，第 201 页。

被降格成了某种僵死之物，因为它仅仅被另一种定在
所述谓，并且不被当作这种定在的固有生命来认识，
或者说，它在这种定在中不拥有它的原汁原味的和独
特的自我生成和体现。形式性的知性把补充这项主要
事务的任务让给了他人——它始终俯瞰整体，而不是
深入到事情的内在内容，它高居于它所谈论的个别定
在，也就是说，它根本就不看个别定在。毋宁说，科
学认识要求赋予自身以对象的生命，或者换个说法，
研究并证明对象的内在必然性。[①]

我们在这里看到黑格尔的特殊辩证法与我们在耶拿时
期黑格尔那里可以一再观察到的他对重要的经验论者的那
种同情之间存在的现实的哲学关联。黑格尔把哲学结论与
经验现实的一致看作是一个哲学体系正确或者错误的决定
性标准。他在耶拿时期的一本私人笔记中总结性地勾勒了
各个不同的哲学体系是如何你方唱罢我登场并迅速趋于瓦
解的。对他而言，能否认识经验现实是这些哲学体系瓦解
的决定性环节。因为这意味着：

> 科学。单个的人可以向自己和他人确保他是否掌
> 握了科学。周围的人、同时代的人以及后世的人——
> 如果同时代的人已经表示赞同的话——决定，这是否

[①] 《黑格尔全集》，第 Ⅱ 卷，柏林 1845 年，第 42—43 页。

是真的。毕竟就这样，意识在教化中得到提升，理解野蛮的落后也变得更加顺利和迅速，以至于短短数年就产生了后世。康德哲学早就受到了谴责，而沃尔夫哲学持续了五十多年。费希特哲学的观点更加迅速地由盛及衰。谢林哲学的本质是什么，很快就会显明。对它们的审判仿佛近在咫尺，因为很多人已经理解它们，毕竟这些哲学比感性经验更不能证明，它们能发展到什么程度。它们盲目地培养追随者，但织物变得越来越薄，最终它们惊讶地发现它如蛛网般透明。这件织物对它们像冰一样融化，像水银一样穿过手指，而它们还不知道发生了什么。它们再也无法获得它，看着它们的手——它们用手兜售它们的智慧——的人只看到了空空如也的手，于是嘲笑着扬长而去。[1]

谢林和黑格尔的客观唯心主义具有这样的共同点，即"整体"、"总体"范畴在它那里扮演着一种决定性的角色。但恰恰在今天，在最反动的哲学挑唆总体性与因果性之间的争端并由此把总体变成哲学中的蒙昧主义的一个堡垒（施潘）的时候，非常重要的就是进一步研究黑格尔的总体具有的特性，以便看到他的总体与这些反动观念毫无瓜葛，甚至看到，正是在对照他和谢林的总体观时，谢林观点的反动因素得到批判和克服。

538

---

[1]　罗森克兰茨：《黑格尔生平》，柏林 1844 年，第 544 页。

我们已经指出，黑格尔在辩证地扬弃矛盾时非常重视保存的环节。这一倾向也在他研究部分与整体的问题时表现出来。黑格尔再次表达了他如何理解对各门科学的专门研究：他的辩证法不应当消除这些科学，不应当超出这些科学而建立一门与它们完全分离的哲学，而是应当保存它们的现实感，以便把这种现实感补充进知识的整体关联之中。因此，黑格尔在他的笔记本中写道：

> 坏的反思害怕深入到事情中去，害怕总是要超出自身并返回自身。正如拉普拉斯所说，分析家沉浸于计算而迷失了任务，即进行概览并使计算的各个环节依赖于整体。不仅看到个别对整体的依赖是本质的东西，而且任何环节本身都独立于整体，构成整体，而这就是对事情的深入。①

只有通过理解黑格尔的这些倾向，我们才能摆脱反动的歪曲，正确理解《精神现象学》中的总体性概念。黑格尔清清楚楚地谈到这个问题：

> 真理是整体。但整体只是通过自身发展而不断完善的本质。关于绝对者，我们可以说它本质上是结果，它只有到终点才真正成为它所是的东西；而它的本性

---

① 罗森克兰茨：《黑格尔生平》，柏林 1844 年，第 548 页。

恰恰就在于，成为现实的东西、主体或自我生成。这样一来，把绝对者本质地理解为结果好像是矛盾的，但只要稍微考虑一下，就能把这个矛盾的假象予以揭穿。开端、本原或绝对者，最初直接说出来时只是普遍东西。①

　　这种抽象的普遍东西正是谢林"理智直观"的直接知识。紧接着上述引文，黑格尔用"一切动物"这个词还不能被视为一门动物学的例子来说明这种知识的空洞性。我们在上述明确的例子中看到，黑格尔如何把对客观现实的一切个别领域的独立研究看作是对哲学来说绝对必要的。尽管如此，哲学仍不是这些关于事实的知识的一种简单堆砌，而是应当使这些知识的内在鲜活的关联达到概念。因此，正如我们已经从到目前为止的耶拿时期所知晓的，当黑格尔从这时起强调中介的哲学意义时，他就只是从哲学—方法论上，从形式方面建立起了部分与整体之间的他以前在他的评论中从事实—内容上已经建立起的同样关联。因此，黑格尔借助中介和映现的规定，补充了上述关于真理是整体，也是过程的结果和终点的规定。

　　　　因为终结不是别的，只是运动着的自身同一，换
　　句话说，它是己内映现，自为存在着的自我的环节，

①《黑格尔全集》，第 II 卷，柏林 1845 年，第 16 页。

纯粹的否定性，或就其纯粹的抽象而言，它是单纯的生成……因此，如果映现被排除于真理之外而不被理解为绝对者的积极环节，这就是对理性的一种错误认识。正是这个映现，使真理成为发展出来的结果，但同样又将结果与其生成之间的对立予以扬弃；因为这个生成同样也是单一的，因而它与真理的形式，即要在结果中表现为单一的，是没有区别的，毋宁说真理就是这个返回单一性的东西。①

我们在探讨耶拿时期时就已经详细谈过黑格尔与他所称谓的"哲学映现"的这种积极关系，并且我们已经指出，他在谢林当时对这一哲学原则的错误认识中就有了关于哲学认识的完全不同的看法。因此，黑格尔在他的讲座中回顾这一时期时说道，谢林对主观唯心主义的超越是在他对自己的步骤及其本性和效果没有哲学意识的情况下发生的。黑格尔总结说，谢林"建立了一种自身普遍没有发展的思辨理念，并立刻过渡到作为自然哲学的理念所具有的那种形态"。②

在黑格尔和谢林那里关于绝对者的认识的这些正相反540 对的观点，表现出他们关于历史进程的正相反对的看法。我们已经提及上文谢林关于启蒙哲学、法国大革命和现代

① 《黑格尔全集》，第 II 卷，柏林 1845 年，第 17 页。
② 罗森克兰茨：《黑格尔生平》，柏林 1844 年，第 188—189 页。

市民社会的论述，我们也详尽知悉黑格尔关于这些问题的看法。现在，无需更多详细阐述就可以看出，谢林对启蒙哲学的否定态度和他对映现之于认识绝对者的作用的消极评价，其实是同一种态度的两个方面。他一方面对待社会和历史的一切其他领域，另一方面对待哲学的概念构成，都同样持这种态度。随着黑格尔特殊形式的辩证法日益清晰的发展，他的思维也变得越来越具有历史性，而谢林对"理智直观"的直接性的固守则日渐产生了一种反历史的整体观。

　　这种对立今天必须特别加以强调。因为有一种想法在资产阶级学术界越来越强烈地得到巩固，即好像历史主义是复辟哲学和浪漫派的一个产物。即使有人宽容地承认在黑格尔那里有一种历史主义，因而适当地缓和了兰克的严格判断，这种情况也只有通过使黑格尔日益接近浪漫派的所谓历史主义才会发生。但是，谢林所标榜的历史主义在于何处呢？在于他——以法国大革命的意识形态对手为典范——片面和夸大地强调历史中的连续性因素，这种强调如此片面，以致对他而言这种连续性的一切所谓中断（不仅包括法国大革命，而且包括宗教改革）都只是连续性的中断，因而是某种纯粹否定的东西、一个单纯干扰的因素。在这个地基上只能形成一种反动的假历史主义；难怪像梅利斯那样的法西斯主义者成了谢林历史哲学的狂热崇拜者。

　　相反，黑格尔的历史观表明，人类的进步是如何在崎岖不平的道路上，经历矛盾和对立，通过人自身的活动进行的；这个进程的统一是连续性与非连续性的统一，也就是说，革命对黑格尔来说构成人类进步的发展进程中不均匀的连续性的一个不可缺少的环节。黑格尔在他的历史理论和他的历史编纂实践中把他从启蒙运动那里（吉本、孟德斯鸠、伏尔泰、卢梭、赫尔德、福斯特等）继承的传统提高到了体现历史发展的有意识地认识到的矛盾的一个更高阶级。由此黑格尔拉开了资产阶级意识形态发展的最后重大时期的历史主义的序幕。这段时期超出了法国伟大历史学家的著作而通向对历史中的阶级斗争的认识，通向历史唯物主义，而谢林的历史观则成了19世纪浪漫派反动的假历史主义得以形成的来源之一。

我们由此描绘了在黑格尔和谢林决裂期间他们之间在哲学方法上的本质对立的范围。在这里，重要的只是强调一个本质性的问题，在这个问题中，黑格尔的不仅对立于谢林，而且对立于古典唯心主义时期的其他所有思想家的哲学倾向的特殊地位清晰地表现出来，并且所有的这些对立都以一种浓缩的形式呈现出来。我们指的是黑格尔创立辩证逻辑的倾向。至于黑格尔这种倾向的实现，当然处于我们的考察范围之外。他在写完《精神现象学》之后几年，在纽伦堡就完成了他的逻辑学。而辩证逻辑的方法论问题在这一时期已经作为中心问题，作为概念上的体系顶峰明确地存在。众所周知，《精神现象学》被当作哲学体系的第一部分付印，逻辑学应当构成第二部分。这种统一性在黑格尔的耶拿讲座中就已经得到表达。罗森克兰茨关于这些讲座说道：

> 黑格尔为了讲课的目的而对全体听众所做的摘要，现在仍然保存着。他以这样的方式把现象学与逻辑学结合起来，即他把现象学视为逻辑学的导论，并从绝对知识概念直接过渡到存在概念。[①]

即使人们习惯于把辩证方法看作是德国古典唯心主义的伟大成就，并把黑格尔的《逻辑学》看作是这一发展的顶峰，起初可能也会令人惊诧的是这样的看法：提出建立辩证逻辑并实现逻辑学向辩证法的转化的要求，乃是黑格尔的一项完全个人的特殊功绩，通过这项功绩他与他的先辈们显著地对立起来。客观地看，辩证法的倾向，甚至是非常强烈的倾向，以前显然就已存在。康德、费希特和谢林的全部所谓"先验哲学"都深刻地充满着辩证倾向，但是这种"先验哲学"在康德、费希特和谢林的意识中是与逻辑学并列的；辩证法的问题在"先验哲学"中得到了解决，但旧的形式逻辑在新兴的科学之旁仍过着它的旧的——视情况而定，时而受到尊敬时而遭到鄙视的——一成不变的生活。

我们在此显然不可能阐述康德、费希特和谢林对待逻

542

[①]　罗森克兰茨：《黑格尔生平》，柏林 1844 年，第 214 页。罗森克兰茨使用的这篇黑格尔手稿在此期间也遗失了。

辑学的全部立场。如果我们能援引黑格尔前辈们的典型表述来解释《精神现象学》创作时期的情况，以便看到这些前辈甚至没有将辩证逻辑的问题看作必须解决的问题，那就足够了。

康德在《纯粹理性批判》第2版前言中谈到形式逻辑的问题。他强调，形式逻辑自亚里士多德以来没有后退一步，但也没有前进一步，如果不考虑一些外在的和无关紧要的修饰的话。即便在逻辑学中，康德关心的也是在各门科学之间，在哲学的各个部分之间尽可能僵化而严格地划定界限。与此相应地，形式逻辑，即一般严格意义上的逻辑学，对他而言存在这样的情况：

> 但逻辑学的界限是有很确切的规定的，它不过是一门要对一切思维的形式规则作详尽的阐述和严格的证明的科学而已（不管这些思维是先天的还是经验性的，具有什么起源和对象，在我们内心碰到的是偶然的障碍还是天然的障碍）。逻辑学获得如此巨大的成功，它的这种长处仅仅得益于它所特有的限制，这种限制使它有权，甚至有义务抽掉知识的一切对象和差别，因而在其中知性除了和自身及其形式之外，不和任何别的东西打交道。[①]

---

① 康德：《纯粹理性批判》（雷克拉姆版），第12—13页。

在康德看来探讨现象界对象的"先验哲学"，必须离开这个确定的基础。康德在这方面得出了一系列非常有助于辩证逻辑的扩建的结论，可惜他没有把辩证逻辑看作问题，也没有看到，如果客观性、对象性和对象性关系的逻辑学问题要以一种令人满意的方式科学地得到解决，形式逻辑就必须被转变为辩证逻辑。

　　由于康德的这种含混的提问方式——不论是费希特还是谢林都没有看清这种提问方式是含混的——整个"先验哲学"都获得了某种不确切和不确定的东西。一方面，它是某种完全不同于"逻辑学"的东西，因为它研究的是对象和对象性关系，但另一方面，它又区别于一切涉及客观现实的个别科学，因为它专门研究一般的对象和对象性关系，研究它们得到"设定"的最普遍前提。由此"先验哲学"变成了某种无限制地和随意地可延展的东西。从这个方面考察，费希特超越康德，谢林超越费希特，始终都是以这样的方式进行的，即后来者对"先验哲学"的本质和方法具有一种更加广泛的诠释，并把这一诠释说成是这门科学的正确的和独特的含义。相反，康德相对于费希特，费希特则相对于谢林，固守于"先验哲学"的原初概念，每个人这时都从这样一种科学的观点出发反对他的前辈或后继者，这种科学的现实原则和界限从一开始就不是确定的，因为这些原则的规定只有通过澄清逻辑学与辩证法的关系才能获得。

　　哲学的最终原则中的这种含混使得这样的讨论对今天

543

的读者来说非常难以理解。由此也表明，为什么人们"突然"反复诉诸一向完全被忽视的逻辑学。对这种情形来说非常典型的就是，费希特反对谢林将先验哲学扩展到一门自然哲学的问题上去。对此他在一封写给谢林的信中说道：

> 一门自然哲学的确可以从业已完成的和现存的自然概念出发，但这个概念本身和它的哲学在整体知识的体系中只有从由有限理性的法则规定和绝对 X 中才能推演出来，而一种在自身之旁还容忍实在论的唯心论，根本就什么也不是，或者如果说它毕竟应当是某种东西的话，它就必定是一般的形式逻辑。①

因此，针对在自然中形成的辩证法，费希特仅仅看到了两难困境：要么停留于他的"知识学"的辩证法并把自然视为"意识的一个微不足道的领域"，要么同等看待纯粹经验性的自然科学和作为哲学基础的形式逻辑。

当我们现在考察谢林对待这些问题的立场时，引人注目的是，他在与黑格尔最亲密的合作时期，对黑格尔思想的核心倾向理解得多么的少。在《学术研究方法讲稿》中，谢林谈到逻辑学和辩证法的问题，并在这方面以一种非常

544

---

① 费希特 1801 年 3 月 31 日写给谢林的信，载梅迪库斯编：《谢林全集》，第 II 卷，莱比锡 1908 年，第 327 页。

明显的方式指涉黑格尔所理解的处于形成中的辩证逻辑。但我们从他接下来的讨论看到，他对辩证逻辑的本质理解得多么的少。我们在前文已经引用过谢林关于辩证法的规定，根据这些规定，辩证法具有一个不可认识、仅仅是哲学"精英"和天才可以获得的方面。

> 这样一种辩证法尚不存在。如果它应当是有限性在它与绝对者的关系中的各种形式的一种纯粹体现，它就肯定是科学的怀疑论：连康德的先验逻辑也不能认为是这样。

在此可以非常清晰地看到，谢林是如何设想黑格尔当时显然已经规划的逻辑学所具有的作用和意义的：对一切有限的概念进行辩证的消解，通过这种消解，理性认识扬弃自身，并由此为向直接知识、向"理智直观"的跳跃提供了理据。在这一关联中，谢林提到康德的先验辩证论肯定不是偶然的。康德的先验辩证论在其二律背反中把任何对现象界的原则的绝对认识都化为了乌有，在哲学上为自在之物的不可知提供了理据，以便为通过"实践理性"、通过"信仰"来把握绝对者开辟道路，谢林否定了康德的这种解决方案，认为它具有一种不彻底性，是某种不完备的东西。

但具有典型特征的是，谢林本人在这里想到的仍是这种解决方案的模式。因为他把辩证逻辑的任务看成是建立一种"科学的怀疑论"，因而是在哲学的更高阶段重复康德的二律背反。与哲学的新形势相适应，这种"科学的怀疑论"不应当为主观地信仰绝对者，而应当为客观地直观绝对者做准备工作。但康德二元论的模式仍在谢林这里保留了可知世界的，因而认识方法的无效，尽管是以改动的形式：在康德那里，这种二元论的两个环节是对现象界的认识和对绝对者的主观信仰；在谢林这里，则在于合乎知性的认识的自我消解和主客同一体的超越理性的自我直观。这种直观的领域对谢林而言远远高于知性的任何范畴——一种面向人类认识的最终原则的辩证逻辑对他怎么会成为可能呢？因此，矛盾的扬弃这个关于矛盾的新学说，对他而言就不是新哲学本身的核心，而只是它的"预备性"导论（我们在此看到，谢林对待映现范畴的立场产生了哪些深远的影响）。从这种直观就必然得出，对谢林而言除了哲学天才的这种怀疑论辩证法，又只有旧逻辑学了。旧逻辑学是一门纯粹经验性的科学，而怀疑论辩证法，就像在费希特那里一样，只是一般"先验哲学"的一部分。①

从黑格尔的主要前辈们的这些少量论述可以清楚地看到，他们丝毫没有看到，也丝毫没有理解辩证逻辑的现实的、特殊的问题。下列认识是黑格尔的独有财富：正是最抽象的范畴的内容性产生了在它们的运动中，在它们的活跃关联中体现它们的可能性；与此相应地，形式逻辑的

---

① 《谢林全集》，第一部分，第 V 卷，斯图加特、奥格斯堡 1858 年，第 269—270 页。

"无内容性"仅仅构成这种内容性的一个临界状态,就像静止只是运动的一个临界状态一样;因此,客观现实和人的主观认识的全部问题都构成了这种辩证逻辑的对象;只有在辩证逻辑中并通过辩证逻辑,德国古典唯心主义在其超越形而上学思维的努力中所提出的那些问题才能够得到一种科学—哲学的解读。在黑格尔之前,这个问题甚至从未作为问题被有意识地提出来。

遵循黑格尔这些思想的发展过程,看它们如何逐渐成为有意识的并浓缩成解决所有哲学问题的一个纲领,是令人神往和引人关注的。毫无疑问,黑格尔在耶拿早期,尤 *546* 其是在教授资格论文和《耶拿逻辑学》的某些部分中,就有了这样一种追问的非常明显的征兆。但黑格尔耶拿早期著作的论战特点,他要亲自征服人类知识的所有领域的热切兴致(耶拿时期的头几年是黑格尔获取自然科学的现实知识的时期)妨碍了他以一种系统的形式阐述他的这些纲领性的观点。只有为这个哲学体系所做的准备,才意味着黑格尔充分阐明了这项核心的哲学任务。现在在《精神现象学》中,这个纲领,甚至《精神现象学》作为哲学导论的意义以及它与辩证逻辑的关系,都充分明晰地得到说明。

我们在此仅限于简短地揭示《精神现象学》本身中黑格尔关于逻辑学的规划的这种阐述。在《精神现象学》的序言中,黑格尔把逻辑学描述为与思辨哲学同一的。① 这一

---

① 《黑格尔全集》,第 II 卷,柏林 1845 年,第 29 页。

论述在序言中获得了非常明晰的和本质的具体说明。黑格尔关于哲学及其方法说道：

> 因此，哲学并不考察非本质的规定，而是考察本质的规定；哲学的要素和内容不是抽象的或非现实的东西，而是现实的、自我设定着的和在自身活着的东西，是在自身概念中的定在。这是过程，这种过程产生和经历它的各个环节，并且整个运动……构成它的真理……关于这个运动或科学的方法，看来有必要提前作出若干说明。方法的概念已经包含在前面所说的内容里，而对方法的真正论述是逻辑学的任务，或更确切地说，就是逻辑学本身。因为方法无非是整体的建构，它在整体的纯粹本质性中建立起来。①

在这里，作为真正的哲学的逻辑学具有的本质已经非常清楚地得到说明，在逻辑学中，哲学的整个结构的方法和哲学的所有包含内容的范畴都在它的进展和运动中体现出来。逻辑学作为真正的哲学，既是《精神现象学》的前提，同时又是作为逻辑学导论的《精神现象学》的必然延续和完成。而黑格尔在序言的进一步论述中更加具体地规定了逻辑学的这种关系和它的方法，以及它与它的各个对象的内容性之间的关系。他说：

① 《黑格尔全集》，第 II 卷，柏林 1845 年，第 36—37 页。

因此，合乎知性是一种生成，而作为这种生成，合乎知性就是合乎理性。一般而言，逻辑必然性就在于，存在者的这种本性即在它的存在中成为它的概念；唯有逻辑必然性才是合乎理性的东西，才是有机整体的节奏，它是内容的知识，正如内容就是概念和本质一样。换言之，唯有逻辑必然性才是思辨的东西……科学方法的这种本性在于，一方面与内容密不可分，另一方面自己规定着自己的节奏，而正如我们已经提醒注意的，在思辨哲学中具有它的真正体现。①

《精神现象学》被拟定为这种思辨哲学的导论，正如我们现在非常清楚地看到的，这种思辨哲学的本质是与辩证逻辑同一的。当然，《精神现象学》是一种特殊类型的导论。关于它的方法论特点，我们将在下文详细论述；但它的方法论的基本思想已在我们前文的阐述中呈现出来：如果它要提升为哲学意识，就应当在普通意识必须经历的道路上得到揭示。因此，如果说在谢林那里，只有"精英"才能够获知真正的哲学，并且他们通过"理智直观"的行为一下子就拥有对绝对者的认识，那么相反，在黑格尔这里，不仅绝对者本身客观地是一个过程及其结果，而且绝对者能够由以得到恰当认识的人的主观理性和立场的获得，同样是一个过程及其结果。

———————

① 《黑格尔全集》，第 II 卷，柏林 1845 年，第 45 页。

正如这个序言在质上区别于以往的一切哲学导论一样，这个序言在内容上与哲学本身的关系也与以往的截然不同。以往的序言要么是纯粹形式性的，真正的内容只有在哲学本身中才能给予，要么就像在谢林那里一样，哲学本身具有一种完全不同于以往"世俗"的有限知识的内容性和对象性。

相反，对黑格尔来说，无论何时何地，哲学始终是相同的，它始终都是现实在其辩证的自我运动中的本质内容性的表达。因此，哲学序言也必定包含着与哲学本身一样的完全相同的内容。用黑格尔本人在《精神现象学》中自己的话讲，攀登哲学的阶梯，意味着在不断提升的人类意识的各个不同阶段对现实的内容作思想的探讨。而即便现实的内容在意识的各个不同阶段表现出来，并与此相应地在它们的对象性的表现形式中得到改动，它们也与客观哲学、辩证逻辑必须研究的东西是一样的。各个不同的意识阶段——它们通向哲学的观点，在《精神现象学》中具体化为"意识的诸形态"——不论按照它们的本质还是按照它们的次序，都不是某种偶然的东西，不是某种会与辩证逻辑的客观关联处于全然偶然的关系之中的偶然东西。它们作为普遍化的内容，拥有与哲学的内容相同的内容，只是它们的阶段序列、它们的彼此结合等与辩证逻辑本身中的是不同的。但既然《精神现象学》和逻辑学由以产生的现实是相同的，这些表现得各不相同的内容就必然彼此符合，尽管是以一种复杂化的、非直线型的和非程式化的方式。因此，在黑格尔那里通往哲学的道路就处在哲学的范围之内。

黑格尔在《精神现象学》接下来的考察中表达了这样的思想：

> 如果说在精神现象学中每个环节都是知识与真理之间的差别和差别扬弃自身的运动，那么相反，科学并不包含这种差别及其扬弃，而毋宁说，由于环节具有概念的形式，它就把真理的对象性形式和进行认识的自我的对象性形式结合为直接的统一体。环节不是作为从意识或表象到自我意识以及相反地从自我意识到意识或表象的反复往来的运动而出现，而是作为纯粹的、摆脱了它的意识中的现象的形态即纯粹概念而出现的，而纯粹概念的前进运动仅仅依赖于它的纯粹规定性。相反，一般来说，科学的每个抽象环节总有一个显现着的精神的形态与它相对应。正如特定存在着的精神并不比科学更为丰富一样，特定存在着的精神就其内容而言也不是更为贫乏。以各个意识形态的这种形式去认识科学的诸纯粹概念，就构成纯粹概念的实在性方面，按照这一方面，科学的本质、概念——在科学中的概念在它自己的简单中介中被设定为思维——把这个中介过程的各个环节加以拆分，并且按照内在的对立加以阐述。[①]

549

[①] 《黑格尔全集》，第 II 卷，柏林 1845 年，第 609—610 页。

我们从所有这些内容看到，《精神现象学》的方法是如何从黑格尔对谢林哲学的反对中发展出来的，当然，在内容和方法论的意义方面，它远远超越了这种分歧，并获得了一种完全独立的意义。无论如何，我们都可以把黑格尔耶拿时期这部最终的著作中的论战部分称作《谢林与黑格尔哲学体系的差异》，作为他由以开启了他在耶拿的影响的《费希特与谢林哲学体系的差异》的对应作品。随着这部著作的问世，德国古典唯心主义扣人心弦的分化过程就结束了：黑格尔哲学的时代开始了。

我们至此为止的考察已经阐明了《精神现象学》深刻的方法论原创性。伴随着这一证明，拼命寻找《精神现象学》的"先驱"的资产阶级学术界在语文学上的一切吹毛求疵就不攻自破了。如果说这涉及的不过是闲来无事的学者在语文学上的一种消遣，那么现在再来钻研这个问题就毫无意义了。而这整个语文学不过构成下列努力的一部分：要使人相信德国古典哲学的彻底统一性，亦即要模糊黑格尔辩证法的特性——黑格尔辩证法由于这种特性而成了历史唯物主义的先驱——以便把黑格尔部分地拉回到康德不可知论的水平，部分地拉回到浪漫派非理性主义的水平。针对这些倾向，强调《精神现象学》的方法论原创性就具有一定的历史意义。

我们将进一步在下文的一处注释中为那些也对这个问题的细节感兴趣的读者简要地汇编所谓黑格尔的先驱的重要资料。关于这个问题，原则上只能说，《精神现象学》的思想在某种意义上显然酝酿已久。各式各样的主题——我们下文将在《精神现象学》本身中观察到这些主题在方法论上的统一——显然不是黑格尔挖空心思想出来的，而是非常特定的时代问题。

　　但是，思想家们被同样的时代问题所困扰是一回事，他们各不相同的提问和解答是否对彼此发挥着决定性的影响又是另一回事。我们争论的只是后者。各个范畴的辩证结合的思想，自康德以来就已在酝酿之中，但我们已经看到，只有黑格尔科学地具体地提出了辩证逻辑的问题。

550

　　至于《精神现象学》的问题，情况同样如此。这些问题涉及两类互相关联的系列问题：一方面，在康德那里知性范畴的辩证法以及它们的相互扬弃必然提出这样的问题，即如何达到这种辩证法，并从这种辩证法达到对绝对者的认识；另一方面，随着历史意识的不断增强和历史知识的增长，就需要将历史理解为通向现时代的一条统一道路，尤其是在阐释人的思维、哲学具有一条统一且必然的发展道路以后（温克尔曼、赫尔德和席勒在艺术和文学史中都预言性地引领了哲学史的发展）。这是普遍的时代倾向，它们本身显然必定以各种各样的形式对《精神现象学》的问世产生了影响，而且确实产生了影响。但这并不意味着，黑格尔之前的各种极其次要的、极其零散的解答尝试，对《精神现象学》的特殊问题产生过某种本质性的影响；尤其是，这并不涉及，在这一时期哲学史的现代探讨方式的方向上，是从对这些——完全是据传的——关联性和相似性的确立中得出结论的。

在这个方向做出最新尝试的是霍夫迈斯特[①]，他想在谢林的《先验唯心论体系》与《精神现象学》中的两个"理性时代"之间架起一座桥梁。他的论证并不能使人信服：一方面，它在形式上不能使人信服，因为谢林总是混淆问题的主观（现象）方面和客观（逻辑学）方面，而现象学的本质恰恰在于对这个主观方面的连贯一致的和方法论的强调，并且因为谢林根本没有连贯一致地贯彻这一思想，恰恰在对黑格尔而言问题才刚开始的地方，即在实践哲学那里，谢林的"时代"结束了；另一方面，它在内容上也不能使人信服，因为在谢林那里所有那些关于人的实践（劳动）与意识的形成之间关系的问题都彻底空缺。当然，在康德那里也有一些指向这个方向的段落。《纯粹理性批判》就是以不够完整的一章"纯粹理性的历史"结尾的。[②]但在这一章只有关于哲学史的一种模式的个别评论，在这方面，康德几乎没有阐发历史性的东西，而是更多地注重强调对待关键哲学问题的立场的某些典型的可能性。克洛纳[③]想要从另一方面发掘费希特的一种先驱地位。费希特的确在某处[④]谈到了精神的"实用历史"。但如果我们进一步

---

① 黑格尔：《实在哲学》，第 I 卷，导论，莱比锡 1931 年，第 91 页。

② 康德：《纯粹理性批判》（雷克拉姆版），第 641 页及以下。

③ 克洛纳：《从康德到黑格尔》，第 I 卷，图宾根 1921 年，第 147 页和第 372—373 页。

④ 《谢林全集》，第 III 卷，斯图加特·奥格斯堡 1958 年，第 415 页。

审视这一出处，就必定会看到，这就像在我们前文探讨的谢林的例子中一样，仍只是涉及一种突发奇想，从这种突发奇想中没有得到任何现实的方法论结论。这样的突发奇想像现象学本身一样，在同样的时代思潮和时代问题中具有自己的根源，这是无可置疑的，但这与一种先驱地位毫无关系。要更严肃地加以看待的是歌德和席勒的某些思想。歌德在一封写给席勒的信（1798年1月24日）中说到，他对颜色学说史的研究给他带来了重要的新的思想：

> 如果我们看看真正构成科学史的一系列精神事件，就再也不会嘲笑撰写一部先天的历史学这种突发奇想了，因为一切东西都是现实地从人类精神进步和落后的特性中，从奋进复又延缓的本性中发展出来的。

考虑到歌德与黑格尔的思想倾向的通常深度的亲缘性，这样一种中途邂逅无疑也是有趣的。而席勒在其《哲学书信集》中谈到的某些思想更为本质，因为仅此一次，一位这样的先驱在某种意义上曾得到黑格尔本人的亲自承认。席勒的这本著作在最后部分包含一些哲学诗，黑格尔在《精神现象学》的结尾处逐字逐句地摘引了这些哲学诗中的一首："从这个精神王国的酒杯里，精神自己的无限性对它泛起泡沫"。但即便是在《哲学书信集》中涌现出的表明与黑格尔存在某种亲缘性的个别思想，也只有从席勒的思想发展，从他严肃而通常卓越地致力于超越康德主观唯心主义

552

局限的努力的观点看，才是真正引人关注的；它们作为
《精神现象学》的"前史"无助于我们更好地理解《精神现
象学》。

第二节 黑格尔《精神现象学》
时期的政治态度和历史观

我们已经看到，黑格尔后来的哲学核心问题在《精神
现象学》中已经准备就序，并作为他下一步活动的明确说
明的规划摆在我们面前。随着《精神现象学》的问世，黑
格尔体系的准备时期就此结束，他所描述的具有世界历史
意义的人物已经在这部著作中向我们呈现出来。尽管如此，
毫无保留地将《精神现象学》时期的黑格尔与后来体系时
期的黑格尔等同起来决不是正确的。在此期间世界上发生
了重大的变化，黑格尔对这些变化做出了全身心的热烈反
应，因此必然在他的哲学中留下了深深的印记。研究这些
变化，尤其是研究这些变化在多大程度上关涉到整个黑格
尔哲学的结构，研究是什么造成了重要范畴的改变，并非
本书的任务。但我们仍将在下文探讨这些问题中的一些，
只是为了能够比通常可能的情况更加生动地强调《精神现
象学》本身的某些本质特征。

但另一方面也必须说，在《精神现象学》时期的黑格
尔与后来发展时期的黑格尔之间划出一条鸿沟是同样错误

的。《哲学全书》中的"精神现象学"一章比我们现在要谈论的他在耶拿拟定的哲学体系中的《精神现象学》具有狭隘得多的意义，但这一事实仍远远不能成为划出这条鸿沟的充分依据。更何况，我们还知道，黑格尔在他生命的最后几年还在准备推出《精神现象学》的新版本；我们当然 *553* 只有在这个新版本真正面世并且我们可以借助原版比较黑格尔的改动时，才能对他后来这个新版本的态度有确切的了解。可惜，实际情况不是这样。但是，我们关于黑格尔思想发展的了解足以使我们看到，黑格尔关于作为"同一性与非同一性的同一性"的辩证统一的观点也适用于这一思想发展。这一思想发展具体地如何表现，它的各个阶段与的时代的重大事件如何发生关联，必须在马克思主义研究业已钻研全部有关的现存材料以后做出决定。

　　对资产阶级的黑格尔研究者而言，《精神现象学》表现出某种极其令人不快甚至令人害怕的东西，它的独特之处应当用各种"机智的"假设予以清除。我们不想用探讨所有这些捕风捉影的理论来叨扰读者，只想简短地提及著名的黑格尔研究家黑林关于《精神现象学》的形成的最新理解，作为一个特别贴切的鉴戒。根据黑林的理解，《精神现象学》仅仅是一部即兴之作。"从这里不难猜测，只有等到签订了出版合同以后，或许甚至只有等到寄出第一部分的手稿以后，他才想到详细地拟定导论。"由于黑林确实可以根据黑格尔的信件证明，黑格尔在交付手稿印刷的过程中出现过中断，所以他就作了"机智的"假设：《精神现象学》的后半部分是由以前的手稿和讲稿笔记仓促地临时拼凑而成的。黑林从这一形成史得出结论，《精神现象学》在黑格尔的思想发展中"只是某种暂时的东西"。它的本质仅仅在于，"是在一种几乎胡塞尔意义上的……精神的本质直观。"①

导致法西斯主义者黑林如此贬低《精神现象学》的意义的原因，是不难发现的。海姆，作为年老的宣扬民族自由的黑格尔传记作者，已经非常清楚地说明这一原因，尽管他对其中的问题完全缺乏理解。他对《精神现象学》的评价以一连串恼人的谩骂收场，针对的乃是黑格尔在旧普鲁士的危难之际、在耶拿战役之际（1806 年）的不爱国态度，在耶拿战役之后黑格尔欢呼拿破仑对旧普鲁士军队的胜利是文明对封建野蛮的一次胜利。当然，海姆由此得出的结论并不是仅仅局限于《精神现象学》，而是涉及黑格尔的整个思想。他察觉到黑格尔有一种背离生命、压制生命的"审美"特质，并赞颂费希特相比于黑格尔的爱国主义："他把尘封的形而上学抛到一边，他的富有男子汉气概的讲演成了唤醒沉睡的民族意识的号角。"② 至于费希特的这种"振奋"终结了他作为享有欧洲重要地位的真正哲学家的生涯，至于他作为哲学家悲剧性地毁于当时德国不可解决的矛盾，海姆是毫不关心的。他的黑格尔传记毕竟写于德国

---

① 黑林：《〈精神现象学〉的形成史》，载《第三届黑格尔会议论文集》（1933 年），哈勒姆、图宾根 1934 年，第 126 页、第 130 页、第 137 页。

② 海姆：《黑格尔和他的时代》（1887 年），莱比锡 1927 年，第 2 版，第 258 页及以下。

资产阶级的这样一个转变时期，即德国资产阶级日益坚决地转变成要完全清除自己旧的自由传统，要使"自由"的思想无条件地从属于"统一"的思想，一言以蔽之：屈服于俾斯麦领导下的霍亨索伦家族的"波拿巴君主制"（恩格斯语）。①

　　德国著名的马克思主义者梅林出色地发现了耶拿战役时期德国极其复杂的局势的现实社会原因。他睿智地将耶拿战役比作巴黎对巴士底狱的猛攻，并正确地指出，这些对德国和法国的封建绝对主义君主制的各种不同形式的摧毁产生了非常深远的影响。② 特别是从这些影响中产生了我们业已详细谈论的自那时起开始的一些矛盾，即清除德国封建残余的发展同实现德国民族统一并摆脱法国的外族统治的发展产生了分歧。在这条历史歧路上浪漫派支持普鲁士—奥地利领导下的民族解放，并且由于普鲁士—奥地利的领导，特别在它们取得胜利和拿破仑垮台以后，走上了越来越反动的道路，大多数浪漫派沉迷于幽暗的蒙昧主义之中（在这里出现的矛盾不可解决的情况下，作为哲学家的费希特已无路可走）；而这一时期德国最杰出的人物歌德和黑格尔，已经成为拿破仑的支持者，他们寄希望于他摧毁德国的封建残余，由此背离了德国广大民众尤其是北德民众的情感，而陷入了孤立。

555

――――――――――

　　① 我在拙文《马克思与费舍尔》中对德国资产阶级及其意识形态结论的这一发展过程作过详细阐述，载《美学史论文集》，柏林 1954 年。

　　② 梅林：《论著集》，第Ⅲ卷，柏林 1930 年，第 374 页及以下。

　　歌德和黑格尔对拿破仑的敬仰是一个众所周知证据确凿的事实，连德国的民族主义历史学家也完全不能予以否认。尽管如此，在这里仍有人企图通过把他们对拿破仑的这种敬仰变成对一般天才的抽象崇拜来抹杀这些痕迹（尤其是从尼采到贡多尔夫的帝国主义时期的歌德研究就是这样做的）。我们在此关注的是黑格尔对待拿破仑的态度的具体政治内容。这一内容——出于不允许具体探讨当时德国的力量对比的原因——在他的著作中比在他的私人信件中更少地得到表达。我们甚至可以观察到，黑格尔几乎只向他的可靠朋友，哲学家尼特哈默，敞开心扉谈论这个问题。

　　在这些信件中，黑格尔的政治路线非常明确地表露出来。我们在下文仅援引几处黑格尔的主要表述，从这些表述中读者会非常清楚地认识到，黑格尔钦佩拿破仑的决不是某种抽象天才——正如我们从黑格尔关于伟大人物在历史中的作用的观点所确切知道的，一般而言这种看法与他是格格不入的——而是拿破仑成为在德国推行法国大革命遗产的执行者，简言之，黑格尔在这整个时期，直至拿破仑垮台，甚至超过这个时间段，都是莱茵联盟政策的坚定拥护者。

　　他写给尼特哈默的信已广为人知，在这封信中他描述了他对耶拿战役的直接印象。我们在此之所以要援引这封信，只是因为其他的信都是在他完成《精神现象学》之后写的，而我们想要表明，在黑格尔那里从他在论文《论自然法权》中对雾月十八日政变的赞同直到拿破仑的垮台有

一条笔直的政治路线，因此他在《精神现象学》中对现时　*556*
代的政治情绪和看法本身就构成他的这一思想发展的一个
有机构成部分。黑格尔在 1806 年 10 月 13 日的信中写道：

> 我看到皇帝——这位世界精神——骑着马出来巡
> 察全城。看到这样一个个体，这个个体在这里汇集于
> 一点，骑在马上，他掌握着世界，主宰着世界，事实
> 上这是一种奇妙的感觉……普鲁士人……当然没有任
> 何先见之明，而从星期四到星期一，只有这位不可能
> 不使人钦佩的杰出人物，才可能取得这样的进步。①

在后来的几封信中，黑格尔更加明确地表达了具体的
政治内容。他在 1807 年 8 月 29 日写信给尼特哈默说："德
国的国家法导师不允许撰写大量关于主权概念和联盟文件
的意义的著作。伟大的国家法导师住在巴黎。"在此基础上
黑格尔谈到在个别莱茵联盟国家存在王侯和各等级之间的
冲突，他继续说道：

> 拿破仑在清楚符滕堡的这些冲突时愤怒地对符滕
> 堡的大臣说：我把您的君主变成了一位主权者，而不
> 是变成了一位独裁者。德国的王侯还没有理解自由君
> 主制的概念，还没有试图实现这个概念，拿破仑将不

---

① 《黑格尔通信集》，莱比锡 1887 年，第 68 页。

得不把所有这一切组织起来。有些东西将变得与人们以前想象的有所不同。①

黑格尔在 1807 年 10 月 13 日的信中以同样的精神写道：

> 最终的决定看来始终还没有从巴黎出发，出于某些情况可以猜测，这一决定不仅将涉及各国外部的分配，而且将为了民众的福祉而影响到内部的组织。"②

在 1808 年 2 月 11 日的信中，关于《拿破仑法典》在德国的推行，他以类似的精神写道：

> 但法典的重要性仍无法与人们可能从即使法兰西宪法或威斯特伐利亚宪法这些比较遥远的部分都得到了采纳这一事实中产生的希望的重要性相比拟——这种情况几乎不会自愿地发生，也不会出于自身的见解发生，因为这种见解在哪里呢？只有在上天的意志，即法兰西皇帝的意志，成为德国的意志，并且当代典型的集权化和组织的各种样态——在这些样态中没有任何公正，没有任何群众性，而只有单个人的任意和揣度——消失以后，这种情况才会发生。③

---

① 《黑格尔通信集》，莱比锡 1887 年，第 130 页。
② 《黑格尔通信集》，莱比锡 1887 年，第 135 页。
③ 《黑格尔通信集》，莱比锡 1887 年，第 158—159 页。

　　所有这一切都清楚地表明，黑格尔在这些年不仅是莱茵联盟政策的拥护者，而且在任何个别的问题上都期待拿破仑的进步解决方案，期待他对德国王侯的强有力施压产生的进步解决方案。只有在彻底的行政中央集权的问题上，正如我们所见，他不赞同拿破仑。但从这些信件可以明确得知，即使在这里，他也已经看到通过拿破仑体制自身的发展可以予以改善的东西。因此，从这种针对一个细节的批判中也不能推测出黑格尔对拿破仑政府的反对。

　　这完全符合这样的看法，即黑格尔对德国反对拿破仑的解放战争持非常怀疑的态度，并且直到最后一刻都在希望和期待拿破仑皇帝的胜利。黑格尔仅仅把拿破仑的垮台视为一桩悲剧性的世界事件，他的信充满着对业已获胜的平庸的尖刻批判。自此以后的很长时间里，黑格尔都不能习惯于这种状况，而一再希望世界精神迈出强有力的步伐，赶走获胜的跳蚤和臭虫。后来他与德国现存状况的"和解"是非常缓慢地形成的，但阐述这个发展过程的各个阶段已超出本书的研究范围。①

---

　　① 关于黑格尔对待拿破仑垮台的态度，尤其可参见他 1814 年 4 月 29 日写给尼特哈默的信（《黑格尔通信集》，莱比锡 1887 年，第 371—372 页）。我们也不要在强调孤独天才与普罗大众的平庸之间的对立的浪漫派意义上，解释黑格尔对复辟时期统治等级的平庸表示的愤怒与鄙视。我们也可以在法国重要的现实主义作家那里，在巴尔扎克、特别是司汤达那里发现复辟时期的这种批判。此外，这种鄙视的政治含义在黑格尔的信件中表达得很清楚，所以他在我们上文引用的信中嘲讽那些希望重新回到"美好的旧时代"的人，并具体说明了他在纽伦堡的心情，他当时在那里生活，而在那里有人希望建立复辟的纽伦堡城市的旧的"独立性"和"直属皇帝与中央的体制"。

我们之所以详细阐述黑格尔的这些情绪，是因为这些情绪与《精神现象学》的非常重要的问题具有一种紧密的联系，尤其是与现时代本身获得的历史评判，并且由此在一个这样得到理解的现时代中与哲学的本性有着紧密联系。简言之，黑格尔的观点是，在经历了法国大革命这场重大的世界危机后，一个新的世界纪元正在拿破仑政权下形成。他的哲学应当就是这个世界纪元的思想表达。因此，黑格尔这时给予他自己的哲学体系的特殊评价是，他的哲学总结了一个新的时代的开端。

罗森克兰茨出版了黑格尔在 1806 年秋季用以结束他的现象学课程的讲稿结论：

> 先生们，这就是我所能阐发的思辨哲学。你们要把这看作是你们继续从事的哲学活动的一个开端。我们处在一个重要的时代、一个酝酿的时期，在这里精神得到振奋，超越了它以前的形态，并获得了一个新的形态。所有迄今为止的观念、概念、世界关系都分崩离析了，像梦幻一般在自身破灭了。精神正在酝酿一种新的形成形态。哲学尤其欢迎精神的这种新形态的显现，并予以承认，而其他人由于无力承受这种新形态而沉湎于过去，并且大多数人无意识地构成显现这种新形态的芸芸众生。哲学认识到这种新形态是永恒的东西，而对它表达敬意。①

---

① 罗森克兰茨：《黑格尔生平》，柏林 1844 年，第 214—215 页。

　　这种看法这时在《精神现象学》序言的纲领性阐述中更加清楚地得到表达。黑格尔在这里将如下必然性与这种思想联系起来，即在思想上说明精神的这种新形态的哲学，首先必定具有一种抽象的形式；因为新的东西还没有包含在现实和历史生活自身之中，它还没有拆分成丰富多彩的各种不同环节。时代与哲学之间的这种关联是黑格尔关于人的思想发展的看法的恒久基础。而正因为如此，具体地看到下列情况是非常重要的，即他在撰写《精神现象学》时期把他的哲学理解为世界史的一种新生形态的思想形式，而正如我们立刻将看到的，后来他关于他的哲学与世界史的发展之间关系的理解——在保留世界史与一般哲学的关系的同样原则的同时——变成了一种完全不同的理解。这个问题对黑格尔哲学发展具有的重要意义，使得详尽引用他的下列论述是必要的：

　　　　此外，我们不难看到，我们这个时代是一个新时期的降生和过渡的时代。精神已经同它旧日的生活和观念的世界决裂，正使旧日的一切葬入过去而着手进行它的自我改造。虽然精神从来没有停止不动，而是永远在前进运动着，但是犹如在母亲长期怀胎之后，第一次呼吸才把过去仅仅是逐渐增长的那种渐变性打断——一种质的飞跃——从而生出一个小孩来那样，成长着的精神也是慢慢地静悄悄地向着它新的形态发展，一块一块地拆除了它旧有的世界结构。只有通过

559

个别的征象才预示着旧世界行将倒塌。现存世界里充满的粗率和无聊，以及对某种未知东西的那种模模糊糊若有所感，都在预示着有什么别的东西正在到来。这种逐渐的、并未改变整个面貌的颓废败坏，突然为日出所中断，升起的太阳就如闪电般一下子建立起新世界的形象。

但这个新世界也正如一个新生儿那样还不是一个完全的现实。这一点十分要紧，不容忽视。首先呈现出来的只是它的直接性或者说它的概念。我们不能说一个建筑物在奠基的时候就已经落成，同样我们也不能把对整体所获得的概念视为整体自身。当我们盼望看见一棵躯干粗壮、枝叶茂密的橡树，而所见到的只是一粒橡实的时候，我们是不会满意的。同样，科学作为一个精神世界的王冠，也决不是一开始就完成了的。新世界的开端乃是各种教养形式的一个彻底变革的产物，乃是走完各条错综复杂的道路并作出各种艰苦的奋斗努力之后获得的奖赏。这个开端乃是在继承过去并扩展自己以后重返自身的整体，乃是这个整体形成的单纯概念。但这个单纯的整体，在现在已变成环节的那些以前的形态，在它们新的要素中以已经形成的意义而重新获得发展并取得新形态时，才达到它的现实。

由于一方面新世界的最初显现还只是隐藏在它的单纯性中的整体，或者说，最初显现的还只是整体的一般基础，所以另一方面，过去的生活里的丰富内容对意识来说还是记忆犹新的。在新出现的形态里，意 560 识见不到内容的展开和特殊化的过程了，但它更见不到的则是将诸差别加以准确规定并安排出其间固定关系的那个形式的发展过程。没有这个发展过程，科学就缺乏普遍的可理解性，仿佛只是少数个别人的一种内部秘传的东西……只有完全得到规定的东西才是公开的和可理解的，并且能够经过学习而成为一切人的所有物。①

我们重复一遍：即便只是稍微阐述黑格尔后来的思想发展，在这里也是不可能的。对我们的目的而言，我们只要将他在《法哲学原理》(1820 年)的导论中关于哲学与时代的关系所作的非常明确生动的表述与《精神现象学》的这个序言进行对照就完全足够了。黑格尔把《精神现象学》理解为通向一个全新世界的一块路标，而他后来——从同样的普遍的方法论基础出发——对他的哲学与现时代的关系有了一种完全不同的想法：

----

① 《黑格尔全集》，第 II 卷，柏林 1845 年，第 10—11 页。我们看到，正如在黑格尔这里《精神现象学》的一切问题都是以历史事实为中心的一样，这涉及的也是对一个全新时代的哲学意义的说明。甚至他想要通过《精神现象学》予以超越的谢林哲学的秘传特点，也表现为这种世界形势的一个必然产物。显然，谢林哲学的这种历史性解释并没有减弱黑格尔反对它的尖锐性。

关于教导世界应该怎样，也必须略微谈一谈。在这方面，无论如何哲学总是来得太迟。哲学作为关于世界的思想，要直到现实结束其形成过程并完成其自身之后，才会出现。概念所教导的也必然就是历史所呈示的。这就是说，直到现实成熟了，理想的东西才会对实在的东西显现出来，并在把握了这同一个实在世界的实体之后，才把它建成为一个理智王国的形态。当哲学把它的灰色绘成灰色的时候，这一生活形态就变老了。将灰色绘成灰色，不能使生活形态变得年轻，而只能使它得到认识。密涅瓦的猫头鹰要等黄昏到来，才会起飞。[①]

黑格尔在两种情况下用以表达他的思想的特别生动的方式，呈现出这种极其鲜明的对照：在《精神现象学》中是朝霞，在《法哲学原理》中则是黄昏；在前者中是一个新纪元的开端，在后者中则是人类发展的一个时期的结束。既然在黑格尔的哲学中不存在任何情绪，我们就将看到，我们两次探讨的是关于现代的发展，关于现时代的历史地位的一种在根本上不同的历史哲学观点。

现代的这种新的时期划分可以非常简单地得到说明和证明。黑格尔的一般历史哲学思想自耶拿时期以来在本质

---

① 黑格尔：《法哲学原理》（拉松编），莱比锡1911年，第17页；《黑格尔全集》，第Ⅷ卷，第20页。

上就已没再发生改变。黑格尔所描绘的古代的特征，不论是古希腊还是古罗马的特征，在耶拿时期始终都是一样的。关于古代的阐述通过对东方世界的广泛研究得到扩展和丰富，这决不意味着方法论的转变。我们在法兰克福时期就已经可以观察到这一发展的开端，并且我们将看到，在《精神现象学》中有一大章用于论述东方的宗教。同样没有改变的是，黑格尔非常简洁地探讨中世纪的历史。这段历史只有在美学和宗教哲学中才获得了一种略有提升的重要性；但在那里有这样一种强烈的倾向，即他要把艺术的真正的世界史的价值理解为文艺复兴的结果，理解为在真正意义上超越中世纪的结果。因此，美学的时期划分连同对"浪漫主义的"艺术时期的特别强调，也决不意味着对浪漫派关于中世纪的称颂的任何妥协。

　　我们在黑格尔后来的历史哲学中能够观察到的与他耶拿时期历史哲学不同的唯一真正关键性的变化，涉及的乃是现代：在耶拿时期，法国大革命以及拿破仑对它的扬弃（在黑格尔三一式的意义上）是晚近历史的决定性转折点，这一转折点对耶拿时期的黑格尔来说构成上述引文的阐述现时代哲学处境的历史基础，也构成规定现时代的一个科学体系的必然特点和必要任务的历史基础；相反，我们发现，在他后来的历史哲学讲稿中，宗教改革在现代历史中占据了核心地位，而黑格尔在耶拿时期曾把这样的地位归之于法国大革命和拿破仑。

　　让我们简短地考察一下黑格尔关于现代的这种新的时

期划分的最重要表述。他把科学和艺术的复兴、美洲和东印度航线的发现称为"朝霞……它在漫长的风暴之后又一次率先宣告美好的一天"。而宗教改革就是这一时期颠覆一切的事件:"我们首先必须考察宗教改革本身,它是美化一切的太阳,它在中世纪结束时伴随着朝霞出现……"①

562

黑格尔关于在宗教改革中而且是以路德的形式发生的历史转折的详细探讨表明,这些图景在黑格尔那里几乎始终都不仅仅是图景,而是本质思想在感性上的确切体现:

> 真理对路德教派而言不是一个构造的对象,毋宁说主体本身应当成为一种真切的东西,因为它把自己的特殊内容交给了实质性的真理并且掌握了这一真理……新的、最终的〔此处着重号,由我所加——卢卡奇注〕旗帜由此打开,民众聚集在这面旗帜之下,这是自由精神的旗帜,这种自由精神在它自身那里存在,更确切地说在真理中存在,而且它只有在真理中才会在它自身那里存在。这面旗帜是我们为之敬奉的旗帜,是我们高举的旗帜。从那时起直到现在,时代业已完成并将要完成的事业不是别的,正是通过使和解本身和真理也变成客观的,而从形式上将这一原则融进世界。②

---

① 《黑格尔全集》,第Ⅸ卷,柏林1840年,第2版,第496页和第497页。
② 《黑格尔全集》,第Ⅸ卷,柏林1840年,第2版,第502页。

我们已经在前面强调，黑格尔关于理念在历史现实中的实现和自我实现的方式的一般方法论的思想没有发生改变。在后来的黑格尔那里，改变的只是对现代历史中的决定性转折实际的时间和地点的具体评判。始终未变的是这样的方法论观点，即新事物形成的本性和它的特性被理解为"简单概念"，这种概念是逐步地具体化的，拆分成各个环节，并贯穿整个现实。只是说，后来的黑格尔不再将这个环节的现实置于他自己的时代中去，而是逻辑连贯地置于宗教改革的时代中去了。他在描述宗教改革时期直接的时代任务的特征时谈到这一点：

> 国家与教会的这种和解本身直接遭到践踏。还不存在国家、法制等的重建，因为内在地作为法存在的东西只有在思想中才能被发现。自由法则必定才刚刚形成自在自为地正当的东西的一个体系。精神并没有在宗教改革的完成以后立刻出现，因为宗教改革仅仅局限于直接的改革，例如修道院、主教管区等的扬弃。上帝与世界的和解最初还具有抽象的形式，还没有发展成为一个伦理世界的体系。[1]

563

我们认为，引人注目的是，这些关于一个新出现的理念的本性，关于它的必然抽象的、不成熟的、片面地集中

---

① 《黑格尔全集》，第 IX 卷，柏林 1840 年，第 2 版，第 510 页。

于一个根本冲突点的特征的阐述，与我们在上文详细引用的《精神现象学》中的阐述，在方法论上是相同的。但是，在一个像黑格尔这样具备历史具体性和方法论逻辑性的思想家那里，一个质的差别在于：是理念在黑格尔哲学自身的形成时期就已然具有它的这种真纯特性，还是黑格尔哲学在世界历史发生转折的三百年之后，在理念已经贯穿人类生活和思维的一切领域之后才出现的。关于哲学是"密涅瓦的猫头鹰"的思想，只是现代的具体的历史哲学思想的必然结论，现代在它的单纯现实中已经从宗教改革开始，用黑格尔自己的话说，现代的唯一任务就是将这一理念置于生活之中，并通过它来修整社会生活的全部领域。

当然，即使在黑格尔晚期的历史哲学中，法国大革命也获得了非常积极的评价。虽然黑格尔的这段话已为人熟知并且多次被人引用，但我们还是必须加以援引，分析黑格尔这段话和他的其他一些补充并具体说明这段话的表述会由此向我们清楚明白地表明，对法国大革命的高度评价使得晚年黑格尔作出基本的时代划分评价，即现代始于宗教改革，而所有后来的东西都只是宗教改革的具体化和发展，没有丝毫全新的东西再被创造出来，一切都原封未动。黑格尔关于法国大革命说道：

> 只要太阳悬于天空，群星围绕太阳旋转，我们就不会看到人用头立地，靠思想立身，并且现实根据思想建立起来。阿那克萨戈拉最早曾经说过，nous［努斯］

统治世界；但现在只有人已经认识到，思想统治精神 *564*
现实。因此，这曾经是一次壮丽的日出。所有能思维
的存在者都共同欢呼这个时代。突出的感动曾充满这
个时代，精神的激情曾使世界为之激动，仿佛神圣东
西与世界的现实和解，只有现在才达到。[①]

通过着重强调上述引文的最后几个词，我们想要使读
者注意到，黑格尔在这里作了某种文体上的保留。他暗示，
人主观地具有在历史上实行一种全新转向的热切信念，而
这一转向在宗教改革中已经客观地得到实行。因为当我们
精确地研究转向的内容时，就会在转向中发现与黑格尔在
上文提及的宗教改革的特征相同的东西。当然，在评判黑
格尔讲稿的这些引文时始终存在这样的困难，即我们无从
得知黑格尔的各个论述的精确时间点。他的学生们部分根
据黑格尔自己的摘录，部分根据听众的课堂笔记汇编成了
这些书。对于后者，他们准确地知晓笔记的记录日期，而
对于前者，他们并没有研究各个不同的时间点。他们根据
这些在时间上极为不同的材料汇编成统一的文本，而没有
特别关注在他们选取的黑格尔的各个表述之间存在的十到
二十年的时间跨度。因此，只要我们还不了解这些讲稿的
各个不同"时间段"，如果我们想从这些讲稿中得出黑格尔

---

① 《黑格尔全集》，第 IX 卷，柏林 1840 年，第 2 版，第 535—536 页。着
重由我所加。

思想发展的结论，就必须非常谨慎。

然而，我们的任务根本就不是区分黑格尔后来思想发展的各个阶段。我们稍后将借助黑格尔自己的确凿无疑地标明日期的文本证明一条确定的发展线索，并且发现我们的看法充分得到了证实。在此证明黑格尔在耶拿时期与在拿破仑垮台以后对历史哲学的时期划分存在的普遍反差，对我们来说就足够了。此外，即使我们无法准确地知道黑格尔每次具体表述的时间，在相同讲稿的其他段落也将为我们提供充分的依据。

565　　　历史哲学讲稿的基本思想是，发生诸如法国大革命这样的国家—社会变革，只有在宗教改革没有取得胜利的国家才是可能的和必要的。黑格尔清楚明白地反复谈论这个思想。他的出发点是，在天主教占统治地位的罗曼语族国家里由法国大革命引发的运动没有停止过，在那里反动的企图和新的革命的企图以相当快速的历史节奏彼此交替。黑格尔这时发现，这一骚动的原因正是在于这些国家始终都是信奉天主教的。

　　　　自由主义的抽象就这样从法国开始席卷了罗曼语族世界，但罗曼语族世界由于宗教奴役而始终受制于政治的不自由。因为这是一种错误的原则，即权利和自由的枷锁无需良心的解放也能被挣脱，一切无需宗教改革的革命也能进行。①

———————————

① 《黑格尔全集》，第 IX 卷，柏林 1840 年，第 2 版，第 542 页。

与这种观念完全相契合的是，黑格尔在列举导致法国大革命的原因时提到下列情况是最终的和关键的原因：

> 最终是因为政府是信奉天主教的，因此自由的概念、法则的理性没有被视为最终的绝对的义务，因为神圣的东西与宗教良心是彼此分离的。[①]

作为补充性的对照，黑格尔这时作了这样的阐述，即为什么在德国没有任何法国大革命意义上的革命，为什么这样一种革命在德国也不是无条件地必然的：

> 在德国，一切东西都已经在世俗性方面通过宗教改革得到了改善……这样一来，思维原则早已广泛地得到和解；在宗教改革中新教世界甚至有了这样的意识，即在前面解释的和解中就存在向法权的进一步发展的原则。[②]

因此，法国大革命类型的革命，在黑格尔后来的历史哲学中就成了各民族徒劳的尝试，即以各种不同的世俗方式实行理性与现实的那种在德国已经通过宗教改革实行的和解。

借助这一切，具体的实定宗教就在黑格尔历史哲学中 *566*

---

① 《黑格尔全集》，第Ⅸ卷，柏林1840 年，第2 版，第535 页。也可参见该书关于复辟和七月王朝的论述，第540—541 页。

② 《黑格尔全集》，第Ⅸ卷，柏林1840 年，第2 版，第533 页。

获得了它们在他的耶拿时期不曾具有的一种作用和意义。至于宗教在《精神现象学》中的方法论的和历史哲学的功能，我们将在下文详细论述。在此只能预先强调，在现象学中谈到的始终只是一般的宗教或一般的基督教。黑格尔在耶拿时期很少注重天主教与新教之间的差别（甚至包括在他后来的历史哲学中发挥作用的路德教派与加尔文教派之间的差别）。当然，他偶尔也涉及这些问题，但这些问题远远没有发挥像在后来的历史哲学中那样的作用。①

但是，在黑格尔后来的历史哲学中不再单纯涉及一般的基督教，而是恰好涉及天主教与各种不同形式的新教之间的具体差别。我们在此不可能详尽地探究黑格尔后来的思想发展，只想表明刚才已大致了解的这种看法，即宗教改革是现代的关键转折点，并且欧洲重要国家分化为天主

567

---

　　① 黑格尔在耶拿时期认为，天主教与新教之间最激烈的对立是天主教表现为审美的宗教，表现为"美的宗教"，而新教表现为突如其来的乏味的宗教。由此，个别的现代黑格尔解释者得出黑格尔在耶拿时期对天主教持浪漫主义同情的结论。这里也涉及对黑格尔思想的一种错误认识和曲解。因为在黑格尔最详细地谈论这种差别的地方，在罗森克兰茨出版的一部黑格尔残稿中，天主教诚然被称为"美的宗教"，而新教相反地表现为不断增长的外化的一种表现形式，表现为这样一种危机的一个征兆，从这种危机中根据一般的黑格尔式的理解，"外化"返回精神之中。由于我们已然知晓黑格尔耶拿时期关于这种发展方式及其历史原因和哲学结论的看法，所以很清楚，黑格尔在历史哲学的意义上使新教高于天主教，因而即便在这里，正如我们通常强调的，黑格尔与浪漫派的看法也截然不同。大概写于耶拿早期的残稿，在一种新的第三类宗教的形成中寻求解决方案，因而是黑格尔历史哲学的一个比《精神现象学》更低的发展阶段，但它恰好包含着例如诺瓦利斯很早就已表达的那种返回天主教的浪漫主义立场的反面。参见罗森克兰茨：《黑格尔生平》，柏林 1844 年，第 139 页及以下。

教国家和新教国家构成了决定它们的国家和社会命运的重要基础，这在黑格尔后来的岁月里，尤其是在柏林时期得到了加强，并且具有日益鲜明和突出的形式。在《哲学全书》第1版（海德堡，1817年）中，我们还找不到这种历史观的任何痕迹。在柏林时期的第一本巨著《法哲学原理》（1820年）中，这种思想已经清楚地表达出来。黑格尔在这里谈到宗教改革与现代意义上的国家政权的发展的关系。

因此，如果以为教会的分立对国家来说是或者曾经是一种不幸，那就大错特错了；其实只有通过教会的分立，国家才能成为其所规定的东西，即具有自我意识的合理性和伦理性。[①]

而这种看法在《哲学全书》第2版（1827年）中更加清楚地呈现出来。黑格尔这里在反对复辟时期天主教哲学家时说道：

天主教合乎逻辑地被高声赞扬为这样一种宗教，唯有在这种宗教那里一些政府的稳固才会得到保障，天主教现在也还常常这样得到赞扬；事实上这种稳固是这样一些政府的稳固，这些政府是同一些制度联系在一起的，这些制度建立在从法权和伦理上讲应当是

[①]　黑格尔：《法哲学原理》（拉松编），莱比锡1911年，§270，第219页。

自由的精神的现实非自由基础之上，也就是说，建立在不法的制度和伦理的堕落与野蛮状态基础之上。

在第 3 版（1830 年）中，他补充如下：

但这些政府不知道，它们对狂热拥有可怕的力量，这种力量只要被拘囿于不法和乱德的奴役这一条件之下，就不会怀有敌意地反对它们。但是，在精神中还存在另一种力量……即关于在现实中自在自为地正当的和合乎理性的东西的智慧。①

从这些少量的引文就能明白，黑格尔在这方面有一个不断丰富的发展过程，这个发展过程极有可能在柏林时期才有其明确的开端。

568 评价这一时期并不属于本书的研究范围。过去的这种评价也只能是仅仅在材料匮乏的基础上肤浅地作出的。现实地分析和评价那种尤其是黑格尔柏林时期所体现的与现实的"和解"形式，将是对黑格尔后来的思想发展进行深入的马克思主义研究的任务。我们仅仅简短地指出我们曾强调过的观点，即后来黑格尔比在他希望通过拿破仑的莱茵联盟政策对德国进行一次彻底改造的时期，更加接近当

① 黑格尔：《哲学全书》（拉松版），莱比锡 1923 年，§552，第 466—467 页。

时德国的具体历史现实。我们将必须借助于对全部材料的了解和分析来准确地考量，黑格尔的这种现实主义在哪里并且如何意味着在认识客观现实方面取得的一个进步，在哪里并且如何被转变为一种被他拔高的"非批判的实证主义"。这两种倾向在后来的黑格尔那里都存在；关键是要展现这两种倾向彼此的具体斗争，并且揭示黑格尔为了他的观点最终的和最成熟的体系化形式付出了什么代价。

但是，即使在不探究黑格尔后来思想发展的细节或对它的总路线进行基本评价的情况下，为了避免任何误解，我们仍必须作出说明：即使黑格尔的历史观点这时相比于耶拿时期发生的变化在很大程度上是一种右倾的发展，是对当时德国状况的一种适应，黑格尔"密涅瓦的猫头鹰"也从未成为复辟时期反动派的一只食腐鸟。

曾有一些时期，自由主义的批评者谴责黑格尔的这一点，现在他却由于这样的所谓同情而受到法西斯分子和半法西斯分子的赞扬。事实则是，黑格尔在这整个时期都反复与德国的自由主义作斗争。但首先，我们得非常确切地看待这场意识形态斗争，只有在真正了解特定时代倾向的进步性或反动本质的基础上才能判断，黑格尔针对自由主义的立场是否在任何情况下都是反动的。因为，例如在符腾堡的宪政危机（1815/16 年）中，黑格尔就对维护各等级的旧法权的代表们发动了一次激烈的意识形态斗争，并支持"从上层"修改宪法。但当我们读到他的理由时，就会看到，他反对的恰恰是"旧法权"的保守环节，并且他讽

569 刺性地将业已摧毁封建制度"旧法权"的法国人民这一伟大榜样与封建制度的维护者加以对照。其次，我们不要忽视他在《法哲学原理》中对复辟意识形态家萨维尼和哈勒的极其激烈极其愤怒的论战。因此，决不要草率地作出对黑格尔后来政治倾向的具体规定；在这里，任何草率都意味着对反动的捏造企图的一种迎合。

我们同样不应当从个别实定宗教在黑格尔后来的历史哲学中所获得的拔高的意义就得出关于黑格尔的夸大的宗教信仰的仓促结论，尽管宗教在晚年黑格尔那里确实比青年黑格尔那里起着更大的作用。黑格尔对待宗教的态度始终是非常矛盾和含混的，不论是他的右翼对手还是左翼维护者都承认他的宗教立场的这种特点。在此长篇累牍地描绘宗教反动派对黑格尔的攻击是毫无意义的。为了给读者一个概念来表明，黑格尔哲学是如何猛烈地遭到宗教反动派的攻击的，我们仅仅援引弗利德里希·施莱格尔在他改信天主教以后的时期关于黑格尔"否定的哲学"所作的一些评论：

> 否定的体系会是一个比无神论或（费希特）的自我和自我崇拜更加糟糕的阶段，它是对进行否定的精神的一种真正崇拜，因而实际就是哲学上的撒旦崇拜。①

---

① 弗利德里希·施莱格尔：《哲学讲稿》，第 II 卷，波恩 1837 年，第497 页。

黑格尔与宗教的积极关系不会受到他的左翼支持者的较高评价。伟大诗人海涅，用恩格斯的话说，长期以来都是唯一理解黑格尔辩证法的革命本质的人；海涅也是在黑格尔公开地宣告宗教是绝对精神与黑格尔秘传地主张无神论之间划出一道鲜明分界线的第一人。对此，海涅认为，公开的哲学显然只不过是对当时德国政治状况的一种表面适应。海涅还作为黑格尔私下的一名学生，在有机会与黑格尔讨论无神论时谈到这个问题：

> ……我站在音乐大师的后面，他在谱写无神论的音乐；当然，这曲音乐是以非常模糊和加有花饰的符号谱写的，因此不是每个人都能辨认出来的。我偶尔看到，他焦急地环顾四周，担心有人领会他……当我 *570* 对"凡是存在的东西都是合乎理性的"那句话表示不满时，他怪异地笑了并评论说，这句话也可以称为"凡是合乎理性的东西都必须存在"……我也是很久以后才理解，为什么他在《历史哲学》中主张：基督教之所以是一种进步，就是因为他用一位已死的神教诲人，而非基督教的诸神不知死亡为何物。因此，如果上帝根本就不存在，这该是多么大的一个进步！①

---

① 《海涅著作集》(埃尔斯特版)，第Ⅳ卷，第 148—149 页。在《自白》中也有类似的表述，第Ⅵ卷，第 46 页及以下等。

海涅与黑格尔这场谈话的真实性经常受到资产阶级学术界的置疑。黑格尔与海涅之间的这场谈话是否真正是以这种方式进行的，这对我们的目的而言无关紧要。重要的是，19世纪三四十年代的激进知识分子都是这样理解和解释黑格尔对待宗教的态度的，不仅海涅，而且整个青年黑格尔派激进左翼，都是这样看待的。《末日审判的号声》是关于黑格尔在经济政治上指向革命，在宗教上指向无神论的论述的一部睿智的汇编文集。

但耶拿时期的特点是，黑格尔宗教态度的这种"秘传"路线相对公开地表现出来。例如，在罗森克兰茨出版的一个讲稿残篇中，我们发现下列表述：

> 在宗教中，真理当然会向我们展现出来，仅仅对我们的教养来说，信仰才普遍消逝了；要得到增强的是理性及其要求，即我们不是信仰，而是知道，什么是真理，我们不仅为直观提供真理，而且用概念把握真理。单个人可能会知晓关于他的个体性的真理——这些真理准确地向他指明他的定在的轨迹——但他会从哲学那里期待普遍生活的意识。①

黑格尔宗教态度的这种"秘传"路线在其笔记本的笔

---

① 罗森克兰茨：《黑格尔生平》，柏林1844年，第182页。《差异》中的一段话与此非常类似，在那里黑格尔谈到，宗教在现时代仅仅在教化之旁有一席之地（第1版，第15页）。我们也将在《精神现象学》中遇到这样的看法。

记中更加明确地表达出来。在那里有一系列关于宗教已成
过眼烟云的极其幽默的论述。我们试举一例：

571

> 在施瓦本，人们谈论某种早已发生的事情就会说：
> 这已经如此久远，以致很快就不再会是真实的。基督
> 为我们的罪而死也已经如此久远，以致很快就不再会
> 是真实的。①

而另一处更加典型，在那里黑格尔第一次作了他著名的并
被广泛引用的表述，即政党的生命力在它们的分裂中得到
证明。如果我们将笔记本中的这句格言在宗教领域中的运
用与《精神现象学》中的这句格言在启蒙运动中的运用彼
此加以对照，黑格尔的这一路线就非常清晰地呈现出来。
黑格尔在笔记本中写道：

> 一个政党只有在自身分裂的时候才存在。新教亦
> 是如此，它的分化现在应当在统一的尝试中同时发
> 生——这是新教不再存在的一个证明。因为在分裂中
> 内部的分化作为实在建立起来。在新教兴起时，天主
> 教的一切分裂都停止了——现在基督宗教的真理总是
> 被人证明，人们不知道这是为了谁，因为我们毕竟不

---

① 罗森克兰茨：《黑格尔生平》，柏林 1844 年，第 541 页。

与突厥人交往。①

现在，这句话在《精神现象学》中被用于启蒙运动内部的分化。正如这句话在上文应当证明，基督宗教在现时代已经失去了它的现实生命一样，这句话在《精神现象学》中应当证明启蒙运动的生动性：

> 一个政党只有通过分裂成两个政党，才能证明自己是胜利的政党，因为在其中它表明，在它自身拥有它所反对的原则，表明它由此扬弃了它以前具有的片面性……因此，在一个政党中出现的看似不幸的纷争，毋宁说表明是它的幸运。②

关于黑格尔宗教概念的现实特点，我们将在探讨《精神现象学》时在相应的地方谈论。在此有必要强调的只是，一方面，黑格尔宗教态度的含糊特性决不是耶拿时期特有的标志，而是通过适当的改动而贯穿于他的整个思想发展过程；而另一方面，他的宗教态度在耶拿时期又表现得比后来更加明确和公开，后来个别的实定宗教对他的历史哲学而言获得了日益重要的意义。我们这里察觉的黑格尔耶拿时期对待宗教的秘传态度和公开态度的二重性，更多地

---

① 罗森克兰茨：《黑格尔生平》，柏林 1844 年，第 537—538 页。
② 《黑格尔全集》，第 II 卷，柏林 1845 年，第 434—435 页。

强调了这样的正当性，即我们何以先前将拿破仑对宗教的公开嘲讽的观点与黑格尔耶拿时期的宗教哲学同等看待（第 438 页）。当然，正如我们将看到的，这种同等看待决没有穷尽黑格尔宗教态度的全部复杂问题，但它适合于澄清其中的因素之一。

572

第三节　《精神现象学》的结构概述

《精神现象学》的方法，依据的是历史的和系统的考察方式的统一，依据的是这样的确信，即各个范畴的逻辑—方法论的次序，它们彼此的辩证顺序同人类历史发展之间存在一种深刻的内在关联。但如果我们想要正确地理解黑格尔的这种历史主义以及哲学的这种彻底历史化的特性，我们就不能忽视两个重要的方法论观点，这两个观点使得黑格尔在某种程度上也在这里成为历史唯物主义的先驱，并且使得黑格尔的历史主义与日渐式微的资产阶级现代哲学如此截然不同，以致他的这些观点遭到他的资产阶级解释者彻底错误的认识，甚至大多被完全忽视了。

第一个观点是，对黑格尔而言，只有整个精神才具有一种现实的历史。黑格尔完全拒绝具体意识形态领域例如法权、艺术、文学等拥有各自现代专业化的部门历史的想法。即使他在后期探讨意识形态的某个部门领域，我们也在美学中看到，他在那里同样给出了整个精神的发展史，只是特别地涉及艺术的特殊地位而已。这一思想在《精神现象学》中简明扼要地得到表述：

> 整个精神只有在时代中才存在，并且整个精神本身的各个形态是在彼此前后相继的序列中体现出来的，因为只有整体才拥有真正的现实，因而拥有相对于他物的表现为时代的纯粹自由形式。但整体的各个环节，意识、自我意识、理性和精神，由于是环节，所以没有任何彼此不同的定在。①

573 　　如果我们考察黑格尔在这里谈论的方法论思想在其历史地理解人类发展时的现实内容和现实结论，而没有被在他那里显而易见的唯心主义整体观分散注意力，我们就会清楚地看到他的方法论的这种基本路线与马克思在《德意志意识形态》里阐发的那种历史观之间的关联：

> 因此，道德、宗教、形而上学和其他意识形态，以及与它们相适应的意识形态便不再保留独立性的外观了。它们没有历史，没有发展，而发展着自己的物质生产和物质交往的人们，在改变自己的这个现实的同时也改变着自己的思维和思维的产物。②

---

① 《黑格尔全集》，第 II 卷，柏林 1845 年，第 513 页。
② 马克思、恩格斯：《德意志意识形态》，柏林 1953 年，第 23 页。（中文见《马克思恩格斯文集》第 1 卷，人民出版社 2009 年，第 525 页。——译注）

当然，正是在这里特别清楚地呈现出，即便是在这些从方法论上看彼此接近的地方，马克思与黑格尔之间的方法论对立也是多么地大，并且恰好在这样的情况下对黑格尔唯心主义辩证法的"唯物主义颠倒"是多么地绝对必要。精神在生产方式对意识形态的优先性这一认识上的"头脚倒立"不是字词的简单颠倒，而是一切有内容的和意识形态的历史因素的深刻改造。但是，如果在所有这些原理中没有看到黑格尔的这种历史观如何倾向于历史唯物主义的方向，那就是不对的。

第二个重要观点是，虽然人类发展所产生的一切事物都是这一历史发展的产物，并且在它们的形成中必须从这一历史发展来理解，但这种关于历史的一切趋势和产物的历史观并不包含一种历史相对主义。在历史发展的过程中，在各个不同领域都获得了绝对真理，虽然这些真理的形成始终都是历史地决定的，但它们的本质决不可能通过即便是对它们的历史起源的最精准了解和推演而得到穷尽。黑格尔的历史主义与我们可以在从兰克到斯宾格勒的德国反动历史哲学中观察到的那种始终迷失在神秘东西之中的历史相对主义毫不相干。我们等到探讨绝对精神时还将详细地回到这个问题的讨论中来。

黑格尔的这种历史主义也决定了《精神现象学》的方 *574* 法和结构。但是，这里涉及的是历史与体系之间关联的分分合合中的一种特殊类型，这种特殊类型从未得到《精神现象学》的资产阶级解释者的正确理解。海姆最为坦率和过激地谈到他没有能力理解《精神现象学》中黑格尔的方法。因为他的这些解释不可能获得较高的评价，他就这样概括他的"印象"：

> 现象学的历史是一部从历史年表的法则中解放出来的历史。有时世界历史的年代顺序变成辩证法从一种心理学形态溜向另一种心理学形态的线索……而有时辩证发展的动机又是一种心理学的或逻辑学的东西，一些彼此远离的文化服从这一秩序而聚拢，而一些休戚相关的、在时间和历史上起决定作用的文化又被分离。不论我们试图抓住哪一方面，我们都同样感到倍受折磨。概言之，现象学是一门被历史学带入混乱和无序之中的心理学和一门被心理学带入失常之中的历史学。①

这种无计可施的坦率表白，相对于现代解释的"深邃"或"睿智"的尝试，具有某种使人因他的主观真诚而感到同情的因素。

恩格斯为理解《精神现象学》提供了一种非常清楚的方法论指引。他关于《精神现象学》说道，它"也可以叫做同精神胚胎学和精神古生物学类似的学问，是对个人意识各个发展阶段的阐述，这些阶段可以看作人类意识在历史上

---

① 海姆：《黑格尔和他的时代》（1887年），莱比锡1927年，第2版，第243页。

所经过的各个阶段的缩影"。① 下列情况决不是偶然，即《精神现象学》在方法论上的基本思想恰好被恩格斯如此清晰而生动地阐述出来，而且是以这样的方式进行的，即恩格斯表现了这种方法与发展学说在自然中的运用这些较晚事件之间的关联，而黑格尔本人显然仍是无意识和不知晓的。与黑格尔的资产阶级解释者的不明事理相关联的是，他们敌视自然和历史中的普遍发展的学说，竭力反动地反对它和遮蔽它，因而显然不想，也不能理解黑格尔著作在这个方向存在的那些了不起的萌芽。

　　黑格尔已经非常清楚地谈到他的著作的这个根本的方法论问题。从黑格尔与谢林的论战中我们知道，《精神现象学》的任务在于，给普通意识提供一把通往哲学立场的梯子。但黑格尔不是抽象地在方法论上而是以一种深刻的历史具体性把握这个问题的：每个个体必须经历的从普通意识到哲学意识的道路，同时也是人类发展的道路，是人类一切经验的浓缩和概括，并且从这种观点看它自身就体现了历史的进程本身。因此，在选择各个历史因素——这些因素标识这条道路，开辟这条道路，成为这条道路的交叉点的路牌——时所谓的任意，可归结为这样的情况，即个体对类经验的这种有意识的获取是一个必然缩短的过程，

---

　　① 恩格斯：《路德维希·费尔巴哈和德国古典哲学的终结》，柏林 1952 年，第 10—11 页。（中文见《马克思恩格斯文集》第 4 卷，人民出版社 2009 年，第 272 页。——译注）

这个过程局限于发展路线的各个重要节点。当然，道路的这种缩短也只是一种相对的缩短：简单抽象地获得直截了当的结论决不可能产生任何真正的结果，并真正获得任何人类发展的类经验。如果说亚里士多德阐述了人是"社会的动物"这个伟大的真理，那么黑格尔则在现象学中具体说明这样的真理：人是"历史的动物"。黑格尔本人在《精神现象学》的序言中阐述了个体经验与类经验的这种关系；鉴于黑格尔的这个观点对理解整个著作的至关重要的意义，我们必须详尽地援引他的论述：

> 关于引导个体从其未经教化的立场出发走向知识的任务，我们必须在普遍的意义上来理解，同时我们也必须在教化的过程中观察普遍的个体，即具有自我意识的精神……个体的实体是居于更高层次的精神，个体经历了这段过去，其方式就好像一个追求更高层次的科学的人，必须悉数梳理他早已掌握的那些预备知识，才能在当前掌握更高层次的科学的内容。他唤起对于这些知识的回忆，但并不对它们怀有特别的兴趣，也不在其中逗留。任何个人都必须在内容上完整地经历那个普遍精神的各个教化阶段，同时又把它们当作精神已经蜕下的各个形态，当作一条已经开辟和铺平的道路的各个阶段……过去的这种定在是普遍精神已经获得的财富，普遍精神显现在个体之外，构成了个体的实

576

体和无机自然界。就此而言，从个体这方面来看，教化的目标就是让个体继承这些现成的财富，让个体在自身内消化它的无机自然界并据为己有。但从普遍精神即实体这方面来看，教化无非意味着实体给予自己以自我意识，带来实体的生成和它在自身的映现。

科学既要阐述这个具体的和必然的教化运动，又要阐述在各个形态下已经沉淀为精神的环节和财富的东西。科学的目标是使精神洞察知识之所是。有些缺乏耐心的人希望无需中介就到达目标，但这是不可能的。首先，我们必须忍受这条道路的漫长，因为每个环节都是必要的；其次，我们必须在每个环节那里逗留，因为每个环节本身都是一个个体性的完整形态，只能被绝对地观察，也就是说，把它的规定性作为一个完整的或具体的东西加以观察，或者在这个独特的规定下观察整体——个体的实体，甚至世界精神都有耐心在漫长的时间里经历这些形式并承担起世界历史的艰辛劳作，在每个形式里都提炼出该形式能够具有的完整内涵，因为世界精神不可能通过什么低级简单的形式来达到自我意识，所以就事情本身而言，个体也不可能仅仅借助于少量形式就概念性地把握到他的实体。但与此同时，个体其实也没有花费多大的力气，因为这一切都已经自在地完成了，内容已经沉淀为一种潜在的现实性，一种被克服了的直接性，而形态分化也已经被简化为一种单纯的思想规定。①

577   如果我们从这个观点考察《精神现象学》，就会理解它的任务是通过个体获得类经验，这样一来，对它的结构的理解就根本不像初看起来的那样困难了。历史与体系在这里决不是胡乱杂糅的，而是处于一种非常严格的、必然的方法论关联之中。

只是还必须理解，为什么在《精神现象学》中整个历史的道路必须带着方法论的必然性以三一式的方式行进。《精神现象学》中的各个历史因素决不是任意地发生的，而是在现实的历史相继中发生的，而这种历史相继在历史进程的事业展开的过程中以三一式的方式重复发生；对我们来说，关键的是要理解，即便这种重复也决不是黑格尔的一种任意、一个怪念头，而是他的方法论任务的必然结果。

我们将在此首先简短抽象地探讨这种三分法的最普遍观点，并在分析个别的段落时给出这种三分法的详细论述。历史进程的三一式的重复无非意味着，通过具体个体来获

———————

① 《黑格尔全集》，第 II 卷，柏林 1845 年，第 22 页及以下。从整体语境可以清楚地表明，这里涉及的是个体经验与历史性的类经验之间的关系。黑格尔在这里把特殊的个体称作"不完满的精神、一种具体的形态，在这种形态的整个定在中某个规定性占支配地位，而其他规定性仅仅具有一些模糊的特征"（《黑格尔全集》，第 II 卷，柏林 1845 年，第 22 页）。在前文关于个体与类的关系的考察中，黑格尔曾把后者称为"最高的本质"（《耶拿逻辑学》，第 158 页）。因此，足够清晰的是，今天的读者在这里到处都可以读到的是类，而不是精神。

得人类的历史性类经验的过程，被分解为三个不同阶段。

个体的自然且惯常的意识必然构成起点。社会在其所有形式中对这种个体来说都直接地是某种业已完成的给定东西，某种完全独立于他的定在东西。当个体以个体的方式遍历客观现实的直接知觉直到它的合理性，他就经历了人类迄今为止所有阶段的历史。但他还没有经历作为人们认识的历史的人类历史，而是经历了作为一系列不同的人类命运的人类历史。通过个体意识获得合理性这时就在于，个体逐渐将社会和历史的现实特性当作人们自身共同地塑造的某种东西加以认识。

因此，意识在获得类经验的第二个圆圈中出现。它这时认识到历史是现实的历史，认识到社会及其发展不再是某种僵死的物或令人恐惧的命运，而是人们自身活动、实践的产物。但是，这种认识如果被当作人生初途的单纯的、直截了当的结论，就会是空洞抽象的。因此，这样被提升到对社会和历史的本质的现实认识的个体意识，必须再次经历类的发展的整个过程。所以，第二个阶段同样地探讨从历史之初到现时代的整个历史，而我们在这个阶段就有了以具体的社会总体呈现出来的现实历史。

现在从这种通过认识现实的历史来获得全部类经验的观点出发，个体意识就达到了绝对认识的阶段。从这个最高阶段出发，意识这时就获得了对整个迄今为止的历史的一种回顾。意识通过在历史中认识、整理和收集绝对真理的各个环节——精神经历这些环节达到了对它自己的恰当

578

认识——就达到了对历史的运动规律的在黑格尔看来恰当的认识，达到了对现实性的辩证法的认识。

在前两个阶段仅仅客观地主导历史进程的辩证法，在第三个阶段已经表现为变成意识的所有物的东西，表现为知识。然而，这种知识也决不是业已完成的结论，决不是关于最终结果的抽象阐述而没有通往这些结果的道路。因此，在第三个阶段对整个过去历史的再次历史性回顾是绝对必要的。所以，在这里，历史进程第三次重复进行。但是，在这里历史进程不再是现实的历史，而是人类确切地用概念把握现实的各种努力的一次总结。对黑格尔而言，艺术、宗教和哲学就标志着在思想上确切地认识世界、认识辩证法是意识和客观现实的所有环节的推动力这条道路的重大阶段。

概括地讲，这就是《精神现象学》的结构的基本思想。此外，根据我们至此为止的论述，可以理解，资产阶级的黑格尔研究根本就不注重这一结构。时至今日，资产阶级的黑格尔研究显然已不再像海姆那样认为《精神现象学》简直就是混乱无序的，但它所给予的"秩序"与海姆头脑中存在的混乱不相上下。所以，对这里提出的形形色色的假说进行探讨毫无意义。

579　　相反，必须强调的是，我们阐释的《精神现象学》的结构在其本质特征上符合马克思在《1844年经济学哲学手稿》中以目录的形式提供的那种分类，尽管马克思没有在那里给出这一结构的理由——他当时这样做是与他的批判性考察的内容和目标相适应的。①

　　关于在黑格尔这一思想的贯彻中最重要的环节存在的问题，我们将在涉及各个具体部分的详细分析时谈到。但现在就必须强调的是，我们将必然局限于阐述最主要的环节，而且是那些直接或间接地涉及本书的基本问题的环节。显然，读者不要指望从这些阐释中获得对《精神现象学》的详尽评注。

　　为了用清楚明白、耳熟能详的称呼明确区分开各个部分，我们将根据黑格尔后来在《哲学全书》中的术语，将这条道路的各个具体阶段称为主观精神、客观精神和绝对精神。当然，在这方面读者不要忘记，这些表达仅仅大概地符合黑格尔《哲学全书》中的术语表达的那些阶段。虽然这些称呼在黑格尔的耶拿时期反复出现，但它们在体系中的最终运用仍是他后来的思想发展阶段的结果。无论如何，我们认为，尽管黑格尔在《精神现象学》中并没有明确地强调我们刚才阐述的这种三分法是结构性的脚手架，但是我们通过这一描述——这并不完全准确——仍比较容易概览和理解《精神现象学》的内在结构。

　　因此，为了这一概览的目的，我们作了下列简明的标识，表明我们对《精神现象学》的结构所作的划分是如何与黑格尔《哲学全书》的内容主题相契合的：

---

　　① 马克思、恩格斯：《神圣家族》，柏林 1953 年，第 76—77 页。（中文见《马克思恩格斯文集》第 1 卷，人民出版社 2009 年，第 276—281 页。——译注）

a）"主观精神"：第 I — V 章：意识、自我意识、理性；

b）"客观精神"：第 VI 章：精神；

c）"绝对精神"：第 VII—VIII 章：宗教、绝对知识。

580

a）"主观精神"

这里探讨的是阐述个体意识从对世界的单纯直接知觉这个最低阶段到理性这个最高范畴的发展，看这些范畴如何在这种个体意识中表现出来。这整个发展的共同特点在于，个体意识不论是在其最高阶段还是最低阶段，在哪里遇到的都是一个异己的、业已完成的外部世界（自然、社会）。个体意识在与外部世界的斗争和相互作用中提升到越来越高的阶段。我们在别处提到过费尔巴哈对个体与客观现实，尤其是与自然的这种关系的唯物主义批判（第 357—358 页）。这一批判非常准确地表明黑格尔论断的唯心主义局限，尤其是揭示了在黑格尔那里个体意识与自然的关系是完全头脚倒置地表现出来的。

个体意识与社会的关系在本质上更加复杂。我们将在本章下一节对黑格尔的"外化"概念作详细的批判，这一批判将揭示黑格尔由于其论断的唯心主义特点而在社会范畴的客观性的理解中所包含的那些对问题的曲解。但既然我们至此为止的论述已经阐明黑格尔"外化"的某些本质方面，我们在此就可以先行指出，黑格尔关于人与社会、人与社会实践的关系的理解包含着现实及其发展的一系列得到正确把握的本质环节。

根据黑格尔的理解，个体意识与未知的客观现实相对置，这种客观现实之所以对个体意识表现为业已完成的和异己的，是因为这样一些规定和中介还没有对意识显现出来，通过这些规定和中介，客观的社会现实以及在其中个体意识的活动和作用，才现实地形成并成为它们所是的东西。但根据黑格尔的看法，它们自在地也是存在的，并起作用的。

个体意识的理论和实践的劳作正是在于，要掌握这些关联，因而要在一个漫长的充满斗争的历史进程中从意识向自我意识，再从自我意识向理性进一步发展，要把实体转变为主体。黑格尔在《精神现象学》的结尾部分描绘了 *581* 这个总过程，他是这样描述的：主体在斗争中逐渐抢夺实体的内容，并把实体转变为主体自己的实体，在其中，在一种非常唯心主义的阐述中包含着非常唯物主义的内容，即意识的丰富和发展取决于这种意识在多大程度上能够反映客观现实。

在这个整体阐述的语境中，黑格尔表明了客观逻辑中诸范畴的关联同体现意识与现实的关系的现象学中诸范畴的关联之间的差别。在前者中，各个环节得到发展，并从它们的发展的整体中形成系统的具体总体；相反，在后者中，意识与整个现实相对置，这个现实最初未经概念把握地、抽象地表现出来，它的各个环节、它在内容和结构上的丰富性只有在漫长的发展过程中才逐渐呈现出来，由此使最初同样抽象的个体意识发展成为具体的个体意识。因此，黑格尔描述这个过程的基本路线的特征如下：

> 因此，自我意识关于实体最初掌握的仅仅是一些抽象的环节。但由于这些环节作为纯粹的运动是自己推动自己的，所以自我意识不断丰富自己，直到它从意识那里夺取了整个实体，把实体的全部存在全都吸收到自身之内，并且——由于这种对待对象性的否定态度同样也是肯定的，是设定——从自身内产生出实体，从而使实体重新成为意识的对象。就此而言，在知道自己是概念的概念中，各个环节是先于充实的整体出现的，而这个整体的生成就是那些环节的运动。反之，在意识中，整体作为未被概念把握的东西则是先于各个环节出现的。①

由此得出，意识从一个阶段到一个阶段的发展不是精神自身的自在自为地存在着的现实运动，而只是一种表现形式、一种外观，当然是一种在精神自身的本质中拥有根据的客观必然的外观。现实的客观规定，正如业已强调的，已经自在地在那里并起着作用，只是对行动着的、发展着的意识而言还是未知的，因而是异己的、业已完成的和遇

---

① 《黑格尔全集》，第 II 卷，柏林 1845 年，第 604 页。

见到的。因此，直接地在"虚假意识"的范围内形成了一种运动，即"虚假意识"的一个形态不断被另一个形态所接替。但由于在这一运动背后起作用的是社会发展的客观范畴，这些范畴客观地构成诸个体自身的社会活动的关联——尽管行动着的个人并不知晓——所以这个过程具有一种明确的趋势，即"虚假意识"向正确意识转变的趋势，个体关于他们的活动的社会特性的意识，关于社会作为他们的活动的全部产物的意识逐渐形成的趋势。

《精神现象学》独特的阐述方式在于，单个"意识的形态"各自不可能看到的客观范畴与主观范畴之间的关联，对读者而言总是清楚明白的。黑格尔用一个典型的确切事例探讨了在这里占主导地位的普遍关联：

> 对我们［即读者——卢卡奇注］而言，此前的运动之所以与新的形态相对置，是因为后者来自于前者，因此对后者来说它源于何处这个环节是必要的。但是，这个环节在新的形态看来是一个既有的东西，因为新的形态不知道自己的来源，对它而言，毋宁说本质就是：成为自身自为的，或者成为这种肯定的自在物的否定东西。①

在这第一部分，理解的难度在很大程度上是由这种双

---

① 《黑格尔全集》，第 II 卷，柏林 1845 年，第 276—277 页。

重的阐述方式造成的。一方面，黑格尔仅仅论述"意识的诸形态"，也就是说，他一再揭示从个体意识的各个不同阶段的观点出发如何看待世界的对象性结构和世界的合乎自身规律的运动。每次的直接出发点都是这种个体意识，它对现实的理解，它的建立在这种理解基础之上的行动，个体发展所达到的这个意识阶段的内在于这种理解之中的固有运动。这直接地——这种直接性对黑格尔而言是整体关联的一个非常重要的环节——看起来好像就是，这里发生的运动，即每一个"意识的形态"的辩证瓦解和另一个更高的"意识的形态"对它的接替，都主观地深入到自身之中，都只是出于意识发展的辩证法。这条道路的各个重大阶段，即意识向自我意识、自我意识向理性的发展都是直接地在个体意识的范围内发生的。

　　另一方面，这个辩证法仅仅是整体的辩证总体运动的一个部分、一个环节。但是，这种总体运动在各个行动着的"意识的形态"背后进行着。黑格尔决不是将主观意识的各个形式与客观现实（在康德那里即唯一可认识的现象界）的各个形式和合乎规律性同等看待的康德主义者。在《精神现象学》中，尤其是在第一部分，黑格尔探讨了一切客观范畴与意识的有机联系，并确实以这样的方式论述了这些关联，即这些范畴在它们被意识所掌握，也就是或多或少确切地被意识所把握的序列和关联中，在我们面前显现出来——这一事实就是这部著作的必要方法论，作为哲学的导论，作为意识努力达到哲学立场的指引。

但是，现实的客观范畴片刻也不会停止客观地实存并发挥作用。只不过在这第一阶段，这些范畴构成悄无声息的或带有敌意的、始终运动的但从未被"意识的诸形态"概念性地把握的背景。它们是自在地存在的和起作用的，但仅仅是自在的，而不是对精神的这个发展阶段的直接主体的意识而言的。精神还没有在人身上认识到自己是精神。

这种二元论也必定反映在阐述方式上，当然，对黑格尔而言，这种二元论并不意味着对世界的一种二元论理解，而只是《精神现象学》由以出发的那种抽象地得出的方法论结果。二元论仅仅是对"意识的诸形态"而言，而不是对哲学家，因而也不是对读者而言，才在那里存在的。因此，当黑格尔在上述引文中说道，客观性与主观性之间的决定性关联对"意识的诸形态"来说是分辨不清的，但对我们而言是可以理解的，他指的乃是从一种更高的立场出发考察人类的这条发展道路的哲学读者。

由此在黑格尔的论述中就形成了在"意识的诸形态"的直接主观性与这些"意识的形态"无法看透的合乎规律性的自在存在着的客观性之间的一种持续的含混，在这两种观点之间的一种不断的摇摆。这种难以理解的困难尤其是来自于《精神现象学》本身的方法。《精神现象学》不是现实本身的客观发展史（黑格尔在其《哲学全书》以及他的各种具体论述例如《历史哲学讲演录》等中阐述了这种客观发展史），而是人的类经验在个体意识的登台亮相中的发展。因此，虽然客观范畴根据它们的客观固有规律性起

584

着作用，但它们在方法论上的表现形式是由它们与个体意识的关联性决定的。

在《精神现象学》的这种方法论抽象背后，有黑格尔的一种把握生命的本质规定的重要且卓有成效的基本思想，即类与个体之间的关系是一个非常复杂的辩证过程，个体在类本身的形成过程和类经验的发展过程中的积极作用是不可估量和不可扬弃的。虽然个体意识的局限是《精神现象学》的一种方法论抽象，虽然个体意识的现实存在着的想像，即能够纯粹从自己的活动出发建构自己的现实，是一种自我欺骗——黑格尔在《精神现象学》的这第一部分正是描绘了这种自我欺骗的悲剧性终结——但个体意识在类的客观的总体过程中的作用决不是单纯的假象，而是整体运动的一个现实的本质环节。

通过抓住在这里总是发挥影响的自在物的客观性，黑格尔就超越了康德和费希特类型的主观唯心主义；通过抓住个体、个体意识的决定性作用，他就超越了在旧唯物主义，甚至包括费尔巴哈唯物主义中曾表现出来的关于类的机械理解。我们可以想想马克思在《关于费尔巴哈的提纲》第六条中所作的批判，以便理解黑格尔的这一成就具有的意义。马克思在那里针对费尔巴哈说道：“因此，本质只能被理解为‘类’，理解为一种内在的、无声的、把许多个人自然地联系起来的普遍性。”① 黑格尔的论述的真理正是在

---

① 马克思、恩格斯：《德意志意识形态》，柏林 1953 年，第 595 页。（中文见《马克思恩格斯文集》第 1 卷，人民出版社 2009 年，第 501 页。——译注）

于，他把这种联系不是理解为一种自然的联系，而是理解为"外化"的一般过程的阶段。

因此，我们到现在为止在阐述《精神现象学》的这一部分时所描绘的各种困难，也可以概括为：个体意识在由人类意识自身"外化"出来的现实中活动，但它还没有认识到，这一现实的客观性是由它自我产生的"外化"的产物。第一部分的道路正是在于，引导个体意识接近这一认识，直到转变为这一认识。

585

个体意识通向越来越高级的发展道路（意识—自我意识—理性），它发展得越高级，它与这个"外化的"现实之间的冲突就越发严重，越发具有悲剧性，以至于它从这些悲剧性的冲突出发，把以前自在存在着的精神（客观性与主观性在人类的实践和经验中的统一）转变为一种自为存在着的、自己认识自己的精神。

从这种观点出发，与意识的更高发展阶段相联系的历史道路在一种新的关系中也仍表现为必然的。当黑格尔将他所处的时代称为精神的发展点，在这个发展点上精神可以使它的现在业已完成的"外化"返回自身时，在这种唯心主义的构思——我们将在下文加以批判——的背后就存在着正确的历史思想，即现代资本主义社会与所有以前的社会相比，社会—客观地造成了"外化"的最大化。在这一部分结尾处，个体意识与社会的客观自在物之间的冲突具有的悲剧形式，再次表现为社会的一种现实存在着的发展趋势：人类个体性，在我们今天所理解的意义上其实不是任何自然产物，而是数千年社会—历史发展的结果，而现代资产阶级社会就构成了这一发展的顶峰。

因此，黑格尔关于个体意识在这个阶段的发展的所有探讨，都必须从这样一种辩证法的观点加以理解。在个体意识的直接性中变成独立形态的客观必然的假象由此瓦解，变成人的类经验的发展的一种必然表现形式。黑格尔对个体意识的表现形式的这种辩证法作了如下探讨：

> 首先，当这样的个体本身是全部实在性时，这种个体性的概念就是一个结果。个体性还没有体现出它的运动和它的实在性，它在这里被直接设定为单纯的自在存在……不过，存在的这种限制不能限制意识的行动，因为这种行动在这里是一个完满的自相关联；会成为存在的限制的那种与他物的联系，被扬弃了……自由而完整地处于自然之中的意识所具有的这种特定的原初的自然，显现为作为个体的目的的东西的直接而唯一的真正内容。虽然这个内容是特定的内容，但就我们把自在存在孤立地予以观察而言，这个内容仅仅是一般意义上的内容。真正说来，它是贯穿着个体性的实在性，是个别意识本身具有的现实性……①

对这条道路各个阶段的详尽论述应是《精神现象学》

---

① 《黑格尔全集》，第 II 卷，柏林 1845 年，第 296—297 页。

的评注的任务，而本书无法承担这样一项任务。我们必须局限于分析一些本质环节，而且是那些与我们的问题、与黑格尔同市民社会的关系处于一种比较紧密关联之中的环节。我们在谈论"主人与奴隶"一节（第 407—408 页）时已经详细分析第一部分的最重要转折点，即劳动在人的自我意识的形成中起到的作用。

我们在那里已经强调对黑格尔而言非常重要的思想，即自我意识的进一步发展关涉到劳动，即关涉到从事劳动的奴隶的意识而不是赋闲的主人的意识。但是，在奴隶社会，甚至在奴隶社会的瓦解——这一瓦解是作为罗马帝国的分解过程进行的——中单纯的劳动最初也是一种完全抽象的劳动。黑格尔以斯多亚派、怀疑论和新兴基督教（苦恼意识）的形式描绘了这一意识发展的各个不同形式，在这些形式中他特别注重所有这些意识阶段的没有把握现实和人的活动的抽象特点。他关于"苦恼意识"的世界观说道：

　　生命及其定在和行为的意识，只是关于这种定在和行为的痛苦，因为生命在其中只有关于它的本质的反面和自身虚无性的意识……苦恼意识的思维本身始终是捉摸不定的钟声沉吟，或者一种温存的烟雾缭绕、一种音乐般的思维，这种思维没有达到概念，而概念才是唯一的、内在的对象性方式。这种思维也可能成为这种无限的、纯粹的内心感触的对象，但这种对象会作为未经概念把握的对象，因而作为一种异己的东西出现……所以，意识觉得只有它的生命的坟墓才能成为当下……由于苦恼意识本身并不拥有自身确定性，所以它的内在东西始终是它自己的支离破碎的自身确定性。因此，它通过劳动和享受会得到的证明同样也是一种支离破碎的证明。换言之，它必定会亲自消灭这个证明，以致它在证明中发现证明，但仅仅是那种自为存在的东西的证明，即那种东西的分化的证明……现实性……在苦恼意识看来不再是一种自在的虚无［斯多亚学派和怀疑论也一样——卢卡奇注］……而是一种本身已经分裂的和支离破碎的现实性……①

正如我们业已阐明的，在《精神现象学》的这一节把握历史发展进程的难度在于，虽然历史事件和各个时代是这样前后相继并发挥影响的，即它们的自在存在已在历史现实自身中得到规定，但是它们的表现形式仍是由它们的自在存在如何在个体意识的发展中反映出来决定的。因此，在这一部分，人类的两大危机比较清晰地显露出来。我们在此已经简短地概述过第一次危机，即古代的瓦解和基督教的兴起，对意识的发展产生的影响。理解这一危机的难度在于，在这里晦暗不明的一切东西，由于《精神现象学》

---

① 《黑格尔全集》，第 II 卷，柏林 1845 年，第 160 页、第 164 页、第 165 页和第 166 页。

的方法论建构而只有在第二部分和第三部分才能得到澄清，也就是，只有在奠定意识发展的基础的客观历史的、社会的事件清楚地显现出来以后，在人类辩证的自我运动这个发展阶段在其合乎规律性中被客观地理解为发展阶段以后，才能得到澄清。但很大程度上也可以在这里清楚地看到，正如我们早已知晓的，基督教对黑格尔来说构成现代的普遍意识形态基础。在此扼要指出的"苦恼意识"的本性表明，基督教在黑格尔眼里之所以能够起到这样的作用，主要是因为在基督教中，"外化"，即个体对原始社会的天然束缚的摆脱，在一个比在古代哲学中更高级和更发达的阶段表现出来；古代哲学在意识形态上伴随着这个客观的分解过程，但在它们那里，根据黑格尔的看法，意识的反应是一种纯粹消极的、比较抽象的、较少考虑正在形成和发展的外化的反应。

　　个体意识的第二次危机发生在现代资产阶级社会的形 *588* 成时期和它自身内部。我们在此必须略过黑格尔在这两次危机期间所描述的意识的发展过程，在那里主要谈论的是对自然界的外部现实的合乎意识的掌握的发展情况。在第二次重大危机中，我们此时面临着所有的社会—道德问题，我们从黑格尔自己的论述，从他对主观唯心主义的社会—道德观的论战中已经在内容上知晓他对这些问题的看法。为了不至于使我们的论述过于冗长，我们也必须提请读者回想我们前文阐述的内容，而在这里，我们只探讨这些问题的具体现象学方面。因此，这里涉及的是探讨个体与社会现实之间关系的辩证法，在这方面，我们已经知道，社会现实的一种未经概念把握的、对个体而言谜一般的必然性表现为这样的某种东西，这种东西疏离于个体的实践，甚至偶尔在个人努力付诸东流的极端悲剧性的情况下敌视地与个体的实践相对置。

因此，意识想通过经验认识到它的真理，却反而成了一个不解之谜，它的行为的后果在它看来并非它的行为本身。在它看来，它的经历并没有使它经验到那个自在存在着的东西。上述过渡并不是指同样一个内容和本质仅仅在形式上有所变化，不是指它们一会儿被表象为意识的内容和本质，一会儿又被表现为意识的对象或直观到的本质。因此，抽象的必然性就被看作仅仅是否定的、未经概念把握的普遍性势力，在这种势力中个体性被碾成粉齑。①

黑格尔这时描绘了对待现实的纯粹个体态度的各种不同形态和单纯个体意识的各个不同阶段：首先是"兴致"，它与"必然性"处于冲突之中，并在这种冲突中被碾成粉齑；其次是"心灵的法则"，在那里，个体关于人类福祉的主观确信使他想为人类制定法则，结果发现各个不同的个体按照不同的"心灵的法则"生活，这些法则在内容上彼

----

① 《黑格尔全集》，第 II 卷，柏林 1845 年，第 275 页。

此对立,在方向上通常直接处于敌对状态;最后,在更高的阶段是"德性",它已经想要从道德纯洁的一种宏大主观的高度出发去改善世界,后来却体验到,"世界进程"的客观必然性根本就不关心个体道德的这些主观拟设。 *589*

在所有这些斗争和冲突中,"意识的诸形态"各自仅仅看到它们的个体性努力的落空,仅仅看到它们的意识必然将其规定为它们的道路的那一切东西都被异己现实的未知力量毁灭。只有外部的观察者才明白,究竟是何种因素在这些纯粹个体性的、哲学性的悲剧中对各种力量起着作用。

> 个体的纯粹个别的行为和冲动涉及的是它作为自然存在者即存在着的个别性所拥有的需要。甚至它的这些最寻常的功能也不是遭到毁灭,而是具有现实性,这种情况是通过普遍的维持生计的媒介,通过整个民族的力量发生的。①

探讨这一发展的细节也不是本书的目的,而是属于一部详细评注的任务。尤其重要的乃是发展的原则,在那里,个体自身的主观性与客观社会现实的未知自在物之间的关联,当然极其漫长和极不均衡地经过艰难的、悲剧性的瓦解,而被逐渐地、辩证地灌输给个体和个体意识。个体意识的这种教育史的原则,从上述引文中可以看到:它是个

---

① 《黑格尔全集》,第 II 卷,柏林 1845 年,第 265 页。

体通过它的需要，通过这些需要的满足，通过借助自己的劳动创造满足这些需要的条件而与社会发生实际关联的原则。黑格尔哲学的整个结构非常显著的特征又在于：屈从于主体性的崇高悲剧，往往在高级的意识形态领域上演，这些悲剧引发深刻的道德问题；然而，疑难问题本身——在这种道德的高度，由各种彼此疏离且互相排斥的原则产生的悲剧性对立的领域，从未能够摆脱掉疑难问题——通过人在社会中的经济活动得到了解决，这在哲学层面，对现象学的个体意识也是有效的。劳动着的人就是主客同一体、主体变成实体、实体返回主体的"外化"和倾向的——用歌德的一个类似于黑格尔辩证法的术语说——590 "原初现象"。任何一项人类实践的自在存在着的社会性都在劳动中，在通过劳动实现需要的满足中最接近于客观地变成自为存在。

　　与这种原则性的路线相符合的是历史性的路线，即下列事实：在黑格尔那里，对世界观的这种局限的克服，即对资本主义社会中个体性意识的单纯主观性的克服，是通过经济活动来进行的。我们上文概述的个体意识的悲剧性终结，从意识发展的各个现象学阶段的观点看，就是"合乎理性的自我意识自己实现自己"。由于社会自在物的力量这时越来越具体地显露出来，所以我们越来越强烈和明确地接近资本主义社会，接近黑格尔在这一节所称呼的"精神性的动物王国"。由此个体意识就获得了它作为"自在自为地实在的个体性"在自我扬弃之前的最高阶段。

这种实在性在黑格尔那里是通过劳动的社会性形成的。

个体为了自己的需要而进行劳动，既满足了他自己的需要也满足了他人的需要，同样，也只有通过他人的劳动，个体才能满足自己的需要。也就是说，个人在他的个别劳动中已经无意识地从事着一种普遍劳动，同样，他又从事着这种普遍劳动作为他的有意识的对象。整体作为他为之牺牲，并且正因为如此他从中重新获得自己的整体，是他的事业。[①]

如果我们还记得黑格尔整个耶拿时期，甚至早在法兰克福后半期的经济学，就会发现这样的表述毫无新奇之处。个体意识的所谓独立自主，它被拘禁在主体性的狭隘世界中，这在哲学上的扬弃是通过认识到人在现代市民社会中的经济活动，通过黑格尔在哲学上从斯密的经济学中得出一切对他而言可能的结论进行的。个体意识应当被促使达到的观点，不论在客观意义上还是在主观意义上都是个体因素与社会因素的统一。这种统一自在地包含在人自身的经济实践中，包含在人日常从事的事情中。重要的只是，人自身的这种日常活动的客观规定要被人清楚明白地意识到。

不论是黑格尔思想的社会来源，还是哲学来源，甚至

_591_

---

① 《黑格尔全集》，第 II 卷，柏林 1845 年，第 266 页。

是《精神现象学》的根本倾向，它们的独特之处都在于，决定性的转变在其中并由其得到实现的那种"意识的形态"，就是"自利"。黑格尔在这里是站在从霍布斯直到爱尔维修的启蒙时期社会哲学的肩膀上的，尤其是站在斯密经济学的肩膀上的。个体性的固有规律性和自身力量——黑格尔视之为现代社会相对于古代社会的在本质上更高的原则——正是在这里得到表达，即这种自利一方面构成个体意识的直接现实性和主观理据，另一方面显然是市民社会最重要的社会推动力。

黑格尔后来以一种非常意识形态的形式谈论古代社会与现代社会之间的这种对立："特殊性的独立发展是这样一个环节，这个环节在古代国家表现为它们所遭致的伤风败俗和导致它们衰亡的最终原因。"① 然后，在这里，黑格尔又提到基督教是古代社会与现代社会从根本上区别开来的原则。在《精神现象学》中这一发展更明确、更世俗。黑格尔非常简单地表明了自利的辩证法，而且是那种自利的"虚假意识"的辩证法，根据这种辩证法，个体仅仅在他的想像中能够坚决地实行自利原则，相反在现实中，他的这种自利活动必然地和不可避免地转变为一种社会性的、对社会有用的、与他人的活动相结合的、化为人类的类活动的活动。

---

① 黑格尔：《法哲学原理》（拉松编），莱比锡 1911 年，§185，第 155 页。

如果说个体性是自利地行动的，它只是不知道它在做什么，当它确信所有人都自利地行动时，它不过在宣称，所有人都没有意识到行为本身是什么。①

但是，自利意识的自我幻相的这种客观扬弃决不意味着，个体的自利性或个体实践在社会中的作用和意义由此会被扬弃，甚至哪怕只是被减弱。正是在这里，在《精神现象学》的发展面临克服主体性阶段的地方，在黑格尔着力强调任何一种人类实践的自在存在着的社会性都是隐藏在个体意识的自我幻相之下的真理的地方，他着重强调人的个体性具有的不可扬弃的社会意义，而且这种社会意义不是康德—费希特式的道德崇高，而是表现在资本主义日常生活中的那种自利的直接性。人类社会的鲜活性和生生不息在斯密的学生黑格尔看来正是缘于诸个体的这种自利活动：

592

因此，个体性的行为和活动就是目的本身。恰恰是力的使用、力的表现的表演，赋予行为和活动以生命，否则这些能力就会是僵死的自在物。自在物并不是一种未经实现的、缺乏实存的、抽象的普遍物，而是本身直接就是个体性的这种当前存在着的、现实的

① 《黑格尔全集》，第 II 卷，柏林 1845 年，第 293 页。

过程。①

这种辩证法的本质环节是主观活动的直接性得到循序渐进的、日益强烈的扬弃，借助并且由于个体意识的直接性的这种扬弃，个体意识的"外化"和对"外化的"现实的自觉不仅是个体性的被异化的活动领域，而且同时与此密不可分地是个体性本身和个体意识的基础、内容和规定性。这种"外化"是通过人类活动投身于事情本身，通过劳动在事情中的体现和外化进行的，在那里，事情不是外部客观现实的一个（通过劳动改变的）简单对象，而是社会利益的一个节点，同时又是个体努力的一个交叉点，是主观东西变成客观东西的一个转变点。

通过这样的复杂交叉，通过人类活动与这些活动在其中得到体现的事情之间的盘根错节的相互交织，就形成了社会整体的灵活的和具有自身固有规律的统一性。当然，在社会中行动的诸个体最初还不知道社会的整体性和统一性。马克思说："他们不知道，但他们做了。"② 而通过这种行为，不仅这些关联的客观性，而且它们在主观东西中的反映都越来越清晰地呈现出来，尽管黑格尔在这个阶段才刚刚触及主观性向社会实践的被意识到的客观性的现实转变的那些全部前提条件。他从这时起开始描绘个体意识与

593

---

① 《黑格尔全集》，第 II 卷，柏林 1845 年，第 293 页。

② 马克思：《资本论》，第 I 卷，柏林 1949 年，第 79 页。（中文见《马克思恩格斯文集》第 5 卷，人民出版社 2009 年，第 91 页。——译注）

整体的关系：

> 所谓整体，就是自行运动着以贯穿个体性和普遍东西的过程。但因为这个整体在这种意识看来仅仅是现成的单纯本质，因而是事情本身的抽象，所以它的各个环节全都散落于事情本身之外，四分五裂。作为整体，它只有通过对外展示与自我维系的分离轮换才得到穷尽和展现。①

也就是说，个体意识与整体的关系是通过资本主义的商品关系进行的。

在个体性的"行为和活动"同"事情本身"之间关系的通常模糊含混的论述中，我们必须始终注意，在这种"事情本身"中，商品的两个方面，即它作为物的自然对象性和它作为商品的社会对象性，是同时发生的，而且是从个体意识的观点来看的，个体意识一方面把商品看作是它自身活动的产物和目的，另一方面把商品看作是一种满足它自身需要的单纯手段，个体意识通过这两个环节而与其他个体，因而与整个社会的运动和生活处于形形色色的相互关系之中。

以这种方式，在这里就呈现出这样的辩证法，通过这种辩证法，人在个体劳动中、在交换的经济活动中超越单

① 《黑格尔全集》，第 II 卷，柏林 1845 年，第 312 页。

纯的主观性而达到社会普遍性，这是我们从黑格尔耶拿时期的著作中已经熟知的一种发展。黑格尔在此这样描述这个过程：

> 意识所关心的事情不是它的这个个别的事情，而是事情本身即对任何人都有效的普遍东西……至于那些由于这种介入而感到受骗、或宣称受骗的人们，毋宁说想用同样的方式来欺骗别人。他们宣称他们的行为和活动仅仅是为了他们自己，仅仅以他们自己和他们自己的本质为目的。然而，当他们通过某种行为而把自己呈现在光天化日之下时，他们直接通过行为反驳了他们的托辞，即想要排斥光天化日，排斥普遍的意识，排斥任何人的参与，毋宁说，事情的实现就是把每个人自己的东西展示在普遍的因素里面，只有这样，每个人自己的东西才会并且应当会转变为所有人的事情。①

这样一来，劳动、人的活动和一般社会实践的辩证法就被置于商品关系的辩证法之中，并从属于这种辩证法。因为黑格尔非常清楚地看到，社会对象性的复杂特性不能通过单纯的劳动活动加以获得。包含在单纯的劳动活动中的简单"外化"必须具有一种资本主义崇拜的复杂形式，

594

---

① 《黑格尔全集》，第 II 卷，柏林 1845 年，第 312 页。

以便能够在现代资产阶级社会中把人际关系体现为社会对象性的基础（我们将在最后一节借助马克思对黑格尔外化理论的批判，详细揭示黑格尔在论述劳动"外化"的资本主义形式时错在何处，他的错误的具体结论又在何处）。

在这里我们只能暂且满足于这样的结论：这些"外化的"对象性形式的辩证法，即人的活动、他与他人的关系、他与他的活动对象和满足需要的对象的关系，这三者之间的活跃矛盾产生了什么结果。黑格尔这样概括这个结论：

> 意识经验到两个方面都是同样事关本质的环节，事情本身的本性既不是与一般行动和个别行动相对立的事情，也不是与持存相对立的行为，更不是摆脱了作为它的种的这些环节的类，而是这样一个本质，这个本质的存在是个别个体和全部个体的行为，这个本质的行为直接就是为他的或一个事情，而且仅仅是作为所有人的行为和每个人的行为的事情；这个本质是一切本质的本质，是精神性的本质。意识经验到在那些环节里没有任何环节是主体，毋宁说它们全都化为了普遍的事情本身。个体性的各个环节都曾经先后被这个漫不经心的意识当作是主体，而现在它们凝聚为单纯的个体性，既是这一个，同时直接又是普遍的。事情本身……由此就丧失了无生命的抽象的普遍性这一规定性，而是转变为充满个体性的实体。如今，事情本身既是主体，在其中个体性既是个体性本身或这

一个，也是全部个体，同时事情本身也是普遍东西，这个普遍东西仅仅作为所有人和每个人的行为是一种存在，是一种现实性，这一个意识知道事情本身既是它的个别的现实性，也是所有人的现实性。[①]

通过澄清这种关联，个体意识向社会客观性的扬弃才成了可能。"主观精神"在此变成"客观精神"。黑格尔用另外两节"制定法则的理性"和"检验法则的理性"结束了他的第一部分。这两节包含着对作为人类意识发展到这个阶段的最高哲学表达的康德—费希特哲学的尖锐批评，在这个阶段，主观意识对待客观现实的普遍观点并没有超越这样的直接性，即对置着的社会客观世界必定始终是某种异己的，甚至敌对的东西。我们已经从黑格尔耶拿时期著作中知晓对康德和费希特的这种批判的内容，在此不必赘述。

黑格尔在他通过劳动和商品关系的分析，从事实—客观的层面将个体意识转变成了社会客观性以后，仍详细探讨了关于一个在这一阶段已被克服的立场的哲学，这种在初看起来令人惊讶的次序安排上的方法论，对我们来说也不是什么新鲜事。一方面，我们从黑格尔先前的著作知道，他把康德和费希特理解为人类发展的那场在法国大革命中社会—历史地显现出来的普遍危机的最高哲学表现，另一

① 《黑格尔全集》，第 II 卷，柏林 1845 年，第 313 页。

方面，我们知道黑格尔的"外化"的那个唯心主义方面，即他把这种外化的那些"更加高级的"、更加远离直接商品关系的、"更具精神"的形式视为外化发展的这样一个阶段，这个阶段比"外化"在经济上的"原初现象"本身更加接近于辩证的自我消解和自我扬弃。

黑格尔的这种唯心主义方法论在《精神现象学》的这个关键地方得到重复，我们已经在他的经济学中，在他把法学的"获到承认"抬得比经济范畴更高时，遇到过这种方法论。黑格尔不是把资本主义社会的辩证法本身，而是把康德和费希特的哲学看作是达到"客观精神"的现实转变点，这就像在经济学本身中对经济范畴与法学范畴之间的等级顺序加以颠倒一样，是哲学唯心主义的表现。在评判黑格尔的这一思想发展时，当然必须考虑到这个唯心主义因素并加以批判。然而，这个唯心主义因素只能模糊，但决不能完全遮蔽黑格尔这一思想发展的本质本身，即通过个体意识自身经济活动的辩证法把个体意识引向对社会性的认识。 *596*

b）"客观精神"

黑格尔由此使个体意识通向了这样一个阶段，在这个阶段，它能够把握自己的历史，把握人类在其现实中的历史。因此，在方法论上可以理解，并且确实绝对必要的是，现在从意识的这个刚刚艰难地达到的发展阶段出发，现实的历史进程要再次得到重述。

当然，这种重述这时已经是以一种完全不同的方式进行的了。在历史的第一次经历中，对现象学发展的当时存在的意识而言先前是虚幻的、确实谜一般的基础的东西，现在在一种有序的且合乎理性的历史关联中表现出来。客观上，这显然涉及的是同样的历史进程；客观上，这个历史进程的合规律性也是同样的合规律性；客观上，不论是个体与社会——历史总体的关系，还是在这个总体中主观的"行为和活动"的作用，都没有发生改变。

但我们已经知道，对《精神现象学》的方法论而言一切范畴都在它们与主体的关系中存在，并在它们与主体发展过程的关系中排序。因此，更高阶段的主体性就意味着这个作品的对象性的特殊类型的一种新形式：各个显现出来的"形态"——在这些形态及其序列中，人的类经验的道路从哲学上得到阐述——的本质，极度地发生变化。由此得出这样的必要性，即同样地在类经验的历史发展中阐述它在这个新的更高阶段的历史发展道路，即再次经历在意识的这个阶段上的历史发展。

597　　因此，我们现在立于现实历史的地基之上，虽然最初阶段的历史发展本身同样是历史性的，但由于意识对待现实的特殊类型的现象学态度，黑格尔真正的"历史性"范畴尚未出现。这个阶段与先前各阶段在质上的差别，得到黑格尔非常显著的强调。在这一部分的导论中，他关于现在出现的各"形态"说道："但这些形态区别于先前各形态是由于前者是实在的精神，是真正的现实性，它们不是单纯意识的形态，而是一个世界的形态。"①

　　在分析古代世界时，黑格尔更加具体地贯彻了这种方法论的思想，更加显著地标示了当前发展阶段与先前各个发展阶段的差别，当然在这里不要忽视，黑格尔赋予"一个世界的形态"的具体特征，在这里属于古代世界，而根本不属于这整个意识阶段。尽管如此，我们仍认为，黑格尔的这些论述将更好地阐明第一阶段与第二阶段之间正好在其具体性上的质的差别。

　　　　因此，各个普遍的伦理存在者是作为普遍东西的实体，并且是作为个别意识的实体；他们把民族和家庭变成他们的普遍现实……在伦理世界的这个内容中，我们看到先前无实体的意识的诸形态曾设定的目的得到实现；理性以前仅仅将其理解为对象的东西，现在成了自我意识，并且自我意识以前仅仅在它自身拥有的东西，现在作为真正的现实存在——通过观察知道其是一个似乎与自我毫无瓜葛的发现物的东西，在这里成了被发现的伦理，但它是一种既是发现者的行为又是他的作品的现实。②

黑格尔紧接着对先前阐述的一系列"意识的形态"作了详

---

① 《黑格尔全集》，第 II 卷，柏林 1845 年，第 330 页。
② 《黑格尔全集》，第 II 卷，柏林 1845 年，第 343 页。

细的批判，因为他把现在达到的阶段描述为——用他的逻辑学术语表示——先前东西的真理。

因此，我们在此涉及的是现实的人类历史，但与《精神现象学》的特殊任务相适应，即使在这里，也不是全部历史 in extenso［详尽地］得到了阐述，而是只有那些在人的类经验、在人类及其关于自身的意识的发展中真正划时代的重大危机和历史转折点得到了强调。与此相应地，本节划分如下：

"A. 真正的精神，伦理"（古代社会及其瓦解）；
"B. 异化的精神，教化"（市民社会的形成，启蒙运动中的意识形态危机和法国大革命的世界危机）；
"C. 自我确信的精神，道德"（黑格尔的关于拿破仑统治下的德国的乌托邦。德国古典时期的文学和哲学作为拿破仑时期世界危机解决方案的最高意识形态形式）。

因此，我们要对在黑格尔思想中自法兰克福危机以来占据核心地位的问题，即现代市民社会的形成问题，作总结性的阐述。这一任务在于，一方面揭示古代社会如何是必然瓦解的，另一方面揭示市民社会的各种充满矛盾的形式作为人类发展的更高阶段是如何从这种瓦解中形成的，最后则揭示黑格尔打算如何寻求这个市民社会的各个矛盾的"和解"。也是在这里，我们会涉及我们从黑格尔先前的著作中就已知晓的他提出并加以解决的一系列问题。所以我们在此也不会具体探讨这些我们已然知晓的环节，而是仅仅强调这部著作的特殊方法论、特别独特的地方和从这个作为新结论的新问题中产生的东西。

这个新东西主要涉及的是"外化"的辩证法。尽管我们越来越熟悉黑格尔在耶拿的活动期间他的哲学的这个方面，我们也仍然要在《精神现象学》中才能探讨他的这些著作的这个问题，即"外化"已经成为整个辩证法的核心基本概念。现在与此相应地，第一部分的发展过程在第二部分这个更高的阶段上经过改动而得到重复。当时，意识与一个完全异己的对象世界的直接关系发展到开始看清这样的情况，即社会对象性在"外化"中获得它的客观基础。也是现在，才开始了从直接性到完全"外化"的道路。

但是，直接性和"外化"两者在这个阶段意味着某种 *599* 完全不同的东西，即某种客观的东西。直接性在这里是古代人与民主制城邦的集体之间的客观关系。因此，直接性的辩证瓦解和资本主义社会中的完全"外化"的道路，不再主要是一个意识过程。相反，这条道路是那些曾经建构起古代城邦的社会形式在客观上的社会瓦解过程，是越过罗马和中世纪而通往现代市民社会的复杂而不均匀的发展道路。黑格尔同样在这一部分的导论中谈到这个规划。他开始论述希腊世界并且视之为伦理生活的真正体现，但同时他洞见到这样的必然性，即希腊世界必定瓦解，以便为现代市民社会这个不同的更高的"外化的"世界腾出位置：

精神就其是直接的真理而言，是一个民族的伦理生活；精神是作为一个世界的个体。精神必须进而意识到自己直接是什么，并且扬弃美好的、伦理的生活，通过一系列的形态达到关于它自己的知识。①

在这里（并且也在第三部分）论述希腊世界的美好且直接的伦理生活，是黑格尔创作成就的一个顶峰。但既然我们已经反复详细地分析黑格尔关于古代社会及其衰亡的看法的所有主要问题，现在就不再赘述。我们只需要评论古代的衰亡以及精神的表现形式，通过这些形式，黑格尔描述了罗马帝国中已然"外化的"个体性的形成。这不仅使我们通过事实进一步接近《精神现象学》的思路，而且借助具体的事例同时适合于阐明第一阶段"主观精神"阶段与现在达到的客观阶段之间的差别。

我们还记得，在第一阶段从"主人与奴隶"中形成了斯多亚派哲学、怀疑论哲学和后来的"苦恼意识"（基督教）的"意识的诸形态"。现在黑格尔则从客观—社会方面描绘了同样的过程。正如我们所知，希腊的社会状况曾是直接的伦理生活状况。我们同样知道从中产生了个体与社会之间什么样的相互关系：由于人与社会之间的直接和谐，这是人的一种美好和谐的发展，但在这种和谐中，人格仅仅是自在地、直接地、以未被外化的形式存在的。人格的

---

① 《黑格尔全集》，第 II 卷，柏林 1845 年，第 330 页。

任何发展（想想我们前文探讨过的自利问题）都必定在这个社会起到瓦解和破坏作用。

根据黑格尔的社会思想，这时从这种瓦解中就形成了罗马帝国：直接的伦理生活被抽象的法制所取代。黑格尔这一推演的客观主义以法权因素构成决定性因素这种形式表现出来，如果我们对他此前的社会观有所了解的话，对此就不会再感到吃惊。尤其是在这里，在黑格尔想要阐述最初的，因而最简单和最抽象的"外化"形式的地方，自然地从他的思想中得出，法学因素对他而言成为"外化"的"简单概念"，并且只有通过发展现代资本主义意义上的经济生活，这个"简单概念"才会现实地发展起来，并整合为一个拥有各个具体环节的丰富体系。

黑格尔这时将这样形成的社会状况和必然在其中产生的新的、外化的主体描绘如下：

> 普遍东西既然已经裂变为绝对多的个体原子，那么这个死去的精神就成了一种等同性，在其中，所有的个体都被视为每个个体，都被视为个人……我们曾经看到，伦理世界的各种势力和形态都在空洞命运的单一必然性里面湮沉了。现在，伦理世界的这个势力是一个返回到它的单一性之中的实体，而这个返回到自身中的绝对本质恰恰是空洞命运的那个必然性，它无非就是自我意识的自我。

这个新的社会状况就是罗马社会，就是抽象法权的统治：

> 这种得到承认的东西是本质的实体性；但这种实
> 体性是抽象的普遍性，因为它的内容是这一个敏感矜
> 持的自我，而不是已经消解在实体之中的自我。因此，
> 在这里，人格已经摆脱了伦理实体的生活，显现出来。
> 它是意识的现实地发挥着效用的独立性。①

601 现在极其引人关注的是，黑格尔这时在这种关联中以何种形式返回到第一部分的相应的"意识的诸形态"，返回到斯多亚学派和怀疑论（尤其引人关注的是，在这一关联中"苦恼意识"根本就没有被提到）。黑格尔格外清楚地谈到他的看法，我们无需加以评论。我们只需提前指出黑格尔的基本思想，即他有力地强调这些意识形态形式与罗马法（在他这里就是罗马帝国的社会状况）的统治地位之间在内容上的等同，并且强调前者表现现实，后者表现关于这种现实的单纯的主观看法。

> 斯多亚学派以前在抽象中只是自在物，现在则是
> 现实的世界……通过逃离现实，意识仅仅获得了独立
> 性的思想。意识之所以是绝对自为的，原因在于，它
> 并没有把它的本质与任何定在结合起来，而是想要放

---

① 《黑格尔全集》，第 II 卷，柏林 1845 年，第 360 页。

弃任何定在，把它的本质仅仅置于纯粹思维的统一性之中。以这种方式与个人法权联系在一起的就既不是个体本身的更丰富或更有力的定在，也不是一个普遍的鲜活的精神，反倒是个体的抽象现实性的纯粹单一体，或者个体那里的纯粹单一体，反倒是一般的自我意识。①

在黑格尔向怀疑论过渡并将怀疑论与法权状态必然的形式主义作比较时，这一关联就更加清楚地表现出来。因为他在这里表明，在这两者背后有另一种更加实在的力量，即社会发展的力量，这两者只不过是自行瓦解着的世界状态的表现形式，在这种世界状态中，后来的现代市民社会的建构因素还仅仅以消极的方式发挥着作用。这些建构因素还没有构成由人们在他们的社会实践中彼此的"外化"关系形成的那个发生关联的、具有自身固有规律的、合乎自身规律地进行运动的体系；因此，这些建构因素表现为一种未知的、偶然的和任意的社会力量的表现形式。

　　因为被视为绝对本质的东西，是作为个人的纯粹空洞单一体的自我意识。与这种空洞的普遍性相反，实体具有充实和内容的形式，内容如今完全被置之不理，变得杂乱无章，因为曾经管制并统一着内容的精

---

① 《黑格尔全集》，第 II 卷，柏林 1845 年，第 361 页。

602　　　神再也不存在了——因此，个人的这种空洞单一体，就它的实在性而言，是一种不能持续多久的偶然的定在和缺乏本质的运动与行为。法权的形式主义和怀疑论一样，仅仅依靠自己的概念，没有独特的内容，遇到多种多样的持存事物加以占有，而且它像怀疑论一样给它们打上同样的抽象普遍性的印记，由此称之为财产。但是，如果说这种特定的现实性在怀疑论那里被称作一般的假象，只具有一种否定的价值，那么它在法权这里则具有一种肯定的价值……两种价值都是同样的抽象普遍物。"我的"的现实内容或规定性——不管这是指一种外在财富，还是指精神和特性方面的内在丰富或贫乏——并没有包含在这个空洞的形式里面，与这个形式毫不相干。因此，这种内容属于一种自己的权力，这种权力是不同于形式性的普遍物的东西，是偶然的和随意的——因此，法权意识在它的现实效用本身中所经验到的，毋宁说是它的实在性的丧失和它的完全的非本质性，至于把一个个体称作个人，则是蔑视的表现。①

黑格尔继续谈到，生活的私人化，所有人向抽象的法权主体和向单纯从事经营的"资产阶级"的转变，与任何一种公共生活的完全堕落和罗马皇帝的日益堕落的专制是携手

---

① 《黑格尔全集》，第 II 卷，柏林 1845 年，第 361—362 页。

并进的。我们从《论自然法权》中就已熟知的诸如此类的阐释，黑格尔在这里用了一个简洁的特征来概括典型的暴君，即"世界的主宰"。

因此，我们在这里探讨"外化"最初的、原始的、抽象的形式。黑格尔历史哲学的时期划分始终都是这样的做法，即他把罗马帝国理解为现代资本主义的这样一种抽象的先驱，并粗略地把中世纪视为一段对精神的发展来说次要的插曲。这个进程的必然性在于，按照黑格尔的模式，人的社会存在不可能是任何"自然的"或直接的东西。因此，希腊民主制中的这样一种自然的直接性的美好体现，在自身包含着衰亡的内在必然性。主体必定越来越强烈地外化自己，异化自己，因为它深入到了越来越丰富的社会关系中，它通过它的劳动，通过它的个体性的利己的"行为和活动"而变成这些社会关系的主客同一体，并逐渐在这个发展的过程中，在具有社会规定的财富和现代经济体系的连贯性与规律性的客观发展的过程中，在它的外化达到的顶峰处，认识到自己是社会实践的这种主客同一体。

构成《精神现象学》基础的一般哲学过程，即主体对实体的财富的抢夺（参见第 580—581 页），在这里，在对这个过程的描述中获得了它的最纯粹和最清晰的形态。在这里也呈现出了马克思反复指出的一些本质规定，这些本质规定包含在被黑格尔神秘化的"外化"思想中。因为在这里从黑格尔的论述中不仅排除了自然——自然在他这里表现为精神的单纯外化，表现为费尔巴哈曾正确地指出的各个关联纯粹的、唯心主义的头脚倒立（第357页）——而且他的"外化"理论的神秘化的宗教方面，即"外化"向主体的返回和作为"外化"的扬弃的一般对象性的扬弃，在这一部分本身还没有详细得到展现，只有到了最后才呈现出来。因此，主体的外化在这里表现为人类的社会活动，通过这种社会活动，一种自己创造自己的客观性就在社会中形成了，这种客观性从主体的社会活动中汲取生命力，并且当它变得越来越丰富、越来越成熟、越来越广泛的时候，它就用主体取代了先前无生命的实体的位置。一言以蔽之，当主体完全异化自己时，它就在理论和实践上表现为与实体相同一的。

只有从这种哲学思想出发，黑格尔对世界历史的时期划分的现实意义才是可理解的；只有从这里出发，这种时期划分的相对合理性才是可看清的，即它把历史过程集中于现代市民社会的形成史。我们已经说过，黑格尔对中世纪是一带而过的。在少数几处评论中他略微提到封建领主与中世纪君主之间的关系。他感兴趣的毋宁说是封建制度的瓦解，在这方面，即使在现在，也像在《德国宪政》中一样，封建制度的瓦解和绝对君主制的形成的这种法国形式对他来说也仍表现为这一发展的经典形式。

总的来说，在《精神现象学》中黑格尔历史哲学以法国的发展为导向的做法是显而易见的。除了希腊和罗马——他在这部分详细探讨了它们实际的历史哲学本质——只有法国的发展，是作为有能力代表具有纯粹形式的哲学的整个现代发展的那种发展出现的。因此，从封建制度的瓦解到法国大革命，《精神现象学》唯独只在法国大地上展开论述。甚至关于意识形态斗争的论述，在这里也只有法国被考虑到；启蒙运动与宗教的斗争，就像这一时期的社会和政治斗争一样，在这里同样是在法国大地上进行的；在黑格尔的全部这些论述中虽然没有被提及名字，但被逐字逐句引用的唯一著作家，就是狄德罗。

法国绝对主义中的各种内部斗争以之进行的现象学形式，是国家权力与财富的对立和辩证法。黑格尔描述了王国从前独立的封建封臣是如何降格为内廷佞臣的，贵族的"高尚意识"(他再次提起孟德斯鸠)是如何蜕变为对君主的单纯谄媚的。这个过程同时也是"国家权力"向财富转变的过程，而国家权力在先前阶段是异己地和敌视地与财富相对置的。

我们在此以《精神现象学》特殊形式的论述方式呈现了绝对君主制的逐渐资产阶级化。黑格尔这时非常典型的又是，他就像他先前在谈论自然状态向文明状态的过渡时把奴隶的劳动称作精神达到自我意识的道路一样，现在把资产阶级的"财富"而不是绝对的"国家权力"也不是封建的"高尚意识"看作主体达到自为存在，达到实体向主体的现实转变的道路，看作是现实的、历史地进步的异化的承担者。"财富在它自身已经具有自为存在的环节。"①

这一变革的关键的意识形态内容是启蒙运动与宗教的斗争。为了完全理解黑格尔的历史观，我们必须提前说明，启蒙运动在黑格尔那里是从资产阶级化的绝对君主制内部的矛盾中产生的，他将启蒙运动在意识形态上反对宗教的这场斗争的完成，在经济上展现在发达的资本主义社会及其意识形态中，在政治上则展现在法国大革命中。

至于启蒙运动反对宗教的斗争，引人注目的是，"信仰"（在这里宗教一律被视为"一个世界的形态"）境遇不佳。黑格尔在此表明，现实的内容、现实的思想财富唯独在启蒙运动那里。虽然他在这里也对启蒙运动做了一种我们从法兰克福时期业已知晓的批评，因为他反对这样的观点，即宗教被理解为对民众的有意识的欺骗，但是，他对这种观点的反对不是以宗教在内容上的真理的名义，而是以历史主义即人类特定发展阶段的各个意识形态形式的历史必然性的名义进行的。

如果有人提出这样一个普遍的问题，欺骗民众的做法能否被容许，那么实际的答案只能是：这个问题毫无意义，因为要在这些地方欺骗民众是不可能的——诚然，在一些个别的买卖中，黄铜被当作黄金，假支票

---

① 《黑格尔全集》，第 II 卷，柏林 1845 年，第 388 页。我们提请读者想想货币的作为自我的规定。黑格尔：《实在哲学》，第 II 卷，莱比锡 1931 年，第 257 页。

被当作真支票，在一段时间以内，败仗被鼓吹为胜仗，也有人相信关于感官事物和生活琐碎的各种谎言，这些都是可能的。但是，意识一旦获得直接的自身确定性，并认识到本质，欺骗的思想就完全没有了踪迹。[①]

但黑格尔稍前的一次表述表明，宗教通过这一辩护获得的优势多么的少，其中黑格尔在论述宗教时几乎预示了费尔巴哈的批判：

　　启蒙正确地指出，信仰恰恰是这样一种意识，原因在于，信仰所承认的那个绝对本质其实就是它自己固有的意识的一种存在，是它自己固有的思想，是一种由意识产生出来的东西。启蒙由此宣称，信仰关于什么是启蒙的看法是谬误和臆想。[②]

相反，启蒙运动本身的真正发展重要得多。我们从黑格尔先前的耶拿著作已经知晓，他把启蒙哲学理解为后来在法国大革命中达到其顶点的那场重大危机的症候。《精神现象学》提供了关于这场危机以及黑格尔对它的看法的一种更加清晰和详尽的描绘。社会结构的彻底改变——这种改变在黑格尔看来就在于封建制度向绝对君主制及其资产

606

---

① 《黑格尔全集》，第 II 卷，柏林 1845 年，第 416 页。
② 《黑格尔全集》，第 II 卷，柏林 1845 年，第 413—414 页。

阶级化的转变——在这里被描述为各个不同的并且初看起来相互对立的"形态"彼此的一种过渡，在这些形态中表现出迄今为止的道德观、以前成熟形式的社会伦理生活的一切基础的动摇，表现出这些伦理形式的相对化和它们向对立面的转化。

我们早先曾简要地提到几个这些先前的发展，例如封建贵族向宫廷贵族的转变，一切国家机关和机构在由市民等级代表的货币权力中的渗透。因此，伦理生活在这个过渡时期的败坏在现象学上表现为"高尚意识"向"卑鄙意识"的转变等等，在其中，对我们这些哲学读者来说，清楚地呈现出来的是，这些类型的道德立场是如何辩证地相互过渡的。

"分裂的意识"作为这场过渡危机在思想上最成熟的产物，这时把握到这种普遍的、业已占据主导地位的相对性。对这种意识而言，各个"形态"及其在社会—道德方面代表的东西不再作为自身流动的过程彼此过渡，毋宁说这种意识对于现实地发生的事情达到了清晰性和洞见。它把这个过程看作是它自身的分裂，并且把它自己看作是这个过程的有意识的顶点，把它关于这个过程的辩证法的自觉看作是这个过程本身的自我意识。

但是，支离破碎的语言是这整个教化世界的完满语言和真正实存着的精神。自我意识对自己的遗弃状态怀着谴责性的恼怒，它在绝对的分离中直接是绝对的自相等同，是纯粹自我意识与自身的纯粹中介……自为存在把它的自为存在当作对象，当作一个完全的他物，同时又直接当作它自己，而自己就是他物；这并不意味着这个他物具有别的内容，而是说内容在绝对对立自身的完全漠不相关的定在的形式中都是同一个自我——因此，在这里就存在这个实在的教化世界在它的真理和它的有意识的概念中的精神。①

黑格尔这些论述的基本思想对我们来说并非是全新的。　607
黑格尔在《差异》中就早已谈到作为一个支离破碎的世界的教化，同时把这种教化称为通向真正哲学的一个充满危机的，但必不可少的途经点。黑格尔也一再强调，在认识各个不同的对象和概念彼此之间的相对性时，现实的、面向事情本质的怀疑论拥有真理的一个环节，这个环节可以达到对对立物的灵活统一的辩证认识。

这些思想此时被黑格尔装进了"外化"的普遍的社会和哲学框架之中。通过"外化"的最高发展，人类社会的一切直接联系都消解了，失去了它们的天然坚固性和它们的直接自足性，并陷入新兴的资本主义的辩证漩涡之中，资本主义社会的本质就是"外化"。但是，"外化"不是一个在主体那里进行而无需在本质上改造主体的外在过程。"外化"在原初阶段是无意识地进行的。"外化"的结果使

———————

① 《黑格尔全集》，第 II 卷，柏林 1845 年，第 391—392 页。

意识感到这些结果是一种外在的、无法把握的命运。但在最高阶段——这个阶段在黑格尔那里正好代表它自身的这种有意识的分裂——就在主体中形成了对这样一种客观运动的洞见，这种客观运动产生出现实性这种特性并伴随这种特性产生出主体自己的特性。

在写作《精神现象学》前几年，歌德发现了狄德罗的那篇天才对话《拉摩的侄儿》的手稿，就把它翻译成了德文并附以评注出版。歌德与黑格尔的内在亲缘性的典型特点再次体现在，黑格尔是最早认识到这部杰作的文学、思想和社会意义的人士之一。狄德罗的对话是唯一在《精神现象学》中被援引的现代著作，这决非偶然。

而黑格尔在一个非常重要的方面比歌德有着更远的见识。因为对黑格尔来说，狄德罗的对话不仅是无与伦比地描绘他的时代的一部杰作，而且是启蒙运动的这样一种现象，即辩证法已经以一种有意识的方式显现出来。正如我们所知，"外化"的哲学意义对黑格尔而言正是在于，只有通过"外化"才能表达黑格尔的思想自法兰克福时期以来就已努力研究的那种特殊形式的辩证法。在他将自己的辩证法同费希特和谢林的辩证法加以对照并激烈地予以反对的同一时期，他认识到狄德罗的对话是一次真真正正的心有灵犀的先声（在此仅仅顺带评价，马克思和恩格斯完全赞同黑格尔对狄德罗这部杰作的这种评价；恩格斯把这本书和卢梭的论文《论人类不平等的起源和基础》看作是关于辩证法最早的卓越的现代阐述）。

608

　　狄德罗的对话对《精神现象学》来说特别重要的地方在于，他不是从抽象的哲学考量，而是从他时代的道德问题的鲜活探讨中得出他的辩证法的。由此狄德罗的对话就成了黑格尔诠释他的历史哲学基本思想的适宜对象，即辩证法作为主观意识的所有物，也是社会生活的一个产物，而不仅仅是一种抽象哲学思维的结果。正如我们将在下文看到的，哲学作为人类思想的最高概括，在黑格尔这里决没有要虚构出新内容的任务，哲学原初的和真正的功能仅仅在于，规整和说明社会发展本身业已产生的东西，以便社会发展的最高规律性即辩证法以更加清晰和地道的形式呈现出来。

　　黑格尔的这种思想，即社会—道德进程的自我认识必然作为辩证法在意识中形成，而且是以洞见生活本身的形式而不是以有意识的哲学形式形成的，正是借助狄德罗的对话才在启蒙运动的论述中得到了阐明。黑格尔的阐释——这些阐释包含对狄德罗著作的方法论和思想的摘录，并且从中引出了黑格尔自己的评论——构成了人类意识的现象学发展中一个如此重要的转折点，以至于我们必须详尽地加以引用。根据我们至此为止的阐释和先前援引的黑格尔的话来看，这一转折点的特性是明确的：现象学的各个"形态"先前是一种客观辩证法的对象，现在辩证法变成了主观的，"外化的"主体对"外化"的整个辩证法产生了意识：

这种精神是现实和思想的一种绝对而普遍的颠倒和异化，这是纯粹的教化。在这个世界里经验到的就是，无论是权力和财富的现实本质，还是它们关于好和坏的特定概念，还是关于好和坏的意识、高贵和卑鄙的意识等，全都不具有真理。毋宁说，所有这些环节都处在相互转换的过程中，每个环节都是它自己的反面——普遍权力是实体，当它通过个体性原则达到自己的教养时，他感受到它自己的自我对它来说仅仅是一个名字，而且当它是现实的权力时，毋宁说它是虚弱无力的、自我牺牲的本质。但实际上，这做出牺牲的、缺乏自我的本质，或者说这个已经变为物的自我，乃是本质的自我回归；它是自为存在着的自为存在，是精神的实存——关于好坏这种本质的思想同样也在这个运动中发生了颠倒转换；被规定为好的东西是坏的，而被规定为坏的东西是好的。任何一个这些环节的意识在被评判为高贵意识和卑鄙意识时，真正说来同样也是这些规定性应当是的东西的颠倒转换：高贵意识转变为卑鄙的、遭到遗弃的意识，而遭到遗弃的意识则转变为高贵的、最有教养的、自由的自我意识——从形式上看，一切东西就其外表而言都是它们的自为存在的颠倒；同样，自为存在着的东西其实也不是自为存在，而是某种不同于它想成为的东西，自为存在其实是它自己的自我丧失，自我异化反而是自我保存。因此，现在的情形是，所有环节相互之间

850

都表现出一种普遍的公正，每个环节本身都会发生自我异化，同样地又把自己塑造为自己的反面，并以这种方式把反面颠倒过来——然而，真正的精神恰恰是绝对分裂的东西的这种统一性，而且正是由于这没有自我的两个端项的自由现实性，精神才作为它们的中项实存着……因此，这种判断和言说活动就是一种真实的、无拘无束的东西，而它是这个实在世界里面唯一真正值得重视的东西。这个世界的每个部分都要发生这样的情况，即它的精神被说出来，并借助精神来说明和谈论它的本质——诚实的意识［道德学领域的形而上学思维——卢卡奇注］把每个环节都称作是一种常驻不变的本质性，而且是一种缺乏教养的昏庸做法，它不知道自己同样也在做颠倒的事情。但分裂的意识是颠倒的意识，而且是绝对颠倒的意识。概念是这种意识的主宰，它把那些与诚实毫不相干的思想揉捏在一起，所以它的语言充满睿智。①

这些论述之所以必须如此详细地加以引用，是因为它 ⁶¹⁰ 们在黑格尔类经验的发展道路上标志着这样一个点，在这里，辩证法已经完全清晰地呈现出来。对黑格尔的历史哲学具有至关重要意义的是，辩证法的这种呈现不仅是生活本身的一个环节，而且是社会的和个人的生活的资本主义

① 《黑格尔全集》，第 II 卷，柏林 1845 年，第 392—393 页。

外化和异化的一个产物，因而自我意识只有在这种异化中才能达到对自己的真正认识，达到对自己作为客观现实的环节和部分的认识。

此外，作为意义重大的环节发生的情况是，黑格尔正好将启蒙运动的哲学和文学规定为辩证法的这种觉醒的呈现。当然，在这里呈现出来的辩证法还不完全是黑格尔视为其完成形态的那种辩证法。如果人们留心读到刚才引用的黑格尔的解释，就会看到，这里描述的辩证法虽然具有各个对立的规定相互过渡的环节，但还没有任何辩证的综合。各个对立持续不断地相互转化，因而揭穿了关于对象的僵化本质性和抽象的自相同一性的一切形而上学观念的无效性。但是，这种持续不断的向反面的转化没有任何方向，它是各个对立相互过渡的一种永恒流动。

正因为如此，资本主义社会的本质在这里从当前的考察所注重的方面，即社会道德的观点出发，比在那里，在黑格尔使这些对立达到一种更高统一、达到一种"和解"的地方更加适宜地得到辩证的阐述。但另一方面，同样——我们已经在涉及"伦理东西中的悲剧"时探讨过这个问题——显而易见的是，这样一种在自身不包含任何指向某个进程、指向某个更高发展阶段的方向的辩证法，可能无法展现整个人类在其关联中、在其进步性的基本路线中的发展史。由此就产生了黑格尔思维中的一个矛盾，我们还将反复回到这个话题上来。

但在这个地方涉及的不仅是一般的人类思维达到了辩

证的自觉，而且是在什么具体的社会关联中，在什么历史情境中，在与哪些意识形态斗争的关联中，发生了与意识形态自觉的这个裂口。这样一来就必须再次申明，一方面黑格尔把这整个时期都理解和阐述为人类历史的一个潜藏危机的重要过渡，甚至是人类历史的最关键的危机，另一方面"分裂的意识"的辩证法不仅是这场危机的一种表现，而且同时是人类精神反对"信仰"的决定性武器。 *611*

　　在这种关联中，黑格尔强调这些思想的不可抗拒的力量。这一部分的全部论述都是在启蒙运动对宗教的胜利的标识下进行的。宗教逐渐被从它占据多年之久的地位驱赶下来，尘世对象、人及其社会关系、人的意识和人的实践在其中发展起来的物，占据了以前被宗教内容所充满的一切意识形态领域。

　　　　这样一来，信仰就丧失了充实着它的要素的内容，并蜕化为精神在其自身中进行的沉闷的编织活动。信仰已被排除出它自己的王国，或者说，这个王国已被抢劫一空，因为觉醒的意识已把这个王国的一切区别和扩展都抢劫到自己这里来，将这个王国的一切部分都当成尘世的财产索取回来，归还给了尘世。[①]

　　当然，黑格尔在此是有所保留的，而这些保留涉及后

---

① 《黑格尔全集》，第 II 卷，柏林 1845 年，第 432 页。

来的发展，涉及"绝对精神"领域，在那里正如我们将看到的，宗教获得一种完全不同的作用。因此，黑格尔这里在启蒙运动对宗教取得的不可抗拒的胜利方面所作的保留，不过是为下一阶段的转变所做的准备。在这里，在新形成的精神的危机领域，在精神通过它业已完成的"外化"真正回到自身的领域，启蒙的不可抗拒性对黑格尔而言是一个具有历史必然性和进步性的事实。

《精神现象学》的这一节的接下来的章节是："启蒙的真理"。这一真理，或者按照一般的黑格尔术语说，辩证发展的这个更高阶段，就是发达的资本主义社会。我们已经在《精神现象学》的第一部分遇到这种资本主义社会，在那里，从个体意识的视角考察，它表现为"精神性的动物王国"，表现为自利的世界。当然，在这方面，在——个体性的主体所不知的——社会运动的自在物中已经有自利主体的个体性"行为和活动"的普遍性与社会性在发挥影响。在这里，与类经验的更高阶段相适应，已经谈到客观关联，当然始终是在与意识发展的关联中谈论的。因此，在这里已经出现"外化"在其客观性中的现实内涵："思维是物性，或者说物性是思维。"[1] 黑格尔的"外化"概念由此达到它的清晰表达。强调这一点又对正确理解第三部分具有重大意义。因为我们将看到，绝对精神在"绝对知识"中达到完满的自我认识，在内容上相对于这个阶段没有产生

612

———

① 《黑格尔全集》，第 II 卷，柏林 1845 年，第 437 页。

丝毫新的东西。

　　由此就在最高阶段的外化中达到了最高阶段的抽象：资本主义社会的本质。黑格尔这时通过把先前单纯主观的"自利"概念提升到一个更高、更客观的阶段，再次系统化了启蒙时期社会哲学的基本思想：他以一种对主体而言也辩证化的形式，革新了启蒙时期的功利主义理论或剥削理论①。

　　这时引人关注的是追寻，一方面黑格尔如何进一步普遍化和客观化我们刚才在道德哲学领域遇到的那种辩证法，并从那种辩证法中制定资本主义社会客观运动的辩证规律；同时另一方面，他又如何从那种辩证法中推演出"功利主义"理论。他在这方面是以我们刚才描述的那种辩证的永恒流动思想为出发点的。

　　　　这种以自己为轴心的简单自转运动，必定把自己抛甩出去，因为只有当它区别开它的各个环节时，它本身才是运动……但是这种区别运动，既然把自身置于上述统一性之外，它就由此是自在存在、为他存在和自为存在这些环节的一种不向自身返回的先后更替；它就是纯粹识见的现实意识以之为对象的现实性、功利性。功利性在信仰看来，或在那种为自己确定自在

――――――――――

　　① 参见马克思、恩格斯：《德意志意识形态》，载《马克思恩格斯全集》第 3 卷，人民出版社 1960 年，第 478—484 页。――译注

物而称自己为思辨的抽象看来，不论多么丑恶，它毕竟是这样一种东西，在其中纯粹识见使自己得到实现并以自己本身为对象，并且纯粹识见不再否认它的对象，甚至也不认为它的对象只具有空洞无物或纯粹彼岸的价值。因为正如我们已经看到的，纯粹识见就是存在着的概念自身，或者说，这样一种自相等同的纯粹人格，这种人格在自身自己区分自己，以至于每个区分出来的环节本身就是一个纯粹概念，也就是说，直接不是有区别的东西；它是一种简单的纯粹的自我意识，这种自我意识不仅自在地而且自为地存在于一种直接的统一性中。①

由此黑格尔对资本主义中人们对待彼此的态度作了现象学的解释，他将其解释为人类发展的最高程度的外化形式，因而也是最进步的、最适合精神的形式。按照这种描述，资本主义社会是"物"与"我"之间转化的永恒流动。任何一个人，处于为自己和为所有他人进行的持续不断的转化中，都同时不可分离地兼为两者。只有通过这种辩证法持续不断地自我复制，通过人们以追求主观功利性的方式实现客观功利性，资本主义的永恒流动，即黑格尔辩证法的这个阶段的实际典范，才会在实际的自我运动中延续自身。

---

① 《黑格尔全集》，第 II 卷，柏林 1845 年，第 437—438 页。

我们可以看到，在我们考察黑格尔从我们上文引用的关于功利东西的分析中得到非常抽象的结论时，黑格尔在多大程度上关心的是将资本主义经济学的概念转述为辩证法的语言。这在形式上涉及的是自在存在、为他存在和自为存在之间非常抽象的关系，但如果我们更加深入地钻研这些抽象探讨的实质内核，就会看到，这里涉及的乃是商品关系的现象学辩证法，黑格尔在这里既在客观上研究了商品关系的自我运动，又在主观上研究了商品关系与资本主义社会中人的意识的关联。

因此，这种自我意识的自在存在不是一种持存的存在，相反，当它有了区别时它就立即停止其为某种东西了；但是，这样一种直接没有停留不能持存的存在不是自在的，从本质上毋宁说是为一个他物的，而这个他物正是吸取它的那种势力。但是，这个与第一个环节即自在存在对立的第二个环节，也像第一个环节一样，立即归于消逝；或者说得更确切些，它作为仅仅为他的存在，就是消逝本身，这样一来，返回自身的存在、自为存在就设定起来了……纯粹识见，当它发展出它的诸环节时或者当它作为对象时所具有的这种本性，表现于外，就是功利的东西。功利的东西是一种自在持存物或物，这种自在存在同时又只是纯粹的环节；因而它是绝对为一个他物的，但它之所以是为一个他物的，又恰恰只因它是自在的；这两个对 *614*

立的环节，于是返回到自为存在的不可分割的统一性中。①

因此，商品关系的辩证法是对"物"与"我"的辩证统一的含义的具体揭示。对黑格尔而言，功利性的客观性和主观性这双重含义表达的是人的实践的这样一种运动，在这种运动中并且通过这种运动发生了人的这种社会性的对象化过程和这种向主观性、向对象的社会关系转变回来的过程。启蒙运动所接受的功利主义理论对黑格尔而言标志着在这个阶段可达到的最高的思想识见。这一识见是一种适宜的认识，并且对黑格尔而言就是精神的自我认识的实现。但这一识见还不是一般认识的最高阶段，因为它只是这个状态的自我认识，而不是达到这个状态并加以超越的整个发展过程的自我认识。

因此，纯粹识见在功利的东西这里就把它自己的存在于各纯粹环节中的概念当成对象；它是对这种形而上学的意识，但还不是对这种形而上学的概念性把握；它还没有达到存在与概念的统一性。②

---

① 《黑格尔全集》，第 II 卷，柏林 1845 年，第 438 页。

② 《黑格尔全集》，第 II 卷，柏林 1845 年，第 439 页。马克思清楚地认识到黑格尔与启蒙运动的功利主义理论的这一关系。参见马克思、恩格斯：《德意志意识形态》，柏林 1953 年，第 431 页。在接下来的进一步探讨中，马克思对从霍布斯到边沁的这种理论的历史发展作了一种详细的概述。（中文见《马克思恩格斯全集》第 3 卷，人民出版社 1960 年，第 478—484 页。——译注）

在这里所达到的认识阶段的这一局限中，我们再次遇到了黑格尔辩证法的一般基本问题，即超越资本主义社会单纯的自我认识的绝对必然性，而这种必然性又是与部分地以乌托邦的形式、部分地以妥协性的"和解"的形式进行这种自我扬弃的必然性相结合的：这个问题既是黑格尔辩证法中的"非批判的实证主义"的必然性，又是其中的"非批判的唯心主义"的必然性。

然而，正是由于黑格尔哲学在这里表现出的这种复杂的多义性，所以，绝对有必要着力强调，在他这里业已达到的进展代表精神自我实现的哪个阶段。我们从意识方面看，在启蒙精神的辩证法那里已经看到并且可以断定这一点。在我们现在探讨的《精神现象学》这一章接下来的评论中，黑格尔从存在方面提出了同样的问题。他断言，现象学至此为止的各阶段所缺失的正是世界，即人类意识的此岸现实。就此而言，得到实现和发展的资本主义社会意味着历史上某种全新的东西。

615

　　纯粹识见所缺少的这种东西，已经在功利性中获得了补充，因为它在功利性中达到了肯定的对象性；纯粹识见因此就是一种现实的、在自身中得到满足的意识。这种对象性现在构成纯粹识见的世界；纯粹识见成为整个先行世界即观念世界和实在世界的真理……功利的东西就是对象，这是因为自我意识看透对象，并且从对象那里得到它自身的个别确定性，得到它的享受（它的自为存在）；自我意识以这种方式洞察对象，而这种洞察或见解包含对象的真正本质（即一种被看透的东西，或者说，为一个他物而存在）；因此，这种识见本身就是真正的知识，而自我意识，在真理以及现在和现实都是统一起来的这种关系中直接具有对它自己的普遍确信，对它自己的纯粹意识。两个世界得到和解，天地互相交接，天国降入人世。①

就这样，按黑格尔的观点，资本主义现实就符合这样的辩证识见，这种识见最初被表述为启蒙运动中社会性的人的自我认识。实际的社会运动和意识形态的运动，这两种运动的现实和真理是它们在现实界和思想界不可抗拒地得以实行的基础。但人类精神向其发展的最高阶段即"外化"的端项——这个端项通往"外化"向主体的返回——的不可抗拒的逼近，在现象学中还有第三个最高级和最极端的"一个世界的形态"：1793年的法国大革命和恐怖统治。也是在这里，黑格尔尤其强调这场运动的不可抗拒性。在他看来，从资本主义和启蒙运动中必定形成"外化"的最高形式即"绝对自由"，并且它的凯旋队伍开始在世界上游走。"绝对自由的这种没有分解的实体，登上了世界的宝座，没有任何一种势力可以与它抗衡。"②

---

① 《黑格尔全集》，第 II 卷，柏林 1845 年，第 440 页。
② 《黑格尔全集》，第 II 卷，柏林 1845 年，第 442 页。

我们已经足够了解黑格尔关于法国大革命本身的观点，在此毋庸赘言。我们仅仅简要地列举几个关键因素作为概括性的重述。首先，黑格尔在这里也强调，法国大革命意味着世界历史的一个重大事件，先前任何陈旧形式的"形态"在它之后都不复存在。"所有这些规定都在自我从绝对自由中所经历的损失之中丧失了。"① 现在形成的世界状况是从旧的东西的废墟中产生的，是旧的东西在我们业已熟知的黑格尔意义上的现实扬弃。其次，"绝对自由"，即"雅各宾派的恐怖"，根据《精神现象学》的理解在世界史上也是必然的：它是"外化"的绝对顶点，是"外化"可以返回到主体的转折点。

　　因此，绝对自由用自己补偿了普遍意志与个别意志的对立；自身异化的精神，在被推到它的对立——在这种对立中，纯粹的意愿与纯粹意愿者还是可区分的——的极致时，就把这种对立贬低为显而易见的形式，并在其中发现自己。②

---

　　① 《黑格尔全集》，第 II 卷，柏林 1845 年，第 449 页。因此，法国大革命以后"平息下来"的社会世界状况对黑格尔来说决不意味着任何复辟、任何向旧秩序的返回。这对黑格尔理解德国状况也很重要。黑格尔始终反对把他的观念与当时德国的状况等同起来。例如，在 1805/06 年讲稿的一处边注中，他写道："确保反对任意。各个等级的而不是特权等级的普遍宪政。"这指的并不是当时在德国业已存在的那种形式的等级结构。黑格尔：《实在哲学》，第 II 卷，莱比锡 1931 年，第 252 页。
　　② 《黑格尔全集》，第 II 卷，柏林 1845 年，第 451 页。

但这样达到的与现实"和解"的阶段——雅各宾派的恐怖实行的"暴政"和罗伯斯庇尔在资产阶级社会的"忒修斯"角色使这个阶段成为可能——是真正与这个资产阶级社会的一种"和解"。也就是说,像在先前的耶拿讲稿中一样,在"绝对自由"中那些在黑格尔看来想要期待比消除封建残余和释放资产阶级社会的所有力量更多的因素被他拒绝了。黑格尔称绝对自由为"自我意识与实体的完全渗透",但他补充了下列关键的保留:

> 这是这样一种渗透,在其中自我意识——它经历了自己的普遍本质反对自己的否定力量——会知道并发现自己不是这种特殊的东西,而只是普遍东西,因而也会忍受普遍精神的对象性的、排斥作为特殊东西的自我意识自身的现实性。①

尽管这段话文风含混,但从中可以足够清楚地得出,资本主义社会的维持和解放必须被理解为特殊东西,而普遍东西作为普遍东西在这里意味着形式的、法学的社会平等向一种现实的社会平等的转变。我们从业已引用的很多黑格尔的论述中知道,他正是在法国大革命曾创立的那种法权平等的基础上,完全清楚资本主义社会中事实的不平等,并且他恰好把资本主义的这种由他现实主义地理解的

617

---

① 《黑格尔全集》,第 II 卷,柏林 1845 年,第 448 页—489 页。

社会状况当作进步的加以把握和赞同，而他把一切废除封建特权的超越和创造现实平等的任何步骤都当作"空谈"加以否定（第 389 页）。因此"绝对自由"的"喧哗"必定减弱，并从中形成了资本主义社会的与自身和解的完成形式。

由此我们在"伦理东西中的悲剧"一节曾详细探讨的那个问题，就以一种部分地由于在此期间发生变化的世界政治局势，部分地由于这部著作的特殊方法论而得到改变的形式而再次出现。在此，我们首先指出发生变化的世界政治局势。虽然《精神现象学》在耶拿战役打响的时候才基本完工，但奥斯特利茨战役和拿破仑帝国的许多其他功绩在此期间已经完成，以至于我们必须把耶拿对黑格尔的影响看作不是突然的转变，而只是对他以前抱有的观点的进一步证实。"客观精神"的结尾部分，尤其是其中关于德国的论述就是与这种整体状况相适应写成的。

我们从黑格尔写给尼特哈默的信中可以了解他在这一时期的政治观点。在拿破仑已经垮台以后的一封信中，黑格尔指出从法国大革命到关于德国的论述的辩证过渡的决定性方面，并且谈到他在思想上预示未来发展的一段话。这段话紧接着我们上文引用的那段话，在其中黑格尔谈到 *618*"绝对自由"对精神的发展具有的积极的和不可或缺的作用：

　　正如现实世界的王国过渡到信仰的和见解的王国

一样，绝对自由也从它的摧毁者自己本身的现实王国过渡到另一个有自我意识的精神王国，在其中，绝对自由在这种非现实性中被看成了真理；而精神，既然它现在是并且始终是思想，既然它知道这种封闭于自我意识中的存在是完满的和彻底的本质，它就因为这种关于真理的思想而元气恢复，活力重振。这就产生了新的形态，即道德精神。①

因此，关于"道德精神"的一章是黑格尔对拿破仑式的德国乌托邦的论述。具有典型特征的是，与前面各章相比，这一章缺乏内容。这一章的本质内容是他在耶拿时期对康德、费希特和雅可比道德理论的批判的一种系统化的重复。令人失望的地方显然不在于，黑格尔在这里仅仅是将他的普遍的历史哲学思想等系统化了。他在论述古代或法国大革命的部分也是这样做的。尽管如此，这些部分仍是本质性的和富有内容的，因为它们包含关于社会—历史发展的各个重要阶段的一种本身重要的、内涵丰富的和原创的哲学论述。在这里，黑格尔本来应该说出，他在耶拿手稿中曾宣告的新的世界纪元的本质究竟在何处，他把由拿破仑从封建制度解放出来加以统一的德国看作是其体现

---

① 《黑格尔全集》，第Ⅱ卷，柏林 1845 年，第 451 页。黑格尔在 1814 年 4 月 29 日写给尼特哈默的信中引用了这段话，同上书，第 372 页。引人关注的是，在这封信中"变成另一个国家"这几个字打了着重号，黑格尔在括号中补充说："我曾经期待的一个国家。"

的那种 "道德精神" 的真正内容究竟在何处；然而，在这里，他却同样只能谈论消极的和批判的东西：这一内容是对康德、费希特和雅可比的道德学的内在矛盾的辩证克服。

黑格尔在他以前关于这几位思想家的批判性阐述中，相对于各种形式的主观唯心主义的抽象僭越而一再诉诸社会性的伦理。例如，他合理地并充满说服力地向雅可比揭示了希腊人那里个体道德与普遍伦理之间的一致（第 370 页及以下）。然而，这条道路在《精神现象学》的特定条件和目标下并没有向他保持开放，因为在这里，他必须揭示的是这种与一个在现实中还不存在的社会状态的一致。由于一个这样解放的德国会展现资本主义的那种更高形式，展现国家和伦理同经济生活的那种在黑格尔看来正确的关系，而黑格尔把这种形式和关系当作现在已经成为不可能的古希腊解决方案的现代同等物来要求，所以，虽然这是黑格尔的一个信念，但却是一个没有任何社会内容的抽象信念，因而在哲学上也是空洞和抽象的，是一个单纯的要求。 *619*

这种在黑格尔那里通常不存在的 "应当" 特征，在这一章接下来的探讨中，在体现在宗教之中的 "绝对精神" 表现为这种社会状态的真正内容的地方，最为清晰地表露出来。只有在 "绝对精神" 中，才包含着对达到自身的现实的那种赞同，包含着对《精神现象学》的整个历史哲学所追求的那种 "和解"。

做出和解的赞同——在其中两个自我都放弃了它们的相互对立的定在——是被扩展为二重性的自我的定在，如果自我在其中保持自身等同，并在它的完全外化和对立面中拥有它自己的确定性，它就是在那些知道自己是纯粹知识的东西中间表现出来的上帝。[①]

我们从黑格尔普遍的哲学观点知道，他的"客观精神"必定总是超越以达到"绝对精神"（参见第 470 页关于等级和宗教的论述）。但是，在社会哲学的所有其他地方，黑格尔在进一步着手这种"和解"之前，都会提供社会矛盾的一幅现实图景，这些矛盾在他那里只有在这种更高形式中才能找到它们的最终统一和扬弃。在这里，这个积极的部分，即和解的社会方面是被空置起来，思想从社会—道德的准备阶段直接跃进到"绝对精神"的领域中去。

我们已经详细探讨过黑格尔在拿破仑时期的历史哲学与他后来的历史哲学之间的差别（第 558—559 页），现在在这里，从另一个方面看，这种差别显而易见。黑格尔后来的"和解"是与一种——在一些个别环节中当然具有乌托邦色彩，但大致仍——现实的社会局势的和解，与 19 世纪二三十年代普鲁士的和解。在这里，"和解"具有一种从社会角度看纯粹乌托邦的内涵。一方面，黑格尔思想诚实的典型之处在于，他宁可在思想上为这个在现实中仍告阙

[①] 《黑格尔全集》，第 II 卷，柏林 1845 年，第 508 页。

如的位置留出空缺，也不以现实的形式描绘纯粹的梦幻； 620
但另一方面，后来的"和解"客观地形成了一个优势，这
是一个在实际的经济和社会内容上的优势（我们已经知道，
这个优势是用不断增强的"非批判的实证主义"换来的）。

由于德国历史和黑格尔在其中的地位的这种特殊发展，
在黑格尔那里"绝对精神"的神秘化因素正好得到了增强
和巩固。这里在他的社会和历史哲学中偶尔也会呈现秘传
倾向和公开倾向的二元性，对此我们在谈到他的宗教哲学
时已有论述（第569—570页）。当然，在两种情况下涉及
的都是这两种倾向的一种复杂的相互作用和彼此过渡，最
多涉及的是公开出版的著作中的某些信念的隐瞒或减弱，
而不涉及公开观点和秘传观点的一种僵化的二元论。

"绝对精神"在黑格尔社会学说的实质实现中受到重
视，这必然源于以下事实，即在黑格尔总是力求现实主义
地加以看待的特定历史状况下，规定德国的历史地位的任
何其他可能性都不存在。正如我们已经看到的，这种情况
在《精神现象学》本身中是作为"道德精神"的毫无内容
的乌托邦发生的。

拿破仑倒台以后，这种倾向偶尔如此显著地呈现出来，
以至于德意志民族在一般历史中仅仅作为"绝对精神"的
承载者、作为哲学的宣告者出现。黑格尔在其海德堡就职
演说（1817年）中这样说道：

> 我们德国人以往获得的自然赐予的更高天职，即

成为这颗神圣火种的保存者……就像以前世界精神为犹太民族储存了最高意识一样，现在它也会作为一种新的精神从他们之中产生出来。①

可以理解的是，在黑格尔那里，如此极端地背离历史现实，背离哲学的现实意义，不可能长久持续。在柏林时期，我们熟知的最后形式的"和解"取代了绝对精神的这种极端导向性。

但在这种倾向的范围内，存在一种"秘传"因素。对这个过渡时期的黑格尔来说，绝对知识也不只是并且不总是关于历史在现实中发展到了什么程度和历史进程的规律在哪里的一种单纯的概念性论断。黑格尔的哲学观在这一时期仍有一种"秘传的"附带倾向，即希望通过人类思想世界的革命化来改造现实本身，或者至少加快这种改造。他在拿破仑时代的 1808 年 10 月 28 日就曾写信给尼特哈默说："我日益确信，理论工作在世界上要比实践工作实现更多的成就；一旦观念的王国发生了革命，现实就令人无法忍受。"② 在拿破仑垮台之后不久的信中，这种倾向以更加强烈的方式表现出来。

当然，这种倾向在各个不同阶段具有不同的意义。它在莱茵联盟政策时期仅仅是指黑格尔对他所赞同的拿破仑

① 黑格尔：《哲学史讲演录》（格洛克纳版），第 I 卷，第 20 页。
② 《黑格尔通信集》，莱比锡 1887 年，第 194 页。

政策中的那些一般发展路线的一种内心支持。德国各种观念的变革仅仅是指从这些观念出发加速封建残余的肃清。在拿破仑垮台与黑格尔新的以普鲁士为导向的历史哲学之间的过渡时期，这种"秘传"倾向就有了更加强烈的乌托邦特点，即希望世界精神，在尽管反动派获得了明显胜利的情况下，仍下定决心再次实现进步，虽然从当时黑格尔的观点出发还看不到实现进步的实际力量。黑格尔在柏林形成的关于哲学对历史的态度的新观点——可以概括为"密涅瓦的猫头鹰"的比喻——与这样一种"秘传"倾向更加不能相容了。无论如何，即使在这一时期，我们业已引用的黑格尔与海涅关于"合乎理性的"与"现实的"的同一性的真正含义的谈话，也清楚地指明这种倾向的存在，因为在黑格尔晚期的著作中有些地方允许作出类似的解释，即黑格尔在这场谈话中借海涅之口说出了这种倾向。

我们业已揭示的黑格尔探讨社会发展本身的关键章节的无内容性，清晰地指明，从思想上解决资本主义社会的矛盾对他来说客观上是不可能的；我们在探讨"伦理东西中的悲剧"时就曾讨论他对这些矛盾的理解。在深刻且本质地描述矛盾——这些矛盾又重新作为矛盾不断产生出来——运动的基础上，在阐述启蒙精神、资本主义社会的经济和法国大革命的基础上，黑格尔没有能力在社会领域的范围内以一种积极的社会形态兑现"和解"。

622

这种积极的形态对黑格尔体系来说是一种必然，而且正如我们所见，无论是从关于德国的局势和意义的历史哲学阐述的立场出发，还是从一般社会哲学的立场出发都是如此，这种立场不曾允许也不可能允许黑格尔停留于他在谈到狄德罗的对话时所阐述的那样一种辩证法。但是，这种双重的而且强制性的方法论必然性毕竟不能强求获得任何新的社会内容。黑格尔仅仅告知这种形态在他的体系中必定所处的位置，但这种形态本身始终是一个无实质的阴影，是向"绝对精神"的单纯过渡。我们曾强调过黑格尔的思想诚实，凭借这种诚实，他在这里宁愿保留现实的空缺，也不虚设一种仅仅挖空心思想出来的内容。由此这一通常鲜有丰富内容的章节也仍包含着一个历史真理：这一时期德国生活的社会落后状况、政治的毫无内容和无约束力事实上是"绝对精神"诞生的历史基础，或者说是绝对精神在生活本身中的典范的历史基础以及德国古典文学和哲学的历史基础。

c）"绝对精神"

我们已经看到，现实的社会—历史运动上在前一部分结尾已经达到某种静止状态。第三个最高的阶段——在这个阶段，最终从头到尾意识都贯穿着历史——在某种意义上不再是任何现实的历史。也就是说，这不再涉及"一个世界的形态"当时形成的历史当下以及这些不同形态的现实序列和形成过程。精神客观地实现了自身，由此意识也必定在现象学上达到了与精神的这一发展相适应的那个阶段。

现在，黑格尔从这个业已达到的阶段对整个迄今为止 *623* 的历史作了一个回顾。如果说在第一部分，现实的历史在某种程度上是在"意识的诸形态"的背后发生的，以至于这些意识形态本身注意到它们自己不过是一个它们所未知的过程的业已完成的结果，并且体验到它们与外部世界的必然冲突是一般主观性与一般客观性的抽象矛盾，如果说在第二部分，"一个世界的诸形态"是世界历史剧的参与者，在这出戏剧中精神从一个形态到一个形态地向前发展达到自身，因此这些形态戏剧性地体验到这种过渡处于斗争之中，但无论胜利还是失败，始终都体验到这种过渡乃是它们的历史当下，那么现在在第三部分，我们叙述的则是作为业已完成的过程的与世界历史相关联的伟大史诗。我们在此运用的歌德—席勒关于作为当下东西的戏剧因素与作为过去东西的史诗因素作出的区分，在这种情况下就远不止于一种比较了。因为在《精神现象学》第二部分与第三部分的观点的差别中，涉及的是当下与过去的观点的差别，我们只有在了解到这里涉及的是对精神业已结束的发展的回顾，涉及的是对这一发展的最深刻规律性的一种事后认识——这种认识只有在最后、只有 post festum［在事后］才是可能的——以后，才能正确理解黑格尔对绝对精神的现象学解释。

黑格尔本人反复谈到《精神现象学》的这个观点。在他谈论古代的艺术品时，他强调这些艺术品对它们的同时代人自身而言曾具有的意义与它们在我们的回顾中所获得的意义之间的差别。

> 这样一来，命运虽然把古代艺术作品交给我们，却没有把古代艺术所处的那个世界，没有把古代艺术在其中绽放和成熟的伦理生活的春天和夏天一并给予我们……把那些艺术品交给我们的命运的精神，要比那个民族的伦理生活和现实更多，因为它是那个仍在艺术品中外化出的精神的回忆……①

在接下来关于绝对知识的评论中，这一思想再次出现，并着重得到强调：

> 但回忆已经把经验［即过程的各个被扬弃的形态——卢卡奇注］保存下来，回忆就是内在的东西，就是实际上具有了更高形式的实体。因此，如果说这种精神看起来仅仅是从自身出发，再次从头开始它的教化［指逻辑学连接着现象学——卢卡奇注］，那么它也是在一个更高的阶段开始的。通过这种方式在定在中塑造起来的精神王国构成了一个前后相继的序列，其中一个精神将另一个精神取代，每个精神都从前一

624

---

① 《黑格尔全集》，第 Ⅱ 卷，柏林 1845 年，第 564—565 页。

个精神那里接管世界的王国。①

与这种"回忆"的观点相适应，黑格尔强调这里在内容上再也没有任何新的东西出现。世界历史自身随着精神在社会客观性中的自我发现而得到完成。绝对知识，即哲学所能拥有的所有内容，都不是从它们自身而是从现实本身产生的，是从精神的自我确立的历史过程产生的。在这一阶段出现的新东西是，那些曾经主导并规定历史斗争，但并没有被这些斗争中的戏剧人物自身所认识的关联和规律性，在这里被清晰地意识到，并且它们是由绝对知识阐明的。

在探讨占据这一发展的一个关键部分的宗教时，黑格尔详尽地谈到这一阶段的特殊方法论。他关于宗教同前文探讨的"意识的诸形态"和"一个世界的诸形态"的关系说道：

> 因此，如果说意识、自我意识、理性和精神都隶属于一般意义上的自我认知着的精神，那么这个自我认知着的精神的各个特定形态同样也统辖着这样一些

---

① 《黑格尔全集》，第 II 卷，柏林 1845 年，第 611 页。(黑格尔在德文"回忆"(Er-Innerung) 中使用了连接线，强调其中有"内在东西"(Innerung) 的含义，而"内在东西"又与"外化"(Entäußerung) 以及其中所包含的"外在东西"(Außerung) 正好相反。因此，"回忆"与"外化"具有某种辩证的关联。动词 veräußern 本意为"让渡、出让和转让"，但在此处可能要从词根 -äußer 即"外在的"来理解。——译注)

特定形式，这些形式分别在意识、自我意识、理性和精神的范围内在任何特殊的东西那里发展起来。宗教的特定形态从精神的每个环节的形态那里抓取出一个合适的形态，分派给宗教的现实精神。[1]

这样一来，就出现了业已存在的、已由精神整理出来的历史材料的新排序和新观点。

以这种方式，迄今出现的各个形态就不是按照它们此前显现时的系列排序的。对此还需作一些必要的简短说明——在我们已经观察到的那个系列中，每个环节都在自身内不断深化，各自发展为一个具有独特原则的整体。认识活动曾经是深邃或者精神，在其中那些现在单靠自己无法持存下来的环节都曾拥有它们的实体。但从现在起，这个实体已经呈现出来……因此，如果说迄今的唯一系列在它的进展里通过节点曾表示倒退，但在倒退中仍然又重新沿着单线前进，那么它现在似乎是在这些节点上、在这些普遍的环节上被打断了，并且被打碎成许多直线，这些直线在被合并成为一束的时候，同时对称地统一起来，以至每条线在其自身内各自形成起来的那些相同的差别，会合在了一起。

625

---

① 《黑格尔全集》，第 Ⅱ 卷，柏林 1845 年，第 514 页。

黑格尔还补充评论："这些差别在本质上要当作生成的各个环节，而不是各个部分来把握。"[①] 因此，这里涉及的是对业已熟知的历史材料的新排序，以便建立它的内在规律性。在第二部分曾以历史为主导的论述，现在则是一种历史—系统的论述。

我们到现在为止已经明确强调第二部分与第三部分之间的差别。在我们分析这里得出的最重要的哲学结论之前，我们必须说明，这些差别不能僵化教条地加以理解。不能这样理解，好像在黑格尔看来，精神有一堆业已完成的、僵死的材料，从现在起，它以完全独立于历史进程的方式看待和整理这堆材料，以便从中获得抽象的规律。

相反，第三部分有包含在材料的本质之中的两个运动方向：首先，探讨方式即材料的新排序不是抽象—系统的，而是如上所言历史—系统的。也就是说，应当获得的规律性是历史进程本身的运动规律，这些运动规律的具体本性在这个进程中、在这个进程的历史发展和历史相继中表现出来。因此，这里涉及的不是一种非历史的或超历史的考察方式，而是从现在业已达到的更高观点出发对整个过程的扼要重述；其次，这第三部分包含着一种主观的现象学的运动：意识达到了绝对知识的发展，这个发展的各阶段在这里是指艺术和宗教；对此，我们在下文将进一步深入探讨。因此，人类历史发展过程的扼要重述同时就是意识

---

① 《黑格尔全集》，第 II 卷，柏林 1845 年，第 514—515 页。

为达到它的最高发展阶段，为获得在哲学的科学中确切地用概念把握世界的能力所作的斗争。我们回想一下，黑格尔在他对谢林的论战中谈到科学的职责，即为普通的意识递去一把梯子供它攀援达到哲学的观点；在这里我们涉及的就是这把梯子最后和最高的阶段。

我们在分析和批判黑格尔哲学时已经多次指出，"绝对精神"正是各种唯心主义神秘化的倾向在那里找到其真正故乡的领域；关于"绝对精神"的这个方面，下文也还将谈到很多。但假如在"绝对精神"中仅仅看到神秘化的方面，那就是完全错误的。这曾是实证主义在资产阶级世界观中占主导地位的时代的风气，最浅薄的实证主义遗产至今仍在我们的庸俗社会学中延续。

庸俗社会学对历史进行考察的出发点在于，任何历史现象只要其社会起源被查明，就可以彻底得到证明（我们在此无暇谈论，庸俗社会学甚至是如何使社会的起源变得肤浅和走样的）。但我们不要忘记，历史唯物主义——庸俗社会学家主要是作为反对唯心主义的历史唯物主义辩护者出现的——在这个问题上持一种原则上对立的观点。马克思、恩格斯、列宁和斯大林从来不认为，一个科学理论的实际内容、客观真理通过揭示其"社会起源"就会得到解决。即使我们详尽精微地揭示15—16世纪哥白尼、伽利略和开普勒的天文学变革由以发生的一切社会根源，这一分析仍始终无法回答新天文学所具有的真理价值问题，仍始终无法回答这些理论是否并在多大程度上正确反映了自然的客观现实性。

马克思在艺术方面极其鲜明地作了这种分离。他在对荷马史诗的社会形成条件作了一种极其深刻的分析以后强调指出：

> 但是，困难不在于理解希腊艺术和史诗同一定社会发展形式结合在一起。困难的是，他们何以仍然能够给我们以艺术享受，而且就某方面说还是一种规范和高不可及的范本。①

列宁在《唯物主义和经验批判主义》和《哲学笔记》中写 627
下了辩证地考察认识的客观性所需的方法论基础。

现在，最重要的是理解"绝对精神"的构想在黑格尔那里意味着在这样一种客观性方向上的哲学倾向。17—18世纪的哲学经常将客观性与历史性彼此对置起来，并使认识的客观性同人类社会和人类思维的一切产物的历史形成处于一种非辩证的生硬对立之中。黑格尔这时在哲学中进行的最重要的转变之一就是向真正的历史主义的转变。黑格尔主要致力于这样的努力，即把社会生活的全部现象，包括哲学在内，都理解为一个统一的、进步的历史过程的产物，把任何社会制度、任何艺术品、任何思想都理解为

---

① 马克思：《政治经济学批判》，导言，柏林 1951 年，第 269 页。（中文见《马克思恩格斯文集》第 8 卷，人民出版社 2009 年，第 35 页。——译注）

它们在其中形成的时代的产物。

然而，假如黑格尔仅仅停留于上述的概论，哲学考察方式在一种广泛的历史主义方向上的这种变革就会终结于单纯的相对化。如果他的哲学要达到客观知识，尤其是要达到认识的客观性的理据，另一方面也必须得到强调。

这另一方面这时是在"绝对精神"中得到强调的。人类发展的现象在黑格尔那里正是凭借其客观的真理内容而属于"绝对精神"的领域。客观精神的历史产物，伴随着规定其实存的那些历史条件的形成和消逝而形成和消逝。但是，这个过程持续不断地产生着人们对他们迄今捉摸不透的客观现实的克服。这个过程的结果不仅深入到发展过程的历史连续性中，而且只要它们是人们达到对现实的恰当把握所经历的各个现实阶段，它们就超越了它们当初形成的时代条件和必然产生它们的历史瞬间而保持着一种实存。它们通过其定在的这个方面就构成了"绝对精神"的各个环节。现在从这个观点出发就可以理解，为什么黑格尔在我们先前的引文中谈到，在"绝对精神"中不会出现任何新的内容环节，而是只会出现那些已由历史过程产生，现在只是以一种新的秩序表现出来的环节。因为，例如一个理论的实际历史效果并不直接与它的真理内容相同一。黑格尔清楚地看到，这两个方面必须在方法论上有所不同地加以探讨：前者属于"客观"精神的范围，而后者属于"绝对"精神的范围。

在黑格尔那里，客观精神与绝对精神的分离和与此同时的结合，相比于他的大多数前辈对历史发展的机械论看法同时是一种进步。在黑格尔以前，人们不仅普遍地将历史与客观真理彼此僵化地对立起来，而且在诸多方面把历史看作是一个渐进的、直线上升的过程。客观精神与绝对精神的那种同时包含着辩证的分离和对立的辩证统一，给了黑格尔辩证地阐述历史发展中的非均衡性以可能性，例如发展包含着后退的环节，后退在特定的关系中又给一次新的发展做了铺垫。不言而喻，很多重要思想家已经看到，甚至明确谈到历史发展的这些非均衡性（只需想想，在重要的启蒙思想家对资本主义劳动分工的批判中，古代作为对比对象的作用）。但黑格尔的辩证法毕竟是对历史进行思想研究的最早的成熟形式，在这种形式中，发展的这些矛盾不仅作为事实得到查明，而且在历史哲学上得到把握，并被纳入论述发展过程的历史方法之中（我们至多可以在这方面把维柯视为黑格尔的先驱）。

但《精神现象学》第三部分的回顾性考察方式还有另一个重要的和卓有成效的方法论方面。马克思曾指出，较低的发展形式总是只有从业已形成的较高的发展形式中才能得到恰当的理解。历史中的各种发展趋势只有在那种更高的形式已经成为历史现实以后，才会揭示出历史的现实关联和现实意义。黑格尔这时在《精神现象学》第三部分试图从他的辩证法本身——作为迄今概念性地理解世界的最高形式——的角度出发回顾性地把握关于世界的恰当的

概念性理解的发展史。在历史的长河中那些曾经有意识或
629 无意识地，大多是无意识地存在并发挥作用的辩证倾向，
应当被概括为一个通向这个最完备、最恰当的辩证形式的
统一过程。

黑格尔在这方面区分出意识发展的三个阶段：艺术、
宗教和哲学。我们还将详细谈论通过指派给宗教一定的角
色而对黑格尔的思想进行唯心主义歪曲的现象。这里需要
简要阐明黑格尔的一种意义深远且富有天才的思想。黑格
尔不仅猜想到合理的和正确的东西经常以各种不合理的和
不正确的形式表现出来，而且他还把在任何现象和任何发
展趋势中揭示并突显寓于其中的"历史理性"视为思考哲
学的历史学家的任务。

但除此以外，黑格尔远离后来兴起，甚至直到今天仍
盛行的这样一种学术狭隘，这种学术狭隘只有在新的辩证
关联在循规蹈矩的哲学的正式外表下贴着相应的哲学标签
表现出来的地方，才会认识和承认这些辩证关联的重要思
想创新和发现。相反，黑格尔持这样的观点，即人类在其
发展过程中以各种各样的方式在各种各样的道路上力求对
现实进行思想把握。他在阐述整个过程时努力符合现实地，
而不是符合狭隘的行业偏见地论述发展道路的各个具体阶
段。因此，他在其同时代人中激烈反对任何不严格的哲学
解释、任何哲学上的美文学，同时他也非常清楚，例如人
类发展过程中的伟大艺术杰作，包括荷马史诗、希腊悲剧
和喜剧、莎士比亚、狄德罗或者歌德，同时还不可分离地

包括他们的高尚审美价值，意味着在人们对现实的思想征服和把握中的各个重大阶段。我们曾看到，黑格尔尖锐地反对谢林将艺术夸大为认识绝对者的真正器官，但这种反对并没有导致他将自己的思想狭隘化。

"绝对精神"从这种观点看就意味着黑格尔把人类对现实的征服理解为一个宏大的、复杂的和非均衡的过程的努力，在这方面哲学有职责毫无偏袒地根据其现实的、实际的、历史的和辩证的意义来认识和评价各个具体的发展步骤。 *630*

而"绝对精神"经过艺术和宗教通向哲学的道路还有另一层含义，在这层含义中，黑格尔辩证法的特殊问题表现出来。绝对知识，这个在黑格尔看来人类认识的最高阶段，在他那里具有一种特殊的唯心主义含义："外化"向主体的返回，也就是说，对象性的完全扬弃。我们只有在本书的最后章节才能对黑格尔的这一理论作出最终的批判，而在这里，我们必须指明一些与这个问题密切关联的方法论问题。我们在前一部分对现实的、历史的过程所作的论述，仅仅带来了外化过程的绝对完成。我们已经看到，启蒙运动、资本主义和法国大革命标志着这条达到任何一种自然直接性，达到完全"外化"的道路的顶点。

但我们也已看到，黑格尔的尝试，即试图就在社会生活本身中开始返回的运动，被他的思想诚实所打败。"道德精神"阶段按照黑格尔的模式应该是指这一运动在社会生活本身中得以开始的起点。然而，模式始终只是模式，也就是说，黑格尔指出了发展过程中"外化"向主体的这种返回会发生的地方，但这个地方在哲学论述中却始终是空缺的。我们将看到，除了我们业已分析的德国状况中的那些历史条件，这种情况还有深刻的社会原因：只有关于一种能够实际解决资本主义矛盾的社会状态的具体前景，才能也在哲学上揭示"外化"问题应当如何得到解决的途径；而在黑格尔那里，则存在一个错误地提出来的问题或一个假问题，以致他，由于这种社会状况，也没有能力以令人满意的方式去解决他正确地猜想出来的那些关联。

现在我们要强调这样的事实，即黑格尔的辩证法催促"外化"以扬弃对象性的形式实行返回。在黑格尔看来对世界的把握越适宜，这一趋势在世界中就必定表露得越清晰。631 黑格尔辩证法的这个特殊方向现在规定着绝对精神的方法论功能的另一方面。对直接历史的超越——它对认识的方法具有的重要的、卓有成效的和积极的结果，我们已在上文分析过——在这里转变成下列努力，即再次扬弃现实的现实特征，把客观性转变为主体的纯粹被设定的存在，转变为主客同一体，完成实体转变为主体的过程。这一必然性不仅决定了绝对精神的整个领域，而且同时规定了它的结构和阶段顺序。黑格尔的顺序，即艺术、哲学和宗教，基本上也是取决于黑格尔辩证法的这一最后的特殊趋势，即对象性的扬弃，能够在这三个阶段中的任何一个阶段表现出来的强烈程度。

在这里黑格尔也忠实于他在这部分的导论中提供的方

法论。绝对精神决不提供任何相比于实际历史发展全新的东西，它仅仅从哲学上充分澄清实际历史发展业已产生的东西。因此，黑格尔在这里又关联到我们在他关于启蒙精神和资本主义的论述中所知晓的那些结论：

> 物就是我。物其实在这个无限判断里已经被扬弃。物本身什么也不是。物只有在关系中，只有通过我，通过我与物的关系才具有意义——这个环节已经在纯粹识见和启蒙精神那里表露于意识面前。物无论如何都是功利的，而且只能按照它们的功利性加以观察。①

我们还记得，这就是我们在启蒙哲学中得出的结论，并且这就是在黑格尔对"外化"的扬弃中正确合理的倾向所发挥的效用，即一切固定的对象性都化为辩证的过程；在这方面黑格尔当然必然做了唯心主义的预设，即没有主体甚至就不可能有任何这样进行的对象性。但在"外化"的这个阶段，关于各种本质关联的认识在于，"外化"仅仅被运用于社会过程，它揭示了主体与客体之间的相互作用，受到崇拜的社会产物向人们彼此之间活跃且矛盾的关系的转化，以及社会过程的各个本质环节。

但我们知道，黑格尔不能满足于这种对外化的论述和这种扬弃外化的方式。他必定要超越它们，并且这种超越

632

---

① 《黑格尔全集》，第 II 卷，柏林 1845 年，第 596—597 页。

现在采取的是纯粹神秘化的形式，即一般对象性的自我扬弃。黑格尔在这里结合客观精神的最高阶段即道德阶段说道：

> 有教养的自我意识经历了自我异化的精神的世界，已经通过自己的外化把物作为它自己制造出来，所以它在物之中仍然维系着自身，知道物的非独立性，或者说知道物在本质上仅仅是为他存在。换言之，如果完整地表达在这里唯独构成对象本性的关系，就是：自我意识认为物是一个自为存在着的东西，它指出感性确定性是绝对真理，但认为这种自为存在本身是环节，转瞬即逝的、立即过渡到它的反面、过渡到牺牲自我的为他存在的环节……道德意识在它的世界表象中从自我排除了定在，同时又把定在重新收回进自身之中。①

黑格尔现在明确地将道德意识描绘为那种向绝对精神过渡，并且其本质功能正是在于这种过渡的形态。对此，他事后做了辩护，为什么正如我们业已看到的，在道德意识中已经没有任何新的社会内容出现。这一形态在黑格尔那里正是"外化"的返回的开始，即"回忆"的开始。借助对"回忆"一词的词源学分析，黑格尔还附加给了它另

---

① 《黑格尔全集》，第 II 卷，柏林 1845 年，第 597 页。

一种含义。这涉及的不是这样一种单纯的回忆,在这种回忆中,一个业已经历的过程通过人的记忆(或者通过精神的神秘化的记忆)再次得到重述,毋宁说应当强调的是与"外化"相反的"内在东西"。"回忆"是对主体的"外化"的返回运动的表达。由此才能真正说明,为什么在这一部分原则上不可能有任何新的内容出现。在黑格尔看来,精神在"外化"的过程中业已创造出它的效应和现实的各个对象。逻辑连贯地根据这种思想看,回忆的返回过程只能在于,要扬弃业已创造的各种形式的对象性,要使它返回到主体。

《精神现象学》的最高阶段指的是相对于宗教的绝对知识,因为在绝对知识中这种倾向简洁、清晰和连贯地得到 *633* 表达,而正如我们将看到的,宗教的表象特征还使宗教对对象性作了某种保留,因而不适合于体现主客同一体的最高实现。黑格尔关于这两个阶段的关系说道:

> 因此,在宗教里曾经是内容或者是表象他物的形式的东西,现在在这里 [即在绝对知识中——卢卡奇注] 就是自我自己的行为……我们在这里必须补充的东西,部分地只是诸个别的环节汇集起来,这些环节中的每一个就其原则来说都表现着整个精神的生命;部分地则是以概念的形式坚持概念,其实概念的内容应该说早已出现在上述各个环节中,并且概念本身应该说早已出现在意识的一种形态的

形式中。①

在分析这一部分最重要的具体问题时，我们首先想要强调几个体现这一部分与前两部分的特殊差别的环节。当黑格尔认为，在这里，在由过程业已产生的各个对象中居然只有重述着的回忆和返回着的"回忆"这种双重运动的时候，他就是在自我欺骗。由于这种返回的运动，即"外化"的这种扬弃，作为一般对象性的扬弃，并不是由黑格尔发现的对象本身的内在运动，而是为了达到他的哲学的完满，为了解决他的辩证法的特殊唯心主义的，因而不可解决的困难，由他杜撰的对象运动，所以，在这里从内容上就必定出现新的问题，当然，这些问题绝大部分都表现为对他此前业已达到的成就在内容上的歪曲，包括历史的和体系的歪曲。不言而喻，像黑格尔这样的思想家，即使在如此复杂困难的情况下也能说出一些重要真理和本质规定。

尤其必须说明的是，与第二部分相比，宗教的角色发生了彻底的翻转。在那里，宗教扮演着启蒙之旁的一个非常次要的角色；在这里，启蒙的重要性被降低，而宗教在人类意识发展过程中的功能强烈地受到重视。这表现在，艺术完全体现为宗教的一个下属部门。例如，在这里古代艺术被当作"艺术—宗教"来探讨。而特别引人关注的是

634

---

① 《黑格尔全集》，第 Ⅱ 卷，柏林 1845 年，第 602 页。

近代史中的各个重要事件的这种新的划分。由于宗教即基督教成为一切考察的中心，所以形成了一种与我们在第二部分业已考察的东西不同的全新历史观。

第二部分与第三部分的历史观的这种对立，揭示了黑格尔辩证法本身中的那种对抗的、矛盾的原则，对此我们已经反复谈论过，并且在详细解释黑格尔宗教观的问题时还将回到这个原则上来。在这里我们仅仅先行指出几个因素：首先，黑格尔的独特之处在于，他对待宗教的"秘传"路线表现出来的地方正是在他打算描述现实历史的现实进程的地方，因而是在第二部分；其次，那些在黑格尔的"外化"思想中得到统一的矛盾倾向具有的典型特征在于，自然问题在第二部分总体而言几乎没有得到探讨。这个部分是一个几乎完全纯粹的社会—历史部分。自然哲学的问题，尤其是个体意识同自然的各种内容和对象性形式之间的关系问题，在第一部分起着巨大的作用。这些问题后来在第三部分再次出现，以便使它们的对象性以及社会内容的对象性可以返回到主体。其中外化思想的双重方面非常简洁地表现出来：在真正卓有成效的方面，外化思想涉及人的现实的、社会的活动；相反，在唯心主义的普遍化中，外化思想成了一般对象性的一个原则。但是，黑格尔能够非常具体地、分层地和本质地谈论社会中的外化过程，而当他涉及自然的"外化"时，与现实的哲学状况相适应，他却只能谈论神秘化的东西和宣称的东西。

此外，还要进一步指出，黑格尔在这里也没有彻底地实行他的原则，并且正是在这种不彻底性中表明他是一个重要的历史学家和哲学家。我们还将谈到——正如在这第三部分所表明的——启蒙在辩证法的形成过程中的作用。在此仅仅指明，黑格尔在论述古代作品时对悲剧和喜剧的反宗教的、启蒙的倾向给予了决定性的重视。不言而喻，这些倾向在黑格尔的论述中，也包括在现实中，针对的是635 希腊形式的神的观念和古代的信仰。但黑格尔历史哲学的整个"秘传"路线的独特之处在于，几乎没有任何一个意识形态过程的巅峰形态不会被他强调和突显这样的启蒙的、瓦解宗教的倾向。

我们现在仅仅引用几处黑格尔在其中概括悲剧和喜剧的这种功能的简要评论：

> 这种命运最终灭绝了天界的诸神，灭绝了个体性与本质的无思想的混合。通过这种混合，本质的行为显现为一种不连贯的、偶然的、有损于本质的尊严的东西……古代某些哲学家曾要求把一些缺乏本质的表象清除掉，这项工作在悲剧中已经开始了……①

关于喜剧的评论非常类似，不过却更加关键：

> 因此，喜剧首先包含着这样一个方面，即现实的

---

① 《黑格尔全集》，第 II 卷，柏林 1845 年，第 556—557 页。

自我意识体现为诸神的命运。这些基本的本质作为普遍的环节，决不是自我，也不是现实的。虽然它们也具有个体性的形式，但这种形式仅仅是在想像中，而不是自在自为地隶属于它们；现实的自我不会把这样一个抽象的环节当作它的实体和内容。因此，现实的自我即主体超越了这样一个环节，超越了一种个别的特性。它戴着这个面具去嘲讽想要成为自为的某物的这种个别的特性。[①]

最后，我们还必须指出这第三部分的另一种独特性。在《精神现象学》中，黑格尔唯一一次提及东方的历史。虽然在第一部分出现所谓的自然状态和从自然状态向文明状态的过渡，但这条道路在"主人与奴隶"的章节通向了古代形式的奴隶制。在第二部分，现实的历史始于希腊的各种民主制。在这里，在宗教的历史表现为历史的最高内容，表现为人类追求对世界的本质和规律性的思想把握的最深刻形式的地方，黑格尔认为，理应追溯到那些在他关于现实历史的论述中没有出现过的发展时期。这一史前史对第三部分来说之所以至关重要，也是因为在东方的宗教中人同有机自然和无机自然之间的神秘化关系起着重大作用，因而黑格尔可以利用这些宗教来把自然中的对象性的返回的最早尝试描述为扬弃一般对象性的普遍道路的最初

636

---

① 《黑格尔全集》，第 II 卷，柏林 1845 年，第 558 页。

阶段。

因此，精神的这个最高历史在黑格尔那里——就像后来在费尔巴哈那里一样——是一种宗教的历史。但是，黑格尔的理解在任何方面都与费尔巴哈的理解形成一种尖锐的对立：一方面，黑格尔比他的伟大的唯物主义后继者更少地局限于宗教的历史，他甚至在前面两部分就提供了人类发展的广博丰富的世俗历史；另一方面，宗教史在费尔巴哈那里是对各种宗教的唯物主义批判、唯物主义揭露，而在黑格尔这里，宗教论述恰恰应当通向宗教在人类发展中、在哲学体系中的那种在前文的论述中曾被强烈贬低的作用的一种恢复。

费尔巴哈是第一个在黑格尔体系中认识到并批判其哲学中的这种双重运动即宗教的扬弃和恢复的人。虽然他的批判并不直接涉及《精神现象学》，而是涉及黑格尔的整个体系，但他的批判毕竟也切中了黑格尔哲学的那些我们现在要探讨的部分采用的方法所具有的根本弱点。费尔巴哈的批判的结论，即黑格尔哲学先扬弃然后又恢复基督教神学，切中了《精神现象学》第三部分的本质环节，尤其是如果读者在这方面还记得第二部分的结论的话。费尔巴哈说：

> 将物质放在上帝之中，就是将物质当作上帝看待；将物质当作上帝看待，也就等于说：没有上帝，因而就等于取消神学，承认唯物论的真理。但是同时还是

假定了神学本质的真理，无神论对这个神学的否定，因此又被否定了；就是说，神学通过哲学又得到了恢复。上帝只有克服和否定物质，克服和否定对上帝的否定，才能成为上帝。按照黑格尔的看法，否定之否定才是真正的肯定。因此，我们最后又回到了我们出发的那个地点，来到了基督教神学的怀抱。①

当然，黑格尔在"回忆"的这个领域，即"外化"的返回领域，也有一种宗教批判，这一批判的确构成了这一部分的主要内容之一，因为黑格尔确实想要实现从对一般对象性的不充分的、仅仅符合表象的克服向它在概念世界、在哲学中的充分扬弃发展。但是，这一批判的内容与宗教的唯物主义批判是完全对立的：一方面，黑格尔的出发点是，精神辩证的自我认识的本质内容和环节包含在宗教中，也就是说，宗教以一种在内容上正确的方式实行着"外化"的返回的本质过程，甚至辩证综合的积极环节，即"和解"环节，只有在宗教中才变得有意识；另一方面，他又想证明，正确辩证法的这些环节在宗教范围内只能以一种不充分的方式实现它们的最高形式。

因此，哲学在黑格尔那里也对宗教持批判的立场，哲学在他那里也是一种宗教批判。但是，这一批判并没

---

① 费尔巴哈：《未来哲学原理》，§21，载《费尔巴哈全集》，第 II 卷，莱比锡 1846 年，第 301 页。

有——像在费尔巴哈那里一样——揭露整个宗教表象世界的内在非真理性，并将包含在宗教中的内容归结为它们现实地所是的东西。毋宁说，黑格尔的宗教批判在单纯地批判宗教的表现形式和表象特征时，是对宗教的所有内容的一种保存、一种永恒化。当然，正如我们将看到的，这一批判也转变为内容性的东西，由此也包含着对宗教内容的某种否认。但它的基本方向，正如费尔巴哈所正确强调的，毕竟是宗教和神学的一种恢复。

黑格尔整个宗教立场的模棱两可，在《精神现象学》的这一部分非常清楚地表现出来。对黑格尔而言，宗教只是精神的现实的自我实现的一个中间阶段，但从这一部分的论述的主要思路看，又是一个必不可少的中间阶段。由于黑格尔辩证法的特性，黑格尔的各个"形态"通过推动"和解"，就必定奔向宗教。在这里，宗教的意义对黑格尔来说部分地在于，历史生活的那些构成绝对知识的内容的内容，通过宗教形式，在他所希望的"外化"向主体返回的方向上运动；部分地在于，在各种宗教形式中（因而，正如我们将看到的，以不充分的、不恰当的方式）出现了最重要的辩证综合的范畴。

638

黑格尔整个宗教观的模棱两可典型地在于，即使在这里，尽管存在这种绝对地由他的唯心主义辩证法的本质环节所规定的基本路线，辩证法的各种实在的、非宗教的倾向也仍表达了出来。黑格尔详细地指出通往辩证法的两条道路，并在这方面强调，我们在论述启蒙时业已了解的那种辩证法形式在现象学的意义上比宗教形式出现得更早，在黑格尔眼里具有自为存在的更高形式。他对此说道：

> 由此表明，意识与自我意识的这种和解从这样两个方面已经得到实现，即在宗教精神中和在意识本身中。这两种情况的彼此差别在于，前者是具有自在存在形式的和解，后者是具有自为存在形式的和解。正如我们已经观察到的，它们最初是彼此分离的：早在宗教赋予其对象以现实的自我意识的形态之前，意识就已按照它的各个形态如此呈现在我们面前那种秩序存在了，即部分地达到这些形态的诸个别环节，部分地达到这些形态的统一。①

从这些考察中就会直接得出结论：宗教是多余的。如果人类意识，正如黑格尔在谈论启蒙运动时已经表明的那样，已经明确地主观洞见到定在与思维的辩证矛盾性（以自为存在形式存在的辩证法），并在宗教达到这个阶段以前就已做到这一点，那么，似乎黑格尔就根本不需要宗教这个中间阶段来实现充分成熟的辩证法。

　　我们已经反复看到，在黑格尔那里存在种种不同的十分重要的原因阻止他将这条道路走到底。首先，主客同一

---

① 《黑格尔全集》，第Ⅱ卷，柏林1845年，第598—599页。

体的唯心主义思想要求扬弃一般的对象性；但这里描述的辩证法就自身而言只能将物的对象性转变为过程，它缺乏唯心主义辩证法的神秘化的顶点。而其次——这一点非常根本——黑格尔在停留于这个辩证法的阶段时，在对他产生影响的具体社会状况下，由于他的视域的历史局限性而面临一种两难境地，他作为逻辑连贯的和诚实的思想家拒绝这一两难境地的两个方面，于是面对这种两难境地，他寻求第三种更高的观点，一种 tertium datur［排中律］。我们在社会性地分析这一两难境地时已经表明两个方面：停留于我们现在谈论的那种辩证法就会意味着社会发展的一种浪漫主义怀疑论，即对那种辩证法的矛盾性的单纯揭示，因而是一种在诸多方面会接近于西斯蒙第经济学的观点；但现在，在寻求和发现这些矛盾的"内在""和解"时，这种和解就必定沿着边沁的路线进行，下列情况确实决非偶然，即这种辩证法的实际实现，亦即黑格尔在那里作为结语所描绘的"人间天堂"，正是"功利"的世界（革命前的启蒙思想家，例如爱尔维修，由于他们的革命前的历史状况而忽视了这些结论，"功利主义"在他们那里是摧毁封建残余，形成资产阶级社会的要求，而不是已经成熟的并占统治地位的资本主义的一种哲学）。

因此，黑格尔处于两难境地，马克思称这种两难境地是资产阶级思维所无法解决的。马克思谈到个体性具有的差异性，即个体性一方面产生了各种较不发达的社会形式，另一方面产生了资本主义，这样一来就对这个正好非常接近黑格尔问题的问题，做了一种内容上的运用。他对此说道：

> 留恋那种原始的丰富，是可笑的，相信必须停留在那种完全的空虚化之中，可是可笑的。资产阶级的观点从来没有超出同这种浪漫主义观点的对立，因此这种浪漫主义观点将作为合理的对立面伴随资产阶级观点一同升入天堂。[①]

这种实在的 tertium datur［排中律］，即社会主义社会的前景，出于我们已经知道的原因，对黑格尔来说是关闭的。他始终反对浪漫主义的解决方案，并且他的社会和国家观，正如我们所知，具有这样的类型，即沿着边沁路线进行的解决方案对他来说是行不通的。这样一来——而不仅仅是出于他的思维的普遍唯心主义倾向的原因——他就不得不超越这种类型的辩证法并寻求另一种可能性。

在这里宗教道路自然地呈现出唯心主义的倾向。但我们从上文最后引用的黑格尔观点看到，他在哲学中寻求辩证法的两条道路和两种类型的一种综合。这是一种不可能以统一的和令人满意的结论结束的行为。但正是黑格尔的

640

[①]　马克思：《政治经济学批判大纲》，第 I 卷，柏林 1953 年，第 80 页。(中文见《马克思恩格斯文集》第 8 卷，人民出版社 2009 年，第 56—57 页。——译注)

这种在"矛盾的肥料"中的搜寻以及由此决定的他对待宗教的双重立场，密不可分地决定了在黑格尔辩证法的扩建领域他的结论的伟大和局限。宗教的方向促使黑格尔特殊形式的辩证法的扩建：必须扬弃的直接性——外化——外化向主体的返回。由此在他对宗教的阐述和批判中表现出来的正是费尔巴哈唯物主义批判的颠倒：不是宗教的神秘化的内容被归结为它的"人的"原因（费尔巴哈），归结为它的社会历史原因，并由此得到消解，而是相反，在黑格尔那里正是这个内容应当得到保存，甚至正如我们将看到的，还要进一步被神秘化：批判仅仅针对的是这个内容的表现形式，即在黑格尔看来不完满地表现这个正确内容的表象。

我们已经详细论述黑格尔推动唯心主义的社会原因。现在我们看到，这种唯心主义是如何适应宗教的神话并通过（有保存地）扬弃这些神话才真正回到自身的。宗教的这个真理对黑格尔而言就是"外化"及其返回，即"回忆"的辩证法。只有在这个真理中，黑格尔在"教化"、启蒙中的辩证法的思想所缺少的东西，即综合统一、"和解"、对象性的扬弃的环节才得到表达。因此，宗教的神话，尤其是基督教的神话，被黑格尔这样神秘化，即在这些神话中，黑格尔辩证法的原初形式，包括辩证的三一式、"外化"及其返回等，表现为宗教的现实内容。因此，宗教在表面上为黑格尔呈现出一种历史现实、一种历史运动，在这种现实和运动中，现实和思维的这些运动形式表现为它们是从事情本身形成的。

在这里，黑格尔宗教立场的模棱两可在其最高阶段表现出来：一方面，历史性的宗教应当既是现实的、历史的运动，同时又是意识的形态，在这种运动和形态中，人与他们自我创造的社会—历史环境之间各种更高形式的关系得到表现。为了实现这种情况，全部的宗教神话必须都化为黑格尔辩证法的范畴。黑格尔相继阐述，他的体系的真正的基本范畴如何存在于创世、神人关系、上帝格位的三位一体、救世主之死等等之中。另一方面，正是在这种神秘化中，批判开始了，而且是以一种双重的方式进行的：其一，这些宗教范畴表现为并非是充分人道的，也就是说，由宗教实行的，并由黑格尔进一步更加夸大地进行的人性东西向神性东西的神秘投射，遮蔽了人本身，黑格尔一再把人和人的意识看作是解决一切问题的钥匙，他力求把一切问题都归结为人本身的问题。宗教在黑格尔看来应当体现人性与神性的同一。但是，宗教是以一种不完善的方式这样做的，虽然黑格尔批评这种不完善性，但他没有注意到，正是他自己将宗教的神秘化推到了极致；其二，与前文提及的观点形成尖锐对立的是，宗教教导的东西、宗教团体表象的东西对黑格尔而言始终都是过于世俗、过于"外化"、过于对象性的。在宗教中，在教团的宗教信仰中，概念还没有作为概念达到自身。

在我们看来，这里没有必要详细解释在黑格尔的意义上对基督教教义的这种诠释，即把黑格尔的范畴带进基督教神学加以诠释并紧接着对基督教加以批判（坦率地说，是这样进行批判的，即基督教没有以恰当的形式神秘地展现黑格尔的辩证法）。我们仅提供一些事例，以便读者可以看到，黑格尔是如何诠释基督宗教并如何从这种理解出发批判基督宗教的。例如，黑格尔大致以后来在《哲学全书》中逻辑学向自然哲学的过渡的形式，论述了抽象精神向现实的辩证过渡。他给基督教神话配上这种含义并且解释和批判这些神话如下：

> 仅仅永恒的或抽象的精神转变为一个他物或进入定在，而且是直接地进入直接的定在。因此，它创造一个世界。这种创造就是用表象的话语去表现概念本身的绝对运动，或表现被绝对地陈述出来的单纯东西或纯粹思维，因为它是抽象的东西，所以更确切地说，是否定的东西，因而与自身对立的东西或他物。①

黑格尔还谈到基督之死：

> 至于认为绝对精神是一个个别的人，或更确切地说，是一个特殊的人，通过他的定在就表现出精神的本性——这类原本隶属于表象要素的观点于是在这里

642

① 《黑格尔全集》，第 II 卷，柏林 1845 年，第 579 页。

转移到自我意识之内，转移到那种在它的他在中维系自身的知识之内。就此而言，自我意识并没有真正死去，不像特殊的人被表象为真的已经死了一样。毋宁说，它的特殊性消亡在它的普遍性即它的知识之中了，而这种知识就是与自身达成和解的本质……中介者的由自我把握的死亡，意味着扬弃中介者的客观性，或者说扬弃它的特殊的自为存在，而这种特殊的自为存在已经转变为普遍的自我意识。[1]

因此，黑格尔之所以批判宗教，是因为在宗教中这些辩证关系，即黑格尔辩证法的这些被他本人穿凿附会地认为隐藏在宗教之中的"最后的秘密"，仅仅以一种不恰当的、符合表象的形式表现出来。对此我也仅举一例：

但教团的表象活动并不是这种概念性地进行把握的思维，毋宁说它所掌握的内容缺乏必然性，也就是说，不是概念的形式，而是把天然的父子关系带入纯粹意识的王国。当表象活动在思维本身中进行表象时，虽然本质向它启示出来，但一方面本质的各个环节由于这种综合性的表象而分散开来……另一方面，表象活动从它的这个纯粹对象那里退回来，仅仅外在地与

---

① 《黑格尔全集》，第 II 卷，柏林 1845 年，第 589—590 页。

之相关联。对象是通过一个陌生的东西启示给表象活动的，而在精神的这种思想中，表象活动没有认识到它自己，没有认识到纯粹自我意识的本性。①

黑格尔宗教观的模棱两可非常典型地表现为，虽然黑格尔在这里着力强调表象与概念的不相符，但他同时把这种不相符仅仅看作是最后的终极真理的表现方式的一个形式问题，而不在表象的发生扭曲的作用中寻找任何内容上的因素。在他的论述的一个更高阶段，在表象与宗教这种关系还没有成为关注的中心时，他关于这个内容上的问题粗暴地表达说：

643   概念本身越纯粹，它就越降格为一种愚蠢无比的表象，这时它的内容就不是概念，而是表象……这种意识是无知……是高贵东西与低贱东西的同样结合，这种结合在生物那里，在最完善的器官即生殖器官与排尿器官的结合中被自然界质朴地表现出来。②

因此，精神必须超越宗教。在宗教团体中主客同一体还没有实现。

---

① 《黑格尔全集》，第 II 卷，柏林 1845 年，第 577 页。
② 《黑格尔全集》，第 II 卷，柏林 1845 年，第 262—263 页。

宗教团体意识不到它自己是什么。它是这样一种精神性的自我意识，这种自我意识自己不是它自己的对象，或者说它不知道它自己是对自己的意识，毋宁说，就它是意识而言，它有此前我们曾经考察过的那些表象……由于本质与自身的这个统一体本身已经形成，所以意识也仍对它所达到的和解有这种表象，但也仅仅是表象而已。意识之所以得到满足，在于它外在地给它的纯粹否定性添加上肯定的意义，即它与本质的统一性。因此，意识的满足仍然与一个彼岸世界相对立。所以，意识自己达到的和解是作为一个遥远的东西，作为一个遥遥无期的未来出现在它的意识之中，正如另一个自身［即基督——卢卡奇注］取得的和解显现为一个遥不可追的过去一样……因此，宗教团体达到的和解在它的心里，但与它的意识仍然是分开的，它的现实性仍然是破碎的。①

所以，现实的和解、现实的扬弃只有在绝对知识中才能得到实现。因此，我们在这里看到黑格尔宗教立场的最高程度的模棱两可：一方面，他把他的辩证法的一切内容都穿凿附会地加进基督教，由此来思辨地拯救基督教；但另一方面，他又正好由于这种思辨的拯救而扬弃了宗教本身，毁灭了作为宗教的宗教。

---

① 《黑格尔全集》，第 II 卷，柏林 1845 年，第 591—592 页。

因此，费尔巴哈的那种强调黑格尔哲学中无神论倾向和神学倾向的混合的批判，是有道理的。事实上，无神论取向的思想家不仅认识到黑格尔的这种倾向，而且他们要么像费尔巴哈那样批评这种倾向的不彻底性，要么像海涅和布鲁诺·鲍威尔那样清晰地区分出"秘传的无神论"和公开的基督教，在这方面毫无疑问，费尔巴哈的观点更加正确。甚至没有任何一个现实的宗教—反动的思想家会接受黑格尔的这种解决方案，会把这种解决方案当作基督教的宗教本质和一种哲学表达来认识和承认。我们在其他一些背景中听说过改信天主教的信徒弗利德里希·施莱格尔的言谈，他曾把黑格尔的辩证法看作是某种比无神论更坏的东西，甚至直接看作是一种撒旦崇拜。另一位必须更严肃地视其为思想家的反动派，即19世纪40年代的丹麦宗教哲学家克尔凯郭尔——他尤其对今天的非理性主义"生存哲学"产生了决定性的影响——专门写了一本书驳斥黑格尔的宗教观。对我们而言，他的观点有代表性且引人关注的地方仅仅在于，它们从敌对的方面证实了黑格尔的宗教立场是多么模棱两可。

在这方面重要的是，克尔凯郭尔的论战正是在这样的地方开始的，在那里，宗教据说是绝对精神的一个环节，因而，即使在黑格尔所说的不完善阶段，也分享了哲学的辩证客观性。克尔凯郭尔反对黑格尔的这种客观主义——而且我们已经看到，黑格尔对基督教的"拯救"正是在于，这种拯救的神话客观地包含着绝对辩证法的最高形式——

是宗教的本质，认为它严格地讲是与基督教的本质相抵牾的。

如果基督教在本质上是某种客观的东西，这就取决于观察者是客观的，但如果基督教在本质上是主观性，那么，如果观察者是客观的，这就是一种错误……假如思辨者同时是信教的（哪怕是宣称信教），他必定早就意识到，思辨对他来说决不可能获得像信仰一样的意义。他正是作为信仰者才无限地对他的永恒至福感兴趣并且在信仰中确信这种至福（请注意，只要人们是信教的，也就是说，不是一劳永逸的，而是每天都带着——与无限的、充满个人激情的兴致相结合的——信仰的确信精神）。由于任何永恒的至福都不是建立在他的思辨基础之上的，所以他更容易以不信任的态度对待思辨，以免思辨会对他产生诱惑并诱使他从信仰的确信（这种确信任何时刻都在自身有不确定的无穷辩证法）进入漠不相关的客观知识。这样一来，事情辩证地看就非常简单。假如他说他把自己的永恒至福建立在思辨之上，他就滑稽地自相矛盾了，因为思辨在其客观性中恰好是他的、我的和你的永恒至福完全漠不相关的，而这种永恒至福正是在于那种凭最外在的努力获取的正在消散的自我感觉。同时，他由于冒充信教者而说谎……但对思辨者而言，根本就不可能出现他个人的永恒至福的问题，这正是因为他的

645

任务在于，日益忘怀自己并成为客观的，使自己消逝并成为思辨的直观力量。①

我们之所以允许克尔凯郭尔如此详尽地表达他对黑格尔的拒斥，不仅是因为他自己的立场比任何一场论战都更好地揭穿了现代非理性主义解释者的把戏，而且是因为通过他的立场，在宗教变革中由近代唯心主义产生的两种存在分歧的思潮，在它们的对立性中清晰地呈现出来。不言而喻，这种对立存在于唯心主义范围内；毫无疑问，这两种唯心主义思潮都必须同样地加以反对。但是，简单地将它们彼此等同起来而且不注意到它们之间的社会和哲学差别，却是错误的。

———————

① 《克尔凯郭尔全集》，第Ⅵ卷，耶拿1910年，第146页及以下。非理性主义者克尔凯郭尔的这种极端否定的立场干扰现代黑格尔解释者的地方并不在于，把黑格尔与克尔凯郭尔"综合"起来，从一种克尔凯郭尔—海德格尔的观点解释《精神现象学》。除几位德国人（例如洛维特）之外，让·瓦尔曾为这一努力专门写过一本书《黑格尔哲学中的苦恼意识》，巴黎1929年。瓦尔的克尔凯郭尔学说表现在，它使"苦恼意识"成为整部《精神现象学》的中心，而根本没有注意，或者说不愿注意，苦恼意识在黑格尔那里是作为主观的、个体性的意识的一种"形态"出现的，虽然宗教本身在第三部分偶尔也关涉到苦恼意识，就像关涉到其他更早的"意识形态"一样，但正如我们业已表明的，宗教恰好走上了一条相反的道路，即把宗教精神看作是客观的辩证范畴的一种神秘显现。因此，富有教益的是，使克尔凯郭尔本人有机会发言反对他的现代崇拜者和变革者。这里呈现出当初列宁曾展现的同样画面，他将现代唯我论者混乱而有保留的废话同旧的哲学反动派贝克莱坦率的表述对置起来。克尔凯郭尔在任何哲学方面也是一个反动派，但他还未拥有现代折中主义的堕落，而是公开和坦率地表达他的思想，不想与不可统一的东西统一起来——关于克尔凯郭尔的哲学，另可参见拙著：《理性的毁灭》第2章，载《著作集》，第9卷，柏林1954年，第219—269页。

克尔凯郭尔代表宗教进行的非理性主义—生命哲学的变革，这是在黑格尔耶拿时期就已在德国出现的一种思潮，以施莱尔马赫的《宗教讲演录》为代表，黑格尔当初在反对主观唯心主义时曾激烈地攻击这本书。这个思潮以主观唯心主义和不可知论为基础；它看到，旧宗教与现代科学的内容和方法是不可统一的，因而想要为宗教划分并确保一个主观性的领域，在这个领域，宗教作为人的主观性的一种原初的和不可扬弃的表现形式，也就是说，根据这些看法，宗教作为一般的人的生命的表现形式，能够获得一种可靠的生命延续。施莱尔马赫，也包括克尔凯郭尔，认为可以将他们的这种神秘主义—非理性主义观点与新的神学的主观主义因素统一起来。他们的现代追随者，大致从席美尔到海德格尔，放弃了这样一个在内容上达到的神学顶峰，想要从思想上拯救作为一般的人的主观生命形式的宗教。在这一思潮的最后和最坚定的代表海德格尔那里，这一思潮上升到一种彻底的绝望，一种对任何客观认识的可能性和价值的极端否定（一些类似的倾向以前就已在克拉格斯那里表露出来)[1]。

黑格尔对宗教的唯心主义革新，即把唯心主义哲学汇入宗教和神学，具有一种不同的特点和一个不同的来源。正如我们已经看到的，黑格尔的做法是客观主义的，它并不与对客观现实的认识相对立，相反，宗教价值对黑格尔

---

[1]　对此，参见拙著：《理性的毁灭》，第 4 章。

而言恰好在于，辩证法的最高的客观范畴在宗教中表现出来，只不过是以一种不恰当的形式表现出来的，这些范畴构成达到对客观现实的恰当认识的最终阶段。

这两种哲学意图中的这一相反倾向，是与它们的来源的差异性完全契合的。施莱尔马赫—克尔凯郭尔基础上的宗教变革是一种大致现代的思潮，尽管它也从以前的不同类型的生命哲学家和非理性主义者例如雅可比那里吸取了很多思想因素（黑格尔已经在《信仰与知识》中指出雅可比与施莱尔马赫之间的相似之处）。由此这一宗教变革成为那些最终在法西斯主义的"神话理论"中找到自身的最反动表达的非理性主义思潮的直接先驱。相反，黑格尔的宗教哲学是德国启蒙运动最终的哲学表现。

我们的考察已经清楚地表明，在黑格尔作为思想家真正伟大和具有开创性的地方，他相对于德国思想发展的普遍路线具有独立性。我们已经看到，他在不可避免地要关联到他的德国先辈们的所有情况下都一再超出康德提出问题和解决问题的局限，并且正是在这些关联中他同费希特和谢林区别开来，而费希特和谢林终其一生都始终拘囿在康德的界限范围之内。然而，在德国当时的社会存在产生的意识形态结果作为黑格尔思想的局限显现出来的地方，他变成了一个康德倾向的后继者。这在宗教哲学的情况下具有某种悲喜剧的意味。我们回想一下（第54—55页），青年黑格尔如何以拒斥和嘲讽的态度对待康德对作为"实践理性"公设的实现领域的宗教所做的变革。但是，黑格

尔自己现在在他的宗教哲学中从方法论上——显然在一个
更高的水平上，即客观唯心主义的水平上——又复兴了康
德式的宗教拯救。

他们在方法论上的亲缘性在于，在这两种情况下唯心
主义哲学都没有能力在思想上掌握客观现实的辩证法。这
种无能是由德国的社会状况造成的，并在唯心主义自身中
获得自己的哲学表达；现在，这种无能在他们的整个体系
中被模糊和掩盖。康德对自在之物的可知性问题所作的不
可知论的否定，通过"实践理性"中道德律令的绝对性而
得到补充，并且理性宗教这时构成这些公设的一个假客观
的、虚构的实现领域：他虚构了一个宗教领域，以便给予
他的道德公设在现实本身中一个立足点。虽然黑格尔不论
是在认识论的领域（自在之物的可知性），还是在理论与实
践（劳动与目的论）之间的关系上都克服了这种二元论，
但他的辩证范畴的最终和最高的客观性问题仍远远没有由
此得到解决。他显然不可能在现实中找到他的"和解"原 *648*
则，即实体向主体的实际转变，"外化"的返回，一切对象
性的扬弃而进入主客同一体。宗教的发展，以我们已经看
到的一种由黑格尔再次加以神秘化的形式，为他提供了一
种康德式的假现实和假客观性：历史发展和人类意识发展
的领域，在这个领域，黑格尔辩证法的这些范畴看起来就
像是现实本身的运动的各个环节。

德国启蒙运动从未能够像英国甚至法国的启蒙运动那
样坚定和激进地反对宗教。由于德国的落后状况，德国启

蒙运动始终都朝着宗教与理性原则的和解的方向进行，它总是努力削弱普通日常的宗教信仰，并按照德国—启蒙的方式重新加以诠释，这种努力的广泛程度在于，德国启蒙运动要与那些——各自发生变化的——理性原则协调起来。因此，在这种方法论方面，黑格尔宗教哲学是康德宗教哲学的继承者，也是德国启蒙运动的一般倾向的继承者。

因此，黑格尔宗教哲学的矛盾性和含糊性是德国启蒙运动的一种普遍表现形式。所以，不足为怪，只要经济发展还没有导致内部阶级斗争的真正加剧，他的宗教哲学就能保持其占主导地位的思潮。在 19 世纪 40 年代，当资产阶级革命的准备性斗争进入激烈阶段时，黑格尔宗教哲学就必定丧失其主导和中介的作用，而这一作用是它曾在一方面反对唯物主义，另一方面反对浪漫派非理性主义的一场持续不断的斗争中始终保持的。黑格尔学派的瓦解是在宗教问题中开始的，它一方面导致反动的僵化，另一方面导致费尔巴哈对黑格尔宗教哲学的唯物主义批判，这一情况就像谢林赴柏林任职（1843 年）确证了黑格尔哲学作为普鲁士官方国家哲学的终结这一事实一样，决非一种偶然。

从那时起，黑格尔宗教哲学再也没有扮演过任何重要的意识形态角色。它绝望地被历史超越了，而且这种超越是在这样的意义上进行的，即不仅德国意识形态的进步发展已经超越了它，而且连宗教反动派在真正的黑格尔宗教哲学中也再也不能找到任何结合点。当然，新黑格尔主义恰恰试图在这个地方建立起一种关联。但是，它只有在歪曲黑格尔观点的基础上才能与现时代搭起一座桥梁。这些歪曲五花八门，但都是在一种不值得与它们讨论的哲学水平上活动的。我们在上文已经提到在克尔凯郭尔—海德格尔非理性主义意义上重新解释黑格尔的一种极端情况。克洛纳关于黑格尔是"最伟大的非理性主义者"的看法，不过是对黑格尔的这种极端理解、这种极端的篡改歪曲、这种迎合德国哲学普遍法西斯主义化的需要的做法的一个折中主义变种。关于拉松的黑格尔新教信仰——这种信仰据说从黑格尔伯尔尼时期的残稿直到他最后的著作都持续不断地构成他思想的基本路线——的"理论"，根本不值一提，它与黑格尔生平中任何时期的思想的所有事实都处于显著的矛盾之中。

上文强调的康德与黑格尔的宗教哲学之间在方法论上的亲缘性，以及它们因德国启蒙运动的弱点和局限而在来源上的共同性，当然决不意味着它们之间的同一性。我们甚至在说明它们的倾向和来源的这种亲缘性时就已经强调这些差别。这些差别意味着，在这个领域黑格尔比康德有一种更加强烈的含糊性。康德的宗教哲学，尽管存在种种保留意见，仍是启蒙的自然神论的哲学。

黑格尔哲学具有明显泛神论的因素，尽管他对此完全表示抗议。斯宾诺莎对 18 世纪末从莱辛、赫尔德和青年歌德开始的德国启蒙思想家的思想产生的巨大影响，在德国掀起了一股泛神论思潮，这股思潮在不同的思想家那里包含着不同的唯物主义因素。这种泛神论给了德国唯心主义者这样的可能性，即科学地，也就是根据事物自身固有的规律阐述客观现实、自然和社会，并强硬地拒绝任何一个彼岸，但仍达到这样一种普遍的构想：唯心主义原则在上帝那里获得它们必然的哲学顶峰。黑格尔本人总是激烈地反对自己被称为泛神论者，尽管我们已经从他在《精神现象学》中对宗教的批判中看到，他之所以把宗教看作是精神的一种不恰当的表现形式，正是因为在宗教中各种辩证形式不是表现为世界的本质，即主客同一体的运动规律，而是仍自在地具有彼岸的符合表象的形式。

黑格尔在宗教问题中的模棱两可恰好表现在，他不想看到正是这个彼岸构成宗教的本质，因而想既扬弃同时又保存宗教，他的上帝就其实现他的现实要求而言，不再是宗教—神学意义上的一个上帝。叔本华曾就泛神论风趣地说道，它是无神论的一种客套形式，一种恭请上帝离开世界的客套形式。德国古典唯心主义，尤其是黑格尔唯心主义，不可扬弃的模棱两可在于，它们在这里设法统一不可统一的东西，它们否认世界是由上帝创造和推动的，但同时又想在哲学上拯救与上帝相关联的宗教表象。

这决不是黑格尔哲学的特有个性。但由于黑格尔在这一时期把辩证法提升到了最高的阶段，所以源于这种模棱两可的各个矛盾就在他那里以其最尖锐和最不可调和的形式表现出来。在这里寻找黑格尔对落后德国的政治状况的一种单纯妥协，是不对的。典型的是，马克思从一开始，其实早在 1840 年的博士论文中，就拒绝了黑格尔的这样一种评判，并努力揭示他的思想中导致这一评判的内在矛盾。我们也在这里看到，黑格尔的局限是如何与德国唯心主义的普遍局限内在地关联在一起的。

康德当初将怀疑论和独断论称为哲学思维的两大危险，并试图在他的哲学中指出应当避免这两个危险的第三条道路。今天的每位读者都明白，这条道路只能是辩证法的道路，它既避免对客观真理的否认（怀疑论），在一种与绝对性环节的正确的辩证的关联中看到相对性环节，又拒绝颁布任何一种没有科学根据的客观真理，任何一种假客观性，假绝对性（独断论）。我们已经从黑格尔的批判知道，康德的这一尝试是失败的。我们也从对黑格尔辩证法的详细阐释知道，黑格尔在多大程度上克服了这些二律背反，尤其是确立了"绝对的"与"相对的"之间的正确辩证关系。尽管如此，他终究又在一个很高的阶段上重现了这种两难境地，而没有使之达到一种充分的和令人满意的消解。 *651*

在更高水平上契合康德怀疑论的那个环节，是各个矛盾彼此之间单纯转变而没有方向、没有更高发展的那种辩证法，我们在《精神现象学》中称之为"自为存在"的辩证法、启蒙的辩证法。我们先前在分析"伦理东西中的悲剧"时已经看到，这种辩证法的局限是与下列情况相关联的，即黑格尔不可能在现实本身中发现他在资本主义中敏锐地观察到的那些辩证矛盾的一个运动方向。停留于矛盾的这种单纯运动，一旦贯彻到底，就会导致索尔格式的一种辩证虚无主义。因此，从这个观点看就可以理解，为什么谢林曾将辩证法与怀疑论密切关联起来。在黑格尔那里当然没有任何怀疑论，只有那种"盛宴的狂醉，在这场狂醉中没有一个参与者不酩酊大醉……参与者在离开酒席时，就同样地立刻瓦解"①。这正是那些不断地扬弃自身和重新设定自身的矛盾的那种无方向的自我运动。从这里开始才可以完全理解，为什么黑格尔使这种辩证法在"分裂的意识"中形成，为什么他将启蒙运动看作是精神的危机的一种表现。

这种辩证法不一定非得像在索尔格那里一样，以明显的浪漫主义形式表现出来，它是歌德的《浮士德》中梅菲斯特所持的辩证法：

> 浮士德：那你究竟是谁？
>
> 梅菲斯特：是这样一种力量的一部分，
>
> 　　　　　这种力量总欲作恶，却又总在行善。
>
> 浮士德：这句谜语是什么意思？
>
> 梅菲斯特：我是永在否定的精灵。
>
> 　　　　　一切事物只要它生成，
>
> 　　　　　理所当然就要毁灭，
>
> 　　　　　所以还不如无所发生。

显然，魔鬼的这种哲学相当接近黑格尔关于恶在历史

652

---

① 《黑格尔全集》，第 II 卷，柏林 1845 年，第 37 页。

中的作用的看法。但更为重要的是，歌德在这里也没能解决这些矛盾。很清楚，浮士德，连同歌德，并不赞同梅菲斯特的这种"辩证怀疑论"的立场；但也很清楚，歌德在《浮士德》中也只有通过从方法论上看颁布命令的途径才能达到这些矛盾的一种积极解决。

我们在《精神现象学》的宗教哲学中已经可以足够清楚地观察到这种从方法论上看颁布命令的做法。我们可以这样概括黑格尔针对康德、费希特和谢林的哲学斗争，即他尽可能地扩展这样独断地颁布命令的界限，尽可能地从客观现实本身中的各个矛盾的内在运动中发展出辩证的真理，这再次表现出黑格尔为了"在矛盾的肥料中"的辩证真理所作的英雄主义斗争。但为了能够实现这一点，黑格尔本应看到，资本主义各个矛盾的运动，这些矛盾的持续不断的扬弃与重建的"盛宴的狂醉"在现实本身中通向何方。然而，他没有看到，也不可能看到这一情况。他把资本主义理解为历史进程的迄今为止最高的"形态"，但为了资本主义的继续发展，他只有一些空洞的、唯心主义的建构可供使用。因此，在这方面，马克思对古典经济学的历史观所作的评价也适用于他："因此，曾经有过历史，但再也没有历史。"[1]

因此，对体系的最终的、实定的真理的这种颁布，

---

[1]　马克思：《哲学的贫困》，柏林 1952 年，第 141—142 页。(中文见《马克思恩格斯文集》第 1 卷，人民出版社 2009 年，第 612 页。——译注)

产生于黑格尔辩证法形成的社会状况。但这种存在基础在哲学中非常复杂地发挥着作用，它不仅为黑格尔的社会和历史哲学带来直接的结论，并且表现为最终的哲学问题的最抽象形式的解答，即真理标准的问题。旧唯物主义正当地将人对世界的理解与客观现实的一致，将对独立于意识的外部世界的正确反映确立为真理标准。它的局限在于，正如列宁已经指出的，它没有能力在现实的这种反映中发现现实地存在的辩证法，并从哲学上加以说明。

德国唯心主义正是从辩证法问题开始的。然而，对唯心主义辩证法而言，出现了德国唯心主义无法解决的真理标准问题。随之而来的问题是：一个命题的真理通过什么，依据什么才是可认识的？康德在辩证法问题上的不彻底性表现在，他在真理标准上不得不诉诸形式逻辑。真理表现在所思的判断与其自身在形式逻辑上的一致。当然，在康德那里也有对真理标准进行一种推演的尝试。但我们已经看到，在康德只能为定言命令的内容找到这种真理标准的地方，他是如何在关键点上不得不诉诸形式逻辑的表面可靠性和无可争辩性。我们已经从黑格尔对康德的寄存物一例的批判中了解到他对这种论证的空洞性和不彻底性的批判（第370页及以下）。

客观唯心主义必须四处寻求其他的标准。谢林在柏拉图理念论的复兴中找到这些标准：与理念的一致应当是真理的标准，因为甚至哲学见解、艺术造型等也无非是这些理念在人类意识中的反映。在这里我们涉及神秘地头脚倒置的唯物主义以及客观现实的本质向柏拉图理念的神秘化,由此在这些理念中就可以找到真理的一个标准。在谢林的《艺术哲学》中尽管存在这种神秘化,但他对唯物主义认识论的无意识的依赖的某些痕迹是显而易见的,因此这种依赖意味着美学史上的一个进步。但在对话录《布鲁诺》中,这个理论的神秘主义方面已经凸显出来,并径直地通向谢林后来的宗教神秘主义。关于"理智直观"是一种仅仅由少数人具备的"天才能力"的看法,加强了谢林哲学的这些独断而神秘的倾向。

黑格尔的辩证逻辑在任何方面都要比他的前辈们走得 *654* 更远。然而,从整体的立场看,这种推进不过是将问题推延到一个更远的地方,通过客观现实的反映的一种虚假运用来获得解决认识论的个别问题的可能性,由此所有的困难最终都会以更大的规模涌现出来。黑格尔逻辑学一方面表明看似僵化的物实际上是一些过程,另一方面将客体的对象性理解为主体"外化"的产物。通过这两方面,康德的自在之物问题是作为物与特性的关系得到解决的,而费希特单纯通过颁布命令来消除这个问题,谢林又通过颁布相反的命令来实现这个问题的解决。关于对象是精神的"外化"的思想,这时在经验现实的认识论考察中就给了黑格尔这样的可能性,即未经确保地简单运用反映论。他可以将任何一种思想同与它相符合的客观现实加以比较——在一些个别情况下他并不拒绝与客观现实相一致的标准的正确性——尽管这种现实被理解为不是真正独立于意识的，而是比个体性意识更高的一个主体"外化"的产物。既然"外化"过程是一个辩证的过程，黑格尔就在无意和无意识地运用何为正确认识的唯物主义标准的过程中，有时比旧唯物主义本身还走得更远。

困难只有在认识的整体中才会出现。黑格尔强调认识的过程性，强调这样的事实，即绝对者本身是整体过程的结果。但显然，他同样需要一个标准来衡量整体过程的认识的正确性。我们在这里可以看到，黑格尔辩证法的那些对最初的环节而言表现得混乱神秘的最高概念是如何带着绝对的必然性从他的预设前提中产生的。因为，如果对象的客观性是主客同一体的一种暂时分化的产物，那么不可避免的就是，整体过程的最高真理的标准只能存在于主客同一体的揭示中，存在于主客同一体的自我实现中。但如果这种精神的道路从一种原初的同一体——这种同一体对这样一种建构来说是必须预设的——出发，并且过程本身就在于通过"外化"来创造对象性，那么黑格尔认为绝对必然的就是，主客同一体的再次实现要以"外化"的返回、实体转变为主体、一般对象性的扬弃的形式表现出来。

因此，黑格尔辩证法对德国古典唯心主义的其他形式的认识论具备一个巨大的优势：它可以在人类认识的漫漫征程中凭借一种——虽然不能合理地推演出来的——反映现实的认识论发挥作用，因此它对正确把握外部世界、掌

655

握认识的本质规定获得了一个理解人类认识的广泛领域的巨大活动空间。

但这毕竟只是获得了一个巨大的活动空间。对认识的整体性而言，黑格尔只能像他的前辈们一样，神秘地和神秘化地解决认识论的标准问题，解决认识对象为了被承认为真的而应该与什么相一致的问题。我们已经反复强调，黑格尔在某些点上没能超越谢林，这一看法在这里，在他的哲学的顶点，得到了证实。正是这种认识论的局限——这种局限的社会基础如我们所愿，已经得到澄清——强化和巩固了黑格尔哲学的宗教—神学倾向，尽管他对待宗教本身的态度是模棱两可的。因为社会基础的力量最终必定获得胜利。马克思说道：

> 只有当实际日常生活的关系，在人们面前表现为人与人之间和人与自然之间极明白而合理的关系的时候，现实世界的宗教反映才会消失。只有当社会生活过程即物质生产过程的形态，作为自由联合的人的产物，处于人的有意识有计划的控制之下的时候，它才会把自己的神秘的纱幕揭掉。①

---

① 马克思：《资本论》，第 I 卷，柏林 1949 年，第 85 页。（中文见《马克思恩格斯文集》第 5 卷，人民出版社 2009 年，第 97 页。——译注）

第四节 "外化"作为《精神现象学》的核心哲学概念

656 在我们对"外化"概念进行详细分析之前，把黑格尔那里这个问题至此为止的发展过程和这个概念的产生情况至少用几句话进行简要的复述，将是很有用的。只要回想一下，在青年黑格尔的伯尔尼共和主义时期，"实定性"表示这样一种制度或思想系列，这种制度或思想系列在僵死的客观性中与人的主观性相对置，尤其是与人的实践的主观性相对置。当时他创立"实定性"这个概念，就是为了表示现代社会的特殊性质。青年黑格尔使希腊民主制的"非实定的"时代与现代产生了尖锐且专门的对置。他的历史哲学就在于这样的革命希望，即在法国大革命中实现古代的复兴，并且通过这种复兴建立一个自由的、实现人的真正统治的新时代，建立一个没有"实定性"的时代。

简言之，导致黑格尔法兰克福思想危机的这些希望的破灭，使他对"实定性"产生了一种更历史、更辩证的理解。现代制度并非一开始就是僵化地且毫无希望地实定的，而是要反复进行具体的研究，看某种东西是怎样变成"实定的"，看人的社会实践与社会制度之间的关系是怎样历史地、具体地发生变化，如何产生和灭亡的。我们知道，这种更加强烈的历史具体性，是与黑格尔逐渐领会英国古典经济学的思想成果，与他对资本主义经济问题逐渐增长的兴趣以及日益深入的见解彼此平行发展的。我们同样知道，在黑格尔思想的这种发展危机的过程中，他已经意识到了他的特殊形式的辩证法思想。这个过程越是发展，黑格尔的世界观越是成熟，"实定性"概念在黑格尔的术语里就越是居于次要地位。但是，它从未完全消失，而是越来越多地在特殊意义上得到探讨，其中法学和神学通常只谈论实定法权和实定宗教。伯尔尼和法兰克福时期的哲学普遍化消失了。在这方面，黑格尔具有的特点是，术语"实定的"保留了一种否定的意味。黑格尔的发展哲学不容许任何机构使其长期持存成为继续存在的合法要求。黑格尔直到耶拿时期以后很久都还把这样一种"实定性"当作某种僵死的、必须从历史道路上予以清除的东西讨论。

657

　　但是，黑格尔哲学的发展和深化只是排除了"实定性"这个术语，却没有排除他在法兰克福时期用这个术语所表示的那个问题，即人在社会中的实践与它所创造的客体之间的辩证关系。我们在这里无需在社会内容或哲学术语方面把我们对黑格尔耶拿时期思想发展的分析结果加以复述。在对术语的持续不断的试用中，越来越得到承认的思想是：在人的社会实践中，原初的直接性、自然的东西要被克服，并且必须被克服，在这个过程中被人的实践通过他自己的劳动和成就创造出来的一系列产物所替代；这种劳动不仅创造这些社会对象，并且也改造人的主体，因为它也扬弃主体中原初的直接性，使主体异化自身。

在最初与主观唯心主义，后来与谢林的客观唯心主义的斗争中，黑格尔形成了新的哲学术语，用以在哲学上确切地表达这些重新规定的关联，用以把他通过研究经济学和历史所获得的那些社会对象的形式提高到哲学的普遍性。这样一来，像"中介""反思"等范畴就获得了黑格尔的特殊含义；于是，在法兰克福就已抽象地表述过的具有黑格尔特殊含义的矛盾统一理论就变成了一种矛盾运动和矛盾扬弃的成熟理论。在这个发展过程中，术语"外化"或"异化"就在黑格尔思想体系中取得了核心地位。我们很难写出确切的发生史。我们已经看到，他 1803/04 年的讲稿在诸多方面还在使用谢林的术语。在 1805/06 年的讲稿里，"外化"这个词一再出现，但它还远不是一个占支配地位的术语。尽管在这两部讲稿中，尤其是在后者中，很多后来在《精神现象学》中被当作"外化"问题得到探讨的社会和哲学问题，按事情的本质来说，都已经在同样的意义上提出来和得到解决，只是在术语上还没有被纳入后来的基本概念之中。只有在《精神现象学》中新的概念体系才连贯地得到使用。

"外化"和"异化"本身并不是新词。它们只不过是"alienation"的德文翻译，而"alienation"不仅在英国经济学里表示商品的出售，而且在几乎所有关于社会契约的自然法权理论中都表示原初自由的丧失，表示原初自由向通过契约形成的社会的转让或让渡。① 就我所知，费希特已经使用过"外化"，而且"外化"的含义既指客体的设定是主体的外化，又指客体要被理解为"外化的"理性。②

　　同样的问题也在青年谢林的一篇文章中出现过，只是所用的术语不同。由于这些评论既能典型地体现青年谢林对新问题的敏锐觉察，又能很好地体现他与黑格尔相反的日趋极端，日益过分，日益将自己的辩证萌芽加以僵化的精神气质，所以我们在这里稍微谈谈这篇文章。谢林在这篇文章中把后来黑格尔称之为"外化"的东西叫作"物化"。③

　　　　物化是指使某种东西变成物的那种行为，被物化的，就是指某种东西变成物，这同时说明，任何东西都不能通过自身而被设定为物，也就是说，一个没有物化的物乃是一种矛盾。没有被物化的就是指没有变

---

① 卢卡奇在这里区分了"外化"（Entäusserung）和"异化"（Entfremdung），并通过alienation追溯到Veräusserung，即出售、转让或让渡。——译注

② 第一含义，参见《全部知识学的基础》（1794年），载《谢林全集》，第Ⅰ卷，第360页；第二含义，参见《知识学》（1801年），载《费希特全集》，第Ⅳ卷，第73页。

③ 这里的"物化"对应的德文是Bedingen，而不同于常见的Verdinglichung。德文bedingen为动词，是"制约、决定；引起，造成；以……为条件"的意思，现在首字母大写作名词用。Bedingen从词源的构成看，由Be＋dingen构成，而Ding是指"物"，故此意译为"物化"。由此，下文的bedingt原意为"有条件的；有局限的，由……条件决定的"，现意译为"被物化的"；而unbedingt原意为"无条件的；不受限制的"，则意译为"没有被物化的"。——译注

成物的东西就根本不能成为物。[①]

毫无疑问，青年谢林在这里是以一种极其抽象的形式提到了青年黑格尔如此艰难地应对的同一个问题。但谢林轻而易举地就找到一种漂亮巧妙的解决方案，"只是"这种解决方案有小小的错误，即它在实践与对象之间划了一条不可逾越的鸿沟，而正因为如此，谢林给自己提出来的问题就成了他无法解决的问题。既然在费希特和谢林那里这些术语的使用都只是插曲，这些插曲对他们哲学体系的基本问题没有任何决定性的影响，我们就可以把《精神现象学》中的概念体系视为黑格尔本人的完全独创的成就，尽管他们是先驱。

在《精神现象学》中，"外化"从这时起在一个非常高的哲学普遍化阶段上表现出来。"外化"概念已经远远超越了它原初产生和应用的领域，超越了经济学和社会哲学。尽管如此，仍然能够从黑格尔对它的哲学应用中相当确切地查明它是从这种原初的应用，还是从后来的哲学普遍化中形成的不同含义。

在这方面，黑格尔的"外化"概念可以区分为三个阶段：第一阶段的外化是指与人的一切劳动、一切经济和社会活动结合着的复杂的主客关系。这里就在完全维护人们

---

① 《作为哲学本原的自我》（1797 年），载《谢林全集》，第 I 卷，第166 页，。

创造他们自己的历史的思想中产生了社会的客观性、社会的发展以及发展规律的问题。因此，历史就被理解为通过社会化的个体的人的实践而产生的辩证的、复杂的、充满交互作用和矛盾的人类发展过程。黑格尔在此已经向着辩证地理解主观性与客观性的关系往前迈进了一大步。更确切地说，一方面，他比旧唯物主义者的社会理论更加进步，这些社会理论不能把人的实践的主观作用与那些大多从自然方面理解的社会规律性的客观性（如气候等）统一起来，无法摆脱它们各自过分夸大这些僵化地理解的环节中的某个环节的二律背反；另一方面，他又比康德和费希特进步了很多，在他们两人那里，必然性和客观性构成一个同自由和实践完全异质、极其陌生、截然不同的世界。众所周知，谢林在他客观唯心主义时期也只是以模糊猜测的形式超出了这个两难境地，这种超越与其说是哲学的，不如说是宣称的。

第二阶段的外化涉及的是马克思后来称之为拜物教的特殊资本主义形式的"外化"。不言而喻，黑格尔对此没有明确的观点，之所以如此，是因为他把阶级对立的经济基础仅仅当作社会事实（贫富）来认知，却没能从这种事实的认知中在理论上得出关键的基本的结论。但是，他对资本主义中社会对象的偶像化问题已经有了一定的猜测，而且必须强调指出，他是德国古典唯心主义中唯一曾经对这些问题至少有过猜测的思想家。当然，黑格尔在经济学的价值学说中的理论上的不明确产生了下列结果：在他那里，

660

这个阶段"外化的"社会对象性一再与第一阶段的外化融合在一起，他有时甚至把仅仅是资本主义社会的一种特殊的、偶像化的本质标志当成了劳动即一般人类实践活动的社会化的必然结果，他也反过来这样做。尽管存在这种缺陷，而且批判这种缺陷乃是马克思评判《精神现象学》的中心点之一，但在黑格尔那里无疑已经出现了一些强烈倾向，即要把经济—社会的产物和关系具有的偶像化的客观性还原为人，还原为人与人之间的社会关系。

唯心主义在这里甚至诱使黑格尔做了如此的夸大，以致他在这样把社会客体转化为人的关系时经常——但并非总是——忽视物的中介作用。最早试图把资本主义的社会产物那种偶像化的对象性予以消解的这种特殊形式的唯心主义，据我所知，第一次是在黑格尔那里出现的。它在李嘉图学派的瓦解过程中起过很大的作用。所以，马克思关于霍吉斯金这样说道：

　　　整个客观世界，"物质财富世界"，在这里不过是作为从事社会生产的人的因素，不过是作为从事社会生产的人的正在消失而又不断重新产生的实践活动而退居次要地位。请把这种"理想主义"同李嘉图的理论在"这个不可相信的修鞋匠"麦克库洛赫的著作中变成的粗野的物质拜物教比较一下，在他的著作中，不仅人和动物的区别不见了，甚至连生物和物之间的区别也不见了。让人们还去说什么在崇高的资产阶级政治经济学的唯灵论面前，无产阶级反对派所鼓吹的只是以满足鄙俗的需要为目的的粗野的唯物主义吧！①

不言而喻，我们不应该忽视黑格尔与霍吉斯金之间的深刻差别。霍吉斯金已经从李嘉图的价值学说中得出社会主义的结论，尽管这些结论还是很不明确而且充满矛盾的；而正如我们已经见到的，黑格尔在写作《精神现象学》的时候还根本没有理解斯密价值学说的全部问题和内在矛盾。至于社会主义结论，他就更不会谈到了。由此自然可知，霍吉斯金在所有这些问题上都能够而且必定比黑格尔坚定得多。然而，所有这些差别都改变不了这个事实：在黑格尔那里已经有了朝这个方向发展的强有力倾向，他是唯一竭力要从这些经济事实得出哲学结论的思想家。

第三阶段存在"外化"概念的一种广泛的、哲学的普遍化："外化"此时与物性或对象性具有相同的含义；"外化"是对象性的形成历史在哲学上这样得到展现的形式，即对象性是通过主客同一体，超越"外化"返回自身的辩证环节。黑格尔说：

> 精神的直接定在即意识具有两个环节：一是知识，二是对知识而言否定的对象性。由于精神是在这种因

_____

① 马克思：《剩余价值理论》，第 III 卷，斯图加特 1921 年，第 318 页。（中文见《马克思恩格斯全集》第 35 卷，人民出版社 2013 年，第 244 页。——译注）

素中发展出来的,并且规划它的各个环节,所以这些环节就具有这种对立,并且它们全都显现为意识的诸形态。叙述这条道路的科学就是关于意识所变成的经验的科学;实体得到考察,看它和它的运动是如何成为意识的对象的。意识知道和理解的东西,不外乎是在意识的经验中的东西,因为在意识的经验中的东西,只是精神实体,而且是精神实体自身的对象。而精神变成对象,因为精神就是这种自己变成他物、即变成它自己的对象并扬弃这个他在的运动。①

包含在客观性的这种返回中的一些根本的神秘化倾向,已为我们熟知。但我们也知晓,正是由于"外化"的这种过程性,正是由于黑格尔认为绝对者或主客体统一体只是过程的结果,黑格尔才获得了一个宽广的活动领域来建立客观现实和思维的重要辩证规定,"以致黑格尔的体系最终仅仅代表着一种内容和方法上都唯心主义地头脚倒置了的唯物主义"。②

662　　但是,假如把恩格斯的这句话这样来理解,仿佛黑格尔哲学的唯物主义的头脚正立就在于哲学符号的一种颠倒,那就是非常危险的。相反,我们的研究表明全部关键问题

---

① 《黑格尔全集》,第 II 卷,柏林 1845 年,第 28 页。

② 恩格斯:《路德维希·费尔巴哈和德国古典哲学的终结》,柏林 1952 年,第 21 页。(中文见《马克思恩格斯文集》第 4 卷,人民出版社 2009 年,第 298 页。——译注)

由于唯心主义的方法而完全被歪曲了，而且在个别问题的讨论中，重要的猜测和唯心主义的夸大不断地纠缠在一起，有时甚至在同一句话里也彼此交叉混杂着。假如这样来理解我们在前面为了简单易懂以便获得本质的历史规定而置于显著地位的活动领域，即好像在黑格尔的这条道路上一切都是正常的，唯心主义的神秘化只是到了最后才被加进去的，那也是不对的。我们认为，我们至此为止的具体阐释已经具体揭示了这些理解的不正确性。在这里，我们只限于强调几个最重要的问题。

由于"外化"与"物性"或对象性的错误统一，黑格尔在规定自然与社会的本质并力求强调它们的差异性时，就作了完全错误的区分。在黑格尔看来，自然和历史两者都是精神的"外化"。但自然是精神的永久外化，因而自然的运动只是虚假的运动，只是主体的运动；自然在黑格尔那里没有真正的历史。他说："精神的这后一种生成，即自然，乃是精神的鲜活的直接的生成；自然，即外化的精神，在其定在中无非就是它的持续存在的这种永久外化和主体建立起来的运动。"①

与此相反，在人类社会实践、在历史中的"外化"是精神在时间中的一种"外化"，因而根据黑格尔的构想，就是现实的生成、现实的历史。当然，我们将看到，黑格尔的"外化"思想也把他所意图的那种在具有终极目的的历

---

① 《黑格尔全集》，第 Ⅱ 卷，柏林 1845 年，第 610 页。

史中的现实的生成，变成了一种虚假的运动。黑格尔关于这种"外化"形式说道：

> 但是，精神的生成的另一方面即历史，是进行认识的、自我中介的生成——在实践中外化的精神；但这种外化也是外化自身的外化；否定也是否定自身的否定。这种生成表现诸多精神的一种迟缓运动和前后相续，表现诸多图画形成的一个画廊，画廊里的每一幅图画都包含着精神的全部财富，而它之所以运动迟缓，这是因为自我必须渗透并消化它的实体的这全部财富。由于精神的完满实现在于完全认识它之所是，即它的实体，所以这种认识就是它的进入自身，在进入自身中精神就离开它的定在，并将它的形态留给回忆。①

我们已经可以在《精神现象学》中看到黑格尔在自然与历史两种"外化"方式之间所作的这种区分带来的方法论上的直接后果。在黑格尔讨论现实历史的第二部分，一切自然问题几乎都完全消失了。自然问题只在第一部分和第三部分出现。而特别在第三部分，黑格尔对自然中的对象性的理解极大地助长了辩证法问题的神秘化。此外，从黑格尔的历史方法论中，自然与社会之间现实的相互作用

---

① 《黑格尔全集》，第 II 卷，柏林 1845 年，第 610—611 页。

消失了，在社会发展期间，自然的历史也消失了。作为启蒙思想的学生，关于自然与社会之间的关系，关于由自然条件决定的社会发展（气候等），黑格尔当然是知道一些的。在他后期的历史哲学中也出现了这些问题，但它们在一定意义上只是一般导论性的考察，对历史的方法论建构本身并没有产生真正的影响。

　　更重要的是，伟大的历史辩证法家黑格尔并不谈论自然本身的发展历史；尽管康德在世界起源方面已经做了伟大的发现（顺便一提，这个发现对康德自己的哲学体系也完全没有发生影响，并且没有将他的哲学化的自然观历史化），尽管黑格尔的同时代人，特别是歌德，作了重要的努力来具体贯彻和证明有机界中的发展思想，黑格尔仍依然故我。

　　在黑格尔的自然哲学中当然存在某种发展序列，但这种发展序列按照他的看法恰恰不应该是历史性的、在时间中先后出现的序列。时间过程被黑格尔留给了狭义的历史，即人类社会的历史。不言而喻，这也不应该被理解为仿佛在黑格尔那里根本不会有任何相反的倾向。但这些倾向始终只是萌芽，在实行的过程中就中断了。例如，他在《耶拿逻辑学》中做过这样的尝试，即在某种程度上以进化的方式把地球理解为人类历史的舞台。但是在这里，极其露骨地表现出这样的倾向，即历史只有一个，再也没有另外的历史；他认为，当人类历史开始的时候，地球已经发展完备，地球的历史已经完全停止。而地球的历史本身也是

664

一种矛盾重重的东西。下面我们援引黑格尔的一段总结性的评论，因为这段评论对他的这种理解来说是非常典型的。

> 地球，作为它的循环运动环节，乃是一种僵化的从过程中产生出来的东西；它在这个环节中真正是这样的整体，这个整体已经使自己有了规定性的特点，但这种规定性是永远不变的，摆脱了时间……所以地球，作为这个总体，只呈现过程中的图像而不呈现过程本身……地球的鲜活过程本身只存在于它的各个要素中，而这些要素并不是地球的总体……因此，过程本身对这个内容来说乃是一种过去；通过时间赋予过程以升级，把过程的图像的诸环节想象为一个序列，这并不会影响到过去的内容本身。①

由于黑格尔的所有这些观点都充满着内在的矛盾，而且我们已经反复在他最初的各种神秘化中发现辩证的和历史的重要规定，所以，如果说"外化"，即自然中的对象性与历史之间的这种严格分离，也具有其肯定的方面，说黑格尔在这里也对各种本质区别有所觉察，我们并不觉得奇怪。黑格尔想以哲学的方式把握人类历史的特殊性质，并且在这样一个时代他必须这样做，在这个时代，在客观唯心主义辩证法的领域最接近他的那些思想家都非常片面地

---

① 黑格尔：《耶拿逻辑学》，莱比锡1923年，第320页及以下。

以自然为导向（谢林和歌德），而受这些思想家的影响就继而盛行着对自然哲学诸范畴的一种浪漫主义—神秘主义的夸大，由此就存在这样的危险，即历史过程中和社会历史发展特性中的任何现实具体的东西，都会在"永恒东西"和自然东西这样一种形式主义的神秘主义中消失得无影无踪。

在这样的历史情况下，黑格尔非常尖锐地表述自然与历史之间的方法论差别，有时甚至将对精神优先于自然的承认视为人性—道德的问题，就是可以理解的。他对此在耶拿讲稿中说得很有趣： 665

> 事实上单个的精神，作为个性的能量，可以坚守自身——宣称它的个体性是率性而为的。精神对自然持否定态度，即好像自然已然是某种不同于精神的东西，蔑视自然的力量，并在这种蔑视中与自然保持距离，独立于自然之外。单个精神在现实中伟大和自由的程度，全看它蔑视自然的程度。①

在这段引文的尖锐表述中，作为补充说明不可忽视的是，黑格尔在这里所谈的是单个行动的人，因而他的这些考察决没有消除他对费希特通过主观唯心主义来压制自然的观点的反对，或者说，仍与费希特的观点处于矛盾之中。

---

① 罗森克兰茨：《黑格尔生平》，柏林 1844 年，第 187 页。

马克思对黑格尔的这种态度——这种态度在他后期著作中还一再重复出现——相应地给予赞赏。拉法格谈到，马克思对黑格尔的下列名言表示赞同并一再引用："即便是一个恶徒的犯罪思想，也要比天堂里的奇迹更伟大更崇高。"①

因为黑格尔正是想用这些极其尖锐的表述明确地将人类社会的发展与自然的发展不同的那些特殊方面区别开来。即使黑格尔关于自然的发展判断错误，毕竟他通过这样显著的区别接触到了社会发展的一个基本的本质规定，接触到了人类历史的这一因素：人类创造他们自己的历史。马克思曾明确地指出两种历史的这一差别，当然他同时还正确认识到它们的客观性和统一性。例如，在那里，在他以达尔文为榜样谈论自然的工艺并要求一种批判的工艺史的地方，他就指出了这个区别：

> 这样的工艺史，不是更容易写出来吗？因为如维柯所说，人类史与自然史的区别，正是在于，前者是我们自己创造的，后者不是我们自己创造的。②

666　　即便黑格尔错误地认识到并神秘化了自然史那一方面，他也像维柯一样，正确地猜测到了人类史这一方面。

---

① 拉法格：《回忆马克思》，载《忆事与论文集》，柏林 1947 年，第 43 页。（中文见《回忆马克思》，人民出版社 2005 年，第 191 页。——译注）
② 马克思：《资本论》，第 I 卷，柏林 1949 年，第 389 页。（中文见《马克思恩格斯文集》第 5 卷，人民出版社 2009 年，第 429 页。——译注）

我们认识到并且承认，黑格尔的历史观不仅提供了达到一种丰富的和在诸多方面正确的历史图景的可能性，而且还在自身包含关于历史科学的很多方法论的本质规定；但这并不意味着，"外化"的神秘化方面在这里不会同样地发生作用。也是在这里，黑格尔通过整体观而将他在阐述过程的时候曾全面地、辛苦地和敏锐地建构起来的东西废除掉了。我们已经说过，历史过程作为整体有一个目标，而且这个目标就是它的自我扬弃，就是它返回主客同一体，而按照我们业已熟知的黑格尔的整体历史观，这种自我扬弃和返回主客同一体就是在时间中的"外化"。因此，历史返回绝对主体就是时间的扬弃，因为这是对象性的扬弃的必然结果。但这样一来，不仅历史的辩证过程被置于两个神秘的界限——在这两个界限中，宗教上关于时间的起点和终点的各种创世范畴再次冒了出来——之间，而且历史过程的起点和终点本身也必定重合起来，也就是说，历史的终点必定预先存在于它的起点中。我们在这里涉及的是由于过度的和无限制的普遍化而使自己的天才思想遭到了自己的自我扬弃的情况。这种情况，我们在讨论目的论时已经强调过。黑格尔关于历史的这种特性说得非常清楚：

　　但是，这个作为精神的实体，乃是精神向着它自在地所是的东西的生成；而只有当精神作为这种在自身映现自己的生成时，本身才真正是精神。精神本身是作为认识的运动，它就是从自在到自为、从实体到主体、从意识的对象到自我意识的对象，即到同样被扬弃的对象或概念的转变。这种转变是这样一个返回自身的圆圈，这个圆圈预设它的起点，并且在终点只是达到它的起点。①

而这个终点就是绝对精神，而且绝对精神在达到它的顶峰时就是绝对知识，就是哲学。历史由此就成了这样一种运动，这种运动虽然在现实中应当作为过程进行，但它的真正完成只有 post festum［事后］在哲学中，在对道路的概念性把握中才能实现。这个完成按黑格尔的理解从一开始就是历史的内在目标，就是历史的从一开始就内蕴着的自在物。这种思想对《精神现象学》中的历史哲学具有决定性的意义，以至于这种思想构成全书最后结语的本质内容。

但是，"回忆"把以前的经验保存下来，回忆是内在的东西，并且事实上就是更高形式的实体。因此，如果说这个精神看起来仿佛只是从自身出发，再次从头开始它的形成过程，那么，它的这个开始同时也是在一个更高阶段上的开始。以这种方式在定在中形成的精神王国，就构成一个前后相续的序列，在这个序列中，一个精神接替另一个精神，而且每个精神都从它的先行者那里把精神的世界王国接管过来。这个精

① 《黑格尔全集》，第 II 卷，柏林 1845 年，第 605 页。

神序列的目标在于将精神的深处予以启示，而精神的深处就是绝对概念；所以这个启示就是精神的深处的扬弃，或者说是绝对概念的广延和它的时间：绝对概念的广延乃是这个在自身存在着的自我的否定性，而自我的否定性就是绝对概念的外化或它的实体；至于绝对概念的时间，乃是说，这种外化在其自身外化自己，这样一来，无论在它的广度上还是在它的深度上，外化总是对其自身而言的。目标、绝对知识或者知道其自身为精神的精神，以各个精神的回忆为它的道路，回忆它们本来是怎样的，回忆它们是怎样组织它们的王国的。按照它们以偶然性的形式自由显现出来的定在方面来把它们加以保存，就是历史，而按照它们的概念性地得到把握的组织方面来把它们加以保存，就是显现着的知识的科学；这两方面合在一起，换句话说，概念性地得到把握的历史，就构成绝对精神的回忆和墓地，构成绝对精神的王座的现实性、真理性和确定性，如果没有这个王座，绝对精神就将是没有生命的、孤寂的东西；只有——

　　　　从这个精神王国的酒杯里，

　　　　精神自己的无限性对它泛起泡沫。①

---

　　① 《黑格尔全集》，第 II 卷，柏林 1845 年，第 611—612 页。最后这两行诗是黑格尔凭记忆引自席勒《哲学书信》里的话。

这段话在本质上就是历史的一种自我扬弃。历史被转变成一种从一开始就现成存在于它的主体即它的精神中的目标的单纯实现过程，同时历史自己的内在性扬弃了自身：不是说历史本身就包含着它现实的固有规律性和自身运动，而是说所有这些都只有在把握历史和扬弃历史的科学中，在绝对知识中才达到现实的实存。而历史的客观—唯心主义建构由此就扬弃了自身。根据黑格尔的思想，正是精神创造历史，精神的本质恰恰在于，它是历史的真正推动力，是历史本身的发动机；正如马克思在《神圣家族》中指出的，精神毕竟只在表面上创造历史。

> 黑格尔的过错在于一种……不彻底性……因为他仅仅在表面上把绝对精神本身变成历史的创造者。由于绝对精神只有在事后才通过哲学家意识到自身是具有创造力的精神世界，所以对历史的虚构也只是发生在哲学家的意识、见解和观念中，只是发生在思辨的想像中。[①]

所有这一切——我们只是提到了其中最重要的几点——都是黑格尔"外化"思想的必然结果。在这里就开始了青年马克思对黑格尔的哲学核心问题的伟大探讨。这

---

① 马克思、恩格斯：《神圣家族》，柏林1953年，第202页。（中文见《马克思恩格斯文集》第1卷，人民出版社2009年，第292页。——译注）

一探讨是把唯心主义辩证法改造为唯物主义辩证法，用辩证唯物主义的新科学批判黑格尔唯心主义的同时继承其辩证法遗产的最重要环节之一。

马克思在他的《1844 年经济学哲学手稿》中对黑格尔的辩证法作了一次全面系统的批判。[①] 这一批判对我们来说具有两个非常重要的方法论特点。

第一，这一批判集中于《精神现象学》，在《精神现象学》中又集中于黑格尔的外化及其扬弃的思想。一方面，这种集中也有当时的历史状况和理论斗争的原因，因为极端的青年黑格尔派，特别是布鲁诺·鲍威尔和施蒂纳，进行的黑格尔哲学的主观化，主要就是以黑格尔的这本书为依据的，并远远逾越黑格尔而实现了他们方法论的神秘主义化，所以从哲学上消灭正在瓦解中的黑格尔学派的这个左翼，不仅对辩证唯物主义的新科学的理论发展，而且对正处于准备阶段的革命的政治意识形态的加强和巩固，对当时正在形成中的工人政党的理论与实践纲领的加强和巩固，都是一个重要的先决条件；所以，马克思的这些探讨在某种意义上已经是《共产党宣言》的准备工作。

另一方面，正如我们随后就要看到的，对黑格尔外化思想的批判构成费尔巴哈的黑格尔批判的一个重要部分，因而构成 19 世纪 40 年代在德国发生的从唯心主义到唯物主

669

----

① 也可参见拙文：《青年马克思的哲学发展》，载《德国哲学杂志》，1954 年第 11 期，第 2 分册。

义的伟大转变的一个重要部分。正是在这个批判中，费尔巴哈唯物主义的不论是重要方面还是弱点和界限都集中地暴露出来。因此，马克思对黑格尔外化思想的批判也是对费尔巴哈哲学遗产的一种继承，同时又是对费尔巴哈旧唯物主义的克服和辩证的超越。

这个批判的第二个典型的且重要的独特性是，在德国自黑格尔以来第一次在讨论一切社会和哲学问题的时候又出现了经济学和哲学的观点的统一。当然，这种统一在马克思那里比在黑格尔那里无论是在经济学方面还是在哲学方面，都是在一种高得多的水平上发生的。我们知道，这在哲学上涉及的是用唯物主义辩证法克服唯心主义辩证法。但马克思这里正在形成的批判唯心主义的思想所依据的经济学知识，也比黑格尔当时可能获得的经济学知识在本质上更高级。因为马克思的经济学考察已经包含着从社会主义角度对古典经济学家的观点的批判（在马克思的经济学考察之前，青年恩格斯已在《德法年鉴》发表了天才的论文）。而只有对资本主义经济学及其在古典著作家的著作中的科学表述进行的这种社会主义批判，才有可能在经济生活本身中，在人的经济实践中去发现现实的辩证运动。而只有青年马克思和恩格斯对经济生活的实际辩证发展做出的迅速的、日益完备的、具体的认识，才给一方面批判古典经济学家，另一方面批判黑格尔的那些试图用概念把握这种存在的观点创造了现实的基础。

所以，如果说马克思一般地将黑格尔的外化当作现象学和整个唯心主义辩证法的中心概念进行了批判,那么,这个中心概念也并不是他任意选定的。黑格尔的天才猜测曾根据一种很不充分的经济学理解在外化、异化中发现生活的基本事实,因此把这个概念当作哲学的中心。马克思 *670* 的黑格尔批判则是以他对经济事实本身的更深刻更正确的理解为出发点的。只有建立在对资本主义的劳动异化提出社会主义批判的基础上,基本经济事实才能在其现实的特性和规律性中通过经济学概念性地得到把握,然后黑格尔对经济现象的理解中正确的东西与错误的东西、本质的东西与神秘化的东西才能全面而辩证地得到批判。

费尔巴哈对黑格尔的批判的片面性,特别是由下列情况产生的,即这位重要思想家仅仅研究了黑格尔的外化的最终哲学结论,并批判地加以克服。至于从现实本身通向这种思想,然后在黑格尔哲学中充满矛盾地反映出来的那个过程,至于在黑格尔的外化中经济学与哲学的关联,费尔巴哈则一无所知。所以,他的批判就必定始终是片面的、不完全和抽象的,所以,虽然他作为唯物主义者在哲学上与唯心主义者黑格尔正相反对,但正如我们将要看到的,他不能克服黑格尔的局限和褊狭,这些局限和褊狭归根到底是社会性的而不单纯是哲学性的,而且正是与资产阶级社会的关系分不开的。

因此,在马克思的这些手稿里经济学与哲学的结合乃是一种深刻的方法论上的必然性,是现实地克服黑格尔唯心主义辩证法的先决条件。所以,倘若以为马克思对黑格尔的探讨只有到了批判《精神现象学》的手稿最末部分才开始，那就是肤浅和表面的。前面那些根本没有明确提及黑格尔的纯经济学部分，包含着这种探讨和批判的最重要基础：对异化的现实事实作经济学的解释。我们在这里只列举马克思的几处最本质的论述。马克思是从资本主义经济的现实事实出发的。马克思坚决拒绝任何鲁滨逊式的经济事实，因为它推演劳动分工和交换等，正如神学从原罪推演出恶的起源一样，也就是说，它是从业已完成的事实出发的，而这个事实的起源本身才是它应当说明的。马克思根据他对资本主义经济的现实事实的分析，对从劳动过程本身产生的异化作了如下描述：

671

> 劳动所生产的对象，即劳动的产品，作为一种异己的存在物，作为不依赖于生产者的力量，同劳动相对立。劳动的产品是固定在某个对象中的、物化的劳动，这就是劳动的对象化。劳动的现实化就是劳动的对象化。在国民经济的实际状况中，劳动的这种现实化表现为工人的非现实化，对象化表现为对象的丧失和被对象奴役，占有表现为异化、外化……这一切后果包含在这样一个规定中：工人对自己的劳动的产品的关系就是对一个异己的对象的关系。①

---

① 马克思：《1844 年经济学哲学手稿》，MEGA，第一部分，第 III 卷，第 83 页。（中文见《马克思恩格斯文集》第 1 卷，人民出版社 2009 年，第156—157 页。——译注）

在这里还没有提到黑格尔的名字，也还没有直接从经济事实得出任何哲学结论。但一看便知这种看似单纯描述性的评论中已经包含着对黑格尔哲学思想的根本批判。因为马克思这里对异化与对象性本身、与劳动中的对象化作了最严格的区分。对象性、对象化是一般劳动即人的实践对外在世界的关系的一种特征，异化则是资本主义的社会分工，即所谓自由工人——这种自由工人必须使用他人的生产工具，因而不论是这种生产工具还是他自己的劳动成品，都成了异己的独立的力量而与他相对置——的诞生，产生的伴随现象。

当我们考察劳动过程本身时，资本主义社会的这种基本结构就非常突出地表现出来，而且集中地表现在劳动主体上。马克思在这里尤其强调：

> 劳动对工人来说是外在的东西，也就是说，不属于他的本质；因此，他在自己的劳动中不是肯定自己，而是否定自己，不是感到幸福，而是感到不幸，不是自由地发挥自己的体力和智力，而是使自己的肉体受折磨、精神遭摧残。因此，工人只有在劳动之外才感到自在，而在劳动中则感到不自在。

从资本主义社会的这种情况就产生了人的一切价值的颠倒。

> 动物的东西成为人的东西，而人的东西成为动物

672

的东西。吃、喝、生殖等等，固然也是真正的人的机能。但是，如果加以抽象，使这些机能脱离人的其他活动领域并成为最后的和唯一的终极目的，那它们就是动物的机能。①

因此，异化就既在客观上又在主观上影响着人类生活的全部范围：在客观上劳动产品表现为异己的、支配人的对象，在主观上劳动过程则是一种自我异化，这种自我异化是主观地与上述的事物异化相适应的。

从一贯对经济生活的全面观察和表述中得出的这些前提出发，马克思现在又得出资本主义社会中个体与人类的关系的如下概括性结论：

异化劳动，由于（1）使自然界同人相异化，（2）使人本身，使他自己的活动机能，使他的生命活动同人相异化，因此，异化劳动也就使类同人相异化……第一，它使类生活和个人生活异化；第二，它把抽象形式的个人生活变成同样是抽象形式和异化形式的类生活的目的。②

---

① 马克思：《1844年经济学哲学手稿》，MEGA，第一部分，第 III 卷，第 85—86 页。（中文见《马克思恩格斯文集》第 1 卷，人民出版社 2009 年，第 159—160 页。——译注）

② 马克思：《1844年经济学哲学手稿》，MEGA，第一部分，第 III 卷，第 87 页。（中文见《马克思恩格斯文集》第 1 卷，人民出版社 2009 年，第 161—162 页。——译注）

　　显而易见，关于劳动异化导致社会和人的一切后果的这些论断，只有以资本主义社会的社会主义批判为基础才能够产生。从这里出发，马克思对黑格尔的那段评论的效果就容易理解了：虽然黑格尔站在古典经济学的高峰，并把劳动正确地理解为人的自我创造过程，但他并没有看清资本主义社会中劳动的消极方面，他仅仅是从劳动的积极方面来考察劳动的。马克思对《精神现象学》的基本概念的全部哲学批判，是建立在以下论断基础之上的：由于黑格尔没看到劳动的消极方面，在他那里就必定产生哲学上错误的区分、错误的统一和唯心主义的神秘化。发现资本主义中劳动的现实辩证法，乃是对这样一种哲学进行唯物主义批判的基础，这种哲学把关于资本主义中劳动的片面理解变成了关于人类发展的哲学理解的基础。

　　我们已经提到，马克思在一段评论中批评黑格尔哲学含有"非批判的唯心主义"倾向。现在，这种"非批判的唯心主义"在哲学理解本身中表现出来，由此我们就进入了对《精神现象学》的哲学批判当中。黑格尔谈到"外化"及其通过哲学进行的扬弃。但他根本不知道，那种应当在他的体系中扬弃"外化"的哲学，本身就是"外化"的一种确切的和典型的表现形式：

673

　　　　哲学精神不过是在它的自我异化内部通过思维方式即通过抽象方式来理解自身的、异化的世界精神——逻辑学是精神的货币，是人和自然界的思辨的、思想的价值——人和自然界的同一切现实的规定性毫不相干地生成的因而是非现实的本质——是外化的因而是从自然界和现实的人抽象出来的思维，即抽象思维。①

黑格尔没有看到这一点，而且由于他不把这种业已异化的思维理解为业已异化的思维，由于他恰恰把这种思维视为扬弃"外化"的动力，他就陷入了他的非批判的唯心主义，就在哲学上把生活中异化的现实关联和规定性头脚倒置起来。从这些基础出发，黑格尔的唯心主义就把人的本质与自我意识等同起来了。

人的本质的全部异化不过是自我意识的异化。自我意识的异化没有被看作人的本质的现实异化的表现，即在知识和思维中反映出来的这种异化的表现。相反，现实的即真实地出现的异化，就其潜藏在内部最深处的——并且只有哲学才能揭示出来的——本质来说，不过是现实的人的本质即自我意识的异化现象。因此，掌握了这一点的科学就叫做现象学。因此，对异化了的对象性本质的全部重新占有，都表现为把这种本质合并于自我意识；掌握了自己本质的人，仅仅是掌握

---

① 马克思：《1844年经济学哲学手稿》，MEGA，第一部分，第 III 卷，第 154 页。（中文见《马克思恩格斯文集》第 1 卷，人民出版社 2009 年，第 202 页。——译注）

了对象性本质的自我意识。因此，对象向自我的返回就是对对象的重新占有。①

马克思的批判性评论精辟地指明，人与自我意识的这种错误等同是如何必然地从对社会生活中的异化的错误理解中产生出来的。随后，在主观方面就产生了马克思所揭示和批判的人与自我意识的错误等同，在客观方面则产生了异化与一般对象性的等同。

马克思在他的经济学考察中借助现实生活的事实，明确地规定了在劳动本身中的对象化同在资本主义形式的劳动中主体与客体的异化之间的界限。现在以此为基础，他就能够揭穿黑格尔的错误等同了。所以，他批评《精神现象学》的方法论基础说：

> 在这里，不是人的本质以非人的方式在同自身的对立中的对象化，而是人的本质以不同于抽象思维的方式在同抽象思维的对立中的对象化，被当做异化的被设定的和应该扬弃的本质。②

---

① 马克思：《1844年经济学哲学手稿》，MEGA，第一部分，第III卷，第158页。（中文见《马克思恩格斯文集》第1卷，人民出版社2009年，第207页。——译注）

② 马克思：《1844年经济学哲学手稿》，MEGA，第一部分，第III卷，第155页。（中文见《马克思恩格斯文集》第1卷，人民出版社2009年，第203页。——译注）

从我们已经根据黑格尔《精神现象学》及其整个前史详细知晓的他的这种错误提问出发，黑格尔哲学现在就在扬弃对象性中达到了错误的顶峰。

> 因此，需要克服意识的对象。对象性本身被认为是人的异化了的、同人的本质即自我意识不相适应的关系。因此，重新占有在异化规定内作为异己的东西产生的人的对象性本质，不仅具有扬弃异化的意义，而且具有扬弃对象性的意义，就是说，因此，人被看成非对象性的、唯灵论的存在者。①

这里已经非常清楚地表明，黑格尔错误的唯心主义提问和解答带着一种绝对的必然性，从他对资本主义社会的同样必然片面的和不完备的理解中产生出来；唯心主义辩证法的这种最高形式，由于资本主义异化的实际扬弃的远景，只有在对资本主义经济提出社会主义批判已经成为可能以后，才能够彻底地得到扬弃。

马克思提出唯物主义的对象性理论，与唯心主义的扬弃对象性的理论对置起来。我们现在要强调，并在下文还将谈到，马克思的这种唯物主义理论阐明了资本主义异化

---

① 马克思：《1844 年经济学哲学手稿》，MEGA，第一部分，第 III 卷，第 157 页。（中文见《马克思恩格斯文集》第 1 卷，人民出版社 2009 年，206 页。——译注）

及其扬弃，因此有能力比费尔巴哈的唯物主义理论提出对黑格尔唯心主义的一种更完善、更全面的批判；费尔巴哈的唯物主义理论对这种社会问题不予理睬，因而一方面没有注意到黑格尔理论的合理因素，另一方面在理解人和社会的时候从与黑格尔唯心主义相反的观点出发却犯了性质类似的错误。马克思的这种唯物主义的对象性理论的精华在于：

> 当现实的、肉体的、站在坚实的呈圆形的地球上呼出和吸入一切自然力的人通过自己的外化把自己现实的、对象性的本质力量设定为异己的对象时，设定并不是主体；它是对象性的本质力量的主体性，因此这些本质力量的活动也必定是对象性的活动。对象性的存在者进行对象性活动，如果它的本质规定中不包含对象性的东西，它就不进行对象性活动。它所以创造或设定对象，只是因为它是被对象设定的，因为它本来就是自然界。因此，并不是它在设定这一行动中从自己的'纯粹的活动'转而创造对象，而是它的对象性的产物仅仅证实了它的对象性活动，证实了它的活动是对象性的自然存在者的活动……说一个东西是对象性的、自然的、感性的，又说，在这个东西自身之外有对象、自然界、感觉，或者说，它自身对于第三者来说是对象、自然界、感觉，这都

是同一个意思……非对象性的存在者是非存在者。①

所以，马克思对黑格尔唯心主义所作的唯物主义批判，是以阐述人的思维和人的实践的现实前提为根据的，这些现实前提是与绝对唯心主义的所谓无前提性相对置的。由此这种对比同时也就把绝对唯心主义的现实前提揭露出来了。因此，在这个意义上，唯物主义辩证法也是客观唯心主义辩证法的真理，因为前者不仅批判地毁灭后者，而且同时也必然地推演出后者的错误的来源，并从这种推演中找到了一条真正扬弃后者的道路，即是说，找到了一条在后者中保存本质的和正确的因素的道路。由于现在哲学的这些现实前提、生活的现实事实（自然、经济、历史的事实）与客观唯心主义的神秘化的前提对置起来，由于这些事实的正确辩证的反映得出正确的哲学结论，所以无论是黑格尔的"非批判的唯心主义"特点还是他的"非批判的实证主义"特点，都作为他的社会存在的必然结果显露出来。此外，从这种阐述也可以"自行"得出，黑格尔怎样并且为何竟能在这样的唯心主义神秘化中不仅关于经济和历史而且关于一般客观现实的辩证关联提出现实的本质的规定，以及黑格尔的辩证法为何能够成为

① 马克思：《1844年经济学哲学手稿》，MEGA，第一部分，第III卷，第160—161页。（中文见《马克思恩格斯文集》第1卷，人民出版社2009年，第209—210页。——译注）

唯物主义辩证法的直接先驱。在这方面业已反复强调的关键点就是，黑格尔把劳动理解为人和人类的自我产生过程。

正是在这种承认的基础上，马克思进行了最尖锐的批判，即黑格尔使这些正确的洞见以一种神秘化的形式，因而歪曲地表现出来。我们刚才引用了马克思的论述，即在黑格尔那里，历史被转变成纯然虚假的历史。在那里涉及的是以下事实的确立，即在绝对知识中对象性的扬弃导致的结果是，黑格尔的那个历史承担者即绝对精神并非像他所想象的那样现实地创造历史，而只是在表面上创造历史。现在，马克思从批判黑格尔的对象性理论出发批判了这整个历史"承担者"理论的神秘化，批判了黑格尔唯心主义地把历史加以神秘化的基础。

这个过程必须有一个承担者、主体；但主体只作为结果出现；因此，这个结果，即知道自己是绝对自我意识的主体，就是神、绝对精神，就是知道自己并且实现自己的观念。现实的人和现实的自然界不过是成为这个隐蔽的非现实的人和这个非现实的自然界的谓语、象征。因此，主语与谓语之间的关系被绝对地相互颠倒了：这就是神秘的主体—客体，或笼罩在客体上的主体性，作为过程的绝对主体，作为使自身外化并且从这种外化返回到自身的、但同时又把外化收回到自身的主体，以及作为这一过程的主体；这就是在自身内部的纯粹的、不停息的旋转。①

677 因此，在黑格尔那里，现实的历史是这样发生的，即它有一个抽象的、神秘化的、虚构的"承担者"，这个承担者当然只能抽象地、神秘化地、虚构地"创造"历史。因此，现实的过程及其现实的规定就只能通过后门——我们可以这样说——偷偷溜进体系的构造里来。这些现实规定在阐述历史过程的具体阶段、具体过渡的时候占据支配地位，这就构成黑格尔辩证法的基本矛盾性，我们业已知晓这种矛盾性，并从各个不同角度进行过分析。

十多年以后，马克思再度回到黑格尔的这同一个问题上来，不过这一次不再是以直接批判《精神现象学》的形式，而是以一种概括性地评判整个黑格尔唯心主义的哲学基础的形式进行的。马克思在《政治经济学批判》的恢宏导言中分析了客观现实在思想上的反映、在思想上的掌握的各条相互补充相互结合的道路，并把黑格尔关于这条道路的幻想与达到这种认识的现实的、唯物主义的道路对置起来。

---

① 马克思：《1844 年经济学哲学手稿》，MEGA，第一部分，第 III 卷，第 167—168 页。（中文见《马克思恩格斯文集》第 1 卷，人民出版社 2009 年，第 217—218 页。——译注）

　　具体之所以具体，因为它是许多规定的综合，因而是多样性的统一。因此它在思维中表现为综合的过程，表现为结果，而不是表现为起点，虽然它是现实的起点，因而也是直观和表象的起点……因此，黑格尔陷入幻想，把实在理解为自我综合、自我深化和自我运动的思维的结果，其实，从抽象上升到具体的方法，只是思维用来掌握具体，把它当做一个精神上的具体再现出来的方式。但决不是具体本身的产生过程。[①]

在这里，我们看到了马克思以其最成熟的概括形式对黑格尔唯心主义进行的批判。

马克思对黑格尔"外化"思想的这种全面批判，使他用唯物主义的观点去批判黑格尔辩证法的另一个基本概念"扬弃"也成为可能。在这里重要的是再次指明，当马克思批判唯心主义辩证法，批判地克服它而把它的有价值的因素吸收到唯物主义辩证法中来的时候，他所指的专门是黑格尔特殊形式的辩证法。就拿我们现在讨论的扬弃概念来说，他既没有提到谢林的那类扬弃，即把被扬弃的规定完全毁灭，通过扬弃而使它们化为绝对者，他也没提到康德的那种不可知论的二律背反学说。马克思把黑格尔辩证法

678

---

　　① 马克思：《政治经济学批判》，导言，第 257 页。(中文见《马克思恩格斯文集》第 8 卷，人民出版社 2009 年，第 25 页。——译注)

看作是以前各种形式的辩证法的一种完全的和明确的超越。因此，他专门批判黑格尔的辩证扬弃的最高形式，在这种形式中，被扬弃的规定不仅被毁灭，而且同时被保存下来，并且被提升到一个更高的阶段，这种扬弃不是使"他在"在绝对者中被消灭，而是尊重"他在"的具体存在，尊重它的相对权利。黑格尔的"外化"与谢林的不同，具有创造对象性的积极含义，现在当马克思的批判坚决地将黑格尔与他的先驱们的讨论看作是完全有利于黑格尔的时候，马克思的批判就是从这一点出发的。马克思研究了黑格尔式的这种扬弃所包含的唯心主义弱点，并得出下列的结论：

> 另一方面，黑格尔说，这里同时包含着另一个环节，即意识扬弃这种观念外化和对象性，同样也把它们收回到自身，因此，它在自己的他在本身中就是在自身。这段议论汇集了思辨的一切幻想。第一，意识、自我意识在自己的他在本身中就是在自身……这里首先包含着：意识——作为知识的知识——作为思维的思维——直接地冒充为它自身的他物，冒充为感性、现实、生命……这里所以包含着这一方面，是因为仅仅作为意识的意识所碰到的障碍不是异化了的对象性，而是对象性本身。第二，这里包含着：因为有自我意识的人认为精神世界——或人的世界在精神上的普遍存在——是自我外化并加以扬弃，所以他仍然重新通

过这个外化的形态确证精神世界，把这个世界冒充为自己的真正的存在，恢复这个世界，假称在自己的他在本身中就是在自身。因此，在扬弃例如宗教之后，在承认宗教是自我外化的产物之后，他仍然在作为宗教的宗教中找到自身的确证。黑格尔的虚假的实证主义或他那只是虚有其表的批判主义的根源就在于此，这也就是费尔巴哈所说的宗教或神学的设定、否定和恢复，然而这应当以更一般的形式来表述。因此，理 *679* 性在作为非理性的非理性中就是在自身。一个认识到自己在法权、政治等中过着外化生活的人，就是在这种观念外化生活本身中过着自己的真正的人的生活。因此，与自身相矛盾的，既与知识又与对象的本质相矛盾的自我肯定、自我确证，是真正的知识和真正的生活。因此，现在不用再谈关于黑格尔对宗教、国家等的适应了，因为这种谎言是他的原则的谎言。①

　　呈现在我们面前的这段话，正是对黑格尔思想的最积极和最重要的方面中包含的缺陷所作的最深刻批评。马克思在这里揭露了黑格尔对待资本主义社会的态度的最终哲学结论，仅就这些结论是在黑格尔哲学的辩证结构的方法

---

　　① 马克思、恩格斯：《神圣家族》，柏林1953年，第88—89页。原文的各个段落已用破折号连接起来。马克思：《1844年经济学哲学手稿》。(中文见《马克思恩格斯文集》第1卷，人民出版社2009年，第213—214页。——译注)

论建构的抽象问题中反映出来的而言。我们曾多次揭示黑格尔本人的这些矛盾，并指出这些矛盾在他当时的社会存在方面以及在他对待这种社会存在的态度方面的根源。现在我们看到，社会存在中的这些矛盾已经导致并且必定导致那些纯粹哲学的结论。现在我们同时看到，以秘传的黑格尔与公开的黑格尔这种二重性为出发点对黑格尔在宗教和国家等问题上的模棱两可的态度所作的任何批评，都不能击中和克服黑格尔哲学的中心问题。丝毫没有改变的是，正如我们已经看到的，在黑格尔本人那里主观上确实存在过他的秘传论点与公开论点分离开来的这些环节，因为他的哲学的矛盾性和疑难也一直延伸到了他的公开观点中间。当然，这始终是哲学史的一个问题，即找到黑格尔在何地、在何时并且如何在个别具体问题上去适应他所处时代的社会的各种因素。而历史阐述必须清楚，黑格尔辩证法问题的中心问题，不可能因为这些历史问题在个别具体的事例中得到了回答就得到了解决。①

680　　马克思的批判的深刻之处表现在，它是从现实生活的问题上升到黑格尔辩证法的抽象问题的，在辩证唯物主义的意义上最终以哲学的方式解决了这些问题，而从这里开始它立刻与生活中的现实问题直接关联起来。现在，我们

---

　　① 马克思已经把他自己论述青年黑格尔派关于秘传的黑格尔与公开的黑格尔的区分、并说明公开的黑格尔只是出于对当时社会的一种妥协的文章斥为肤浅的，对此，我已在我的论文《青年马克思的哲学发展》中有详细的论述（载《德国哲学杂志》，1954 年，第 2 期第 2 册）。

涉及的乃是整个黑格尔哲学的中心矛盾，这个中心矛盾后来被恩格斯称之为体系与方法之间的矛盾。[①]

然而，这个矛盾包含着黑格尔哲学在人类进步问题方面，特别是在一般形式的资本主义社会和德国特殊形式的资本主义社会在历史进程中的地位问题方面的矛盾性。黑格尔哲学中的扬弃问题，虽然一方面是辩证法本身的一个最后的和最抽象的形式，但另一方面对黑格尔的社会和历史哲学也具有极大的重要性。因此，黑格尔的进步倾向与反动倾向之间的矛盾性就集中表现在我们刚才谈到的马克思所批判的辩证的扬弃过程的矛盾性。

对"外化"所作的社会主义批判，已经在资本主义的劳动形式中发现了异化具有的现实的、必须现实地加以扬弃的特定存在方式。这种批判的哲学普遍化表明，黑格尔的"外化"思想——按照这种思想，意识在它的他在中就是在它自身——当然包含着一个重要的反动因素，即对持存之物的辩护，即使这种持存之物在历史上已被克服。至于说黑格尔在过去的历史方面也有相反的倾向，并且一再贯彻这种倾向，这只能证明马克思和恩格斯对他的批判的正确性，即批判黑格尔的体系与方法之间存在无法消除的矛盾的正确性。

[①]　恩格斯：《路德维希·费尔巴哈和德国古典哲学的终结》，柏林 1952 年，第 10 页及以下。（中文见《马克思恩格斯文集》第 4 卷，人民出版社 2009 年，第 267 页及以下。——译注）

这个矛盾以及其中所包含的倾向，在 19 世纪 40 年代的重大意识形态争论——这些争论构成民主革命在意识形态上的准备——中起过决定性的作用。我们这里涉及的是两种不同形式的理解，然而这两种不同的理解都导致政治的消极性，即对民主革命的具体问题以及在理论上对一般革命的不理解。这些问题的普遍意义远远超过了 19 世纪 40 年代的争论范围，因为错误的立场就是从资本主义社会生活中产生出来的，而且这些错误立场的思想形式在 19 世纪 40 年代就是由那些围绕着黑格尔辩证法中的扬弃形式而进行的争论决定的。这些错误观点的一种形式是青年黑格尔派直接继续发展黑格尔的唯心主义，他们进一步进行主观化，加剧了他们的唯心主义错误。另一种形式则是费尔巴哈本人对黑格尔的扬弃概念的批判，这种批判在认识论上是正确的，但却是抽象和片面的。

首先让我们来考察第一种形式。按照黑格尔的看法，"外化"归根结底是意识的"外化"，所以它应当在意识中，专门由意识来扬弃。在黑格尔本人那里，绝对知识与具有这种绝对知识的哲学家之间的统一性始终是若明若暗的。黑格尔以他的客观主义为根据，竭力反对将这种同一性变成简单的双重身份。但这种倾向内在地包含在黑格尔的态度中。又是海因里希·海涅，他以一种讽刺和自我讽刺的形式得出所有的结论：

　　我以前决不是抽象的思想家，但我把黑格尔学说的综合体不加思考地接受过来，因为它的要求满足了我的虚荣。我年少轻狂，当我从黑格尔那里知道，亲爱的上帝不是像我祖母认为的住在天上，祂就是住在地上的我自己时，我感到非常自豪。①

　　海涅在这里以讽刺的口吻所说的话，到了布鲁诺·鲍威尔的《自我意识的哲学》里就变成了一种哲学和政治的教条。这一学说无论是对德国的左倾知识分子，还是——在"真正的社会主义"这条弯路上——对新兴的无产阶级政党都产生了一种危险的和有害的影响。

　　如果我们考察一下马克思在《神圣家族》里对鲍威尔的这种见解的严厉批判，我们就会看到，这个批判是直接从上述对黑格尔扬弃概念的哲学批判发展出来的。在这里 *682*
我们还必须强调的是，鲍威尔在理智上的高傲，对群众在历史中的能动性的十足鄙视，也是从黑格尔的哲学和历史思想中发展出来的一种倾向，然而他忽视了黑格尔思想中重要的和进步的现实主义倾向，而把其中的唯心主义在主观主义上发展到了极端。马克思关于鲍威尔的这种见解说道：

---

　　① 《海涅著作集》（埃尔斯特版），第 VI 卷，第 48 页。

　　在群众以外的进步之敌恰恰是独立存在的、具有自己的生命的、群众的自轻自贱、自暴自弃和自我外化的产物。所以，群众用反对他们的自轻自贱的独立存在的产物的办法来反对他们本身的缺点，就像一个人用反对上帝存在的办法来反对他自己的宗教热忱一样。但是，因为群众的这些实际的自我外化以外在的方式存在于现实世界中，所以群众必须同时以外在的方式同它们进行斗争。群众决不会把自己的自我外化的这些产物仅仅看作观念的幻影，看作自我意识的单纯的外化，同时也不想通过纯粹内在的唯灵论的活动来消灭物质的外化。早在 1789 年路易达洛编辑的刊物上就有过这样的警句：

　　　　"伟人们在我们看来显得伟大，

　　　　只是因为我们跪着。

　　　　让我们站起来吧！"①

　　但是，要想站起来，仅仅在思想中站起来，而让用思想所无法摆脱的那种现实的、感性的枷锁依然套在现实的、感性的头上，那是不够的。可是，[布鲁诺·鲍威尔的——卢卡奇注] 绝对的批判从黑格尔的

----

① 　该警句的原文为法文：

　　Les grands ne nous paraissent grands

　　Que parce que nous sommes à genoux

　　——Levons nous'——

卢卡奇在脚注中将其翻译成了德文。——译注

《精神现象学》中至少学会了这样一种技艺，即把存在于我身外的现实的、客观的链条转变成纯观念的、纯主观的、只存在于我身内的链条，因而也就把一切外在的感性的斗争都转变成纯粹的思想斗争。①

鲍威尔的这种意识形态是直接从黑格尔"外化"及其扬弃的思想发展出来的，这已无需任何评注。它的政治危害性也毋庸赘言。同样毋庸赘言的是，具有唯理智论高傲的消极性的这样一种意识形态，在资本主义社会仍继续存在着，并且甚至在今天也还发挥着作用，尽管这种意识形态今天再也不打算在黑格尔哲学中寻求理论支持。但黑格尔主义哲学包含着对这样一种观点的重要实施，这不仅在19 世纪 40 年代的历史中，而且在帝国主义时期的新黑格尔主义中——以特别极端和怪诞的形式——表现出来。

现在让我们转向这个问题的第二种形式，即费尔巴哈对黑格尔辩证法的批判，并简短地研究马克思与这种批判的关系。鉴于费尔巴哈把黑格尔的扬弃形式表述为被扬弃物的一种恢复，马克思评价费尔巴哈的批判是积极的和开创性的。我们在别处已经引用费尔巴哈批判黑格尔的一段对我们这里非常关键的话（第 636—637 页）。马克思视之为费尔巴哈的伟大功绩的方面包括，首先他证明黑格尔哲

683

---

① 马克思恩格斯：《神圣家族》，柏林 1953 年，第 636 页。(中文见《马克思恩格斯文集》第 1 卷，人民出版社 2009 年，第 288 页。——译注)

学是一种重新恢复的宗教，其次他走向了真正的唯物主义，最后他批判了扬弃和否定之否定。我们在此只谈最后一点。费尔巴哈是对的，"因为他把以自身为支撑并肯定地以自身为根据的肯定与宣称是绝对肯定的否定之否定对置起来"。前一种肯定正好表示存在先于意识的优先性。按费尔巴哈的看法，黑格尔的辩证法在扬弃的过程中把存在与意识的关系头脚倒置起来。费尔巴哈指明，黑格尔是如何从这种唯心主义的颠倒中，通过哲学在思想上重新恢复宗教的。马克思总结费尔巴哈的观点说道："由此可见，费尔巴哈把否定之否定仅仅看作哲学同自身的矛盾，看作在否定神学（超验性等）之后又肯定神学的哲学，即同自身相对立而肯定神学的哲学。"①

费尔巴哈的黑格尔批判的这个唯物主义方面，马克思是接受的，但他立即批判了它的片面性。它的片面性一方面在于，费尔巴哈把"外化"当作纯粹哲学的问题对待，因而同样地停滞于抽象之中（参看马克思和恩格斯后来对费尔巴哈的"人"的抽象性的批判）；另一方面在于，费尔巴哈对待现实的唯物主义态度不是辩证的，因而他看错了所有在黑格尔那里即便具有歪曲的形式，而辩证地看却正确的东西，并且把黑格尔的辩证法——不论其中正确的东西还是错误的东西——整个地予以摒弃。所以费尔巴哈，

684

---

① 马克思、恩格斯：《神圣家族》，柏林1953年，第75—76页。（中文见《马克思恩格斯文集》第1卷，人民出版社2009年，第200页。——译注）

就像马克思在上述引文中强调的，把否定之否定仅仅看作唯心主义者黑格尔在哲学上的软弱的肯定，他"因而直接地和未经中介地使在感性上确定的、以自身为根据的肯定，与否定之否定对置起来"。

这样局限于纯粹的认识论，就导致费尔巴哈的提问的抽象性；直接性，即对一切中介的有意识的排除，也取消了辩证法，连同取消了黑格尔的唯心主义。由此费尔巴哈就忽视了黑格尔哲学所包含的那些本质的和最重要的规定。马克思继续补充说道：

> 但是，因为黑格尔根据否定之否定所包含的肯定方面把否定之否定看成真正的和唯一的肯定的东西，而根据它所包含的否定方面把它看成一切存在的唯一真正的活动和自我实现的活动，所以他只是为历史的运动找到抽象的、逻辑的、思辨的表达，这种历史还不是作为既定的主体的人的现实历史，而只是人的产生的活动、人的形成的历史。①

因此，在黑格尔的《精神现象学》中对资本主义的社会主义批判，认识到了马克思后来称之为人类发展"史前史"的那个发展过程的一些本质的和正确的规定，而费尔

---

① 马克思、恩格斯：《神圣家族》，柏林 1953 年，第 76 页。(中文见《马克思恩格斯文集》第 1 卷，人民出版社 2009 年，第 201 页。——译注)

巴哈——他与黑格尔具有不同的方面，但同样始终处于资产阶级的视域范围内——对待黑格尔的辩证法只能采取一种非此即彼的僵化态度。马克思在他论述《精神现象学》时谈到了一些黑格尔从思想上正确地理解人类的这段史前史的某些特征的本质环节。正是由于这个缘故，他指出，黑格尔的异化及其扬弃的思想虽然被唯心主义地歪曲了，并被颠倒为反动的东西，但并不像费尔巴哈认为的从一开始就是百分之百错误的思想，而是对现实的一种正确的、但却受资本主义束缚的和片面的反映，这种反映的正确倾向为了思想的未来发展是必须予以保存的。

685　　　　可见，《精神现象学》是一种隐蔽的、自身还不清楚的、神秘化的批判；但是，因为《精神现象学》紧紧抓住人的异化不放——尽管人只是以精神的形式出现——，所以它潜在地包含着批判的一切要素，而且这些要素往往已经以远远超过黑格尔观点的方式准备好和加过工了。关于"苦恼意识"、"诚实意识"，关于"高尚意识和卑鄙意识"的斗争等这些章节，包含着对宗教、国家、市民生活等整个领域的批判的要素，不过也还是通过异化的形式。①

----

① 马克思、恩格斯：《神圣家族》，柏林 1953 年，第 80 页。（中文见《马克思恩格斯文集》第 1 卷，人民出版社 2009 年，第 204 页。——译注）

因此，在马克思那里真正对黑格尔辩证法的全面批判，就同时发展成为对费尔巴哈的黑格尔评价的片面性和局限性的批判，发展成为对费尔巴哈的形而上学唯物主义的批判，发展成为对他拒斥辩证法的批判。详细讨论马克思的这个批判，不属于本书的任务范围。对我们来说重要的只是，费尔巴哈对黑格尔唯心主义的批判在 19 世纪 40 年代的思想斗争中同样曾经导致非常危险的政治后果。费尔巴哈对否定之否定的批判，正确地溯源到物质生活的直接的感性东西，但费尔巴哈不能在这种物质生活本身中去概念性地把握辩证运动。正如马克思在《关于费尔巴哈的提纲》里所说的，费尔巴哈不懂得把握感性中的实践环节。

从前的一切唯物主义（包括费尔巴哈的唯物主义）的主要缺点是：对对象、现实、感性，只是从客体的或者直观的形式去理解，而不是把它们当做感性的人的活动，当做实践去理解，不是从主体方面去理解。因此，与唯物主义相反，唯心主义却把能动的方面抽象地发展了，当然，唯心主义是不知道现实的、感性的活动本身的。费尔巴哈想要研究与思想客体确实不同的感性客体，但是他没有把人的活动本身理解为对象性的活动。因此，他在《基督教的本质》中仅仅把理论的活动看作是真正人的活动，而对于实践则只是从它的卑污的犹太人的表现形式去理解和确定。因此，他不了解"革命的"、"实践批判的"活动的意义。①

686　　在此可以确切地看到，为了在哲学上批判黑格尔而做的经济学的准备，在人的实践中对对象性与异化所作的准确区分，不仅为批判黑格尔的唯心主义，而且也为批判费尔巴哈的机械唯物主义做了准备。

在这里关键是我们要简明地指出这种立场在19世纪40年代意识形态和政治的斗争中产生的后果。恩格斯在他关于费尔巴哈的评论中清晰地把握了费尔巴哈对待现实的立场的本质环节，并且作了尖锐的批判。他引用了费尔巴哈的话：

存在决不是普遍的、可以与事物分离开来的概念……存在就是对本质的肯定。我的本质是什么，我的存在就是什么……语言已经将存在与本质同一起来。存在只有在人的生活里才与本质分离开来，但也只是在不正常的、不幸的情况下才分离开来——在这种分离中才发生下列情况：一个人在他拥有他的存在和他的本质的地方，正是由于这种分离而甚至没有在那里真正地存在，在他现实地拥有躯体的地方，他甚至没有灵魂。只有你的心灵在哪里，你才在哪里，但是一

---

①　马克思、恩格斯：《德意志意识形态》，柏林1953年，第593页。（中文见《马克思恩格斯文集》第1卷，人民出版社2009年，第499页。——译注）

切事物——违反自然的情况除外——都喜欢在它们所
在的地方，喜欢是它们所是的东西。

恩格斯在这段引文之后补充说明了下列显著的政治—
社会特征，他揭示了这种哲学立场在政治上的必然后果，
这些后果是主观上真正坚定的革命民主主义者费尔巴哈肯
定不愿意接受的，然而却是必然从他对黑格尔辩证法的那
种清除中，从他对一切具有中介作用的规定和关系的摒弃
而向直接性的返回中产生的，并且反映出这样的事实情况，
即他对待资本主义的经济—社会生活持一种盲目的和褊狭
的立场。但是这种盲目性，正如恩格斯的评论表明的，客
观上可以获得为资产阶级辩护的反动性质。恩格斯说：

对现存事物的绝妙的赞扬。除了违反自然的情况，
除了个别反常的情况，你乐意在七岁时成为矿井的守
门人，每天单独一人在昏暗之中度过十四个小时，既
然你的存在是这样，你的本质也就是这样……你的
"本质"就在于，你应当服从某一个劳动部门。①

恩格斯的这个批判清楚地指明，为什么激进的并且有

---

① 马克思、恩格斯：《德意志意识形态》，柏林 1953 年，第 600 页。（中
文见《马克思恩格斯全集》第 42 卷，人民出版社 1979 年，第 362 页。——译
注）费尔巴哈的引文见《未来哲学原理》，§27，载《费尔巴哈全集》第 II
卷，莱比锡 1846 年，第 311 页。

时具有社会主义倾向的知识分子在 19 世纪 40 年代曾在费尔巴哈那里为他们的政治激进主义寻求哲学基础，结果正像那些想从黑格尔辩证法里去寻找的人们一样，没有能够找到任何理论准则。确切地分析费尔巴哈的肯定，就会发现，他根据存在与本质在哲学上的直接统一而对现状所做的这些有意识或无意识的辩护——mutatis mutandis［经过必要的改动］——甚至在他之后并独立于他地长期在维护反动状态的过程中发挥作用，甚至直到今天还在发挥作用。

我们必须简略地指明 19 世纪 40 年代世界观斗争的这些政治后果，由此使每个人都看清，马克思对黑格尔唯心主义辩证法的批判性克服，是从他对资本主义社会的社会主义批判发展出来的，而且发展成为 1848 年革命——以及它以后的一切民主革命和无产阶级革命——在意识形态上的准备。马克思的批判的这种内在运动非常清楚地表明，这些哲学问题即使在黑格尔本人那里也不可能是"纯粹"从哲学上得到理解和批判的。费尔巴哈在这个问题上的弱点最终在于，他把黑格尔的辩证法当作纯粹哲学的、纯粹认识论的问题探讨，对他而言人的社会生活、经济和社会实践同终极的关键的哲学问题之间存在的辩证关联是不存在的。黑格尔认识到这些关联，因而努力使这些关联成为他的辩证法的基础，即便在诸多方面是徒劳的，这就使他的哲学——尽管是唯心主义——的优势（在特定的方面，在特定的领域）仍然超过费尔巴哈的哲学。因此，他的辩证法是世界哲学史的一个具有决定性意义的阶段：它是唯心主义辩证法的，因而是整个资产阶级哲学的最高形式，它是辩证唯物主义的形成可以直接与之结合的中间环节。

列宁没能读到我们详细分析的马克思手稿，这些手稿在批判和评价黑格尔时包含着经济学与辩证法之间的决定性关联。尽管如此，列宁仍充分清晰地看出了这些关联。我们在本书引用过他说的话，即马克思是直接与黑格尔相结合的（第 437 页）。列宁由此强调了这个观点，但这个观点在"第二国际"期间完全没有受到重视；尽管马克思和恩格斯没有放过任何机会，通过各种序言、评论、书信等来指出黑格尔的重要性，并强调理解唯物主义辩证法不能不研究黑格尔，但是，在"第二国际"期间，即使当时最 *688* 重要最真诚的理论家也对马克思和恩格斯的这一说明置若罔闻，无动于衷。甚至普列汉诺夫，这位与梅林和拉法格不同，曾非常深入地研究黑格尔哲学的理论家，对于经济学与辩证法之间的这些深刻的方法论关联也一无所知。

在马克思以后，直到列宁才重新建立起这种关联。把列宁对黑格尔《逻辑学》的批判性评论纯粹局限于狭义的认识论范围，那是非常肤浅的。即使列宁谈论认识论问题，他也是——正如我们在讨论目的论问题时所看到的——从这种宏大全面的立场，从真正的马克思主义的现实立场出发的。因此，列宁在批判性地评论黑格尔的时候反复谈到这个具有决定性意义的问题。

我们只想用列宁的几段重要论述来证实这个事实：

不钻研和不理解黑格尔的全部逻辑学，就不能完全理解马克思的《资本论》，特别是它的第 1 章。因此，半世纪以来，没有一个马克思主义者是理解马克思的！！①

在另一处，他说：

虽然马克思没有遗留下"逻辑"（大写字母的），但他遗留下了《资本论》的逻辑，应当充分地利用这种逻辑来解决当前的问题［指黑格尔的辩证法——卢卡奇注］。在《资本论》中，逻辑、辩证法和唯物主义的认识论（不必要三个词：它们是同一个东西）都应用于同一门科学，而唯物主义则从黑格尔那里吸取了全部有价值的东西，并且向前推进了这些有价值的东西。②

列宁的这些评论在关于黑格尔辩证法的计划的各种研究中具有典型特征，并且同样典型的是，这些评论是与马

---

① 列宁：《哲学笔记》，柏林 1949 年，第 99 页。（中文见《列宁全集》第 55 卷，人民出版社 2017 年，第 151 页。——译注）

② 列宁：《哲学笔记》，柏林 1949 年，第 249 页。（中文见《列宁全集》第 55 卷，人民出版社 2017 年，第 290 页。——译注）

克思在《资本论》中对经济范畴的辩证运用的各种评论相关联的。通过这些评论，列宁像当年马克思一样，指明辩证唯物主义中的哲学问题必须怎样提出和解决的道路。斯大林所倡议的哲学发展的"列宁时期"，必须在任何哲学领域都遵循这条辩证唯物主义的道路，并通过这样一种哲学 *689* 实践最终清除"第二国际"时期遗留下来的东西。

哲学的"列宁时期"的这种特性，不言而喻也涉及哲学史。我写这本书的目的，就在于研究这样的关联。本书想要历史—具体地表明，资本主义社会的实际矛盾如何影响到最高形式的资产阶级哲学，即黑格尔的唯心主义辩证法。但这种关联应该在它的全部社会和哲学的错综交织中得到揭示，在这方面我们要试图揭露，这些矛盾在英国古典经济学中的思想反映以及它们在法国大革命中的实际爆发如何影响到黑格尔辩证法的形成与发展，揭露下列事实产生了什么——不论是好的还是坏的——不同影响，即这些在法国和英国发生的实际的和意识形态方面的事件已经在经济—社会落后的德国的一个子孙的头脑里统一起来，变成了辩证方法和唯心主义体系。

只有通过这样一种提问，才有可能在探讨黑格尔与他的先驱们的关系时，超越那种程式化的、阉割和曲解现实事实的复杂性的考察方法，这种方法在资产阶级哲学史中通常存在，其踪迹甚至在马克思主义者讨论这些问题时仍然可以在诸多方面找到。我们相信本书已经表明，不论是黑格尔相对于其重要的同辈和先驱的独立性，还是他虽不情愿，但仍与他们达成的一致之处，都可以归结到这些社会存在的问题上来。

这决不是单纯的历史问题，决不是所谓黑格尔研究的单纯内部事件（虽然这些问题作为反抗法西斯主义化的和法西斯主义的历史歪曲的斗争的环节，也是重要的和现实的）。阐述黑格尔辩证法的伟大和局限的现实原因，同时也就意味着黑格尔与马克思的关系的一种澄清，意味着在辩证唯物主义中对黑格尔辩证法批判地加以吸收和保存的历史遗产的一种具体化。因为显然，马克思探讨的始终都是真正的黑格尔。马克思正是在他的论战中，始终严格地划清界限，区分出哪些是黑格尔真正地并带着他的一切局限所设想的，哪些是他的学生和后继者从他那里捏造的。从马克思的批判到现在，差不多整整一个世纪过去了。这一个世纪在这方面的"成就"恰恰就是对真正的黑格尔形象的歪曲，针对这种歪曲，直到现在还没有出现任何相应的关于黑格尔本人的马克思主义研究，没有出现任何对真正的黑格尔的挖掘和塑造。很多具备哲学修养的读者对黑格尔所怀的印象，不自觉地深受着资产阶级对黑格尔哲学的曲解的影响。但是，只有确切地知道马克思、恩格斯、列宁和斯大林的批判的真正对象是什么，谁是真正的黑格尔，才能正确地理解和正确地评价他们的批判性评论所具有的深远意义。

690

只有从这些关联中，才能看清黑格尔的经济学研究和观点的哲学意义。不论黑格尔的这些观点多么不完善，多么有矛盾——我们已经在不同的地方详尽地阐释包含在这些观点中的矛盾——唯心主义辩证法的完成者是这个时期唯一试图认真地研究资本主义社会经济结构的哲学家，这肯定不是偶然。毋宁说，黑格尔所阐发的特殊形式的辩证法，乃是从他对资本主义社会问题的研究，对经济问题的研究中发展出来的。

我们重复一遍：矛盾的统一这种单纯形式，在近代的库萨的尼古拉和乔尔丹诺·布鲁诺那里就已经出现；但谈到辩证法的关键问题，就连谢林的哲学，这种黑格尔以前的最高阶段的辩证法，较之黑格尔的辩证法也并不意味着任何真正的进步。只有黑格尔特有的那些范畴——我们在本书已详细地研究这些范畴的起源和矛盾性——才为辩证法获得知识的高度，获得各个本质规定的发展，而马克思的唯物主义辩证法虽然以批判地扬弃和颠倒的方式，但却直接地与这一发展结合起来。马克思的黑格尔批判的重大意义恰恰在于，它在黑格尔对资本主义社会及资本主义经济的矛盾和运动规律的理解的正确性与局限性中揭示黑格尔辩证法的伟大与局限的原因。

黑格尔独特的具有历史意义的伟大，只有从这里出发 *691* 才是真正可以理解的。正如黑格尔反复说的，每个思想家都是他的时代的产儿；黑格尔自己当然也是与他的前辈们关联在一起的。然而，如果要规定一个思想家的重要性和级别，那就必须追问：他在多大程度上依赖于他的前辈们的这种在内容和方法论上必然传承下来的思想遗产，在多大程度上能够不偏不倚地在现实本身中检验这样传承下来的哲学内容和形式，由此批判地克服和进一步发展它们，在多大程度上是从现实本身出发的，并在多大程度上是始终由他的前辈们的哲学传统决定的。

这里就是费希特和谢林同黑格尔之间的质的差别（更不用说这一时期的一些次要思想家了，当然，这些次要的思想家比起我们今天资产阶级的所谓"大家"也仍是真正的巨人）。不言而喻，费希特和谢林的哲学的出发点和发展方向，同样是由客观社会现实决定的。但在哲学上，他们两人都被束缚在康德哲学的范围内。例如，当谢林从主观唯心主义进展到客观唯心主义时，他没能突破康德在哲学上提出问题和解决问题的框架，而只是以不同的方式组合了这个框架；谢林之超越康德，与其说是真正哲学的，不如说是宣称的。

黑格尔是在康德之后唯一"独创地"——在这个词的最深刻含义上——研究时代问题的哲学家。我们已经详细分析过黑格尔的青年早期，可以从中看到，全部的辩证法问题，即使还没发展到后来的成熟形式，也都是从他对两个具有世界史意义的时代事件即法国大革命和英国工业革命的研究中发展出来的。黑格尔只是在具体地建立他自己的体系的过程中，才在思想上与他的前辈们发生真正的思想关联，但这种关联从一开始就是一种冲破康德观念的思想框架的批判性关联。正如我们所见，只有当德国的社会存在将黑格尔的辩证法束缚在狭隘的、有时庸俗的范围时，黑格尔与他的哲学前辈们的显著共性才表现出来。

历史地看，在黑格尔的时代只有歌德可以与他并驾齐驱。在《精神现象学》的准备文稿中，可以发现关于歌德《浮士德》的长篇大论的探讨，这决非偶然。因为这两部著作表达了类似的努力，即试图百科全书式地囊括直到当时人类发展业已达到的各个环节，并阐述它们的内在运动和它们的固有规律性。普希金曾把《浮士德》称为一篇"现代生活的赞美诗"不是没有道理的；谢林将他自己的精神哲学称为精神的返乡之旅，称为"精神的奥德赛"。其实这个意味深长的表达与其说适合于谢林的某部著作，还不如说适合于《精神现象学》。

692

歌德和黑格尔生活在资产阶级发展最后的、悲剧性的重大时期的开端。业已摆在两人面前的是由于这种发展而导致的资产阶级社会的不可解决的矛盾，是个体与类的分裂。他们两人的伟大之处，一方面在于，他们毫无畏惧地正视这些矛盾，并试图为这些矛盾找到文学或哲学这种最高形式的表达；另一方面，他们生活在这个时代的开端，以至于他们仍有可能——即使不免穿凿附会矛盾百出——关于整个人类的类经验，关于人的类意识的发展创造出既广博而又包含深刻且真实的规定的综合图景。《威廉·迈斯特的学习时代》和《浮士德》在这方面像《精神现象学》《逻辑学》和《哲学全书》一样，是关于人类发展的不朽篇章。当然，他们两人最终的基本倾向的这种高度亲缘性，不能使我们完全忽视他们在思想上的差别：一方面，歌德较之黑格尔有更加强烈的自然取向，终其一生都接近于唯物主义；而另一方面，歌德对黑格尔非常重要的辩证法发现再无兴致。这一重大时期的详细历史必须深入地考虑到这些差别。只有借助于具体研究歌德与黑格尔之间的相同与差异，这一时期的进步性的内在矛盾才会真正清晰地和在最高阶段显现出来。

就我们的目的而言，只要确定他们的这一共同倾向就够了。我们用不着去详细分析这样一些原因与结果的复杂辩证关系，这些原因与结果使得歌德对资本主义社会的问题的探讨，较之黑格尔部分地更具现实主义，部分地更有远见，但部分地更少辩证，更少矛盾。就我们的目的而言，只要指明"人的劳动的结果乃是人的自我产生过程"构成歌德与黑格尔共同的基本思想就够了。这个基本思想早在青年歌德的残稿《普罗米修斯》中就已经出现，尽管还不具备有意识的经济学的形式，而且很典型地代表歌德与黑格尔之间差别的是，它有一种反宗教的气息。但在歌德的一些最伟大作品中，人通过劳动而自我产生的问题，要归为人对资本主义社会的探讨，归为对资本主义社会的尖锐

693

的人道主义批判，并同这种探讨和批判处于最紧密的关联之中，而这种人道主义批判片刻也没有失去对人类进步思想的关注，所以，它宁愿"在矛盾的肥料中"活动，并竭力从中打开一条出路，也不愿对某个浪漫主义—反动的路线做任何让步。倘若想在歌德的文学巨著与黑格尔的哲学著作之间做机械琐屑的类比，那就是迂腐可笑的。但是，歌德在构思他的《威廉·迈斯特的学习时代》或《浮士德》时所走过的道路，在宏大的历史的意义上与黑格尔《精神现象学》中的精神所经历的道路是同一条道路。①

---

① 关于《浮士德》与《精神现象学》之间的这种关系，我在拙著《歌德和他的时代》中详细论述过（载《著作集》，第 7 卷，柏林 1952 年，第 41—184 页）。

索 引

（页码为德文原版页码）

976